世界の教科書シリーズ ㉛

ロシアの歴史【上】
古代から19世紀前半まで

ロシア中学・高校歴史教科書

アレクサンドル・ダニロフ
リュドミラ・コスリナ 著

吉田衆一
アンドレイ・クラフツェヴィチ 監修

明石書店

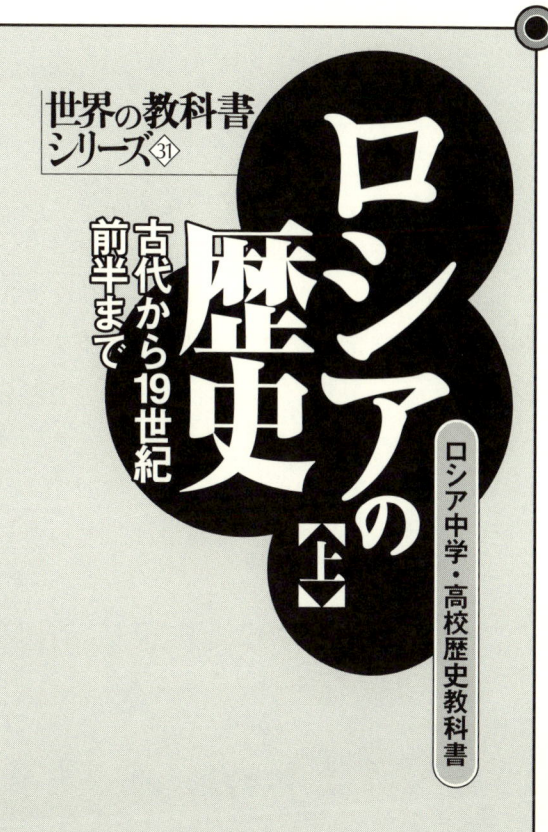

А. А. Данилов, Л. Г. Косулина. *История России: С древнейших времен до конца XVI века*, Учебник для 6 класса общеобразовательных учреждений.
А. А. Данилов, Л. Г. Косулина. *История России: Конец XVI-XVIII век*, Учебник для 7 класса общеобразовательных учреждений.
А. А. Данилов, Л. Г. Косулина. *История России: XIX век*, Учебник для 8 класса общеобразовательных учреждений.

©Издательство «Просвещение», 2004, 2004, 2003, Все права защищены
©Издательство «Акаши Шётэн», 2011, Права на японское издание защищены

А・А・ダニロフ、L・G・コスリナ著『ロシアの歴史——古代から16世紀末まで』(普通教育機関6年生用教科書)
А・А・ダニロフ、L・G・コスリナ著『ロシアの歴史——16世紀末から18世紀まで』(普通教育機関7年生用教科書)
А・А・ダニロフ、L・G・コスリナ著『ロシアの歴史——19世紀』(普通教育機関8年生用教科書)

© プロスヴェシチェーニエ社、2004年、2004年、2003年、2004年　すべての権利は保護される
© 明石書店、2011年　日本語版出版権は保護されている

まえがき

　本書はロシアで出版された4巻からなる歴史教科書『ロシア史――古代から16世紀末まで　6年生』、『ロシア史――16世紀末から18世紀まで　7年生』、『ロシア史――19世紀　8年生』、『ロシア史――20世紀から21世紀初頭　9年生』の日本語訳である。

　ロシアにおける学校教育制度は日本の教育制度と異なり11年制をとっており、初等教育課程（1～4年生）、基本教育課程（5～9年生）、中等教育課程（10～11年生）となっている。2007年までは初等教育課程及び基本教育課程が義務教育と位置づけられていたが、現在は全教育課程が義務教育になっている。

　歴史の授業は、5年生から「古代の世界史」の科目で始まり、6年生からは「ロシア史」を、それと並行して「中世史」（6年生）、「近代史」（7～8年生）、「現代史と法」（9年生）を学ぶ。10年～11年生は、より理論的なレベルで歴史の再学習が実施され、「古代から19世紀末までのロシア史」及び「ロシア史、20世紀から21世紀初頭」と同時に「世界史――古代から19世紀末」及び「諸外国の現代史」を学ぶ。これら歴史科目は必修科目となっている。

　社会主義政権時代、ソヴィエト連邦のすべての学校が、ひとつの歴史教科書シリーズを用いていた（他科目も同様）。ソ連邦崩壊後、ロシアの教育状況にも変化の兆しが現れ、様々な教科書の出版が許可された（ただし教育現場においては、ロシア教育省による教科書推薦リストのなかから採用）。ただ、圧倒的多数の学校は、以前同様「教育（Просвещение）出版社」（1930年に国営企業として設立され、2005年から株式会社となる）の教科書を用いている。

　本書は、同出版社から出版されたロシア史の教科書を翻訳原本として採用した。また、基本教育課程の教科書は、ロシアの歴史、近隣諸国及びその他の諸外国との相互関係の歴史、世界文明史におけるロシアの位置等に関する現代ロシア人の基本的世界観、思想、価値観の形成の基礎となっているため、その教科書を翻訳に用いた。

ソヴィエト政権以前には、ロシア史は明らかにイデオロギーの殻に包まれ伝えられてきた。そして、儀式や神に選ばれたロシア民族の思想、専制政治の思想、ロシア正教の偉大な役割の思想が、それらの基になっていた。したがって、そこでの歴史は、大公・皇帝や諸侯、ロシア正教の高位聖職者の伝記や行伝に帰着していた。

　ソ連時代の世界史やロシア史の教育も、イデオロギー化されたものであった。社会発展でのすべての事象が、階級闘争と物質的・経済的要因の優位性を盛り込むマルクス・レーニン主義のプリズムを通して論じられてきた。

　ポスト・ソヴィエト期に入り、歴史プロセスの全体的流れと個々の出来事や史実について、より客観的で多様な解釈と評価を行う余地が生まれ、歴史観に対するイデオロギー的抑圧は著しく緩和されている。現代のロシアの歴史家たちは、ロシアの国家と社会の進化を、より客観的に、多様に捉えようとし、全世界的な歴史の歩みの中でより有機的に書き加えようと試みている。

　過去数年間に、個々の歴史的出来事やある時代（例えば、キエフ・ルーシ形成のノルマン学説、モンゴルのくびき、イワン雷帝の時代、ピョートル大帝の改革、十月革命、レーニン及びスターリンの役割など）について、非常に独創的な数多くの研究が生まれた。それに伴って、学術界のみならず、それらの問題やその他の諸問題を巡って社会的に熱烈な議論が行われている。

　このような変化は、当然ながら中等教育における歴史教育分野にも影響を及ぼすことになった。ロシア史の教育課程は、脱イデオロギー化、歴史プロセスをより客観的に分析するという観点から見直されてきた。さらに、教科書の執筆者たちは、10～11年に満たない生徒たちの年齢や教育水準を考慮して、ロシアの歴史の歩みやロシアの諸民族の運命、ロシア史における最重要の出来事やもっとも代表的な人物に関する客観的で一貫した理解を生徒たちに促すことに主要な注意をはらい、極端な評価や概念は使用していない。慣習や風習の歴史、教育や科学技術、文化・芸術、宗教の歴史に関連する資料が著しく増大したことは、肯定的評価に値する。

　読者にとって、いくつかの史実に関する解釈や評価が、難解で、あるいは単

純化されているように感じるかもしれない。しかし、読者は、本書の次の主要な特徴を考慮に入れる必要がある。第一に、本書は専門家向けの学術研究書ではなく、ロシア史を初めて学習する生徒向けの教科書である。そのため、叙述方法も、史実や人物の解釈と評価も、特定の年齢層（12〜16歳）向けに書かれている。第二に、他のどの国の教科書でもそうであるように、国家の視点から歴史が描かれている。そうすることにより、ロシア人のメンタリティや世界観、歴史や世界を、より明瞭な理解へ繋げることを意図している。

　読者がロシア人の解説によるロシア史を学ぶことにより、近くて遠い隣国を一層理解し、何よりも日本とロシアの相互理解の深化に役立つことを心から期待する。

　最後に、翻訳諸氏の尽力なくしては、本訳書の上梓は実現されなかったことを銘記し、心から感謝申し上げたい。同時に、本書の刊行を決意された明石書店の石井昭男社長、出版過程で励ましと助力をいただいた佐藤和久氏に深い謝意を表したい。

アンドレイ・クラフツェヴィチ
吉田　衆一

凡　例

1. 本書は、ロシア・プロスヴェシチェーニエ社（Издательство «Просвещение»）刊行の『ロシアの歴史』（История России）の6年生用教科書（А. А. Данилов, Л. Г. Косулина, С древнейших времен до XVI конца века, 2004）、7年生用教科書（А. А. Данилов, Л. Г. Косулина, Конец XVI-XVIII век, 2004）、8年生教科書（А. А. Данилов, Л. Г. Косулина, XIX век, 2003）、9年生教科書（А. А. Данилов, Л. Г. Косулина, М. Ю. Брандт, XX- начало XXI века, 2004）の全訳である。

2. 全訳は刊行にあたり6年生用教科書、7年生用教科書、8年生用教科書第1章を『古代から19世紀前半まで』とし、8年生用教科書第2章、9年生用教科書を『19世紀後半から現代まで』として2分冊とした。

3. 翻訳に当たり、人名・地名などの固有名詞は以下の規則にしたがった翻字をもとに音写した。

ロシア文字	ラテン文字	日本語読み	ロシア文字	ラテン文字	日本語読み
А а	A a	あ、ア	Р р	R r	える、エル
Б б	B b	べ、ベ	С с	S s	えす、エス
В в	V v	ヴェ	Т т	T t	て、テ
Г г	G g	げ、ゲ	У у	U u	う、ウ
Д д	D d	で、デ	Ф ф	F f	えふ、エフ
Е е	Ye ye	いぇ、イェ	Х х	Kh kh	は、ハ
Ё ё	Yo yo	いょ、イョ	Ц ц	Ts ts	つぇ、ツェ
Ж ж	Zh zh	じぇ、ジェ	Ч ч	Ch ch	ちゃ、チャ
З з	Z z	ぜ、ゼ	Ш ш	Sh sh	しゃ、シャ
И и	I i	い、イ	Щ щ	Shch shch	しちゃ、シチャ
Й й	J j	短い「い、イ」	Ъ ъ	'	硬音符
К к	K k	か、カ	Ы ы	y	うぃ、ウィ
Л л	L l	える、エル	Ь ь	'	軟音符
М м	M m	えむ、エム	Э э	E e	え、エ
Н н	N n	えぬ、エヌ	Ю ю	Yu yu	ゆ、ユ
О о	O o	お、オ	Я я	Ya ya	や、ヤ
П р	P p	ぺ、ペ			

　　　ただし、すでに日本において人口に膾炙（かいしゃ）している語句についてはそのかぎりではない。（例：ヴラディーミル→ウラジーミル、モスクヴァ→モスクワ、ヴォトカ→ウォッカなど）

4. 原書においてイタリック体で書かれている部分は太明朝体に、ボールドイタリッ

ク体で記されている部分は教科書体に、ゴチック体表示されている箇所はゴチック体にそれぞれ示し、読みがなをほどこした。また6年生用、7年生用、8年生用教科書本文において太字で示されている年号は、網掛けで示した。
5．原書各巻の見返しに掲載されている年表は、それぞれの巻末に掲げた。
6．訳文のなかで〔○○○－訳者〕とある部分は、訳者による注釈である。
7．6年生用、7年生用、8年生用の各節末のまとめは原書にならい、書体を変えて区別した。

ロシアの歴史【上】 古代から19世紀前半まで
―― ロシア中学・高校歴史教科書

目　次

ロシアの歴史【上】 古代から19世紀前半まで
まえがき……………………………………………………………………………3

ロシアの歴史　古代から16世紀末まで　6年生 ——————— 17

　　序　文　/19

第1章　古代ルーシ………………………………………………… 21
　　§1．東スラヴ族　/21
　　§2．東スラヴ族の隣人　/27
　　§3．古代ロシア国家の形成　/32
　　§4．キエフの最初の諸侯　/41
　　§5．ウラジーミル・スヴャトスラヴィチ公——キリスト教の受容　/48
　　§6．古代ロシア国家の最盛期——賢公・ヤロスラフ公時代　/55
　　§7．古代ルーシの文化　/67
　　§8．古代ルーシの日常生活と慣習　/75

第2章　ルーシにおける政治的分裂………………………………… 84
　　§9．古代ロシア国家の分裂の始まり　/84
　　§10-11．ルーシの主要な政治的中心地　/94
　　§12．東方からの襲来　/105
　　§13．西方の侵略者とロシアの戦い　/116
　　§14．ロシアとキプチャク・ハン国（金帳汗国）　/124
　　§15．ロシアとリトアニア　/130
　　§16．12〜13世紀のロシア文化　/136

第3章　モスクワ・ルーシ………………………………………… 147
　　§17．「ルーシの地」統合の前提諸条件。モスクワ公国の興隆　/147
　　§18．オルダ支配（モンゴル・タタールのくびき）との闘争の要——モスクワ・クリコヴォの戦い　/154
　　§19．14世紀末〜15世紀中ごろにおけるモスクワ公国とその隣国　/164
　　§20．統一ロシア国家の設立とオルダ支配（モンゴル・タタールのくびき）の

終結　/173

　§21. 15世紀末〜16世紀初頭におけるモスクワ国家　/181

　§22. 15世紀末〜16世紀初頭の教会と国家　/189

　§23. 選抜会議の改革　/198

　§24. イヴァン4世の対外政策　/207

　§25. オプリチニナ　/219

　§26. 14〜16世紀における教育、口承民族文芸、文学　/227

　§27. 14〜16世紀の建築と絵画　/237

　§28. 15〜16世紀の生活　/250

　まとめ　/261

　年　表　/262

ロシアの歴史　16世紀末から18世紀まで　7年生───── 265

第1章　16世紀から17世紀までのロシア ………………………… 267

　§1．ボリス・ゴドゥノフの内政と外交　/267

　§2．動乱（スムータ）　/275

　§3．スムータ時代の終焉　/288

第2章　17世紀のロシア ……………………………………………… 299

　§4．経済における新しい現象　/299

　§5．ロシア社会の主要な階級制度　/309

　§6．国内の政治的発展　/316

　§7．権力と教会。教会分離派　/324

　§8．国民運動　/331

　§9．外　交　/338

　§10．17世紀における教育と文化　/346

　§11．階級ごとの生活。習慣と道徳　/357

第3章　ピョートル時代のロシア ………………………………… 366

　§12．ピョートルの改革の前提条件　/366

§13．ピョートル１世。世紀の狭間にあるロシア　　　/373

　　§14．北方戦争　　/380

　　§15．ピョートル１世の改革　　/391

　　§16．18世紀最初の四半世紀におけるロシアの経済　　/398

　　§17．18世紀最初の四半世紀の国民の動き　　/408

　　§18－19．18世紀最初の四半世紀の文化と生活の変化　　/415

第４章　1725～1762年のロシア……………………………………………… 425

　　§20－21．宮廷クーデター　　/425

　　§22．1725～1762年の国内政治　　/435

　　§23．1725～1762年のロシア外交　　/442

第５章　1762～1801年のロシア……………………………………………… 451

　　§24．エカチェリーナ２世の国内政治　　/451

　　§25．Ｅ・Ｉ・プガチョフの農民戦争　　/459

　　§26．18世紀後半ロシアの経済発展　　/466

　　§27－28．エカチェリーナ２世の外交政策　　/475

　　§29．パーヴェル１世のロシア　　/488

　　§30．科学と教育　　/497

　　§31－32．芸術文化　　/505

　　§33．生活と習慣　　/516

　　まとめ　/525

　　年　表　/526

ロシアの歴史　19世紀　8年生　　　　　　　　　　　　　　　　　529

　　序　文　/531

第１章　19世紀前半のロシア………………………………………………… 533

　　§１．1801～1806年のアレクサンドル１世の内政　　/533

　　§２．1801～1812年の外交政策　　/539

　　§３．Ｍ・Ｍ・スペランスキーの改革事業　　/548

§4. 1812年 祖国戦争 /554

§5. ロシア軍の国外進軍。1813〜1825年の外交政策 /565

§6. 1815〜1825年のアレクサンドル1世の内政 /573

§7. 1812年の祖国戦争後の社会経済の発展 /580

§8. アレクサンドル1世時代の社会運動 /588

§9. 1825年の王朝の危機。デカブリストの乱 /596

§10. ニコライ1世の内政 /602

§11. 1820〜1850年代における社会経済発展 /609

§12. 1826〜1849年代のニコライ1世の外交 /619

§13. ニコライ1世の治世における社会運動 /627

§14. 1853〜1856年のクリミア戦争。セヴァストーポリの防衛 /637

§15. 教育と学問 /646

§16. ロシアの最初の発見者と探検家 /654

§17. 芸術文化 /660

§18. 生活様式と慣習 /673

年　表 /683

ロシアの歴史【下】 19世紀後半から現代まで

ロシアの歴史　19世紀　8年生 ─── 13

第2章　19世紀後半のロシア……… 15

§19. 農奴制廃止の前夜 /15

§20. 1861年の農奴解放 /23

§21-22. 1860〜1870年代の自由主義的改革 /30

§23. 農奴制廃止後の社会・経済の発展 /44

§24. 社会運動　自由主義者と保守主義者 /54

§25. 革命的ナロードニキ運動の発生とその思想 /64

§26. 1860年代後半〜1880年代初期の革命的ナロードニキの運動 /71

§27. アレクサンドル2世の外交政策　/80

§28. ロシア－トルコ（露土）戦争（1877～1878年）　/90

§29-30. アレクサンドル3世の国内政策　/99

§31. アレクサンドル3世治世時代の経済発展　/144

§32-33. 主要な社会層の状態　/151

§34. 1880～1890年代の社会運動　/168

§35. アレクサンドル3世の外交政策　/177

§36. 教育と科学　/184

§37. 文学及び美術　/191

§38. 建築、音楽、演劇、工芸　/199

§39. 生活様式──都市と農村の新しい生活の特徴　/207

まとめ　/221

年　表　/223

ロシアの歴史　20世紀から21世紀初頭　9年生 ────── 225

第1章　19世紀と20世紀の境期におけるロシア ………………… 227

§1. 19世紀末～20世紀初頭、国家とロシア社会　/227

§2. ロシアの経済発展　/236

§3. 1894～1904年におけるロシアの社会・政治発展　/243

§4. 対外政策　ロ日戦争、1904～1905年　/256

§5. 第1次ロシア革命　政治体制の改革　/262

§6. 経済改革　/276

§7. 1907～1914年　政治活動　/283

§8. 銀の時代の精神的活動　/289

§9. 第1次世界大戦におけるロシア　/298

まとめ　/310

第2章　大ロシア革命　1917～1921年 ……………………… 312

§10. 君主制の転覆　/312

§11. ロシア、1917年春から夏にかけて　　/320

　　§12. 10月革命　　/330

　　§13. ソヴィエト国家体制の形成　　/338

　　§14. 内戦の始まり　　/350

　　§15. 内戦の戦線にて　　/358

　　§16. 赤色と白色の経済政策　　/369

　　§17. 1920年代初めの経済と政治危機　　/377

　　まとめ　　/384

第3章　新たな社会の建設へ向かうソ連…………………………………385

　　§18. 新経済政策（ネップ）への移行　　/385

　　§19. ソヴィエト社会主義共和国連邦の形成　　/394

　　§20. 1920年代の国際情勢と対外政策　　/402

　　§21. 1920年代の政治の発展　　/409

　　§22. 1920年代のソ連の精神的活動　　/419

　　§23. 社会主義的工業化　　/428

　　§24. 農業の集団化　　/436

　　§25. 1930年代のソ連の政治システム　　/443

　　§26. 1930年代のソ連の精神的活動　　/454

　　§27. 1930年代ソ連の対外政策　　/462

　　まとめ　　/470

第4章　大祖国戦争（1941〜1945年）……………………………… 471

　　§28. 大祖国戦争前夜のソ連　　/471

　　§29. 大祖国戦争の始まり　　/477

　　§30. 1942年ドイツ軍の攻撃と転機の前提条件　　/486

　　§31. 大祖国戦争における銃後　　/495

　　§32. 大祖国戦争の根本的転機　　/503

　　§33. ドイツ・ファシズムとの闘いにおけるソ連の諸民族　　/510

　　§34. 第2次世界大戦の最終段階におけるソ連　　/516

第 5 章　1945〜1953年のソ連……………………………………………… *528*
　§35．経済復興　　/528
　§36．政治的発展　　/535
　§37．イデオロギーと文化　　/541
　§38．外交政策　　/548

第 6 章　1953〜1960年代中期のソ連…………………………………… *555*
　§39．政治システムの変化　　/555
　§40．ソ連の経済（1953〜1964年）　　/563
　§41．精神活動における「雪どけ」　　/570
　§42．平和共存政策——その成功と矛盾　　/576

第 7 章　1960年代中期〜1980年代中期のソ連………………………… *583*
　§43．政治体制の保守化　　/583
　§44．「発達した社会主義」経済　　/588
　§45．1960年代中期〜1980年代中期の社会生活　　/595
　§46．緊張緩和政策——その希望と結果　　/601

第 8 章　ソ連におけるペレストロイカ（1985〜1991年）……………… *609*
　§47．政治システムの改革——その目的、段階、結果　　/609
　§48．1985〜1991年の経済改革　　/618
　§49．グラスノスチ政策　プラス面とマイナス面　　/623
　§50．新思考の弁証法　　/628

第 9 章　20世紀末〜21世紀初頭のロシア………………………………*666*
　§51．市場経済へ移行するロシア経済　　/666
　§52．政治活動——民主主義社会と法治国家へ向かうロシア　　/673
　§53．ロシアの精神的活動　　/682
　§54．新生ロシア連邦の建設　　/691
　§55．地政学的状況とロシアの外交政策　　/698
　§56．21世紀直前のロシア　　/705

　年　表　　/716

ロシアの歴史　古代から16世紀末まで

6 年生

序　文

　新しい教科書は、あなたがたにロシアの歴史を紹介します。あなたがたはすでに古代世界史と中世史を学びました。わが祖国の歴史は人類史の一部を成すものです。それは他民族の歴史と同様に興味深く、またドラマチックですが、その歴史の主役が先祖なので、身近なものになるのです。

　ロシア史の源は遥かな古代に遡（さかのぼ）り、多くの輝かしいページを含んでいます。祖国の歴史を学びつつ、私たちはそのなかに感嘆と見習うのにふさわしい模範を見出し、さらに、現在と将来において、どのような行動をすべきか、という警告を発するので歴史は民族の集団的な記憶だと言われます。

　6年生であなたがたは古代から16世紀末までの祖国史の一部を学習します。あなたがたは、どのようにヨーロッパ東方平原にロシア人、ウクライナ人、ベラルーシ人の先祖である東スラヴ族が現れたか、彼らの日常生活はどのようなものであったか、東スラヴ族と隣人民族の相互関係はどのようになったか、を学ぶでしょう。教科書はあなたがたに、どのようにして古代ロシアの国家が成立したか、なぜその国家が独立した公国に分裂したか、どのようにしてロシアの領地が遊牧民である汗（ハン）民族に従属するようになったのか、またどのような状況が国民に再び自由を取り戻させたのか、などを語るでしょう。あなたがたはモスクワの興隆とモスクワ・ルーシ、あるいはロシアの統一国家形成の過程をたどるでしょう。偉大な歴史的人物であるクラスノエ・ソルヌィシコ〔美しい太陽－訳者〕というあだ名をもったウラジーミル公、賢公というあだ名のヤロスラフ公、アレクサンドル・ネフスキー公、ドミートリー・ドンスコイ公、ラドネジのセルギー、イヴァン3世、イヴァン雷帝、コサック首長イェルマークなどについての知識も得るでしょう。遠い昔のわが先祖がどのように生活していたか、世界文化の発展にどのような貢献をしたか、などを知るでしょう。

　さて、もうおわかりのとおり、私たちは遠い昔の時代を学びます。歴史的出来事の歩みの復元を助けるのが**史料**（しりょう）です。旧（ふる）い物のあらゆる遺物──住居跡、衣服、装飾、硬貨、日常生活用品、絵画とスケッチ、書籍、古文書、口頭伝承、

昔の諺(ことわざ)、いいならわし、さらに個々の単語さえ史料となります。

　9世紀～16世紀のロシア史研究の重要な史料は年代記——年代ごとに編纂された出来事の記録です。毎年の出来事は普通「フレート」（v leto；～年に）で始められました。年代記は支配者の宮殿や修道院、教会で記録されました。古代ロシアの年代記は、東スラヴ族の起源、国家権力の発生、スラヴ民族の相互関係、そしてその他の民族や国家との関係についての情報を含んでいます。年代記物語の布には、様々な物語、法律や契約の文章、その他のドキュメントなどが年代記にだけ記述され、現在まで保存されています。また私たちはその他の古文書史料、——事務書類、証書、書簡、文学作品などからも多くのことを知ることができます。

　年代記や他の書類史料の多くは国家の歴史を映し出すものです。ですからそれらは当時の人々の日常生活の様子、風習や習慣について完全な叙述ではないのです。そのような史料は多くの学問によって収集されます。人々の生活を再現することは、物質的文化史料（作業器具、道具、武器、住居、居住地、墓地など）にもとづいて人類の過去の歴史を研究する学問である**考古学(こうこがく)**が重要な地位を占めています。考古学の基本的な手法は発掘ですが、考古学が遠い過去の人々の思いや願望の理解をいつも可能にはしません。そのときに助けとなるのが言葉に関する学問の**言語学(げんごがく)**、民衆の創作作品（昔話、物語、諺、民謡、踊り）を研究する**民俗学(みんぞくがく)**です。これらとその他の多くの学問は歴史の特有な協力者です。これらが歴史学者に遠い過去の人々の生活を再現する助けとなっています。

　さて、あなたがたはすでに古代世界史、ヨーロッパと東方の中世史を学びました。これから新しい旅、古代と中世ルーシへの旅に出ましょう。

ウラジーミル市近郊で古代人の墓を
発掘している考古学者たち

第1章

古代ルーシ

§1. 東スラヴ族

◆東スラヴ族の起源と分布

　昔からヨーロッパの大半とアジアの主要部分には、かつて同じ言語を話し、姿形も多くの共通点をもった**インド・ヨーロッパ語族**が居住していた。これらの種族はつねに新しい地域を開拓して、居住地を移動していた。次第にインド・ヨーロッパ系語族の個々のグループは、お互いに分離するようになった。あるとき共通言語は個々の言語に分裂した。

　およそ4千年前に**バルト・スラヴのインド・ヨーロッパ語族**に分裂が起きた。彼らは中央・東ヨーロッパに住み着いた。紀元前5世紀頃、これらの語族は**バルト族**と**スラヴ族**に分離した。スラヴ系語族はドニエプル川の中流域からオーデル川まで、カルパチア山脈の北斜面からプリピャチ川までの地域を開拓した。

　紀元後5世紀にスラヴ族は強力なうねりとなって黒海からバルト海に広がる土地へ向かった。彼らは、北方はヴォルガ川上流とベロオーゼロ川の上流域、南方はギリシアまで到達した。この移動過程でスラヴ族は**東方**、**西方**そして**南方スラヴ**の3つに分かれた。

　東スラヴ族は6～8世紀に東ヨーロッパ、北はイリメニ湖から南は黒海北沿岸ステップ地域まで、西はカルパチア山脈から東はヴォルガ川までの広い地域

に住み着いた。このようにして、彼らは東ヨーロッパ平原の大部分を占領した。

　この地域で東スラヴ系の12種族（他の史料では15種族）が仲間となって生活した。最大数の種族はデスナ川河口近くのドニエプル川河岸に定住した**ポリャーネ族**、そしてイリメニ湖畔とヴォルホフ湖畔に定住した**イリメニ・スロベン族**である。東スラヴ族の種族名の多くは定住地名と結びついている。たとえば、ポリャーネ族は「平原に住む人々」、**ドレヴリャネ族**は「森林に住む人々」、**ドレゴヴィチ族**は沼、湿地を意味する「ドリャグヴァ」から名づけられ、**ポロチャーネ族**はポロタという川の名前からである。

◆スラヴ族の職業

　東スラヴ族は農耕生活を営んでいた。しかし、彼らが定住した地域の大部分は未開発の森林であったので、最初は森林の開発が必要であった。伐採後の木の切株を引き抜いて、木々と同様に焼却し、その灰を土地の肥料とした。土地は2、3年耕作して、収穫が悪くなると、それを放棄して新しい土地を用意した。このような農耕システムを**伐採焼却農法**と呼ぶ。農耕作業により適した条件はドニエプル川河岸のステップ地域と森林ステップ地帯であった。そこでは豊かな黒土の土地が多かった。一区画の土地はすっかり痩せるまで数年間利用してから新しい区画へ移動した。痩せてしまった土地は収穫できるようになるまで約20〜30年間耕作しなかった。このような農耕システムを**休耕農法**という。

　農作業はいくつかのサイクルからなっていた。最初に土地を**すき**で耕した。それは幅広い頑丈な板の下にふたつに分かれた先鋭な先端をもち、そこに鉄製のすき刃を付けたものである。すきは土地に間断ない浅い溝を残すが、そのあと土壌を**馬ぐわ**でならした。馬ぐわは木製角材に木製あるいは鉄製の刃を取り付けた柵の形をしている。もっとも重要な作業は種蒔きであった。種蒔きは風

スラヴ族女性。ロシアの学者M・M・ゲラシーモフが頭蓋骨から古代人の風貌の復元方法を開発した

第1章　古代ルーシ　　23

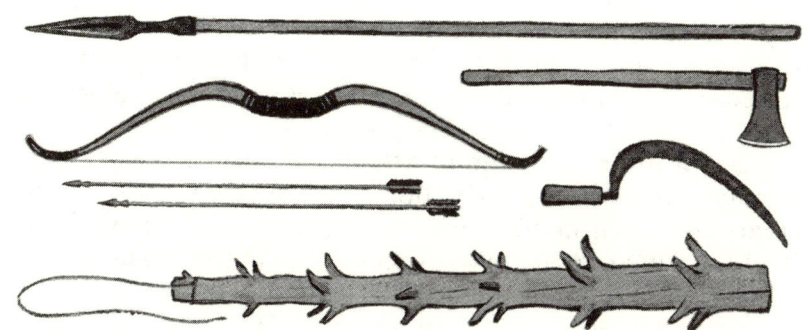

労働の用具とスラヴ族の武器

のない日に裸足で行った。胸に手提げの網かごをつけて手のひらで種を蒔いた。夏の終わりに穀物を鎌(かま)で収穫した。

　農耕文化でスラヴ族はとくに好んで小麦、キビ、オオムギ、そしてソバを育てた。パンはスラヴ族の主食であったので、その種はジト（生きるという意味のジーチから）と呼ばれた。菜園にはカブ、大根、赤カブ、キャベツ、たまねぎ、ニンニクを植えた。

　スラヴ族は農業のほかに牛、ヤギ、羊、豚、馬などを繁殖させる畜産も営んだ。

　東スラヴ族の生活で大きな役割を占めたのが養蜂(ようほう)（原始的な）、漁業そして狩猟であった。狩猟は補足的な食料となっただけではなく、獣皮をもたらした。獣の皮から上着が作られた。その他に主にテンの毛皮は物々交換で貨幣の役割を果たした。鉄の精錬、鍛冶屋や貴金属業などの手工芸はとくによく発展した。

◆日常生活と慣習

　スラヴ族は背が高く、がっしりとした体型が特徴で、非凡な体力と忍耐力をもっていた。またスラヴ族は亜麻色の髪の毛、赤い顔そして灰色の目をしていた。

　周辺の諸民族は、スラヴ族の特徴は自由を好むことと見なしていた。どんな

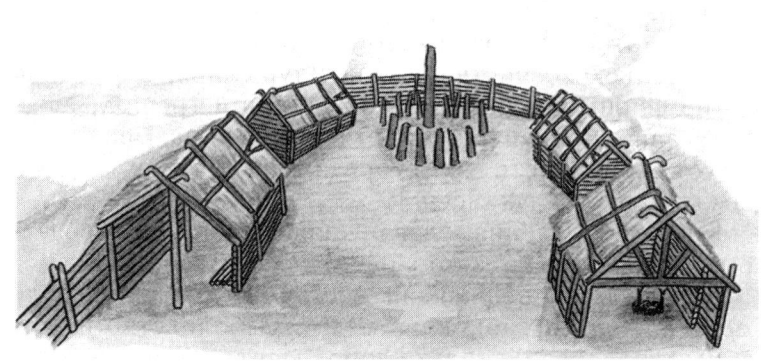

考古学的発掘データによって復元されたスラヴ族の居住区

　旅人でもスラヴ族は大切なお客と見なし、親切に迎え、もてなし好きであった。主人はお客にできる限り良いもてなしをしようと、テーブルには最高の食べ物と飲み物を用意した（旅人をもてなすために隣人から盗むことも許されていた）。スラヴ族は両親を尊敬した。花嫁は事前の取り決めに沿って略奪し、そのあとで彼女の両親に結納金を支払った。上流階級には多妻制の習慣があり、夫が死亡すると妻のなかのひとりが夫と共に墓に入らなければならなかった。スラヴ族には血族間での怨恨と復讐の慣習があった。

　東スラヴ族の村落は、ほとんどが川や湖の沿岸に位置して、広大な地域に広がっていた。彼らは家族単位で、10〜20㎡の半地下小屋に生活した。家屋の壁、椅子、テーブル、手作りの食器などは木から作られた。屋根は粘土を塗りつけた枝で覆った。煙突のない家で暖房のため粘土か石の炉が設置され、煙は煙突から排出するのではなく、直接屋根の隙間から出された。スラヴ族は自宅にいくつかの出口を設け、高価なものは土のなかに隠したのは、いつでも敵に襲われる可能性があったからである。

　スラヴ族は息を引き取る最期まで戦う勇敢な戦士で、臆病は最大の恥とされた。スラヴ族戦士は泳ぎが上手く、茎をくり抜いたアシを水面に出して息をつぎ、長時間水中に留まることができた。スラヴ族の武器は槍、弓、毒を塗りつけた矢、円形の木製の盾で、刀やその他の鉄製武器はまれであった。

◆信 心

　東スラヴ族は**偶像崇拝**(ぐうぞうすうはい)[1]で、多くの神々を崇拝した。彼らは自然を活動体と見て、それを様々な神の形として理解した。もっとも崇拝された神々は、太陽神**ヤリーロ**、雷と稲妻の神**ペルーン**（同時に、戦争と武器の神でもある）、風の支配者**ストリボグ**、家畜の守護神**ヴォロス（ヴェレス）**、豊作の神**モコシ（マコシ）**などであった。

古代スラヴ族の偶像

　スラヴ族は死後の生命を信じ、先祖を崇拝し、先祖の影（**シュール**、**ドモヴォイ**）が家のなかに残っていて、子孫を不幸から守っていると信じた。死亡した子供と溺れた女性の霊が**ルサルカ**〔水の女神－訳者〕の姿であると理解した。また様々な悪霊の存在を信じた。たとえば、川や湖の底には水の精（**ヴォジャノイ**）が、とくに薄暗い森林には森の精（**レシイ**）が住み着いているとされた。

　スラヴ族はこのような神々への崇拝のための神殿は造らず、異教の神々の**偶像**(ぐうぞう)——木像や石像を、神聖な木立ち、聖なる樫の木に立てかけて儀式を行った。

　神の怒りを鎮めるため、あるいは憐れみを得るために動物の犠牲が捧げられ、特別な出来事のときには人間を犠牲として捧げた。

　スラヴ族には特別な神官層は存在しなかったが、神々と交信し、呪術を使って将来を予言できる人々がいると考えていた。このような人々を**魔法使い**(まほうつかい)（**ヴォルフヴォイ**）と呼んだ。

◆統 治

　当初、東スラヴ族は「各種族が自分たちの場所」に、つまり血縁関係を基盤にして住んでいた。その長には大きな権力をもつ種族の長老がいた。しかし、スラヴ族が広大な地域に離散するにつれて血縁関係は薄くなった。血縁種族共同体に代わって隣接（領地）共同体——**ヴェルヴィ**（地域共同体）となっていった。

---

[1] 区別した語の解説は節の最後にある。

地域共同体のメンバーは共同で草を刈り、山林を支配し、耕地は各家族に分配された。すでに血縁長老権は効力を失い、総民会——ヴェチェに地域のすべての家長が集まった。そこで共同事業を進めるために長老を選出した。戦争の危機が迫った場合にすべての男性が敵と戦った。それは10人単位（10人、100人、1,000人）で**国民軍**（こくみんぐん）が形成された。個々の共同体は種族となり、各種族が種族同盟を形成した。

このようにして、5～8世紀に東ヨーロッパ平原の広域に東スラヴ族が定住した。彼らは農耕民族であった。スラヴ族は強健な戦士で、自由を愛し、協力してすべての問題を解決した。

◆質問と課題◆

1. 地図を用いて東スラヴ族の起源、種族同盟の分散居住について述べてください。
2. スラヴ族による新領地の開拓はどのように行われましたか。
3. 東スラヴ族が定住した地域の自然と気候条件が彼らの日常生活と慣習に、どのように影響しましたか。
4. 古代スラヴ族の信仰を異教と呼ぶのでしょうか。また、異教のなかにスラヴ族の慣習は、どのように反映したでしょうか。
5. 東スラヴ族はどのように統治されたかを述べてください。

史　料

ビザンツ時代の作家、ケサリアのプロコピイの東スラヴ族について。

この種族は（中略）ひとりの人によって統治されておらず、昔から人民統治（民主主義）で暮らしている。したがって、彼らの人生での幸福と不幸は共通のものと見なされた。彼らは稲妻の神ただひとりがすべての支配者であり、この神に牛を犠牲として捧げる。（中略）彼らは川や、ニンフ、そしてあらゆる神々を崇拝し、すべてに犠牲を捧げ、この犠牲の助けを借りて占いをする。彼らはお互いに遠く離れて、みすぼらしいあばら家に住み、いつも

居住地を変えている。戦いに出るとき、彼らの多くは敵に対するとき手に盾と投げ槍をもつが、彼らは決して鎧を着けない。ある者は上着（着物）やマントさえも着けず、幅広いバンドで腰にズボンを縛りつけただけで敵との戦いに出る。(中略)彼らは非常に身長が高く、驚くほど力強い。肌の色は白く、髪は金髪である。

◆史料についての質問

東スラヴ族の生活のどのような特徴にビザンツ時代の作家は注目していますか。なぜ東スラヴ族生活のこの側面にビザンツ時代の作家が関心をもったのか、あなたはどう考えますか。

◎ 新しい用語を覚えよう。

日常生活〔Быт〕――日々の生活

ヴェルヴィ〔Вервь〕――地域共同体。古代ルーシの共同体の名称。

ヴェチェ〔Вече〕――民会。ルーシにおける民会。

国民軍〔Народное ополчение〕――軍事行動のときに国民が自発的に形成する軍団。

習慣〔Нравы〕――慣習、社会生活のしきたり。

偶像崇拝〔Язычество〕――各種族、国民がもつ自分たちの多くの神々によって異なる宗教的な信心。

§2. 東スラヴ族の隣人

◆東ヨーロッパ森林地帯の住民

東ヨーロッパにスラヴ族が出現するまで、そこには他の種族が定住していた。北方森林地帯、バルト海からウラル山脈までの古代の住民は**フィン・ウゴル語族**――フィン族、メリャ族、ヴェスィ族、ムーロマ族、チェレミス族、モルドヴァ族などであった。ロシアの北西森林地帯にはバルト族が居住していた。森林の住民は早くから沼鉄鉱で鉄の採取を行っていた。彼らは鉄製の斧で森林

フィン・ウゴル族の男性

を切り開き、農耕を営むための土地を広げた。しかし、厳しい気候条件は多くの収穫をもたらさなかった。したがって、森林地帯の住民は農耕と畜産、狩猟、漁業、採取を組み合わせた。寒く長い冬には人々は家内手工業に取り組んだ――男性は木や白樺の表皮で様々な用具を作り、女性は布を作り、着物を編み上げた。多くの種族では製陶と製鉄手工業が高度な水準に達していた。

　森林の住民は半地下小屋に住んでいた。村落の近くに堀と土塁で守備された領地――**陣地・陣営**を建設した。危機が及んだとき家畜をそこに追い入れ、食料やその他の財産を運び入れた。

　フィン・ウゴル族は森林、湿地帯や貯水池に住む精霊を崇拝した。バルト族は自然のエネルギーを神格化し、動物や聖なる樫の木を拝んだ。中心的な神は**雷神ペルクニ**であった。

　スラヴ族の前進は開拓する性格のものだが、占領ではなく平和的な**領地の開拓**であった。スラヴ族は開拓した土地にもともと居住していた種族の隣りに住み着き、お互いに影響を与え合った。

　スラヴ族はそうした種族より多数であったため発展レベルは高く、多くのバルト族やフィン・ウゴル族は同化されていった。スラヴ族は隣人から多くの川、湖、村落の名前を借用した。彼らはフィン人に倣って悪霊、魔術師などを信じるようになった。フィン・ウゴル族との共同生活はスラヴ族の風貌を変え、彼らのなかには丸顔で、頬骨が出ていて大きな鼻をもつ人々がより多く見られるようになった。

　南ブグ川流域、ドニエプル川の中流と下流地域とその支流地域に**イラン族スキタイ・サルマト種族**の子孫が定住した。彼らも同じようにスラヴ族に多大の影響を及ぼした。多数のイラン語の単語が古代スラヴ語のなかにしっかりと入り、現代ロシア語のなかに保たれている（神、豪傑、大地主、百姓家、犬、斧、

その他の単語)。スラヴのいくつかの異教神の名前、**ホロス**や**ストリボグ**はイラン語の名前である。ペルーン神はバルト語が語源である。

◆チュルク汗国とアヴァール汗国

6世紀にアジアから黒海北沿岸のステップ地域にチュルク種族が侵入してきた。この好戦的な遊牧民が中央アジアで最初に騎馬兵の強力な武器、騎兵刀を取り入れ、同時により確実に鞍のうえに座って弓を放てる鐙(あぶみ)を取り入れた。モンゴルからヴォルガ川までの広大な地域に彼らは**チュルク汗国**(ハンこく)を創設した。この国

東スラヴ族ヴャチチの女性

家の首領はアルタイ山麓に住み着き、名誉的なハカンあるいはカガンという称号を用いた。このタイトルは、チュルク汗国に入った全種族の長(おさ)——ハン(汗)は彼に服従するという意味で、**カガン**自身は「汗のなかの汗」を意味した。7世紀中葉にチュルク汗国は崩壊した。この時代までにチュルク族は東ヨーロッパのステップ地域の住民に大きな影響を与え、堅固にこの地域を自分のものにしていった。

6世紀に周囲のすべてを破壊しつつ、中央アジアから黒海北沿岸を通ってドナウ川とバルカン半島に**アヴァール遊牧民**(ゆうぼくみん)が押し寄せてきた。現在のハンガリーに彼らは**アヴァール汗国**(ハンこく)を建設した。それは軍事的な従属と種族の長の買収によって支えられていた様々な種族の不安定な合同体であった。ヨーロッパに来てもアヴァール族は自分たちの日常生活を変えなかった。彼らは遊牧の畜産を営んでいたが、主要な活動は隣接する種族や国を襲撃することであった。スラヴ民族の伝承では、カルパチア山脈の東側に住んでいたスラヴ系**ドウレブ族**(ぞく)に対してアヴァール族が行った襲撃について語られている。ほとんどの男性を殺害してからアヴァール族は馬や牛の代わりにドウレブの女性を荷馬車につないだという。

7世紀前期アヴァール族はビザンツに壊滅的な敗北を喫した。一方、8世紀

末にはスラヴ族と同盟を組んで行動したフランク国のカール大帝の軍団によって最終的に破壊させられた。

◆ハザール汗国

　7世紀にチュルク語系**ハザール族**はヴォルガ川下流地域に自分たちの国家を形成した。彼らは次第に北コーカサス、アゾフ海沿岸地方、クリミア半島の大半、またドニエプル川までの東ヨーロッパ森林ステップ地域に住む多くの遊牧民や農耕民族を支配して貢税を納めさせた。新しい国はハザール汗国と名づけられた。ハザール族は少しずつ遊牧生活を定住生活に変えていった。彼らの生活は円形天幕での遊牧であったが、遊牧の大きな仮泊地が都市になり、そこでの定住を優先するようになった。春の訪れと共にハザール族は羊や馬の群れをステップに追って行き、晩秋に都市の生活に戻った。ヴォルガ川下流でハザール族の支配者は首都**イチリ**を建設し、手工芸と商業の大きな中心地となった。この市に様々な国々から手工芸者や商人が集まってきた。ハザール汗国では色々な国の言葉が飛び交い、住民は様々な宗教を信じていたが、ハザール族自身は長いあいだ異教徒であった。8世紀、ハザール族の上流階級は**ユダヤ教**を受け入れた。

　8世紀にハザール族はステップの近くに住んでいた東スラヴ族のポリャーネ族、セヴェリャネ族、ヴャチチ族、ラジミチ族を支配して貢税を「一戸当たりオコジョ〔イタチ科の哺乳類—訳者〕とリス」を納めさせた。

◆ヴォルガ＝ブルガル国家とビザンツ帝国

　7世紀にチュルク語系**ブルガル族**が「大ブルガル」国家を創設した。それはクバニ川からドニエプル川までの地域を占めた。7世紀中葉にブルガル族とハザール族とのあいだには絶え間ない戦争が続いた。ハザール汗国に敗北したブルガル族の一部はドナウ川を越え、その地のスラヴ系住民と交わった。バルカン半島にはスラヴ族国家**ブルガリア**ができた。他の一部はヴォルガ川中流域——ヴォルガ川とカマ川周辺に移住した。原住民であるフィノ・ウゴル族を支

配した彼らは9世紀に**ヴォルガ＝ブルガル国家**を形成した。以前は遊牧民であったブルガル族は森林地帯に移住して、原住民から農耕方法を導入して定住生活を営むようになった。10世紀までヴォルガ＝ブルガル国家はハザール汗国に従属する小国であった。9世紀末から10世紀前半にブルガル国家の強国化が生じた。12世紀末にカザンカ川が合流するヴォルガ川左岸にブルガルの北西部国境を守るために国境線の要塞**カザン**が建設された。南ウラルに住み着いていたバシキル種族はブルガルの影響を受けた。922年から**イスラーム教**がブルガル国家の公式宗教となった。

東スラヴの地で発見された東方の貨幣

　東スラヴ族の生活において重要な役割をなしたのが**ビザンツ帝国**との関係であった。当時それはもっとも文化的で、強力で、さらに経済的にも発達したヨーロッパ国家であった。スラヴ族が**ツァリグラード**と呼んだ**コンスタンティノープル**は、人口の多い、富裕な都市で、進歩した手工業と商業の中心地であった。その宮殿と聖堂は美しさと荘厳さで訪問者を感嘆させた。コンスタンティノープルでは国内で使用する物資の生産だけではなく、国外への輸出品も生産していた。それは金銀の装飾品、様々な金属製品、絹の布、美しい陶器などであった。その他に、ビザンツ帝国はワインや果物も生産して輸出した。世界の商人たちがビザンツ帝国を目指していた。860年コンスタンティノープルとその郊外は、突然、無名軍団の襲撃にさらされた。彼らは帆船200隻で黒海の北方沿岸から来て、自らを**ロースィ**あるいは**ルースィ**と名乗った。このようにしてビザンツ帝国は東スラヴ族を知ったのである。

　このようにして、東スラヴ系語族は多くの民族に囲まれて生活していた。そのなかのいくつかは東スラヴ族の言語、文化、日常生活に多大の影響を及ぼした。

◆質問と課題◆

1. フィン・ウゴル語族はどこに住んでいたでしょうか。フィン・ウゴル語族の職業、日常生活、信仰に、定住地の自然気候条件は、どのように影響しましたか。
2. スラヴ種族とフィン・ウゴル語族の相互関係はどのようなものでしたか。お互いの影響は何によって表されましたか。
3. チュルク汗国とアヴァール汗国が占領した地方を地図で示しなさい。なぜこれらの国家が安定しなかったのかを、あなたはどう考えますか。
4. ハザール汗国が占領していた地方を地図で示しなさい。この国家の特徴を挙げなさい。東スラヴ族との相互関係は、どのように調整されましたか。
5. ヴォルガ゠ブルガル国家の出現について述べてください。ヴォルガ゠ブルガル国家とハザール汗国との相違点と類似点をどこに見ることができますか。
6. 東スラヴ族はビザンツの何に魅力を見出したのですか。

◎ 新しい用語を覚えよう。

　　貢税〔**Дань**〕——支配された種族や民族から物資あるいは金銭で集める重税。

　　開拓〔**Колонизация**〕——空いている土地の開発、定住。

§3. 古代ロシア国家の形成

◆古代ロシア国家創設の前提条件と原因

　国家とは、ある領域に住んでいる人々を統治するための統一システムがある生活組織である。つまり、人々の相互関係は共通の法律（あるいは伝統）を基盤にして調整され、国境線は保障され、一定の方法で他国あるいは他民族との相互関係が調整される。

　国家形成とは長期の過程である。それは不可避的な、つまり当然の過程として形成され、**部族体制**が崩壊した結果である。東スラヴ族は数百年のあいだに

第1章 古代ルーシ　　33

前提条件、つまり国家創設の前提条件ができあがったのである。
　9世紀に東スラヴ族の生活で通商がますます大きな意味をなすようになった。ネヴァ川、ラドガ湖、ヴォルホフ川、ロヴァチ川、ドニエプル川に沿って定住したスラヴ族の土地を「ヴァリャーグ族からギリシア人へ」と呼ばれる、ヴァリャーグの海（バルト海）とロシアの海（黒海）を結びつける交易路が通っていた。この重要な水路の終着点は、収益の上がる交易の場、豊かなビザンツであった。スラヴ族のなかには高価な動物の毛皮、山林の蜂蜜や蜜蠟、その他の森林の賜物を同胞から購入して、そのあとビザンツ帝国、ハザール汗国、バグダッドの市場にも輸出する人々が現れた。そこで彼らはこれらの商品を絹布、金、ワイン、野菜、高価な武器と交換した。このように貿易を主な職業とする人々は商人と言われた。
　交易の発展と共に黒海とバルト海に通じる水路に位置する種族の中心的な村落には、周辺の狩猟者や山林養蜂者が収穫物を商人に売るために運び込む特別な拠点がつくられるようになった。次第に、このような都市になっていったの

商船と軍艦

古代スラヴ人の通商

は、ポリャーネ族の**キエフ**、セヴェリャネ族の**チェルニゴフ**、クリヴィチ族の**スモレンスクとポロツク**、ラジミチ族の**リューベチ**、イリメニ・スロベン族の**ノヴゴロド**などの都市である。

　商人はここで取引を行い、商品用の倉庫を建て、通商キャラバンを作った。**手工業者（しゅこうぎょうしゃ）**は町々へ移動した。

　交易業は非常に儲かる仕事であったが、困難で危険でもあった。9世紀初めにヴォルガ川を越え、ハザール族の村落を抜け、そして黒海沿岸の広大なステップ地域に住み着いた遊牧民**ペチュネグ族（ぞく）**が商人のキャラバンを略奪していた。ドニエプル川の下流域すべては彼らの支配下に入っていた。

　自分たちの商船や倉庫を守るために商人は、**義勇隊（ぎゆうたい）**（集団）として集めた専門の兵を雇用して武装した。親兵隊の長には隊長である**公（こう）**がいた。敵から都市を守るために頑丈な城壁で囲うようになり、土塁や柵で強化した。

　町々には様々な地方から人々が集まり、そこではクリヴィチ族なのか、ヴャチ族なのか、ラジミチ族なのかに関係なく、人々は職人、商人あるいは親兵に

なった。都市では種族の伝統に従うことは禁じられ、全員に共通の行動規則が要求された。多くの都市では法律を定め、秩序を保ち、公が権力の実現を図った。

都市の人々はパンや他の食物を必要としたので、農民は余った産物を売るために都市に運んだ。敵の襲撃があった場合、村民は城壁を隠れみのにした。次第に、都市は様々な東スラヴ族が定住していた周辺地域を従属させていった。つまり同じ公の権力を認める領地、地方の**公国**(こうこく)が生じた。このような公国がポリャーネ族、ドレヴリャネ族、クリヴィチ族、イリメニ・スロベン族、ドレゴヴィチ族のところに存在した。南ではステップの民族、北西では**ノルマン族**(ぞく)が彼らの共通の軍事的脅威になり、合併の道、つまり国家の創設へと向けさせた。

◆東ヨーロッパのヴァリャーグ族（ヴァイキング）

ノルマン族（北方の民族）はヨーロッパの北、スカンジナビア半島に住んでいた。8～9世紀末に武装したノルマン人部隊がヨーロッパの様々な国々へ交易と侵略の侵攻を行った。彼らは東スラヴ族の北西にある土地にも侵攻して来た。スカンジナビアからの来訪者はフィン・ウゴル族のフィン族とメリャ族、さらにイリメニ・スロベン族やクリヴィチ族に貢税を課した。貢税として需要の多い毛皮や蜂蜜、その他の物資を受け取り、彼らは「ヴァリャーグからギリシアへの道」で活発な交易を営み、東スラヴ族の地で「自分たちの交易拠点」を設立して、そこに住み着いた。最初にノルマン族の襲来を受けたバルト海沿岸のフィン・ウゴル族は、彼らを「ロウトス」と呼び、そこから「ロースィ」あるいは「ルースィ」になった。フィン族に続いて、東スラヴ族もこの呼び名を用いるようになった。ルースィとは、東スラヴ族の所に住み着いたノルマン族の一部である。スラヴ族の隣に住みながらルースィ族は徐々に当地の住民と混じり、言葉や習慣を自分のものにした。

東スラヴ族のいくつかの都市は、公を軍司令官としたルースィ族軍団を少額で招くようになった。東スラヴ族はスカンジナビアの傭兵を**ヴァリャーグ**と呼んだ。ヴァリャーグは航海に長けた人々で、多くの戦闘経験があった。スラヴ

36　ロシアの歴史　古代から16世紀末まで　6年生

外国からの客　N・リョーリフ作

の土地が襲撃されたとき、彼らは国民軍を指揮してスラヴ族に戦闘術を伝えた。その後ヴァリャーグ族の公は他の義務も果たすようになった。従属していた都市の領地には様々な種族が住み着いていたので、公は種族間の争いでますます頻繁に判事として招かれるようになったのである。彼らはどの種族とも関係のない立場であったが、ヴァリャーグ族はスラヴ族の土地を敵から守るという住民と共通の関心をもっていたからである。また、公は軍団を用いてまだ征服していない人々を従属させる権力でもあったからだ。ヴァリャーグ族の公は傭兵部隊の指導者から徐々に権力者へと変わっていった。彼らは義務の遂行に対する給与の代わりに、より高額で恒常的な貢税を住民に課した。

◆国家的な中心地の形成

　862年にヴァリャーグ族の支配下にあった東スラヴ族とフィン語系族は貢税を止めて、彼らを「海の向こうへ」、つまり彼らが来た元の地へ追い返した。

しかし、そのあと間もなく種族間で論争が起こり、事態は武力衝突にまで至った。一方、この時に他の敵が彼らの地を襲撃するようになった。それはハザール族か、あるいは彼らが雇用した他の種族かもしれない。「ヴァリャーグからギリシアへの道」のドニエプル水路の一部を自分たちの支配下に置いても、ハザール族はバルト海への出口を手に入れようとしていた。したがって、9世紀北西地域にはハザールの侵略脅威が立ち塞がっていた。そこで全種族の代表者がヴェチェ（民会）に集結して、「海の向こう」の旧知のヴァリャーグ族に使節団を送り、「われわれの土地は広大で豊かだが、そのなかには秩序がない。公としてわれわれを治めるために来てください」とのメッセージを送った。この招致にヴァリャーグの**リューリク公**が応じた。彼は**ラドガ**という都市に従士団と共に落ち着いた。こうして北西地域には大きな合併（公国）が興り、その中心地はリューリク公によって創設された新しい都市——ノヴゴロドとなった。

　9世紀初頭ルーシ族の部隊は南にも出現した。ヴァリャーグ族の**アスコリド公**と**ジル公**は大交易路に沿ってビザンツ帝国の首都ツァリグラードへ出発した。ドニエプル川を下って、彼らは3つの丘に立つ都市を目にした。これはポリャーネ族のキエフで、伝承によると、**キイ**、**シチェク**、そして**ホリフ**の3兄弟が創設した都市である。キエフ住民はハザール族に貢税を支払っていて、さらにドレヴリャネ族や他の種族から「いじめられて」いた。ポリャーネ族は都市にヴァリャーグ族従士団を招いた（可能性として、最初にここに来たのはアスコリドで、数年後にジルを招いた）。ルスィ族はポリャーネ族をハザール族の服従から解放した。そのうえに、キエフの統治者となり、アスコリドはハカン（可汗）と名乗って、ハザール国の君主と等しいことを強調した。そのあと、ヴァリャーグ族はポリャーネ族を「いじめる者たち」——ドレヴリャネ族、ペチェニェグ族、ブルガル族との戦いを始めた。

　このように、9世紀にヴァリャーグ族が治めるふたつの東スラヴ族共同体ができた。ひとつは北のノヴゴロドを中心としたイリメニ周辺に、もうひとつは南のキエフを中心地としたドニエプル川沿いに位置していた。

◆古代ロシア国家の形成。その内部組織

　879年リューリク公はノヴゴロドで死に、彼の親族であるオレグがノヴゴロドの公になった。

　882年、大軍団を集めてオレグは南に遠征した。その途中、オレグは南の諸公が狙っていたクリヴィチ族の領地を征服した。キエフに近づくと、彼はアスコリド公とジル公を謀略により都市からおびき出して殺害した。オレグはキエフ市を「ロシアの町々の母」と言い、自国の首都であると宣言した。次に彼はポリャーネ族に隣接していたドレヴリャネ族に勝利した。そのあと、公はハ

オレグによるアスコリドとジルの殺害

ザール族を追い払ってセヴェリャネ族やラジミチ族を従属から解放した。

　東スラヴ族の主要なふたつの中心地、キエフを中心とした南とノヴゴロドを中心とした北が合併した結果、ルーシと名づけられた国家が形成された。これが東スラヴ族のもっとも古い、最初の国家であったため、歴史家は**古代ロシア国家**あるいは**キエフ・ルーシ**と呼んでいる。

　ルーシの元首は**キエフの大公**で、彼は自分の軍団、従士団に支えられていた。ほとんどの従士団は大公と同じ屋根の下に住み、同じ食卓で食事をし、大公といっしょに貢税や戦利品を分け合った。すべてに関して公は従士団と相談した。

　キエフの国家権力を認めるすべての種族は、大公と**契約**を結び、彼らは毛皮、穀物、その他の産物で貢税を支払う義務を負った。

　11月から4月までキエフの公は従士団と共に支配下の領地を回って、用意されていた貢税を集めた。このような貢税の収集形式は「ポリューディエ」（貢税の巡回徴貢）と呼ばれた。また種族は戦争が起きたとき、公のために国民軍を用意する義務があった。全ロシアの国民軍を指揮したのは**軍司令官**で、公の次の地位にあった。

　都市の中心で開かれたヴェチェ（民会）ですべての重要な問題が決定された。民会は鐘の音で召集され、賛成か反対かを大声で述べ、多数決で決定された。いくつかの領地では、その地の公が残された。彼らは自分たちの従士団や選出された**長老**と国民軍の隊長——**千人長**に支えられていた。地方の諸公はたびたびキエフの支配から逃れるためにあらゆる機会を利用して独立を取り戻そうとした。

> このように、9世紀末の東スラヴ族の領地にルーシと呼ばれた国家ができた。それは東スラヴ族の内的生活に起きた変化の当然の結果であり、また北西の領地にはヴァリャーグ族の襲撃、南ではハザール族の襲撃という外的要素によって早められた。古代ロシア国家において種族支配の要素も残されていた。

◆質問と課題◆

1. 地図でポリャーネ族、セヴェリャネ族、クリヴィチ族、イリメニ・スロベン族、ラジミチ族の中心都市を見つけてください。「ヴァリャーグ族からギリシア人へ」の交易路を示しなさい。なぜそのように呼ばれたのでしょうか。
2. 東スラヴ族の所に地方の公が出現した理由は何ですか。
3. どうして東スラヴ族の領地にヴァリャーグ族が現れたのですか。
4. ヴァリャーグ族は東スラヴ族の2大国家的中心地で、どのような役割を果たしましたか。彼らを古代ロシア国家の創設者と見なすことはできるでしょうか。
5. 古代ロシア国家は、どのように統治されてきましたか。
6. キエフ大公の権威は限定的だったと見なすことができるでしょうか。

史料

古代ロシアの年代記『原初年代記』オレグのキエフ攻略

6390（882）年。オレグはヴァリャーグ族、チュジ族、スロヴェネ族、メリャ族、ヴェシ族、クリヴィチ族からなる多くの兵士を集めて遠征し、クリヴィチ族と共にスモレンスクへ来て、都市を征服し、そこを家臣に統治させた。そこから下流にくだり、リューベチ市を征服して家臣に統治させた。さらにキエフの丘に来て、そこがアスコリドとジルの公国であることを知った。そこで彼は兵士の一部を船中に隠し、他の一部を後方に待機させて、自らは幼いイーゴリを連れて丘に向かった。そしてウゴル丘に近づき、兵士たちを隠してからアスコリドとジルに使者を遣わして伝えた「私は商人である。私たちはオレグと公子イーゴリの所からギリシア人の所へ行く。一族の私たちの所へ来なさい」。アスコリドとジルが来ると、兵士たちが船から飛び出した。オレグはアスコリドとジルに言った「お前らは公ではないし、公の一族でもない。私こそが公の一族である」。そしてイーゴリを見せて「これこそがリューリクの息子である」。そうしてアスコリドとジルを殺害した。（中略）オレグはキエフの公となり、「この都市をルーシの町々の母たらしめよ（中略）」と言った。そこにオレグは都市を建設し始め、スラヴ族、クリヴィチ族、メリャ族に対し貢税を定め、ヴァリャーグ族には平和を保つための貢

税をノヴゴロドから年に300グリヴナ納めるように定めた。（後略）

　◆史料についての質問
　1．どの種族の代表者がオレグのキエフ侵攻に参加しましたか。これから、どのような結論が出されますか。
　2．オレグがキエフを古代ロシア国家の首都と宣言したのは、なぜだと思いますか。

◎ 新しい用語を覚えよう。
　　　ポリューディエ〔**Полюдье**〕──キエフの公が従士団を伴って領地から
　　　　　　　　　　　　　　貢税徴収のために巡回すること。

§4．キエフの最初の諸公

◆オレグ公（882〜912年）[1]の活動

　キエフの最初の諸公の活動には基本的にふたつの目的があった。第1に、彼らは東スラヴの全種族に対して自分の権力拡大を図ること。第2に、彼らは貢税として徴収した物品を効率よく売ることである。このために他の国々との貿易関係を支え、商人のキャラバンを襲う盗賊を交易路から掃討する必要があった。

　ルーシ族にとってもっとも魅力的でたやすく行けたのはビザンツ帝国であった。それは当時ヨーロッパでもっとも発展した豊かな国家であった。したがって、キエフの諸公はビザンツとの貿易関係を支えるため、あるいは途絶えた関係を修復させるためにコンスタンティノープル（ツァリグラード）に軍事侵攻を行っていた。

　古代ロシア国家の最初のオレグ公は、徐々に東スラヴ領地の大部分をキエフに合併させていった。彼の権力のもとで「ヴァリャーグ族からギリシア人へ」

1）カッコ内に統治年代を示す。

ルーシ兵士の海の出撃

　の道ができた。907年オレグはツァリグラードに向けて大規模な遠征を行った。そこには８万人の兵士を乗せた2,000隻の軍船が参加した。ビザンツ人はロシアの大軍が近づいたのを知ってコンスタンティノープルの港を巨大な鎖で閉鎖し、城壁のなかに隠れた。

　するとオレグは軍船を陸に上げ、船を車輪のうえに載せるように命じた。順風がルーシ族の帆船をビザンツの首都の城壁に向けて疾走させた。恐れたギリシア人は和平を乞い求めてきた。オレグ公は勝利の印としてツァリグラードの門に自分の盾を張りつけた。そしてロシア人商人に有利なロシアとビザンツの通商契約が結ばれた。

　しかし、間もなくビザンツ人は契約条件を破ろうと試みたので、911年にオレグは再び従士団をコンスタンティノープルに送り出した。ビザンツとの新しい契約はルーシにとってさらに大きな通商メリットを見越したものであった。

　伝承によると、同時代人がヴェシと呼んでいたオレグは、死んだ愛馬の頭蓋骨から出てきた蛇にかまれて死亡したと言われる。

◆イーゴリ公（912～945年）とオリガ（945～957年）の統治

　オレグの死後にキエフの公となったのは、リューリクの息子、**イーゴリ公**で

あった。彼は、オレグの死に乗じて離れたドレヴリャネ族をキエフの支配下に戻す行動から始めた。

　941年イーゴリ公はコンスタンティノープルに向けて大々的な遠征を行ったが、それは失敗した。ビザンツ人はルーシの帆船を「ギリシアの火」という特製可燃混合物で焼き払ったのである。

　イーゴリ公はこの敗北でも諦めなかった。944年、彼は再びビザンツ帝国へ向かった。これを知って、ギリシア人は多くの贈答品をもたせた使節団を公に遣わした。イーゴリ公は自分の従士団を引き返させた。彼が結んだ契約には、オレグの結んだ契約と比較するとロシア人商人にとっていくつかの制限があったが、有利なものであった。この契約で初めてロシア人の公の属領がロシアと呼ばれた。

　945年イーゴリ公はドレヴリャネ族から貢税を徴収した。それを集めて、彼はキエフに向かった。しかし、その途中に従士団がイーゴリ公に取って返してドレヴリャネ族から追加貢税を取るように説得した。公は大半の従士団を残して、少数の兵士と共に再度の貢税を取るために戻った。これにドレヴリャネ族は、公が貢税徴収の契約を犯したと憤慨した。

　そこでドレヴリャネの民会は「狼が羊の群れを襲ったら、狼を殺さない限り、すべての群をさらっていく」との決議をした。ドレヴリャネ族は戦いでイーゴリ公の従士団を撃破し、公に死の制裁を加えた。

　イーゴリ公の死後、キエフには彼の幼い息子、**スヴャトスラフ**が残されたが、彼の名で国を治めたのは母であり、イーゴリ公の未亡人でもあるオリガ公妃であった。彼女は夫の死に対してドレヴリャネ族に復讐した。そのあと后妃は貢税の正確な額としての**ウロク**と、それを集める場所として**貢税納入所**を設置した。そして、貢税は諸公が集めるのではなく、特別に任命された人々が行うことになった。これは最初の国家的な**改革**で、人々の生活に重要な変化であった。

　957年オリガは、きらびやかな従者を従えて遠いツァリグラード〔コンスタンティノープル〕へ出発した。そこで彼女は正教会の信仰を受け容れた。

海戦で可燃性混合物を使うギリシア人　ギリシアの年代記の細密装飾画

◆スヴャトスラフ公の遠征（957〜972年）

　ビザンツ帝国から戻ったオリガは、当時のもっとも優れた司令官のひとりになる運命のもとにあり、成人になったスヴャトスラフに公国を引き渡した。この公の生涯は遠征と戦いがすべてであった。

> 　スヴャトスラフ公は中背で青い目をした力持ちで、まれなほどに肩幅が広く、頑丈な首をもっていた。彼は額に髪の房を残して頭の毛をそり、一方の耳には2個の真珠とルビーの耳輪をつけていた。陰気で残忍な性格で、彼はあらゆる快適さを軽蔑し、屋外で寝起きし、鞍を枕の代わりにした。戦場で彼は野獣のように唸りながら、とてつもない残忍さで戦い、彼の兵士は粗暴に脅す怒号を発した。しかし、スヴャトスラフ公は戦いの準備ができていない敵を襲うことはなかった。彼は敵に使者を遣わし「お前たちの所へ行く」と予告した。

　スヴャトスラフ公は、それまでハザール族に貢税を支払っていた**ヴャチチ族**を東スラヴ種族同盟ルーシに合併させた。ヴャチチの領地から公はヴォルガ川へ向かった。ヴォルガ=ブルガル族を突破したスヴャトスラフ公は、東方の豊

かな国々へ通じるヴォルガ川通商路でロシア商人の障害となっていたハザール汗国へ向かった。

ハザール汗国に向かって兵を進めた2回の遠征（965～969年）のとき、スヴャトスラフの軍団はハザール族の主要な都市、イチリ、**セメンデル**、**サルケル**を破壊した。そのあと、ロシアの公はクバン川の河口とアゾフ海沿岸を占領した。タマニ半島にはロシア人の**トムタラカン公国**が形成されていた。スヴャトスラフ公の遠征後間もなく、ハザール汗国は国家としての存在を失った。

スヴャトスラフ公の常勝遠征はビザンツ帝国皇帝を不安に陥れた。皇帝は、ロシアの従士団をドナウ・ブルガル族との戦いに利用する目的で、全力でキエフ公を同盟者に変えようと努力した。

968年キエフの船隊はドナウ川河口に入った。スヴャトスラフ公はいくつかのブルガル族村落を占領し、**ペレヤスラヴェツ**市を新しい首都と定めた。

ビザンツの国境に新しく強力な敵が出現するという事態の展開は、ビザンツの構想には入っていなかった。皇帝は年老いたオリガとその孫がいるキエフを襲撃するように同盟国のペチェネーグ族を説得した。スヴャトスラフ公は従士団の一部を連れてキエフに急ぎ、首都からペチェネーグ族を追い払った。しかし、間もなく公は母と貴族たちに次のように告げた。「キエフは好きではない。私はドナウのペレヤスラヴェツに住みたい。そこは私の領土の中心に当たり、至るところからあらゆる産品が運ばれてくる。ギリシア人からは金、布、ワイン、様々な果

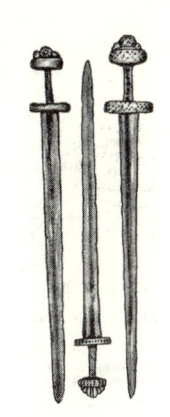

スヴャトスラフ公　E・ランセレ作

考古学者によって発見されたルーシの兵士の剣

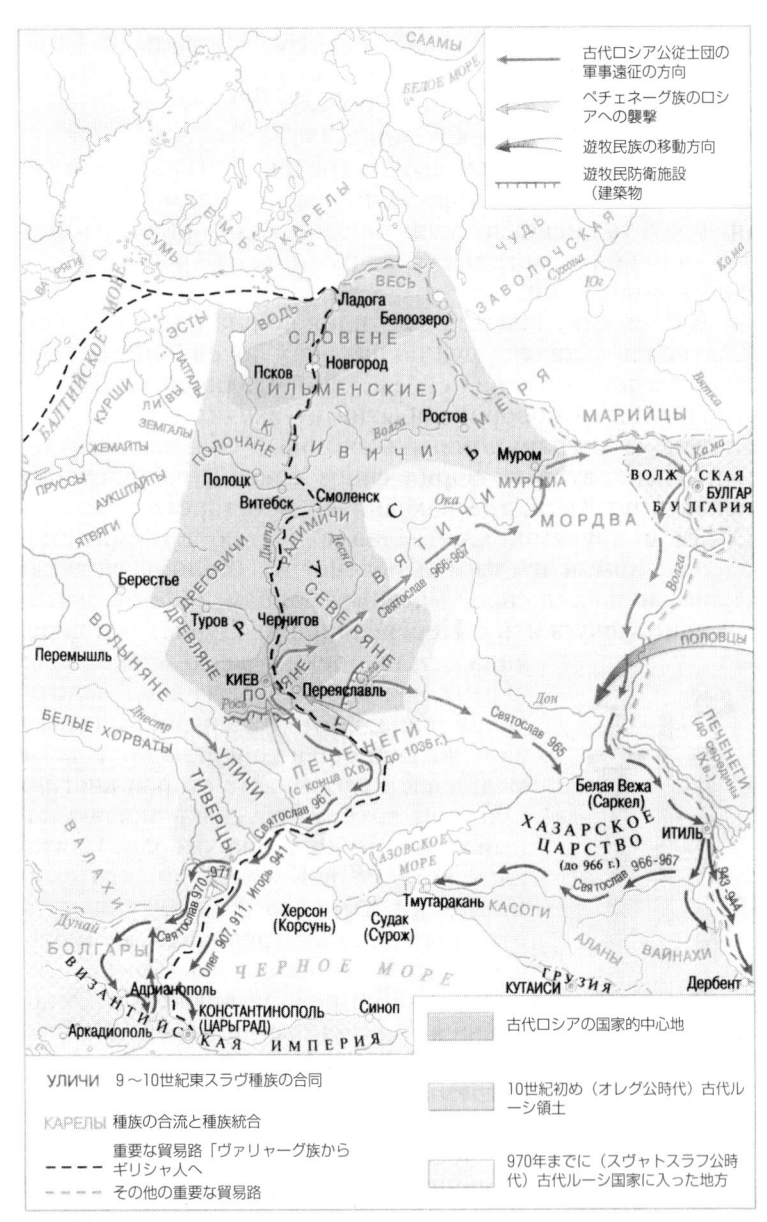

46　ロシアの歴史　古代から16世紀末まで　6年生

9〜10世紀のルーシ

物、チェコ人とハンガリー人からは銀と馬が、そしてルーシからは毛皮、蜂蜜、蜜蠟と奴隷が運ばれてくる」と。しかし、年老いたオリガ公妃は公を新しい遠征に出したくなかった。間もなく彼女は死んだ。スヴャトスラフ公は長男の**ヤロポルク**をキエフに残した。2番目の息子、オレグをドレヴリャネ族の土地へ送り込んだ。3番目の息子、オリガの鍵番で奴隷の**マルーシャ**が生んだ幼い**ウラジーミル**を伯父の**ドブリニャ**と共にノヴゴロドへ送った。一方、公自身はドナウ川へ向かったが、その状況は彼にとって良くない方向へと転換していった。

　971年の春にビザンツの優秀な軍団がスヴャトスラフ公に対抗してきた。激戦が交わされて大きな損害を蒙った敵は、交渉の場についた。ビザンツ帝国皇帝は公がブルガリアから撤退するとの約束の代わりに、スヴャトスラフ公の従士団の帰国に同意した。

　972年にスヴャトスラフ公が少数の従士団とキエフに戻ろうとしたとき、ペチェネーグ族がドニエプル川の川瀬（川の流れを変えるために石を積んでできた浅瀬）で公を待ち伏せして殺害した。ペチェネーグの汗（ハン）はスヴャトスラフ公の頭蓋骨に金を張り、祝宴のときに杯に用いるように命じた。

◆質問と課題◆
1. 最初のロシア諸公の活動に見てとれる共通点は何ですか。
2. イーゴリ公が死亡した状況について述べてください。
3. 古代ロシア国家の支配にオリガ公妃は、どのような変化をもたらしましたか。その意義は何ですか。
4. スヴャトスラフ公の主要な遠征を地図で示してください。
5. スヴャトスラフ公の統治は他の諸公とは何が異なっていましたか。

史　料

いかにオリガはドレヴリャネ族に復讐したかに関する『原初年代記』

　946年。オリガは息子と共にイスコロステニャ市へ向かった。それはまさに彼らが彼女の夫を殺害したからである。（中略）しかしオリガはひと夏か

けても都市を落とすことはできなかった。(中略) ドレヴリャネ族は尋ねた。「何をわれわれから望んでいるのか。われわれは蜂蜜と毛皮を差し出す用意はできている」。彼女は「あなたたちのところにはもう蜂蜜も毛皮もない。だからあなたたちに少しだけ要求します。一軒から鳩3羽とスズメ3羽を出しなさい。私は私の夫のように、あなたたちに重い貢税を課したくないので、少ししか求めません(中略)」と。ドレヴリャネ族は喜び、各家から鳩3羽とスズメ3羽を集めてオリガに差し出した。(中略) オリガは兵士たちのある者には鳩1羽を、ある者にはスズメ1羽を分け与え、鳩とスズメを火口(火種で発火するように乾燥させたしなやかな細枝)で結びつけるように命じた。暗くなり始めたとき、オリガは兵士たちに鳩とスズメを放つように命じた。鳩とスズメはそれぞれの巣へ戻っていった。(中略) すると、鳩舎のあるところ、鳥かごのあるところ、納屋や干草置場に火がついた。人々は都市から逃げ出してきたので、オリガは彼らを捕えるように兵士たちに命じた。このようにして、彼女は都市を攻略して焼き払い、都市の長老を捕虜とし、他の人々は殺害し、ある者を奴隷として家臣に与え、残った人々は貢税を支払わせるようにした。

◆史料についての質問
オリガ公妃は夫の殺害に対して残虐にドレヴリャネ族に復讐しましたが、これについてどう思いますか。

◎ 新しい用語を覚えよう。

貢税納入所〔Погосты〕──貢税を徴収する場所。オリガ公妃の改革によって定められた。

ウロキ〔Уроки〕──古代ルーシにおける貢税の額と貢税そのものを指す。オリガ公妃の改革によって定められた。

§5. ウラジーミル・スヴャトスラヴィチ公──キリスト教の受容

◆ウラジーミル公統治の始め
スヴャトスラフ公の死後、息子たちのあいだで権力闘争が始まった。この闘

考古学的発掘データによって復元された
遊牧民の襲来に対するロシアの防御施設

争に勝ったのはウラジーミル・スヴャトスラヴィチ（980〜1015年）であった。
　公は自分の公国を国家の秩序を整えることから始めた。スヴャトスラフ公の死後は遠くのヴャチチ族だけではなく、近くのラジミチ族もキエフに貢税を支払わなくなったからである。2年間の戦争の結果、ウラジーミル公はヴャチチ族をキエフの「配下に」治めた。984年、公はラジミチ族の軍団を壊滅させた。それ以前に、彼は西ドヴィナ川の**ポロツク公国**を征服していた。
　このあとウラジーミル公は、ロシア人の貿易に障害となり始めたヴォルガ＝ブルガルへの遠征を指揮した。それに勝利して、ウラジーミル公はルーシにとって有利な条件でブルガル族と和平を結んだ。
　ウラジーミル公の時代にルーシと、西スラヴ族によって形成されたばかりの国家**ポーランド**とのあいだで最初の衝突が起きた。981年ウラジーミル公は、スヴャトスラフ公の息子たちが権力闘争をしているあいだにポーランドの王が占領した東スラヴ族ドゥレブ・ヴォルイニ族の中心地であった**チェルヴェニ**と**ペレムィシリ**の都市を戦い取った。
　このようにして、東スラヴ族のすべてとフィン・ウゴル語族の大半がキエフの公の権力下に治められた。
　以前と同様に、ロシアの領地はペチェネーグ族の襲撃によって損害を受けて

いた。そこでルーシの南の国境線でウラジーミル公は、要塞、土塁、信号塔を連ねた4ヵ所の**出撃陣地**(しゅつげきじんち)を築くことで、ペチェネーグ族の不意討ちを不可能にした。ロシアの数百の町村がペチェネーグ族の襲撃から解放された。

◆ルーシがキリスト教を受容した理由

　全スラヴ族の領地を自分の権力下に保つために、軍事力だけに頼っていては不可能なことをウラジーミル公は理解した。他の力が必要であった。そこでウラジーミル公はそのような力を**キリスト教**(きょう)に見出した。

　まだキエフに君臨したばかりの980年に、ウラジーミル公は異教（偶像崇拝）を国家の必要に適応させようと試みたことがあった。高い丘のうえに木製の6神の偶像を立て、一番上に白髪で金色の口ひげをもつ厳しいペルーン神をそびえ立たせるようにウラジーミル公は命じた。これでルーシ国民にとってペルーン神が神々のあいだで最高神であるように、スラヴ族のあいだではキエフの公がそうであると理解させた。

　しかし、この新しい試みは所期の目的を達成しなかった。多くの種族は自分たちの神々が低められ、主にキエフの従士団が崇拝していたペルーン神が高め

キエフに異教神の偶像を置くウラジーミル公　ロシア年代記の細密装飾画

られたことに不満であった。するとキエフの公は隣国の経験に目を向けた。手広く貿易を行いながら、ルーシは唯一神を認めるすべての宗教——ハザール族はユダヤ教、ブルガル族はイスラーム教、ヨーロッパ諸国はキリスト教、これらの代表者と関わりをもっていた。

　ウラジーミル公はビザンツ（ギリシア）を見習って、キリスト教を受け容れる決心をした。それはビザンツのキリスト教が、ハザール族やブルガル族と異なり、東スラヴ族の領土を侵害しなかったからである。そのうえに、ルーシはビザンツと密接な貿易関係をもっていたからである。ルーシ住民の一部、とくにキエフ人はキリスト教を信じていた。アスコリドとジルの時代からキリスト者となったのは、ビザンツ帝国を訪問したことのある公国の従士団や商人であった。イーゴリの時代にキエフのキリスト教徒は自分たちの聖イリヤ聖堂を建立した。ウラジーミル公の祖母オリガ公妃もキリスト教徒であった。

　しかし、もっとも重要なことは、キエフの公がすべての部族を団結させるだけではなく、公の権力を強化させるために宗教を必要としていたことだ。その模範がヨーロッパでもっとも強力な国家のビザンツ帝国であった。そこでは皇帝の権力はほとんど無限で、教会がその強化に協力していた。そのうえにビザンツ教会は、ローマ教会と異なり完全に皇帝に帰属していた。

　キリスト教受容に向けてウラジーミル公を後押ししたのは、ルーシの国際的な権威を強化する意図もあった。多くの国々はロシア人を野蛮人として、見下す態度を取っていた。ロシアの商人はキリスト教国で様々な障害をこうむっていた。

◆ルーシの洗礼

　ルーシの洗礼に向けて次のような出来事が先に起きていた。987年ビザンツ皇帝の軍団で暴動が起きた。皇帝〔バシレイオス2世〕はウラジーミル公に援軍を願い出た。公はビザンツに軍団を派遣することに同意したが、皇帝の妹アンナを公の妻とするように条件をつけた。この結婚はキエフ公の国際的な権威を高めることになった。なぜならそれまでビザンツの王女がヨーロッパの支配

キエフにおいて異教の神の偶像を倒す　M・マカロフ作

者の妻になることはなかったからである。皇帝は回答としてウラジーミル公自身がキリスト教徒になり、全国民に洗礼を受けさせるように要求した。しかるべき契約が取り交わされたので、ロシアの軍団が暴徒を全滅させた。しかしながら皇帝は約束の実行を遅らせていたので、ウラジーミル公はクリミア半島のビザンツ帝国領土の中心地で、そのあとに帝国に対する海からの襲撃に都合の良い基地の**ケルソネス（コルスニ）**を占拠した。皇帝は譲歩せざるを得なかった。

　988年にウラジーミル公は洗礼を受け、花嫁の身代金としてコルスニを返し、ビザンツ帝国の皇妃と結婚した。ビザンツの司祭たちを引き連れて国に戻った公は、キエフ住民の集団洗礼を行った。その前にペルーン神を先頭に、すべて異教神の偶像はドニエプル川に放棄された。

　新しい宗教は全ルーシへ広がっていったが、一部では平和的にキリスト教が受容され、また場所によっては、たとえばノヴゴロドではウラジーミル公に続いてキリスト教を受け容れた公の従士団と異教徒の激しい衝突があった。

年代記の証言によると、ウラジーミル公は洗礼を受けたあと、全く人間が変わったと言われている。厳しく残忍な人間だった彼は温和で善き人間に変わった。公の命により貧しい人々には無償で食料と衣服が与えられた。キリスト教を受け容れるまでウラジーミル公は数人の妻をもっていたが、アンナ公妃と結婚してからは模範的な家庭人になった。

ウラジーミル公はルーシに教会の建立を始めた。ビザンツから教養のある司祭たちを招き、教会学校を開設し、時には力ずくで親たちに対し息子を学校へ入れるようにさせた。

◆ロシア正教会

キリスト教を受け入れた数年後に、ルーシでは確固とした教会組織が形成された。教会のトップには、コンスタンティノープルから送り込まれたキエフの府主教(ふしゅきょう)がいた。ルーシは府主教に帰属する主教(しゅきょう)を長とした教会教区に分割されていた。

聖職者は黒僧(こくそう)と白僧(はくそう)に分かれていた。白僧とは、町村の教会に勤める司祭たちで、黒僧は修道院(しゅうどういん)に住んでいた。修道士は世俗の快適な生活を否定して、労働と祈りの貧しい生活を送った。

ウラジーミル公の時代に教会規則(きょうかいきそく)が制定された。それは教会に対して大きな権利を与えるもので、教会は自分の裁判所をもち、信仰に反する異端(いたん)、異教の崇拝儀式、また倫理的性格のすべての犯罪を裁いた。

◆キリスト教受容の意義

キリスト教の受容は、ロシア国家と国民ひとりひとりのその後の発展に多大な影響を与えた。

キリスト教の受容は、遠いわれわれの先祖の日常生活と慣習に変化をもたらした。スラヴ族に新しい宗教をなじませるために教会は異教の祭日をいくつか残した。しかし、教会は犠牲奉納、多妻制、激しい敵意、その他の習慣を断固として禁じた。聖職者は障害者や貧者に対して援助を行うように呼びかけた。

キリスト教と共にルーシに文字、教育そして教会芸術が入ってきた。

古代ロシア国家の国際的な立場は本質的に変化し、ヨーロッパのキリスト教国家と同列に立ったのである。

ビザンツとはもっとも親密な関係をもったので、ビザンツが当時のルーシに対してとくに強い影響を及ぼした。

> ウラジーミル公は古代ルーシの国境内に東スラヴ族をまとめた。キリスト教の受容は国家を強め、国民の日常生活と慣習を変え、文化の発展を促進した。

◆質問と課題◆
1. ウラジーミル公は古代ロシア国家の国境をどのように広げ、強化しましたか。
2. ルーシがキリスト教を受け容れた理由は何でしょうか。
3. ルーシの洗礼以前にどのような出来事がありましたか。それらは何を証言していますか。
4. ルーシのキリスト教受容の意義は何ですか。
5. ウラジーミル公とキエフの最初の公の活動に共通なものは何ですか。何がウラジーミル公は彼らと異なっていますか。

史　料

ロシアの洗礼について。『原初年代記』

ウラジーミル公は偶像を倒すように命じた。ペルーンをルチヤ川に沿ってドニエプル川へ引いていくとき、異教徒が涙を流したのは、まだ聖なる洗礼を受けていなかったからである。（中略）そのあとウラジーミル公は人を遣わして言わせた。「もし明日川に来ないなら、金持ちであろうと、身体障害者であろうと、貧しい者であろうと、奴隷であろうと、その人は私の敵になる」と。これを聞いて人々は喜んで出かけ、大声で言った。「これが良いことでなかったなら、われわれの公も貴族も受け容れなかっただろう」と。次の日、ウラジーミル公は公妃の司祭とコルスンの司祭たちとドニエプル川に来ると、そこには無数の人々がいた。人々は水のなかに入り、そこに立って

いた。（中略）ウラジーミル公は人々も自分も神を知ったことを喜び、以前に偶像が立っていた場所に、木造の教会を建てるように命じた。彼は文字を学ばせるために、優秀な人々の子どもたちを集めるように人を遣わした。そのような子どもの母は、まだ信仰に確信をもっていなかったので、子どもたちは連れ去られるのだと思い涙を流した。

◆史料についての質問
1. キエフの人々の洗礼は、どのように行われましたか。
2. われわれの先祖はキリスト教受容をどのように理解しましたか。

◎ 新しい用語を覚えよう。
  主教〔Епископ〕——正教会やその他の教会における高位聖職者、教会教区の長。
  異端〔Ересь〕——動かすことのできない真理と見なされ、また批判できない宗教教義の支配的な地位から逸れた教義。
  府主教〔Митрополит〕——ロシア正教会の大教区長の肩書き。
  教会規則〔Церковый устав〕——教会活動を調整する規則全書。

§6. 古代ロシア国家の最盛期——賢公・ヤロスラフ公時代

◆ウラジーミル公の息子たちによる権力闘争

ウラジーミル公は自分の父に倣って12人の息子たちをルーシの様々な領地へ送り出し、そこを統治させた。このような方法で彼は種族の権力を弱め、国家の統一を強化できると考えたのである。

ウラジーミル公が愛した息子たちとは、**ボリスとグレブ**であった。彼は自分のあとにキエフをボリスに渡そうと望んでいたのは明らかである。しかし、これは公の年上の息子ふたり、**スヴャトポルクとヤロスラフ**にとっては全く好ましいことではなかった。

ボリスとグレプ　15世紀のイコン

　父にしたがわない態度を最初に表明したのは、ウラジーミル公がノヴゴロドへ遣わしたヤロスラフであった。1015年に彼は貢税をキエフに送ることを拒否した。これに憤慨したウラジーミル公は反抗する息子のもとへ遠征する軍団を組織するように命じた。一方、ヤロスラフはヴァリャーグ族の傭兵隊に援助を求めた。だが1015年の夏にウラジーミル公が死亡したため父と子の衝突は生じなかった。

　ウラジーミル公が死んだとき、ボリスはキエフにおらず、ペチェネーグ族を鎮圧するため遠征に出ていた。キエフ住民の多くがスヴャトポルクを支持していて、彼を自分たちの公と認めていたが、スヴャトポルクはルーシでは多くの人々がボリスを愛しているのを知り、ボリスとグレプとの敵対を避けるために暗殺者を遣わした。あとになってスヴャトポルクは人々から「罪深い者」とい

うあだ名を付けられるが、もうひとりの兄弟、**スヴャトスラフ**公の殺害も計画した（かなりのちになってボリスとグレプは教会によって聖人の列に加えられた）。

　父の死亡と兄弟たちの殺害の知らせを受けて、ヴァリャーグ人傭兵隊とノヴゴロドの軍団はヤロスラフを長として長兄スヴャトポルクに対抗した。スヴャトポルクはペチェネーグ族に援軍を求めた。キエフ公とノヴゴロド公の軍団は1016年の晩秋に小さな都市リューベチ郊外で対峙し、ほとんど3ヵ月間ドニエプル川の様々な岸辺で、お互いに嘲笑し合いながら宿営した。最初にヤロスラフがドニエプル川を渡り、不意の突撃でキエフ公の軍団を撃破した。スヴャトポルクは義理の父（妻の父）であるポーランド王のもとへ逃亡した。1017年ヤロスラフはキエフに入った。

　自分の支配地を広げようと努めていたポーランド王は好機だと読んだ。1018年彼はスヴャトポルクといっしょにヤロスラフに対抗して進軍し、ヤロスラフの軍を撃破した。キエフを支配した王はキエフをスヴャトポルクに返還せず、自らが統治するようになった。侮辱された公はポーランド人に対抗するようにキエフ住民をけしかけ始め、ロシアの住民は秘かにポーランド人を殺害するようになる。王はポーランドに戻らざるを得なくなり、再びスヴャトポルクがキエフでその地位を確立した。

　1019年キエフに貢税の支払いを望まないノヴゴロド住民の強い要求からヤロスラフは再びスヴャトポルクに対抗して打ち負かした。スヴャトポルクはポーランドに避難しようと試みたが、その途中に死亡した。

　しかし、これでウラジーミル公の息子たちのあいだの仲違<ruby>いは終わらなかった。ウラジーミル公のもうひとりの息子、トムタラカンの公であった**ムスチスラフ**がキエフの公との戦いを始めた。1036年に彼が死んで、ようやくヤロスラフはルーシの単独統治者となった。ウラジーミル・スヴャトスラヴィチの息子たちによる流血の仲違いは、いくつかの領地はキエフから分立しようと努めていたため、ルーシの統一が不安定なことを示した。このような雰囲気の影響を受けてウラジーミル公の息子たちはお互いに武器を手に取ったのである。

◆ヤロスラフの内政

　権力を狙う他の者から解放されたヤロスラフ公は静かに賢く自分の国を治め始めた。ヤロスラフの公国時代（1019〜1054年）は古代ロシア国家の最盛期時代となり、この統治者の時にまさに公国の建設は終了した。

> 　ルーシにキリスト教を広めるために、公は多くのことを実行した。公は新しい教会（そのなかにはキエフとノヴゴロドの聖ソフィア大聖堂もある）を建設し、教会付属の学校を開設し、ギリシア語からスラヴ語へ教会書籍の翻訳を奨励した。公の治世に有名な**キエフ・ペチェルスキー修道院**の基礎が築かれた。ヤロスラフは読み書きができる教養のある人間であった。公は外国から多くの書籍を買い求め、年代記作者の言葉によると、それらを「昼も夜も」読み、聖書をよく知っていた。このため公は国民のあいだで**「賢公」**と呼ばれるようになった。

　自分の国に秩序と法制度を定めようと、賢公・ヤロスラフ公はルーシで「**ヤロスラフの法典**(ほうてん)」と呼ばれた大法典編纂に取り掛かった。この法は喧嘩、殺人、傷害、侮辱、詐欺などに対して厳しい罰則を規定している。ヤロスラフの法典は、まだ部族体制の遺物を残している。たとえば、殺された者の親戚がもつ血縁者による復讐権利（血讐(けっしゅう)）である。集大成された法典の導入は、古代ロシア国家の合併と強化に大きな意義があった。

◆賢公・ヤロスラフ公時代の国家行政

　ヤロスラフの時代に古代ロシア国家行政のより明確な規則が定められた。

　最高権力はキエフの公に帰属していた。年代記作者はヤロスラフ公を専制者と呼んでいる。このとき公はすでに諸公のなかの一番ではなく、国家の全権支配者であっ

公の頭蓋骨をもとにゲラシーモフが像を作成した
賢公・ヤロスラフ

ノヴゴロドにおける民会　A・ヴァスニェツォフ作

た。キエフの公は法律を公布し、最高判事であり、ロシア領地の保護者であった。公が他の国家との相互関係、つまり外交行政を決定した。

　当時単純に「**ストール（王位）**」と言われたキエフの公位は公の死後に一族の年長者に引き継がれた。もし伯父よりも年長なら公の兄弟か息子が公となった。しかし、この秩序はたびたび守られなかった。

　キエフの公は息子たちの援助を得て統治した。公は息子たちを自分の**代官**として広大な領地へ送り込んだ。このような地方の公は自分の従士団をもち、その領地では大きな権利をもっていたが、彼は自分の権力を世襲させる権限はなかった。諸公は時々ある公位から他の座に移動した。キエフの公は地方統治の長、**地方長官**を任命した

　都市の中心では民会の伝統が守られていた。すべての自由民が集まった民会は、戦争と和平問題を議決し、金銭や土地問題を解決し、法律を討論した。民会は公国の治世問題にも触れた。民会はすでに定められている秩序を無視して、気に入る公を公国に招致し、あるいは気に入らない公を追放できた。公と地方権力が民会の意志を尊重しなければならなかったのは、古代ロシアの国軍組織

の基盤である国民軍が民会によって管理されていたからである。

◆賢公・ヤロスラフ公の外交政策

他の国々との関係でヤロスラフは父のウラジーミル公や祖父のスヴャトスラフ公の跡を継ごうと努めた。彼はルーシの南国境線を強化しステップ地域との境界に城壁をもつ都市を建てた。1036年キエフ郊外に公を先頭にしたロシアの軍団はペチェネーグ族を撃砕した。そのあとステップの住民はルーシに対する襲撃を止めた。

ヤロスラフは国家の領土を拡大し、北西の国境での安全性を強化した。1030年彼はチュドフ湖西岸に権力を確立し、そこに**ユリエフ**（自分のふたつ目の名前のユーリー、キエフの公が洗礼のときにつけてもらう）という都市を建設した。

1041年ヤロスラフはポーランドの王と同盟条約を締結した。

1043年ルーシとビザンツ帝国の最後の軍事衝突が生じたが、遠征は失敗した。突然の暴風雨によりロシア軍船の一部が沈没してしまった。陸に泳ぎ着いて助かった兵士は捕虜となった。ビザンツ人は彼らの目をつぶして、ルーシを脅すために家に帰らせた。1046年ビザンツ帝国とルーシは平和条約を結び、それはヤロスラフの息子、フセヴォロドとビザンツ皇帝**コンスタンチン・モノマフ**の娘との結婚で確立された。

賢公・ヤロスラフ公は王朝同士の結婚を利用してルーシの立場を強化する努力をした。彼自身スウェーデンの王の娘と結婚していた。彼は妹をポーランドの**カジミール**王の妻にさせた。ヤロスラフの息子、イジャスラフはカジミールの妹**ゲルトルダ**を妻にした。ヤロスラフの娘**アンナ**はフランスの王**アンリ1世**の妻になった。もうひとりの娘はハンガリーの王女となった。3番目の娘、**エリザヴェータ**は、のちに苛烈王というあだ名をもつ王になったノルウェーの王子**ハーラル**の妻になった。夫が非業の死を遂げたあと、エリザヴェータはオランダの王と再婚した。ヤロスラフの宮殿には一時期イギリスの王の息子たちが暮らしていたこともある。

賢公・ヤロスラフの妻と娘たち　キエフ・ソフィア大聖堂の壁画

◆古代ロシア民族の形成

　10世紀末にはひとつの国家としての東スラヴすべての合併は終了した。キエフの公の権力に帰属しつつ、各スラヴ種族は貢税を支払うだけではなく、統一国家行事に参加しなければならなかった。軍事遠征を行いつつ、キエフの諸公は全東スラヴ領地から国民軍を集めた。このような遠征で兵士たちはひとつの目的で団結し、お互いに同族であることを感じて誇りをもって「われわれはロシア人である」と公言した。このような気持ちで彼らは祖国へ帰ってきた。もっとも勇敢で、かつ献身的な兵士は（ルーシでは彼らを勇士「ヴィチャジ」とか豪傑・怪力無双の男「ボガティリ」と呼ばれた）、公の従士団に受け入れられた。平和なときにも共同事業が全ロシア領地の住民を結びつけた。人口の多い村落では斧の音が響き渡り、公の海軍と商船キャラバンのために船が建造され、キエフに移送された。キエフの都市には全スラヴ領地の住民が集まった。交流の過程で言語における地方間のへだたりは解消され、統一した古代ロシア語が生まれ、発展した。キリスト教受容、唯一神への信仰は古代ロシア国家に住む国民をさらに強く結束させた。時代の経過と共に人々は自分をポリャーネ族と

か、ドレヴリャネ族とか、ラジミチ族などと同一視することを止めて、自分を不可分な一体と見なすようになった。このように次第に**古代ロシアの民族**が形作られた。

◆**土地の所有権。古代ロシア住民の主要階層**

住民の主な営みは農業であった。土地は共同体の**共同所有物**で、共同体の全家族間で分割された。しかし、共同体の農家は耕地使用料として国家のために貢税を支払わなければならなかった。このようにして、国家は次第に土地に対する所有権を確立させた。

また、**封建領主の所有地**があらわれてきた。ルーシにおいて最初の封建領主となったのは諸公である。権力を用いて、彼らは共同体の土地を自分のものにしたり、あるいは空き地を自分の所有物と宣言し、そこに捕虜を「住まわせ」て、自分たちの作男にした。諸公は自分たちの領地に豪邸や領地経営の施設を建て、庭園や菜園を設け、厩舎を建て、魚の捕獲や狩猟の用地を設けた。

公の中庭

個人の生産管理のために特定の人々——**管理人**(かんりにん)が任命された。このような所有地は公に近い親族がもつようになった。諸公は土地所有権を従士団と教会にも与えるようになった。土地が遺産として引き継がれる**世襲地**(せしゅうち)が出現したが、土地の最終的な所有権者であり、この所有の監督者は公であった。公は忠実な仕事に対して世襲地を与えることも、また様々な過失には土地を取り上げて他の者に渡すこともできた。しかしながら、西ヨーロッパとの違いは、ルーシでは土地の封建的な所有権が極端にゆっくりと形成されたことである。

種族的な親族関係での分類がなくなり、古代ロシア国家ではすべての人々がひとつの**社会**(しゃかい)を形成した。それにもかかわらず、古代ロシアの社会は、職業に基づいて一定の**カテゴリー**あるいは**階層**(かいそう)に分けられた。

古代ロシア社会の支配階級はリューリクの子孫であるキエフの諸公であった。公は従士団に支えられた。従士団は、公のもっとも重要な任務を遂行した**貴族**(きぞく)(ボヤーレ)で、「上級」と「下級」に分けられていた。従士団は統治地域で選挙任務に当たった人々、金持ちの商人そして高位聖職者が古代ロシアの上流階級をなしていた。

古代ロシア国家の主要部分を占める住民層は、共同体としてまとまっていた**自由農民**(じゆうのうみん)であった。しかし、公のために隷属して働いた村民——**隷属農民**(れいぞくのうみん)、貸付金の債務隷属となり破産した共同体メンバーで、お金を貸付けた人の土地で利息分を働いた**借金奴隷**(しゃっきんどれい)など隷属住民も現れた。借金奴隷は自分の農業を続けて、債務を返済すれば自由民となれた。住民の隷属階級には、一定期間主人の所で暮らし、働くことに同意して契約（リャド）を交わした人々、**リャドヴィチ**（契約民）もいた。契約民あるいは借金奴隷の隷属状況が相続遺産になり、家族の一員に引き継がれることはなかった。

もっとも権利のない人々は奴隷で、ルーシでは**ホロープ**（奴隷あるいはチェリャチ〔隷属農民—訳者〕）と呼ばれていた。彼らは公の土地や世襲地で働いた。奴隷の数は戦争捕虜によって補充されたのではなかった。著しい入用のために自らの意志で自分を奴隷として売ることができた。隷属農民や借金奴隷としての義務を果たせなかった人々も奴隷となった。奴隷の子どもも同じように奴隷

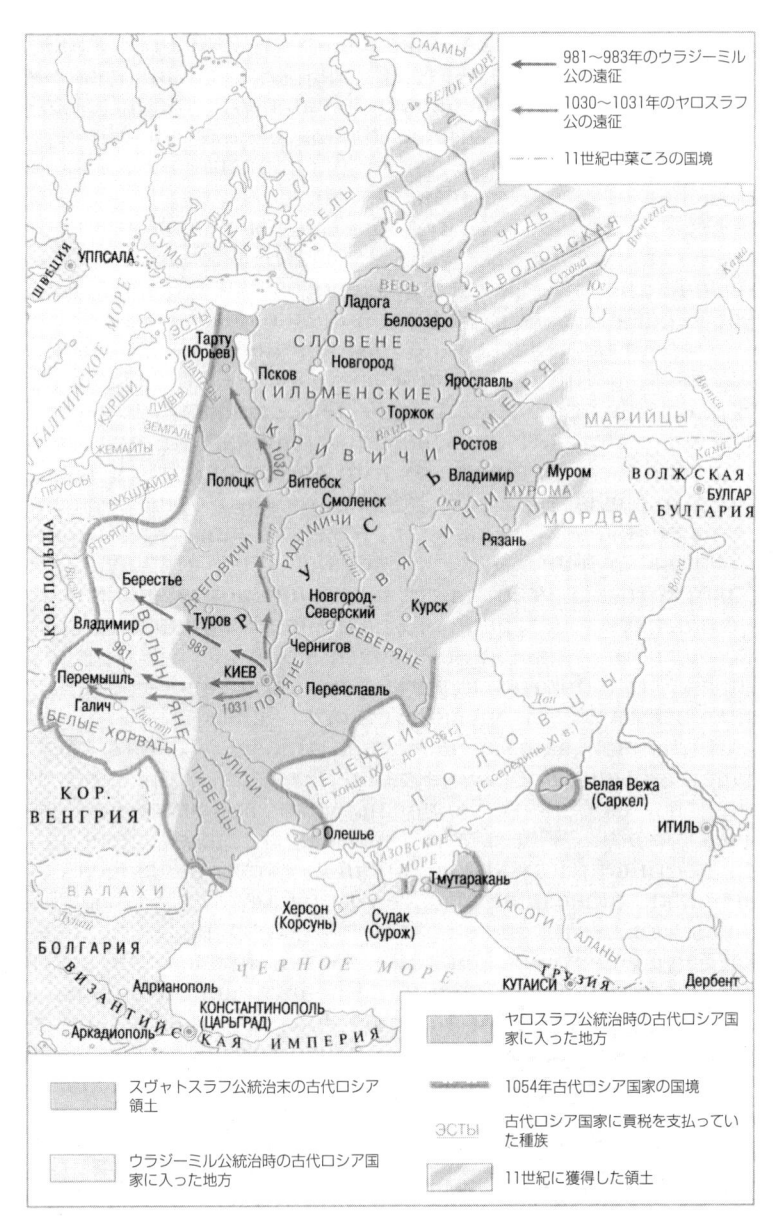

64　ロシアの歴史　古代から16世紀末まで　6年生

10〜12世紀初めのルーシ

となった。

　確かに、貴族と隷属の人々が現れたが、古代ロシア国家では自由民が主要な住民で、貢税を納め、国益のために義務を果たした。

> このように、賢公・ヤロスラフ公の治世は古代ロシア国家の最盛期であった。彼は国家の内政面に多くの配慮をして、ロシア法の成文化を始めた。公はルーシの国境を大幅に広げ、また強化し、ペチェネーグ族の襲撃を止めさせ、ルーシの国際的な権威を高めた。古代ロシア国家の発展過程で古代ロシアの民族が確立された。同時にルーシでは土地所有の封建体制は非常にゆっくりと進められ、住民の大半は自由民であった。

◆質問と課題◆

1. ウラジーミル・スヴャトスラヴィチ公の息子たちのあいだにあった不和の原因は何でしたか。
2. なぜヤロスラフ公を同時代の人々は賢公と呼んだのですか。
3. 賢公・ヤロスラフ公時代に古代ロシア国家はどのように統治されましたか。それ以前の時代と比較して、国の統治にどのような変化が起きましたか。
4. 賢公・ヤロスラフ公の外交を評価しなさい。
5. どのような要素が古代ロシアの民族形成を促進させましたか。
6. 古代ロシア国家における土地所有権の特徴は何ですか。
7. 古代ロシア国家の主要な住民グループについて述べなさい。

史　料

ヤロスラフの法典

1. もし自由民が自由民を殺害するなら、兄弟が兄弟のために、あるいは息子が父のために、あるいは父が息子のために、あるいは兄弟姉妹の息子たちが復讐する（権利がある）。彼らのなかで復讐したくないとか、復讐できない者がいるなら、被害者のために40グリヴナを受け取る。（中略）
13. もし盗まれた自分の物を他の者の所で見つけた場合、それを「これは私

のものだ」と言って勝手に取り戻すべきではなく、「スヴォト（裁判）に行き、お前はそれをどこで手に入れたかを告げなさい」と言うべきである。もし窃盗の容疑者がすぐに裁判所へ行かない場合は、5日以内に自分のために委任者を立てて、（中略）

16．もし奴隷が自由人の男をなぐり、自分の主人の所に隠れ、主人が彼を突き出したくない場合は、侮辱された者に12グリヴナ支払って奴隷を自分の所に置くが、もしそのあとで、打たれた者が侮辱者（奴隷）に出会うなら、彼を打つ権利がある。

◆史料についての質問
1．古代ロシア国家では、どのような部族体制の遺物が保たれていましたか。
2．封建制度の発生を証言しているのは何ですか。

◎ 新しい用語を覚えよう。

ボヤーレ〔Боярин〕——上級の従士団員、大地主、領地所有者。

世襲地〔Вотчина〕——遺産相続される土地、領地。

王家の結婚〔Династический брак〕——様々な国の支配王朝間の婚姻関係。

代官〔Наместник〕——中央権力によって任命される地方権力のトップ。

社会〔Общество〕—— ひとつの国家において共通の生活と活動で結びついている人々。

政治〔Политика〕——国家を運営する術。

地方長官〔Посадник〕——任命されるか、選出される地方権力のトップ。

仲違い（争い）〔Усобицы〕——ルーシの諸公の反目。

ホロープ（奴隷あるいはチェリャチ［隷属農民］）〔Холопы〕——古代ルーシの従属住民で、奴隷に近い状態。

§7. 古代ルーシの文化

◆古代ルーシ文化の特徴

　古代ルーシの人々は穀物を栽培し、交易を営み、戦うだけではなく、豪華な聖堂を建築して壮麗な壁画で装飾し、華麗な貴金属を作製し、詩歌や物語を作り、学校を開設し、書籍を集め、自然と周辺世界の知識を積み重ねて文化的価値を創り上げた。古代ロシアの文化の基盤となったのは東スラヴ族の遺産で、それは古代の神話や物語を木や金属へ彫刻する伝統的な技術であった。古代ロシアの**文化**(ぶんか)は、ルーシを形成した住民と周辺民族、ウゴル・フィン族、バルト族、ハザール族、ペチェネーグ族、ポロヴェツ族、西スラヴ族などの文化的成果を自らに取り込んだ。とくにキリスト教受容後にロシアの文化に大きな影響を与えたのはビザンツ帝国である。ビザンツ帝国から聖堂建設の職人やイコン画家を招き、神学書を導入した。ビザンツとの密接な関係により、ルーシは歴史あるキリスト教文化を知った。しかし、古代ロシアの職人はビザンツの職人技をそのまま真似ることはしなかった。彼らは自分の創作品を作りつつ、そのなかにロシア国民の希望と考えを反映させようと努めた。

　古代ロシア芸術の主要なモチーフは**愛国主義**(あいこくしゅぎ)で、外敵に対抗する国力集結を呼びかけるものであった。

◆口承民族文芸（フォークロア＝口碑文学）

　大昔からルーシでは歌、物語、昔話などのフォークロアが発達していた。**昔話**(むかしばなし)とは、過去についての詩的な物語で、ロシア人英雄の手柄が称賛された。

　物語の英雄で愛されたのは農民の息子で、恐れを知らない強力な兵士**イリヤ・ムロメツ**、良識があって公平な**ドブリニャ・ニキチチ**、楽しく機転の利く**アリョーシャ・ポポヴィチ**であった。

　主な理念が異教徒の征服と洗礼であった西ヨーロッパの騎士年代記と違って、ロシアの昔話は自分の領地解放と敵からの防衛の理念に通じていた。

V・ドブリニャ・ニキチチとズメイ
の決闘　ヴァスニェツォフ作

> あなたがたは信仰と祖国のために立ちあがれ
> あなたがたは輝かしい首都キエフのために立ちあがれ

　国民は英雄の武勲だけでなく、**ミクーラ・セリャニーノヴィチ**の姿に具現されている耕作者・農夫の辛い労働をも褒め称えた。

◆文字文化と読み書き

　東スラヴ族の文字文化はキリスト教受容以前からあった。スラヴ語アルファベットはビザンツ帝国の修道者**キリール**と**メフォディ**がつくった。スラヴの文字文化は9世紀後半と10世紀にルーシに入った。

　ルーシの洗礼は文字文化、読み書きの発展の大きなきっかけとなった。ウラジーミル公の時代以降、ビザンツやブルガリアからルーシに教育のある教会人

や翻訳家が来るようになった。教会や修道院に付属して学校が開設され、教育は母国語で行われた。それは文字の読み書き、キリスト教の基礎教理そして計算であった。とくに賢公・ヤロスラフ公とその息子たちの統治期には、ギリシア語やブルガリア語からの翻訳本が数多く世に出された。主にビザンツの教会書籍、キリスト教の聖人伝、歴史書などが翻訳された。11世紀には読み書きできる多くのロシア人は、当時流行っていた**マケドニアのアレクサンドル**の功績に関する伝承や伝説を集めた書『アレクサンドリヤ』を進んで読んだ。

ノヴゴロドで発見されたロシア語教本

　ロシアの最初の書籍は手書きで、非常に高価であった。書籍のページは子牛の皮から特別に仕上げられたものが使われた。そこに書かれる文字は厳格な決まり——**規則**（きそく）——にもとづいてひとつひとつ丁寧に書き込まれた。本はテキストを例解する小さくて上品な挿絵——**細密装飾画**（さいみつそうしょくが）で飾られた。本の注文者は富裕層に限られていた。

　ルーシには、とくに都市住民のなかには教育を受けた人々が多くいた。キエフに女子修道院とその付属学校が創設されていた11世紀からは女子も教育を受けるようになった。人々は仕事の情報交換をし、お互いに手紙を書いた。紙の代わりに白樺の皮——**白樺表皮**（しらかばひょうひ）を用いた。

◆文学作品

　11世紀のルーシには文字として認識される文学作品、つまり**古代ロシア文学**（こだいぶんがく）作品が現れた。最初の文学作品は年代記であった。

　現在に伝えられている最古の年代記『原初年代記』は、1113年頃キエフ・ペチェルスキー修道院の修道士ネストルによって創作された。彼の前任者が書いた年代記、たとえばルーシとビザンツ帝国との条約を含む様々な史料を用いてネストルは歴史的な出来事の幅広い光景を再現した。年代記の最初の行で彼は

問いを発している。「ルーシはどこから起こったのか、キエフで最初に公となったのは誰か」。

この問いに答えながら年代記作者は、キエフを中心とした古代ロシア国家の形成について、その最初の諸公の活動について、他の国々や民族との関係について物語っている。

正教会が聖人の列に加えた人々の人生を、文学的に描写する**聖人伝**(せいじんでん)を記した最初のひとりがネストルであった。聖人伝には、聖人が生前あるいは死後に行った様々な奇蹟が必ず記されていた。ネストルはボリスとグレブの聖人伝の最初の一編を書き上げた。

年代記作者ネストル、M・アントコリスキー作

すでにネストルより以前に、古代ルーシのもうひとりの偉大な文学者で、キエフの最初の府主教、**イラリオン**がいた。彼は厳粛で教訓的なメッセージ、講話のジャンルで一連の作品を創作した。彼のもっとも有名な作品は『恩寵と律法についての講話』で、1049年、キエフに防衛施設の建設終了を記念して初めて書かれた。この著書の第1部でイラリオンはキリスト教の理念を称賛し、第2部は「ウラジーミル公の讃美」で、ルーシを洗礼したウラジーミル公を讃美している。第3部はイラリオンがウラジーミル公の事業の立派な後継者として描き出している賢公というあだ名をもつヤロスラフ公に捧げられている。それにもかかわらず、ルーシの偉大さとキリスト教世界におけるその特別な役割の理念が、すべての作品に赤い糸として貫き通されている。

◆建築と造形芸術

昔からルーシでは、様々な建物の建築術、つまり**木造建築**(もくぞうけんちく)が発展していた。木材で農民の小屋、公と大貴族の豪邸、都市の城壁が建築された。ロシアの木造建築には伝統的な特徴があり、木造建築は、多層の建築物で、塔や望楼を戴せ、物置、渡り廊下、干草置場などの様々な付属施設をもっている。趣向を凝

ウラジーミル公によるキエフの十分の一教会の起工　V・ヴェレシチャーギン作

らした芸術的な木造彫刻が、必ず木造建築物を飾っていた。

　ルーシで**石造建築**（せきぞうけんちく）が始められたのは、キリスト教受容後の10世紀末であった。ロシア人には石造建築の経験がなかったので、最初の石造施設はビザンツから来ていた職人たちによって建てられた。989年にウラジーミル公は、キエフに聖母（生神女）（しょうしんじょ）の就寝を記念する、いわゆる「十分の一教会」の建築を始めた。彼は聖堂の建築と管理に公国収入の10分の1を与えたので、このような名前がつけられた。

　これは自然石を入れた細いレンガで構築されたいくつかの円蓋をもち、手彫りの大理石で豪華に装飾された巨大な建築物であった。

　「十分の一教会」を含め、ロシアの最初の聖堂は厳格にビザンツ建築様式の伝統に沿って建築された。キエフで賢公・ヤロスラフ公の時代に建てられた聖ソフィア聖堂には、スラヴとビザンツの伝統が調和していた。中央の大円蓋を少し低い4個の中円蓋が取り囲み、その外側にはさらに低い8個の小円蓋が立っていた。このようにひとつの円蓋しかもたないビザンツ聖堂はロシア建築に伝統的な多数の円蓋ピラミッドに変化した。聖ソフィア大聖堂の内装は優雅

キエフのソフィア大聖堂の古代の外観

さと豪華さで抜きん出ていた。壁は湿っている漆喰のうえに水溶性の色を用いて描く絵画——フレスコ画で覆われていた。中央の円蓋は、様々な色のモザイク画——湿っている漆喰にガラス状の石を埋め込んで描く絵——が輝いていた。フレスコ画とモザイク画は、その輝きと見事な色合いの寄せ集めで特徴が出る。宗教的な場面のほかに、それらには仮装者の踊り、熊狩りなど、人々の日常生活の場面が描かれた。とくに興味を引くのは、賢公・ヤロスラフ公の家族を描いたフレスコ画である。

　11〜12世紀には、ポロツク、チェルニゴフ、ヴィシゴロド、ノヴゴロドに大きな石造の教会が建設された。もっとも有名なのはノヴゴロドの聖ソフィア大聖堂で、現在までほとんど変化なく保たれている当時の唯一の建築物である。この聖堂はキエフのよりも端正で、整然と幾何学的な秩序で、全部で5個の円蓋が配置されている。巨大な壁は石灰岩が積み上げられてできている。聖堂の内部には輝かしいモザイクはなく、厳格で落ち着きのあるフレスコ画のみであ

ヴェリーキー・ノヴゴロドの聖ソフィア大聖堂

る。聖ソフィア大聖堂はヴェリーキー・ノヴゴロドのシンボルとなった。聖ソフィア大聖堂の建築後、ノヴゴロドの建築様式、抑えた装飾、厳格さと形の偉大さは、唯一無二の個性を有するようになる。

　古代ルーシの聖堂はいくつかの芸術の焦点であった。イコン、フレスコ画、モザイク画、盛大な奉神礼、聖歌が聖堂で驚くほど一体となっていた。

◆芸術的な職人たち
　ルーシは優秀な職人がいることで有名だった。多くの国々の兵士は、ロシア人の武器職人が作る槍、刀、盾、金属製の輪で作る防護服の鎖かたびらなどの武器や鎧を高く評価した。
　ロシアの貴金属細工人、金銀の食器や高価な装飾品を作る貴金属や宝石の細

工職人は高いレベルにあった。耳輪、腕輪、耳飾り、指輪、首飾りなどの装飾品の製作には非常に複雑な技術を必要とした。たとえば、製品にもっとも**小さな球**で模様を、はんだづけするときの小球がそうである。

また金属製の**撚り糸**も応用され、金属の表面に細く引き伸ばした金銀をはんだづけして飾りとか図画を描いた。この撚り糸は**エナメル**と組み合わされた。仕切りのあいだのスペースは様々な色のエナメルで埋められて、いわゆる仕切りエナメルができた。

> このように、古代ロシア国家はその時代に高い文化レベルで際立っていた。そのうえ、ルーシはビザンツや隣国の文化的成果を創作的に作り変えて**独自**の伝統文化を形成したのである。古代ロシアの文化は世界文化の不可分な一部になった。

◆質問と課題◆

1. 古代ロシアの文化の特徴は何ですか。
2. キリスト教が古代ロシア文化に与えた影響は何ですか。
3. 昔話はどのような出来事を述べていますか。その主人公は誰ですか。昔話のひとつを家で読み、自分の言葉で述べてください。
4. なぜ古代ロシア国家では読み書きできる人が多くいたと考えますか。
5. 古代ロシア文学には、どのようなジャンルがありましたか。その例を挙げてください。
6. 教科書の挿絵を用いて古代ロシアの建築と絵画の成果について述べてください。
7. 古代ロシアの職人はどのような技術を用いましたか。

◎ 新しい用語を覚えよう。

　細密装飾画〔**Миниатюра**〕——普通は小さなサイズの絵画、芸術作品。

　愛国主義〔**Патриотизм**〕——祖国に対する愛、自分の母国と国民に対する忠誠心。

独特の〔**Самобытный**〕── 発展において自己の方法で進むこと、独自なこと。

聖人伝〔**Житие**〕──教会によって聖人の列に加えられた人の伝記。

§8. 古代ルーシの日常生活と慣習

◆農夫と市民の日常生活

　古代ルーシの大半の住民は村落に生活していた。人々は生活のために粘り強く闘い、新しい土地を切り開き、家畜を繁殖させ、養蜂を営み、狩猟し、「邪悪な人々」（盗賊）から身を守り、また南では遊牧民から身を守った。たびたび農夫は、ステップの人々を追い払うために武器の槍、棍棒、弓矢をもって畑に出た。

　ルーシでもっとも広まったのは、いわゆる大家族であった。最年長の男性が家長で、息子たちは父から独立せず、それぞれの妻や子どもたちを伴って共同生活を営み、いっしょに土地を耕作した。家長は家族ひとりひとりの財産と将来を取り仕切った。それは子どもの結婚にも関わり、子どもの意思に反して結婚させることができた。

　大半の家族が子どもを労働を通して教育していた。男子は7歳くらいから畑仕事に連れて行き、仕事を覚えさせ、可能なら読み書きを教えた。女子は年下の兄弟姉妹の世話をし、母親の家事を手伝い、母から糸の紡ぎ、布織り、衣服を縫うことなどを学んだ。

　古代ルーシで、とくに農家の家庭で人々は若い年齢で結婚したのは、労働力として評価したからである。12歳の女子はもう結婚適齢期であった。キリスト教は奨励しなかったが、もっと幼くて結婚したこともあった。

　冬の長い夜に女性たちは松明の明かりのもとで糸を紡ぎ、男性たちは家庭用具を作り、発酵した飲み物や蜂蜜を飲み、昔の出来事を思い起こしたり、話し手から昔話を聞いたりした。当時はまだ異教の祝日が残っていた。

　ルーシ住民の一部は都市に暮らしていて、そこには諸公が住み、公の従士団

も定住していた。町では諸公が支援者といっしょに裁判を行い、管轄下にある領地を治め、外国の使節団を受け入れた。都市の広場では民会が開催された。

町は次第に大きくなり、商業と手工業の中心地となっていった。大小の町では市場からの喧騒が響いていた。打ち出し細工で作られた銀製の食器が太陽の光で輝き、その横には水差し、ひしゃく、杯などの陶磁器があった。金、宝石、ビーズ、エナメルなどから作られた装飾品が人々の目の保養となった。ここには製革工、鍛冶工、骨材彫刻師、大工などの産品が持ち込まれ、北極ギツネ、クロテン、テンの毛皮を売る商人たちもいた。ギリシア人、アラブ人、ブルガリア人、ユダヤ人、アルメニア人、ポーランド人、チェコ人、スカンジナビア人など外国の商人たちは高価な布や宝石、武器、香辛料、ワインなどで商売した。

町では宗教生活が体現され、巨大な大聖堂が建築され、府主教と主教がキリスト教の奉神礼や儀式を行い、大きな修道院もあった。

町は文化の中心でもあった。学校が営まれ、イコンが描かれ、フレスコ画やモザイク画が作り出された。

一般市民の日常生活は農民の生活とあまり変わらず、手工業と商売の他に菜園、畜産、養蜂などを営んだ。家長は都市の民会に参加し、様々な義務遂行と家族が犯した軽犯罪にも責任をもった。

金持ちや名家の家庭には、それぞれの秩序があった。通常、子どもが1歳になるまで乳母のもとにあり、5歳までは子守が世話をした。家のなかでは奴隷の乳母とその息子がもっとも身近な使用人であった。乳母の息子は若主人といっしょに養育され、時には全生涯を通じて主人のもっとも親しい人となった。名家では男の子は大体5歳から読み書きを習い始め、将来の勤めに応じて教育された。慣習では、公の息子を教育したのは母方の兄弟、伯父であった。

上流階級の娯楽は狩猟と従士団との豪華な祝宴であった。祝宴のテーブルは高価な食器が並べられ、杯だけではなく、スプーンも銀製であった。輸入物ワインと、蜂蜜から作られた発酵飲料はロシアの蜂蜜と呼ばれ、これらが豊富に出され、大きな杯、ワインの入った角製の容器で回し飲みした。使用人たちは肉や野鳥を大きな皿で配った。女性は男性と一緒にテーブルに座った。祝宴の

お客は**旅芸人**や**グースリ奏者**の芸を楽しんだ。

　金持ちが好んだ遊びは、鷹狩り、ワシ狩り、犬追い猟であった。一般人のためには競馬、馬上武術試合、様々なゲームが行われた。

　キリスト教受容後でさえ住民の大半はスラヴの名前をもっていた。名士の人々は、洗礼のときにキリスト教聖人の名前をつけられても、日常生活ではヤロスラフ、スヴャトスラフ、フセヴォロド、ムスチスラフなどスラヴ名を名

ロシア各都市の発掘に付随し考古学者が発見した生活用品（斧、ハサミ、子どものおもちゃ、ろうそくとろうの一部、弦楽器）

乗った。その他の住民の名前は、ドブルィニヤ、スノヴィト、リユト、ヴォルチィ・フヴォスト（狼の尾）など名詞、形容詞、それらの合成などから作られた。

◆軍　事

　人々の生活で様々な軍事が大きな位置を占めていた。公の従士団は職業軍人であった。彼らは陸上では馬に乗って、川や海では速度の出る軽い**軍船**で移動した。彼らは**刀**、**槍**、**サーベル**などで武装していた。兵士の頭は、とがった先端に飾りをつけた帽子――**兜**が保護した。防衛手段として盾、鎧あるいは鎖かたびらがあった。白兵戦のときは特殊護衛隊が、盾や自分の体で敵のサーベルや矢から公を護った。

　大きな軍事遠征のときは国民軍が召集された。そのメンバーである**民兵**は、**弓**、**矢と矢筒**、**ナイフ**、槍あるいは、頑丈な鎧を切り裂く重い**戦闘斧**などで、より簡単に武装した。鎧が非常に高価であったため、民兵はそれを着けなかった。鎖かたびらもまれであったが、盾は全員が手にもっていた。

　軍団は戦いのラッパの合図で遠征に進んだ。公が先頭で、その後ろを従士団が馬に乗って行き、民兵が続いた。さらに、兵士の武器や食料を積んだ荷馬車の隊列が続いた。多くの場合、合戦は双方が選び出した勇士の一騎打ちから始められた。

◆住　居

　古代ロシア国家住民の日常生活の特徴は、上流社会と大衆との**生活様式**の本質的な相違が生じたことである。

　公や貴族（ボヤーレ）の住居――通常、**豪邸**は渡り廊下で相互に連結されたいくつかの建造物からなっていた。中央に望楼風の建物――高い木造の建物――塔があり、そこには暖房された家屋――**小屋（イズバー）**や夏用の涼しい小屋――**ポヴァルシア**、寝室兼用の倉庫――**クレチ**――があった。塔の隣には夏用の暖房のない部屋もあった。これらをイズバーと連結していたのが**セーニ**という暖房されない廊下であった。立派な豪邸にはさらに宴会場（**グリドニツッ**

第1章 古代ルーシ　79

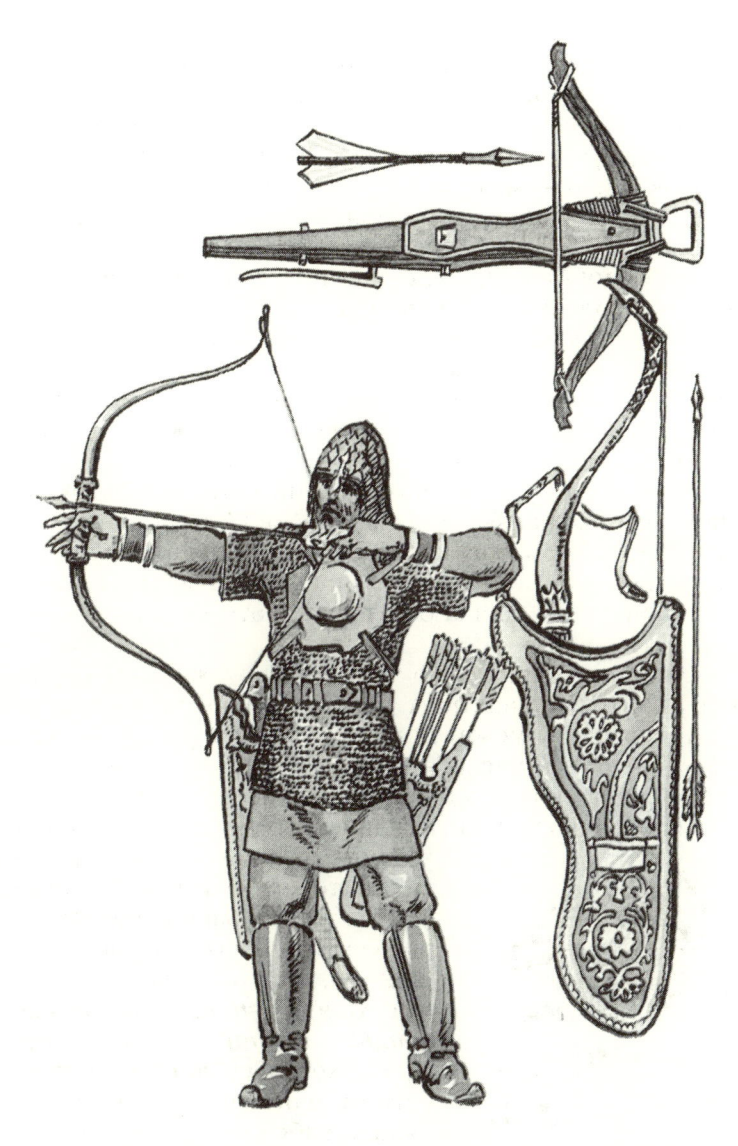

ロシア兵士の甲冑と武器（大弓（石弓）、弓、矢、矢筒、サーベル、兜、鎖帷子）

ア）があり、これは大きな祝典用の部屋で、そこでは主人が自分の従士団と祝宴を開いた。

豪邸から遠くないところに都市の統治者の住居があり、台所、馬屋、鍛冶屋があった。そこに倉庫、穀物貯蔵庫、納屋、保冷室、穴蔵、蜂蜜貯蔵庫（メドゥシャ）もあった。そこには穀物、肉、蜂蜜、ワイン、野菜、その他の産物が保存された。近くに風呂場もあり、すべての建築物がひとつの宮殿となっていた。宮殿は巨大な門をもつ石造か木造の塀で取り囲まれていた。

発掘データによって復元したチェルニゴフの公の邸宅

裕福な市民は丸太小屋、多くは2階建てに住んでいた。1階は仕事場で、2階が住居となっていた。建物はいくつかの部屋があり、住居部屋には木製のベッド、椅子、テーブル、高価な衣服を納める大箱があった。壁には食器用の棚が吊るされていた。豪華な住居部屋は東方の絨毯、高価なギリシアの布で飾られることもしばしばだった。床や椅子には熊の毛皮や山猫の皮が敷かれてい

半地下小屋。その外観と内部の様子

た。裕福な豪邸や家屋の居住空間はローソクで照明された。

　手工業に携わる人々は都市の郊外で、伐り出した木材小屋か粘土でできた家の**スロボダ**に定住していた。

　農夫は小さな家に住んだ。南方の森林ステップ地帯では、それは**半地下小屋**(はんちかごや)（つまり、床が地面より低い住居）で、床は土間で、地面のうえは屋根で覆い、屋根の端はちょうど下まで伸びていた。北方では、それは丸太でできていて、木材の床をもつ地上の建築物であった。粘土あるいは石造りの炉は以前と同様に煙突なしで火を燃やした。窓は小さく、牛の内臓、あるいは油を塗った麻布で覆われた。住居は、乾いた木の細い木片を燃やす松明で照らされた。

◆衣　服

　ルーシの全住民は同じ服装をしていた。古代ロシアの男性服の主な要素は、**ルバーハ**（シャツ）と**ポルティ**（麻布製の衣服）で、幅広くなく、ズボンの下ですぼまり、くるぶしまで届くものであった。平民男性の服装は、羊毛の手織り糸でできたズボン、麻布で作られた膝までのシャツで、前面は襟から切り開かれていた。この単純な衣服の唯一の飾りは、模様金属バックルをつけた細い帯である。同様に、上着としての**ジプーン**（粗羅紗の男性用コート）は、カフタンを突き合せてかけ、襟がなく、細長い袖がついている。冬には簡単な毛皮、**コジューフ**（毛皮外套）を着て、先のとがった毛皮かフェルトの帽子をかぶった。両足は細長い布切れ、**オヌーチャ**（巻き布）を巻きつけ、そのうえに菩提樹の皮で作った**ラーポチ**（わらじ）をはいた。

　名士で裕福な人々は、薄い亜麻布か絹布でできたシャツを着た。ポルティ（ズボン）は絹と錦で縫製された。上着は**イェパンチャー**という袖のない外套で、毛皮、金銀の留金や宝石で飾りつけられた。両足には爪先を上に曲げ、金糸や絹糸で縫い上げた革製の**サポーグ**（長靴）をはいた。キリスト教受容後は、公の生活に正装としてビザンツの衣服が導入された。それは厚く重い絹か金襴布でできたトーガであった。また公の衣服として右肩に留金でとめて左肩に掛けるマントがあった。

市民や農夫の女性の主な衣服は、すその長い麻布のルバーシカであった。そのうえに**ポニョーヴァ**という手織りの羊毛スカート、捺染模様の布を細なわで３つか４つ束ねて着た。時には上着の上に頭を通す穴のある長方形の麻布切れを着た。頭には皮の輪飾りか高価な布を巻いた白樺の表皮をつけた。また、飾り付けた頭巾が既婚女性の頭を飾った。

　名門の女性は、金糸で模様を織り込んだ高価な絹布のルバーシカと、へりに高価な毛皮をつけたマント（コート）が特徴であった。靴はモロッコ革で作られ、金か真珠を縫いつけた豪華な模様があった。

　少しあとには、前にボタンのない、長く幅広い衣服が着られるようになった。若い女性は赤と真紅色の衣服をより好み、腰より少しうえを細長いベルトで締めた。祝祭日には**ココシニク**（帽子）をかぶった。それは硬い材料に高価な布を巻き、真珠で飾ったものである。

　ロシアの女性は、金銀の鎖、ビーズのネックレス、イヤリング、ブレスレット、そしてエナメル、黒銀、真珠、トルコ石、ルビーなどで仕上げたその他の金銀貴金属で身を飾った。村々ではより簡素な飾りで、銅、真ちゅう、安価な宝石などであった。

　　このように、国家の形成とキリスト受容は、東スラヴ族の日常生活と慣習によき影響を与えた。古代ロシアの生活に特徴的なのは、上流社会と大衆社会の生活様式に本質的な相違が生じたことである。

◆質問と課題◆
1. 古代ロシア国家の市民生活について述べてください。
2. 市民の生活と村民の生活は、どのような違いがありましたか。
3. 古代ロシア国家にあった様々な住居タイプについて述べてください。
4. 古代ロシアの衣服の特徴は何ですか。
5. 次の人々の１日の生活を述べてください。１）公　２）手職工　３）農夫

史　料

古代ロシアの祝宴について

A・テェレシェンコ著『ロシア人の日常生活』

ウラジーミル大公の治世では穀物だけではなく、魚、野鳥、そして肉など美味な食べ物、あらゆるものが豊かにあった。ある時、大公の祝宴には蜂蜜酒300樽あったが、大公はさらにパン、肉、野鳥、魚、野菜、樽に入れた蜂蜜酒とクワス（黒パンで作る飲み物）を四輪馬車で都市へ運び、全員にふるまうように命じた（中略）。

祝宴はごく当たり前のことで、祝祭日に金持ちが貧しい人々にご馳走しないことはありえなかった。公たち自らお客をもてなして、いっしょに飲み、食べた。高官や著名な教会の要人も、あらゆる階層のお客に混じって、兄弟意識が人々の心を親密にした。

◆史料についての質問

この章の史料とテキストにもとづいて、公と従士団は、どこで、どのように祝宴を設けたかについて述べなさい。また、どのような目的で祝宴を開催したと思いますか。史料の最後のフレーズを解説しなさい。

◎ 新しい用語を覚えよう。

生活様式〔**Образ жизни**〕── 一般の人々、あるいは特定住民階層の生活全般の特徴。

スロボダ〔**Слобода**〕── ある専門職の手職人が居住する郊外地域。

豪邸〔**Хоромы**〕── 多くはいくつかの建物が屋根や渡り廊下で結びつけられた木造住宅。公や大貴族の住居。

第2章

ルーシにおける政治的分裂

§9. 古代ロシア国家の分裂の始まり

◆ポロヴェツ族の脅威とヤロスラフの息子たちの同盟の崩壊

　賢公というあだ名をもつヤロスラフ公は1054年に死んだ。死の前に彼は自分の息子たちにロシアの土地を分けた。もっとも重要な中心地は年長の息子3人のものになった。**イジャスラフ**はキエフを手に入れ、**スヴャトスラフ**はチェルニゴフを、**フセヴォロド**は**ペレヤスラヴリ**を手に入れた。その際、公は息子たちに、平和と和合のうちに暮らし、自分の父親に対するように、長兄イジャスラフの言うことをよく聞くように命じた。最初のうち賢公・ヤロスラフ公の息子たちは、この遺訓にしたがって統治していた。彼らは新しい法律、「**ヤロスラフの子らの真理**」を編纂した。この文書は公の所有物と公の農地を管理していた人々の生活を侵害する企てに対する罰則を規定していた。

　同じころ、ルーシの南部国境情勢はひどく緊迫していた。アジアの奥地から黒海北岸の草原へ好戦的な**ポロヴェツ族**が侵入してきた。ペチェネェグ族を排除し、彼らはドン川とドニエプル川のあいだの果てしない草原を占領し、ドナウ川にあるビザンツの見張り用の要塞まで達した。他の遊牧民と同じように、ポロヴェツ族の生活で掠奪戦争は重要な役割を果たしていた。彼らは弓と矢、軍刀、投げ縄、そして槍で武装した。ポロヴェツの兵士は蛮声をあげ、駆け足

1068年キエフにおける蜂起。キエフの住民が監獄を破壊し、イジャスラフ公は逃亡した　ロシア年代記の細密装飾画

で弓を引き、敵に多数の矢を浴びせながら戦闘に突入した。一様に彼らは襲撃の後に残骸と焼け跡を残して、またたく間に消え去った。ポロヴェツ族は数多くの捕虜を連れ去り、彼らはのちに奴隷市で売られた。

　1068年、ポロヴェツ族はルーシに対する最初の大きな襲撃を行った。彼らに向かって3人のロシア公の軍団、ヤロスラヴィチ軍が出撃した。アリタ川でのポロヴェツ族との戦いはロシア軍勢の壊滅で終結したが、イジャスラフ公が従士団の残党と共にキエフに逃げ帰った時、人々は民会を開き戦争の継続を決めた。キエフの人々にとって、遊牧民の勝利は単に軍事的破壊だけでなく、ビザンツとの有利な通商の継続を不可能にすることを意味したのである。すぐさまポロヴェツ族は南部のドニエプル沿いの道を封鎖した。しかし、イジャスラフ公は従士団の疲労を理由に民会の決定を拒否した。憤慨した民衆は公の屋敷を略奪した。イジャスラフ公は倒され、自分の親族、つまりポーランド王のもとへ逃亡したが、間もなくポーランドで大きな軍団を結成し、再びキエフの王座についた。

　同じ頃賢公・ヤロスラフ公の2番目の息子は権力と人気を集めていた。それ

はポロヴェツ族の2度目の襲撃を撃破したチェルニゴフのスヴャトスラフ公であった。ペレヤスラヴリのフセヴォロド公とキエフ民会の支持を得て、彼はキエフからイジャスラフ公の追放を決めた。賢公・ヤロスラフ公の息子たちが、そしてのちには孫たちが引きずり込まれた公たちの終りのない内紛が始まった。公たちのあいだで敵対する者たちはたびたびポロヴェツ軍隊の助けに頼った。

1093年、賢公・ヤロスラフ公の末の息子、フセヴォロド公が死んだ。晩年、彼はより頻繁にポロヴェツ族との戦いで名声をあげた自分の息子、**ウラジーミル・モノマフ公**に仕事を任せていた。しかし、1093年、年長権によって、長子イジャスラフ公の息子、**スヴャトポルク**がキエフの王座についた。

しばらくのあいだ、公たちは互いに敵対し合い、ポロヴェツ族はロシアの土地へしばしば襲撃を行った。彼らは多くの市町村で略奪し、多くの人々を捕虜にして連れ去った。

◆ **リューベチ諸公会議**

ロシアの土地は諸公の争いやポロヴェツ族の襲撃で荒れ果てていた。当時ペレヤスラヴリで公として統治していたウラジーミル・モノマフ公の強い要求により、1097年賢公・ヤロスラフ公の孫と曾孫たちが**会議**のためリューベチに集まった。彼らはポロヴェツ族にルーシを荒廃させないこと、そして力を合わせて敵と戦うことを誓った。また、今後それぞれの公が父から受け継いだ土地を自主的に統治することに合意した。つまり「各自が自分の世襲領地を保持する」ことである。この原理の制定は、すでに始められていた個々の公国へロシアの土地の分割を促した。

ルーシにおける平和と和合維持に関する会議の決定は、承認後まもなく破られ、新しい血なまぐさい内乱が始まり、すべてのロシアとその近隣の国々までが争

リューベチ諸公会議900周年記念像

公の親兵とポロヴェツの会戦　ロシア年代記の細密装飾画

いに引きずり込まれた。

　それにもかかわらず、リューベチ会議はポロヴェツ族に対抗するロシア軍の団結が基盤であった。全ロシア軍がポロヴェツ族の脅威と戦うように鼓舞したのはウラジーミル・モノマフ公だった。彼の領地はポロヴェツの草原と隣接していた。1111年春、全ロシアの軍勢を召集し、彼はポロヴェツ族に壊滅的な打撃を与えたので、多くの遊牧民は草原の奥地へ去った。ルーシの南部国境地域では相対的な平静が保たれるようになった。

◆キエフにおけるウラジーミル・モノマフ公の支配（1113～1125年）
　1113年4月、キエフでは突然イジャスラフ公の息子、スヴャトポルクが死んだ。彼はキエフの人々から尊敬されず、背信行為と強欲なことで有名であった。彼の時代は公の従士団も普通の商業、手工業に携わる人々も高利貸しの完全な奴隷のような状態にあった。それにもかかわらず年長の従士団は新しい公としてスヴャトポルクの息子を望んだが、キエフの民会はこのような意向に反対した。民衆はある大貴族の屋敷を破壊し、そのあと高利貸しの家を略奪し、借金の預り証を破棄した。混乱の拡大を恐れて、キエフの大貴族はペレヤスラヴリ

の人々のあいだで権力を得ていた支配者ウラジーミル・モノマフへ公位につくための招致状をもたせた急使を遣わした。

> ウラジーミル・フセヴォロドヴィチ公はビザンツ皇帝コンスタンチン・モノマフの孫であった（このことが彼の通称モノマフとなった）。彼は経験豊かな政治家で60歳の時キエフの公位についた。公はルーシにおいて、ポロヴェツ族に対する多くの遠征の鼓舞者と指導者として有名であった。諸公会議で彼は内紛に反対した。ウラジーミル・モノマフ公は教養があり、才能豊かな作家でもあった。

キエフ公の座についてから数日後にウラジーミル・モノマフ公はルーシに大法典——「**フセヴォロドの息子、ウラジーミルの法規**」を公布した。新しい法律は様々な負債者の状況を著しく軽減した。今後、高利貸しは借金額の20％を超えて要求する権利をもたなくなった。借金奴隷は借金を返すために金を稼ぎ、自分の主人から去る権利が与えられた。「法規」は借金の代わりに自由な人々を奴隷にすることを禁止した。

狩りのあと休息するウラジーミル・モノマフ　V・ヴァスニェツォフ作

ウラジーミル・モノマフ公はほとんどすべてのロシアの公を自分に服従させた。少しの抵抗に対しても武力で厳しく罰した。彼は自分の息子たちを大きな都市ノヴゴロド、スモレンスク、**ロストフ**、**スーズダリ**に配置した。

1116年、モノマフはポロヴェツ族に対抗して新しい大遠征を組織し、それを率いたのは彼の息子、ムスチスラフであった。

ウラジーミル・モノマフ公と彼の息子、ムスチスラフ（1125～1132年）公の支配は、古代ロシア国家統一の再建時代となった。しかし、ムスチスラフの死後、再び争いが始まった。キエフに対する苛烈な戦いの過程で、諸公はキエフの王座につきながらも自分の旧領土だけは確保していた。

◆古代ロシア国家の分裂の原因

諸公間の争いは12世紀半ばに、古代ロシア国家がいくつかの独立した公国に分裂する結果をもたらした。諸公の争いの陰には、より深い原因が隠されており、それは西ヨーロッパ諸国の同じ時代のように、ルーシにも分裂期が訪れた。

分裂原因のひとつは、古代ロシア国家において形成されていた統治体制にあった。ロシアの各地方には民衆が民会を召集し、選挙による政権があり、民衆の国民軍が存在していた。したがって、キエフ公の地方長官として赴任した公の息子や兄弟は、すぐにキエフから独立した統治者と感じ始め、かつて一族の公たちが行ったように、キエフから分立しようと努めた。この状況は、キエフに貢税を支払うのを望まず、キエフの地方長官ではなく、自分たちの利益を擁護する公を待望していた都市の人々の支持を強めた。

その他に、古代ロシア国家には、キエフ王座継承の確定した秩序がなかった。実際に序列原則はすでにヤロスラフの息子たち、2代目、3代目には複雑になり、混乱していた。とくに、誰が年齢序列の利点を有しているか、つまり年齢の若い弟か、あるいは年齢に相応した公の息子か、だけでは解決できない問題が起きていた。したがって、軍事衝突を凌ぐ諸公の争いが頻繁に起きていた。ある公は一定の領地で自分の権力を強化し、自分の領土を息子たちに遺産として遺そうと努力したが、キエフの公位闘争には兵力や資金を無駄に浪費しない

支配してくれるよう都市住民が公を招致する　ロシア年代記の細密装飾画

よう努めていた。

　諸公の内紛は古代ロシア国家の防衛能力を失墜させた。ウラジーミル・モノマフ公によって撃滅されたポロヴェツ族は再びルーシの南国境を目指した。同じころ、ポロヴェツ族の部隊はいつも自ら率先してロシアを襲撃していたのではなかった。ロシアの諸公自身が互いの戦いで草原の騎馬兵を雇っていたのである。

　とくにキエフの土地が内乱のために苦しんだ。ポロヴェツ人の襲撃後は恐ろしい光景で、完全に焼かれた村落が煙を出していた。放置された耕地には草や灌木が生い茂っていた。ドニエプル川では商人キャラバンの往来はなくなっていた。怖気づいて人々は草原から遠く離れて、より安全な避難所を探し、居心地の良い場所へ逃げたので、キエフの土地は無人になった。キエフは巨大な商業の中心地であることと、ロシアの都市のなかでもっとも富んでいるという本来の意義を失った。新しい中心都市が発達し、自らの富でキエフを圧倒し、これ以上キエフに服従することを望まなかったのである。

　様々な公族の代表者は古い伝統にもとづき、依然としてキエフの王座獲得のため戦っていたが、王座の占拠は単に象徴的な行為になり、多くの利益をもた

らさなかった。

　また、国の経済生活の変化も古代ロシア国家分裂の原因となった。次第に公の従士団は土地に定住するようになった。大貴族の主要な富は支配下の土地から集められた貢税でも、また戦利品の分配でもなく、世襲領の隷属村民からの搾取(さくしゅ)(つまり他人の労働の成果の横領)になっていた。これは公たちが自分の公国強化に努め、新しい公位に移ろうとする動きを少なくした。そのうえに、諸公と従士団は対外交易によって富を得る機会を失った。これはポロヴェツ族が原因で、「ヴァリャーグからギリシアへの道」という交易路の衰退と、地中海に沿った西欧とビザンツ間の新しい交易路の開拓が原因であった。

◆分裂期における国家統治
　12世紀中葉にルーシは15の分立した公国に分裂していた。キエフを中心地とした**キエフ公国**、チェルニゴフを中心地とした**チェルニゴフ公国**、ノヴゴロド・セーヴェルスキーを中心地とした**セーヴェルスク公国**、ノヴゴロド・ヴェリーキーを中心地とした**ノヴゴロド公国**、ガーリチとウラジーミル・ヴォリンスキーを中心地とした**ガーリチ・ヴォリンスク公国**、クリャージムのウラジーミルを中心地とした**ウラジーミル・スーズダリ公国**、スモレンスクを中心地とする**スモレンスク公国**などがもっとも大きな公国であった。各公国は時と共に一族の分裂の過程で、新しい公国へと分かれたため公国の数は絶えず変化した。

　まれな例を除いて、各公国には自分の公の王朝があり、固有の軍隊、貨幣、度量衡の単位をもち、独立した外交を行っていた。もっとも強力な公たちは自らを**大公**(たいこう)と呼ぶようになっていた。巨大な公国の領地内には、公一族の若いメンバーの世襲領地の所有物である**分封地**(ぶんぽうち)が分割されていた。分封の公たちは大公の家来であった。

　公同士間の関係は、当時の慣習と彼らのあいだで取り決められた合意によって調整された。公たちの内紛が鎮まらないにもかかわらず、その目的は統一国家ではなく、すでに他の事に向いていた。つまり、すべての国家権力を握るのではなく、隣国を犠牲にし国境を拡大して自分の公国を強化することであった。

ロシアの歴史　古代から16世紀末まで　6年生

12～13世紀初めのルーシ

相続で自分の公国を得て、息子や兄弟へ譲渡した公たちは、一時的な所有者になるよりも自分の領地整備に多くの関心を寄せた。彼らは喜んで都市や聖堂の建設に携わり、自分の領土へ農業従事者、手工業者、そして商人の誘致に努めた。

それにもかかわらず、古代ロシア国家の分裂そのものは統一されたロシア領土概念の消失にはならなかった。すべての公国と領地には古代ロシア民族を形成したのと同一の人々が暮らし、同じ言語で話し、同じ宗教を信仰していた。従来どおり、キエフには府主教座が置かれていた。教会はロシアの統一を支持し、内紛を非難し、公たちを和解させようと努めた。諸公国の独立性にもかかわらず、まだ賢公・ヤロスラフ大公、彼の息子たち、そして孫のウラジーミル・モノマフ大公が作成した法律のもとで生活を続けていた（これらすべての古代ロシアの法律はひとつの全集になり、『ロシアの正義』と呼ばれた）。

このようにして、12世紀中葉に古代ロシア国家の発展に分裂期が訪れた。それは国家統治の特徴に関係する政治的原因と、人々の経済活動に関係する原因によっていた。しかし国家統一のいくつかの要素は保たれていた。

◆質問と課題◆
1. なぜヤロスラフの息子たちの同盟が崩壊したと考えますか。
2. 諸公のリューベチ会議の政治的意義は何ですか。
3. ウラジーミル・モノマフ公の政治の特徴をあげてください。
4. 古代ロシア国家分裂はどんな原因ですか。
5. 12世紀のルーシで支配的になり始めていた政治的秩序の特徴を述べてください。

史料

『過ぎし歳月の物語』
リューベチの諸公会議について
1097年夏。公たちは和平のためリューベチに集まり、互いに話し合った。

互いに争いを起こして、なぜロシアの土地を滅ぼそうとするのか。ポロヴェツ族はわれわれの土地を少しずつ取り壊し、われわれが内紛に苦しむのを喜んでいる。そうだ、今度は心をひとつにしてロシアの土地を守ろう。そして、それぞれが自分の世襲領地を支配してほしい。すなわち、スヴャトポルク公はイジャスラフの世襲領地であるキエフ市を、ウラジーミル公はフセヴォロドの領地を、ダヴィド公とオレグ公とヤロスラフ公はスヴャトスラフ公の領地を支配する。そして、フセヴォロド公が市を分けたように、ダヴィド公にウラジーミル市を、ラスチスラヴィチー族のヴォロダーリ公にペレムィシリ市を、ワシリョク公にテレボヴリ市を支配させよう。ここで全員が十字架にくちづけをして、「もし、今後ある者が誰かの世襲領地をねらうなら、われわれ全員がその者に対抗する」。

◆史料についての質問
1. どのような目的で公たちはリューベチに集まったのですか。
2. 彼らはどのような決定をしましたか。

◎ 新しい用語を覚えよう。

軍隊〔Рать〕——軍の部隊。

公の領地〔Удел〕——公一族の若いメンバーの領土。

経済〔Экономика〕——経済状況、経済的なこと。

搾取〔Эксплуатация〕——他人の労働成果を横領すること。

§10–11. ルーシの主要な政治的中心地

◆北東ルーシの開拓。北東領地での公権力の性質

　ドニエプル川の河岸から北東に広がる地方、あるいは別名北東ルーシは、長いあいだに東スラヴ領地のなかでもっとも辺鄙な地方のひとつであった。その地方には多くの森があったので、よくザレスキー（森林の裏の意味）と呼ばれた。生い茂った通行不能の森は、敵の侵入から土地を守っていた。森の中央に

は農耕に適した土地が広がっていた。ここでは昔からフィン・ウゴル族が住んでいた（メリャ、ヴェシ、ムーロマ）。9世紀からここへイリメニのスラヴ族、クリヴィチ族、ヴャチチ族が侵入してきた。住民は農業、畜産、塩の採取、養蜂、ビーバーの毛皮採取業に従事していた。都市や町村では手工業が発達していた。もともとヴャチチ族の中心地として起こったロストフは土地の中心地であった。重要性で第2の都市はスーズダリだった。

　北東地方にはひとつの重要な特性があった。ロシア国家の古い中心地であるドニエプル川河岸とノヴゴロド地方は最初東スラヴ族によって開拓され、そのあとに公の権力が確立されていたが、ロシアの北東地方はすでに存在していた公権力によって多くのことを獲得していた。ロストフやスーズダリと並んで、賢公・ヤロスラフ公によって創建された**ヤロスラヴリ市**、ウラジーミル・モノマフ公によって創建されたウラジーミル市などは地方都市のなかで最古だったので、第1に、諸公は自分の所有する土地を公示すること、第2に、従士団と教会に土地を分配すること、第3に、住民の政治的、経済的権利を制限する機会を得たのである。

　結果として、北東地方の諸公はまもなく巨大な土地所有者となり、自分の公国で完全な法的権利をもつ君主になった。公の過分な収入は外国貿易や軍の遠征からではなく、所有地からの搾取であったので、北東地方の君主の主な目的は自分の領土拡大となった。

◆ユーリー・ドルゴルーキー公（1125〜1157年）
　北東ルーシ（ロストフ・スーズダリ）は賢公・ヤロスラフの意志にしたがって、フセヴォロド公の勢力下に入った。そのあと、彼の子孫がこの土地を支配した。つまり、ウラジーミル・モノマフ公と、のちに、その地方の公国の創始者にもなった彼の末っ子**ユーリー・ドルゴルーキー**である。ウラジーミル公の息子、ユーリーには、遠い北東の辺境からロシア国の隅々にまで「長い両手を伸ばす」志向があったので、このあだ名がついた。彼は積極的に公たちの内紛に参戦しながら、ロストフ・スーズダリ公国を広大な独立公国に変えた。ユー

リー・ドルゴルーキー公は地方に新しい都市、**ドミトロフ市**、**ズヴェニーゴロド市**を創建した。この公の名前と初めて**モスクワ**に言及している年代記の記事と結びついている。1147年に彼はここで同盟者である北部ノヴゴロドの公たちと宴会を催した。1156年、彼はモスクワに要塞「都市」を起工する命令を出した。

　ユーリー公の秘かなる目的はキエフの王座だった。彼は2度キエフを占拠した。1155年からはロストフ・スーズダリ公であったが、古代ロシアの首都を立ち去ることはなかった。しかし、ユーリー公とキエフの人々との関係が改善されることはなかった。公が力ずくでキエフの王座を占拠し、要職すべてをスーズダリ市からの転居者に分配したのをキエフ住民は許せなかったのである。スーズダリの人々も自分たちの状況が一時的で不安定だと感じ、都市のことではなく自分たちの財布の心配をしていた。1157年、勇士のような体格と素晴らしい頑健さで抜きん出ていたキエフの公はある宴会を終えたあと、突然病気にかかり、5日後に死んだ。公は毒殺された公算が大きい。いずれにせよ、ユーリーの死後すぐにキエフの人々は、公の屋敷を略奪して荒廃させ、多くのスーズダリの人々を殺した。

◆**アンドレイ・ボゴリュブスキー（1157～1174年）**

　1157年、ロストフ・スーズダリ公国の公位にユーリー・ドルゴルーキーの息子、**アンドレイ**がついた。ユーリー・ドルゴルーキー公は存命中に新興都市クリャージムのウラジーミル領地をアンドレイに分与し、アンドレイはそこで幼少・青年時代を過ごした。ユーリー・ドルゴルーキー公がキエフに移住した時、彼はアンドレイにキエフ郊外のヴィシゴロドに来るように命じた。しかし、アンドレイは父の意志を遂行せず、自分の好きなウラジーミル市に行ってしまった。

　キエフの土地から北へ向かいながら、アンドレイ公はキエフの聖物のひとつ、生神女のイコンを携えて行った。年代記の著者が叙述しているように、イコンを乗せた馬車を曳いている馬たちはウラジーミル市の付近で止まってしまい、

ウラジーミルの黄金の門

まったく動かなくなったので、公は野宿しなければならなくなった。アンドレイ公の夢のなかで聖母が現れたため、その聖母を見た場所に教会を建て、ウラジーミル市にイコンを安置するように命令した。公は教会と共に白い石で壮麗な宮殿を建てた。その新しい居城は**ボゴリューボヴォ**と名づけられ、公自身にはボゴリュブスキー（神を愛する者の意）というあだ名がついた。この時から北東ルーシを、その主要な都市の名からウラジーミル・スーズダリ公国と呼ぶことができよう。

1169年、アンドレイ・ボゴリュブスキー公はキエフへの遠征を画策した。都市は襲撃によって占領され、略奪され、焼かれた。多くのキエフの人々は捕虜として連れ去られた。その時までルーシでそのようなふるまいをしたのは異国の都市に対してだけであった。しかし、アンドレイ公はキエフに留まらず、そこに兄弟のひとりを据え、自身はウラジーミル市に戻った。このようにしてウラジーミル・スーズダリ公は古代の首都に対する無関心をさらけ出した。また、彼は都市への商業道路を閉鎖してその穀物を

ウラジーミルの神の母

奪い、誇り高いノヴゴロドの人々を服従させることができた。

アンドレイ・ボゴリュブスキー公の主な目的は、ウラジーミル・スーズダリ公国を強化し、地位を高めることであった。彼はキエフとノヴゴロドで聖ソフィア大聖堂を敬う一方、公国の天の庇護者・ウラジーミルの神の母イコンには特別な崇拝の念を表わした。公の首都が何においてもキエフに負けないようにと、ウラジーミル市に新しい要塞を建て、キエフの黄金の門を手本に、教会つきの黄金の門と壮大な石の大聖堂を建設した。

しかし、次第にアンドレイ公は自分の公国での権威を失っていった。建設作業には莫大な資金を必要としたので、住民税の増税を引き起こした。一方、公の権力志向が彼に対抗する側近たちの勢力を回復させることになった。大貴族**クチコヴィチ**一族が公に対抗する陰謀の先頭に立った。彼らはアンドレイ公の就寝中に押し入り、刀で彼を殺害した。殺害の翌日、ボゴリューボフ市民は蜂起した。上層階級の人々の家は略奪され、公の役人は殺された。

頭蓋骨をもとにＭ・Ｍ・ゲラシーモフが作成したアンドレイ・ボゴリュブスキー

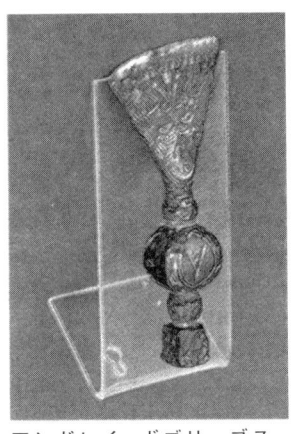

アンドレイ・ボゴリュブスキーの手斧

◆大巣公というあだ名をもつフセヴォロド公（1176～1212年）

アンドレイ・ボゴリュブスキー公の死後に始まり、１年以上長引いた内乱の結果、公の座にはアンドレイ公の弟、**大巣公**というあだ名（彼には多くの息子がいたことからこのあだ名がついた。）をもつ**ユーリー**の息子、フセヴォロドがついた。フセヴォロド公の時代にはウラジーミ

ル・スーズダリ公国の威力がさらに増大した。

　フセヴォロド公は長兄の事業を継承し、アンドレイ公を見習ってキエフに行かず、自分に服従する公、つまり手先をそこに置いた。フセヴォロド公は一番先に**ウラジーミル公国の大公**（たいこう）という称号を名乗ったが、自分の公国の崩壊を避けることはできなかった。彼は存命中に息子たちに領地を分配し始めていた。1212年彼の死後、それまで統一していたウラジーミル・スーズダリ公国はいくつかの領地に分けられ、フセヴォロド一族が統治した。大公の権力は**フセヴォロドの息子**（むすこ）**、ユーリー公**（こう）（1218～38年）の時代に再び強化され始め、大公国の国境は東に拡大した。1221年、ヴォルガ＝ブルガル族への遠征が成功したあと、**ニジニノヴゴロド**が建設された。そこはもっとも重要な商業と手工業の中心となり、ヴォルガ川沿岸地方の拠点となった。ユーリー公はヴェリーキー・ノヴゴロドの服従と、ルーシ南部の土地における影響力のための闘いを始めた。

諸公らの戦場で発見された、大巣公フセヴォロドの息子のひとりがもっていた兜（かぶと）

◆ノヴゴロド公国

　ノヴゴロド公国の中心地ヴェリーキー・ノヴゴロドは、すでに9世紀に3種族（スラブ族、メリャ族、チュジ族）の村の統合したものとして起こり、ヴォルホフ川の川岸に位置していた。ヴォルホフ川はヴェリーキー・ノヴゴロドをふたつの地区に分け、東側は商業地区、西側はソフィア地区であった。次第に北西ルーシの広大な領地はノヴゴロドの支配下に入った。それはフィンランド湾からウラルまで、北氷洋からヴォルガ上流まで広がった。

　ノヴゴロドの土地の大部分は農業にはあまり適さなかったので、ノヴゴロドの人々は手工業と商業を完璧にするために努力した。ノヴゴロドの大工、鍛冶

ノヴゴロドの市　A・ヴァスニェツォフ作

工、織工、陶工、製皮工、兵器（製造）工たちの製品は全ルーシにおいて有名であった。ノヴゴロドの船（櫂、帆つきの古代ロシアの大型平底船）は北海を遠く東まで航行した。**北海沿岸地方**と**西ウラル山脈地方**から貢税として受け取り、西ヨーロッパの国々に売られた高価な毛皮は、狩猟に武装探検隊を派遣した大貴族へ大きな収入をもたらした。通商は主にドイツ、デンマークの商人、またビザンツ、東方の国々と行われた。ノヴゴロドには外国商人の商業用地区と教会があり、商人たちは都市にラシャ、金属、ワイン、贅沢品を運んだ。ノヴゴロドの人々はもっとも遠方のロシアの土地でさえも活気ある通商を行った。

　ノヴゴロドはルーシだけでなく、ヨーロッパでももっとも大きく美しい都市のひとつであった。ノヴゴロドの当時の住民は読み書き能力の水準が高く、自由への愛着、独立した行動で際立っていた。

◆ノヴゴロド公国の政治的特徴
　12世紀初頭にノヴゴロドでは共和制ができていた。これによってノヴゴロ

ド公国の政治的体制はロシアの他の公国とは異なった。

　ノヴゴロドの最高権力、つまり主要な権力は民会が有した。民主主義のシンボルは民会の鐘で、その音は民会の召集を全住民に知らせた。民衆の集会は戦争と平和の諸問題を解決し、重要官職を選出し、公を招致した。

　重要官職は**市長官**(しちょうかん)で、地元の大貴族から選ばれた。市長官はノヴゴロドのすべての土地を管理し、ノヴゴロド裁判所を指揮し、様々な役人を任命また解任し、公の活動を監督し、公と共に軍隊の長につき、外交を指導した。

　市長官の助役は**千人長**(せんにんちょう)だった。彼は税金システムに対する統制を実現し、商業裁判を管理し、市の国民軍の遠征では先頭に立った。市長官が大貴族であるのとは異なり、千人長は市政において商人、手工業者、「もっとも下級」の人々の代表となった。

　同様に、ノヴゴロド教会の首長である**主宰**(しゅさい)、つまり主教（のちの**大主教**(だいしゅきょう)）は民会において選出された。彼はノヴゴロド市の公庫を保有し、国有地を管理し、外交指導に参加し、商業の方策を監督し、教会裁判を司った。主教の屋敷でノヴゴロドの年代記が書かれた。主教は自分の連隊をもっていた。主宰の地位は他の役人とは異なって終身であった。また民会ではノヴゴロドの**掌院**(しょういん)も選出され、すべての黒衣聖職者階級つまり、修道士を率い、主宰からは独立していた。

　戦争の場合にノヴゴロドの民会は全武装勢力の長として公とその従士団を招いた。民会は公と契約を結び、公は都市の統治問題に介入する権利はもたなかった。公と公国の大貴族はノヴゴロド国に領土をもつことや商業活動が禁止された。もし公が契約を破れば、民会は公に「道を指示した」、つまり彼を追放した。公の権力強化を抑えるため、ノヴゴロドの人々は自分たちの公を長期間留めなかった。1095年から1304年までの200数年間に、3つの公国、つまりスーズダリ、スモレンスクとチェルニゴフから約40人がノヴゴロドの公位についていた。このようなノヴゴロド人の諸公との関係は、12世紀までノヴゴロドには外敵がいなかったということで説明された。この点においてノヴゴロドはつねに遊牧民に襲撃されていたキエフと異なっていた。ロシアの他の公国とは異な

りノヴゴロド公国には自前の王朝が不在であったので、公国の細分化が避けられ、自国の統一が維持された。

◆ガーリチ・ヴォルィニ公国

　南西ロシア、つまりカルパチア山脈沿いに広がるガーリチ・ヴォルィニ地方も早くにキエフから分離していた。

　肥沃な土壌と温暖な気候は農耕地の発達に好都合だった。ここではかなり早くから大貴族による領地の所有が行われていた。多くの林業と漁業が順調に発達し、腕のよい手工業者がいた。この土地が塩の産地であることが重要な意味をもっていた。南西ロシアを超えて、ドナウ川、ヨーロッパの中心と南部、ビザンツまで活気ある交易路が通っていた。これは都市の成長を促進し、遊牧民とは疎遠気味であった南東の土地の住民を引き寄せた。

　南西ロシアには裕福で独立した貴族が居住して、その経済的基盤を世襲領地、つまり相続による土地所有を作り出していた。つねに近隣諸国の自立した上流階級と交流しながら、当地の貴族は、公の権力に対する関係での独立した行動スタイルを学んでいた。彼らのあいだではしばしば衝突が起こった。同時に、ヨーロッパ諸国の近隣性は、これらの国々がたびたび公や貴族たちの争いに介入する結果をもたらした。

　南西ロシアの都市のなかでもっとも古かったのはウラジーミル・ヴォルィンスキー市で、これとドネェストル川の新しいガーリチ市は巧みに競い合った。ウラジーミル・ヴォルィンスキー市を統治したのはウラジーミル・モノマフ公の子孫、ガーリチ市は、賢公・ヤロスラフ公の長男で早くに死んだ**ウラジーミル公**と彼の息子、**ロスチスラフ公**の子孫が統治した。元々ガーリチ公国とヴォルィニ公国は独立国家であった。

　12世紀後半の初め、その知性からオスモムィスル〔賢人８人分の能力があるという意味－訳者〕というあだ名のついたロスチスラフの曾孫、ヤロスラフ・ウラジーミロヴィチ公の時代にガーリチ公国は最盛期にあった。ヤロスラフ公は長いあいだ自分を服従させようとしていた貴族と戦っていた。ヤロスラフ公

諸公は条約を結び、平和に暮らすことを十字架の前で誓う　ロシア年代記の細密装飾画

の死後、公国は衰退した。

　1199年、ウラジーミル・モノマフ公の子孫でヴォルィニの公、**ロマン・ムスチスラヴィチ**はヴォルィニとガーリチの統一に成功した。

　ロマン・ムスチスラヴィチは優秀な司令官であり、政治家であった。彼はしばらく貴族の内紛を治めることに成功した。彼は広大な領地の所有者になって、キエフを占領した。ロマンは積極的な外交を行い、1205年、彼はポーランドの公の争いに介入し死亡した。

　ロマン・ムスチスラヴィチ公の息子、**ダニイル**はその時わずか4歳だった。ガーリチ・ヴォルィニ公国では新しい内紛が始まり、権力は貴族が奪った。ルーシにあったすべての慣習を無視して、貴族のひとり、**ヴォロジスラフ・コルミリチィチ**がしばらくのあいだ、公となった。しかし、1238年までにダニールは貴族の抵抗を打ち負かすことに成功した。彼は富裕者と住民や目下の従士団に対して横柄にふるまう貴族との闘争を基本とする父の政治を継続した。それにもかかわらず、最終的に彼は貴族に勝つことはできなかった。

このように、分裂期により強い政治的中心地では様々な種類の国家権力が出現した。つまりウラジーミル・スーズダリ公国では世襲の君主制が形成された。ノヴゴロド国では共和政体が形成された。ガーリチ・ヴォルィニ国では、公の政権が貴族の上流階級によって規制された。

◆質問と課題◆

1. どの国へ、またどうしてロシアの政治の中心地が移動したのですか。
2. ウラジーミル・スーズダリ公国、ノヴゴロド国、ガーリチ・ヴォルィニ公国の国境を地図上で示してください。
3. ウラジーミル・スーズダリ公国の政治的特徴は何ですか。
4. ウラジーミル・スーズダリ公の活動について述べなさい。それらはどんな目的を追求したのですか。
5. ノヴゴロド公国の政治的体制の特徴を述べてください。
6. 公の権力はノヴゴロドでどのような役割を演じましたか。なぜノヴゴロド公国はその後の分裂を避けられたのですか。
7. ガーリチ・ヴォルィニ公国の政治的特徴は何ですか。どのような状況によって、これらの特徴が現れたのですか。
8. ウラジーミル・スーズダリ公国とガーリチ・ヴォルィニ公国では、どんな共通の政治的特徴がありましたか。
9. なぜロシアの多くの国々で君主制統治法が確立したのかについて、説明を試みてください。

史　料

ノヴゴロド蜂起についてのノヴゴロド年代記

　1136年ノヴゴロドの人々はプスコフ人とラドガ人を呼び寄せ、自国のフセヴォロド（ムスチスラフヴィチ）公を追放しようと考えた。彼を妻、子どもたち、妻の母と共に主教館に軟禁し、毎日30人の武器をもった男たちが昼夜見張った。公は2ヵ月間軟禁され、7月15日に都市から追放されたが、公の

息子、ウラジーミルは受け入れられた。公にかけられた嫌疑とは、1）自由農民を大切にしない。（中略）3）皆より真っ先に戦場から逃げた。そのために多くの死者が出た。（中略）

1137年に、コンスタンチン市長官と何人かの善良な名士たちもフセヴォロド公のもとへ逃げた。（中略）同年にフセヴォロド・ムスチスラヴィチ公は、秘密裏にノヴゴロド市とプスコフ市の名士に「公よ、来なさい。あなたは再び望まれている」と招致され、再びノヴゴロドの公位を望んで、プスコフ市に来た。そしてプスコフ市にフセヴォロドがいると知れると、（中略）ノヴゴロド市で大きな反乱が起きた。また、一部の者たちがプスコフのフセヴォロドの所へ来て彼らの家の略奪を行った。さらに貴族のなかの誰がフセヴォロドの支持者なのか探し、彼らから1,500グリヴナを取り立て、戦争の準備のために商人に与えた。罪のない人々からも取った。

◆史料についての質問

提示されている断片にもとづいて、公たちとノヴゴロドの人々とのあいだの相互関係についての結論を出しなさい。

◎ 新しい用語を覚えよう。

共和国〔**Республика**〕──最高権力が住民によって選ばれた代表者のものである国家の統治形態。

名士〔**Мужи**〕──名門の出の人々。

蜂起〔**Мятеж**〕──暴動。

§12. 東方からの襲来

◆チンギス・ハーンの強国の創立。カルカでの会戦

アジアの中央では古代から**モンゴル族**が遊牧生活を送っていた。13世紀初めこの一族の**ノヨン**（公）は、精力的で狡猾なモンゴルの封建領主、才能ある司令官、そして残酷な君主の**テムジン**だった。彼はすべてのモンゴルと隣国のチュルク族を服従させることに成功していた。彼らのなかでもっとも強く好戦

モンゴルの兵士

ユルタ（モンゴル遊牧民の住居）

　的な一族はタタールだった。したがって、モンゴルと隣接する民族は、モンゴルの全民族に「タタール」という名を頻繁に使用した。

　13世紀初め、モンゴルの上流階級の大集会（**クルタイ**）でテムジンはモンゴル国家の統治者であることを宣言し、**チンギス・ハーン**――「偉大な汗」の名を授かった。彼はモンゴル族に全世界を征服する任務を果たそうとした。

　強力な軍を結成したチンギス・ハーンは、この任務の遂行に着手した。短時間で彼は**北部中国**、**中央アジア**、**イラン**、**コーカサス**の人々を自国に組み入れた。

　1223年、モンゴル族はポロヴェツ人が遊牧していた草原に侵入した。ポロヴェツ人の汗はロシアの諸公たちに助けを求めた。ロシアの公15人がそれに応じた。それは、キエフ、チェルニゴフ、スモレンスク、ガーリチ、ヴォルィニ、その他の公であった。

　1223年3月31日、ドン川河口から近くアゾフ海に注ぐ小さなカルカ川の川岸で、流血の会戦が始まった。しかし、ロシアの公たちの足並みが揃っていなかった。つまり公らは共通の司令部をもたず、絶えず互いに口論していた。ある公はそもそも戦いに参加しなかった。それにもかかわらず、ロシアの兵士は

チンギス・ハーン　現代の彫像

動物を狩りするモンゴル　13世紀
イギリスの年代記の細密装飾画

勇ましく果敢に戦った。しかしポロヴェツ族は動揺し、突然ロシアの連隊を押し倒して逃亡した。モンゴル族は攻撃に転じ、ロシアの軍勢を撃破した。6人の公は殺され、ガーリチとヴェルィニの公は逃亡した。このあとモンゴル族は戦いに加わらなかった公の宿営地を取り囲んだ。宿営地包囲は3日間続き、モンゴル族が従士団の命を守ると約束をしたので、公は降伏に同意した。モンゴル族は約束を破り、すべてのロシア兵を殺し、公たちは酷い処刑を受けた。彼らを縛り上げ地面に投げ出し、上から板を置いたのである。この血なまぐさい板張り台のうえで、死んでゆく者のうめき声を聞きながらモンゴル上流階級の者たちは祝宴を催した。

　勝利したモンゴル族は、ロシア領土の奥地に入りこむ危険を侵さなくて済んだ。当初モンゴル族は偵察の目的で来たので、北東ヴォルガ＝ブルガル族へ向きを変えた。しかしカルカ川での戦いののち、弱体化したモンゴル族はヴォルガ川で一連の打撃を受けたのでモンゴルに帰った。

◆リャザン地方への侵入
　モンゴル襲来の直前、かつてのキエフ・ルーシの領土には約30の国家体制が

あった。政治的統一が欠如し、軍の統一もなかったので、ロシアの公たちにとって、よく訓練され、不屈で残酷な多数のモンゴル兵士に独力で対立するのは極めて困難であった。様々な史料によると、ロシア攻撃のときにモンゴル軍は3万7,000から7万5,000人であった。ロシアのどの公国もこのような兵士の数を出兵させる状況にはなかった。

1235年、モンゴルの汗会議は西への遠征開始を決定した。その時にチンギス・ハーンはすでに死亡していたので、孫の**バトゥ汗**が軍勢を率いた。

1236年、モンゴルは再びヴォルガ＝ブルガル国境に現れ、ブルガルの部隊を撃滅した。1237年の夏に彼らはポロヴェツ族を服従させ、ロシアへの遠征準備を始めた。

最初の攻撃は1237年末にリャザン公国に対してであった。リャザン公はウラジーミル公国のユーリー・フセヴォロドヴィチ大公に助けを求めたが、彼は重要なコロムナ要塞防衛のため末息子の**フセヴォロド**を長として小規模な従士団を向かわせただけであった。

リャザン国へ進攻したバトゥ汗はリャザンの公たちから「公国にあるすべて」の10分の1を要求した。ハンとの合意を望むリャザン公は、彼のもとに高価な贈物を携えた公の息子、**フョードル**が率いる使節団を向かわせた。贈物を受け取ったハンは新しい屈辱的な要求をもち出した。それは貢税の支払いの他に、モンゴル上流階級者の妻として公の姉妹や娘を差し出すよう命じた。バトゥ汗は自分のためにフョードルの妻である美しい**エヴプラクシヤ**を見つけ出していた。公の若い息子はきっぱりと拒否の返事をして、使者と共に拷問刑に処せられた。また征服者に服従しないように、美しい妻は高い鐘楼から身を投げた。

リャザンは6日間絶え間ない攻撃を撃退したが、12月21日にモンゴル族に占領された。都市で征服者は老人も小さな子どもたちも容赦なく虐殺した。リャザン

バトゥ汗　東洋の年代記の絵

第2章　ルーシにおける政治的分裂　　109

モンゴル・タタールによるリャザンの襲撃

公も家族と共に殺され、都市は地上から姿を消してしまった。伝説によると、リャザン国の生き残った住民は**エブパチイ・コロヴラット**が率いる従士団を召集した。彼はスーズダリ公国で敵に追いつき、モンゴル族に大きな損害を与えながら敵と戦いを開始した。

◆ウラジーミル公国の壊滅

　リャザン公国を制裁して、バトゥ汗は自分の部隊を北のウラジーミル市に向けた。途中、粘り強く自衛していたコロムナが占領された。それからモンゴル族はモスクワに近づいた。**フィリップ・ニャーニカ**司令官を長とする市民は、桁違いの軍勢にもかかわらず5日間、勇敢に敵の重圧に耐えた。しかし、モスクワは占領され、略奪されて焼かれた。モスクワの住民は容赦なく、「年寄りから、幼い子どもまで」皆殺しにされた。

　1238年2月3日、バトゥ汗の軍勢はウラジーミル市に接近した。都市の襲撃のときに城壁破壊用装置と石で都市を攻撃する投石機が使用された。リャザン陥落後ユーリー大公は兵力を補充するために西方へ出ていたので、都市の防衛

を指揮したのは**ピョートル・アスリャジューコヴィチ**司令官だった。2月7日、モンゴル族は都市に突入して放火した。公の家族も含めて多くの住民はウスペンスキー（生神女就寝）大聖堂に隠れたが、彼らはそこに火を放った。火は文学や芸術のもっとも価値ある記念物を根こそぎ焼き、市の多数の聖堂は廃墟と化した。

　ウラジーミル市の荒廃後、バトゥ汗の兵士は何隊かに分かれて、ウラジーミル・スーズダリ公国のほとんどすべてを占拠した。彼らはロシアの市町村を破壊し、焼き、そして略奪し、人々を殺し、捕虜にして連れ去った。奇跡的に生き残った人々は西方のシチ川岸、ユーリー・フセヴォロドヴィチ公の**陣営**（じんえい）に逃れた。すでに征服者を壊滅するための十分な力がある、と判断した公は会戦への準備ができていた。ユーリー公は経験豊かな司令官であり、また勇敢な戦士だったが、この時は敵を軽く見ていた。1238年3月、モンゴル族は不意にロシア軍を攻撃し、壊滅させた。この戦いで大公自身が死亡した。王位には彼の兄弟**ヤロスラフ・フセヴォロドヴィチ**がついた。

◆ノヴゴロドへの遠征

　シチ川での戦いあと、モンゴル軍はノヴゴロドに突進した。彼らの道には**トルジョク市**があった。この都市はノヴゴロドに穀物を供給していたノヴゴロドの商人とウラジーミル市やリャザン市からの商人にとって積み換え所であった。ここでモンゴル族は、冬のあいだ乏しくなる食料の蓄えを補充する予定でいた。

　しかし、トルジョクの住民は事前に敵との武力衝突の準備をしていた。彼らはタタール族が強襲のための梯子を固定できないように、また都市を燃やすことができないように都市の城壁や門に氷で防御壁を作った。住民は2週間、敵の攻撃をかわした。しかし住民はモンゴル族がトルジョクを占領しても、穀物の補充することができないように穀物の入った倉庫に火を放った。

　3月中旬にモンゴル軍はヴェリーキー・ノヴゴロドへの遠征を再開した。しかし、ロシア軍勢との会戦で兵士の数が減り、食料と**飼料**（しりょう）の蓄えが十分でないモンゴル部隊は、ノヴゴロドの100露里〔1露里は1.067km〕手前で立ち止ま

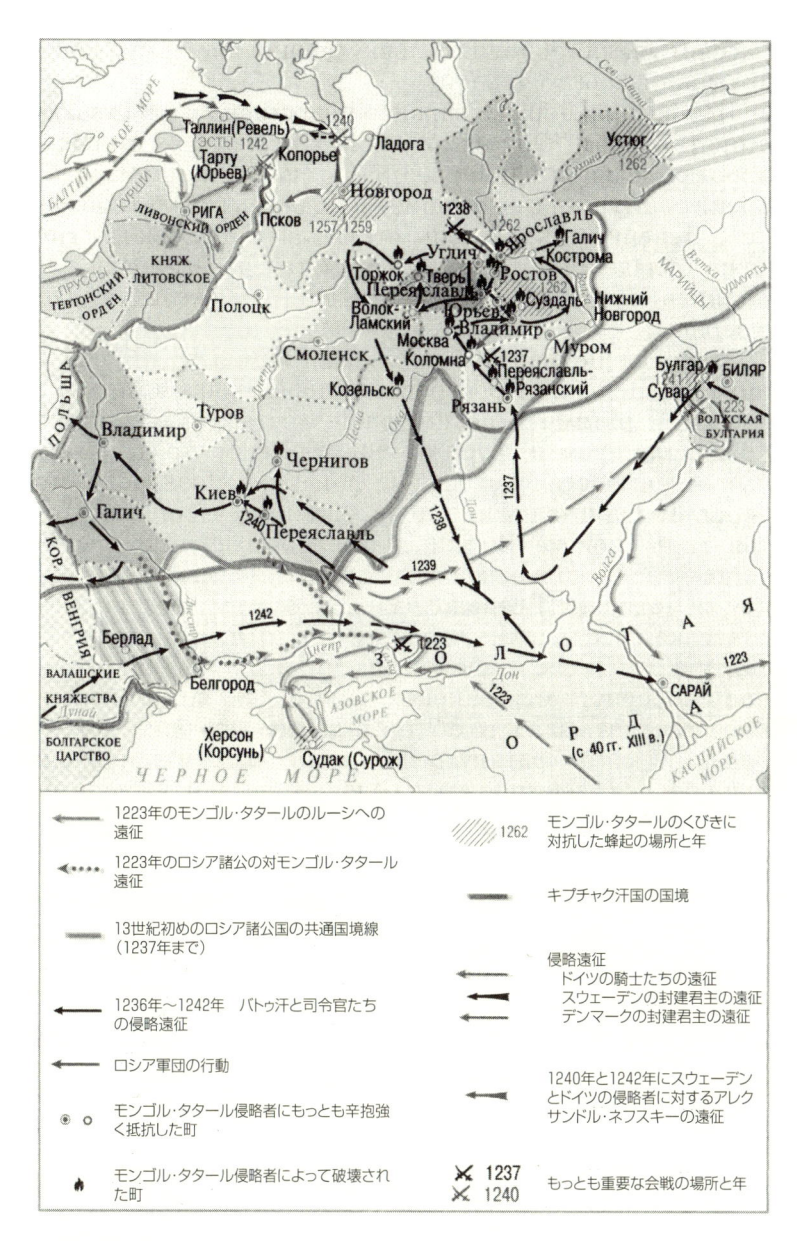

第２章　ルーシにおける政治的分裂　111

	1223年のモンゴル・タタールのルーシへの遠征		モンゴル・タタールのくびきに対抗した蜂起の場所と年
	1223年のロシア諸公の対モンゴル・タタール遠征		
	13世紀初めのロシア諸公国の共通国境線（1237年まで）		キプチャク汗国の国境
			侵略遠征 ドイツの騎士たちの遠征 スウェーデンの封建君主の遠征 デンマークの封建君主の遠征
	1236年〜1242年　バトゥ汗と司令官たちの侵略遠征		
	ロシア軍団の行動		
	モンゴル・タタール侵略者にもっとも辛抱強く抵抗した町		1240年と1242年にスウェーデンとドイツの侵略者に対するアレクサンドル・ネフスキーの遠征
	モンゴル・タタール侵略者によって破壊された町	1237 1240	もっとも重要な会戦の場所と年

13世紀中ごろのルーシ

モンゴル・タタールによる
コゼリスク の包囲

らなければならなかった。都市は強力な防御施設とよく準備された軍隊をもっていた。その軍隊の長にはヤロスラフ・フセヴォロドヴィチ大公の息子、能力のある司令官**アレクサンドル公**がついていた。疑いなく、モンゴル族の偵察隊はこのことをバトゥ汗とその司令官に知らせた。熟慮ののち、汗は「馬の顔を南に向ける」決定をした。彼はその他に、ノヴゴロド人との戦いは長引くので、森林沼沢地帯で春の泥濘期にモンゴル族の騎兵隊は行動しなければならない、という事態も考慮に入れた。

　3月末モンゴル族はふたつの川に囲まれた断崖に立つ、小さな**コゼリスク市**の要塞に近づいた。住民は約2ヵ月間侵略者に対して勇敢に抵抗していた。その時、モンゴル族はいつものように卑怯な方法を使った。それは強襲のあとに慌てふためいて逃げ出す様子を見せたのである。都市の防衛軍は彼らを追跡しようと飛び出して、策略に陥った。要塞壁から出た彼らは敵の優勢な兵力に包囲され、皆殺しにされた。モンゴル族は都市に押し入り、残っていた住民を撃

滅した。バトゥ汗はコゼリスク市を「不吉な都市」と名づけ、徹底的に破壊するように命じた。

　コゼリスク市占拠後、バトゥ汗の衰弱した部隊は、放牧地として豊かなドン川周辺の草原に行き、そこで1238年の夏を過ごした。そして、この年の秋に彼らはムーロム、ニジニノヴゴロドと他の北東ロシアの市町の襲撃を遂行した。

　北東地方の重要地域が恐ろしい壊滅をこうむったにもかかわらず、バトゥ汗の第1回ロシア遠征は、ロシアをモンゴル族に服従させる決定的なものにはならなかった。

◆南西ロシアと中央ヨーロッパへの襲来

　1239年、バトゥ汗はロシアへの2回目の遠征を開始した。彼の目的には南ロシア地方の征服だけでなく、西ヨーロッパへの侵攻もあった。彼はチンギス・ハーンが遺言したように、「最後の海」の果てまでの「日の沈む国々」すべてを征服しようとした。まさにこの年にモンゴル族はペレヤスラーヴリ・ユジニ、チェルニゴフや、その他の南ロシアの町々を占領し、焼きつくした。

　1240年9月5日、ドニエプル川を越えてバトゥ汗の軍勢はあらゆる方向からキエフを包囲した。都市は防御がよく強化されていて、土塁、石の搭のある樫の木の塀、水をたたえた堀で取り巻かれていた。このころキエフを支配していたのは、ガーリチの公ダニイル・ロマノヴィチであった。しかし、モンゴル軍が近づくと公は自公国の防衛を組織するために従士団と共にキエフを去り、自分の公国の防衛を組織するためにガーリチに出発した。キエフ防衛を指揮したのは**ドミートリー**司令官だった。全住民が「ロシアの町々の母」の防衛に立ち上がった。3ヵ月間キエフの人々は勇敢に戦ったが、モンゴル族も大きな犠牲を払ったものの都市の占領に成功した。1241年春、部隊を補充し、休養したバトゥ汗の兵士はガーリチ・ルーシ、ハンガリー、ポーランド、チェコに突撃した。アドリア海岸まで達した。しかし、1242年末にモンゴル軍は骨抜きにされてヴォルガ川下流に戻った。チンギス・ハーンの遺言は達成されなかったのである。

ロシア民族の4年間にわたる英雄的抵抗は征服者の力を弱らせた。太平洋から大西洋に至る世界的なモンゴル大帝国の樹立計画は挫折した。

このように、ロシア民族の英雄的抵抗にもかかわらず、ロシアはモンゴル族によって破壊された。しかし激烈な戦いが侵略者を弱体化させたので、彼らの全ヨーロッパ征服という課題は達成できなかった。

◆質問と課題◆

1. バトゥ汗のロシア遠征を地図で示し、それについて述べなさい。モンゴル族はロシアの土地で、どのようなふるまいをしましたか。
2. なぜバトゥ汗はノヴゴロドに行かなかったのですか。
3. ロシアのどの都市が根気強く抵抗しましたか。地図を利用して、防衛者の偉業について述べてください。
4. どうしてバトゥ汗がロシアの広い地域を侵略できたと考えますか。
5. 「苦しめられ、死にかかったロシア」によってヨーロッパは救われた、と書いたプーシキンの言葉を説明してください。

史　料

ロシアへのモンゴル襲来に関するスーズダリ年代記

1237年。東方からスーズダリ国へタタール族が森を通り抜けてやって来た。(中略)そして、リャザン地方を破壊し始め、プロンスクまで占領した。つまり、リャザンのすべてを占領して焼き払い、彼らの公を殺し、捕えた者の一部を磔(はりつけ)にし、他の者を矢で射ち殺し、他の者は両手を縛り上げて連行した。そして、多くの聖なる教会に火を放った。また修道院や村も焼かれ、至る所から多くの財産を略奪したあと、コロムナへ出発した。同じ冬にフセヴォロドの孫、ユーリーの息子、フセヴォロド公はタタールに対抗するため出発し、コロムナに寄った。そこでは激しい戦いがあり、フセヴォロド公のエレメイ・グレボヴィチ司令官が殺害され、他の名士も殺された。フセヴォロド公は少数の従士団とウラジーミル市に駆けつけたが、タタール族はモスクワへ去っていた。同じ冬にタタール族はモスクワを奪い、正教の信仰を

もっていることを理由にフィリップ・ニャーニカ司令官を殺し、ユーリーの息子、ウラジーミル公を捕え、人々を皆殺しにし、都市と聖なる教会に火を放ち、すべての修道院と村から多くの財産を略奪し、放火して立ち去った。同じ冬、タタール族はウラジーミル市に近づいた。ウラジーミル市民は都市の城壁のなかにたて籠(こも)ったが、(中略) タタール族はウラジーミル・ユーリエヴィチを連れて黄金の門に近づいた。(中略) そして、都市にユーリー公がいるかどうか、尋ね始めた。ウラジーミル市民はタタール族に矢を放った。するとタタール族も同じく黄金の門に矢を放った。そのあとにタタール族は「討つな」と言い、討つのを止めた。タタール族は門に近づいて話し始めた。「あなた方のウラジーミル公の若い息子を知っているか」と。フセヴォロド公とムスチスラフ公は黄金の門に立ち、悲しむ顔で立っている自分の弟、ウラジーミル公だと分かった。ああ、涙に値する悲しみに満ちた光景! フセヴォロド公とムスチスラフ公、従士団や全市民はウラジーミル公を見ながら泣いた。タタール族はウラジーミル市の陣営を討ち、投石機用武器を取りつけ始め(中略)、2月7日の日曜日に都市に近づいた。(中略) そして昼までに都市を占拠した。フセヴォロド公とムスチスラフ公は逃亡した。(中略) ミトロファン主教と公妃ユリヤ、娘、息子の嫁、孫、その他の公妃と子ども、非常に多くの貴族と他の人々は聖なる生神女(しょうしんじょ)の教会に閉じ籠った。そして彼らは情け容赦なく火をつけられた。

◆史料についての質問
1. あなたは年代記のこの部分からロシアへのモンゴル襲来についての新しい詳細を知りましたか。
2. これはロシア人にとって慣れている草原の遊牧民の襲撃ではなく、まさに襲来であることを証明している事実は何ですか。

◎ 新しい用語を覚えよう。

　陣営〔Стан〕——一時的宿泊場。

　飼料〔Фраж〕——馬、家畜用の食料。

§13. 西方の侵略者とロシアの戦い

◆スウェーデン人の遠征

ロシア民族はモンゴル軍襲来と同時に、西欧の侵略者との過酷な戦いに耐えねばならなかった。ヨーロッパの北とロシアや東洋諸国を結ぶ最重要通商路が貫通しているヴェリーキー・ノヴゴロドの地をスウェーデンの領主は長いあいだうかがっていた。12世紀中葉、スウェーデンの領主はフィンランド湾沿岸に現れ、フィン民族の征服に着手した。

1164年、スウェーデン部隊はラドガ地区のノヴゴロド国境に侵入したが、ノヴゴロドの従士団により撃破された。それどころか、1187年ノヴゴロド部隊はスウェーデン最大の都市シグトゥーナを襲撃し、破壊した。13世紀初めになってやっと、スウェーデン騎士は新しい遠征を敢行した。1227年スウェーデン騎士は阻止され、ヤロスラフ・フセヴォロドヴィチ公の軍隊により撃破された。

北東ロシアへのモンゴル襲来の知らせを受け、スウェーデン人はロシアの衰えを利用しようと考えた。ノヴゴロド遠征のために相当数の兵士が集結した。カトリックにロシア人を改宗させたいカトリック司祭はロシアへの新しい遠征を支持した。

◆十字軍の遠征

ロシア領土に脅威をもたらしたのは、スウェーデン人だけではなかった。12世紀末、ローマ教皇はバルト海沿岸の住人、**リトヴィア族**、**エスト族**などの「異教徒」に対抗する**十字軍**の遠征を発表した。ローマ教皇の呼びかけに、東部での新地侵略を夢見たドイツ領主たちが応じた。**騎士十字軍**部隊は1200年春に、西ドヴィナ川河口に上陸した。1年後に**リガ**の要塞が設けられた。この要塞は、バルト沿岸征服のため**帯剣騎士団**（あるいは**リヴォニア団**）として団結したドイツ騎士の拠点となり、十字軍騎士によって征服された地は、リヴォニアと呼ばれるようになった。

しばらくあとになってドイツ騎士団はバルト民族プロス族の領地を占拠し、

中世のリガの通り　　　　　中世のリヴェーリ（タリン）の広場

そこに**チュートン騎士団**を築いた。

　1219年、エスト族の地にデンマーク騎士団が上陸し、レヴェリの要塞を建設した。

　征服者は力ずくで地元住民をカトリックに改宗させ、土地を取り上げ、要塞を建設した。リトヴィア族とエスト族の救出にロシアが駆けつけた。1234年、ヤロスラフ・フセヴォロドヴィチ公はユリエフ近郊でリヴォニア騎士団を打ち負かした。その直後、今回は**リトアニア族**により騎士団は新たな敗北を喫し、自分たちの侵略計画を控える必要に迫られた。

　しかし、バトゥ汗の大軍がロシア領土を略奪し始めると、ローマ教皇の命によりチュートン騎士団はリヴォニア騎士団と合併した。ドイツ騎士団とデンマーク騎士団のあいだで同盟が結ばれ、西ヨーロッパから増援部隊がリヴォニアに到着し始めた。

◆アレクサンドル・ヤロスラヴィチ

　この時ノヴゴロドではヤロスラフ・フセヴォロドヴィチ公の息子、12歳のアレクサンドルが公として統治した。

> アレクサンドル公は早くから読み書きを習得し、ロシア年代記、マケドニアのアレクサンドルやその他の隊長の遠征を記述した翻訳版のビザンツ物語に熱中していた。彼は幼少よりロシア法典に親しみ、貴族会議や公による裁判に出席し、国家統治の基礎を習得した。父親といっしょにノヴゴロドにいて、アレクサンドル公は貴族や商人の業務特徴を観察し、民会の活動を監視し、交易に関する裁判業務を学んだ。

　アレクサンドルは16歳でノヴゴロド市の公となった。アレクサンドル公の統治時代とバトゥ汗のロシア襲撃とが一致した。若い公は起こりうる襲来から都市を守るため、急いで準備を始めた。周知のように、モンゴル族はノヴゴロドの100露里手前で南に進路を変えた。
　だが、彼らがロシアの唯一の敵ではなかった。ロシア領土襲撃に向けて、ロシアの西欧の隣国、つまりドイツ騎士団やスウェーデン王、デンマーク王も強力に準備していた。アレクサンドル公はノヴゴロド地方の西部国境強化に精力的な行動を起こし、ネヴァ川河口の監視を強化した。

◆ネヴァ川の会戦

　ロシアへの最初の遠征を始めたのはスウェーデン人であった。1240年6月にスウェーデン船がネヴァ川河口に入った。軍隊の一部が川の左岸に上陸し、陣営を張り、残りの軍隊は船上に留まった。スウェーデン人の上陸を指揮した者は、成功を確信してアレクサンドル公に「私はもうここにいて、お前の土地を占領している」という挑戦状を送った。アレクサンドル公は自分の見張り人（偵察兵）からスウェーデン軍の所在と意図を知っていたので、敵軍の一部が船上にいるあいだに、できるだけ早く彼らを襲撃する決心をした。

アレクサンドル・ネフスキー　P・コリン作

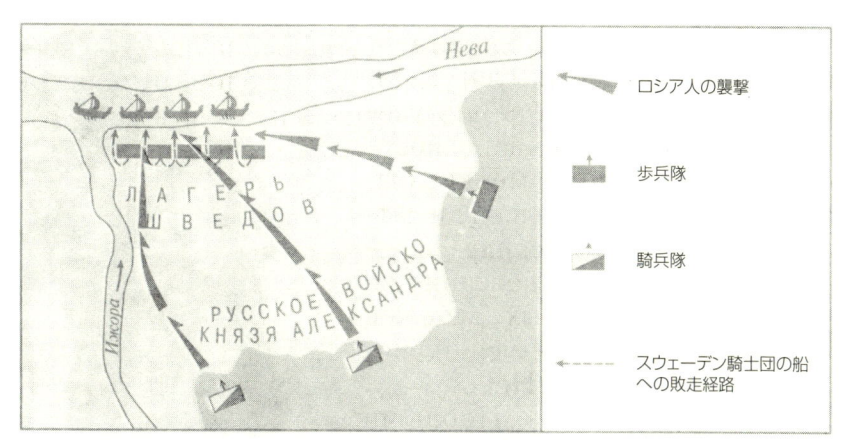

第2章 ルーシにおける政治的分裂 119

ネヴァ川の会戦

　アレクサンドル公の従士団もノヴゴロド**国民軍**と共に、ネヴァ川河口に向けて素早く横断した。その途中でラドガからの部隊も合流した。

　1240年7月15日、ロシア軍はスウェーデン人の陣営を不意に急襲した。アレクサンドル公を長とする騎兵従士団はスウェーデン軍の中央目がけて発砲し、一方ノヴゴロド国民軍は川岸に沿って突破し、船団から陣営を孤立させた。ロシアの従士兵とノヴゴロドやラドガの国民軍は勇敢に戦った。従士**ガヴリロ・オレクシチ**は馬に乗り丸太の橋を渡って船に突入し、スウェーデン人指揮官と司教を殺害した。斧で武装した従士団は軍船3隻を乗っ取り、壊滅した。国民軍士**サッヴァ**は敵の陣営の中央を突破し、スウェーデン人先導隊のテントを下から切ったので、敵の陣地にパニックが起きた。アレクサンドル公自身はスウェーデン人指揮官と闘い、重傷を負わせた。スウェーデン人はパニックに陥って敗走し、深刻な損害を被った。

　ロシア軍は、ネヴァ川で素晴らしい勝利を収め、それにちなみ国民はアレクサンドル公を**ネフスキー**（ネヴァ川の）と名づけた。ロシア軍の勝利はスウェーデン人にネヴァ川河口を占領し、ロシアと闘う意欲を長期間にわたって失わせた。

◆氷上の戦い

　スウェーデン人の壊滅がデンマーク人とドイツ人の侵略者を止めることはなかった。1240年夏、彼らはロシアの国境地帯の要塞**イズボルスク**を占拠し、そのあと**プスコフ**を占領した。騎士団はノヴゴロド近くに現れ、商人や地元住民から略奪した。しかし、ノヴゴロド地方を防衛する者がいなかった。大貴族らはアレクサンドル・ネフスキーが公の権限を拡げることを恐れ、ノヴゴロドを去るように強制したが、まもなく民会はアレクサンドル公に戻るよう頼み込むにいたった。

　1241～42年の冬に、ネフスキー公は自分の従士団とノヴゴロド国民軍と共に、プスコフを解放してロシア国境からドイツ人とデンマーク人を追い出し、敵の主力に対するため西に進軍した。ヤロスラフ・フセヴォロドヴィチ大公は、バトゥ汗の襲来後に新たに集めたスーズダリ従士団を援護のために息子の許に送った。

　アレクサンドル公は、チュード湖の氷上に騎士たちをおびき寄せる決心をし

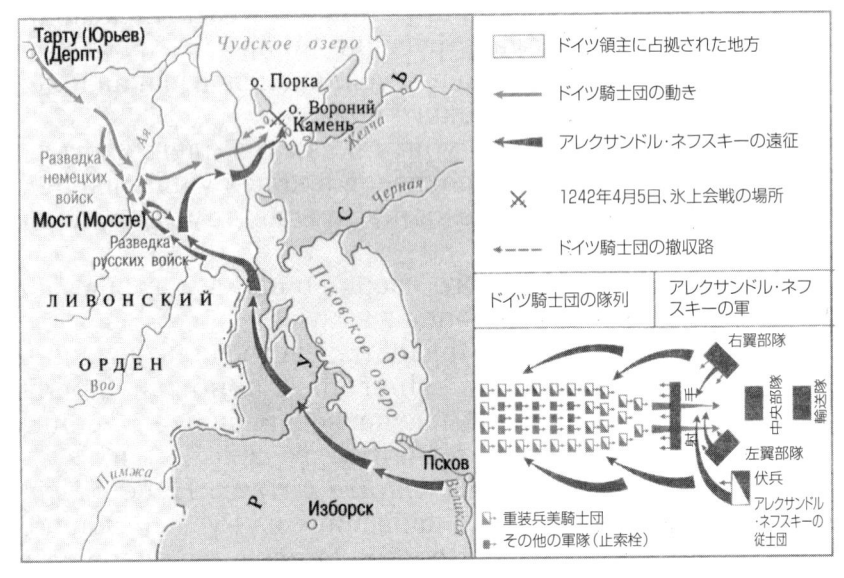

軍の動きと氷上の戦い

氷上の戦い　ロシア年代記の細密装飾画

た。氷は重い騎兵隊の動きを困難にさせた。何しろ騎士だけでなく、馬も重い金属の鎧に身を固めていた。それに対して氷のうえではロシア従士団や国民軍は動きやすかった。

　1242年4月5日、チュード湖の氷上で決定的な会戦があった。ドイツの騎士たちは自分たちの部隊を楔(くさび)形突入部隊の形式で配置した（年代記作者の表現では『豚形』）。中央先頭にはよく武装した鎧をつけた歩兵が配置され、側面は重装備の騎兵隊がいた。アレクサンドル公は敵の戦闘手法をよく心得ており、会戦前に自らの両翼を騎兵隊で強化し、『豚』の頭に対しては、あまり訓練されていない国民軍を配置した。ドイツ軍が湖の氷に入り、国民軍に向かって進むと、国民軍はすぐに太鼓を鳴らして退却を始めた。騎士たちは勝ったと考えて前に突進した。しかし、ロシア軍はアレクサンドル公の合図で、左右から動きの鈍い騎士縦隊に突進した。騎兵従士団は敵の重装備騎兵隊と血みどろの戦いを始めた。スーズダリ従士団の長はアレクサンドル公自身であった。ロシア軍

は雄々しく闘い、『豚形』の両翼への攻勢はますます強化され、ついにドイツ軍の全滅に終わった。

多くの騎士が殺され、捕虜になり、一部は自分たちの鎧と馬の重量から氷の下に消えた。残りの者はパニックになり、逃げ出したが、ロシア騎兵隊に追撃された。

チュード湖の氷上での会戦は、氷上の戦いとして歴史に名をとどめた。

プスコフとノヴゴロドは、喜びをもって勝利者の従士団を迎えた。まもなくノヴゴロドにドイツ騎士団の使者が到着して、彼らは捕虜返還の代わりに、ロシア領土の要求を放棄した。

> このようにして、ネヴァ川とチュード湖での会戦の結果、ロシア北西諸国のロシアへの襲撃は撃退された。ロシアはスウェーデン人とドイツ人騎士団の侵略から領土と信仰を守った。

◆質問と課題◆

1. ロシアに対してスウェーデンとドイツ騎士団は、どのような目的を追求したのですか。
2. 図を用いて、スウェーデンに対するロシア軍の勝利について述べなさい。
3. 図を用いて、氷上の戦いについて述べなさい。
4. この歴史的会戦でアレクサンドル・ネフスキー公の指揮官としての才能はどのように発揮されましたか。
5. スウェーデンとドイツ騎士団に対するロシア軍の歴史的勝利の意義は何ですか。

史 料

『アレクサンドル・ネフスキーの人生物語』

イジョール地方の長老で、ペルグーシイという男がいた。彼は海の見張りを任されていた。(中略) 彼はアレクサンドル公に対抗して来る戦士たちを見て、彼らの陣営と防御施設について公に話す決心をした。彼は海岸に立ち、

ひと晩中起きていた。太陽が昇り始めると、彼は海でおかしな音を聞き、見ると海を航行する一隻の船を目にした。手前には赤い服を着て、互いに肩を組んだ殉教者ボリスとグレブが見えた。(中略) ボリスが言った「兄弟のグレブ！ 漕いでくれ、一族のアレクサンドルを助けよう」(中略)

　まもなくアレクサンドルが到着し、ペルグーシイは、(中略) 彼だけに喜んで幻について話して聞かせた。公は「このことは誰にも話すな」と言うと、敵を攻撃しようと急いだ。午後6時に激戦となり、彼は無数の敵を打ち負かし、自分の鋭い槍で王の顔に傷つけた。すると、彼の部隊から6人の勇士が現れた。そのうちのひとり、ガヴリロ・オレクシチという者が、腕を抱えられて船の方へ引っ張られていく王子を見て、王子たちが渡った板のうえを彼も渡っていっしょに船のところまで行った。そして敵は逃げ出したが、すぐに振り返り、王子を板のうえから馬もろとも海のなかに投げ落とした。神の助けにより、王子は全く無事で、再び敵に攻撃を始め、敵軍のなかで指揮官自身と闘った。もうひとりのスヴィスラフ・ヤクノヴィチというノヴゴロド人は、何度も敵軍を襲撃し、恐れを知らず斧ひとつで闘い、自分の手で何人かの敵を殺したので、人々はスヴィスラフの力と勇気に感嘆した。3人目のヤコフは、公のもとでは狩猟係だったが、剣を取って軍隊に立ち向かったので、公は彼を賞賛した。4人目のミーシャというノヴゴロド人は、徒歩で軍船に挑み、従士団といっしょに3隻の船を破壊した。5人目はサッヴァという下級従士団のひとりが、屋根の上が金色の、王の大きなテントに入り、テントの柱を切り、テントを落としたのを見たアレクサンドル公の軍は非常に喜んだ。6人目はラトミルという公の下男で、歩兵として闘ったが、多くの敵に囲まれ、深い傷を負って亡くなった。

◆史料についての質問
1. 年代記作者は、ロシア人がネヴァ川の戦いでどのような功績をあげたと語っていますか。
2. ネヴァ川の戦いに、どのような住民層が参加しましたか。
3. ネヴァ川の戦いにおけるロシア軍勝利の理由は何ですか。

◎ 新しい用語を覚えよう。

　国民軍兵士〔Ополченцы〕——国民軍の志願兵。

§14. ロシアとキプチャク・ハン国（金帳汗国）

◆キプチャク・ハン国の形成。ロシアにおける汗国の支配

　1243年西ヨーロッパへの遠征後、バトゥ汗は**モンゴル帝国**を構成するひとつの国の支配者となった。この国家にヴォルガ＝ブルガル族の地方、ポロヴェツ草原、クリミア、西ウラル山脈地方、西シベリア、中央アジアの一部が組み込まれた。ロシアではこの国を**ゾロターヤ・オルダ**（金帳汗国）と呼んだ。今日のアストラハン市の近くにバトゥ汗によって建設されたサライ（語意－宮殿）が首都となった。

　ロシア人はキプチャク・ハン国の住人を**汗国人**とか**タタール族**と呼んだ。

　ロシアの領土はキプチャク・ハン国には組み込まれず、その**従属関係**に入った。1242年、北東緒国国に使者が送られ、服従を表明するためバトゥ汗のところへ出頭するようロシア諸公に要求した。

　1243年、ウラジーミル・スーズダリ公国のヤロスラフ・フセヴォロドヴィチ公がサライまで行かねばならなくなった。「丁重に」ヤロスラフ公に接見したバトゥ汗は、彼を諸公の長に任命した。ヤロスラフ公に続いて、他の公もハン（汗）の許に挨拶に赴いた。ロシアでは公国継承の古代ロシアの伝統が生きていたが、オルダ（金帳汗国）政権は諸公国を自分の監督下においた。諸公は政権の裏づけを得るために、オルダ（金帳汗国）まで行かねばならなかった。諸公おのおのに**ヤルルィク**（勅許状）――公支配に対するハン（汗）の特別証書が発行された。当時はキエフの公ではなく、ウラジーミル市の公に長の権利があったので、ウラジーミル公国の大公へのヤルルィクがもっとも魅力的なものとなった。ロシアの政治的中心は破壊されたキエフ市からウラジーミル市に移った。1299年府主教はここに自分の公邸を移した。

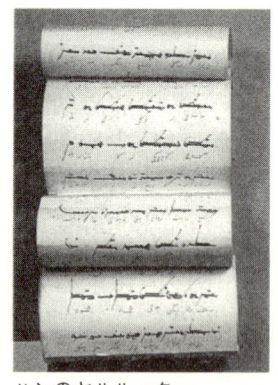

ハンのヤルルィク

　ロシア諸公がキプチャク・ハン国へ出向くことは、

屈辱を伴っただけではなく、しばしば死をもたらすものでもあった。モンゴル支配の初めの100年間で、ハンの命令により10人以上のロシア諸公が殺された。公がヤルルィク（勅許状）を受け取ると直ちに、オルダの使者が公国に到着し、使者出席のもとに公を王座に昇進させる厳粛な式が行われた。ウラジーミル大公は大公即位の厳粛な儀式をウラジーミル市のウスペンスキー大聖堂で行い、必ずハンの使者が列席した。この手続きは、ハン政権に対するロシア統治者の従属を象徴していた。

　オルダのハンはロシアで成立した国家統治秩序を認めていたとはいえ、いつもそれに干渉した。彼らはある公国の強化を妨害するために、勝手に公国の国境を変えることができ、ロシア諸公間の競争や内紛を煽った。ハンはロシア諸公間の戦いで一方を支援するために、たびたび自分たちの軍隊を派遣した。

◆ロシア住民の義務

　ロシア諸都市にハン（汗）の地方長官――**バスカク**が派遣され、彼らは軍隊を頼みに、住民がモンゴル・ハン（汗）に対する服従をまもり、きちんと貢税を納めるように監視していた。最高幹部の「大バスカク」はウラジーミル市に公邸を所有していた。大バスカクはウラジーミル公の行動を監視し、貢税の徴

バスカクたち　S・イヴァノフ作

収を確保し、オルダ軍隊のために兵士を集めた。

　ロシア住民の全階層にとってもっとも厳しい義務は、ロシアでは収量(しゅうりょう)とか、オルダの貢税と呼ばれたオルダへの毎年の支払いであった。たとえば、1246年、イタリア人旅行家**プラノ・カルピーニ**は、モンゴルのバスカクのひとりとして、住民を計算しなおしひとり当たり毎年熊の毛皮1枚、ビーバーの毛皮1枚、クロテンの毛皮1枚、ケナガイタチの毛皮1枚、黒狐の毛皮1枚を納める義務を課した、と証言している。「これを納められない者は全員、タタールのもとに連行され、奴隷とならなければならない」とイタリア人旅行家はつけ加えている。

　1257〜1259年、モンゴルの官吏——調査官(ちょうさかん)がロシアの国勢調査を行った。そののち、至る所で定期的な貢税の徴収が行われるようになった。定期貢税以外にロシアの公国民から臨時の支払いも徴収された。ロシア人は数多いオルダの使者とその従者を接待し、扶養し、面倒を見なければならなかった。

　貢税徴収の際には、掠奪、暴行や人々を誘拐し奴隷にすることもあった。貢税納入を免れたのは聖職者だけで、征服者は自分の権力強化に聖職者らを利用しようと努めた。

　ロシア公国の住民に課されたもうひとつの重い義務は、モンゴル・タタール軍に兵士を供給する義務で、その軍事遠征に参加しなければならなかった。13世紀後半に、オルダ軍の一員としてロシア軍は対ハンガリー、ポーランド、北コーカサスの民族、ビザンツとの戦闘に参加した。

　ロシア人がオルダ支配(しはい)に不服従の意志をあらわし、貢税納入を拒否すると、オルダのハン（汗）はロシアに自国の部隊を派遣した。彼らは服従しない者を厳しく制裁するだけでなく、彼らの行く先にあるすべてのロシア領土にも制裁を及ぼした。しかし、モンゴル族へ抵抗する民族の意志を完全にへし折ることはできなかった。

◆オルダ支配に対するロシア国民の戦い

　1245年、ガーリチ・ヴォルィニのダニイル・ロマノヴィチ公はオルダに出頭

しなければならなかった。バトゥ汗の襲撃で彼の公国は少しの犠牲しか受けなかったが、多くの貢税を支払ったのでキエフに対する野望はあきらめていた。しかし、オルダから帰ったダニイル公は地方の軍力を再構築し始め、ハンに対抗した。バトゥ汗はダニイル公に対抗して1252年、1254年と大軍隊を派遣した。ガーリチ・ヴォルィニ地方は破壊された。そして1259年、ダニイル公は再びハンに服従しなければならなかった。ダニイル公の死後、オルダは南西ロシアへ一連の襲来を実行し、徹底的にその経済を損ね、公の権力を弱めた。

　1257年、ノヴゴロド地方を従属させようとオルダはノヴゴロドに自分の調査官を派遣した。それから約１年間にもわたり人々を動揺させた。当時ヴェリーキー・ノヴゴロドに国勢調査官とともに、1252年キプチャク・ハン国（金帳汗国）でウラジーミル大公国に対するヤルルィク（勅許状）を受けたアレクサンドル・ネフスキー公が来た。この対ドイツ人と対スウェーデン人の戦勝者は、オルダへの従属に反対するノヴゴロド人の進攻を鎮圧した。もちろんアレクサンドル公は、オルダの親友ではなかった。しかし、西方であろうと東方であろうと敵が存在するときは、西からの攻撃を撃退し、ロシアへのハン（汗）の襲来を未然に防ぐため、ハンと平和な関係を保つことが不可欠だと公は考えた。公は早急に国力の再構築する機会をつくり、自由のための将来の戦いに備えることを望んでいた。

　1262年にはロストフ、スーズダリ、ヤロスラヴリ、ウラジーミルなど多くの都市で市民の動揺が始まった。それは貢税徴貢の悪用が原因であった。多くのバスカクと収穫の取立人が殺された。オルダの人々は騒動を鎮圧し、蜂起者を厳しく罰することはできたが、いくつかの譲歩をしなければならなく、貢税の徴収権はロシア諸公に委ねられた。1289年、ロストフ市民は、都市からオルダの人々全員を追放した。一方、ヤロスラヴリの人々はハンの使者を入れさせなかった。

◆オルダ支配の後遺症

　オルダ支配はロシアにとってたいへん重い後遺症であった。数十もの都市が

破壊され、滅茶苦茶にされ、その多くは焼け野原の状態から復興できなかった。多くの手工芸は忘れ去られた。ロシアからハンの国庫に莫大な貢税が支払われた。そのため北東地方の諸公国は経済発展に50年から100年の遅れをとった。まさにそのときにわが国の経済は西欧諸国から遅れを取り始めたのである。南や南西諸公国と北東諸公国との関係は断絶されてしまった。

　オルダ支配の結果、公の権力の性格も変化した。ロシア諸公はしばしばオルダまで行き、ハンが巨大な権力をもち、誰も彼らに反抗できないのを目のあたりにした。諸公はキプチャク・ハン国（金帳汗国）の国力の源はそこにあると理解した。自分の公国に戻って諸公は自己の権力強化に努め、またそうすることが容易な時代になった。公国の住民自身が、タタールの襲来から自分たちを守る強い支配者をもつことに関心を寄せたからである。

　民会の伝統は次第になくなった。このような政治変革が起きたのは、もっとも古く、発達していた諸都市——ロストフ、スーズダリ、ウラジーミルが衰退し、首位の座を新しい中心地——トヴェーリ、モスクワ、ニジニノヴゴロドに譲ったからであった。この新しい中心地は、オルダ支配のときすでに独立した公国の首都になっていた。

　同時に、ロシアとキプチャク・ハン国（金帳汗国）との長い交流は、双方の経済、生活様式、言語における相互影響へと導いた。

　　このように、オルダ支配はロシアの生活のあらゆる面に大きな影響をもたらした。それはロシアが西ヨーロッパに経済的に遅れ始めるきっかけとなり、権力の性格に変化をもたらした。しかし、このときロシア人とオルダの人々の文化的接触と相互充実の基礎が築かれた。

◆質問と課題◆
1. ロシアとキプチャク・ハン国（金帳汗国）との政治的従属関係は、何に現れましたか。
2. ロシアとキプチャク・ハン国との経済的従属関係は、何に現れましたか。
3. オルダ支配確立に対抗したロシア人の戦いについて述べてください。

4. オルダ支配の経済的後遺症はどのようなものですか。
5. オルダへの従属がロシアの政治的発展にどのように影響しましたか。
6. オルダ支配期からロシア語にタタール語起源の多くの言葉が入りました。知っている言葉を挙げなさい。

史　料

チェルニゴフ公国ミハイル公のキプチャク・ハン国（金帳汗国）での死に関する古代ロシア年代記

1246年。チェルニゴフ公国のミハイル公は孫ボリスを連れてタタール族の所まで行った。公らが宿泊所にいたとき、バトゥ汗は人を遣わしてミハイル公に火とタタール侯の偶像を礼拝するように命じた。ミハイル公はタタール侯の命令に従わなかった。（中略）それで憐れみもなく、無法者によって殺された。（後略）

バスカクのシェルカンに関する民謡

彼は、若いシェルカンはもって行った
年貢－収穫、皇帝の未納金を、
諸公からは100ルーブルずつ、
貴族からは50ルーブルずつ、
金のない者からは、子どもを連れて行く、
子どもがなければ、妻を連れて行く、
妻がいなければ、その人自身を連れ行く。

◆史料についての質問
1. これらの史料ではオルダ支配のどのような形態が述べられていますか。
2. チェルニゴフ公国のミハイル公の行動をどう評価しますか。

◎ 新しい用語を覚えよう。

バスカク〔Баскак〕──ロシアにおけるオルダのハン（汗）の代表者。

支配〔Владычество〕──主権、覇権、支配権。

収量（タタール税）〔**Выход**〕——キプチャク・ハン国（金帳汗国）のためにロシアで徴収された固定貢税。

公邸〔**Резиденция**〕——高位者の滞在地、場所。

ヤルルイク（勅許）〔**Ярлык**〕——自分の領地で統治する権利をロシア諸公に与えたハンの証書。

§15. ロシアとリトアニア

◆リトアニア・ロシア国家の形成

　北東ロシアがモンゴルにより破壊された時、西ロシア地方は森や沼のお陰で隣国オルダの騎馬隊から守られ、バトゥ汗の襲来を免れることができた。しかし、破壊の脅威は、彼らの前に差し迫っていた。

　リトアニア種族（しゅぞく）は西ロシアの隣人であった。13世紀初めまでに、その多くは種族間の反目で弱体化し、十字軍に侵略されるか、撲滅させられたかであった。ネマン川とその支流に住んでいたリトアニア種族だけが自分たちの独立を維持していた。侵略者に抵抗するために彼らは団結し、国家を樹立した。リトアニア公国の長に**ミンドヴク公**（こう）（1230～1264年）がなり、勇敢だが、無慈悲で狡猾な支配者となった。**グロドノ、ピンスク、ベレスチエ**、その他西ロシア近隣のロシア上流階級が彼を支援した。

　新しい国は最初の形成時点から**ロシア・リトアニア国家**（こっか）であった。ロシアとリトアニアの領地がひとつの国に統一されたのは、東西から脅威を及ぼしていたもっとも危険な敵に協力して抵抗するためであった。ロシアを統治するために、ミンドヴク公は長男**ヴォイシェルク**をつかせた。まもなくヴォイシェルクは正教の洗礼を受け修道士となり、ロシア人の**ロマン・ダニロヴィチ公**（こう）に権力を譲渡してしまった。騎士団の圧力を食い止める望みをもって、ミンドヴク公はカトリック受容に同意した。しかし、ローマとの同盟はリトアニア公の期待に沿わなかった。1261年彼はキリスト教を拒否してしまった。1262年ロシア・リトアニア軍は十字軍のチュートン騎士団を撃破し、その後リトアニア国境を

侵そうとしたオルダ部隊を2度敗北させた。

　1263年ミンドヴクは下の息子ふたりとともに、リトアニア上流階級間の抗争で殺害された。西ロシア地方の住民はヴォイシェルク支援に出た。ロシア部隊の援護を得て、正教修道士のリトアニア公はリトアニアの地で認められた。ヴォイシェルクはガーリチ・ヴォルィニの公の優位を認めて、彼らと同盟を結んだが、1267年春、公は裏切られて殺された。リトアニア・ロシア国家で新しい争いが始まった。

ゲディミン

◆ゲディミン（1315〜1341年）
　リトアニア・ロシア国家は、**ゲディミン公**の治世に繁栄を極めた。リトアニア公はポロツクの王位に自分の弟をつかせた。ゲディミン公の長男**オリゲルド**はヴィテブスク公の娘を娶り、舅（しゅうと）の死後、彼の領地を受け継いだ。ミンスク公国はゲディミン公に従い、そのあと、ブレスト公国も従った。ロシアの西方領地を併合し、ゲディミン公はロシア国家の古都キエフに目を向けたが、そこはバトゥ汗の破壊とそれに続くオルダの襲来で完全に衰退していた。14世紀の20年代末から30年代初めまで、キエフ公国はゲディミンの支配を受け入れた。

　ロシアを統合したため、ゲディミン公は自分の国境を遠く南方と東方に広げた。それは**リトアニア大公国**（だいこうこく）と呼ばれるようになった。

　しばらくのあいだ、南のガリチア・ヴォルィニ公国はリトアニア公のライバルになっていた。ゲディミン公は自分の息子に、舅の死後はその領地を世襲することになるヴォルィニ公の娘を娶らせた。しかし、ヴォルィニ公とその弟の死後、ハンガリーとポーランドがヴォルィニ公国の地を要求してきた。強大な隣国との戦いを望まないゲディミン公は、自分の娘をポーランド王に娶らせ、一時的にヴォルィニ公国への要求を拒否した。

　ロシアをリトアニア国に併合する条件は大貴族、都市住民、そして教会さえも満足させたので、リトアニア諸公の権力確定は比較的順調に進んだ。

ヴィリノにあるゲディミンの塔　　　ヴィリノのアウシラス門

◆リトアニア・ロシア国家の性格

　ゲディミン公の国家はロシアにロシア諸公時代の初期を彷彿とさせた。リトアニア公は併合した地方を厳しく管理するのを目的としなかった。ロシアは自らの生活様式、伝統、それまでの統治秩序を維持した。ゲディミン公は、以前ロシア公がいた地方の王座に親戚、**ゲディミン一族**(いちぞく)を配置し、統治者を交代させただけであった。何人かの公は正教を受け容れることで、地方住民と懇意になった。地方長官である公は貢税を集め、リトアニア公に貢税を支払った。オルダの収量（税）とは異なり、リトアニアの貢税はそれほど高くなかった。リトアニア公への支払いをロシア住民は、外国人の襲来から守り、大国家の全領地に平和秩序が維持されるためのものとみなしていた。これは農業、手工芸、他国との交易などの発展のために非常に重要なことであった。

　ゲディミン公の治世に国の首都は彼らが築いた**ヴィリノ**〔今はビリニュス市―訳者〕になった。リトアニアの首都の生活では、正教徒の手工芸者や商人が大勢いるロシア人地区が大きな役割を演じた。当時ヴィリノに最初のカトリックの修道院ができ、西欧諸国からの人々の流入が増大した。これによりリトアニアの首都は多民族都市になり、多くの文化・伝統の代表者が互いに生活を共

存させていた。しかし長いあいだ、東スラヴ文化が都市の顔となっていたのである。一方、ヨーロッパ諸国ではゲディミン公を「リトアニア人とロシアの王」と呼んでいた。

　ゲディミン公は異教徒のままであったが、正教の権利を制限しなかった。同時に公はカトリック教会との関係をももっていた。彼はローマ教皇への書簡で、騎士の冷酷な襲来によってリトアニア族はキリスト教をやめている、と非難した。彼は十字軍の襲来が停止されるなら、リトアニアをカトリックに洗礼する、とローマ教皇に約束さえした。1324年、リトアニアにローマ教皇の使節団が到着した。しかし、異教徒のリトアニア上流階級と、ゲディミン公が無視できなかったロシア正教徒の住民がカトリック導入計画に反対して立ち上がった。公は強大な国家の源泉は、広大なスラヴの地であることをよく理解していた。

オリゲルド・ゲディミノヴィチ

　死が近づくと、ゲディミン公は領地を7人の息子たちに分割した。ゲディミン公とロシアの**オリガ**公女の長男オリゲルドは、ロシア人が圧倒的に多かった国の東部を受け継いだ。オリゲルド・ゲディミノヴィチは父の指針であったロシア「収集」政策を継続した。オリゲルド公の時代に、**ブリヤンスク**、**セーヴュル**、**チェルニゴフ**と**ポドルスク**のロシアをリトアニア公国に統合した。ヴォリィニ公国が原因でポーランドと長く争ったが、結局オリゲルド公はヴォリィニをリトアニア公国に併合した。

　1377年、リトアニア公国でオリゲルド公の死後、新しい争いが始まり、その結果オリゲルド公の息子、**ヨガイラ**と甥の**ヴィトフト**が権力者になった。

◆ロシアがリトアニア公国に統合された意義

　西ロシアと南西ロシアがリトアニアへ併合されてできた強力なリトアニア・ロシア国家形成は、当初肯定的な意味があった。ロシア諸公国がオルダのくびきから解放され、その他のロシア地域ほどオルダの破壊的襲来を受けることは

134　ロシアの歴史　古代から16世紀末まで　6年生

地図中の地名・注記：

- БАЛТИЙСКОЕ МОРЕ
- о. Готланд
- Таллин (Ревель)
- ОРДЕН
- Рига
- ЛИВОНСКИЙ ОРДЕН (с 1237 г.)
- ТЕВТОНСКИЙ
- ×1410 Грюнвальд
- ЛИТВА
- ВИЛЬНЮС (ВИЛЬНО)
- ПОЛОЦКАЯ ЗЕМЛЯ
- Полоцк
- ВИТЕБСКАЯ ЗЕМЛЯ
- Витебск
- Псков
- Чудское оз.
- Новгород
- РУССКИЕ КНЯЖЕСТВА
- Белоозеро
- Углич
- Торжок
- Тверь
- Ржев
- СМОЛЕНСКАЯ ЗЕМЛЯ
- Смоленск
- БЕЛАЯ РУСЬ
- Москва
- Можайск
- Коломна
- Тула
- Гродно
- ЧЕРНАЯ РУСЬ
- Минск
- БЕРЕСТЕЙСКАЯ ЗЕМЛЯ
- Брест
- ПОЛЕСЬЕ
- Пинск
- Туров
- Припять
- Брянск
- ЧЕРНИГОВО-СЕВЕРСКАЯ ЗЕМЛЯ
- Чернигов
- Новгород-Северский
- Елец
- Варшава
- Люблин
- ВОЛЫНЬ
- Владимир
- КИЕВСКАЯ ЗЕМЛЯ
- Вышгород
- Житомир
- Киев
- Днепр
- Десна
- ПОДОЛЬСКОЕ
- Львов
- ЧЕРВОННАЯ РУСЬ
- Каменец
- ПОДОЛЬЕ
- Юж. Буг
- ВЕНГРИЯ
- СУЧАВА
- Прут
- КНЯЖ. МОЛДАВИЯ (с XIV в.)
- Дунай
- КРЫМСКОЕ ХАНСТВО (с 1427 г.)
- АЗОВСКОЕ МОРЕ

凡例：

- 13世紀初期ロシア諸公国の大隊の西方国境と地方
- 13世紀初頭のリトビアの主要領土
- ミンドヴィグ時代リトアニア大公国に併合された領土（1263年までに）
- リトアニア大公国に併合された領土
- ヴィテンとゲディミン時代（1293〜1341年）
- オリゲルド（1345〜1377年）とヴィトフト時代（1392〜1430年）
- 交互にモスクワとリトアニア公国に支配されたヴェルホフ諸公国の領土
- ×1410 グリュンヴァリドの会戦
- 1462年のリトアニア大公国の国境
- 1462年ののその他の国境線

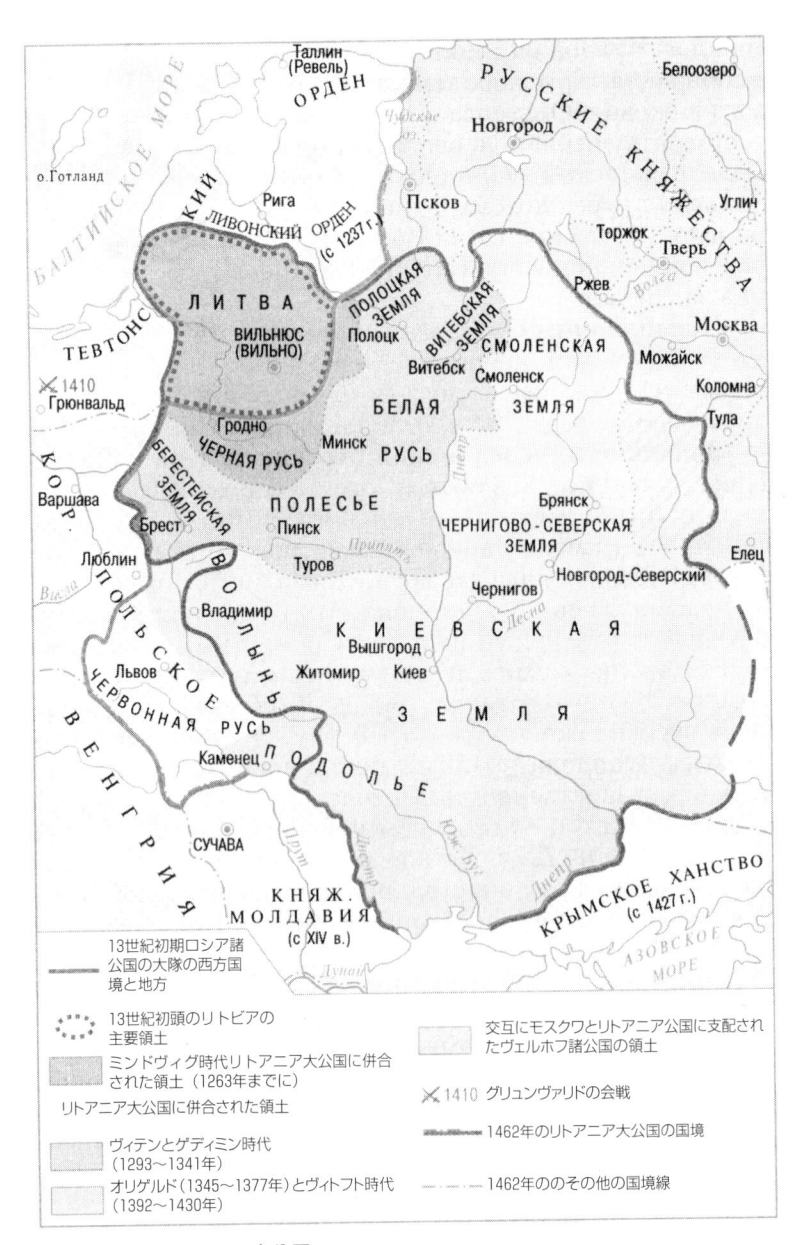

13〜15世紀のリトアニア大公国

なかった。ロシア民族とリトアニア民族の相互協力で東西からの脅威に抵抗できた。ロシアのより高度な文化、また国家の豊かな経験は、リトアニアの文化と国家体制へ肯定的な影響を及ぼした。リトアニア人はリトアニアへ併合されたロシア人との協力を目指し、またロシア人もリトアニア人を決して外国人とか、征服者と見なすことはなかった。ロシア語がリトアニア大公国の公用語であった。

　正教は多大な権威をもっていた。基本的に公国の封建的な上流階級はロシア人だった。リトアニア人はますます正教の信仰を受け容れて、ロシア文化の影響下に入った。しかし、次第にリトアニアでのカトリック教会の影響力が増し、その正教に対する不寛容さにより公国のロシア人とリトアニア人の関係に不和が生じるようになった。

　ロシアの西方と南西地方を併合し、オルダ支配を防いだリトアニアは、北東ロシアと北西のロシアの人々を惹きつける中心になるあらゆる機会があった。

　こうして、13〜15世紀にリトアニア大公国が形成され、繁栄を極めた。この国家の特色は公国の領地にリトアニア族も、ロシア人も住んでいたことである。ロシアの政治的、文化的伝統はリトアニア大公国に大きな影響を与えた。

◆質問と課題◆
1. リトアニア公国形成の理由は何ですか。
2. 節のテキストと地図を用いて、リトアニア・ロシア国家の領地拡大に関する作文を書いてください。
3. リトアニア・ロシア国家の主な特徴は何ですか。
4. リトアニア・ロシア国家の政治制度と最初の公の宗教政策について述べてください。
5. ロシアがリトアニア大公国へ併合された意義は何ですか。

§16. 12～13世紀のロシア文化

◆12～13世紀の文化の特徴

　古代ロシア国家の分裂は文化の衰退をもたらさなかった。むしろ古代ロシア文化は、文化の発展のための新しい源泉を享受した。地方文化の中心地ができ、そこで**独自の文化的伝統**が形成されるようになった。

　12～13世紀、ヴェリーキー・ノヴゴロド、プスコフ、ウラジーミル・ナ・クリャジム、ガーリチが最大の文化的中心地となった。

　ノヴゴロドとプスコフの文化では、民会秩序の精神と市民の秀でた活動力が特徴となった。ウラジーミル・スーズダリ・ロシアの文化は荘厳さと華麗さの手本となった。それらはウラジーミル諸公の力と意義を強調する使命があった。

◆学問の蓄積

　ロシアの精神生活で大きな地位を占め続けていたのが教会の翻訳文献であった。しかし、翻訳者の関心は次第に宇宙の理解、地理学、植物学、動物学、医学、世界史の知識を内容とする著作に向いていった。当然、自然界で起こっていることの宗教的説明は、科学的知識の発達に寄与するものではなかった。しかし、蝕、彗星、嵐、雷雨、地震、洪水のような自然現象の正確な記述は、

ノヴゴロドの白樺文書

将来の科学発達に不可欠な実際史料と科学知識の蓄積に役立った。数学、機械学、宇宙学、化学、農学、地理学の史料は、農業、手工芸生産、建築、絵画などで利用された。これらの知識とその実践応用で、ロシアは中世ヨーロッパの他諸国と肩を並べた。

ロシア人の地理学の知識はかなり充実していた。これは貿易関係、遠征、旅行で促進された。ロシアで教育のある人はヨーロッパだけでなく、中国、インド、中東やエジプトに関する知識もあった。ロシアの聖地巡礼者はコンスタンティノープルとエルサレムを訪れた。

ロシアでは独自の治療師——**レチツ**（医師）が出現した。もっとも有名な医者は、キエフ・ペチェルスキー修道院の修道士**アガピト**であった。

◆文　学

12世紀からロシア年代記の歴史に新時代が始まる。年代記は各主要公国で編纂されるようになった。地方の年代記著者は、何よりも地元で起きた出来事に関心を傾けた。ウラジーミル・スーズダリ公国の年代記は自分たちの公の関心を反映し、ロシアで一番になろうとする公らの希求を引き立てた。従って、ウラジーミル公国の年代記は、自分たちの領地の歴史を古代ルーシ国家の歴史の継続と見て、ウラジーミル市の公をキエフ公の後継者と見なした。これとは反対に、ノヴゴロドの年代記には独自性があり、公の姿は二の次に後退していた。その代わり、都市の出来事が詳細に、かつ正確に記述された。

文学の新しいジャンルがあらわれ、**教訓**（きょうくん）が非常に人気になった。ウラジーミル・モノマフ公は晩年、中世初期のロシア人の好きな読み物のひとつとなった「子らへの教訓」を書いている。「子らへの教訓」の中心思想は古代ルーシ国家の統一強化思想である。この思想には、公みずからの人生について、国家や家族の法や伝統を守る必要性について、正しく生きること、貧者を助け、年長者を尊敬し、兵役義務を公正に守ることなどが浸透している。

公の権力に関した問題を扱う著作も出てきた。そのなかには**ダニイル・ザトーチニク**の「言葉」と「祈願」がある。著者は公に仕えた人で、困難な人生

イーゴリの進軍　N・リョーリフ作

を過ごし、流刑されたこともあった。ダニイルは人生の意義について、調和の取れた人間について、理想的な支配者について思索している。ダニイルは強力な公権力の支持者である。ダニイルは公に仕える仕事を「名誉と慈悲」と呼び、この尊敬すべき仕事と、一般人に勝手なことを行う大貴族の屈辱的な仕事を対比させている。公はすべての困窮者の保護者という理想像をダニイルは作り出し、公は「力と脅迫」で確固たる秩序を定めることができ、自分の臣下を「強い者」の身勝手から守り、内戦を克服し、国の対外安全を確保できる人物としている。

　分割期に創作された民話やブィリーナ（英雄叙事詩）は、団結を希求する国民の表現描写となった。この表現がもっとも鋭敏に響いているのは、作者不詳の著書『イーゴリ軍記』であった。

　『軍記』の根底には、1185年春にノヴゴロド・セーヴェルスキー公国の**イーゴリ・スヴャトスラヴィチ**公がポロヴェツ族に対抗し、敗北した遠征事件があった。著者の目的は遠征記述ではなく、ロシアの運命を考える契機になっているに過ぎない。詩的叙述を通じて明確に表現されているのは、その時代にとってたいへん重要な問題である。つまり、なぜイーゴリ公は敗北したのか。なぜロシアが２世紀ものあいだ、草原の人々との戦いに勝利していたのに、近

ごろは敗北するようになったか、などであった。

著者は明確かつ直接的にロシア人の苦難の主な要因を述べている「内紛が原因で、ポロヴェツ地方からの威圧が始まった」と。彼はロシアの公たちに熱烈に感情を込めて、内紛を止めるように呼びかけている。「すでに祖先の名誉を失ってしまったのだから、自分の軍旗を掲げるのを止め、鈍った刀を鞘に収めなさい」と。著者は公たちに対して、ロシアがひとつの国家として団結し、敵を撃破した聖ウラジーミル大公、賢公・ヤロスラフ公、ウラジーミル・モノマフ公の例を挙げている。

◆建　築

地方の文化伝統が建築においてもっともはっきり現れ、ノヴゴロド・プスコフ派とウラジーミル・スーズダリ派がその主役を果たし、この頃ロシアの建築はロシア人職人の手によって行われた。

ノヴゴロド地方の石材建築は過去の壮大さを失い、小さく、ねぎ坊主の丸屋根ひとつの聖堂が建てられるようになった。しかし、この単純さは非常に表現豊かで、周辺の風景によく溶け込んでいた。多数の教会がノヴゴロド市だけではなく、ノヴゴロド地方の他の都市──プスコフ、ラドガにも建てられた。

ノヴゴロド共和国北部の旧い都市ラドガには聖ゲオルギー教会が建てられた。

ラドガの聖ゲオルギー教会　　　　ノヴゴロド郊外ネリェジツァの救主教会

無名の建築家は商人や漁師の船が通り過ぎるヴォルホフ川河岸に、あたかも石だらけの土地に伸びるきのこのように帽子形の屋根をもつ低い聖堂を建てた。

12世紀にはノヴゴロド市郊外に素晴らしい記念建築物、フレスコ画が施されたネリェジツァ川河岸に救主教会が建てられた。フレスコ画のひとつに、アレクサンドル・ネフスキーの父、ヤロスラフ公が描かれている。

ウラジーミル・スーズダリ公国では石造建築が最盛期を迎えた。ここで教会建築は特に壮麗さが際立っている。

ウラジーミル公国ではアンドレイ・ボゴリュブスキー公時代にウスペンスキー（生神女就寝）大聖堂が建設された。聖堂建築の場所として稀有なほど最適な場所、クリャズマ川の切り立った河岸が選択された。功名心の強い公はキエフのソフィア大聖堂よりも高く建設するように命じた。その結果、ウスペンスキー大聖堂は当時のロシアでもっとも高い建築物で、高さ32mであった。聖堂の内部も華麗に装飾されていた。床はカラープレートがはめ込まれ、壁はフレスコ画が描かれ、入口の両扉は銅板が打ち込まれ、表面は金で模様が施されている。

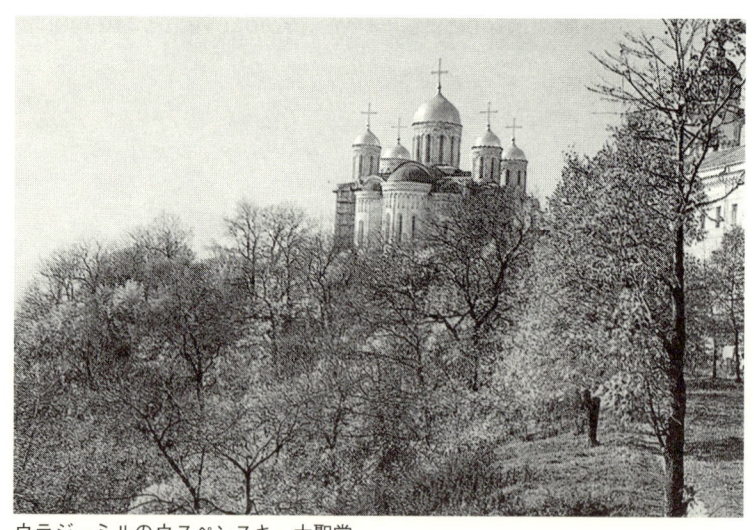

ウラジーミルのウスペンスキー大聖堂

ネルリの生神女庇護教会

　アンドレイ・ボゴリュブスキー公の時代に、ロシア建築の奇跡ともいうべき聖堂が建設された。それは洗練度において唯一無二のネルリ川のポクロフ（生神女庇護）聖堂で、公が愛する息子の死後、自分の大邸宅近くに建てたものである。この小さい丸屋根ひとつの教会は「石で作られた詩」となった。この教会建築の洗練された純朴さは、ロシアの自然がもつ素朴な美しさとよく調和している。

　ウラジーミル・スーズダリ公国では教会建築だけが栄えたのではなかった。1158年に、アンドレイ公はウラジーミル市郊外に公邸・城を起工した。まもなくボゴリューボフには驚くべき**建築アンサンブル**が建てられるようになった。それは高い塔に屋根つき渡り廊下とふたつの階段塔をもつ２階建ての宮殿、教会である。彫刻で装飾された白い石造りの宮殿は、非常に美しかった。

　12世紀末、大巣公というあだ名をもつフセヴォロド公の治世にウスペンスキー（生神女就寝）大聖堂の近くに、丸屋根ひとつの聖ドミートリイ大聖堂が

ウラジーミルの聖ドミートリイ大聖堂　　ウラジーミルの大聖堂のレリーフ

建設された。才能あるロシアの職人たちが500以上の人物、鳥獣、想像的な生物、見たことのない植物、そして装飾を石に刻み込んだ。古代ロシア芸術において彫刻は広く普及しなかった（これはよく異教の偶像を思い出させた）ため、聖ドミートリイ大聖堂のレリーフは**独創的**（どくそうてき）で、唯一無二のものであった。聖堂の内壁にはフレスコ画が描かれている。

◆絵　画

　地方の特徴は絵画にも影響を及ぼした。これまでのように、絵画は基本的に宗教的色彩を帯びていた。しかし教会芸術ではますます日常生活の題材が扱われるようになった。ロシアの芸術家たちは**規則**（きそく）を無視し、画家の作風を作品に注ぎ込んだ。ビザンツの厳しい伝統主義を通して、生き生きとした民族芸術の特徴が打ち出された。それは赤、緑、青といった明るい色彩の多いノヴゴロド絵画にとくに顕著であった。聖人たちの顔には厳しさと**禁欲主義**（きんよくしゅぎ）は少なくなり、特徴的なスラヴ人の顔立ちとなった。

　ウラジーミル・スーズダリ公国のフレスコ画も明るく色彩豊かであった。そこには実際の出来事や人物が描かれ、イコンのなかの聖人たちは注文主の公た

ドミートリー・ソルンスキー
12世紀のイコン

ちにしばしば似ていた。たとえば、大巣公・フセヴォロド公（他の公たちと同じように、フセヴォロド公は、この異教的な名前のほかにドミートリーという洗礼名ももっていた）の庇護者であるドミートリー・ソルンスキーのイコンには、公自身が描かれていると言える。

◆ロシア文化に対するオルダ支配の影響

ロシア文化の高揚は、バトゥ汗の襲来とそれに続いたオルダ支配の確立によって中断された。教会や修道院は廃墟となり、イコンや教会聖器具は消滅した。腕の良い職人は殺害され、奴隷となり、多くの手工芸は忘れられた。石造建築は長いあいだ中止され、石灰岩に施すユニークな彫刻芸術はなくなり、フ

レスコ画の発展は滞った。襲来時には莫大な量の本が灰燼に帰し、図書館や学校が消滅し、年代記の編纂はほとんど中断した。

損なわれた芸術品を復元させるのは非常に困難であった。どこでも材料の不足だけではなく、もっとも重要な専門的に養成された人材が不足していた。職人技術の秘伝は父から息子へ、親方から弟子へと伝えられたのであるから、職人の死は芸術と手工芸における流派全体の喪失へと導いた。その代わり、遊牧民は都市建設の伝統がなかったので、キプチャク・ハン国につくられた都市は隷属的状況のロシア人が建設、装飾したものである。

モンゴルの支配はヨーロッパとロシアの文化的関係を長期間中断させた。

このように、政治的分裂期にロシアの文化は発展し、ロシア国民は自分たちの文化的一体性を失うことはなかった。地方の様々な相違はロシア文化を豊かにした。まさに文化にロシア領土の統一強化の思想がもっとも明確に現れていた。

◆質問と課題◆

1. 12～13世紀におけるロシアの文化状況の全般的特徴を述べなさい。どのような新しい傾向が現れましたか。
2. 12～13世紀、ロシア人はどのような知識をもっていましたか。
3. 文学作品の作者は何について語りましたか。
4. ノヴゴロド地方とウラジーミル・スーズダリ公国の建築的特徴を比較してください。これらの地方の政治体制は文化的伝統に、どのように影響しましたか。
5. ロシア文化の発展においてオルダの襲来は何に影響を及ぼしましたか。

史 料

ウラジーミル・モノマフ公の『子らへの教訓』

父のように年長者を尊敬し、年少者は兄弟のように、(中略)、戦争に出たなら、怠けず、軍指揮官に頼らず、酒や食物、睡眠に耽らず、自分により厳しくありなさい。夜は四方に警備を配し、兵士の側に横たわり、早起きしな

さい。怠惰ゆえに回りを見ずして、慌てて武器を取り外すな、人は不意に死ぬこともある。嘘、暴飲、放蕩に気をつけよ。これは身も心もだめにする。自分の領地のどこへ行っても、憎まれないために仲間にも他人に対しても害を及ぼすことなく、村や畑に害を及ぼさないようにしなさい。行った所に留まり、貧しい人々に飲ませ、腹いっぱい食べさせなさい。どこからあなたの所に来た客であろうとも、まず客を敬いなさい。その客が平民であれ、高貴な人であれ、使者であろうとも。もし客に贈物ができないなら、飲食でもてなしなさい。彼らは全国を回り、そこで善人とか悪人だとかを言いふらすからだ。病人を見舞い、死者を見送りなさい。われわれも皆死ぬべき運命にあるからだ。挨拶もしないで人のそばを通り過ぎるのではなく、優しい言葉をかけなさい。自分の妻を愛しなさい。しかし自分以上の権限を妻に与えないようにしなさい。すべての基盤は、何よりも神への恐れをもつことで、これをあなたがたに与える。

選集『ミツバチ』の格言

地位が徳を飾ることはないが、徳は地位を飾る。
隣人の近くに穴を掘る者は、そこに落ちる。
不正で得る多くの富よりも、正しく得た少ない富がよい。
馬の能力は戦場で分かるが、忠実な友は困難の時に分かる。
他を統治したいと欲する者は、まず自分自身を律することを学べ。
大きな権力を手にするには、大きな知恵をもつべきである。
大きな権力を得た者を羨まず、賛辞の言葉とともに権力を捨てた者を羨め。
言葉ではなく、態度で教えよ。
逃がした鳥を捕まえられないように、口から出た言葉は取り返せない。
聴くのは2度、話すのは1度。
媚びる男よりも糾弾する男であるがよい。

『イーゴリ軍記』

当時は内乱が各地に蔓延していた。
そのような公の反逆のなかで
人々は自らの時代を潰していた。
当時は聖なるルーシに
耕作者たちが怒鳴ることもなかった。

カラスだけが死体の上に留まって鳴き、
暇をもてあました小ガラスが餌を求めて飛び、集まっていた。
ルーシに重々しい憂鬱が一面に広がり
そして、重苦しい悲しみが
ロシアに満ちあふれていた。
だが、公たち自らが不幸を築き上げたのだ。
ろくでなしの敵は聖なるルーシを探し回り、
庭からリスのように税を没収する。
公たちは敵に対して戦うことを忘れてしまったが、
それでも、兄弟は兄弟に言う、
「それは俺のもの、これもまた俺のものだ！」と
公たちはつまらぬことを大言壮語したが。
ふとどき者たちはあらゆる所から確実な勝利に向かって
ロシアに入り込んできた。

◆史料についての質問
1. 史料にもとづいて12～13世紀ロシア文学の特徴についての結論を出してください。この時代の主題は何ですか。
2. 主にこの時代は人々のどのような倫理的資質に価値があったのですか。
3. このような倫理的評価を現代の人々に応用できるかどうか、あなたはどのように考えますか。

◎ 新しい用語を覚えよう。

建築アンサンブル〔Архитектурный ансамбль〕——計画にもとづいたいくつかの建物からなる建築物。

アスケチズム〔Аскетизм〕——節制のもっとも高いレベル、生活福利を拒絶すること。

カノン〔Канон〕——規則。

ユニークな〔Уникальный〕——同種において無二の、唯一のもの。

第3章

モスクワ・ルーシ

§17.「ルーシの地」統合の前提条件。モスクワ公国の興隆

◆「ルーシの地」統合の前提条件と要因

　バトゥ汗の大軍によるルーシ侵攻は、経済、手工業、商業の衰退をもたらした。とくに北東地域は強い被害を受けた。しかし、ルーシは、驚くほどに早い応急処置を成し遂げた。すでに13世紀から地域経済の復興が次第に成された。ウラジーミル、トルジョク、スーズダリ、モスクワやその他の都市も復活した。そして数千の村や農村集落が復興した。同時にオカ川から北に向かって農民や手工業者は、自分の家族と共に、また、貴族は、臣下を伴って南西部から移住し始めている。森林地帯では、とくにモスクワから北に向かって耕作地のための活発な開墾が始まった。

　14〜15世紀になると手工業も発達し始めた。衰退していた数種類の手工業が復興し、新しい手工業も現れた。手工業や商業の中心である都市の周辺では、その地域の市場が形成され、そこで農民は都市の手工業品を、都市の住民は農産物を手に入れていた。近隣の公国でも売られるようになった商品もある。たとえば、パヴォルジエ地方〔ヴォルガ川中下流域―訳者〕から他のロシアの地域へは蜂蜜、魚類が、リャザン地方からは穀類が移出されていた。北東地域とノヴゴロド、プスコフとの商業網が復活した。

耕作、種まき、ハローかけ
（砕土）、家畜の放牧　ロシア
年代記の細密装飾画

　農耕、手工業そして商業が発達するに伴い、**国の分裂状態を解消すること**
に関心をもつ人々が、より多く出現した。多くの境（国境）とその関所、また
商業税、様々な種類の貨幣や度量衡の存在は、公国間の商業と経済関係を、も
ちろん困難にしていた。また、果てしなく続く内紛は、都市と村の経済を損
なっていた。
　北東ルーシでは急速に世襲領地が発展した。大土地所有者にとって小公国
の境は狭かった。ところで、貴族による他の公国の土地の買い取りを禁止する
合意が公のあいだで存在していた。その点、貴族にとっても統一国家に関心が

大土地所有者の屋敷

あった。

　「ルーシの地」統一に正教会も登場した。国が分裂状態であったにもかかわらず、正教会は統一を保ち、「ルーシの地」統一を求める公たちをつねに支持していた。

　しかし、もっとも重要なことは、恐るべき敵であるモンゴルの襲来に対抗する可能性を多くの公国は全くもっていなかったことを示したことである。オルダ国〔「金帳汗国（ジョチ・ウルス）」のこと─訳者〕の統治を倒すための唯一の可能性は、すべての地域が統一することであった。統一国家のみが、征服者に対し反撃するため民族のすべての力を結集することができた。

◆ルーシの政治体制
　13世紀から14世紀へ移行する時期、北東ルーシの分裂は深まっていた。ところで、公間では明確な従属体制が存在した。**最高位**（さいこうい）は、ウラジーミル・スーズダリ朝の代表者のなかから、キプチャク・ハン国にて指名されたウラジーミルの大公位であった。その公位のもとに固有の公国も保持されていた。ウラジーミルの大公位を名乗ることはたいへん名誉なことであった。ウラジーミル大公たちは、キプチャク・ハン国との関係を保ちオルダ国の貢税を集め、また、ルーシ諸公間の紛争の裁判官でもあった。それらに加えて、豊富で、肥沃なウラジーミルの大地とノヴゴロド・ヴィリキーにおける公位の権利が彼らに直結していた。そこで、公たちは、様々な方法で、ウラジーミル大公位の勅許獲得に向けて努力していた。

　もっとも強力な公国は──**モスクワ、トヴェーリ、スーズダリ・ニジェゴロドとリャザン**であり、それらには「大公」の称号が付けられ、これらの公は、ウラジーミル大公位職の有無にもかかわらず「大公」位をもっていた。

　諸公間の相互関係は、特別の合意でもって調整されていた。公が他の公を同格の名と認めた場合、互いに「兄弟」と呼び合い、公がある他の公を自分より強力であり、もしくは強者の保護下にあると認めた場合、彼は、その公を「父」あるいは「兄」と呼び、自らを「弟」と称した。

各大公国には、大公が自己の子どもたちに分割できる分領公国が存在していた。分領公たちは、自分の土地を自ら管理しているが、対外政策の面では大公と一致して行動しなければならなかった。

◆モスクワとトヴェーリの闘争

　1305年ウラジーミル大公位権をオルダ・ハン国は、トヴェーリ公に譲渡した（トヴェーリ公国は1247年アレクサンドル・ネフスキーの弟**ヤロスラフ・ヤロスラヴィチ**に分領されていた）。トヴェーリ（細分割を免れた）公国は急速に力を蓄えた。ルーシの都市のなかでトヴェーリは、最初の石造建築の町へと復興した。

　しかし、トヴェーリ公国に競争相手が現れた。モスクワ公国である。モスクワ公国は、1276年アレクサンドル・ネフスキーの末の子で若い**ダニイル・アレクサンドロヴィチ**（1276〜1303年）に分領されていた。

　当初、モスクワ公国は極めて小さな領土でしかなかった。それゆえ、モスクワ公の重要な目的は、いかなる方法でもって、領地の範囲拡大にあった。ダニイル・アレクサンドロヴィチは、リャザン公国に属しモスクワ川がオカ川へ流れ込む位置にある**コロムナ**を戦い取り、コロムナからセルプホフまでを占領した。また、ダニールは、自分の甥で子どもがいなかったペレヤスラフ公の死後、**ペレヤスラフ公国**を受け取り、モスクワ公国の領土は拡大した。ダニイル

オルダでのウラジーミル大公に関する諸公の議論

の子**ユーリー**（1303～1325年）は、モスクワ川の上流に位置するスモレンスク公国の**モジャイスク**を戦い取った。このように14世紀初頭、モスクワ公は、モスクワ川流域全体の領主となった。領有地は、ほぼ3倍に増えた。しかし、トヴェーリと比較すると、まだ大きくはなかった。

　それ以上に、ユーリー・ダニロヴィチは、ウラジーミル大公となることを意図としていた。トヴェーリを軍事的に打ち負かすことは困難であることを理解しながらも、巧妙なモスクワ公は、オルダの強力なウズベク汗国を味方につけることを決心した。2年間ユーリーは、サライに滞在しハンの妹**コンチャーカ**と結婚し、ルーシの地からの貢税徴収を増やすことを、ウズベクに約束した。ハンは、自分のモスクワの親戚に大公位のヤルルィクを与えた。オルダの使節と共にユーリーがルーシに帰国した時、トヴェーリ公である**ミハイル・ヤロスラヴィチ**はハンの命令に従うことを拒否し、モスクワの軍隊を撃破した。ところが、ミハイルにとって不幸なことは、モスクワ公の妻が捕虜となったにもかかわらず、たちまち死んでしまったことだ。オルダに逃げたユーリーは、コンチャーカを毒殺した科でトヴェーリ公を非難した。トヴェーリのミハイルはオルダに呼ばれ死刑を宣告された。しかし、モスクワ公の勝利の喜びは長くは続かなかった。7年後、彼は、オルダにて、処刑されたトヴェーリ公の息子に殺された。ウズベクは殺害者を処刑したが、ウラジーミル大公位のヤルルィクをユーリーの弟へ渡した。そして、トヴェーリをおとなしく従わせるため、ハンは、自分の親戚**チョルハン**を貢税を集める徴税官として、軍備が整ったオルダ軍とともに同町へ送った。

◆**イヴァン・カリタの治世**（1325～1340年）
　モスクワの王座は、ユーリーの弟**イヴァン・ダニイロヴィチ・カリタ**に移行した。彼は極端なケチだが金持ちであったので、あだ名がつけられた。すなわち、腰巾着とはルーシにおけるカリタのことだ、と。イヴァン公は、敗北や兄の死に甘んじてはいなかった。彼は、ユーリー・ダニイロヴィチのごとくみずからの目的のためオルダを利用しようとしていた。

モスクワ軍　ロシア年代記の細密装飾画

　1327年、トヴェーリにてチョルハン（ルーシで彼は、"シェルカン"——指でパチンと弾く音、と呼ばれていた）の強圧に反対する蜂起が広がった。いまわしき徴税官は殺害され、彼の軍隊にいた軍人もが非業の死を遂げることとなった。イヴァン・カリタは、直ちに状況を自己の権力強化に利用した。彼はウズベクへ向かい、オルダの軍勢と合流した。その後ルーシに戻り、同軍隊がトヴェーリを破壊した。まもなくイヴァン・カリタは、ウラジーミル大公位のヤルルィクを、また、オルダのため全ルーシの地からの貢税徴収権を得た。
　イヴァン・カリタは、たびたびサライを訪れ、長期間客人として逗留している。彼は、ハンやその妻、そして宮廷貴族に気前良く贈物をし、表面的な従順性や丁重さを見せ、貢税を通常どおり支払っていた。このような行為は、ルーシへの新遠征のための口実をオルダの人々に与えなかった。そしてルーシの地は、以後の経済の復興や発展のため必要なひと息を得た。
　イヴァン・カリタの時期、モスクワ公国はルーシにおいて、もっとも強力な国家となった。諸公のなかで彼の大公に異論を試みる者は、いなくなった。貢税徴収者としての彼は、噂によると、貢税の数割をオルダから着服し、ルーシにおけるもっとも豊かな者と言われていた。イヴァン・カリタに従属していた公は、ロストフ、ガーリチ、ベロオーゼロとウグリチであった。ウラジーミル大公位を得たモスクワ公は、同時にノヴゴロド公にもなった。彼は、ノヴゴロドの貴族や住民の一部の不満を抑え、ノヴゴロド・ヴィリキーの生活において、公政権の影響を著しく拡大することができた。イヴァン・カリタは、諸公間の合意条件を破り、近隣の公国の土地を購入し、度々自分の配下の者の所有にし、他人の公国にモスクワの拠点を作った。

◆モスクワが興隆した諸要因について

　北東ルーシにおける覇権争いにおいて、モスクワとトヴェーリ両公国の実現可能性はほとんど同じであった。モスクワもトヴェーリも通商路の交差する地に位置していた。両公国の領地は、外部の攻撃からは比較的守られていて、西側と東側は深い森とその他の公国の土地に守られていた。しかしモスクワの公たちは、より巧みな政策を取っていた。彼らはオルダと良好な関係を作り出すことができた。1293年からほぼ100年間、モスクワはオルダの侵攻を知らなかった。モスクワの公たちは、この状況を大胆に利用し、自分の所有や富を拡大するために、買収、欺瞞、強圧も厭（いと）わなかった。びっしりと詰め込まれた財布をもちオルダを訪れたモスクワの公たちは、大公位のヤルルィク獲得のチャンスを、他の公に対して与えなかった。対外的な敵から遠方であること、またオルダの保護下にあることから、他の公国からモスクワへと人々を引き寄せていた。豊かで気前の良いモスクワ公国へ、仕事を求める貴族たちも集まって来た。

　また、ロシア正教によるモスクワ公国の支持も、大きな意義をもっている。イヴァン・カリタは、府主教**ピョートル**にウラジーミルからモスクワへ移転することを説得した。モスクワを優遇するとともに教会は、自己の権威でもってモスクワを神聖化した。古くからの伝統のない若いモスクワは、直ちに教会の中心地、ロシア正教信仰の擁護者の地位を占めた。このように、当時ロシア府主教は、ルーシの統一思想の表現体であり、その移転によりモスクワの諸公は、全ルーシの公のごとくなった。イヴァン・カリタは、直ちにこの好機を利用した。そこで彼は、自らを**モスクワと全（ぜん）ルーシの公**と宣言した。

　モスクワの興隆は、偶然の出来事も作用していた。

　モスクワの公たちは、子孫に関してあまりめぐまれていなかった。イヴァン・カリタの家族は、凶暴なペスト流行から逃れることはできず、子や孫まで

府主教ピョートルの衣装

ほとんど絶滅した。イヴァン・カリタの男系の子孫で生き残ったのは、たった ふた人の若年の孫**ドミートリー・イヴァノヴィチとウラジーミル・アンドレエ ヴィチ**だけであった。逆に、これらの状況は、モスクワ公国の細分化を事実上 避け、他の公国の力を削ぐことになった。

オルダ・ハンも軽率な行動をしていた。モスクワの諸公に対し、貢税の徴収 を委託し、他のルーシの公国との戦争において、モスクワ公国を支持すること によりオルダは、意図することなくモスクワ公国の強化に与することとなった。

このように、モスクワ公の政治的成功は、モスクワを他の公国より高い 地位へ置き、モスクワ公国は、ルーシにおけるもっとも強力な政治的中心 のひとつであり、精神的中心となった。

◆質問と課題◆
1. 統一ルーシ国家設立には、どのような原因と前提条件がありますか。
2. 13世紀における、ルーシの政治体制の特徴を挙げましょう。
3. イヴァン・カリタの対外政策及び国内政治の特徴を挙げましょう。
4. 1327年トヴェーリ蜂起時のイヴァン・カリタの行動に対する評価をしなさい。
5. モスクワ興隆にはどのような原因がありますか。

§18. オルダ支配(モンゴル・タタールのくびき)との闘争の要
──**モスクワ・クリコヴォの戦い**

◆政治的優位を求めるモスクワの闘い

1359年モスクワの王位は、イヴァン・カリタの9歳の孫ドミートリー・イ ヴァノヴィチ(1359〜1389年)が継いだ。これをスーズダリ・ニジニノヴゴロ ド公が利用した。同公はオルダへ向かい、ウラジーミル大公位のヤルルィクを 獲得した。しかし、府主教**アレクシー**の支持に依拠したモスクワの貴族たちは、 1362年、年齢の割には成長し利発な子どもドミートリーのため、オルダにてヤ ルルィクの獲得をした。

ニジニノヴゴロド公は、ウラジーミル大公の位を喪失したことの怒りを、な

かなかおさめようとはしなかった。しかし、モスクワ公の力を感じた彼は、1366年、自分の娘をドミートリーに妻として渡し、大公への野望を捨てることとした。

　大公を求める闘争でモスクワの主な敵対者は、トヴェーリの公、**ミハイル・アレキサンドロヴィチ**であった。彼は、スモレンスク、モジャイスクそしてその他のルーシの町を、リトアニアへ併合することに関心をもっていたリトアニア大公オリゲルドと同盟を結んだ。オリゲルドは2度モスクワを攻撃したが、陥落させることができなかった。その時までにモスクワは、石造りの城壁と塔でめぐらされていた。このような石造りの要塞は、北東ルーシでは最初であった。3回目の攻撃は、モスクワ郊外でリトアニア軍の敗北で終わった。

　ところで、ミハイルは、豊かな贈答品でもってオルダを自分の味方につけていた。1371年彼は、ウラジーミル大公位のヤルルィクを得た。しかし、モスクワ公の政権に慣れていたウラジーミルの住民は、トヴェーリ公の町への入場を拒んだ。ドミートリー・イヴァノヴィチは、ハンの意志に反するはめに陥った。そこで、彼は、大公位は誰にも渡さないと宣言した。ハンはドミートリーにヤルルィクを残さざるを得なくなった。

　これらの出来事のあとにドミートリーは、全ルーシ公国の軍隊を集め、ト

ドミートリー・ドンスコイ期のモスクワ　A・ヴァスニェツォフ作

ヴェーリを包囲し攻撃した。ミハイルは、自己の敗北を認めざるを得ず、自らをドミートリーの「弟」と名乗った。モスクワ・トヴェーリ条約でウラジーミル公位は、モスクワ公の世襲的所有が認められた。また、オルダとの戦争になった場合に両公は共同にて行動することが合意された。

これらすべてのことは、ウラジーミル公位の推移はすでにオルダになく、ルーシの決定にあることを、証明している。

◆**決定的衝突前夜のルーシとオルダ**

モスクワ公国の強化に力添えとなったのは、1350年代末からオルダにて内輪揉めが続いていたことである。20年間に25のハンが交代した。その結果キプチャク・ハン国は西と東のふたつに分裂した。西側部分には、ずるかしこく腹黒い軍指導官**ママイ**が権力を握っていた。彼は、自分の都合でハンの首のすげ替えをしていた。70年代中ごろになると、ママイは、一時期ではあるが内輪揉めを収め、オルダの軍事力が強化された。しかし、彼はハン位を得る権利がなかった。なぜなら、ママイはチンギス・ハーンの子孫ではなかったからだ。自己の影響を強化するため、ママイは、ルーシへの支配を以前のように復活させ、チンギス・ハーンやバトゥの事業の継承者であるとの証明をする必要があった。

オルダへの不服従の意志を、明確に表したドミートリー・イヴァノヴィチは、敵との決定的な対決へ対し準備を始めた。彼は自分の従士団を増加させ、他の公たちと軍事協定を結び、オルダ人の意向、主力軍の位置、そしてルーシへ向かうことが可能である街道の情報を探り出すため、遠く南へ斥候を送っていた。

1374年蜂起したニジニノヴゴロドの市民により、オルダの使者とその護衛隊が殺害された。1377年、モスクワ軍事司令公**ドミートリー・ボブロク・ヴォルィンスキー**を代表とするモスクワ―ニジニノヴゴロド軍はヴォルガ川中流のオルダ領域へ攻め入り、そこから多くの賠償金を取った。これに対しオルダ側は、ニジニノヴゴロドとその他のルーシの地において凄惨を極めた罰でもって応えた。進軍を指揮したのは**アラブ・シャフ**（ルーシにて彼は、**アラブシャ**と呼ばれていた）であり、『年代記』の表現によると「大変凶暴であり、偉大な戦

士であった」と記している。

　ルーシ軍は、敵に力を貸すことになった。敵と長期にわたり対峙せざるを得なくなった、この小休止の時期を、自軍の強化や偵察のために活用しなければならなかったはずのルーシ軍の司令官たちは、享楽と狩に耽っていた。武器や鎧を馬車のなかに置き、兵の手元にはない状況であった。アラプシャは突然ルーシ軍を襲い、手痛い敗北を与えた。無防備であったニジニノヴゴロドはオルダ人たちに略奪された。

ドミートリー・イヴァノヴィチ　I・グラズノフ作

　成功を確固たるものにするため、ママイは1378年ルーシへより大量の軍勢を送ることを決めた。それに対し、ドミートリー・イヴァノヴィチはニジニノヴゴロドの失敗を教訓とし、今回は自ら合同ルーシ軍を率い、偵察を組織し厳しい規律を作った。ルーシ軍とオルダ軍との衝突は、1378年8月11日リャザンの地ヴァジャ川畔であった。モスクワ公は、自軍をよく組織しオルダを破壊した。すべての仕上げとしてドミートリーは、オルダへの貢税支払いを拒否した。

　ママイは、敗北に甘んじるわけにはいかなかった。なぜならこの敗北は、ルーシの独立を認め、ルーシの諸公が支払っていた多くの貢税を失うことを意味するからであった。短期間にママイは巨大な軍隊を集めた。その軍隊にはオルダ軍だけでなく、オルダに従属している沿ヴォルガ川、カフカースの諸民族からの部隊、また、西ヨーロッパから金で雇われた傭兵隊も加わっていた。様々な資料によると、10万から15万人を数える軍隊であった。リトアニア大公国とリャザン公国は、ママイの同盟者となり、自軍を送る義務を負っていた。リャザン公**オレーグ・イヴァノヴィチ**にとってこのような行動は、不本意であった。なぜなら彼の祖国はオルダと境を接し、最初に来襲にあっていた。彼は自分の従士団をママイへ急いで送らず、ドミートリーにオルダの動きをつねに知らせていた。モスクワ公もリャザンの地を行軍する際に「土地には少しも触れてはならぬ」と自分の軍隊に命じていた。

ドミートリー・イヴァノヴィチは、少なくない兵力を集めた。彼の指揮のもと、ルーシの地の大多数の公国から従士団や義勇軍が結集した。彼らと反目していたリトアニア大公ヨガイラ・オリゲルドヴィチの兄弟であるポロック公やブリャンスク公の従士団もまた参加した。ルーシ軍は、年代記によると、ママイ軍の兵力数では勝るとも劣らなかった。「最初からこのような力は、ルーシには今だかってなかった」と書かれている。ルーシ軍の中核は、モスクワ軍が担っていた。

◆**クリコヴォ平原での戦闘**

　恐れを知らぬ斥候たちのおかげで、ドミートリーはママイの行動や、その部隊の状況をよく理解していた。ママイの同盟者リトアニア大公ヨガイラとリャザン公オレーグについての情報ももっていた。リャザン軍とリトアニア軍がオルダ軍と合流するのを阻止するため、ドミートリーは、ママイとの合戦のためドン川へと急いだ。モスクワ公の強い要求によりドン川を渡り、ドン川へ合流するニプリャドヴァ川畔のクリコヴォ平原で戦闘を行うことが、軍事評議会にて決められた。ドン川を背後にし、敵の後方奥深く入ることにし、ルーシ軍は最後まで戦わざるを得ない状況を作った。なぜなら、押し寄せる敵から川へ退却することは不可能であった。

　モスクワ軍を大きく支持したのは、ロシア正教会であった。伝説によると、戦争の前にドミートリーは、トロイツェ・セルギエフ修道院〔三位一体修道院―訳者〕を訪れている。ルーシにおいて大きな権威をもち同修道院の創設者**ラドネジのセルギー**から、占領者との戦争への「はなむけの言葉」をドミートリーは受けている。セルギーは、ふたりの修道士・勇者**ペレスヴェト**と**オスリャビャ**をモスクワ公と同行させるため送った。祖国の解放事業は、世俗世界から離れ、手に武器をもたないと誓った修道僧にとっても神聖なものであることを示すためであった。

　ドミートリーは、自軍を次のように配置した。中央には主力部隊、その前面には**先進部隊**、翼側――**右手隊**と**左手隊**、左手隊の背後は森でそのなかに**伏兵**

第3章 モスクワ・ルーシ 159

ラドネジのセルギーよりはなむけの言葉を受けるドミートリー・イヴァノヴィチ
А・ノヴォスコリスキー作

隊を配置した。伏兵隊の隊長にはもっとも経験のあるドミートリー・ボブロ
ク・ヴォルィンスキーとセルプホフとヴォロヴィチ分領公である従兄弟ウラ
ジーミル・アンドレイヴィチを据えた。先進部隊と主力部隊の粘り強い防衛で、
敵の主要勢力を消耗させ、そのあと、西翼、及び東翼そして伏兵部隊にオルダ
軍を殲滅させると決定した。ルーシ軍のこのような配置はママイの騎兵部隊の

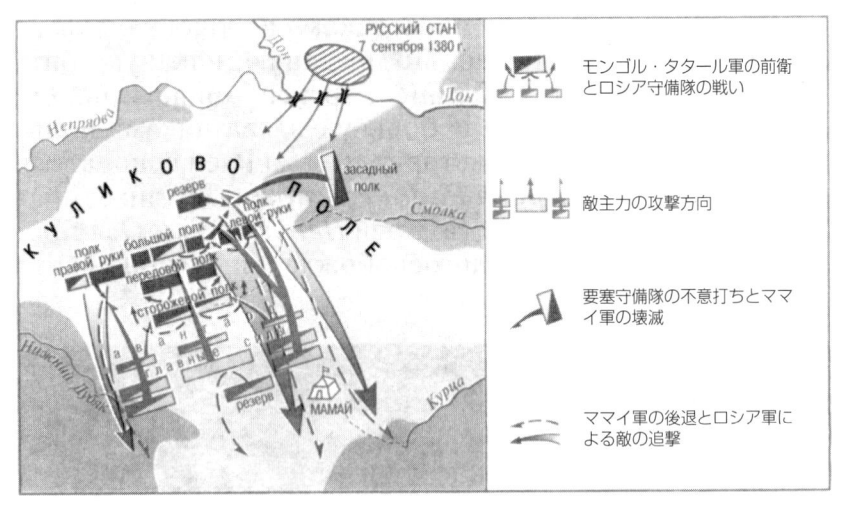

クリコヴォの戦い

　　　機動を困難にした。
　　一般戦士の甲冑に着替えたドミートリー自身は、主力部隊の戦列にいた。
　　1380年9月8日朝、クリコヴォ平原で熾烈な戦争が展開された。伝説によると、戦闘は、まずオルダの勇者**チェルベイ**と、ルーシの勇者ペレスヴェトとの勇者同士の一騎打戦から始まった。槍をもちその槍口を相手に定め、馬を駆り立て衝突し必死に、ふたりとも倒れるまで戦った。一騎打ちのあと、モンゴルの騎兵隊はルーシの先進部隊に向けて突進した。ルーシ隊はゆるぐことなく闘ったが、敵の優位は圧倒的であった。隊は大きな損失を被ったが、誰も戦闘から逃げ出さなかった。主力部隊による戦闘の時がきた。オルダ軍の凶暴な圧迫があったにもかかわらず、同部隊は耐え抜いた。その時ママイは左翼部隊を攻撃し、オルダ軍は大きな犠牲を払いながらも圧倒し始めた。圧力を強めるにつれてオルダ軍は、主力部隊を迂回し、側面の背後が伏兵隊の前面に現れる形になった。
　　攻撃の瞬間を待っていた伏兵隊が敵に襲いかかった。突然現れたルーシの新部隊に、オルダ軍は急遽退却を始めた。まもなくドミートリーの他の軍も攻撃

第3章　モスクワ・ルーシ　　161

クリコヴォ平原での戦闘　ロシア年代記の細密装飾画

クリコヴォ平原での勝利　ロシア年代記の細密装飾画

し、ママイの大軍は崩壊を早めた。オルダの司令官は戦場から敗走した。ルーシの騎兵隊はクリコヴォ平原から50露里の範囲までママイの残軍を追跡し叩きのめした。この勝利により、国民はドミートリー公を**ドンスコイ**とそしてセルプホフ公ウラジーミルを**勇敢公**(ゆうかんこう)と呼ぶようになった。

◆トフタムィシの襲撃。クリコヴォの戦いの意義

　クリコヴォの戦いはモスクワ公国の軍事力を疲弊させた。これを利用したのは、東部キプチャク・ハン国の**トフタムィシ**であった。強大な力を結集した彼は、1382年モスクワに向かって軍を進めた。このオルダ軍の進行を知ったドミートリーは、北ヴォルガ川諸都市の軍隊を集めるため進軍した。ところがルーシの諸公の多くは、ママイとはちがってチンギス・ハーンの子孫であるトフタムィシとのドミートリー・ドンスコイの戦争を支持しなかった。そのあいだに、ハンの軍隊はモスクワに近寄り、あざむくようにそれを奪取した。ウラジーミル、ドミートロフ及びその他のルーシの諸都市も同様に破壊される目にあった。ところが、ドミートリーの軍隊の動きに気をつけながらオルダ軍は、

南へ戻った。ウラジーミル勇敢公は**ヴォロコラム**郊外にオルダ軍の一部を追い詰め撃破した。

オルダとの消耗戦に入らず、また、ルーシへ勢力保持の可能性を与えるため、ドミートリー・ドンスコイは、やむなく再び貢税を納めることとした。ところで、オルダは、モスクワをルーシの政治の中心地であり、相続できる大公位としてのモスクワ朝の権利を認めた。

クリコヴォ平原での勝利は、オルダ統治からのルーシの完全な脱却をまだもたらさなかったが、大きな意義があった。この戦争は、ルーシの軍隊がオルダの個々の軍隊でなく、主力軍を最初に打ち破った出来事である。この勝利は、国民の中に自分の力に対する信頼を復活させた。また、憎き支配からの脱却への唯一の方法は、ルーシの全地域の統一と、統一的指導下における共通の闘争しかないことをすべてのルーシの人々に示すものであった。

この戦いは、キプチャク・ハン国の崩壊を早めた。この勝利がもたらした重要な結果は、モスクワがより強力になったことと、ルーシ統一国家形成に指導的役割を果たしたことであった。

> このようにモスクワ公国は、ドミートリー・ドンスコイの時期にルーシの北東部で自己の立場を強化した。クリコヴォ平原での勝利は、モスクワをオルダ統治に反対するルーシ国民の解放闘争の中心地となした。

◆質問と課題◆
1. ドミートリー・イヴァノヴィチの時代、どのようにしてモスクワ公国は立場を強化しましたか。
2. モスクワとオルダとの露骨な軍事衝突にいたったのにはどのような原因がありましたか。
3. 図を使い、クリコヴォの戦いについて、主な段階に分け説明してください。
4. クリコヴォ平原での戦いの歴史的意義は何ですか。
5. どのようにして、ルーシ北東地域でモスクワ公国が政治権力を自分の手中に徐々に掌握したのか考えてください。

史料
クリコヴォの戦いについて、『年代記』の記述から

「その秋、オルダ公ママイが自分の同調者、そしてその他のオルダ公たち、また、タタールとポロヴェツのすべての軍隊、これら以外雇った部隊といっしょに来た（中略）。そしてママイいわく、『ルーシの諸公に、そしてすべての力を、バトゥの時のように、ルーシに向けよう。キリスト教を破壊し、神の教会を焼き払おう、そして彼らの血を流そう、彼らの規則を破壊しよう』。これはヴォジャ川で殺された自分の友人や愛する者そして公のため、不信心で残忍な者への怒りからである（中略）。そして、ルーシのすべての公と軍事力を統合し彼（ドミートリー）は、直ちに対抗するため、自分の世襲領地を守ることを願い、モスクワから出立しコロムナに着いた。そこには、公の軍隊、現地の部隊以外に15万人の軍隊が結集した（中略）。これ以外に、遠くから（中略）、ポロツク公国のアンドレイ公がプスコフの人々と、また彼の弟のブリャンスク公国のドミートリー公が自分の全軍と共に、折り良く戦闘にはせ参じた。公はドン河を渡り、平原に、ママイの土地に、ニプリャドヴァ川口に入った。

両大軍は対峙した。平原は長期間、また10露里にわたり多数の軍隊に覆われた。戦闘は激烈かつ偉大、戦いは執拗であり、激震は全く偉大であった。ルーシの大公たちは、当初から、このような戦闘事態に遭遇したことは、いまだかってなかった（中略）。多くのルーシの人々はタタール人に、タタール人はルーシに殺され、キリスト教徒の死体のうえにタタールの死体が覆いかぶさった（中略）。そして、われわれの公の神は、異国民に対する勝利をもたらした。そこで、ママイは、恐怖で震え始め、うめき声をあげて述べた『キリスト教の神は偉大、そしてその軍は偉大；兄弟よ（中略）慣れない道を逃げてくれ』。そして自分自身逃走し、オルダに早々に戻った。このことやその他を見て（中略）年配者から若者まで敗走した」。

◆史料についての質問
1. ママイのルーシ侵攻の目的は、年代記の見解によると、何でしたか。
2. 年代記の作者がクリコヴォ戦争に、特別の意義を与える根拠は何ですか、説明してください。

◎ 新しい用語を覚えよう。

　　機動〔Маневр〕──軍隊の移動。

§19. 14世紀末〜15世紀中ごろにおけるモスクワ公国とその隣国

◆ヴァシーリー1世（1389〜1425年）

　ドミートリー・ドンスコイは39歳で亡くなった。それは、賞賛された彼の戦いの9年後であった。彼の遺書により、モスクワ公位だけでなく、オルダ・ハンの許可を頼むことなく、ウラジーミル大公位も長男ヴァシーリーへ譲った。トフタムィシは、ヴァシーリー・ドミートリエヴィチの権利を認めただけであった。

　ヴァシーリー1世は、自分の父の政策を成功裡に継続した。1392年には、ニジニノヴゴロド公国をモスクワに併合した。地方の公国として王朝が残ったのは、スーズダリのみとなった。ヴァシーリー1世は、ムーロム公国とタルッサ公国の統合に成功し、自己の所有のもとに置いた。

　キプチャク・ハン国内の新しい内紛を利用しヴァシーリーは、貢税の支払い

ヴァシーリー・ドミートリエヴィチと后のソフィア・ヴィトフトヴナ　織物に描かれた肖像

とヤルルィク受任のための旅も取り止めていた。オルダの軍事司令官**エデイゲイ**は、ルーシの諸公へ服従を強要するため、内紛を収めた時期に合わせ、1408年の秋が深まったころ、進軍を組織した。この新しい襲来は不意であった。オルダ軍はモスクワ公国の多くの町や砦を焼いた。強固に守られていたモスクワだけは、彼らの手に落ちなかった。ルーシは貢税の支払いを続けざるを得なくなった。

内部の不和があったとしてもオルダは、ルーシへの支配を失うことを良しとしないことを、破滅をもたらしたエデイゲイの襲来によって再確認された。

◆モスクワの内戦

15世紀の中頃、約30年続いたルーシの内戦の結果、ルーシの地統合と統一国家設立のプロセスは長引くこととなった。これまでの内紛と、今回の内戦は根本的に異なっていた。14世紀の様々な公国の支配者たちは、ウラジーミル大公位をめぐり互いに戦っていたが、今回のモスクワ公国の諸公間の戦いは、モスクワの領有をめぐる戦いであった。

ヴァシーリー1世は、9歳の息子**ヴァシーリー2世・ヴァシリエヴィチ**へモスクワ大公位を遺言した。ところが、大公位に関して、年長制の伝統を主張したヴァシーリー1世の弟**ユーリー・ドミトリエヴィチ**が同意を求めた。ユーリーは、経験のある勇敢な戦士として、また、城や寺院の建築家そして芸術の擁護者として有名であった。彼は、ドミートリー・ドンスコイの息子としての栄光に恵まれていた。幼年のヴァシーリーの後見人には、彼の強力な祖父リトアニア大公ヴィトフトがいた。ヴィトフトの孫に対し、一対一で闘うのはユーリーにとって困難であった。しかし、1430年ヴィトフトは死亡し、ユーリーは行動の自由を得た。

1433年彼は、ヴァシーリー2世をモスクワから追放した。しかし、モスクワの貴族たちは、新しい支配者を受け入れなかった。そこで、ユーリーはモスクワを放棄せざるを得なかった。翌年再びユーリーは、モスクワを襲ったが、まもなく死亡した。

```
略 号
В-Л  ヴォロク・ラムスク
П-З  ペレヤスラヴリ・ザレスク
П-Р  ペレヤスラヴリ・リャザン
Т-С  トロイツェ・セルギエフ
Ю-П  ユリエフ・ポリスク
```

14〜15世紀前半のルーシ

　そこで、ヴァシーリー2世は公位の全権を得た。それにもかかわらず、ヴァシーリー2世との戦争に突入したのは、ユーリーの息子**ヴァシーリー・コソイ**と**ドミートリー・シェミャーカ**であった。

　戦闘行為は全国で展開された。敵は、町を焼き、耕作地や播種地を荒らし、住民は捕虜として連れていかれた。このようなルーシの弱体化をオルダは利用

した。1445年タタール人はルーシへ大進軍を実施した。ヴァシーリー・ヴァシリエヴィチは捕虜となり、莫大な身代金で放免された。

　ドミートリー・ドンスコイの孫同士の戦いでは、もっとも凄惨な結果が待ち受けていた。まずヴァシーリー・ヴァシリエヴィチは、捕虜となったヴァシーリー・ユーリエヴィチを失明させた。そののち、1446年モスクワを占領したドミートリー・シェミャーカは、ヴァシーリー2世の目を抉り取る命令を出した（彼はそのあと、盲目公と呼ばれた）。結局、モスクワの貴族たちや宗教界の熱意により、モスクワの王位は、1447年最終的にヴァシーリー2世盲目公へと回復された。ようやく戦争が終わったのは、1453年ドミートリー・シェミャーカの不可解な死後であった。

　モスクワ諸公間の戦争は、ルーシの地統合の歩みを緩慢にし、オルダ依存を強め、人々に大きな苦痛を負わせた。同時に、諸公間の内紛は危険であることを、この戦争は示した。ルーシの人々は、統合し統一国家設立の必要性をより強く認識した。

◆キプチャク・ハン国の崩壊

　14世紀の70年代末になると、中央アジアにて一地方の支配者であるが、非凡な軍事的及び政治的才能に恵まれ、残忍で鉄のような意志をもつ、ティムール（タメルラン）が出現した。中央アジアを戦い取った彼は、インド、イラン、ホレズム、外カフカス、小アジア、中国へと進軍した。1395年ティムールはトフタムィシ・ハンを破壊し、キプチャク・ハン国を従属させた。そのあと、彼の軍隊は、ルーシに向かった。ティムールの軍隊は、リャザンの端にあるエレツを包囲し攻撃した。この町は壮絶な抵抗をしたが、最後には陥落した。ティムールは、続けてリャザンとモスクワの占領を狙った。しかし、彼の軍の背後で従順にしていた諸民族が蜂起した。そこで侵略者は、計画の変更をよぎなくされ、南へと向かった。

　ティムールの死後（1405年）、彼の国家は崩壊し始めた。オルダで内紛が始まった。15世紀の期間、キプチャク・ハン国は、個々のハン国に分裂した。カ

[地図: キプチャク・ハン国の崩壊]

凡例:
― 1500年ころのルーシの国境
― キプチャク・ハン国のその崩壊までのおおよその国境

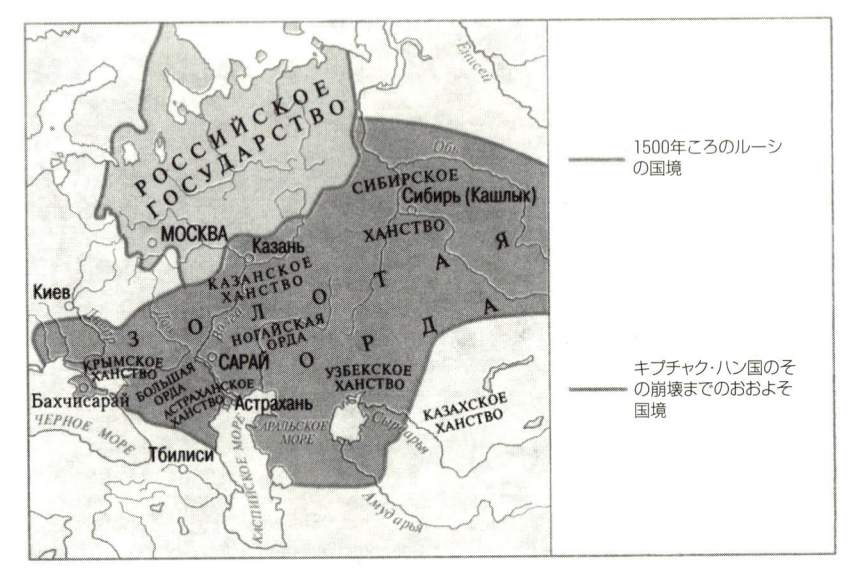

キプチャク・ハン国の崩壊

ザン、アストラハン、シベリア、クリミアの各ハン国であった。

　キプチャク・ハン国の崩壊は、ルーシへの進軍や襲撃の終結を意味しなかった。反対に、自らをキプチャク・ハン国の末裔であると考える、様々なハンの支配者たちは、ルーシに対する支配を復活させモスクワ大公へ貢税の支払いを強要することを目論んだ。ルーシの南東及び東の境に生じたカザン・ハン国はルーシにとってつねに軍事的脅威の源となった。

　15世紀中頃、ルーシの南の国境で新しい危険が発生した。1453年トルコのスルタン軍の攻撃でコンスタンティノープルが陥落した。ビザンツに代わり好戦的な**オスマン帝国**が生まれた。1475年クリミア・ハン国は、オスマン国家の属国となった。

◆リトアニアとポーランドの同盟　グルンヴァルトの戦い

　われわれが理解しているように、「ルーシの地」統一の役割を、リトアニア大公国も狙っていた。しかし、リトアニアのすべての試みは、ルーシの北東部

をしたがわせるだけで、モスクワからの反撃に遭っていた。

14世紀後半、チュートン騎士団側からの攻撃の危険が強まった。しかも、この国は、リトアニアのみならずポーランドにも脅威を与えていた。リトアニアの上流階級の一部は、同騎士団に対抗する闘いを共同にて強化するため、カトリックのポーランドとの合併を決めた。1385年、リトアニアとポーランドは**同君連合**（どうくんれんごう）を結んだ。ヨガイラ公（ウワディスワフ2世）はカトリックの洗礼を受け、ポーランドの王位継承者と結婚し、ポーランド王と同時にリトアニア大公も兼ねることになった。彼は、カトリックをリトアニア大公国の国家宗教として宣言した。

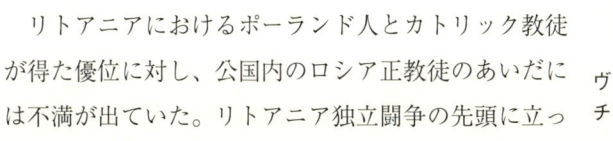

ヨガイラ・オリギルドヴィチ（ウワディスワフ2世）

リトアニアにおけるポーランド人とカトリック教徒が得た優位に対し、公国内のロシア正教徒のあいだには不満が出ていた。リトアニア独立闘争の先頭に立ったのは、ヨガイラ公の従兄弟ヴィトフトであった。モスクワ公国の支持を事前に取りつけるため、彼は自分の娘**ソフィヤ**をヴァシーリー1世に嫁がせた。1392年彼はリトアニア公国の独立を達成し、同国の大公となった。ヨガイラにはポーランド王位を残した。

ヴィトフト・ケーストヴィチ

ヴィトフトは、ルーシの地を目標に自己の領有拡大政策を続けた。それ以上に、1397年彼はティムールから追放されたトフタムィシ・ハンをキエフにかくまった。ヴィトフトは彼と同盟条約を結んだ。そこにはふたつの双務的義務が含まれていた。軍事力を行使してトフタムィシをサライに、そしてヴィトフトはモスクワに就かせることであった。しかし、ヴィトフトのキプチャク・ハン遠征は失敗に終わった。

ヴィトフトは、1404年、スモレンスクをリトアニアへ併合した。1406年、リトアニアはプスコフに対し戦争を開始した。

その時期、チュートン騎士団がリトアニアとポーランドの地を占領していた。敵への反撃のため、多くの地方から、そこにはルーシの地からも含め、馳せ参じたポーランド人たちが共同で対応した。1410年7月15日、グルンヴァルト村近郊で双方で約6万人が参加した、大規模な戦いが行われた。この会戦は壮烈なものとなり、騎士団軍は粉砕された。戦闘の過程で、決定的な役割を果たしたのはルーシ・スモレンスクの3つの部隊であった。騎士団長やその他軍司令官は戦死し、多くの騎士たちは捕虜となった。

この勝利は、ドイツ騎士たちのスラブ諸国への進出を阻止した。リトアニアとポーランドに対し、彼らが占領した一部の土地が返還された。チュートン騎士団に対する勝利のあと、リトアニアとポーランドは新しい協定を締結した。政治的独立と引きかえに、リトアニアは、カトリックを国家宗教と宣言した。リトアニア公国へポーランドのカトリック僧が殺到し、カトリック教徒は著しく優位を得ることとなった。正教徒住民は、宗教、そして、民族抑圧と対立することとなった。

ヴィトフトの死後（1430年）、リトアニアのポーランド依存がより強くなった。古代ルーシの地の一部もポーランド王国の構成へ編入された。

◆ロシア、ベラルーシ、ウクライナ民族体の形成

13世紀中ごろから「ルーシの地」は、国境によって分けられた。

キプチャク・ハン国への依存があったにもかかわらず、ルーシの北東部は、より完全に古代ルーシの文化や言葉が保持されていた。北東の住民たちは、相互に交流が可能であった。

交流の際、地方の言語、文化や生活習慣の特徴は、目立たなくなった。ボルガ沿岸地域、リトアニア、沿バルト海地方、そしてオルダとも含め広汎な接触によりルーシの人たちは、独自の言語や服装の要素を利用し始め、これら諸民族のいくつかの風習を自分のものとして受け入れていた。とくにルーシの北東部は、オルダの影響が強かった。共通の言語、経済生活の特徴、文化、習慣は、統一的**大ロシア民族体**へと結合させた。

ミンスクの昔からの通り

　ルーシの南西部と西部地域の住民はポーランド、リトアニアやハンガリーの領土構成体に加わっていた。
　しかし、これらの国家において、諸民族のなかへ彼らは、溶け込まなかった。多分、多くの点で、人々がロシア正教の信仰で結びついていたのが原因であった。同時にルーシの北東部との交流の可能性がないにもかかわらず彼らは、その地方の**方言**、習慣そして文化の特徴を保持していた。古代ルーシの地の住民に対し、著しい影響を与えたのは、ひとつの国家に共に住んだ、その他の諸民族であった。
　南西部では、古ロシア語の方言を基に、また、ポーランド語の影響の下、すべての住民ため共通の、とくに、柔らかで旋律の美しい話し言葉が形成された。ルーシの西部では、アウカニエ〔力点のないoをaと発音する－訳者〕硬さを特徴とする言語が現れた。このようにして、大ルーシとしての習慣や伝統文化や芸術から、食事や服装での優先性、気質の特徴による差異が生じ始めた。
　そして、かつての共通の古代ロシア民族から、大ロシア、**ウクライナ**そして**ベラルーシの民族体**が形成された。これは非常に長い過程であった。これはいく百年にもわたり続けられていた。この時間よりもっと長い期間、ロシア国家、リトアニア大公国そしてポーランドの東スラブの住民たちは、自らをルーシ人、また、自己の言語をロシア語と考えていた。

このように、公朝間の戦争があったにもかかわらずモスクワは、ロシアの地における先導的役割を失わなかった。モスクワが統合の役割を強化されたのは、対外的政治状況――すなわちキプチャク・ハン国の崩壊とリトアニア公国におけるカトリック教会の承認があったからである。

◆質問と課題◆

1. ヴァシーリー１世の政治の特徴を述べてください。
2. 何が、新しい内乱の原因となりましたか。公間の紛争の原因を、あなたは何だと思いますか。
3. なぜヴァシーリー２世側が勝利したのだと思いますか。
4. ルーシの地統一の過程においてモスクワ公国での戦争は、どのような影響を及ぼしましたか。
5. キプチャク・ハン国において、どのようなプロセスが生じましたか。また、それらはルーシ・オルダ関係において、どのように反映されましたか。
6. 14世紀末～15世紀初頭、リトアニア国家にて、どのような変化が生じましたか。それらは、リトアニアのロシア住民に、どのように影響しましたか。

史 料

　1434年ヴァシーリー・ヴァシリエヴィチに対する勝利以降のユーリー・ドミトリエヴィチに対するモスクワ住民の関係について、歴史家Ｎ・Ｍ・カラムジン

　コロムナに着いたヴァシーリーは、自分のもとに国民、貴族そして公を呼び集め始めた：すべての人たちが喜んで集まった。なぜならヴァシーリーの着位は全体の平安のための助となる新しい相続制に合致したものであり、彼を合法的領主としてみなし、ユーリーを略奪者と認めたからであった。父のあと、公位に着いた息子は、以前の君主に仕えた周囲の貴族たちもすべてそのまま残した。反対に、それまで特別の分領地の公として統治していた弟は、兄の逝去にともない相続した兄の土地へ移動した自分の高官を伴って移動してきた。その土地の貴族は統治から遠ざけられた。新しいものが導入される

時は、有害である。あまりにも露骨な有利と不利は、古いゴタゴタの相続制度、また、ユーリーに反対して、すべての人々に敵意をもたせた。数日間でモスクワは無人となった。住民は、住居や庭園を惜しまず、高価な財産をもち人々のための家のための場所はないコロムナへ去った、そこの通りは荷車で一杯となった。ひと言で言えば、この町は、大公国の人口の多い、騒々しい真の首都となった。モスクワでは陰鬱と沈黙が支配した。人通りもきわめて少なくなり、最後の住民も引越しの準備をしていた（中略）。

　モスクワに残ることは不可能と見たユーリー公は、自らガーリチへ戻り、甥に首都を譲るとの命令を宣言した。ヴァシーリーは、首都での功労がなかったが、早速、祝賀と栄光と共に、出迎えた貴族や人々の歓喜の波で現れた。

◆史料についての質問
1. 資料において、ふたつの相続制度とはどのようなものですか。
2. なぜモスクワの住民はユーリーを自分の公に認めなかったのですか。
3. なぜ、N・M・カラムジンは栄誉あるヴァシーリーを、非功労者と名づけたのですか。

◎ 新しい用語を覚えよう。

　方言〔Диалект〕——全国民的言語の地方的言い回し、話し方。

　同君連合〔Уния〕——ふたつの君主国家が、共通の君主で統合すること。

§20. 統一ロシア国家の設立とオルダ支配（モンゴル・タタールのくびき）の終結

◆イヴァン3世（1462～1505年）　ノヴゴロドとの闘争の開始

　15世紀中頃になるとモスクワ大公は、ルーシにおけるもっとも強力な公となっていた。しかし、モスクワ公が所有していたのは北東ルーシの半分にしかすぎなかった。大ノヴゴロド、プスコフ、トヴェーリそしてリャザンは独立を保っていた。ルーシの南西部及び西部地方はリトアニア大公国の構成に入って

いた。

　これらの領地の大部分がモスクワ公国に併合されたのは、ヴァシーリー2世盲目公の息子であり聡明で才能、決断力そして威厳があり、時には腹黒く無慈悲な統治者**イヴァン3世**が公として統治していた期間であった。

　イヴァン3世にとっての意味があるとすれば、ロシア国家のもっとも古い中心地であるノヴゴロドへの影響力が強くなったことである。

イヴァン3世

　ノヴゴロドの貴族ではふたつのグループが抗争を展開していた。第1の貴族グループは、裕福な長官の未亡人**マルファ・ボレツカヤ**とその息子の周りに集まった人々であった。ノヴゴロドの自由は、リトアニア大公国の支持があってこそ保持できると、このグループは、考えていた。貴族の第2のグループは、モスクワとの緊密な関係を主張し、大公との良好な関係でノヴゴロドの独立を保持する手助けとなると願っていた。

　1471年、上層部を掌握した第1のグループであるボレツカヤ派は、ノヴゴロドを代表しリトアニア大公兼ポーランド王**カジミール4世・ヨガイラヴィチ**と条約を締結した。ノヴゴロドは、カジミールを自の公と認め、カジミールは、ノヴゴロドへモスクワが侵攻した場合防衛を指揮する義務を負うとした。

　そのことを知ったイヴァン3世は、モスクワに従属している土地のすべての軍隊を集合させノヴゴロドへ進軍した。1471年7月シェロニ河畔にて数のうえでは多数であったノヴゴロド国民軍をモスクワ軍は粉砕した。イヴァンは、マルファ・ボレツカヤの息子も含め、ノヴゴロド軍を先頭で指揮をしていた捕虜4人の首を切り落とす命令を出した。カジミール4世は、結局、同盟者を援助するために駆けつけることはなかった。

　モスクワ公は、ノヴゴロドと条約を結んだ。ノヴゴロドは、独立を保持したが、モスクワに多大の金銭を支払い、リトアニア公との同盟を破棄することとなった。再びイヴァン3世がノヴゴロド公になった。

◆ノヴゴロドのモスクワへの併合

　1475年秋、イヴァン3世は、ノヴゴロドへ向け出発した。その道中、また町に着からいてもボヤーレの横暴に対する多数の苦情が彼へ寄せられた。ノヴゴロドのこれまでの伝統を破り、イヴァン自身で裁判と刑の執行を行い、ボヤーレの一部は、審査を継続するため鎖に繋がれモスクワに連行された。被告人となったボヤーレは皆モスクワ反対者であった。このようにしてイヴァンは、国民の擁護者として登場しただけでなく、反対者を粉砕し、ノヴゴロドの自由の民を弱体化させた。

　1477年春、モスクワをノヴゴロドの使節が訪れた。彼らは、イヴァンとの会談において、彼に対する称号として「国王」と呼んだ。当時、これまでも大公には「主人」の敬称が使われていた。すなわち、「主人大ノヴゴロド」は「主人大公」と会談をしたこととなった。この言い違いは、イヴァン・ヴァシリエヴィチにより利用された。彼は直ちに、ノヴゴロドに使者を派遣した。どの国

1478年、モスクワに向けマルファ・ボレツカヤとノヴゴロド民会の鐘を送る　A・キフシェンコ作

について使者が話をしたかを理解した。

　ノヴゴロド民会では、モスクワ公支持側のひとりが殺された。これは、新しい侵攻のための貴重な理由となるとイヴァンは、考えた。大公軍は、ノヴゴロドを包囲した。包囲されたノヴゴロドの住民は、モスクワ公のすべての要求に対して合意を余儀なくされた。

　1478年1月ノヴゴロドの独立は廃止され、民会は解散され、ノヴゴロドの自由のシンボルである民会の鐘はモスクワへ移された。長官や千人長の選挙制はモスクワからの代官に替わった。

　当初イヴァン3世は、ノヴゴロドの貴族の世襲領地を取り上げないと約束をした。しかし、彼は、早々に長年住んでいた土地から所有者を追い払い、モスクワ公に仕えた人々に与え始めた。

◆オルダ統治の廃止

　1479年オルダの諸ハンのあいだでの紛争を利用し、イヴァン3世は、貢税の徴収を中止した。しかし、1480年モスクワ国家で状況が複雑化した。ノヴゴロドの領地がモスクワに編入された際にイヴァン3世の兄弟たちは、それらの土地が自分たちに分与されなかったことに不満をもち、カジミール4世と同盟を結んだ。リヴォニア騎士団の軍隊はプスコフを襲った。併合されたばかりのノヴゴロドの地は平穏ではなかった。

　これを利用したのは、オルダ・ハンのひとり**アフマト**であった。彼は、旧キプチャク・ハン国の軍事力のほとんどすべてをルーシに向けることができた。彼は、モスクワ大公に貢税を支払わせるため、リトアニア公と同盟を結びルーシへ向かった。

　ハンの意図を知ったイヴァン3世は、どうするべきかと長く考えた――オルダ軍との軍事衝突に踏み切るべきか、あるいは、平和的にことを終結させ貢税の支払いを復活させるか。しかし、モスクワの住民は、オルダへの確固たる反撃の決意で満ち溢れていた。

　1480年10月8日ルーシとリトアニアの境にあるオカ川の支流ウグラ川へオル

ウグラ川畔の対峙　ロシア年代記の細密装飾画

ダ軍は進み、アフマトが同盟を結んだリトアニア公の軍隊を待っていた。しかし、イヴァン3世は、アフマトと長いあいだ敵対関係にあったクリミア・ハンと同盟を結ぶことができた。そして、リトアニア南部へ奇襲を仕掛けた。その時期にリトアニアでは、影響ある正教徒の諸公の結集が熟して来た。このような条件下、カジミール4世は、再度モスクワに対抗する決心がつかなかった。また、その時までに、イヴァン3世は自分の兄弟との和解に成功し、彼らの軍もウグラ川へ向け出立した。

　1ヵ月以上モスクワ軍とオルダ軍は、ウグラ川をはさんで対峙した。当初は、川を渡ろうとするが失敗したため、アフマトは、結局、戦闘に突入する決心がつかなかった。彼はカジミールを待っていた。イヴァン3世は、アフマトと交渉をしつつ、時間を引き延ばしていた。そうこうしているうちに早い寒波が訪れ、雪が草のうえに降り、オルダ軍の馬は、食べることができなくなった。

1480年11月11日、アフマトは、反転し、リトアニア領地であるオカ川の上流やその支流を壊滅的な破壊を行った。このようにほとんど無血の「ウグラ川畔の対峙(たいじ)」で240年にわたるオルダ統治が終わった。

ロシアの多くの人々は、その時まで、アフマトの退却を奇跡として受けとめた。あらゆる寺院で神や聖女そしてロシアの地すべての聖人に加護のためのお祈りが行われた。オルダの恥ずべき退却は神や寒さだけが原因ではなかった。ロシアの庇護者は、まず、戦士であり、その勇気と信念でアフマトの大軍をオカ川やウグラ川で疲労させ、また、きっぱりとハンとの軍事闘争を要求したモスクワの住民、軍事侵攻へ大公を向けさせ、そして立ち上がったすべてのロシアの国民、モスクワの諸公は、ロシアの地をひとつにまとめたのであった。

◆トヴェーリ併合

ノヴゴロドの併合はトヴェーリ公国の立場を弱くした。トヴェーリ公国は、モスクワの領地に囲まれ、リトアニア大公国と境を接する小さな領地しかなかった。トヴェーリの多くのボヤーレは、自分の公を見限りモスクワへ奉職する方へとなびいていた。より強力な統治者の支持を取りつけるためであった。

トヴェーリ公国のミハイル公は、ノヴゴロドの例にならいカジミール4世と同盟を結んだ。しかし、カジミールは、彼に対する軍事援助の提供を決めていなかった。1484年、モスクワ軍はトヴェリ市を包囲し、ミハイルは市民の圧力で降参せざるを得なかった。ところが、彼は再びカジミールとの同盟を復活させた。それに対応し、1485年秋イヴァン3世は、再びトヴェーリ公国へと出発した。戦争にはならなかった。なぜなら、トヴェーリのボヤーレたちは、自分の公を裏切りモスクワ大公側についたからである。ミハイルは、誠実な貴族の小群と供にリトアニアへ逃亡した。イヴァン3世の長男がトヴェリ大公になった。そして16世紀初頭、トヴェーリの地は最終的に統一国家の構成に入った。200年にわたりモスクワの主要な競争相手であったトヴェーリ公国の統合は、統一ロシア国家の成立を意味していた。

第3章 モスクワ・ルーシ　179

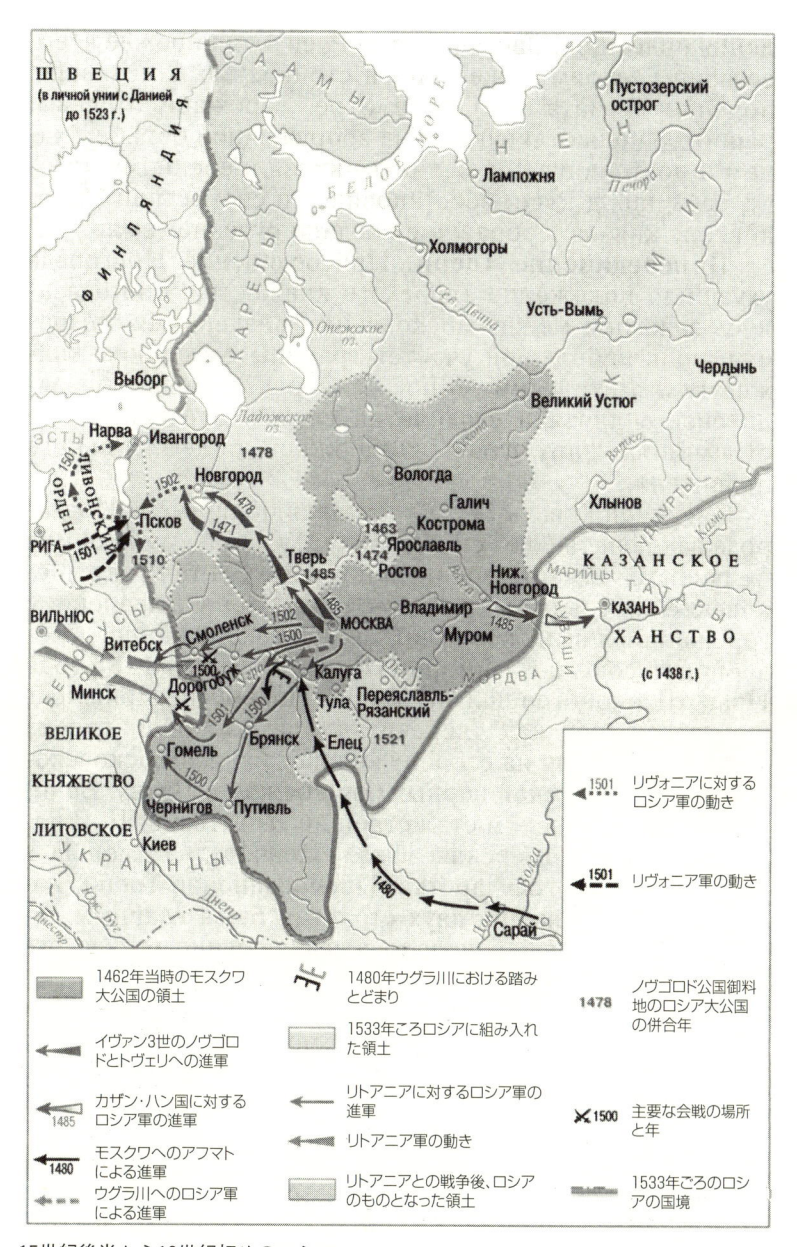

15世紀後半から16世紀初めのロシア

◆「ルーシの地」統合の完遂

1490年代、「ルーシの地」西側のモスクワ領地に接している公たちは、リトアニア国家におけるカトリック教会の影響が広がったため、不満が高まり、モスクワの籠へと移ることとなった。このことは、モスクワとリトアニアとの戦争を導いた。1503年休戦が結ばれた。リトアニア大公は、チェルニゴフ、ノヴゴロド・セーヴェルスキー、プチヴリ、リリスク、ブリャンスクなど19都市と領地70ヵ所をイヴァン3世に譲り渡した。しかし、イヴァン3世は、これらの都市だけでなく、「ポーランドやリトアニアが根拠なしに領有している」キエフ、スモレンスク、ポロツク、ヴィテプスクも自分の世襲領地であると、1度ならず宣言した。

ヴァシーリー3世

イヴァン3世の政策を、彼の息子**ヴァシーリー3世・イヴァノヴィチ**（1505～33年）が継続させた。1510年彼は、プスコフの独立を廃止し、1521年にはすべてのリャザンの地を併合した。1512年、短い平和の期間のあと、ヴァシーリーは再びリトアニアへの軍事行動を開始した。大公の主な目的は、スモレンスクの奪還であった。たった3回目の試みで町は、1514年奪還された。この出来事には、偉大な意義があった。そののち、すべてのルーシの地は、統一国家の国境内で再統一された。仲介商業の経験がある巨大な商業と手工業の中心であるこの地を経由し、西ヨーロッパの諸国と、より緊密な関係を構築する可能性が開花した。スモレンスク掌握の記念として、1524年モスクワ近郊にノヴォデービチ修道院が建設された。

このようにして、イヴァン3世とヴァシーリー3世の時期、「ルーシの地」の政治的統一と統一国家設立のプロセスが終了した。

◆質問と課題◆

1. ノヴゴロドのモスクワへの併合について述べてください。また、この出来事の意義は何ですか。

2. オルダの頸木を打倒したことについて述べてください。
3. どの様な状況が、この出来事の定めれた必然ですか。
4. 統一ロシア国家設立の意義とは何ですか。
5. 15世紀末〜16世紀初頭、モスクワ公国へ併合された領土を地図にて示してください。

§21. 15世紀末〜16世紀初頭におけるモスクワ国家

◆大公権力の興隆

モスクワを中心とする統一国家の建国は、ロシアにおけるただひとりの統治者、すなわち唯一の大公、モスクワのリューリク朝の代表者が総括者になることを意味していた。イヴァン3世は、自分の特別の地位を強調するため、あらゆる努力をした。

1467年イヴァン3世の最初の妻が亡くなった。1472年彼はビザンツ最後の皇帝の姪ソフィヤ・パライオロゴスと結婚した。すでに見てきたように、ビザンツ帝国はすでに存在していなかった。それゆえ、ギリシアの皇女と結婚したモスクワの公は、ビザンツ朝の継承者のようになった。彼は、東ローマ帝国の双頭の鷲を自国の紋章とした。またこの時期からいくつかの公式文書で、ルーシのことを、ビザンツ風に「ロシア」と呼び始めた。

イヴァン3世は、新しい称号である全ルーシのツァーリを採用した。彼は、自らを専制君主と宣した。これは、土地を自ら保有することを強調し、すなわち他の権力（まずオルダ・ハン権力を意味した）への従属ではないとの意味であった。様々な祝賀式典にて、イヴァン3世は、最高統治のシンボルである王笏と権標を着けて登場した。頭には大公の王冠、モナマフ王冠〔キエフ大公ウラジーミル・モナマフから18世紀までロシア皇帝に伝わっていた王冠—訳者〕を載せ、豪華な宮廷に囲まれていた。そして馬屋主任、寝殿官の宮廷官位が現れた。宮廷の儀式で、イヴァン3世は、ビザンツ風にツァーリの称号を名乗り始めた。皇帝の手に接吻する儀式が導入された。

双頭の鷲のロシアの紋章の初めてのデザインのついたイヴァン3世の印（2つの面がある）

◆国家管理機関

モスクワに統一国家が出現するに伴い、中央権力機関が形成された。大公であり君主、そして全ルーシの専制君主が国家の首長になった。唯一、君主のみが法律の制定、他国との交渉、戦争宣言、講和の締結、そして貨幣鋳造の権利をもっていた。また、彼は、もっとも重要な軍事行動で指揮を取った。

大公は、古い貴族の家系の代表者で構成されている**貴族会議**を「諮問会として保持」した。新しい土地がモスクワ国の構成に入るに伴い、以前の独立諸公が貴族会議に入ることとなった。貴族会議は、ふたつの会議官位制の代表——大公が指名するボヤーレと**オコーリニチー**——から成っていた。会議の人数は少なく、ボヤーレは10～12名、オコーリニチーは5～6名であった。

大公の命令を実施するふたつの全国家的機関が存在した——**宮廷**と**財務局**（カズナー）であった。**宮廷官**が長となっている宮廷は、当初大公の土地——御料地をつかさどっていた。そののち宮廷官は、土地紛争を審議し裁判も行うこととなった。モスクワ国に併合されたあとの新しい土地、またはこれらの土地を管理するため分領公国が廃止された場合、地方宮廷が創られた。ノヴゴロド、トヴェーリ、ニジニノヴゴロドその他である。財務局を統括するのは財務官である。彼は、徴収した**税金**や**関税**（手数料）を管理していた。財務局には、国家印章や国家古文書も保管されていた。財務局は、対外政策の諸問題も管轄していた。

国のすべての土地は郡に分けられていた。郡の境は以前の分領公国の境と一致しており、それゆえ、様々な規模となった。分領地はより小さな単位、ヴォロスチ（郷）とスタンであった。大公は、郡へ自分の管理人である代官を、スタンや郷には郷官を送った。彼らは税金を集め、公の命令の履行を監視し、裁判そして刑の執行を行った。代官や郷官は、自分の労働に対する俸給を受け取らなかった。裁判の手数料や税金の一定料を自分の手下に残していた。地方の住民で責任者を養っていた、このような体制を扶持制という。

モスクワ国家の内部では、大公の兄弟や子孫に対し分割された分領地が存在し続けていた。ところが、分領公の権限は大きく削減され、彼らは、すべてにわたり大公に従属せざるを得なくなっていた。

ボヤーレ　A・P・リャブーシキン作

人々は、家柄と先祖がどのような役職に着いたかによって勤務が任ぜられた。このような秩序を門地制という。門地制の本質は、以下である。ある人が以前、勤務にて他の者に従属した場合に、当該者の子どもや甥そして孫たちも同様な関係に従事しなければならなかった。門地制は、国家勤務の移動の際、名門の出ではないが、才能が豊かな人々にとって障害であった。

1497年イヴァン3世は法令集を発布した。これは、統一国家最初の法令集である。この法令集にはモスクワ公国にて存在していたすべての法令が集められていた。そのあと、これらはロシア国家全域で義務となった。これ以外に、同法令集では、土地所有の分配や土地所有者と農民との相互関係において生じた重要な変化も確定した。

◆軍隊における改革　土地所有秩序の変化

統一国家の成立は、軍隊の人員数の増加を伴った。彼らの戦闘能力を保障す

モスクワ国家における裁判　Ｓ・イヴァノフ作

　る唯一の方法は、勤務期間に兵士たちに対しより多くの土地所有を提供することであった。イヴァン３世の手のなかに、広々としたノヴゴロドやトヴェーリの地が入ったときに彼は、自分のもとで勤務した人々を移住（「封地」を）させた。このように新しい土地に、移住した人々を**封地領主**(ほうけんりょうしゅ)、その所有地を**封地**(ほうち)というようになった。

　世襲領地との相違点──封地は、条件付の所領であった。すなわち、モスクワ公に勤務者へ職務遂行を条件で土地が与えられた、しかし、相続はできず、封地領主は、その土地を売却、贈与の権利もなかった。領地は広くなく、大きな世襲貴族とは比較にもならなかった。

　公の従士団に代わり統一的軍事組織──封地領主を基盤とする**モスクワ軍**(ぐん)が創設された。大公の求めに応じ、彼らは、馬、それ以外に自分の奴隷あるいは農民から一定数の武装従者を引き連れ、武装し出頭しなければならなかった。

「馬も、人もそして武器も」であった。

　封地所有がなされるようになり、それが急速に発展したのは、モスクワの諸公が求め、頼ったからである。封地領主の繁栄や領地の大きさは、すべて君主に拠った。それゆえ、彼らは、君主の権力の強化と統一国家の存在に関心を示した。

　モスクワ国家の土地所有の多くは、大貴族世襲領地からなっていた。大貴族の家系は、数百年以上自分の土地を所有していた。彼らの先祖が初期のウラジーミル諸公やモスクワ諸公から、業務に

モスクワの騎兵・地主

よりこれらの所有を受け取った。以前独立していた公国の多くの公や貴族たちは、自分の土地を保持していた。世襲領主たちは、封地領主よりモスクワ公への依存度が少なく、その政策につねに同意はしなかった。

　教会領地も増大した。修道院、府主教そして主教は、世襲領主から土地を強引に買いつけ、あるいは、彼らの債務返済として受け取っていた。しかし、多くの場合教会は、土地を寄贈として受け取っていた。教会に贈物をすると罪や地獄からを逃れることができると、当時の人々は考えていた。

◆農民の自由の制限　コサック制の出現

　統一国家の成立は、初めに農民の状況を好転させた。国内における内紛や軍事行動が止められたことは、農民経済の向上に繋がった。公から他の公への農民の移動の禁止も効力を失っていた。

　15世紀中ごろから、モスクワ国家の全土にて**三圃式輪作耕地**が完全に確立された。この方式は、農民の土地を3分割し、最初の区分地には**春まきの作物**を蒔き、2番目の土地には**秋まきの作物**、3番目は**休耕地**として休ませ、すなわち何も種を蒔かないでいた。三圃式農法は、早急に、また豊かな収穫をもたらすものではなかったが、長期にわたり安定的な収穫を保障していた。同時にこのシステムは、集団労働が求められることはなかったが、土地に対する丁寧

さが求められた。

　三圃式農法が広がるにつれて、植え付けられる穀物の組み合わせが変化した。より広く適用された秋まき作物にはライ麦、春まき作物用の土地には燕麦が蒔かれた。小麦、大麦そしてキビの播種が目立って少なくなった。高価で栄養特性をもつソバが、相当広汎に普及した。農業用道具の改良化も行われた。犁に代わりいくつかの地域で**プラウ**〔馬などに引かせることのできる犁－訳者〕が使われ始めた。

　多くの農民は、以前から自分が耕している土地が封地の範疇に移行していた事を認識していなかった。土地の所有者は、以前と同様、大公に代表される国に残っていたからである。

　早速、農民の権利が生じ始めた。封地領主は、法律の力を借りて自己の土地において、農民を働かせることに関心を示した。以前、農民は、思いつくまま、勝手気ままに土地所有者から他の土地所有者へ移動していた。大貴族や修道院の世襲領地の農民は、生きるための金銭の必要性や軍事的義務が常時ある小封地領主における農民より、自由に暮らせる状況であった。封地領主の要求に理解を示したイヴァン３世は、1497年法令集にて、**農民移動期間の全国統一日**を制定した。それは、秋の聖ユーリーの日（11月26日）の前後各１週間であった。この場合、封地領主から立ち去った農民は、彼に然るべき**パジェロエ**、すなわち土地に住んだ費用を支払わなければならなかった。このパジェロエは、15世紀末〜16世紀初め、ひとりからおおよそ１ルーブルであった。この金額では良い馬一頭、100プート〔ロシアの古い重量単位、１プードは約16.38kg－訳者〕のライ麦あるいは７プートの蜂蜜を買うことができた。

　聖ユーリーの日導入は、**農民の自由の最初の制限**であった。封地領主や世襲領地に住んでいる農民は所有民と名づけられた。

　16世紀前半、封地体制はほとんど全地域に拡大した。ロシアの沿海地方（白海海岸、オネガ湖畔、ドヴィナ川北部、ペチョラ川、カマ川そしてヴャトカ川流域）のみに広大な国有地（黒土）が広がっており、主に**自由農民**、すなわち自由な個人農民が住んでいた。大公自身が所有している土地に住んでいた農民は、御

聖ユーリーの日　S・イヴァノフ作

料農民と名づけられていた。彼らの状況は、ほとんど自由農民と同じであった。
　15世紀中頃から、ロシア国家の南部及び南東部の警備施設線の彼方に、逃亡農民や都市の旧商工民が集まり始め、自らを「自由人」——**コサック**と名づけ始めた。コサックは主に大きな川、ドン、ドニエプル、ヴォルガ、ヤイク（現在のウラル川）そしてテレク川やそれらの支流の河畔に移住した。近隣諸国や遊牧民族との絶え間ない戦闘を行いコサックは結合し始めていた。ドン川、ドニエプル川、ヴォルガ川、ヤイク川そしてテレク川でコサック共同体が出現した。新しい土地が開拓されるにしたがい、新しい共同体が生まれた。
　コサックの生活の重要な源（みなもと）は、軍事的略奪であった。同時に、タタール・ハンの逃亡者たちから自国領を保護することに関心をもっていたルーシ国からの金銭、食料や弾薬による「褒賞」をコサックは、喜んで受け入れていた。すべてのコサックは、自分を自由で平等であると考えていた。共同体では自治があった。より重要な事柄は、コサックの寄り合い（集会）で討議された。共同

体の長には、選出された首長アタマンと中佐がなった。

　このように、ロシア国家形成過程で、モスクワ大公の権力が著しく強くなった。大公は、勤務者に依拠し、職務の対価として土地による報酬を彼らに対し分け与えた。封地の増加に伴い、農民の自由が制限され、土地へ農民を縛ることになった。

◆質問と課題◆

1. 16世紀前半において、公の権力性格は、いかにそしてなぜ変化したのですか。
2. 16世紀前半において、ロシア国の政治機構について述べてください。
3. 土地所有体制においてどのような変化が生じましたか。ロシアにて生じた政治的プロセスと土地所有体制における変化との関係を究明してください。
4. 農民自由の制限の原因を、どのように考えますか。
5. この時期、ロシアの農民にはどのようなカテゴリーが生じましたか。

史　料

農民移動に関する1497年法令集

57. 農民の拒否に関して。農民の郷から郷へ、村から村への移動は、年に1期間、秋の聖ユーリーの日の前の1週間と秋の聖ユーリーの日のあとの1週間とする。畑に位置している農家は、パジェロエを農家1家あたり1ルーブル、森の農家は50コペイカ支払う。そこに1年住んでいた農民は、農家の4分の1、2年住んでいたら農家の半分を払う。3年住んでいたら農家の4分の3、4年住んでいたら農家の1農家分支払う。

◆史料についての質問

　1497年法令集は、どのような措置で農民を領主の土地に縛りつけたのですか。

◎ 新しい用語を覚えよう。

　　貴族会議〔Боярская дума〕──大公附属の最高諮問機関。
　　年貢賦課権〔Кормление〕──地方住民による地方長官扶養体制。
　　門地制〔Местничество〕──家柄や先祖の業務の重要性で上級職務が決められる規則。
　　税金〔Налоги〕──住民から取る国家が定める義務的な支払い。
　　オコーリニチー〔Окольничий〕──貴族会会員でその意義では2位の官位。
　　パジェロエ〔Пожилое〕──聖ユーリーの日に領主から逃亡する際に農民から集める金銭。
　　封地〔Поместь〕──軍事や国家勤務に関し与えられた条件つき土地所有で、売却、交換、相続の権利はない。
　　封地領主〔Помещик〕──封地の所有者。
　　関税（手数料）〔Таможенный сбор (Пошлина)〕──国境を越え輸送される外国商品に対し、国家により徴収される支払い。
　　官位〔Чин〕──軍事あるいは民間の業務において占めている人の役職を示している職務順位。

§22. 15世紀末〜16世紀初頭の教会と国家

◆ロシア正教会の立場の変化

　正教会は、「ルーシの地」統一を促進する主要な勢力のひとつであった。キプチャク・ハン国との必要に迫られた同盟に対し柔軟な政策を行っていたアレクサンドル・ネフスキーを支持し、クリコヴォの戦いではドミートリー・ドンスコイを奮い立たせた。諸公間の内紛の時、正教会は公然とモスクワ大公の政権強化に賛成する側についていた。

　1448年、教会に重要な出来事が生じた。ロシア正教会の主教会議（集会）はリャザンのイオナ主教を府主教に選出した。1453年、コンスタンティノープ

ノヴゴロド・コジェブニクのピョー
トルとパーヴェルの教会

トロイツェ・セルギエフ修道院の
トロイツ大聖堂

ル崩壊後、府主教の選出はロシアの教会内部の事業となった。教会は、ギリシアへの依存を止め、**完全な独立を勝ち取った**。ロシア正教の権威は高まった。しかし、この出来事はさらに別の側面もあった。これ以降、ロシア教会の長は、ビザンツから派遣された者ではなく、ロシア君主の臣民がなることになり、教会の出来事に君主の介入を許すこととなった。府主教候補選出に大公は、積極的な役割を演じた。

◆修道院

　15世紀ロシアにおける教会は高揚期にあった。ロシア各地で多くの新しい僧院が生まれた。この世紀の初めに3人の修道士**ゲルマン**、**サッヴァチー**と**ザシイマ**とで白海の島にてサロヴェツキー修道院の基礎が造られ、1479年に教会活動家**ヨシフ・ヴォロツキー**はヨシフォ・ヴォロコラムスキー修道院の基礎を造った。この時期には、修道院間での差異が著しくなった。ある者は、信じられないような金持ちとなり、広大な土地をもち、商業や高利貸業を行っていた。他方、本院より遠く離れ誰もいない土地の隠遁所で、慎ましやかに森林のなか

に存在する修道院もあった。森林のなかで修道士たちは、自らの労働によって生活し、禁欲主義的生活を送っていた。

　修道院が豊かになった主な要素は、信者の寄付のおかげである。

　正教会では、死者の魂が落ち着く先が必要だと説教していた。死後の世界における永遠の幸せは死後の祈りによって可能となるため、またその祈りを保証するためには、結局、修道院のために、ケチることなく、物惜しみすることなく寄進を行うことであると、考えられていた。魂の供養のため人々は、教会の必需品、書籍そして鐘を寄進した。修道士は、穀物、家畜、衣料そして生活必需品を毛嫌いすることはなかった。しかし、もっとも確実な寄付は、修道院への土地の寄贈であった。相続人のあいだで財産を分ける際、裕福な土地所有者は、義務的に、必ず修道院に有利に分けていた。公が歳をとると、農民を含め村ごと惜しみなく寄付し、恩賞証書が公布された。寄進には、寄進者の天子の日や追悼の日に祈禱する修道士のための「饗応」の制度がついていた。「饗応」には当時の洗練された食べ物が調達された。そこにはライ麦のレピョシカでなく小麦のパンや、通常の修道士用でなく蜂蜜でできたクワスが出た。より多くの金額を持参し亡くなった人の名を供養帳（**過去帳**）に記入するよう修道士は指示していた。裕福になった修道士は、全く自由気ままな生活を送っていた。

修道士たち　ロシア年代記の細密装飾画

トロイツェ・セルギエフ修道院の壁

　ロシアにおいてもっとも豊かな修道院は、セルギー・ラドネジスキーが14世紀に造ったトロイツェ・セルギエフ修道院であった。15世紀末〜16世紀初頭にはヨシフォ・ヴォロコラムスキー（ヴォロツキー）修道院が際立っていた。建立する際、イヴァン３世の兄である分領公**ボリス・ヴォロツキー**から豊かな村や多くの金銭的寄付を受けた。修道院院長ヨシフ・ヴォロツキー（俗界では**イヴァン・イヴァノヴィチ・サーニン**）は、自分の僧院へ裕福な人々を迎え入れることに努力した。ヴァロツキー修道院の修道士のなかには、貴族や公家族の子や孫さえもいた。修道院の敷居をまたいだ公や貴族は、自分の財産と別れることとなった。修道院領地が急速に拡大し、財務局が充実された。ヨシフが７年間に石材による教会堂建設のために1,000ルーブル使っているが、当時としては前代未聞の金額であった。また同時に修道院は、**慈善事業**のため巨大な額の支出もしていた。

◆異端派

　15世紀後半〜16世紀前半、ロシアでは宗教上の激しい論争があり、様々な異端派が広がった。異端派の多くはノヴゴロドから生じている。これは次のように説明される。ノヴゴロドは、国際交易の中心地であり、様々な信仰や教義の人々が集まる場所でもあった。ノヴゴロドの住民は、独立独歩的態度や自由に対する愛情で際立っていた。商業や手工業を営むことは、人々に独立性、好奇心、創造性を促した。それ以外にノヴゴロドの教会人は世俗界と緊密な関係にあった。ノヴゴロドの府主教は、民会にて選ばれ、精神的にだけでなく世俗的な出来事も支配していた。

　ルーシでの最初の異端派は、14世紀ノヴゴロドに現れた旧ストリゴーリニキ派（剃髪派）の**輔祭カルプ**で、聖職者へ秘密を打ち明けたことに対する支払い（謝礼）を主教が受け取ることに反対した。この支払いを、彼は**シモニヤ**、すなわち贈収賄と名づけた。ストリゴーリニキ派は、教会の階級制度を否定し、聖職者階級への賛美を弾劾していた。聖書が求めている聖職者階級とを比較し、その乖離を彼らは、厳しく批判した。教会の儀式から離れ、彼らは古い異教徒の儀式や概念である、地面を崇め、天の神格化をすることも復活させた。

　15世紀70年代、ノヴゴロドで新しい異端派が生じた。その追随者たちは、旧約聖書やユダヤ人の著作を活用していたので、「**ユダヤ派**」と名づけられていた。最初の異端教義の伝道者は、ノヴゴロドへ来たリトアニア公の随員たちからであった。彼らは、当地の司祭たちに強い印象を与え、そのなかのいく人かはこの見解を受け入れた。一時期「ユダヤ派」をイヴァン3世は支援した。そして、モスクワの貴族間で異端派が広範に広がった。モスクワ府主教は異端派の教義に好意をもっているのではとの疑いが、かけられたことさえあった。

　キリストは神の子でなく、単に預言者であると「ユダヤ派」は主張した。彼らは聖三位一体を否定し、イコンや十字架への礼拝は、異教的偶像崇拝の遺物だと反対した。祈って罪の許しを得るには、純粋な気持と善行が必要であり、それゆえ、教会を建造することは無益であると、彼らは考えた。とくに異端派の批判は修道士に向けられた。修道士の生活態度は、神の意にかなった行為で

ないことを証明し、それゆえ、彼らは真の信仰を全く知らないと、考えていた。

「ユダヤ」派異端派に対し、正教会は非妥協的対応を示した。なぜなら彼らはロシア正教に反対するだけでなく、ロシアの生活全体での正教的基礎を変更することに賛成し、ロシアに西ヨーロッパ的秩序の導入と確立を試みたからである。1490年、イヴァン3世も参加した**教会会議**（きょうかいかいぎ）は、ノヴゴロドの聖職者数名を異端派であり罪があると認定した。彼らは聖職位を剥奪、破門された。指導者たちは牢獄へ入れられ、苛酷な条件下で拘禁された。ノヴゴロドにて異端派たちは、滑稽な服を着せられ馬に尻尾を見る方向で乗せられ、街中引き回された。白樺の皮で作られ先のとがった帽子を頭にかぶらされ、そこには「これがサタンの軍隊だ」と書かれていた。そのあと、帽子は受刑者の頭に乗せらたまま焼かれた。そして、1504年教会会議は、モスクワとノヴゴロドの異端派へ死刑を言渡した。イヴァン3世は、この決定を支持し「すべてを火のなかに、すべての舌を切り刻め、そして極刑に処せよ」と命じた。ロシア最初の「宗教裁判」での火刑は赤々と燃えていた。

◆非保有派とヨシフ派

15世紀半、ロシア正教会聖職者内部で紛争が始まった。意見の相違は、教会の財産に関する問題であった。

聖職者のグループで「**非保有派**（ひほゆうは）」と呼ばれる人々がいた。その長は、ヴォルガ川東方の修道院のひとつの**長老**（ちょうろう）（修道士・隠者）**ニル・ソールスキー**であった。非保有派は修道院の領有の解消を主張した。修道士は、禁欲的生活態度で何ももたず、食事は自分の労働による物と、彼らは考えていた。また、教会は、世俗の権力から独立でなくてはならないとも考えていた。非保有派のいく人かは、強力な公国権力に賛成した。このような政権のみが修道院の世襲領地の状況を奪い取ることができると、公平に考えた。

ヨシフ・ヴォロコラムスキー修道院のヨシフ・ヴォロツキー修道院長を指導者とした他の教会活動家たちは、「**ヨシフ派**」と呼ばれ、修道院領を擁護した。教会は、自分の考えを広めるため、また、善意の行動や啓蒙のため大きな財産

修道院でのパン焼き
ロシア年代記の細密装
飾画

をもつ必要があると彼らは考えた。当初、ヨシフ・ヴォロツキーは、教会の首長は太陽と同等であり、ツァーリは月であるとの理論の支持者であった。月の光は太陽の光の反映であるから。その真意は、ツァーリ政権は総主教政権の反映であるという意味であった。

　最初、大公政権は非保有派を支持していた。イヴァン3世は、教会会議で修道院が所有しているいくつかの土地の廃止についての問題を提起したこともあった。しかし、のちにヨシフ派は、ツァーリ政権に対する関係を変更するようになった。国家管理だけでなく、ツァーリが異端派を罰することを認め、いくつかの教会問題に関する解決にツァーリ政権の優位性を認めた。このことは、専制政権に好意的に迎えられた。ヴァシーリィ3世がヨシフ派を支持したため、非保有派に対する勝利が決定づけられた。

◆「モスクワ＝第3のローマ」理論の展開
　生まれたばかりの専制制度を最初に称賛した府主教は、1490年に同地位に選出された**ゾシマ**であった。教会文献のひとつのなかで彼は、イヴァン3世をローマ皇帝**コンスタンチン**と比較し、モスクワは新しいコンスタンティノープル、すなわち「新エルサレム」へ変化したとの理念を根拠づけた。ゾシマは、神はコンスタンチンを称賛し、今は「彼の親類で、正教にて輝き始め、善なる

生神女オジギトリヤ　15世紀スーズダリのイコン

パトマス島のプロホルと共にいるイオアン・ボゴスロフ

信者で敬虔なる信者イヴァン・ヴァシーリエヴィチ大公は、全ロシアの支配者であり、専制君主コンスタンチンの新しいツァーリには、コンスタンティノープルの新都市である──モスクワが与えられる」と書いている。ゾシマの創作は、早晩モスクワを「新ローマ」と比較したトロイツェ・セルギエフ修道院にて練られたと思われる。

　この理念は、「モスクワ＝第３のローマ」理論の基礎となった。プスコフの修道院僧**フィロフェイ**がヴァシーリー３世宛ての書簡にて、この理論のより完全化について記している。

　フィロフェイの見解によると、キリスト教世界の中心は逐次「旧」ローマから「第２ローマ＝コンスタンティノープル」、そこからモスクワへ移動している、としている。1439年カトリック教会と合併（合同）しビザンツは、キリスト教を裏切り、トルコとの戦争へ導くこととなった。モスクワは、そこで誠実な正教として残ったので、現在キリスト教の中心地、第３のローマとなったのである、と唱えた。このことは、モスクワ領主に特別のモラル的責任を負わせる、とフィロフェイは考えた。全正教徒諸民族の加護者とならねばならず、必ず信仰の純粋性を保たなくてはならない、なぜならモスクワが異端派に落ちた

ら、世界の終わりになる。なぜなら「第4のローマが生じることがない」からである。

このように、ビザンツへの依存から解放されたロシア正教は、ロシア国家の精神的中心として権威が著しく高まった。しかし、ロシア正教は、次第に公国権力に依存し始めた。

◆質問と課題◆
1. ロシア正教会の状態はどのように変化しましたか。その結果はどのようになりましたか。
2. 修道院生活の特徴は何ですか。
3. なぜ、ノヴゴロドが異端派の中心地となったのですか。
4. 異端派であるストリゴーリニキ（剃髪派）と「ユダヤ派」の本質は何ですか。なぜこのように厳しい処罰が「ユダヤ派」に課されたのですか。
5. 教会論争の中心にはどのような問題があったのですか。
6. 「モスクワ＝第3のローマ」理論が現れた原因は何ですか。
7. 15世紀末〜16世紀初頭、権力と教会との相互関係はどのようなものですか。

史 料

府主教イオナ選出について、ロシアの歴史家P・N・ミリュコフ

その時、コンスタンティノープルから恐ろしい知らせがロシアに届いた。総主教がモスクワへ送った府主教のひとりが、イタリアへ、カトリック教徒のもとへフローレンスの宗教会議に行くことになったと。ビザンツ自身が西側教会への憎しみをわれわれに教育してきた。東方教会の訓戒によると、カトリック教徒とひとつの食器で食べたり飲んだりすることでさえ禁じられていた。イタリアへ府主教（イシドール）が会議で行くことは、モスクワにとって「新しいことで、驚き、そして不快であった」のは自然である。大公は意見をし、止めさせようとしたが、イシドールは出発した。フローレンスの会議から戻った彼は、より思いがけない知らせをもたらした。東方と西側の教会の合同である。これはやり過ぎだ。府主教は引きずり下ろされ、ロシ

アの宗教会議により非難された、その代わり会議にて自分の府主教――ロシア人から（イオナ）を選出――ビザンツへの説明文書が準備された。この文書のなかで大公は、今後ロシアにて府主教を置くことの許可を求めた。この要求は、ビザンツへの道は遠く途中で、タタールの攻撃により通過できない個所があることを理由としていた。しかし、行間から読み取れる要望の主な原因は、東方教会自体にて「広く知らせる」ことであった。コンスタンティノープルの合同を受け入れることは、モスクワ政府を困惑の極みとさせ総主教教会への文書さえ決められなかった。文書はコンスタンチン・パレオログ皇帝宛てであった。

　しかし、この文章も送られなかった。モスクワへ最初の知らせよりもっと恐ろしい知らせが届いた、「神がつかわした不幸か、われわれの罪なのか、神により守られていたコンスタンチノグラードが神を認めぬトルコ人に取られ、聖なる神の教会や修道院が破壊された」。

　結論は明らかであった。そこで今「自らの正教に関すること（中略）に後見をもつ」必要があった。

◆史料についての質問
1. イシドール府主教は、なぜ退位させられたのですか。
2. イヴァン3世が根拠とした、府主教をロシアの教会僧から選出する必要性は何でありましたか。
3. 本当の原因は何ですか。

◎ 新しい用語を覚えよう。

　慈善〔Благотворительность〕――好意で貧者に物質的援助を与えること。
　輔祭〔Дьякон〕――正教会の下層位で、司祭の補佐官。
　長老〔Старец〕――老人の修道士、隠者。

§23. 選抜会議の改革

◆貴族統治

　1533年ヴァシーリー3世が没した。死亡の直前、彼は3歳の息子を**イヴァン**

4世に、そして影響力をもっていた諸貴族の家族から後見人会議を指名した。大公は、息子を「大事に」するように、また、彼を国家の業務に、たずさわらせるように貴族に命じた。大公が死亡した数日後、貴族・後見人たちは、イヴァンを戴冠させた。ヴァシーリーに子どもが生まれる前、王位継承権第1位であったイヴァン3世の弟である分領公**ユーリー**が政権を求める異議申立てを、彼らは警戒した。騒動を起こさないため、彼らはユーリーを獄舎に入れ、そこで3年後彼は餓死した。

しかし、ヴァシーリー3世の未亡人**エレーナ・グリンスカヤ**は、貴族・後見人を重荷に感じながらも、じきに国家統治を自の手に掌握した。他に大公位の可能性主張した、イヴァン3世の弟である分領公**アンドレイ・スタリツキー**を彼女は、厳しく罰した。ただし、アンドレイの息子**ヴラジーミル**に公妃は、手をつけなかったことも事実である。

エレーナ・グリンスカヤの統治は、5年未満しか続かなかった。彼女は、国家の中央集権化にとって一連の重要な改革を実施することができた。全国統一の貨幣単位——**モスクワ・ルーブル**の導入である。100分の1ルーブルと同額の硬貨が現れ、そこには槍をもち馬に乗った騎士が描かれていたので、**コペイカ**と呼ばれるようになった。貨幣システムは次のようになった。すなわち、1ルーブル＝100コペイカ、1ポルチーナ＝50コペイカ、半ポルチーナ＝25コペイカ、1グリーヴナ＝10コペイカ、1アルチン＝3コペイカであった。1534年モスクワにロシア最初の官営**造幣局**がつくられ、そこでは全ロシアのため貨幣が製造された。長さと重さの単位も全国的に統一された。

大公妃の死後、権力をめぐり貴族門閥間で凄惨な闘争が始まった。毒殺や殺人、牢への投獄、そして修道士になるための強制的な剃髪は、モスクワの宮殿では日常茶飯事であった。当面の権力を握った貴族グループは、宮殿に押し入り、若いイ

モスクワのボヤーレの邸宅

ヴァンの目の前で、彼の赦免懇願にもかかわらず、彼と親密な人々を殺したりした。これらの出来事は、未成年の感じやすい心に、悔しさ、怒り、そして敵意を植えつけさせ、侮辱した者に対する復讐心を育てた。

> イヴァンは天賦の才に恵まれた子どもであった。彼は幼年時代から読書に病みつきになっていた。とくに過去の偉大なツァーリの生活を描いたものや、ツァーリ政権の神学的発生に関する議論に興味を示した。少年時代、彼は体系的教育を受けていない。それにもかかわらず読書による広範な知識があり青年時代になると、彼を知っている人たちを驚かせた。その他、文学作品の創作も熱心に行い、才能があり極めて多作な作家でさえあった。またツァーリは良い演説者でもあった。自分の演説に古典やローマの歴史からの例を引用していた。彼は、ヨーロッパでもっとも大きな図書館のひとつをもっていた。そこには非常に珍しい古典やビザンツの作品が保管されていた。イヴァンは、教会音楽の創作活動にも興味をもち、また、チェスも強かった。しかし、同時に容赦ない冷酷さ、病的な猜疑心や復讐心も彼の中には共存していた。

17歳となったイヴァンは、府主教**マカリー**に対し、ロシアで受け入れられていた大公でなく、**ツァーリ**として戴冠する意図を表した。最高権力を著しく強化するとの兆しがある、この新制度を府主教は支持した。確かに、ロシアにおいてツァーリは、キプチャク・ハンやビザンツ皇帝をさしていた。そして、最初のロシアのツァーリは、完全な根拠を伴って、これら支配者が利用していた無制限的権利を要求できた。

1547年1月16日モスクワ・ウスペンスキー大聖堂にてイヴァン4世のツァーリの戴冠式典が行われた。モノマフ王冠をツァーリの頭に掲げたのは府主教自

イヴァン4世

モノマフの帽子

イヴァン4世の玉座

身であり、これは国家における教会の特別な地位を強調していた。

　イヴァン・ヴァシリエヴィチ大公は、ロシア歴史上初めて「神の冠を戴いたツァーリ」となった。ツァーリの王位を採用したことは、ロシアの国際的権威を高めた。これ以降、ロシアの支配者は、世界のもっとも高貴な支配者と同等となった。

　貴族間の戦いは、まれに見る腐敗、不法、そして増収賄をもたらした。国民の広い階層で生活状態が急激に悪化した。皆の堪忍袋の緒が切れ、モスクワでは大火事が発生し、街のほとんどが焼き尽くされた。1547年夏以降モスクワやその他の都市で国民暴動が急速に燃え上がった。国には貴族支配の後遺症を破壊する方向の改革及び中央政権強化の必要性が明らかとなった。貴族支配の時期は終了した。ツァーリ・イヴァン・ヴァシリエヴィチは専制君主となった。

◆中央権力の強化

　この時期まで、若いツァーリの周りに有能な人々のサークルが生じた。のちに、これは側近による諮問機関で**選抜会議**（ラーダ）と呼ばれた。この会議を

主催していたのは新興貴族の出身A・F・アダーシェフと司祭シリヴェストルであった。選抜会議を支持したのは、教会の首長であるマカリー府主教であった。

　ツァーリと選抜会議は、一連の改革を行った。改革案が練られた。それは強い中央権力のもとに、すべてのロシアの土地が最終的に集中化と統合化するように促進させなければならないというものだった。すなわち、**中央集権化された国家**の形成である。改革の立案には、たいへん複雑で長期的課題であると理解されていた。そして、その決定には国民の広い階層の支持がなければ実現できなかった。

　ツァーリは、1549年改革の提案を討議するため貴族、宗教そして官吏の代表たちに対し、モスクワに集まる命令を出した。これがロシアの歴史上初めての**全国会議**——全ロシアの地からの代表者集会であった。ツァーリは、会議での演説で、幼年時代に貴族が行った背任行為を糾弾し、今後、貴族や地方権力の

イヴァン4世時代の全国会議

横暴、勝手気ままから住民を保護することを約束した。貴族の背任に対する批判は、改革派にとって、大変革のため必要な根拠になった。

　そのあと行われた全国会議には、住民のほとんどの層の代表者たちが招待された。より重要な国家問題の解決のため、招集された。会議のための直接選挙はなく、権力側が指名する参加者であったことは、事実である。

　1550年には新**法令集**が出された。この法令集は、ユーリーの日に農民が他の領主に移る際のパジェロエの増額、「悪党たち」への断罪をいっそう厳格にすること、賄賂の罪の導入、また、地方長官の権限を制限した。法令集は、ツァーリ所属の最高立法機関の権限を貴族会議に分与した。すなわち、すべての法律は貴族の決議（承認）手続を経ることが義務となった。

　選抜会議の時期に新しい中央管理機関——**官庁**プリカーズが設立された。各プリカーズには一定の国家業務が割当てられた。**使節庁**は対外政策を行い、長官は有名な外交官書記Ｉ・Ｍ・ヴィスコヴァティーであった。**嘆願庁**の長官には、Ａ・Ｆ・アダーシェフであり、彼はツァーリ宛の請願を受け、それらを検討していた。**補任庁**は、軍事、司令官の指名や貴族のオプルチェニエ・貴族隊の招集を任務とし、**封地庁**は土地所有について、**盗賊取締庁**は"悪党たち"を追及した。これ以降、新しい官庁が出現した。

◆**百章会議。地方行政改革**

　1551年教会会議が開かれた。これを指導したのは府主教マカリーで、また、イヴァン４世もこの仕事に積極的に参加した（会議で採択された資料集が百章からなっていたので「**百章**」の名前がついた）。中央集権化の諸課題と共に、会議は、教会儀式の統一的様式の導入、すべての地方聖人を全ロシア的であると認め、また、聖職者の行動規定を作った。

　1556年に、**地方行政**改革が行われた。改革は扶持制と地方長官統制を廃止した。長官領地が存在している郡には、**グバー（郡）長老**が置かれた（グバーとは、基本的に郷や郡と一致している地理的区域である）。当該区域内の土地所有者は、彼らを選出した。住民の多数が自由農民である地域と、都市の商工業共

204　ロシアの歴史　古代から16世紀末まで　6年生

同体での自治体の住民は、**地方長老**(ちほうちょうろう)と補佐官を選出した。また、都市においては、都市管理者が選出された。選出機関は、広範な権限をもっていた。それは裁判をつかさどり、法律や秩序の維持を実施し、租税（金銭税）を徴収した。

　自治権は、教会も得ていた。自治機関は、選出人の住民の利益を擁護した。

◆軍制改革

　1550年、軍制改革が行われた。戦争行動の際には、門地制が制限され、軍事最高責任者には、軍事能力を発揮している者が出身に関係なく指名された。封地領主の国民軍オプルチェニエを核として、ツァーリ直属の部隊である選抜千人隊が設立された。また、**銃兵隊**(じゅうへいたい)も作られた。銃兵には、どの自由民も参加できた。銃兵は、財務局から金銭的俸給、手にもてる銃砲そして軍装の支給を受け取っていた。

　1552年、君主系譜の名簿が作成された。そこには約4,000人の人々が載って

銃兵隊　　　　　　　　　　　騎兵貴族

おり、その宮廷系譜の名簿から最高の軍事及び国家官位が指名された。

　1556年、すべての土地所有者に対するツァーリ軍における義務的勤務の正確な規定を定めた「勤務に関する法典」が制定された。各100チェトヴェルチの土地（すなわち、150デシャチナあるいは170ヘクタール）当たりひとりの武装騎兵を軍務につかせる義務があった。200チェトヴェルチの土地をもっていれば、その所有者は、自分自身のほかにあとひとりの武装兵を連れて行く必要があった。「勤務に関する法典」は世襲領主と封地領主（**貴族**）の権利を均衡させることになった。なぜなら、すべての土地所有者は必ず軍務につく義務を負ったからである。

　ロシア軍の相当部分は貴族のオポルチェニエから成っていた。毎年、このオポルチェニエによる閲兵式が行われていた。軍務や閲兵式に参加しなかった者は、肉体的な罰が処せられ、封地や世襲領地が没収された。

　軍隊の構成には、砲兵、都市警備隊、コサック、支援部隊（工兵、荷馬車）が加わっていた。

　騎兵隊の武器は、刀剣類（サーベル、刀、槍）と共に銃砲であった。歩兵は、銃で武装していた。

> このように、イヴァン4世と選抜会議の改革は、国の中央集権化を目標とした。その際、支配者は、国家の利益と住民の利益とのあいだの合意達成に努力した。

◆**質問と課題**◆

1. 改革の必要性を招いた要因は、どのようなものですか。
2. 選抜会議の改革は、まず中央権力の強化であったことを証明してください。
3. なぜ全国会議は実現したのか、あなたはどう考えますか。
4. 官庁は、国家においてどのような役割を果たしましたか。
5. 地方行政体制での変化について述べてください。また、それは何をもたらしましたか。

史　料
貴族支配について。イヴァン雷帝とクルブスキー公との書簡
　私たちの母が、（中略）地上の宮廷から天国に移り住んだとき、私たちは、今は亡くなった弟ゲオルギーと孤児として残された。私は8歳であった。そして私の家臣たちは、望を実現した。それは、統治者なしのツァーリ治政、自分たちの支配者であり、われわれを心配することもなく、富や栄誉を求め始め、それに加え互いに攻撃を始めた。
　あらゆる悪事をはたらいた！　数人の貴族や軍事司令官、そしてわれわれの父に好意を寄せている人々が殺された！　われわれの叔父所有していた宮殿、村や所領を自分たちのものにし、居座った！　われわれの母の財産は、大財務局に移行させられた。そのころからヴァシーリー公やイヴァン・シュイスキーは、私の前で勝手に最高位を占め、すなわちツァーリの場所を陣取り、私の父や母をもっともひどく裏切った者が幽閉所から出て、自分の側に引寄せていた（中略）。われわれは、亡くなった弟ゲオルギーと共に、外国人または下層人に対するかのごとく、教育しようとした。着る物や食べ物、何につけても辛酸をなめていた！　ひとつ思い出されることがある。私たちは子どもの玩具で遊んでいた。イヴァン・ヴァシリエヴィチ・シュイスキーは、長椅子に座り、彼の肘はわれわれの父の寝具に置かれ、足を椅子のうえに置き、われわれの方を見ていなかった（中略）。手に入れた両親の財産について、私に何と言ったか。すべての横領者どもは、狡猾にも地主の子息たちに対するがごとく財宝に言及し、財宝を金や銀の器にきたえなおし、それらに自分の名前を書いて遺産のごとくにして奪い取った。

銃兵について、英国大使D・フレッチャー
　俸給をつねに受け、銃兵と言われる1万2,000人ほどの歩兵を、ツァーリが維持している。その内5,000人はモスクワ、あるいはツァーリが居る場所に必ずいる、そして2,000人は特別な彼の独自の隊である（中略）。残りの銃兵は、今日まで彼らを移動させる必要でない要塞都市にまで配備されている。彼らは各自1年間に7ルーブルの報酬と、20メーラ以上のライ麦と同量の燕麦を受け取っている。銃兵は、手に火縄銃以外、背中の半月状オノの形をした刀、腰には剣以外何も着けていなかった。彼の（ツァーリの）常備護衛隊は2,000人の銃兵である。彼らは昼夜の別なく点火された芯が着いている

装填済みの銃やその他の必要な装置を持って立っていた。彼らは宮殿には入らず、ツァーリが住んでいる宮廷を護衛している。銃兵は（中略）深夜ツァーリ宮殿あるいは寝殿を250名で番をしている。他の250名は、宮廷や財務局を警護している（後略）。

◆史料についての質問
1. 貴族上層部へ対する関係はどのようなもので、ツァーリが幼年時代に、なぜ形成されたのですか。
2. 銃兵隊は何をしていたのですか。

◎ 新しい用語を覚えよう。
貴族〔Дворяне〕——勤務に対し領主により土地分与を受けた人たち。
大貴族の子どもたち〔Дети боярские〕——地主、貴族。
全国会議〔Земский собор〕——もっとも重要な国家事業を解決するため招集されたツァーリ附属の機関であり、住民の様々な階層の代表者から成っている。
プリカーズ〔Приказ〕——16〜18世紀、ロシアの中央統治機関。
中央集権国家〔Централизованное государство〕——強力な中央政権の周りに政治的そして経済的にすべての地域を統合した国家。

§24. イヴァン4世の対外政策

◆カザン・ハン国の征服

　内政の改革を進めるのと同時にイヴァン4世は、エネルギシュに、また、手際よく対外政策を行った。
　キプチャク・ハン国の崩壊後、ロシアにとってもっとも危険であったのはカザン・ハン国であった。カザンの移動部隊は、国境地域だけでなく、奥深いウラジーミル、**コストロマ**や遠く**ヴォログダ**でさえ掠奪を働いていた。カザンに

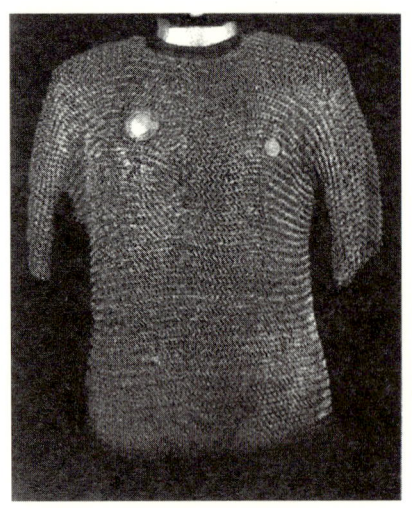

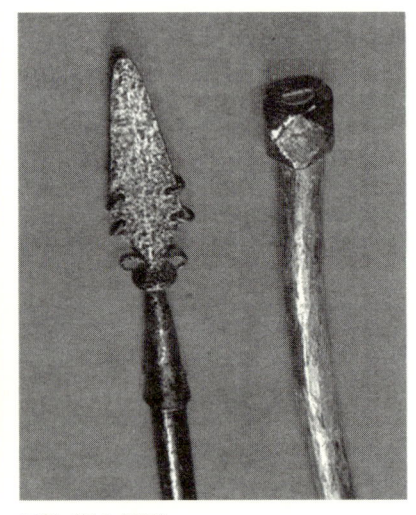

16世紀ロシア兵の鎖かたびら　　　刀剣（槍と鎚矛）

は数万のロシア人捕虜・奴隷が集められていた。

　カザン側の襲撃から断固として、かつ永遠にロシアの安全を確保するとイヴァン4世は決定した。しかしながら、カザンへの最初2回（1547〜1548年、1549〜1550年）の進軍は失敗に終わった。

　次の新しい進軍には、より綿密な準備が行われた。1551年夏、カザンからあまり遠くない所に、事前に準備された木造の建築物が現れた。これは**スビヤジスク**砦であった。この砦は、カザン攻撃の拠点であった。1552年8月、ツァーリを長とする15万人のロシア軍はカザンに向かい、同町を包囲した。ロシア側の大砲は150門を数えていた。

　カザンは強固に作られており、直接攻撃すると大きな犠牲を伴う。そこで、**イヴァン・ヴィロドコフ**を指揮官とした工兵と戦士は、城攻撃用の装置であるふたつの移動用の塔とカザン・クレムリンの壁の下に地下道を掘った。9月末、大きな爆発が壁の一部を破壊し、その穴からロシア軍は突進した。1552年10月2日、カザンは占領された。カザン・ハン国はその存在を終えた。

カザンを占領したあとイヴァン４世は、ロシアの臣民に移行することを呼びかけた文書を同ハン国の隅々まで送った。住民に対し、耕作している土地やイスラーム信仰を保護し、また、外の敵から防護することも彼は約束した。このツァーリの文書の影響により、バシキールとウドムルトの部族は自主的に「ロシア・ツァーリの崇高な手のもと」へ移行した。

◆アストラ・ハン国の併合　ボルガ川沿岸地方のロシアへの併合の意味　南方国境の防衛
　1554年アストラ・ハンは、ロシアへの従属を自ら認めた。しかし、1556年、クリミア・ハンの圧力によりモスクワと分かれると宣言した。アストラ・ハンへロシア軍が送られた。クリミア・ハンの援助があったにもかかわらずアストラ・ハン国は、最終的にロシアへ併合された。
　沿カスピ海北部に位置しているノガイ・オルダ国もモスクワに従属することを決めた。
　カザン・ハン国とアストラ・ハン国の併合は、南部及び南東部におけるロシア国家の安全を強化し、東方諸国との直接的な交易及び政治的関係のための道を開いた。ヴォルガ川の全水系がロシアの川となった。沿ヴォルガ川地方に住んでいる多くの民族がロシア国家の構成体に入った。そこで、彼らの歴史的運命は、ロシアとの緊密な関係となった。ロシア国家は、よりいっそう多民族国家となっていた。
　カザンとアストラ・ハンをロシアが併合したことは、オスマン帝国のスルタンの激しい不満を引き起こさせた。ちょうどその時期オスマン帝国は、中央ヨーロッパ諸国との戦争で忙殺されていた。そこで、ロシアの弱体化を企図し、捕獲物を得るためトルコは、自分の従属国であるクリミア・ハン国の軍隊を利用した。クリミア・タタールのロシアに対する攻撃は間断なく、また、破壊的となった。
　来襲から守るため**鹿砦防御線**（ろくさいぼうぎょせん）──丸太で作られた垣や砦（バリケード）の防御線の建設を始めた。自然の障害（川、沼そして深い森）も組み合わせ、これらの防御線は、クリミア・タタールを止めるか、または留めなければならな

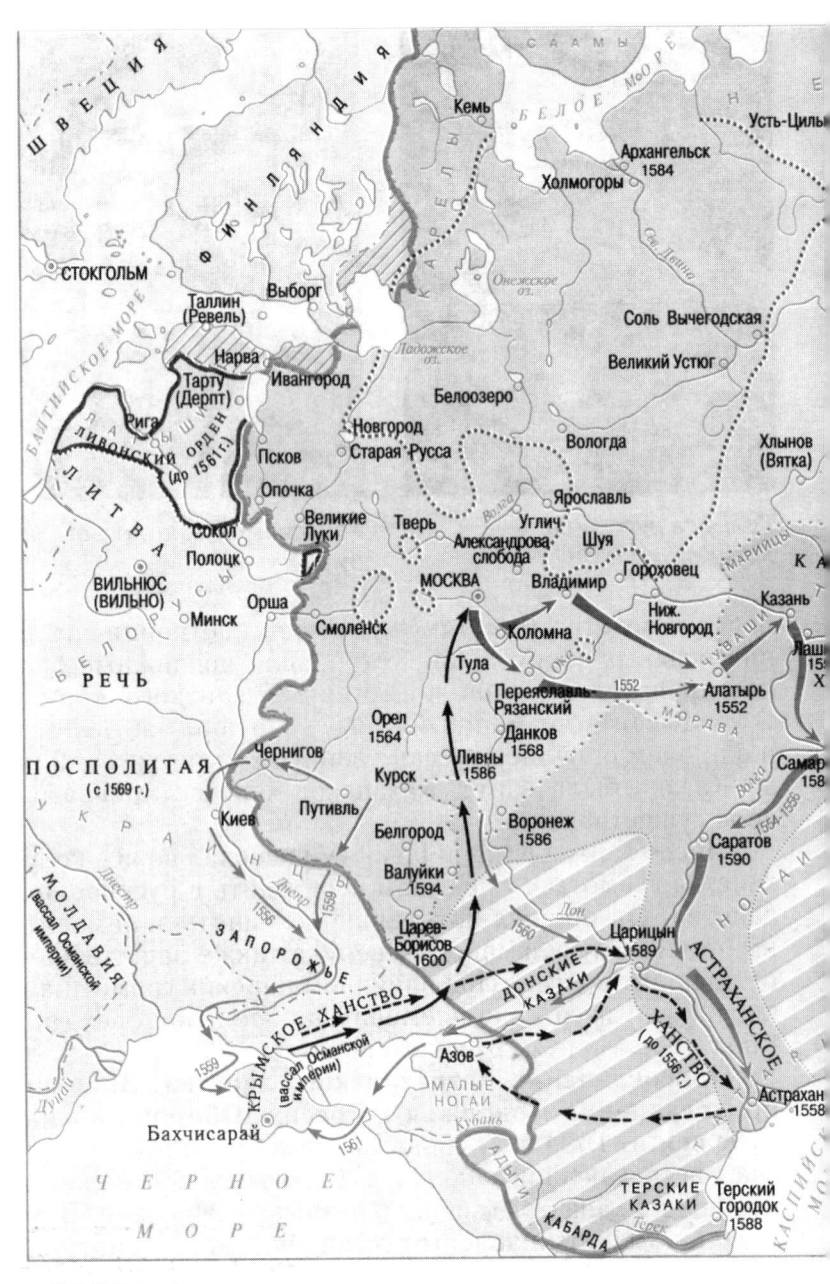

210　ロシアの歴史　古代から16世紀末まで　6年生

16世紀後半のロシア

第 3 章　モスクワ・ルーシ　　211

地図凡例：

- 16世紀中ごろのロシアの領土
- 16世後半にロシアに組み込まれた領土
- ロシアに組み込まれた、自治を保ったコザックや遊牧民の領土
- 1586　新しい都市の建設年
- 1565〜1572年当時、直轄領に分割された領土の境
- 1581〜1585年のイェルマークのシベリアへの進軍
- カザン・ハン国とアストラ・ハン国に対するロシア軍の進軍
- 1556〜1561年のクリミアへのロシア軍の進軍
- 1569年のクリミアとトルコによるアストラ・ハンへの進軍
- 1571〜1572年のクリミア・ハンのモスクワへの襲来
- リヴォニア戦争の結果併合された領土
- レーチ・ポスポリタへ
- スウェーデンへ
- 16世紀末のロシアの国境

かった。最初の鹿砦防御線は、ブリャンスクからトゥーラを経てリャザンまで作られた。

◆西シベリア征服

ボルガ川沿岸地方をロシアへ併合したあと、ロシアのツァーリの視線は、シベリア・ハン国に向けられた。16世紀前半、南の遊牧民から破壊的侵攻を同国は受けていた。1555年、シベリア・ハンの**エディゲール**は、ロシアの臣民へ移行した。ロシアの財務局に、毛皮による確実な税である**ヤサク**（各人から黒テンやリスの皮）が入るようになった。ロシア・ツァーリの王位に「及びシベリアの全大地の支配者」の言葉がつけられた。ロシアの商人は、シベリアの住民とのあいだで、毛皮の代わりに鉄、塩そして小麦を交換し、有利な取引をしていた。もっとも大きな交易を行っていた商人は、**ストロガノフ**家であった。ツァーリは、ストロガノフにロシアの東方の端、ウラル西部地方での砦の建設と「好きな者を集める」、すなわちコサックを自分の所有物の警護者にすることを許した。

1563年チンギス・ハーンの末裔**クチュム**がシベリアのハン王位を奪い取った。彼はモスクワへのヤサク送付を止め、ウラル西部地方のロシア入植者への攻撃

イェルマークによるシベリア征服　V・スーリコフ作

を再開した。

　クチュム・ハンに対抗するため、1581年ストロガノフの資金をもとに進軍のためコサック武装部隊が作られた。その大将には、勇気があり経験豊かなコサックの長アタマンである**イェルマーク・チモフェエヴィチ**がなった。石の帯（ウラル）を乗り越え、火縄銃を使ったコサックは、各地の支配者の部隊を撃ち破った。壮絶な戦闘にて、クチュムの軍隊も撃破された。コサックはカシリック——シベリア・ハン国の首都へ入った。新しい軍団を集めたるため、クチュムは南へ逃亡した。

　イェルマークはカシリックで冬を越すことを決めた。彼は現地住民に貢税を課し、自分の「部下たち」にわがままなふるまいを禁じた。冬のあいだ、イェルマークの従士団は、目に見えて人数が少なくなってきたので彼は、モスクワへ、ストロガノフ家へ協力要請の急使を派遣した。シベリア統治への征服に関する公式文書と共にイェルマークの戦友アタマン、**イヴァン・コリツォ**がモスクワへ向かった。

　彼が到着する少し前、ツァーリはコサックの「強盗事件」について聞き、ストロガノフ宛てに、弾劾した「失寵文書」を送った。そこには勝手に「盗人」であるコサックをシベリアへ戦争に送り、「シベリアのスルタン」を凶暴化させたと記されていた。直ちにイェルマーク軍を戻すように、ストロガノフは命令された。しかし、シベリアでの成功の報告、そしてイェルマークからの多量の毛皮を受け取ったツァーリは、コサックにそれまでの過失を詫びた。シベリアへは多くの償金、軍事物資や500名の銃兵の増援部隊が派遣された。ところが、彼らがシベリアに着いたのは、ようやく1584年末であった。その時までイェルマークの軍は霧散していた。

　1584年夏、クチュムにより招集されたシベリアの諸公は、自らの軍隊と共にカシリックに向かい包囲した。イェルマーク軍は攻撃を撃退し、イェルマークは早々に町を抜け出し南に向かった。敵と遭遇せず、疲れていたコサックはテントで眠っていたが、警備は立てていなかった。近くにいたクチュムの軍隊は、突然ロシアの陣営を襲った。窮地での戦闘は、部隊に大きな損失をもたらした。

イェルマーク　M・アントコリスキー作

イェルマーク自身は、イルティシ川を渡ろうとしたが、重いツァーリの甲冑を着ていて溺れた。このようにして、ロシア軍の残兵はシベリアに見放された。

しかし、イェルマークの進軍は、汗国に重い衝撃を与えた。モスクワは、シベリアの土地を諦めることを欲せず、よく武装された銃兵とコサックを送った。1598年、クチュムは最終的に粉砕され、まもなく死亡した。

ロシアの土地探検家は、征服したシベリアの地にそののち都市となる**城砦オストルグ**を建設し始めた。16世紀末には**チュメニ**、**トボリスク**、**ヴェルホトゥリエ**、**ベレゾフ**、**ナリム**やその他で要塞が作られた。シベリアでのコサックの活躍に続き商人、軍務の人そして逃亡した農民たちが押し寄せることとなった。そして、この地方の開発が始まった。

◆リヴォニア戦争の開始

卓越した成功を東方で果たしたイヴァン4世は、西側に注目した。バルト海に港をもっていないことは、ロシアの西ヨーロッパ諸国との交易に制限となっていた。通商の仲介の役割を以前から果たしていたのは、リヴォニア騎士団の豊かな諸都市であった。それらは、ありとあらゆる方法でロシア貿易の伸張を妨害していた。ところで、経済発展の需要は、ロシアとヨーロッパ先進諸国との広範な経済関係の確立を求めていた。ロシアの商品は他の国でも需要があったが、厳しい気候条件である北方の海を経由した海路を利用するため、商人にとって有利ではなかった。内部の不和で弱体化していたリヴォニア騎士団の土地を、そしてバルトに港を戦い取ると、イヴァン4世は決めた。戦争を始める

ため、極めて説得力のある原因が出現した。ロシアがリヴォニアと1503年結んだ条約によると、以前賢公・ヤロスラブが建設したユリエフ（のちにデルプト、現タルトウ市）のため、貢税を騎士団は払う義務があった。しかし、1557年この貢税の支払いを以後拒否すると、リヴォニア政権は宣言した。

1558年ツァーリは、騎士団に戦争を宣した。ロシア軍は、沿バルト海に進み、デルプト（ユリエフ）やナルヴァを奪い、レーヴェリやリガに近づいた。

リヴォニア騎士団は、破滅の瀬戸際にあった。騎士団長は、ロシアに休戦を願い出た。イヴァン4世は6ヵ月の戦闘行為の中止に同意した。ところが、これは深刻な間違いであった。休戦期間中、リヴォニア騎士団は、リトアニアとポーランドの保護下に入った。同時にリトアニア大公であったポーランド王は、デンマークとスウェーデンを自分の側につけることができ、それらの国々もロシアとの戦争に突入した。

1563年モスクワ軍はリトアニアに入り、古いロシアの街ポロツクを獲得した。しかし、1564年ポーランド・リトアニア軍に一連の大きな敗北を帰した。そこで、1566年イヴァン4世は、リトアニアと戦争を継続するか、それとも和平条約を結ぶかの問題を検討するため、全国会議を招集した。会議は、戦争の継続を決めた。

ナルヴァ（右）とイヴァンゴロド（左）

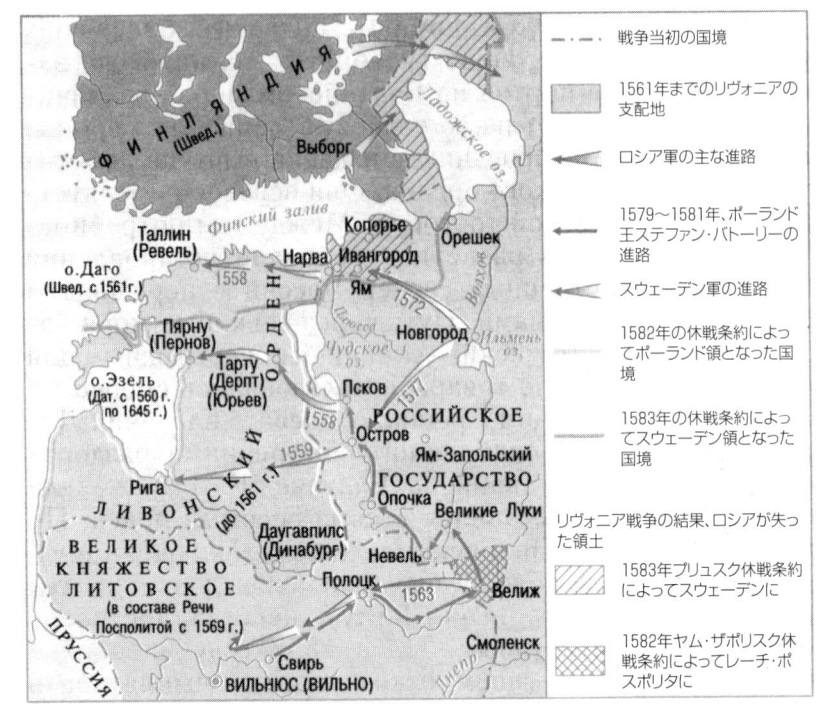

リヴォニア戦争

◆リヴォニア戦争の終結

　1569年ポーランドとリトアニアは、最終的に合併し、ひとつの国家——**レーチ・ポスポリタ**〔ポーランド・リトアニア連合—訳者〕となった。リヴォニアにおいて当初ロシア軍は、ポーランド・リトアニア軍に勝利していた。スウェーデンとは休戦を結んだ。しかし、1576年、レーチ・ポスポリタの王位に有能な司令官**ステファン・バトーリー**が選出された。そして1579年彼は、反撃に転じポロックを奪還した。ロシア軍は全リヴォニアからほとんど追い出された。1581年バトーリー軍は、ロシアとの国境を超え、プスコフを包囲した。ロシアの弱体化に乗じスウェーデンも再度戦闘行為を開始し、同軍はナルヴァを占領した。

　バトーリーは、10万人の軍をプスコフへ着けた。包囲は5ヵ月続いた。防衛

を指揮したのは、**イヴァン・シュイスキー**公であった。彼の軍と町の住民は31回の攻撃を撃破した。大胆不敵なロシア人は、包囲された砦から敵の陣地へ46回攻撃した。バトーリーは補強を受け、重火器を使い町の壁に割れ目を作り、ふたつの塔を占領した。ところが、プスコフを守っていた人々は、占拠された塔を敵兵と共に爆破した。バトーリー軍は、結局要塞を確保できなかった。1582年ロシアとレーチ・ポスポリタとで休戦条約が結ばれた。両国の国境は、ほとんど以前と同様であったが、沿バルト海で、ロシアが占領した全地域を失った。翌年、スウェーデンと和議が締結され、旧リヴォニア騎士団の土地の一部以外に、いくつかのロシア領土がスウェーデンに編入された。

　25年続き消耗させたリヴォニア戦争は、ロシアの敗北で終わった。海軍や同盟国もなかったがロシアは、大きなヨーロッパ諸国であるリトアニア、ポーランドそしてスウェーデンと闘った。南からはつねにクリミア・ハン国からの脅威があった。主要課題のバルト海への出口については解決されなかった。それどころかロシアは、リヴォニアで得た地域やリトアニア東部そしてフィンランド湾岸の大きな部分を失った。プスコフを防衛した人々の勇気のみが、より

プスコフ城塞

いっそうの領土損失を防いだ。

　このように、イヴァン４世の、征服を目的とした進軍は、近隣諸国や諸民族のロシアへの併合に始まり、そして多民族的基盤が形成され、ロシア人による沿ヴォルガ川やシベリア開発が行われ、その移動は東へ太平洋まで続いた。リヴォニア戦争は、長期にわたるロシアの対外政策の主な方向性を定めた。それはバルト海への出口を求める戦いである。

◆質問と課題◆

1. イヴァン４世の対外政策の主な方針はどのようなものですか。
2. カザン・ハン国とアストラハン・ハン国のモスクワ国への併合には、どのような意義がありますか。
3. シベリア征服について述べてください。西シベリア併合には、どのような意義がありますか。
4. リヴォニア戦争の目的と、その最初の時期の結果は、どのようなものでしたか。
5. リヴォニア戦争の結果はどのようなものでしたか。

史　料

カザン獲得について、N・M・カラムジン

　忘れ難いカザン包囲の記述に移行するが、これは、ママイとの戦争と同様に今日まで、すべてのロシア人にとって名高いものであり、かつ輝かしい功績として、民族の記憶のなかに生きている（中略）。これにはふたつの状況が極めて強烈な名声を与えている。まず、防御を固めた陣地を奪取する作戦における、最初の正しい経験であり、また、それを守った人々が見せた素晴らしい勇気、真に自己犠牲的な絶望のなかで、この勝利をわれわれは高い値で獲得した。

　朝日が天を照らし、空は澄みきっていた。カザン人は壁に立っていた。ロシア人は彼らの前、防護陣地のもと、旗の下の入口に立っていて、静寂で何も動いていなかった。音はタンバリンとラッパの音だけ、それは敵軍とわが

軍からであった。矢も飛ばず大砲も轟いていなかった、互いに見つめ合い、すべての人々が待っていた（中略）。君主は教会に残り（中略）。急に轟音が響き、地面が動き、教会はゆれ動き（中略）。君主は、教会の階段の前に出て、地下の恐ろしい出来事やカザン全体を覆う深い闇を見た。土の塊、塔の突起物、家の壁、そして煙の雲のなかで人々が上へ飛んでいき、そして町へ落ちていった（中略）。ロシア軍は急いで要塞に向かって進んだ、そしてカザン人は断固として動かず最期を迎えた（中略）。弓や火縄銃が撃たれることもなくマホメットが呼ばれそしてわれわれを待っていた。そして目で距離を測り、恐ろしい一斉射撃が行われた。銃弾、石、矢は空を暗くした（中略）。しかしながらロシア軍は、大将の例に倣いボロボロになっても壁に達した。カザン人は、丸太を投げつけ、煮えたぎった瀝青(れきせい)をあびせた。用心することも、盾に隠れることもしなかった。さえぎるもののない壁や台に立ちわれわれの兵士や銃兵士は強い火をものともせず（後略）。

◆**史料についての質問**
 テキストの節を利用し、カザン包囲について述べなさい。

◎ 新しい用語を覚えよう。
　城砦都市オストログ〔**Острог**〕──穴を掘り、そこに鋭角に切った柱を埋め、木製の柵にして強化した軍事施設。

§25. オプリチニナ

◆**イヴァン4世の選抜会議との断絶**

　イヴァン4世のバルト海への出口を求める努力は、多くの貴族からの支持を得られなかった。選抜会議のメンバーのいく人、そのなかのA・F・アダーシェフでさえ、バルト沿海地方への進出は時期尚早であり、全勢力を南方や東方の開発へ向けるべきだと主張した。このような雰囲気の影響で、ツァーリはリヴォニアと1559年休戦に合意した。しかし、リトアニアにおけるロシア軍の不成功のあと、彼は、貴族や以前のお気に入りの人々に対し、積年の多くの恨

みをはらすこととした。軍事敗北の主な原因は、大きな戦争に対するロシアの準備不足であったにもかかわらず、当初の成功に舞上がったイヴァン４世は、そのあとの敗北の原因は自分の取巻きの裏切りと考えた。

1553年カザン侵攻から戻ったあと、ツァーリは、突然重病になったことを忘れはしなかった。王位継承が問題となった。そこで、イヴァンは生まれたばかりの自分の息子**ドミートリー**（数ヵ月後、この幼児は突然死亡した）のために遺言を作り、宮廷臣に誓いをするよう求めた。側近たちの多くはこの儀式の回避に努めた。彼らが恐れたのは、「おむつ」ツァーリでは再びボヤーレの勝手気ままが始まるので、王位にはイヴァン４世の従兄弟でイヴァン３世の孫、ウラジーミル・アンドレイヴィチ・スタリツキー分領公が優位と考えていた。

元気になったイヴァンは大変身した。彼は、猜疑心と冷酷の塊となった。選抜会議の人々との意見の相違がたびたび明らかになった。彼らが作成した改革は、長い期間を視野に入れたものであったが、ツァーリは結果をすぐに求めた。火に油を注いだのは、リヴォニア戦争の際、アダーシェフの不誠実な助言であった。ツァーリが病床にあった時、迷いが生じたシリヴェストルとアダーシェフを許さなかった、イヴァンがたいへん愛した最初の妻**アナスタシア・ロマーノヴナ**が1560年に没した。モスクワでは、シリヴェストルとアダーシェフが自分の杯で王妃を殺したとの噂が広がっていた。ツァーリは、独自の政権を目指し、以前からシリヴェストルやアダーシェフの後見を重荷に感じていたので、彼らの有罪の噂を喜んで信じた。

◆**側近に対するツァーリの虐殺**

モスクワに招集された全国会議は、疑う余地のない罪人としてツァーリの旧盟友たちを糾弾した。アダーシェフは逮捕され獄死、シリヴェストルはソロヴェツキー修道院へ流刑され、そこで間もなく没した。首都では貴族に対する制裁が始まった。アダーシェフやシリヴェストルの一掃は、改革実施に対するツァーリの拒否を意味していた。

そのうえ1563年、イヴァンに大きな影響をもち、彼の残忍性が高まるのを抑

第3章　モスクワ・ルーシ　221

イヴァン雷帝　V・ヴァスニェツォフ作

えていたマカリー府主教が没した。新しい府主教**アファナシイ**は、不満をもった貴族側に立った。

　国民から「雷帝」とあだ名がつけられたイヴァン4世の怒りから逃れるため、外国へ逃れた名門貴族もいた。1564年4月には、ツァーリの側近のひとりでカ

ザン戦争の英雄でもあり、有名な軍事司令官であった**アンドレイ・クルブスキー**公がリトアニアへ逃れた。リトアニアから彼は、ツァーリ宛ての手紙で「心の中は陰気で地獄の悪意、良心のハンセン病患者で前代未聞の暴君……」との敬称で呼びかけている。クルブスキーは、無実の人を処刑することを止めるよう求めていた。旧戦友にイヴァン4世は答えつつ、ツァーリの無制限な権力についての考えを述べている――「妻が支配している家は、不幸であり、多数が支配している皇国は不幸である！」。

そのころ、ロシアの状況は悪化していた。リヴォニア戦争は、過度な緊張力が必要だった。20数年続けられた戦争に国民は疲弊していた。勝利は、敗北に取って代わられ始めた。この責任を、ツァーリの命令により処刑された「裏切り者」司令官にツァーリは負わせた。貴族の独自性を廃止し、国家業務への影響を最終的に排除し、支配者の唯一権力――すなわち専制が完全に成就すると、ツァーリは考えた。そこで、この概念はツァーリの**無制限権力**（むせいげんけんりょく）を意味することとなった。

◆オプリチニナの確立

イヴァン雷帝は、1564年12月突然、家族と側近を連れモスクワからアレクサンドロフ村へ発った。1565年初頭、彼は、赤の広場で然るべく宣言されるように、ふたつの文書をモスクワに送った。最初の文書は、府主教アファナシイ宛てで、多くの「裏切り行為」、処刑や土地の横領、「ツァーリの敵」から守ろうとしなかったことなどについて、貴族や宗教人を非難していた。そして、皇位を放置し、「神が導く所」に移住するとイヴァンは宣言した。第2の文書はポサード住民に対してで、退位の原因を説明するものであり、貴族の横暴から、「無知蒙昧の民」を守るものであるとみずからを位置づけた。モスクワはパニックに陥った。ツァーリの迫害とあまり関係のなかった都市住民は、ツァーリが皇帝の座に戻るように説得することを教会や貴族に求め、そして君主の「悪党や裏切り者」を、彼ら自身で「処分」（撲滅）することを約束した。

アレクサンドロフ村へ教会と貴族の代表団が出発した。イヴァンは、自分が

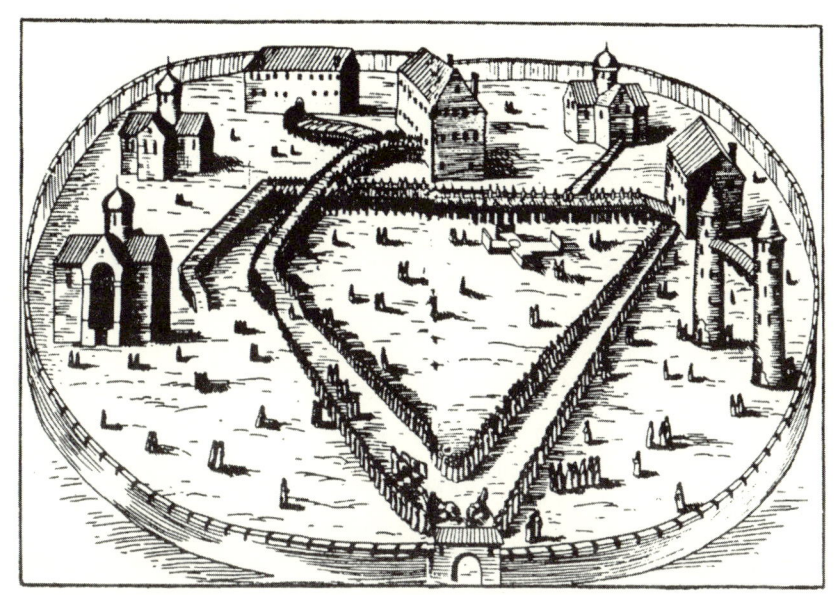

アレクサンドロフ村

検証した「裏切り者」(すなわち、気に入らない者) すべてを処刑する権利を享受した場合のみ戻ると、宣言した。また彼は、ロシアに特別な秩序を確立するよう求め、それは**オプリチニナ**(「oprich'：……を区分する、……以外に」という言葉からとった) と名づけられた。この秩序は、国のすべての土地をふたつに区分した。特別にツァーリが管理する**オプリチニナ**と、貴族が管理しなくてはならない**ゼームシチナ**であった。オプリチニナを構成していたのは、モスクワの一部、ヴィヤジマ、モジャイスク、ヴォログダ、コストロマなどの都市や地域であった。

　ツァーリのオプリチニナに入らなかった土地所有者は、自分の世襲地から去らなくてはならなくなった。そして、彼らには遠く離れた土地が与えられた。移住させられた上流階級の所領は、細分化されオプリチニク、すなわちオプリチニナに勤務している人々に譲渡された。国の多くの部分を占めたオプリチニナは、以前の分領門閥を破産させ、古い貴族・公家出身の経済力を弱体化させ

た。

　同時にオプリチニナ隊が設立された。オプリチニクはツァーリの裏切り者を「かみつき」（えぐり出し）、国から裏切り者を「一掃する」ことを呼びかけた。その存在意義の証として、彼らは馬の鞍に犬の頭や箒をつけていた。ツァーリが「裏切り」と疑惑をもった多くの貴族や領主に対し流刑や処刑そしてオプリチニクによる横暴が開始された。

　オプリチニクの行動や多数の処刑は、ロシアの多くの住民に不満を呼び起こした。1566年全国会議でオプリチニナ廃止の嘆願がツァーリに出された。その回答を長く待つ必要はなく、嘆願者は処刑された。府主教アファナシイは、オプリチニクの悪行に抗議の意味をこめ僧位を辞職した。新しい府主教**フィリップ・カリチェフ**は大胆にツァーリを糾弾し、オプリチニナの廃止を求めた。ところが、ウスペンスキー寺院で行事が行われている時、オプリチニクは府主教を襲い聖職者の祭服を破った。そのあと、府主教はトヴェーリの修道院のひとつに流され、ツァーリ側近の補佐官**マリュータ・スクラートフ**に絞殺された。

　オプリチニナは、自身の攻撃力でツァーリの専制政権に脅威を与えるまでとなった。1569年、ツァーリは、従兄弟であるウラジーミル・スタリツキーに制裁を加えた。スタリツキーはツァーリを毒殺するかのごとき企てをもっている、とツァーリは聞き、スタリツキーとその妻、娘に毒を与えることを命じた。このようにして、ルーシにおける最後の分領公国が消滅した。

　イヴァン雷帝を長く心配にさせていたのは、民会の伝統をまだ忘れていない自由を愛するノヴゴロドであった。1569年12月、貴族の陰謀の密告を受けたイヴァンは、古都へ軍を進めた。オプリチニクたちは、途中の町や村で強奪を働き、住民に暴力を働き処刑を行った。ノヴゴロドでは血の虐殺や強奪がおおよそ6週間続いた。

　ノヴゴロド進軍を「連戦連勝」で終了したオプリチニナ隊は、1571年クリミア・ハンの**デヴレト・ギレイ**のモスクワ侵攻を許し、首都は炎上した。その翌年も、クリミアのタタールは襲撃を繰り返した。ツァーリはオプリチニクとゼームシチナの部隊を統合せざるを得なかった。統合軍の長には経験豊かな司

令官ミハイル・ヴァロチンスキー公が就任した。1572年、モロジ村（モスクワから南50km）の戦闘で、ヴァロチンスキー軍の2倍もあったデヴレト・ギレイ軍を破った。この勝利は、統一軍の必要性を示した。

　オプリチニナの期間、イヴァン雷帝は自己の権力を著しく強化した。1572年秋、オプリチニナは、廃止された。ツァーリは、この言葉が死の恐怖を思い起こさせるので、使うことさえ禁止した。しかし、処刑は続いた。最後にはイヴァン雷帝がオプリチニク自体を裁くはめになった。

◆イヴァン雷帝統治の結末
　イヴァン雷帝の統治は、多くの達成や勝利があったが、全体的な結果としては悲しいものであった。終わりのない戦争、オプリチニナ、大量の処刑は、稀に見る経済の低迷をもたらした。全土にわたって、見捨てられた集落が出現した。耕作地には樹木や雑草が覆うようになった。権力や領主の勝って気ままで法外な徴税から逃れるため多くの農民は、南へ、ヴォルガ川沿岸へ逃げ、そこでコサックとなった。領主経済の最終的な荒廃を防ぐため、1581年イヴァン雷帝はいくつかの地域に禁止年（「戒め」の意味から――禁止の意味）実施令を公布した。これらの年には、ユーリーの日に農民が地主から他の地主へ移行することを禁じた。「禁止年」の施行は農民の奴隷化をいっそう促進し、地主への依存を強め、農奴制形成へと導いた。

　貴族世襲門閥の崩壊によるオプリチニキやゼームシチナへの分化は、社会の上層部に基本的な変化をもたらした。貴族公たちの上流階級は完全にツァーリの支配下に入った。反対にオプリチニナで昇進した人々は、自分の世襲地を保持するだけでなく、新しい土地をも手に入れた。オプリチニキは、特典を得て勤務でも昇進した。

　ツァーリ自身の人生は、悲劇的に終結した。残酷で、病的なまでの猜疑心をもち、怒りやすかったイヴァン4世は、1581年11月、発作的な怒りで自分の息子、ツァーリ位継承者である皇子**イヴァン**を殺した。皇子は、父の戦友であり多くにおいて彼に似ていたが、父に対し真実を述べることに躊躇しなかった。

イヴァン・ヴァシリエヴィチは、愛する息子の死の辛さに耐えることとなった。そして1584年彼は、荒廃した国を、そして偉大なる国家を統治するには準備不足で、もの静かな信仰深い息子フョードルを残し死亡した。

このようにオプリチニナの確立は、ツァーリの無制限的権力の確立を助力した。イヴァン雷帝のツァーリ統治の結果、経済的衰退と国民の究極の疲弊をもたらした。

◆質問と課題◆
1. ロシアにオプリチニナという制度が導入された理由は何ですか。
2. オプリチニナの本質と目的は何ですか。
3. オプリチニナとリヴォニア戦争との関係を述べてください。
4. ルーシに諺「おばあさん、困ったな、ユーリーの日だよ。」が生まれたのはどのような時であったか、考えてください。〔期待が裏切られて、とんだことになった。さあ大変だの意味──訳者〕
5. イヴァン雷帝の統治はどのような結果となりましたか。

史　料

モスクワにおけるオプリチニナ秩序について。ロシア国家に関する外国人のメモ

ほかでもない、君主、ツァーリであり、そして大主教と主教である大公は、彼、すなわち君主を裏切った者、君主に不従順であった者の嘆願を採択し、失寵を課し、他の者には処刑し財産を残すことなく没収した。自国においてオプリチニナを行った（中略）。

モスクワ川からポサードへの地域はオプリチニナとして取上げる命令をした。チェルトルスカヤ通り、ヘセムチンスク村を含み野際まで、アルバート通りの両脇とシフツーヴィ・ヴラグを含めドルガミロフスキーの野際、ニキツキー通りの半分まで、街から行けば左側で野際まで、（中略）。君主がオプリチニナ用に取った通りや村、貴族、領主や様々なプリカーズの人々の所領と命じられた地域、君主がオプリチニナに取ったもののなかには、オプリチ

ニナ所有に命じられていないが、すべての通りのなかで、ポサードへ行く通りは命じられた。

◆史料についての質問
1. モスクワにおけるオプリチニナ制度について述べなさい。
2. なぜ、ツァーリはこのような制度を作ったか考えてみよう。

◎ 新しい用語を覚えよう。

野際〔Всполье〕——モスクワの周辺で、平原や草原が始まる所。

昇進〔Карьера〕——成功の達成、社会における有名な地位に昇りつめること。

農奴制〔Крепостное право〕——土地所有者がもっている強制労働、彼の土地に個人的に固定している財産、そして帰属している農民に対する権利の社会的秩序。

失寵〔Опала〕——ツァーリの刑（無慈悲な）。様々な形態があり、たとえば、宮廷への出入り禁止、自宅没収、地位剥奪、流刑、監獄行きなど。

オプリチニナ〔Опричнина〕——イヴァン4世時代の特別な統治秩序。

ポサード〔Посад〕——ロシアの町の一部。通常、町の壁の外で、商人や商工業者が住む。

嘆願〔Челобитная〕——文書による願い、訴え。

§26. 14〜16世紀における教育、口承民族文芸、文学

◆14〜16世紀　ロシア文化発展の特徴

14世紀後半から「ルーシの地」の経済的復興に伴い、**ロシア文化の復活**が始まった。ロシア文化発展の好機はクリコヴォの戦い——オルダ軍に対する最初の大きな勝利——であった。「ルーシの地」統一の思想とオルダ統治との闘争

は、すべてのロシアの地での主要テーマであった。この思想は、口承文芸、文学、絵画そして建築作品で一貫して強調されていた。

この時代から、次第にルーシ各地の文化的隔離状態が克服され、**統一的ルーシ文化**が復活し始めた。オルダに反対する闘争の先頭に立っていたモスクワが、政治や文化生活が次第に中心となった。そして、主要な文化の中心地のひとつとして、モスクワの意義は伸張した。

統一国家の成立は、ロシアの新しい文化へ飛躍するきっかけとなった。ロシアの統一文化は、ロシアが達成したことのうちより良い成果、また、ロシア人と緊密な関係にあった諸民族の特徴を吸収した。同時に、統一的ロシア文化の創造過程は、ビザンツの影響から完全に解放されていたことを基調としていた。ロシア文化は独自の民族的諸特徴をもつようになった。ロシアの文化や芸術が、テーマとする問題が著しく拡大した。統一国家の国力強化が主要テーマであったと同時に、家族、人間そしてその内面の世界全体に対する大きな関心も現れた。

モスクワ・クレムリンのブラゴヴェシチェンスキー大聖堂、16世紀

ロシアの木造教会、16世紀

オルダ支配からの解放と統一国家の成立は、他の国家との**文化接触**の可能性を開いた。とくに、イタリアとの文化関係は成功であった。傑出したイタリアの建築家やその他の職人がロシアに来て、ロシアの文化発展に多大な影響を与えた。

◆**教育　書籍印刷の開始**

　14世紀、ロシアに——白樺の皮より手紙の材料として使いやすく、羊皮紙より著しく安い材料——**紙**が使われるようになった。紙が現れたため、書籍はより安く、そしてより多く出版されるようになった。書くことの需要が伸び、紙が出現し、書く技術の変化ももたらした。不自然なまでの正確さや儀礼的に角張った文字で書く形態であった「楷書体」から、より流れるような、そして自由な文字「**行書体**」が生まれた。

　書籍文化の中心は、修道院であり、そこに属している書籍文字の職人や、ときには数百巻の本を数える図書館があった。いくつかの公は、自分の本の工房をもっていた。

　統一国家が形成されると共に、読み書きのできる人々がいっそう必要とされるようになった。百章会議にて、「司祭や貴族そしてすべての正教徒は、各町で自分の子弟に文法を学ばせ、また、各文字を学ばせること」とし、1551年モスクワとその他の都市で教会や修道院附属の学校開設を決定した。非教会的称号である、特別「マスター」も「カーシャ（粥）と、お金」のための仕事として２年間読み書きを教えた。

　16世紀中ごろ、文化の大きな出来事は、ロシアの**書籍印刷**が生まれたことである。これはイヴァン雷帝のイニシアチブで教会の協力のもとに行われた。1564年、モスクワの印刷局（国営印刷所）にて**イヴァン・フョードロフ**と彼の**助手ピョートル・ムスチスラヴェツ**は、ロシア最初の本『使徒行伝』を印刷した。1565年には『時課経徒』——読み書きを勉強するための本が出版された。イヴァン・フョードロフは、印刷のマスターだけでなく、文学の編集者でもあった。彼は、翻訳を修正し、廃れつつある言葉や理解し難い言葉を入れ替え

識字教育

たり、本に「あとがき」を書き、そこで教育の意義について述べている。

　書籍印刷は、大きな啓蒙的意義があった。印刷された書籍は、筆写より非常に安くなり、そのためより多くの人々にとって手頃であった。

◆口承民族文芸

　14世紀から16世紀にかけて、より爛熟し高い達成度を見せたのが**英雄叙事詩**で（ビィリーナ）あった。統一の考えをはっきり強調し、奴隷へ強制する人たちとの闘争のため、叙事詩の詩人は、輝かし過去であるキエフ・ルーシ時代のロシア的伝統を志向していた。叙事詩の愛する英雄は、ウラジーミル・クラスノエ・ソルヌィシコ公であった。キエフは、ロシア国家を仮具化身したものとして登場していた。独特なノヴゴロドの英雄たちも保存されていた。その主人公たちには商人の**ヴァシーリー・ブスラエヴィチ**や大商人**サドコ**であった。

　この時期、口承芸術で新しいジャンル——**歴史歌謡**、が生まれた。これは、

第3章 モスクワ・ルーシ　231

イヴァン・フョードロフ

モスクワにある、印刷術の創始者イヴァン・フョードロフの像

過ぎ去った出来事の直接的な共鳴であった。歌謡の主人公は、侵略者との戦いで功績を上げた一般の人々であった。そのなかのひとつの歌は、リャザンの全住民を解放し、街を復興した女性**アブドチア・リャザノチカ**についてであった。

1327年、トヴェーリ住民のハン国政府代表者・徴税官チョルハンに対する蜂起を、詩作に反響させていたのは、**シチェルカーン・ドゥデンチエヴィチ**の歌である。この歌には、襲われた国民の不幸の涙だけでなく、征服者に対する勝利のゆるぎない確信についても聞かれる。

　16世紀、歴史歌謡において、イヴァン雷帝のツァーリ権力の強化を目指した貴族との戦いを国民は賞賛したが、庶民に対する残忍さは非難していた。カザン攻略を称える多くの歌がある。いく世紀にもわたるオルダ支配との闘争の結果として、国民はこれ

大砲の王様、ロシアの職人アンドレイ・チョーホフの著名な作品

らの出来事を受け入れている。歴史歌謡の連作には、シベリア併合とその英雄イェルマークを称えたものがあった。

◆14～15世紀の文学

　14世紀から15世紀にかけてのロシア文学の主なテーマは、外国の侵略者に反対する闘争であった。普及したジャンルのひとつに軍記物語があった。このジャンルの作品の基礎には、具体的な歴史上の事実や事件、そして登場人物は実在の人々である。優れた文学として残っているのは『バトゥによるリャザン襲撃物語』である。この物語では、古い都の占領や公家族の悲惨な運命について書かれている。この物語には、敵に恐怖を与えた英雄で裕福なエフパーチイ・コロヴラートと彼の部隊を含めた話である。この作品の主な考えは、次の言葉で表現される。「邪教の意志で生きて行くより、死でもって命を買った方がよい」。

　1380年のクリコヴォ平原での勝利は、ロシア国民の気持ちに驚くべき高揚をもたらし、自らの行動への確信を与え、この出来事を創作活動の様々な分野で表現する要求を呼び起した。この勝利のもと、クリコヴォ連作と呼ばれる民族物語が生まれた。それらの多くは民族的伝説として創作され、また、のちに年代記に記載されたり伝承されたりした。

　クリコヴォ戦争を賛美した初期の作品のひとつに**ソフォーニー・リャザネツ**の物語詩『ザドンシチナ』がある。彼は「これまで歌ったものより、より良い歌」を義務として歌うことで主人公――歌のなかの主な英雄ドミートリー・ドンスコイとセルプホフ公のウラジーミル・アンドレエヴィチを敬った。『ザドンシチナ』の作者が使った多くの芸術上の手法は、『イーゴリ軍記』と相呼応している。ソフォーニーは、血の戦闘を予感させるロシアの自然の描写からこの物語を始め、英雄たちの魂からの悩みを叙述している。彼は、戦いの功績を誇るだけでなく、英雄の死に深く悲しんでいた。同時に著者――すなわちリャザンの貴族は、勝利達成にモスクワの特別な役割を強調し、そして、ドミートリー・イヴァノヴィチ公をすべてのロシア軍の組織者として描いている。

『イーゴリ軍記』と『ザドンシチナ』の大きな影響のもと、著者不明の戦争物語『ママイ戦記』がある。ルーシを侵攻したママイを「怒ったライオンのごとく、また、赤々と燃え極端な皮肉屋」であると、著者は呪っている。リャザン公オレーグの「貧弱な知能」と、「彼の心には悪魔の術策で満ちている」として裏切りを非難し、彼の態度を作者は怒りをもって弾劾している。『ザドンシチナ』のように『ママイ戦記』は、ロシア軍の功績や再建した戦争時の兄弟愛や精神に感嘆し、ドミートリー・イヴァノヴィチを賛美している。「そう、最後のひとりまで死をも惑わず、自分の頭を並べる覚悟もできている」。

愛国的モチーフは、文学ジャンルである巡歴——すなわち旅行記にもある。トヴェーリの商人**アファナシー・ニキチン**は、1466年商用目的で北カフカスに旅行している。ところが、運命が急変し、この旅行は東方へ——イランそしてインドへの多年にわたる旅となった。インドで3年滞在し現地の言葉を学んだ。インド国民に対し尊敬心でもって接したアファナシーは、その生活、文化そして宗教を注意深く勉強した。ロシア商人の観察や熟考の結果が著作『3つの海の彼方への旅』となった。祖国から遠く離れたロシア商人は、「神様、ロシアの地を守って下さい！ 神よ、ロシアを守りたまえ。世界にこのような土地はありません（中略）」と、神に祖国救済を願った。彼は、祖国の運命に不安を感じ「なぜ、ロシアの地の公たちは兄弟のように生きていないのか！

そうだ、ロシアの地はまとまらなくては！」と述べている。

15世紀に入ると、**全[ぜん]ロシア的年代記[てきねんだいき]**が復活した。地域的利害を超えロシア統一の立場に立った最初の全ロシア的年代記は、15世紀初頭モスクワで編纂された、いわゆる『三位一体年代記』である。モスクワの年代記編集者は、バラバラになっていた地方の年代記を統

モスクワで発見された、銀の装丁の聖書

一し、再編纂する大きな作業を行った。1418年ごろ、**フォチイ府主教**も新しい年代記の編集に参加し、モスクワの大公権力と、都市住民とのルーシの政治統合を目的とした同盟が、その中心的考えであった。これらの年代記は、以後すべての年代記の基礎となった。ロシア年代記のなかでもっとも優れている作品は1479年のモスクワ年代記となった。

すべてのモスクワの年代記には、国家の統一と強力な大公権力についての考えが貫かれている。それらは順序立てて、モスクワはキエフやウラジーミルの政治的伝統の相続人や継承者であるとした考えを展開している。この考えをより明確に強調したのは、『過ぎし歳月の物語』から始まったモスクワ年代記全集である。

◆16世紀文学の発展

16世紀の文学で多くの注目を集めたのは、大公権力とそのあとのツァーリ権力の巨大化の問題であった。この問題に注目した16世紀初頭の作品は、著者不明の『ウラジーミル公国の諸公物語』であった。この作品の基礎にはふたつの伝説があった。そのひとつは、モスクワ大公が、自分の出生をローマ皇帝アウグストであると主張していた。他方は、ビザンチン皇帝コンスタンチンはキエフのウラジーミル・フセヴォロドヴィチ公にツァーリの王冠（おうかん）を渡し、その王冠をウラジーミルが戴冠したかのごとき伝説を説いていた。そこからの結論として、ウラジーミル・モノマフの継承者はツァーリ王位の正当なる権利をもっているとした。これらの伝説は、キエフ公の相続人としてのモスクワ諸大公の専制権力の根拠となった。

このテーマに対する興味が、イヴァン雷帝治世の時期に高まり、新しい文学ジャンル——**政治評論**（せいじひょうろん）が現れた。16世紀もっとも興味深い時事評論家は**イヴァン・セミョーノヴィチ・ペレスヴェートフ**であった。彼は、イヴァン雷帝に対する請願のなかで、宮廷に支持されるツァーリの専制権力強化の改革を提案した。

イヴァン雷帝とアンドレイ・クルブスキー公との往復書簡では、ツァーリ権

力の特徴とその臣民との相互関係の諸問題が主となった。A・M・クルブスキーは自分の見解を『モスクワ大公についての話』、そしてイヴァン雷帝宛の書簡のなかで述べている。住民の各階層から選出された代表者からなる機関と共に君主が統治する場合が、より良い国家権力の形態であると、彼は考えた。イヴァン4世の返答の書簡では、神を起源とする専制権力とその絶対的性格の思想を擁護している。

　文学において、様々なジャンルの作品が16世紀には広がった。ロシア中世文学にて特別の位置を占めたのが『編年記』――全世界的な歴史について、人々の気持ちを引きつけ教訓を与えている作品集である。1512年、最初のロシア版「編年史」が登場した。この作品集の著者は不明である。しかし、この著者は世界史の動きについて自分の見解をもち、たいへん教養のある人物である。この『編年記』では、スラブ諸民族、そして、何よりもまずロシア民族に注意を払っている。この作品集は、ロシア史を全世界史の一部と考えていた。

　14世紀前半、マカリー府主教の周辺近くの人々が書いた有名な『聖人伝』がある。ロシアにおける『聖人伝』は、奉神礼の祭に使われる教会の書籍とは異なり、読書を目的とした本を名づけたのである。『月課経』――とは、毎月そして毎日の勤行を示し、読むことを推奨した作品集である。聖人伝は、ロシアで読まれていたすべての本を自分のものとし吸収し、グループ化した。そこには、教会文献周辺以外の生活、教訓そして創作物があった。聖人伝は、ロシア中世社会の一種の教会・文学的百科事典であった。

　16世紀になると、有名なドモストロイ『家庭訓』が書かれた。シリヴェストルがこれを、おそらく作成あるいは少なくとも編集をしたと考えられている。『家庭訓』は、家事の進め方、子どもの教育そして家庭における宗教的規範や儀式のやり方を説き導く内容であった。シリヴェストルはこの作品集を自分の息子アンフィムのためとして作ったが、彼が何よりもまず意図としていたのは、自分の家庭をもったばかりで教導が必要である若いイヴァン4世のためであった。なぜなら彼は孤児として成長したから。『家庭訓』の主な考えのひとつは、国家ではツァーリ権力に、そして家庭では家長に従うことであった。

このように、統一ロシア国家の成立、そしてオルダ統治からの脱却は、ロシア民族文化を形成し、ロシアをいまだかつてなかった文化的飛躍へ導いた。書籍印刷の出現は、国民の啓蒙活動に大きな意義があった。文学作品の主なテーマには、外国の侵略者との戦いだけでなく、統一国家やツァーリ権力の強化でもあった。

◆質問と課題◆

1. 14～16世紀のロシア文化発展の特徴は、どのようなものでしたか。
2. この期間、読書にはどのような発展がありましたか。書籍出版が始まった意義は何ですか。
3. 14～16世紀、口承民芸にはどのような伝統が保存されていたましたか。新しいものとして何が生まれました。
4. 14～16世紀は文学においてどのようなジャンル、考え方に代表的な特徴がありますか。
5. 16世紀の文学にどのような変化が生じましたか。

史 料

物語詩『ザドンシチナ』

ドン川とドニエプル川の河口へ、海から強い風が吹き始め、大きな黒雲をロシアの地の方へと流していった。そこから朝焼けが現れ、青い稲妻が鳴り響き、ドン川とドニエプル川とのあいだにある、血のような川ネプリャドバでは金属がすれ違う音や大きな雷が、そしてクリコヴォの平原では人の死体が倒れ、血がネプリャドバ川に流れるであろう。

ドン川とドニエプル川とのあいだで兵馬車の音がきしみ、敵がロシアの地へ向かっている。ドンとドニエプルの河口に灰色の狼が集まってきた。そしてメチャ川に向かって立ち止まり、吼え、ロシアの地への攻撃を欲している。

ガチョウがメチャ川では鳴き始め、白鳥の羽ばたきの音が出始めた。これはガチョウが鳴き始めたのではない、白鳥の羽が音を立て始めたのではない、邪教のママイが自分の軍隊を連れロシアの地へ来たのだ（中略）。

タカやシロハヤブサそしてベロオゼロ川のオオタカが石の町モスクワから金の足かせから解き放された；彼らは青い空を飛びドンへ金で塗られた鐘で音を響かせ、ガチョウや白鳥の群れに攻撃を欲している。ロシアの豪傑、勇者は、邪教のツァーリ・ママイの偉大な力を攻撃することを欲した。大公が金の鐙に足を入れ、自分の剣を右手に掲げた時、東から太陽が輝き路を示し、ボリスとグレブは同郷者へ報いる祈りを捧げている。

　すでにタカやシロハヤブサそしてオオタカは早速ドンに飛び超えガチョウや白鳥の群れを攻撃した。ロシアの息子たちは、強いタタール軍との合戦へ導かれ衝突した。クリコヴォ平原のネプリャドバ川で、タタールの鎧を致命傷を与えるヤリで叩き、剣は憎き敵の兜を砕いていた。

　蹄の下の黒土にタタール人の骨が蒔かれ、血が流れた。強力な双方の軍隊は対戦し、丘や草原を踏み固め、川や湖を掻き乱した。ロシアの地に奇跡が叫ばれ、様々な土地で聞くことが下知された。栄光がジリエズニー・ヴァロトに、オルナチャへ、ローマへ、海を伝わってカファ、チルノヴァそこからツァーリグラードへロシアの諸公へ誉めの言葉が送られた。偉大なルーシはクリコヴォの平原で、ネプリャドバ川でママイを打ち負かした。

◆**史料についての質問**

　『ザドンシチナ』の著者の雄大で歴史的知識は、何を物語っていますか。

◎ 新しい用語を覚えよう。

　政治評論〔**Публициcеика**〕――政治的問題についての文筆作品。

　王冠〔**Регалии**〕（リガーリア）――君主権力のシンボル的な物。

　百科事典〔**Энциклопедия**〕――広範な内容を網羅した便覧。

　叙事詩〔**Эпос**〕――民族芸術作品の総体。

§27. 14～16世紀の建築と絵画

◆14～15世紀における建築

　13世紀末になると、ロシアには石造建築が復興した。トヴェーリではウラ

ノヴゴロド・イリヤ通りにある救主教会

ノヴゴロド・ルチヤにあるフョードル・ストラチラト教会

ジーミルのウスペンスキー様式による救主プレオブラジェニエ大聖堂が建立された。

14世紀に入ると、石造建築の中心地はノヴゴロドとなった。そこではノヴゴロド風で古典となった様式での寺院——フョードル・ストラチラト教会、イリヤ通りの救主教会が建てられた。12～13世紀のノヴゴロド教会の厳しい外見と異なり、これらの寺院は柔らかく、派手でそして儀式的形態で見る者を驚嘆させた。正面は、フレスコ壁画の壁がん、彫刻の十字架の三角の窪みで装飾されていた。

ノヴゴロドで大規模な建築は15世紀前半にもあった。1433年、ドイツとノヴゴロドの建築工たちによりクレムリンに、儀礼の式典や貴族会議の討議のためグラナヴィータヤ宮殿が作られた。あるノヴゴロドの貴族たちは、自分用に石造の宮殿を造った。

プスコフの建築は、他とは異なり独自の道を歩み、最終的には14世紀中頃ノヴゴロドとは分離していた。プスコフはロシアの辺境に位置していたので、防御的建築が発展した。1330年町の近くにイズボルスク要塞が造られた。これはロシアでももっとも大きな軍事施設のひとつとなった。プスコフの町自体には

イズボルスク要塞

大規模で全長約9kmにもなる石造クレムリンが建てられた。プスコフのすべての建築は、要塞的外見をもち、建物は厳格で、そして簡潔であった。

14世紀第2四半期では、石造建築がモスクワでも始まった。イヴァン・カリタの時代、モスクワ・クレムリンでは4つの石造りの寺院が建設された。ウスペンスキー大聖堂とアルハンゲルスキー大聖堂、イヴァン・レストヴィチニク教会とボルの救主教会である。

モスクワの政治力の成長を証明するものとして、1367年白壁作りのクレムリンが建造された。クリコヴォ戦争の直前に、全モスクワの寺院の規模より大きなウスペンスキー大聖堂がコロムナにて造られた。この建設が伝統的ウラジーミル様式であったのは、首都の地位がウラジーミルからモスクワへ継承された考えを強調したことの確認である。

統一国家の形成は、モスクワを特別な地位にした。モスクワがロシアの首都となったことで、そこに全ロシアの大公の公邸が置かれることとなった。モスクワの景観には適応する変化が必要となった。そこで、モスクワはロシア建築

モスクワ・クレムリンのウスペンスキー大聖堂

モスクワ・クレムリンのアルハンゲルスキー大聖堂

の中心地となった。モスクワにはイタリアから建築家、そして、全ロシアからより優れた建築工が招待された。イタリア人は15世紀末に新しい建築材料——レンガを持って来た。イタリアの建築家**アリストーテル・フィオラヴァンチ**は、ロシアで最初のレンガ工場を建てた。イタリア人の指導のもと、ロシアの建築工はレンガを使ってモスクワのクレムリンの壁や塔、そしてウスペンスキーとアルハンゲルスキー大聖堂、イヴァン鐘楼を作った。クレムリンのちょうど中央にそびえ立つウスペンスキー大聖堂は、もっとも権威ある建築物となった。ロシアにてもっとも感銘を与える聖堂を造るとした、この構想はイヴァン3世に属していた。それにもまして、彼はウラジーミルのウスペンスキー大聖堂を見本として採用するようフィオラヴァンチに提案した。この「教会」についてのロシア人の印象を、年代記作者は「たいへん壮大で、高く明るくすばらしい響きと空間のこの教会は奇跡的で、ウラジーミルの教会以外ロシアのどこにもない」と表現している。

しかしながら、レンガが白壁に完全に取って代わったわけではなかった。白壁は、以前と同様基礎部分や小さく切られ正面の飾りにも使われた。**マルコ・ルフォ**と**ピエトロ・アントニオ・ソラリ**はクレムリンにグラナヴィータヤ宮殿

モスクワ・クレムリンのグラノヴィータヤ宮殿

を建てた。この宮殿の外観は白い研磨された岩で覆われ、そこからこの名前が付けられた。グラナヴィータヤ宮殿は、式典のパーティーや祭典用に使われた。

ロシア諸大公の祝祭用宮殿として作られたモスクワのクレムリンは、力のシンボルとなり、キプチャク・ハン国から解放しロシアの地統合の業績をあげたモスクワ公成功の証となった。

◆16世紀におけるモスクワ国家の建築

ロシア国家で展開された複雑な政治的出来事や経済的プロセスは、ロシア文化の発展に影響を与えた。まず、領土に新しく併合された都市が増え、都市建設や建築物についての諸問題に、高い関心が向けられた。中央政権の強化、それに専制的特徴を付加することが、ロシア国家の首都として相応する形様を求めた。国のいたる所からモスクワへ建築工が移住させられた。首都で建築に関する特別の機関——**都市庁**、**石材庁** が設立された。モスクワは建築の中心地となっていった。そこでは新しい建築の様式や方向性が現れた。モスクワの趣味はもっとも遠い町でも把握されていた。

モスクワ・クレムリンの外観が変化した。そこから、大貴族のほとんどの屋敷が出され、手工業者や商人が移住させられた。また、そこには外国の通商や

16世紀、イギリスの大使や商人が宿泊したモスクワのイギリス旅館

外交代表部、そして国家機関である印刷局、使節局、そして様々な庁の建物が建てられた。

しかし、建築物でとくに鮮明に芸術的達成が発揮されたのは、教会建築においてであった。首都の石造建築物にはロシアの民族木造建築物の伝統が取り入れられていた。このプロセスの結果としてロシア建築に**尖頭形スタイル**が生まれた。尖頭形建築の素晴らしい遺産として、ヴァシリー3世から生まれ、長く待たれた相続人——のちのイヴァン雷帝——の誕生を祝い、1532年カローメンス村に建設されたヴォズネセニエ寺院がある。

ロシア建築の最高峰は、1555〜1560年にクレムリン近くに建設されたパクロフスキー大聖堂であると考えられている。(この大聖堂は、同時に「ユラジヴィ」としても有名で、その壁に埋葬されていたヴァシー

モスクワ郊外カローメンス村にあるヴォズネセニエ寺院

第3章 モスクワ・ルーシ　　243

モスクワのヴァシーリー・ブラジェニー大聖堂

リー・ブラジェニーにちなみ、彼の名をつけたヴァシーリー・ブラジェニー大聖堂とも呼ばれている)。これは、ロシア軍がカザンを占領したことを祝い建設された。これは独特の美しさに驚かされ、ロシアのマスターである**バルマ**と**ポストニック**により作られた。この寺院の考えは単純であり、寺院中央の巨大なシャトロヴィー塔は、様々な個々の素晴らしい円屋根を統合している。これは、モスクワが自分の周りにロシアの地を統合していることを意味している。

◆14世紀ロシアの絵画　フェオファン・グレク

　14世紀からロシア絵画が花咲き始めた。それに大きく貢献したのは**フェオファン・グレク**であった。当初、彼はノヴゴロドで働き、そのあとモスクワで

働いた。彼がビザンツからロシアへ来たのは14世紀70年代であり、その時すでに絵画の分野では有名であった。彼は、自分のもっていたすべての技法を新しい祖国に伝授した。このマスターのもっとも素晴らしい作品は、ノヴゴロドのイリヤ通りの救主教会のフレスコ（壁画）である。

　フェオファン・グレクの宗教的主題は、ビザンツ的絵画様式とは無縁であり、そこにはマスターの性格に対し、人間の内面世界に対する興味を感じさせるものであった。彼は、色彩の系列を使い、聖人が一定のポーズで固まっているのではなく、動いているかのごとく見える実験を行うことができた。この独自の創作は、「ドン川の聖母」のイコンである。これまでの伝統に従い描かれていたイコンは、暗く桜色の色彩であったが、このマスターは鮮やかな青を巻きつけ、イコンを蘇らせた。「聖母子」の顔は青色、緑色そして赤色でエネルギッシュなひと筆で描かれている。また、今だかつて「聖女」以前、このような感動が生じたことはなく、この世のものとは思われないとされている。

　モスクワにおいてフェオファン・グレクは、ロージェシト教会やヴァシリー１世大公のクレムリン宮殿に絵を描き、アルハンゲルスキー大聖堂の壁画を描いていた。しかしながら、彼のもっとも重要な創作は、ブラガベシエンス大聖堂のために描かれたイコンの壁である。**イコンの壁**は、独自な文化的な現象で、

キリスト　ノヴゴロド・イリヤ通りの
救主教会円天井の壁画

14世紀末ロシアの教会で生まれた（ビザンツ文化では、このように大きなイコンの壁は見当たらない）。

　ロシアのイコンの壁は、寺院の内部装飾の一部であった。いくつかの列として提示されているイコンは、高い壁を構成し、祭壇を他の空間と分けていた。イコンは厳密な秩序で描かれている。イコンの下部は、その教会が賛美していることを尊重し、聖人や祭事が収まっていた。続いて中央部分の真中にはキリストが収まり、その周囲には祈る形でマリア、ヨハネ・預言者、そして使徒、大天使や主教が収まっている。ブラガベシンスク大聖堂のイコンの壁には、フェオファンのアトリエで製作された25のイコンがある。

◆15～16世紀ロシアの絵画　アンドレイ・ルブリョフ
　14世紀末から15世紀初頭にかけて、モスクワにて絵画のロシア民族派が成り立った。もっとも輝かしい代表として、天才的なロシアの芸術家**アンドレイ・ルブリョフ**がいた。彼は当初トロイツェ・セルゲエフ修道院、そのあとスパス・アンドロニコフ修道院の修道士であった。1405年、アンドレイ・ルブリョフはフェオファン・グレクと**ゴロデツからのプロホール**と共にモスクワ・クレムリンのブラガベエシンスキー大聖堂の壁に絵を描いていた。1408年彼は、**ダニール・チェルニ**といっしょにウラジーミルのウスペンスキー大聖堂のフレスコ壁画、トロイツェ・セルゲエフ修道院の大聖堂でフレスコ壁画の装飾を手がけている。
　ルブリョフのもっとも有名な作品は、トロイツキー大聖堂のイコンの壁のために描かれた「聖三位一体」である。彼は、最初に聖三位一体を3人の美しい若者として表現した。大きな樫の木の葉に覆われたテーブルの周りに座り、急がず好意に満ち、たいへんもの悲しい座談をしている天使たちである。公の内紛やキプチャク・ハン国の侵略など厳しい年月であったが、ロシア民族の平和、調和、静寂、そして相互愛を表現することにアンドレイ・ルブリョフは成功した。
　ルブリョフの芸術において、ロシアの絵画は、ビザンツから分離するプロセ

聖三位一体　アンドレイ・ルブリョフ作

スの論理的帰結を得た。ルブリョフや彼の継承者は、ビザンツの厳格さや禁欲主義とは完全に決別した。自らの作品において彼は、当時の生き生きとしている人々の生活を創作し、ロシア人の心の悩みや気分を伝えた。

　ロシアの絵画は、それまでの世紀のように、主にイコン絵画と寺院壁画からなっていた。絵画の新しい考え方や手段が生まれ、その主要な場所は、モスク

第3章　モスクワ・ルーシ　　247

聖ニコラ　16世紀のイコン　　　　　　　ペレドカ村のロジジェストヴェンスキー
　　　　　　　　　　　　　　　　　　　教会　16世紀

ワのクレムリンとなった。

　15世紀末〜16世紀初頭、絵画のモスクワ派をもっとも代表する人物は、名門貴族で修道士となった**デオニシー**であった。彼は、モスクワ・クレムリンのウスペンスキー大聖堂のイコンとフレスコ壁画の一部を描いた。デオニシーの作品は、繊細なタッチ、優雅で柔和な色で際立っていた。それらには、祭典の儀式や明るい喜びの気持ちが湧いていた。デオニシーのイコンでの聖人像は、その人の人生でもっとも重要なエピソードが描写されている絵が額に入っていた。

　イヴァン4世統治の時期、より頻繁に宗教画に実際の歴史的出来事が反映された主題が含まれていた。

　16世紀中頃には、カザン占領を記念し、4mもする巨大なイコン画「戦闘的教会」が描かれている。そこにはイヴァン4世を先頭とし、凱旋のロシア軍の祝賀行進が描かれていた。軍のなかには、ウラジミール・スヴヤトスラヴィチ公と彼の息子ボリスとグレプ、アレキサンドル・ネフスキー公、ドミートリー・ドンスコイ公やその他の高名な公――軍人たちがあった。その前方には、

羽がついた馬に天使アルハンゲル・ミハイルが飛んでいる。中央には、手に十字架をもったビザンチン皇帝コンスタンチンの人物像が描かれている。そして「聖母子」は、軍隊と出会っている。この作品の目論見は明らかである。すなわち軍事的勝利は天の力の庇護下であったことの結果であり、ロシア軍の偉業は「正教」の対「不信仰的異教徒」に対する勝利であるとの解釈であった。

このようにして、14〜16世紀の時期—ロシア的石造建築が復活・発展し、民族的絵画派の形成の時期であった。

◆質問と課題◆

1. 14〜15世紀において、ロシア建築には、どのような特異な特徴がありましたか。
2. モスクワのクレムリン建築の異議は何ですか。16世紀の外観の変化はどのようなものですか。
3. 16世紀、ロシア建築で傑作といわれるものについて述べなさい。
4. どの様な芸術的要因が、フェオファン・グレクをとくに、ビザンチンから離れロシアの地へ行くことへ駆り立てたのですか。彼の絵画の手法には、どのよう特徴がありますか。
5. ロシアにおいて絵画の民族派が生まれたことを証明するのは何ですか。

史　料

20世紀初頭、ロシアの歴史家によるアンドレイ・ルブリョフの芸術に関して

アンドレイ・ルブリョフはふたつの時代の境期に生まれた。11、12世紀、そして13世紀がロシア芸術史において借りものの期間であったとすれば、14世紀は民族・独自性を基礎としたロシア・イコン絵画が花開き始めた時期であったことを意味している。ビザンツから会得したものは、形式の優雅さ、線の細心さ、描写の正確さ、ひと言で言えば、古代イコン絵画の技術であった。内容はまさに真のロシア独特のものを委ねていた。アンドレイ・ルブ

リョフの創造の特徴は、愛情でもって遠い精神的根源への志向に満ち、高めたことであり、これは当時の古代イコン絵画と全く異なる特徴であった（中略）。

ビザンツの無言的画法と異なり、ルブリョフのイコンは、異常な繊細さでもって人の心の内面的動きを伝えていることに驚かされる。

このことは、ルブリョフのイコン「聖三位一体」を最初に見たら、目に焼きつけられる（中略）。

全くこの世とのものとは思われない喜びや素晴らしい特別で細心な感情は、他の宗教を信じている人でさえも、このイコンに対し注意を向けている。この感動の中で、世俗から離れたなかで、民族的ロシア精神の独自の特色が表現され、アンドレイ・ルブリョフの聖なるイコン画芸術に鮮明に現れている。（I・N・ザヴォロコ）

このイコン（「聖三位一体」）には3人の天使が修道院の食卓に座っている。聖書の言い伝えによると、すすめたのはアヴラアムであった。テーブルには杯とその近くにパン切れがあり、それ以外は何もない。これは明らかに食卓のシンボルだけであり、それのみを示唆している。アヴラアムのもてなしを、画家は意図的に簡素化して描いた：鑑賞者のすべての注意を、彼は天上の客に向けさせたかった。天使たちの優しく端正な容姿、彼らのどこか遠くの方を見ている眼差しで頭を傾けていて、背景の風景は、軽く明るい色を基調とし、美しく描かれている。この姿を見ると、心から、礼拝したくなる——すなわち、そこには何と感動的であり、崇高と精神的なものがある。

このイコンには魅惑的な線の調和がある。衣装のひだ、頭や胴体の曲がりぐあい、手の姿勢、風景（木）の線と人間の体の線との調和、意気揚々とした内容や素晴らしい色調の調和などである。（E・シムルロ）

◆史料についての質問

1. アンドレイ・ルブリョフの芸術の特徴は何ですか。ビザンツ派との違いは何ですか。
2. アンドレイ・ルブリョフの作品のなかで、ルネッサンス期の著名なマスターたちの宗教的絵画と原則的な違いを、何に見ますか。

◎ 新しい用語を覚えよう。
　　尖頭・スタイル〔Шатровый стиль〕——建築様式のひとつで、高角度の
　　　　　　　　　　　　　高い塔を造る。
　　ユラジヴィ〔Юродивый〕——予言の才能をもつ巡礼者、禁欲主義者。

§28. 15〜16世紀の生活

◆都　市

　ロシア国家の拡大に伴い、新しい都市が建設された。それらは、まず軍事拠点として役に立った。最初に、コサックや銃兵隊、その後農業を業とする人々が移住し居住地の基礎となった。都市は、自然の防御地である水辺に位置していた。石造りあるいはレンガ造りで強化された防護施設は、16世紀ではたいへ

モスクワのクズネツ橋　Ａ・ヴァスニェツォフ作

第3章　モスクワ・ルーシ　251

手工業者の家

んまれであった。都市は、木造や土の材料で作られていた。都市の壁や土塁は、様々な深さや幅の壕で取り囲まれ、そこには水が張られ、鉄製の先のとがった棒やあるいは打たれている杭もそこに埋められていた。

　都市の壁の内側には、**行政建物**があった。まず、都市の行政を集中させている**プリカーズのイズバー**（官公舎）があった。教会は必ず建てられた。役所の近くに**軍司令官の施設**があった。火薬を保存するための火薬庫が作られ、その――後ろには**武器用倉庫**があり、銃弾、大砲の弾や武器が保管されていた。そこでは、また鉛が武器製造のため保存されていた。町には**ツァーリの穀物倉**があり、そこから勤務者に対し支配者の報酬が分配された。

　都市の壁の外側には、土に穴を掘り矢来（防護柵）で囲まれた木造のイズバーに刑務所が作られていた。都市の防護施設から遠くない所に、銃兵の居住舎があった。最後に、都市の近郊に封地をもっている地主の館がある。それらは、多くの場合軍事行動の時のために作られていた。平時に領主は町には住まず、家を特別の人――**屋敷番ドゥヴォルニック**に世話を任せた。戦時用に郊外の一般の人々のため建造された**オサードナヤ・イズバー**に国庫負担の人々（す

なわち、国家に所属している人々）もいた。大きな都市では、商業館もあった。この場合、都市は行政の中心地であるだけでなく、商業の中心地ともなった。

商工業住民は、ポサードに住んでいた。ポサードの通りには教会の名称（「ドミートロスカヤ」通り、「ヴァスケレセンスカヤ」通りなど）に、あるいは住民の業種（カラチナヤ「白パン」通り、ヤムスカヤ「駅馬」通りなど）にしたがい名づけられていた。通常、ポサードのすべての通りは、様々な方向からでも、広場に交差していた。その広場は、商業や社会生活の中心であった。そこでは、自治の家——選挙による統治の場所があった。商店、小さな店、マスターの工房が立っていた。安い食べ物を提供する飲食店**ハルチェブニャ**がカラになることはなかった。ポサードの郊外や大きな村では、勤務者——銃兵、砲手や火縄銃隊員が住んでいた。

◆ロシアのイズバー

土地耕作をする住民たちは、村や村落に住んでいた。教会のない入植地は、村落と呼ばれた。村も村落も通りは１本であり、両側には農家が並んでいた。

農民のイズバー

ロシア北東部で最も普及していた住居の種類は、**イズバー**（百姓家）――丸太でできた住居であった。イズバーを農民も都市住民も作っていた。イズバーは、大きな松あるいはエゾ松の丸太で建設されていた。4本の丸太を四角形にし、端を結合させていた。このような作り方は花輪**ヴェネツ**と呼ばれていた。ヴェネツとヴェネツを合わせ家の**枠組**(わくぐみ)を作り、ふたつの相対立するヴェネツは次第に長さが短くなり、最後まで来たら、そこがふたつの傾斜がある屋根の基礎になる。イズバには天井がなかった。それゆえ、屋根はとくに強固に、そして寒気を入れないようにしていた。丸太には煮た白樺の広い皮が帯状につけられていた。屋根の上部は、ぶ厚い藁の層で覆われていた。原則として、ロシアのイズバはひとつの住居空間からなっていた。農家では、暖かいイズバーはセーニ〔玄関入口の間－訳者〕で分けられることもあった。寒い部屋ゴルニツァがあった。このセーニに、木の彫刻で装飾された玄関ポーチの上に張り出した部分が建て増されることもあった。

住居空間で大きな場所を占めていたのは**暖炉**(だんろ)であった。通常暖炉は、入口から右側の隅に造られていた。暖炉はレンガあるいは特別に強い粘土で造られ、そして、暖炉の上部に平面の、通常**レジャンカ**といわれる子どもや老人用の寝床ができ建設は完了する。暖炉は、煙突なしで焚かれていた。イズバーでの窓は丸太の高さで切り掘られた細長い穴であった。ガラスの代わりに、以前と同様、雄牛の袋状の内臓を使っていた。しかし、都市住民の住居では、雲母の窓が使われていた。裕福な人々だけが窓にガラスを付けていた。

イズバーの制限された空間で農民たちは、必要最小限のものしかもっていなかった。壁には広い板が打ちつけられていた――**長椅子**(ながいす)あるいは脚つきの**ベンチ**があった。それにしたがい長い可動の**テーブル**があった。壁の角隅には正教の聖人やキリストあるいは聖母のイコンが飾られていた。イコンの前には**燈明**(とうみょう)――油が一杯の小さな器と芯――が点いていた。棚には木製の大皿、碗、粘土製の浅皿や壺、鉄製の鍋などがあった。

イズバーのなかはたいへん狭かったが、おおよそ8～10名が住んでいた。夜になると、敷物が敷かれるか、あるいは特別の木製の**ポラチ**――暖炉から天井

の下に作られた寝床——が作られた。マットレスそして枕の代わりには藁や干草を敷いて——厚い麻糸で作られた荒い布を——被っていた。麻布からは衣服が作られていたが、たびたび上着で覆われていた。裕福な人々は、カーテンつきのベッドや羽毛布団のマットレスと毛布を使っていた。

　窮屈な条件での生活は、伝染病から逃れるため家の清潔さを保つ必要があった。こざっぱりした主婦は、ほとんど毎日、テーブル、長椅子や床を白くなるまで研いていた。不愉快な臭いをなくすため、イズバーではビャクシンの小枝を燃やしていた。夏には、床に藁あるいは白樺の葉、新鮮な草や野原の花を敷き、冬には乾いた砂やエゾ松の小枝を敷いていた。

　家族全員必ず毎週、ロシア風蒸し風呂バーニャに入った。いくつかの地方では、風邪を治療するため、バーニャにて自分の体にダイコンあるいは野生のコショウをこすりつけた。ロシアのほとんどの地方では、バーニャに入ったあと、川や湖の冷たい水、あるいは雪だまりに飛び込む習慣があった。これは、人々を鍛えた。

◆衣　服

　ロシア人の衣服は数世紀にわたり大きな変化はなかった。シャツとズボンが衣装棚の主なものであった。上着は、袖の長い**カフタン**であった。農民は自家製の灰色のラシャからカフタンを作っていた。カフタンはまっ直ぐ裁ち、ウエストはなくポケットや他の部分もなかった。裕福な人々は色彩のある薄いラシャで作られたカフタンを着て他と異なっていた。農民の足は、以前と同様に樹皮で編んだ、わらじ（ラプティ）で堂々としていた。1年に農民は約60足ほどのラプティを履き潰していた。革靴はたいへんまれであった。ブーツは裕福な人々だけで、それも祭りの時だけであった。すべての階級の人々は、親指だけ分かれた手袋ルカヴィチを着けていた。

　冬は短い羊の毛皮の外套——**トゥルプ**を着ていた。羊毛の毛皮の家庭での加工では、強くなく、すぐ使い古されるので、この外套の上にカフタンを着ていた。裕福な人々は、麻布あるいはラシャの外套を上から着ていた。男性用服で

第3章 モスクワ・ルーシ　　255

ロシア農民の衣服

　不可欠な要素として、クシャク——おおよそ30〜40cm巾の毛織の長い布でカフタンあるいはトゥルプで締める——があった。
　女性用の服は、より多様であった。刺繡、レース、リボンそしてその他の装飾物を利用したためである。衣服のセット自体は大きくなかった。以前から基本は麻のシャツが残っていた。しかし、女性用の服装の中でシャツの変化は、それほど多くなかった。しばしば、すべての丈にボタンがついている**サラファン**をシャツのうえに着ていた。サラファンの上に**ドゥシェグレヤ**——半袖あるいは袖なしでの短いジャケット——を着ていた。冬、女性の農民は、男性とほとんど変わりない羊の毛皮の外套を着ていた。この様な服装をして、都市に住む裕福でない女性は過ごしていた。女性は、自分の服を自分で縫っていた。足にはラプティを履いていた。娘の頭には、後ろからリボンで結ばれた頭巾をか

ドイツ皇帝へむかうロシア大使館員

ぶっていた。髪はお下げを編んでいた。既婚の女性は、絹の特別のかぶりもので髪を隠していた。既婚女性にとって髪を見せることは大きな罪悪と考えられていた（そこから、「しくじる」の意味で「頭の髪が空になる」の表現が出てきた）。この絹製の頭飾りにスカーフを着ていた。

　上流階級の服装は、豪華さで一般の人々と異なっていた。金持ちは、金や銀の糸で優雅さをより強調した黒色の革製の服で着飾るのを好んだ。金襴の刺繍、レース、真珠、宝石そして次から次へ着替えるおびただしい量の服、これらは一般庶民と上流階級を著しく異にしていた。カフタンは軽くて細い材料で作られラシャはまれで、その裾には金や銀のモールがついていた。高く垂直な襟、上流階級のおしゃれの誇りを示すものとして、サテン、ビロードあるいは錦のカフタンにはあった。そこには銀、金、真珠や宝石で刺繍がほどこされていた。襟は首筋全体を締め、決め手〔トランプの－訳者〕を意味する**コーゼリ**と名づけられた。そこから、「コーゼリで歩く、風を切って歩く」という言い回しが生まれた。外の通りでは、広く裾の長い服が着られ、その型により様々な名称があった——襟もなく腰も締めていない服フェルヤージ、カフタンに似

第3章 モスクワ・ルーシ　　257

考古学者により発見された
モスクワ人のはきもの

たゆるい上着アファベン、シングルの襟なしカフタンアドナリャトカ。ブーツは、薄くて柔らかいモロッコ革、山羊のなめし革——サフィヤンで作られ、主に赤色、靴底には鉄製で蹄鉄状の底金が打たれていた。髪は円形に刈られていた。

　上流階級の婦人の服装も同様に特徴あるもので異なっていた。体形にピッタリしているのは、みっともないと考えられていた。そこで、婦人用の服は長く幅広かった。下着は、亜麻布あるいは絹の薄い白色あるいは赤色のシャツであった。シャツには幅広く長い袖があり、手首の部分を総(ふさ)で締められていた。シャツの上には、男性用のカフタンに袖がついているような**レトニック**であり、肘まで長い織られたままの幅の布地で縫い、仕上げられていた。レトニックは高価で細い糸で、長いモール糸で縫われていた。首にはピッタリとした襟あるいは金や真珠が織り込まれた黒い編み紐から作られた首飾りがあった。時にはシャツの上にはすべての丈にボタンが付いたサラファンを着ていた。サラファンの上にドゥシェグレヤを着ていた。寒い日には、レトニックの上に**オパシェニ**——襟は広く丸くそして厚い繊維で作られた裾の長い服——を着ていた。アパシェニの広い袖はかかとまで下がっていて、肘から下は切り抜かれていた。

　女性用の靴もサフィヤンで作られ、豪華な模様でもって、また金や真珠が縫われて際立っていた。

◆**食　事**

　ロシア人の主な食べ物はパンであった。農民は、主にライ麦の黒パンを食べ

258　ロシアの歴史　古代から16世紀末まで　6年生

農民の家族　ロシア年代記の
細密装飾画

ていた。毎日の食事には、発酵したキャベツで作られたスープ・シチーが出た。農民の食事で一定量の重要なものとして、様々なかゆであるカーシャがあった。夏には野菜を生で、蒸したりあるいは煮てたくさん食べた。大きな川や湖がある地方では、主に魚を食べた。魚料理でより好まれていたのは魚のスープであるウハーであった。肉が平日農民のテーブルに上がるのはまれであった。すべての料理に多量の玉ねぎやニンニクが使われた。祭日には人々はもっと贅沢な食べ物を食べていた。肉のシチー、野菜や肉からの様々なスープ・ソリャンカそして卵料理であった。祭日のご馳走は、農民の生活ではまれであった。

　裕福な人々の好みの食事は、煮魚、焼魚そして魚の卵のイクラであった。様々な——サフラン味つけの鳥肉入り、レモンやキュウリそして麺入り、魚と香料の根が入った——ウハーは好まれていた。夏になると、テーブルには、ライ麦で作る清涼飲料クワス、魚それにギシギシ〔タデ科の植物。俗にスカンボー—訳者〕で作られた冷たいスープ・ボトヴィニヤが出された。1日のうちいつでもクワスに肉や野菜を入れた冷たいスープ・アクロシュカを食べていた。

ホットケーキ・ブリンやブリンの厚手であるアラジヤは祭日に出ていた。昼食の前にはワインや蜂蜜が飲まれていた。16世紀、モスクワに来たオランダの商人はコーヒー豆をもっていた。そして、裕福な者の朝食にコーヒーが出されるようになった。

ロシア人は、裕福であるなしに関係なくパイのピローグを好んだ。ピローグには様々な詰物があった。卵、キャベツ、魚、キノコ、米そしてエンドウ豆などであった。

1日に数回食事をとっていた。朝食、昼食、間食そして夕食であった。朝食はたいへん早かった。昼食は正午ごろで、間食を午後4時あるいは5時ごろ取っていた。

紡ぎ車

太陽が落ちたあと、夕食をとり、その1時間後、神様にお祈りをして、就寝していた。また、テーブルに着席する前、テーブルの後ろに立ってお祈りをした。昼食のあと、必ず1、2時間休息をした。

人々は、月曜日、水曜日、金曜日そして土曜日毎の教会が決めた精進を大変厳しく守っていた。重病人でさえ、これらの日には肉を食べなかった。

このように、15～16世紀になると人々の財産による経済格差が顕著になった。しかし、形成されつつある階層すべてに、生活の基礎となる共通のものが、まだ残っていた。貧しい者、豊かな者も同じような形の服を着て、シチーやカーシャを食べ、共同のお祭りを祝い、そして同じ言葉を喋っていた。

◆質問と課題◆

1. 15～16世紀、ロシアの都市は、どのような部分から成り立っていましたか。町自身は何でしたか。その主な存在意義は何でしょう。

2. なぜロシア人の住居の主なタイプは木造のイズバーでしたか。
3. ロシアのイズバーの内側を説明して、できれば描いてください。
4. なぜ、イズバーのなかではつねに清潔を保たなくてはならなかったのですか。ロシアの農婦はどのようにして清潔さを保ちましたか。
5. 古代ルーシ国家時代と比較し、15世紀〜16世紀のロシア人の服装の変化はどのようなものですか。
6. 農民の日常と祭日のテーブルを「用意してください」。現代まで、どのような料理が残っていますか。

◎ 新しい用語を覚えよう。

行政建物〔**Административые здания**〕——権力機関が入っている建物。

行政的〔**Административый**〕——権力と関係しているもの。

カフタン〔**Кафтан**〕——裾が重なりあい長い袖の男性用上着。

ポラチ〔**Полати**〕——天井下の木製の板敷き。

ハルチャブニャ〔**Харчевня**〕——簡単で安い食事を出す飲食店。

まとめ

　このように、ルーシとロシアの歴史の旅の第1段階を終えた。多くの新しい歴史的事実や名称を知り、われわれの遠い先祖の国家や社会また精神生活で生じた基本的なプロセスを明らかにした。そこで、一応の総括をする。

　ロシアの歴史は、他の国、そして他の諸民族の歴史と多くの場合類似している。しかし、そこにはおのずから独自性がある。そもそもルーシは、古代ギリシア・ローマの古典的世界とは離れた所に位置し、それらの文明の影響が及ばなかった。しかし、キリスト教の分系であるギリシア正教を受け入れたルーシは、ビザンツの国家伝統、その文化や精神生活の諸要素を吸収した。その同じ時期、ステップの諸民族との積極的な相互活動が行われ、これら諸民族は、ルーシの国家生活や、住民の文化や生活習慣に影響を及ぼした。オルダ統治は、多大な損失を、ルーシにもたらした。大きな貢税をオルダ・ハン国に収め、国は成功裡に経済や文化を発展させることができなかった。

　ロシアの国家体制の発展もヨーロッパ諸国と同様の段階の特徴を経ている。すなわち、国家権力が生まれ、分裂し、そして中央集権国家の成立である。しかし、西ヨーロッパ諸国は、第1に経済的要因がこれらの段階を呼び起こしたが、ルーシでは政治的利害が一番であった。つねに敵対的襲来の脅威がある条件のもとでは、国家のロシア社会生活全般に対する影響力は伸張していた。この場合、国家権力自体が、専制形成の方向へと変化した。西ヨーロッパと比較し、ルーシにおいて巨大な土地所有——封建領主は、より緩慢にしか発展しなかった。そして、たいへん早く国民関係へと変化した家臣制関係は、著しく弱くにしか発達しなかった。すなわち、国家においては、社会における立場にかかわらず、すべての人々は、君主の臣民となるしかなかった。

年　表

882～912年	キエフにおけるオレグ公の統治
912～945年	キエフにおけるイーゴリ公の統治
945～957年	キエフにおけるオリガ公妃の統治
957～972年	キエフにおけるスヴャトスラフ公の統治
980～1015年	キエフにおけるウラジーミル大公の統治
988年	ルーシの洗礼
1019～1054年	賢公・ヤロスラフ公の統治
1113～1125年	キエフにおけるウラジーミル・モノマフ公の統治
1125～1157年	スーズダリにおけるユーリー・ドルゴルーキー公の統治
1147年	モスクワに関する初めての記述
1157～1174年	ウラジーミル市におけるアンドレイ・ボゴリュブスキー公の統治
1176～1212年	ウラジーミル市における大巣公というあだ名をもつフセヴォロド公の統治
1185年	イーゴリ・スヴャトスラヴィチ公のポロヴェツ（ポロフツィ）族への遠征。「イーゴリ軍記」成る
1223年	カルカ川の戦い
1237～1242年	ルーシへモンゴル・タタールの襲来、モンゴル・タタール支配の始まり
1240年	ネヴァ川の戦い
1242年	氷上の戦い
1315～1341年	リトアニア大公国におけるゲディミンの統治
1325～1340年	モスクワにおけるイヴァン・カリタ公の治世
1359～1389年	モスクワにおけるドミートリー・ドンスコイ公の治世
1380年	クリコヴォの戦い
1389～1425年	ヴァシーリー1世のモスクワ公国における治世
1410年	グルンヴァルドの戦い
1462～1505年	モスクワにおけるイヴァン3世の治世
1478年	ノヴゴロド、モスクワに併合
1480年	ウグラ川河畔での対峙。モンゴル・タタールのルーシ支配の終結
1485年	モスクワ、トヴェーリを併合

1497年	イヴァン3世の『法令集』成る
1505〜1533年	ヴァシーリー3世の治世
1514年	ロシア軍、スモレンスク占領
1533〜1584年	雷帝・イヴァン4世の治世
1547年	雷帝・イヴァン4世、公式にツァーリを称する
1549年	第1回全国会議召集
1550年	雷帝・イヴァン4世の『法令集』成る
1550年	雷帝・イヴァン4世の軍事改革
1552年	ロシア軍、カザンを占領
1556年	アストラハン・ハン国の併合
1558〜1583年	リヴォニア戦争
1565〜1572年	雷帝・イヴァン4世によるオプリチニナ
1581〜1584年	イェルマークのシベリアへの進出
1581年	「農民移転禁止」令

ロシアの歴史　16世紀末から18世紀まで

　　7　年　生

А. А. Данилов, Л. Г. Косулина

ИСТОРИЯ РОССИИ

Конец XVI — XVIII век

7

«Просвещение»

第1章

16世紀から17世紀までの
ロシア

§1. ボリス・ゴドゥノフの内政と外交

◆ボリス・ゴドゥノフの内政、総主教座の創設

　イヴァン雷帝の後継者であり、彼の息子であったフョードルは体が丈夫ではなく、国事に関心がなく、時間の大半を祈禱に費やしていた。それゆえ、彼の名前で国を統治しはじめたのがボヤーレ（世襲貴族）であり、ツァーリの妻イリーナの兄に当たるボリス・ゴドゥノフであった。

　新政府はふたつの基本的課題を解決しなければならなかった。第1に経済破綻を克服し、通常の経済生活を復興しなければならぬということであった。第2に社会の上層部を団結させることであった。なぜなら、イヴァン雷帝は、オプリチニナを作り上げたあと、士族〔ドヴォリャーネ、一代貴族のこと―訳者〕やボヤーレを次から次へと粛清したからだ。

　このため、当初は一時的な方策であった「移動禁止年」の発令（この発令は農奴が地主を自由に変えるのを禁じた）が、無期限の効力となった。1597年、逃亡農奴の流刑を5年間に定めた「移動禁止年」の発令がなされた。

　これらの措置は農奴の不満を呼び起こしたが、封地や世襲地の土地所有者の団結を強めるものであった。国家は次第に崩壊と破綻から脱けだしはじめた。

　ゴドゥノフの治世において都市建設、城砦と修道院の建築が幅広くなされた。

モスクワ・クレムリンにあるイヴァン大帝の鐘

モスクワでは、ベーリィー・ゴロドやゼムリャノイ・ゴロドが建てられ、イヴァン雷帝の鐘楼が建てられた。国家の防衛のために、西部に（スモレンスク）、南部に（ヴォロネジ、クルスク、ベルグラードなど）、北部に（アルハンゲリスク）、ヴォルガ下流域に（サマラ、サラトフ、ツァリーツィン、アストラハン）、そして、シベリアに（トボリスク、チュメン、タラなど）都市を建設した。

ロシアを文明化しなければ、さらにヨーロッパ諸国から遅れをとってしまうことを理解し、ボリス・ゴドゥノフは、士族の子弟のグループを外国に派遣留学をさせた。彼は国中に学校の創設とモスクワでの大学の創設を考えていたのである。都合がよいことに、本の印刷技術は発達していた。

ボリス・ゴドゥノフは、聖職者の支持を獲得した。1589年、彼の積極的な関与の下、ロシア正教会の首長は府主教の位を総主教という最高位に代えた。まさにそのことによってロシア正教会はギリシア正教から独立した存在になった

のである。初代のモスクワと全ルーシの総主教は、モスクワの府主教であった**イォフ**であった。総主教座の確立はロシア正教の影響力を国内のみならず国外にまで強めたのであった。

◆ボリス・ゴドゥノフの外交政策

　ボリス・ゴドゥノフの統治時代、国は、外交面においても成果をあげた。1586年**ステファン・バトーリー**の死に乗じて、ロシア政府はレーチ・ポスポリタ王国（ポーランド）との休戦期間を1602年にまで延長した。それによって、バルト海沿岸をめぐる戦いでロシアにとってもっとも強敵であったスウェーデンとの戦争のために全力を傾注することができた。1590〜1593年までの北方戦争はロシアにとって成功だった。リヴォニア戦争期間にスウェーデン人が獲得したロシア都市イヴァンゴロド、ヤマ、コポリエ、コレラ〈ケクスゴリム〉などを奪還した。ナルヴァはスウェーデン人たちのもののままであったが、ロシアはバルト海における失った立場を部分的に取り戻したのであった。

　沿ウラル地域と西シベリアの獲得という多大な成果を収めた。1598年までに最終的にシベリア・ハンの抵抗が鎮圧された。西シベリアの領土はロシアの帰属となった。

　南部はクリミア・タタールの攻撃の撃退に成功するほどの防衛システムが強化された。これによって、ロシアのカフカス地域における影響が強まった。カヘーチンの皇帝**アレクサンドル**は、1587年にロシアへの所属に移行する希望を表明した。

　ロシアの対外貿易は拡大した。アルハンゲリスク経由でヨーロッパ諸国との交易が実現し、ヴォルガ川を通じて東の諸国との交易が実現した。

◆モスクワが支配する王朝の没落

　イヴァン4世の死後すぐにフョードル大帝はウグリチに父の最期の后であった**マリヤ・ナーガヤ**を多くの親戚と1歳半の**ドミートリー**と共に送った。ウグリチは領地分割されるが、そこの権力はモスクワから派遣された官吏が握った。

フョードル自身とその妻イリーナには子どもがいなかったので、国民はイヴァン雷帝の末息子を後継者とみなすことに慣れていった。

1591年5月15日ウグリチから皇太子ドミートリーの死という不吉な知らせがやってきた。マリヤ・ナーガヤとその兄弟たちは8歳の皇太子がモスクワから派遣された人々によって殺されたことを確信した。ウグリチの市民は警鐘が打ち鳴らされるや殺人者と思しき人々を八つ裂きにした。モスクワからは特別の取調委員会がやってきた。委員会は、皇太子が遊びの途中に癲癇(てんかん)の発作を起こし、ナイフで自分を刺したと結論した。無実の人を残酷に処刑したとしてウグリチの住民たちを罰し、皇太后のマリヤを剃髪させた。しかしながら、証人の密告を信じたものは少数であった。人々の噂は皇太子の死をボリス・ゴドゥノフのせいにした。

1598年1月6日フョードル大帝が死んだ。彼の死によって、ロシアを支配した王朝は途絶えた。

皇帝フョードル・イヴァノヴィチ

◆ツァーリ・ボリス

モスクワ市民たちはフョードルの妻イリーナへの忠誠を誓った。しかし、彼女は帝位を辞退し、修道院への隠棲を宣誓した。すると今度はモスクワ市民たちの視線がボリス・ゴドゥノフに及んだ。彼はリューリックの末裔ではなかったが、何年も国家を治めてきた。たくさんの国家的な地位に彼の側近や親戚たちがついていた。

2月、フョードルに対して喪に服しているあいだ、クレムリンでは**全国会議**(ぜんこくかいぎ)が開かれた。総主教イォフの積極的な支持のもと、ボリスがツァーリに選ばれた。ボリスは会議には参加しなかった。彼はノヴォデヴィチ修道院で服喪中の妹イリーナとともに祈禱をしていた。総主教イォフと会議のメンバーは修道院に出向きイリーナとボリスに決議事項を伝えた。しかし、ボリスは皇位に就く

ことをことわった。

　彼はたいへんツァーリになりたがっていた。ゴドゥノフは自国を繁栄した国家にすることを夢見ており、国民の状態を改善することを志向していた。しかし、賢明な人間であったので、皇位につく権利をもっていないことをよく理解していた。しかし総主教のイォフが修道院へのいくつかの人民行進を何度か催したあとに、ボリスはツァーリの宮殿に入ることに同意した。

　個人として、ボリス皇帝は、同時代人の証言によると、「異才をはなち」、「身なりにおいても多くの人々とは違って見えた」。彼には教養があり、何ヵ国語もしゃべり、立派な蔵書をもっていた。新しいツァーリは声が朗々とし弁舌の才能があり、周りに愛想がよく、作法をわきまえ、「無作法な酔っ払い」には嫌悪の気持ちを抱いた。ゴドゥノフはイヴァン雷帝と違い自分の臣下や多くの者をことごとく処刑するという政治を拒んだ。しかし敵に対しては容赦しなかった。このように1600年には冤罪で**ロマノフ家**のボヤーレが捕まり、皇位につくことを主張したツァーリのいとこ、フョードルが逮捕された。年長であった**フョードル・ニキーチチ**は修道院で剃髪し、**フィラレート**という名前で北部の修道院に出向いた。3人のロマノフ家の弟たちは流刑地で死んだ。

皇帝ボリス・フョードロヴィチ・ゴドゥノフ

◆経済の困窮。国民の行動
　1601〜03年は不作であった。夏の雨は終わらず早々に極寒の季節に変わった。種子をなんとかまいた畑作も収穫にまではいたらなかった。国中を飢餓が襲った。何千人もの人々が飢餓で死んでいった。パンの値段は跳ね上がり、多くの国民にとって入手しがたいものとなった。ツァーリは国の食料庫をつくり、無料でパンを配給した。それを聞きつけた飢えた人々の群れがモスクワへ流れ込んだ。しかし、パンは全員には行きわたらなかった。1601年の秋より国民の暴

動が起こった。飢えた人々は商人からパンを強奪した。畑地や牧場はもぬけの殻になり、多くの町や村も人がいなくなった。飢えた群衆が徒党を組んで、国中食物を探して徘徊し、強盗や略奪を行った。たくさんの農民や町の住民が南部に行き、自由が好きなコサックの共同体の一員となった。

とくに大きな不快感を示したのは、モスクワ近くで行った**フロプコ**を頭にした一群であった。「略奪者たち」に対して**Ｉ・バスマノフ**地方長官（ヴォエヴォダ）の指揮のもとに大きな軍隊が派遣された。1603年の秋、モスクワ郊外で熾烈な戦いがなされ、バスマノフが死に、一揆を起こした一群は壊滅した。負傷したフロプコは捕虜になり、処刑された。しかしながら多くの蜂起したものたちは国のはずれである北方の地やニジニ・ポヴォルジエ（ヴォルガ下流域の町）へ行き、そこでまた略奪を行った。

国民の人心を静めようと、ツァーリであるボリスは聖ユーリーの日を復活し、転出農民捜索令を廃止した。ところが、それらによって、新しいツァーリに対して日増しに強まる不満を抑えることは、もはやできなかった。無実の皇太子ドミートリーの「殺害事件」、ツァーリ権力の強奪、「タタール」の出生など、彼について、皆思い出しはじめた。血筋によらない昇格を遂げたことに対してかつてから憎しみを懐いていたボヤーレたちも腰を上げた。

◆僭称者

かたやこの時期にモスクワで、ウグリチで殺された皇太子ドミートリーが本当は生きていて、今まさに姿を現し、人民の生活を楽にしてくれるという噂が流れた。実際に1601年にレーチ・ポスポリタにおいて、「奇跡の生還」を遂げた皇太子ドミートリーという者が名乗りをあげた。それは、脱走修道僧**グリゴリー・オトレピィエフ**であった。若く**アヴァンチュウリスト**（冒険主義者）である彼は勇敢で、冴えた頭脳をもち、惜しみなく公約をした。彼はひそかにカトリックを信奉し、カトリック信仰をロシアに布教することをローマ法王に誓っていたのだ。彼はポーランド王にスモレンスクと北方の地を、将来自分の義父になるムニシェク地方長官〈ヴォエヴォダ〉にノヴゴロト、プシコフ、金

を100万ルーブルも与える約束をした。結局、王シグムンド3世は僭称者(せんしょうしゃ)に自分の所有する軍隊を編成することを許したが、彼をロシアの皇太子であると公に認めることは差し控えた。

1604年、偽ドミートリーは自軍とともにロシア国境を越えた。その勢力は不満をもつ農民や、住民、コサックを組み込み急増した。国中に「聞こえのいい公約」を撒き散らしながら、彼は住民のあらゆる階層に生活を楽にすることを約束したのであった。ロシア国民は純朴に「良心的で公正なツァーリ」の到来を信じてしまったのだ。

ツァーリ軍から続けざまに敗走したにもかかわらず、僭称者の軍はモスクワにまで進軍した。偽ドミートリーとの戦いのさなか、1605年に、突然ツァーリ・ボリスは死んでしまった。帝位には彼の16歳の息子であった**フョードル**がついた。ボリスに対するボヤーレの憎しみは、「ボリスの血統」でなければモスクワのツァーリに誰がなってもかまわないと思わせるほど強いものになっていた。ロシアの軍は、僭称者に対して戦っていたが、地方長官(ヴォエヴォダ)たちとボリス・ゴドゥノフの死後「生粋の血を引く皇太子ドミートリー」の側に回った。1605年6月1日蜂起したモスクワ市民たちはボヤーレたちにそそのかされて、クレムリンに押し入り、ボリスの息子であった若きフョードルを殺した。偽ドミートリーが「祖先の帝位」に上りつめるのに障害はなかった。

> このようにして、ボリス・ゴドゥノフが統治した最初の時期はロシアの内政、外交ともに成功を収めた。しかし、17世紀のはじめ、状況ははげしく変わり、国には飢餓が起こり、国民の苛立ちが爆発し、国の権力をめぐる闘争が激化したのであった。

◆質問と課題◆
1. ボリス・ゴドゥノフの内政と外交について評価してください。
2. 「ウグリチ事件」の本質は何だと思いますか。ボリス・ゴドゥノフは皇太子ドミートリーの死に関与していたと思いますか。
3. ボリス・ゴドゥノフの治世時、国家の生活に、どんな新しい特徴が現れまし

たか。
4. ボリス・ゴドゥノフの治世時、この国にどんな可能性が開かれたと思いますか。
5. 最初の僭称者の出現した原因は何でしょうか。

史　料

　1597年　発令より前5年以内の逃亡農民捜索についての発令

　ツァーリ、およびフョードル・イヴァーノヴィチ大公は全ルーシに命じた。ボヤーレ、士族、プリカース（官署）役人、**ボヤーレの子弟**、あらゆる人々、封地、世襲領、修道院世襲領から逃げた農民は、5年以内であれば、その逃亡農民と妻、子どもをつれて、家財をもたせて、元々住んでいた場所に連れ戻されなければならない。6年、7年、10年、それ以上の場合は、裁きを行わず、元の場所にも戻さない。

　バリモントが見たボリス・ゴドゥノフの時代。

ボリス・ゴドゥノフの荒んだ日々
ロシアの曇った国の霧のなかで
群集は住処もなくさまよう
夜ごとにふたつの月が昇る。
　ふたつの太陽が空に昇り、
　遠き世界を激昂して見る。
すると長引く絶叫が「パンを、パンを、パンを」と
森の闇からツァーリめがけて叫ぶ。
ひからびた骸骨が道に充ちあふれ
欲深くしおれた草をむしり取る
家畜のように野獣化し、着るものも着ず、
夢が現によみがえる。
　腐って重たくなった棺、
　生きた者に異臭を放つ地獄のパンは与えられた、
　死んだ者の口には干草が見つかり、
　すべての家はうすぐれた洞穴だった（中略）

人々のあいだで死と悪意が放浪し、
流れ星を見ては、大地が振動した。
そしてこのときにドミートリーは棺から起き上がり、
オトレピィエフに魂を乗り移らせたのだ。

◆史料についての質問
1. どんな農民が元の地主のもとに帰るよう命じられましたか。逃亡捜索についての史料を評価してください。
2. この詩では、どんな事件について述べられていますか。
3. ボリス・ゴドゥノフの治世を歴史が様々に評価しています。どのような評価を印象にして、バリモントの詩が生まれたと思われるでしょうか。

◎ 新しい用語を覚えよう。

アヴァンチュリスト（冒険主義者）〔**Авантюрист**〕——思いがけない成功を期待して、規律のない、リスクを伴う仕事に従事する人。

ボヤーレの子どもたち〔**Дети боярские**〕——貧しい貴族。

§2. 動乱（スムータ）

◆スムータ時代の原因と本質

スムータ、スムータ時代、動乱——ロシアではこのように17世紀のはじめが名づけられている。ルーシでは、いまだかつてこのような出来事が起こったことはなかった。自らの帝位を主張する論争はリューリク公の様々な家系がより早い時期に行うことができたかもしれないのに対して、この時代、イヴァン・カリタの座を、逃亡僧や、ホロープだった者や、貧しい学校の教師までもが主張しだした。だが世襲的なモスクワの君主制は突如として選挙制となってしまったのである。そこで早くも、ひとつの国家的な中心にかわって、複数の中心が現れ、それぞれに権力の代表者が腰を下ろしたのである。国民はある支配者に忠誠を誓うや、別の支配者にも忠誠を誓い、帝位を主張する者の承認の儀

式にはあれにもこれにも積極的に参加した。ボヤーレや士族は、国の利益を考えるのではなく、自分の利益を考えて、様々なツァーリのあいだを行ったりきたりした。あれこれの僭称者を支持しては、ロシア人たちはお互いに武器を振りかざしていた。そして、それをじっと見守っていたのは、かつてのロシアの敵たちであり、ロシアの弱体化を満足に思う者たちが、いかなるときでもロシアの大地からおいしいものを横取りしようと狙っていたのである。

スムータの原因のひとつは法にかなったモスクワ王朝が断絶したことであった。これは、イヴァン雷帝の不合理な政策の遺産であった、ロシア領土の中央部分の破綻、飢餓、人がいなくなったことと重なり合うものであった。経済的な破綻を乗り越えようと努めながら、権力は農民の隷属化という政策をより苛酷なものにし、税の圧迫を重くしたのである。社会の上層部は分離し、ボヤーレと士族のあいだに無数の対立があった。これらすべてが中央権力の弱体化につながったのであった。

スムータ時代の数ある事件において特殊な役割を果たしたのが**コサックの人たち**であった。なぜなら、まさしくロシア領土の周辺部に、自由なコサックの共同体があり、そこに農奴法の開始から逃げ込んだ農民たちがいたからである。それまでにコサックの人たちは、遊牧民たちとの衝突で武装化し、戦闘経験を有していた。

◆偽ドミートリーの皇位

1605年6月、僭称者の混合部隊が何らの障害に邪魔されずモスクワに突入した。しかし市民たちは、自分たちの前にいるのが本物の皇太子ドミートリーであることを信じたくて、マリヤ・ナーガヤと「奇跡の生還を遂げた」息子との再会を望んだ。偽ドミートリーは類まれな俳優の才能をもち、みごとに、何千人もの群衆を前に、「愛する息子」と母の再開シーンを演じ遂げたのであった。驚いたイヴァン雷帝の未亡人は取り乱し、言葉を失い、──これはそこにいた者たちが「皇太子」が本物であることを信じるに十分であった。歓喜の声援によって偽ドミートリーはツァーリに宣言されたのである。

僭称者は、ボリス・ゴドゥノフ時代に流刑にあったボヤーレを赦免した。フィラレート・ロマノフはロストフ府主教の位に昇格した。最初の数年、新しいツァーリは民衆におもねり、個人的にも愚痴や陳情を聞き、処刑を廃止し、横領や賄賂との戦いを始めた。しかし、彼はもっとも大事な約束を忘れていた。それは農民を完全に自由にすることであった。

モスクワ市民たちはロシアの習慣や伝統を重んじない、若いツァーリのふるまいについて嫌悪感をもってみていた。彼はポーランドの衣服を着、モスクワの町を歩くのに農民服も着ず、昼食の前に祈禱することもなく、食後に手を洗いもせず食後に眠ることもなかった。市民たちは、偽ドミートリーとポーランド地方長官の娘**マリナ・ムニシェク**との結婚で我慢の限界を超えた。そこに約2,000名のポーランド人が集まってきた。婚姻はルーシに受け入れられた正教会のならわしを破って行われた。結婚に招待されたポーランド人たちは挑発的なふるまいをした。帽子もかぶらずに教会に入り、高々と笑い、話をした。住民たちを殴り、略奪した。

皇帝偽ドミートリー1世

◆ボヤーレの陰謀

偽ドミートリーのふるまいに対して、彼が貴族議会と共同で統治するという約束と引き替えに僭称者の帝位を承認するために多くのことをなしたボヤーレは不満であった。なぜなら、帝位についてみると、僭称者はボヤーレを国事に一切干渉をせぬよう退けたのであった。

ボヤーレたち、なかでも**シュイスキー**公にとっては、本物の皇太子ドミートリーが死んだ時の状況が手にとるように分かっていた。ヴァシーリー・シュイスキーがツァーリであるフョードル・イヴァーノヴィチの命令によって皇太子の死因を究明していたからであった。権力がゴドゥノフの手にある以上、シュイスキーは、広場において皇太子が本当に死んだことを公(おおやけ)に発表した。しか

皇帝ヴァシーリー・イヴァノ
ヴィチ・シュイスキー

し、そのことは彼がのちに偽ドミートリーを見て真実の皇太子であると認める妨げにはならなかった。

新しいツァーリに対する一般大衆の不満をうまく利用し、ボヤーレの上層部は蜂起を組織した。1606年5月17日の夜に、警鐘を鳴らしてモスクワ市民に蜂起させ、ボヤーレの陰謀者たちはクレムリンに突入し、偽ドミートリーを捕まえ、彼を殺した。僭称者の屍（しかばね）は赤の広場で見せものにされた。3日3晩置いたあとに、焼き、灰を大砲にいれ、偽ドミートリーがやってきたポーランドの方角に向け、発射した。多くのポーランド人たちが国民の怒りのうちに殺された。后妃のマリナとその父は捕まった。

帝位が空いた期間はそれほど長くはなかった。1606年に緊急でモスクワ市民が集められた国民会議で、ヴァシーリー・イヴァノヴィチ・シュイスキーがツァーリに宣言された。スーズダリ・ニジェゴロト公の末裔は即位に当たって無制限な専制を犯さないことを誓い、「ボヤーレとの協議による正当な裁きをなさずしてはなんびとも死刑に処せざること」とした。彼は、虚偽の密告は取り合わず、犯罪の被疑者の家族や親族から財産を奪わないことを約束した。

ロシア正教の総司教には新しいツァーリに精神的支援を約束した、ヴァシーリー・シュイスキーの側近であるカザン司教ゲルモゲンが選ばれた。多くの士族たちは「ボヤーレ出身者」がツァーリの地位に上りつめたことに対して不満を抱いていた。ボヤーレ自身のあいだにも団結がなかったのである。

◆イヴァン・ボロトニコフの登場

赤の広場から僭称者の死体が取り除かれるやいなや、宮殿で殺されたのはドミートリーではなく、別の者であるという噂がモスクワ中に流れた。この噂は

すぐさまヴァシーリー・シュイスキーの立場を不安定なものにした。ボヤーレ出身のツァーリに不満をもっていたものは大勢いて、彼らはドミートリーの名前に執着して離れなかった。心からドミートリーの救済を信じていた者もいれば、また、その名前があればシュイスキーとの闘争に「合法的な」性格を付与できると考えた者もいたからだ。この噂は農民の興奮がさめることなく1年前から積極的に偽ドミートリーを支持していたロシアの南西部や南部に、天恵の支えを見出した。

　やがて**イヴァン・ボロトニコフ**が動きを先導した。彼は若いときに**テリャテフスキー**公の軍人ホロープであった。従軍時にクリミア・タタールの捕虜となった。そのあとトルコの奴隷として売られ、そこでガレー船の船こぎ奴隷になった。海戦中ボロトニコフは自由の身になった。彼はヴェネツィアに逃亡した。イタリアから故郷に帰る途中レーチ・ポスポリタに滞在した。そこで自らを「救われたツァーリ」であると詐称した偽ドミートリー1世の側近によって、「ツァーリ」軍の総司令官の任命を受けた。この軍はロシアとレーチ・ポスポリタ（ポーランド）の境界にある都市プチヴリに結集した。

　「真実のツァーリ」を信じ、ボロトニコフはプチヴリからモスクワへ移動した。1606年秋、ツァーリの数隊を打ち破り、蜂起軍はモスクワに突入し、コロメンスコエ村に軍を配置した。ボロトニコフの陣営にはツァーリ、ヴァシーリー・シュイスキーに対して不満をもっていた人々が合流した。ここには農民やホロープばかりでなく、コサックや銃兵隊もいた。ボロトニコフの地方長官（ヴォエヴォダ）のなかには彼のかつての主人であったテリャテフスキー公もいた。

　モスクワの攻防戦は5週間続いた。都市を占拠しようとする試みはいくつかの士族軍、とくに**プロコピー・リャプノフ**軍がヴァシーリー・シュイスキーの軍門に下ったことによって失敗に終わった。ボロトニコフ側の2回目の「ドミートリー帝の奇跡の救出」という執念深い確信はモスクワ市民には受け入れられなかった。多くの市民たちが死んだ僭称者を見ており、彼の復活という話を信じなかったからである。

　1606年12月、コロメンスコエの決戦において弱体化したボロトニコフ軍は破

モスクワ近郊のボロトニコフ軍　E・リッスネル作

れ、カルーガとトゥーラへと退却した。

　カルーガにおいてボロトニコフは都市の強化にすぐさま取り組んだ。地方長官たちの指導のもとに接近したヴァシーリー・シュイスキーの軍は都市を包囲できなかったばかりか散々までの敗北をとげた。抵抗のもうひとつの中心地はトゥーラだった。ボロトニコフの援軍にあたかもフョードル・イヴァーノヴィチの息子であるかのように「皇太子ピョートル」を名乗るもうひとりの僭称者に指揮されたヴォルガ川下流域地帯出身の軍隊が到着した。

　ヴァシーリー・シュイスキーは多くの軍を集めることに成功した。彼は士族の切実なまでの譲歩によってそれを成し遂げることができたのである。ツァーリは兵士に給料を支払うためにトロイツェ・セルギエフ修道院から1万8千ルーブル以上を借りた。モスクワに集結した、破産した士族たちとその家族たちに政府は「食費としての」お金を支給した。士族からの援助を確保するために、1607年3月、シュイスキーは**逃亡農民**がかつての地主の元に**帰えらねばならない期限**を15年にまで引き延ばした。

1607年3月、カシーラの戦いにおいてボロトニコフ軍は敗戦を喫した。彼らの残りはトゥーラの城砦の壁の向こうに逃亡した。都市の攻防は4ヵ月続いた。トゥーラを武器によって攻め落とすことが不可能であると分かると、ヴァシーリー・シュイスキーは、自分でその攻防戦を指揮し、ウパ川の堤防を武装するよう命じた。跳ね上がる水が街の一部を襲った。トゥーラでは飢餓が起こった。1607年10月10日、イヴァン・ボロトニコフはツァーリが彼の生命を守

トゥーラ・クレムリンのイヴァノフスキー門の塔

るといった約束を信じて、部隊を編成した。だがヴァシーリー・シュイスキーは残酷にも運動の指導者たちを制裁した。ボロトニコフは修道院送りとなり、その地で眼を焼かれ、溺死させられた。「皇太子ピョートル」は絞首刑となった。だが、蜂起をした多くの者たちは解放された。

しかし、シュイスキーが勝利を祝うのはまだ早かった。

◆偽ドミートリー2世

1607年夏ごろには、すでにロシア南西部で新しい僭称者が出現した。ギリョーヴァにて、この人物をボロトニコフの依頼によってコサックのアタマンである**イヴァン・ザルツキー**が探し出した。背丈が低い放浪教師の姿かたちは、モスクワで殺された僭称者を髣髴させた。やっとのことでこの放浪者に「ドミートリー帝」を名乗るよう説得することに成功した。そのあと、彼はロシア領土内に移送され、ボロトニコフの味方は彼のことを自分のツァーリとみなすようになった。

1607年夏の終わりに、**偽ドミートリー2世**はトゥーラで包囲されていたボロトニコフの援軍に出向いた。ロシア南西部の都市の住民たちは僭称者と戦士たちをパンと塩で出迎えた。

トゥーラの蜂起軍が降参すると僭称者軍に不和を招いた。しかしながら、1607年11月に、「復活した」皇帝ドミートリーにボロトニコフの一群の残りが

加わったとき、その武力も立て直された。それに加えて僭称者の陣営に彼の湯水のような賄賂に引き寄せられてポーランド士族の軍隊が流れ込んだ。偽ドミートリー2世は先行者の足跡をたどりモスクワに旅立つことを決めた。

妨げなしに首都に近づき、僭称者軍が1608年の夏にモスクワ郊外の村トゥシノで組織された。まもなく新たなポーランド軍も到着した。軍とともにポーランド王の要請によってヴァシーリー・シュイスキーの捕虜から保釈されたマリナ・ムニシェクがいた。そこでは再びマリナによって新しい僭称者を自分の夫であり「真のドミートリー皇帝」であると認める劇が演じられた。カトリックをルーシに導入するローマ法王の計画も復活した。ポーランド王は西欧のロシアの領土をポーランド・リトアニア帝国の領地にする計画をもっていた。

やがてトゥシノは、「**トゥシノの泥棒**（どろぼう）」と人民からあだ名されたツァーリ・ボヤーレ会議、総主教をもち、あたかも第2の首都のようになった。トゥシノでは、ヴァシーリー皇帝から分け前をもらえなかった士族やボヤーレが集まった。あるモスクワのボヤーレたちは僭称者に誓いをして、農民つきの土地を与えられ、シュイスキーのもとに、より高い地位と褒賞を求めて帰って行った。このようなボヤーレたちのふるまいは「トゥシノの渡り鳥」という侮蔑的な名称を与えられた。

◆**人心の変化**

トゥシノの軍隊は平民の数によって次第に補充がなされてきた。その数は同時代人の証言によると10万人に及ぶものであった。だがまもなく農民やポサード階級の人心に激変が生じた。

トゥシノのポーランド人たちは略奪者のようなふるまいを行っていた。ロシアの土地を徘徊し、強奪や暴行を行い、住民に重税を課し、正教の聖職者たちを侮辱した。このポーランド人たちに屈しなかったのは、僭称者側の人々――ロシアのトゥシノ市民たちであった。

略奪、暴力、殺人によって人民の怒りは頂点に達した。時を同じくして人民の義勇軍が結成された。義勇軍民たちはポーランド人たちをコストロマやガー

リチから追い出し、ヤロスラヴリを獲得する試みに乗り出した。抵抗軍の中心地は修道院であった。16ヵ月に及ぶ攻防戦をトロイツェ・セルギエフ修道院がもちこたえた。

だが、ヴァシーリー・シュイスキーは僭称者との戦いにおいて、人民の力に頼る決心がつかなかった。1609年2月、彼はスウェーデンとコレラとその周辺をスウェーデンに譲渡するのと引き換えにロシアへ傭兵を派遣してもらうという約束を取り付けた。1609年春、スウェーデン人とロシア人の軍は有能な司令官であったツァーリの甥ミハイル・スコーピン＝シュイスキーの総指揮のもとにノヴゴロトから出発した。1609年の夏、彼らはロシアの東北地域を開放した。7月にトヴェリ近くのトゥシノ軍を破り、モスクワへ進軍した。だがスウェーデンの軍は約束された報酬の支払いをすぐに要求した。シュイスキーは人民に重税を課し、怒りを招いた。スコーピン・シュイスキーは人民の力に頼るようになった。

M・V・スコーピン＝シュイスキー

◆ポーランドとスウェーデン軍の侵入

その間、国の状況は限界をきわめるほど悪化して行った。ロシア・スウェーデン連合の締結はポーランド王**シグムンド3世**にロシアに進攻する恰好の口実を与えた。なぜならば、レーチ・ポスポリタとスウェーデンは戦争中だったからである。

1609年9月レーチ・ポスポリタはロシアに宣戦布告した。ポーランド・リトアニア軍はジグムンド3世の指揮のもと、スモレンスクを包囲した。20ヵ月のあいだ、司令官ミハイル・シェインによる指揮のもと、小さな守備隊や都市住民、近郊村の住民たちが、百戦錬磨の敵軍に抵抗した。

スコーピン＝シュイスキーの軍がトロイツェ・セルギエフ修道院の包囲を撤収した。1610年3月、司令官はおごそかにモスクワ入りし、スモレンスクへの

1609〜1611年のポーランド軍によるスモレンスク包囲　17世紀の版画

進軍のための部隊を作る準備を行った。しかしながら、1610年4月に彼は急死してしまった。彼は、子どものいないヴァシーリーの死後、帝位を得ることを狙っていたツァーリの弟**ドミートリー・シュイスキー**の妻に毒殺された、という噂が流れた。

　1610年6月、王シグムンド3世の命によって総司令官（ヘトマン）によって指揮されたポーランド軍の一部をスモレンスクからモスクワへ移動させた。クルシノの村近く、モジャイスク周辺の戦いで、無能なドミートリー・シュイスキーの指揮のもと、ロシア軍は散々なもでの惨敗を喫した。ポーランド軍にモスクワへ向かう道が開かれたのだ。

　ロシアの悲惨な状況をスウェーデン人たちも利用した。スウェーデン人の傭兵の一部はクルシノの敗戦のあと北部へ逃げた。1611年、スウェーデン軍はノヴゴロトとフィンランド湾にあるロシア側のすべての海岸域を占領し、スウェーデンの王はロシアのツァーリであるとの認識を力で獲得したのであった。その間プスコフでは**シドルカ**某が自分を「ツァーリ・ドミートリー」であると

宣言したのだ。

　このように、ロシアの中央権力の弱体がスムータを招いた。イヴァン雷帝のオプリチニナ体制時代著しく地位を貶（おとし）められたボヤーレは、再び国の政治権力の指導者となることを努めたのであった。スムータ時代の性格のひとつとして僭称者が広くはびこった。この状況はロシアへの外国軍の侵入によって複雑なものとなった。

◆質問と課題◆

1. 偽ドミートリー１世の内政の状況を説明してください。彼の皇位が転覆された原因は何だったのでしょうか。
2. ボヤーレを、ロシアにスムータをもたらした罪の張本人と、捉えることはできますか。
3. ヴァシーリー・シュイスキーのツァーリ即位の特徴は何ですか。
4. イヴァン・ボロトニコフの指揮した動きを次の図式を踏まえて話してみてください。A) 行軍の原因、B) 参加者の構成員、C) 動きのルート、D) 敗因
5. ボヤーレはヴァシーリー・シュイスキー時代どんな地位にあったのでしょうか。
6. スムータ時代の外国軍の役割はどうでしたか。

史　料

　ロシアの歴史家クリチェフスキー（『ロシア史講話』より、八重樫喬任訳参照。）

　偽ドミートリー１世について

　帝位についたモスクワ君主のなかで、彼はいまだかつてない存在であった。背は平均より低く、醜く赤毛っぽくて不器用で物思わしげな表情の若者であり、自分の本性を表面には決して出さなかった。しかし彼は才能豊かで機敏な知性をもち、貴族会議では最大の難問をたやすく解決し、危機に際しては、その勇敢さが無鉄砲と言えるほど生き生きとした血の気の多い気質をもち、

熱狂しやすく、弁舌巧み、かなり広範な知識をも示した。彼は、古いモスクワ君主の堅苦しい生活ぶり、その重苦しく威圧的な対人態度を完全に一新し、神聖なるモスクワの古い厳かな慣習を破り、食後にも睡眠をとらず、入浴せず、すべての者に率直で愛想よく接し、君主ぶるところがなかった。彼は直ちに有能な統治者であることを現し、残忍さとは無縁で、自ら万事を究明し、毎日貴族会議に出席し、自ら軍隊を訓練した。モスクワでは彼を疑い、彼の僭称を公然と暴露する者もいたが、その行動によって彼は広く強力な愛着を国民のなかに獲得した。彼の最良で献身的な従者P・F・バスマノフは、この帝はイヴァン雷帝の子ではないが、しかし彼を帝と認める、というのはこれ以上の帝は現在発見できないからだ、とひそかに外国人に告白している。

◆史料についての質問

偽ドミートリーはその前のロシアの君主たちと何が違ったでしょうか。同時代人は若きツァーリのふるまいをどう見ていたのでしょうか。

ボロトニコフの蜂起へのドイツ人の参加者のメモより

聖マルティンの日のあとすぐプリヴリの地方長官であるイストマ・パシコフの応援に熟練の勇士イヴァン・イサエヴィチ・ボロトニコフが到着した。自らの軍勢を引きつれ、コマリツキー郷（ヴォーロスチ）を越え、カルーガ、さらには、モスクワに向って、コトリ（モスクワ周辺南部の土地）まで到達した。彼が通り過ぎる全地域、彼はドミートリーへの忠誠を呼びかけ、自分の軍をみるみるうちに強化していった。ボロトニコフは生まれにおいてはモスクワ人であったが、若いときにタタールの捕虜にされ（タタール人に対してモスクワ人は毎年闘う羽目になった）、トルコへ売りに出された。そこで彼はガレー船に縛りつけられ、何年もそこで苛酷で荒々しい仕事をし、ようやく、トルコ人を海でつかえたドイツの船によって解放され、ヴェネツィアに連れて行かれた。そこからドイツ経由でポーランドに入り、彼のいないあいだ、祖国で起った驚くべき変化に気づいた。彼は、彼の主君であるツァーリ、ドミートリーがモスクワの殺人者たちの手から逃れ、ポーランドに出向き、いまサンドロミルスキー長官のもとにいると知ると、彼〈ボロトニコフ〉は彼（偽ドミートリー）のもとに出向いた。自分がドミートリーであると詐称した者は彼を調べ、彼は誰なのか、どこから来たのか、どこへ向っているのかと、尋問した。彼（ボロトニコフ）の答えから、彼は経験のある戦

士であることを知ると、彼(偽ドミートリー)は彼に、祖国の殺人者、誓約違反者に対して戦いたくはないのかときいた。ボロトニコフが自分は皇位継承権のある皇帝のために戦う準備があるとこたえると、偽ドミートリーは彼に対して、「私は君に対して多くをあげることはできないが、30ダカットと、サーベルと毛皮外套をもっていきなさい(中略)そして、この手紙をもってプチヴリに出向き、グリゴリー・シャホフスキー公のところへいきなさい。彼は自分の財宝から十分な金を施し、君を長官と数千の軍隊の統率者に任ずるであろう。私の代わりに彼と行動を開始し、神の助けを借りて、私の信頼できぬ臣民に対して幸福か否かを問い、そこで、君は私にポーランドで会い話をし、私の手から手紙をもらったというがいい」。その手紙とそのような情報をもって、ボロトニコフは最短距離でプチヴリに到着し、そこで大歓迎された。なぜなら、目覚めたプチヴリの市民たちは(グリゴリー公が彼らに言ったように)ドミートリーは実際に逃亡し、生きており、それゆえ、いっそう激しく反逆者と戦い、もちろん、彼が真実のドミートリーではなく、もし、ポーランドがまたもや用意した僭称者であったとしても、彼、ドミートリーのためには、自分の血も財産も惜しまないと硬く信じていたからである。手紙と話をもとにボロトニコフは大長官(つまり、総指揮者)に任せられ、1万2,000人がコマリツキー郷を越えモスクワへと向かい、モスクワを包囲したのだ。

　モスクワ市民はボロトニコフの陣営に自らの味方を送り、彼らを通じて、もし(モスクワにかつて住んでいた)ドミートリーが生きており、モスクワにて陣営にいるか、その近くにいるのであれば、彼はモスクワ市民に顔を見せるべきであると、伝えた。ボロトニコフは答えた。「ツァーリは実際にポーランドにおり、ここにまもなく到着される予定です。私は彼の御手の側にいて、彼がじきじきに私を自分の代わりに総指揮官に任命し、手紙の指令書をもたせて私をプチヴリに派遣したのです」と。「違う」と、モスクワ市民たちが言った、「それは別のものに違いない。ドミートリーはわれわれが殺したんだ」と。そして、ボロトニコフに無実の血を流すのはやめ、彼らのツァーリであるシュイスキーに降伏するよう説得した。ツァーリは彼を高名な公として遇するであろう、と。しかし、ボロトニコフは断った。「私は私の皇帝の荘厳な誓いをし、彼のために自分の人生を捧げると誓った、私はそれを守り抜く、好きなようにするがいい、あなたがたが善意に従い降伏をすると願わないのならば、私はあなたがたにそれを強いるしかない、私があな

たがたを近々訪問するであろう」。

　◆史料についての質問
　どんな状況によってボロトニコフはモスクワ政府に対して侵攻する決意をしたのでしょうか。

§3. スムータ時代の終焉

◆トゥシノ陣営の崩壊

　スコーピン・シュイスキーとの戦いにおける失敗はトゥシノ陣営における激しい紛争につながった。ポーランドの傭兵はいっそうしつこく軍務の報酬を求めるようになったが、その答えとして聞こえてきたのは口約束だけであった。状況はロシアにポーランド王の軍が侵入することによってさらに激化した。もはや偽ドミートリー2世を必要としなかったシグムント3世は、ポーランド人にトゥシノからスモレンスク付近に進むように命じた。トゥシノ陣営では崩壊が始まった。1609年12月、農民の格好をした僭称者はカルーガに逃亡した。総司教フィラレートを頭としたトゥシノ住民の大多数はロシアの皇位をポーランド王の息子であった**ヴワディスワフ王子**を迎えることに解決策を見た。

　しかしながら、トゥシノ陣営の崩壊は偽ドミートリー2世の動きを最終的に一掃するにはいたらなかった。僭称者はトゥシノ住民によって略奪されなかった領土の住民たちを継続的に支持し続けた。一方クルシノ付近のヴァシーリー・シュイスキー軍の壊滅後に僭称者の軍はポーランド軍のモスクワ進出を阻むことができる唯一の勢力となった。首都の住民の一部でさえもが偽ドミートリー2世を自分たちの支配者であることを認める準備ができていた。僭称者は決意して、急いで自らの部隊を収集し、モスクワへ移動した。彼は首都から南に離れたコロメンスコエに腰を下ろした。

◆「七卿政府」(セミボヤールシチナ)

　1610年7月、士族たちはモスクワのポサード民の支持のもと、ヴァシーリー・シュイスキーを皇位から引き摺り下ろし、力ずくでシュイスキーを修道院に送り剃髪させた。権力の座についたのは貴族会議であった。貴族会議には**F・I・ムスティスラフスキー**を先頭とする7人の高名なボヤーレたち、「七卿政府」が加わっていた。

　1610年8月、ポーランド軍がモスクワに接近すると、ボヤーレの政府はヘトマンであった**ヅウキェフスキ**とポーランド王の息子であるヴワディスワフ王子をツァーリの座に招く契約を結んだ。契約の主な条件としては王子が正教を受け入れることである。モスクワの住民は「デヴィーチェ(淑女)の野」においてウワディスワフに忠誠を誓った。しかし多くの都市住民は式典に現れず、その一部はやがてカルーガに出て行った偽ドミートリー2世のもとへと旅立った。

　ヴワディスワフの皇位への招きに激しく反対したのが総司教のゲルモゲンであった。モスクワでは蜂起の機が熟し、それをはばむために、ボヤーレたちはひそかにポーランド人をモスクワに送り込んだ。

　ヘトマンのヅウキェフスキの願いでスモレンスク付近のポーランド王にトゥシノの総司教フィラレートが主導する使節団が派遣された。1610年10月、使節たちは王の陣営に到着した。ジグムンド3世はスモレンスクの引渡しを要求し、自身がロシアの皇位を得ようとしていることを宣言した。それにもかかわらず彼は将来のツァーリが正教を受け入れることを断固として拒否したのだ。これは、ロシアの国家がポーランド・リトアニア二重共和国の一部になり、ロシアの住民がカトリック信仰を受け入れることを意味していた。交渉は長引いた。1611年3月、きわめて影響力のあるロシアの使節が(フィラレートもそのなかにいたが)王の命令で拘禁され、ポーランド・リトアニア二重共和国に送られた。

　偽ドミートリー2世は複雑きわまる状況を利用し、外国人の反抗した人民運動の先頭に立つことができなかった。何度も自分の部下に裏切られ、もはや誰

290　ロシアの歴史　16世紀末から18世紀まで　7年生

凡例	
→	17世紀ロシアの国境
←	1604～1605年の偽ドミートリィの進攻
⟲	ボロトンコフの指揮のもと蜂起した軍と彼らのカルーガ、トゥーラへの逃避
····▶	1608年偽ドミートリーの進攻
⬅	スウェーデン軍のロシアへの進攻（1607～1617年）
⬅	レーチ・ポスポリタ軍のロシア進攻とモスクワ攻略（1608～1618年）
⬅	1612年ミーニンとポジャルスキーの指揮のもとモスクワへ向かった人民軍の動き
▓	1617年ストルボヴォの講和によりスウェーデンのものとなった土地
░	1618年デウリンスキーの講和によってレーチ・ポスポリタのものとなった土地

17世紀初めのロシアにおけるスムータ時代

　を信じることもできなくなったのである。カルーガでは皆の不信と嫌疑が支配していた。残酷な処刑が次から次へと目の前で展開した。流血の懲罰が偽ド

ミートリー2世の部下たちが占める郡を襲い、最終的に民衆は彼を退けた。1610年12月、自らの陣営における内部の不満がもとで僭称者が殺された。しばらくしてマリナ・ムニシェクが「泥棒の子」とあだ名されることによって息子を産んだ。

　ロシア国家にとって苛酷な日々が訪れた。ポーランド軍が都市と修道院を占拠し、略奪を行い、住民を殺したのだ。スモレンスクの攻防戦が続いた。スウェーデン人たちはノヴゴロトを守り抜いた。ヘトマンのヅウキェフスキは征服者のようにふるまった。国中を生き残ったトゥシノ市民の軍が徘徊し、乱暴を働いた。ボヤーレの政府は国民から何の尊敬も得られなかった。西部にある多くの都市はポーランドの王子を「法にかなった」ツァーリとしてみなし、また、ある者はスウェーデンの王子をツァーリとみなした。どこかでマリナ・ムニシェクの生まれたばかりの息子のために十字架に接吻した（ツァーリへの忠誠を誓う）者もいた。恐怖にさらされながら国の独立がまたもや回復したのだ。

　この事実を認めることがロシア国民を目覚めさせた。国民は**祖国の解放**のために**戦**おうと立ち上がったのだ。

◆第1次国民軍

　ポーランドの占領者たちに対して最初に立ち上がったのはリャザン市民であった。リャザンではプロコピー・リャプノフが指揮する**国民軍**が創設された。この動きに加わったのがD・トゥルベツコイとI・ザルツキーをリーダーとするロシアのトゥシノ市民の生き残りであった。1611年3月、国民軍の最前線部隊は**ドミートリー・ポジャルスキー**の指揮のもとにモスクワの周辺部を占領した。ポーランド人たちに対して、モスクワ市民までもが対抗した。都市には熾烈な戦闘が繰り広げられ、火事が起きた。国民軍とモスクワ市民の弱い武装勢力では後退せざるを得なかった。戦いのひとつでポジャルスキーは負傷したが、戦い続けた。トゥルベツコイ公のコサックはモスクワの周辺を守り通した。

　そして、国民軍はモスクワを解放することには成功しなかったが、その部隊は四方から都市を包囲することに成功した。ポーランド人たちは興奮し始めた。

だが国民軍の陣営において混乱が生じた。ザルツキーのコサックたちはリャプノフが彼らに略奪を禁じ、僭称者のもとでの軍務にあったことを絶えず非難し続けたことに不満をもち、彼を殺してしまった。リャプノフの仲間たちは国民軍を放棄し始めた。

1611年夏、ロシアはとくに重苦しい状態にあった。20ヵ月の攻防戦のあと1611年6月にポーランド王の軍隊はスモレンスクを獲得した。7月スウェーデン人たちにノヴゴロトが明け渡された。南方からロシアにクリミア汗国の軍隊が侵入した。英国はロシアの北部を獲得する計画を立てた。モスクワはポーランド人たちが支配している。国中にリャプノフ殺人は、ザルツキーが「泥棒の子」に皇位への道を切り開くために、近しい関係を保っていたその母であるマリナ・ムニシェクとともに組織したものであるとの噂が流れた。

◆**第2次国民軍**

1611年の秋から解放運動の中心地はニジニノヴゴロトになった。ニジニノヴゴロトの町年寄り（ゼムスキー・スターロスタ）、商人である**クジマ・アンクディノヴィチ・ミーニン**は、都市の住民たちにロシアを諸外国の略奪者たちから解放するために新しい国民軍を創設するべくあらゆる力と手段をつかって援助するよう呼びかけた。彼は一番に巨額の金額を寄付した。ミーニンを例にして多くの商人たちと富裕者階級の人々が続いた。自分の富を分けることをしぶった者には住民集会の承認によって強制した。

クジマ・ミーニンは自分たちの勢力ではニジニノヴゴロト住民は多数の敵に打ち勝つことはできず、ロシア全国土を戦いの場に上げなければいけないことを、よく知っていた。

彼と盟友たちは共通の戦いへと呼びかける文書を方々に送った。ニジニノヴゴロトにはあらゆる地域から国民軍の武装勢力が引き寄せられてきた。

スモレンスク要塞のグロモヴァヤ塔

軍隊を団結させるためには強く決断力のある、僭称者たちや略奪者たちとの協力によって自らをけがしていない司令官が必要であった。そこで選ばれたのはドミートリー・ミハイロヴィチ・ポジャルスキーであった。まだ負傷から回復してはいなかったが、ポジャルスキーは国民軍を指揮するという申し入れを受け入れた。彼の信頼する盟友はクジマ・ミーニンであった。彼は軍隊の増員と保障の責任を負った。

全国会議を模範として国の運営のために「全国議会（ソヴェート）」が作られ、そこに住民のあらゆる階層から代表者が入った。

D・M・ポジャルスキー

ミーニンとポジャルスキーの活動に嫉妬の念を抱いたのが第1次国民軍のトゥルベツコイとザルツキーであった。ザルツキーはポジャルスキー暗殺を企てたが、それは未遂に終わった。

ドミートリー・ポジャルスキーは国民軍を北方からの攻撃から守り、ポーランド人とスウェーデン人たちの同盟を看過せぬよう傑出した外交手腕を発揮した。彼はスウェーデン人たちに、スウェーデン王にロシアの皇位を受け渡す考えを支持していることを信じ込ませた。

1612年3月、国民軍はニジニノヴゴロトから抜け出しヤロスラヴリと北東ルーシの都市部を通過する通常とは違うルートでモスクワへ出発した。ヤロスラヴリで、ドミートリー・ポジャルスキーは、国民軍の人員を補充し、全軍の戦闘行為において均衡を得ながら、4ヵ月かけて軍人の教育を行った。

◆モスクワ解放

1612年6月、戦闘能力が完備した軍隊に変貌した国民軍はモスクワに進行した。この時期にモスクワを包囲していたポーランド人の援軍にヘトマンの**ホドキェヴィチ**が大きな軍を連れて駆けつけた。

しかし、ポジャルスキーはホドキェヴィチ軍を打ち負かし、都市の西部周辺に位置することに成功した。第１次国民軍の残りはトゥルベツコイの指揮のもと首都の東部にいた。ホドキェヴィチ軍との最初の戦いは８月22日に起こった。ポーランド人によるクレムリン（城砦）の守備隊ヘトマンの援軍へと早朝の突撃を敢行した。

しかし、ロシアの部隊は敵をクレムリンの壁の向こうへ撃退した。そのあと、国民軍はホドキェヴィチの軍との戦いに突入した。トゥルベツコイはそれに参加したくはなかったが、彼の部隊の一部が自らポジャルスキーの国民軍を助けに動いた。力を合わせてポーランド軍を敗走させた。

主な戦闘が始まったのは８月24日の朝であった。ヘトマンはクレムリンにポクロンナヤ・ゴラー〔お辞儀の丘－訳者〕から向かい、トゥルベツコイ軍の騎兵隊を襲い、騎兵隊を敗走させた。しかしニジニノヴゴロトの歩兵隊はポーランド人の強襲を止めた。夕方まで粘り強い戦いが繰り広げられた。ポーランド軍があとわずかで勝つように思われたが情勢がクジマ・ミーニンを救った。精鋭部隊を先頭に彼はモスクワ川を越え、背後から敵の陣営を襲ったのだ。敵の陣営はパニックに陥った。砲兵隊と輸送部隊すべてを残して、ホドキェヴィチは不名誉にもモスクワから敗走した。

クレムリンとキタイ・ゴロトに潜伏したポーランド軍の情勢は絶望的だった。彼らは恐ろしい飢餓を経験したが、ポジャルスキーの申し入れを断った。10月22日、国民軍はキタイ・ゴロトを支配し、４日後にはクレムリンに潜伏した

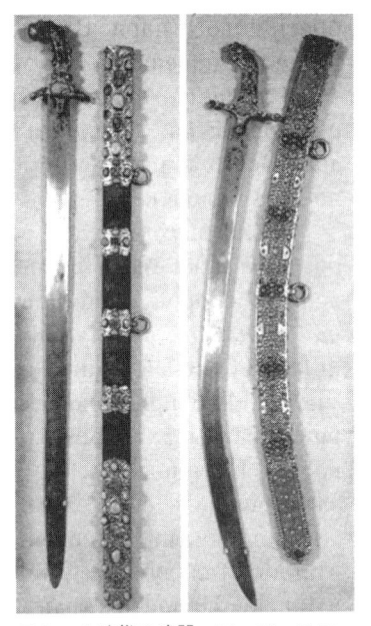

スムータ時代の武器、M・V・スコーピン＝シュイスキーの両刃の長剣とD・M・ポジャルスキーのサーベル

ポーランドの守備隊の残りが降伏した。モスクワは完全に略奪者たちから解放されたのである。しかしポーランドの王はモスクワを占領し、ロシアの皇位に登るという試みを捨てなかった。しかしヴォロコラムスコエの敗戦を味わい、彼はポーランドに帰らざるを得なくなった。

　モスクワの解放はロシアに居残る略奪者たちに対する全国民の戦う士気を上げるものであった。地方の義勇軍はポジャルスキー軍の戦士たちの助けによって外国軍を駆逐し、追い払った。武勇の功績を残したのは農民の**イヴァン・スサーニン**であった。彼はポーランドの軍を未踏の沼に追いやった。スサーニン自身は死んだが、ポーランド人たちはそこから逃れることができず、ロシアの皇位の座につく候補者であったミハイル・ロマノフを殺すという王からの重要な任務を果たすことができなかった。ロマノフが殺されることはロシアの玉座をポーランド王とその息子のために確保することになりかねなかった。

◆1613年の全国会議

　首都を開放することによって**ロシアに国家の権力を取り戻し**、ツァーリを選出しなければならなかった。1612年11月、ミーニンとポジャルスキーは全国会議への召集通知を送った。1613年1月、士族、ボヤーレ、聖職者、コサック、銃兵隊の代表者たち、また50の都市から派遣された者たちが集まった。全国会議での催しに全部で約700人が参加した。

　2ヵ月間新しいツァーリを選ぶという問題が審議された。すぐに外国人の候補者ははずされた。白熱した議論ののち16歳の**ミハイル・フョードロヴィチ・ロマノフ**というトゥシノの総司教フィラレートの息子であり、ツァーリであったフョードル・イヴァーノヴィチの母方の親戚が選出された。彼は多くの者を納得させた。彼を支持したのは士族、聖職者、コサックたちであった。ボヤーレたちは若いツァーリに自分の意志を押しつけ、国を統治できると考えた。ロシアを外敵とスムータとの戦いから解放した真の英雄であったクジマ・ミーニンとドミートリー・ポジャルスキーは背後に追いやられ、まもなく忘れ去られた。ミーニンは貴族会議の士族になり、ポジャルスキーはボヤーレに登用され

ミハイル・ロマノフの皇帝権力のしるし、権標、宝冠（王冠）、王笏

た。国の統治はツァーリの親戚や近親者たちが行うようになった。

　　ロシア国民の英雄的武勇のおかげで外国軍に対してロシア国家は復活し、動乱時代は終結した。

◆質問と課題◆
1. どんな状況が偽ドミートリーの冒険の失敗につながりましたか。
2. 「七卿政府」という名詞のもつロシア史における意義を定義してください。
3. 国民解放運動における教会の役割は何ですか。
4. 国から外敵を追放し、スムータを終焉させるためにロシア国民が果たした役割は何ですか。
5. どんな出来事が動乱時代終結の起点となりましたか、また、その理由は何でしたか。

史　料

　クリュチェフスキーの1613年の全国会議について（『ロシア史講話』より、八重樫喬任訳参照）

　ヴァシーリー・シュイスキーの退位により統治府の元首となった貴族会議は、ポーランド人が内城を略奪した、そこにムスチスラフスキー公を代表とする若干の貴族が残ったとき、おのずから廃滅した。国家は、何か輪郭不明の混乱した連邦のようなものに変わった。

　しかし1611年末以降、政治的諸勢力が力を使い果たしたときから、宗教的・民族的な力が目覚め始めた。修道院長アヴラーミーの檄文は、ニジェゴロト人をその長老クジマ・ミーニン氏のもとに立ち上がらせた。そのあとに続き、都市の住民、士族層および下級士族がその呼びかけに合流した。この愛国的な運動にふさわしい指導者がみつかった。それはドミートリー・ミハイロヴィチ・ポジャルスキー公であった。1612年の10月、彼の指揮のもと、国民軍はモスクワをポーランド人たちの手から解放し、彼らをロシア国家の果てまで追い払った。

　早くも1613年初めには、全国土の代表者がつぎつぎとモスクワに集まり始めた。それは、商工地区住民および村落住民さえもが参加した、疑う余地のない全階層的な最初の全国会議あった。

　会議に出された最初の問題として、外国人からいかなるツァーリも選ぶべきでないとの議決がなされた。しかし、自国の生粋の君主を選ぶことは容易ではなかった。ある者はひとりを、他の者は別な人を担ぎ上げ、さまざまな名門の人が選び出されたが、しかし誰を選んでも一致が得られず、そうやって多くの日数が失われた。多数の候補者が選出者仲間を買収し、贈り物と約束事とをばらまいた。

　もっとも有力な候補者はガリツキー、ムスティスラフスキー、ヴォロティンスキー、トゥルベツコイ、ロマノフであった。

　審議にあたってミハイル・ロマノフを選出する意味は複数あった。その父フィラレートはふたりの僭称者の手先であり、第1の僭称者から府主教の位を受け、第2の僭称者のモスクワ近郊の陣営では総主教の名を得ていた。何等傑出したところもない16歳の子どもであったミハイル自身も、皇位について意見らしいものをもつことができなかったが、しかし、士族層とコサック層のような相反目する勢力が彼のなかで合流することができた。

最終決定は直接全国土に委ねられた。国民の声――誰をモスクワ国家の君主に望むか――を探り出すため、信頼のおける者たちがひそかに各都市に送られた。派遣された者は、ミハイル・ロマノフが君主になるべきであるとの報告をもち帰った。

　1613年2月21日の式日に、最終的選出が盛大に行われた。各官等の者がおのおの意見書を出したが、そのすべてに記されていたのは、ミハイル・ロマノフという名のみであった。

　◆史料についての質問
1. 1613年全国会議の主な特徴は何ですか。
2. ミハイル・ロマノフがツァーリに選出された理由をあなたはどう考えますか。

第2章

17世紀のロシア

§4. 経済における新しい現象

◆スムータの結果

　スムータと外敵の侵入の結果として国の西部地域及び中央地域が荒廃した。西南部の地域について同時代人は「森林のように鬱蒼とした耕地」や「かつて村だった荒地」であるかのように話した。種まき用の耕地はこの場所で30分の1に減少した。全く人気のなくなった村は国中に村の半分の数にも及んだ。荒地となった最大の原因は人手不足である。農民たちは戦争の動乱から北部の、ヴォルガ川の向こうへと逃げた。南部のコサックのところへ逃げるものもしばしばあった。だが残った農民からはほとんど得られるものはなかった。その多くが家畜もなく、仕事の道具もなく、仕事もなく、お金もなかったのである。これらの農民はボブィリ（貧農）と呼ばれた。国中ボブィリの家の数が40％以上になり、西地域は70％までにも及んだ。

　農家経営の荒廃の主要な原因は多くの封地が荒地と化したことであり、士族が困窮化したことである。士族の多くはコサックになる者ばかりか、裕福な士族のもとでホロープになる者さえいた。一方このことは君主制度の**社会的基盤**を弱体化させる恐れとなった。

　ロシアの南部や西部地域の多くの都市が荒廃した。狩猟、手工業、商業も衰

退した。スムータの結果がより少ない程度に現れたのは被害の少なかった北部や東部地域であった。

荒廃化したのは国家の財務局(カズナー)もであった。第1次と第2次の国民軍、そのあとの新王朝の形成のための出費は国家そのものが支払ったのではなく、富裕商人である**ストロガノフ家、スヴェテシニコフ家、ニキトニコフ家、グーリエフ家、ショーリン家**が支払ったのであった。

このような条件下、権力側に、国の経済復興の原動力を見つけるという課題がもち上がった。

◆農　業

この主要な原動力のひとつは士族に土地を分与し、士族としてのみならず、農民の経営を強化するというものであった。土地の所有権の分与によるいざこざを避けるために、皇帝ミハイルはヴァシーリー・シュイスキーと偽ドミートリー2世によって与えられた士族の土地についての権利を保障した。1612～1613年においてはすでに、「全土会議」及びそのあとのミハイルは9万デシャチナ〔1デシャチナは約1ヘクタール以上—訳者〕以上の貴族領地をその新しい土地の近くにいるボヤーレ及び士族に与えた。1614～1625年、それ以上の土地が小役人、地方士族、一部コサックに与えられた。三圃式(さんぽしき)の制度が絶えず定着しつつあったヴォルガ沿岸とシベリアの領土開拓が行われた。

しかしながらその土地に縛りつけられた農民をぬきに、土地は一銭の価値も有さなかった。したがって士族たちはその世紀の前半にかけて状況を改善してもらうという請願をもってツァーリのもとに出向いた。1637年、皇帝ミハイルは逃亡農民捜索の期間を9年に延ばし、1641年には逃亡農民捜索期間を10年とし、他の領主（とくにボヤーレ）の連れてきた農民については15年とした。

農民に対する課税は著しく減少し、主な納税者がポサード民となった。現物年貢を受け取る意味が少なくなり、同時に金納年貢の役割が次第に増していった。

権力者がとった方法のおかげで農場経営は急速に回復していった。しかしな

刈入れ、ヤロスラヴリのイリヤ・プロローク教会所蔵の17世紀のフレスコ画　G・ニキーチン作

がら自然物（手工業ではない）経営の確保は農民への食料確保を悪化させることが避けられなかった。

農業の発達において新たな現象となったのは国の特定の地域における計画的な専門化であった。これは商品の流通の成長を促すものであった。南部及びヴォルガ沿岸の地域においてはパンの市場において在庫が生じ、西部においては、亜麻と麻、沿岸部においては塩と魚、シベリアにおいては毛皮、ヤロスラヴリとコストロムスキーにおいては麻布の供給に余剰が生じた。

新たな現象として、経営や商売に携わらなければならなくなったのは商人のみならず聖職者だけでなく、時においては、ボヤーレやツァーリまでもが関与することがあった。

◆手工業

前年においてロシアにおける手工業の発達は自然経済という性格によって制約されるものであった。手工業者は個人の発注に応じてのみ製造を行っていた。17世紀手工業は市場で販売を行う中小産業(ちゅうしょうさんぎょう)に変貌を遂げる。手工業のもうひとつの性格は（かつての家庭産業とは異なる形の）大規模化されたことであり、手工業職がつくられたことであった。

もうひとつの新機軸は**ロシアの他分野における手工業製造の専門家**であった。ヴォルガ地方の職人は特産のレースで有名であり、ロストフ地方はエナメルで、ヴァガ地方は羅沙、レシミン地方は筵、ベロオーゼロ地方はさじ、ヴャ

大盃　17世紀モスクワ手工業者の製造品

酒盃　17世紀ソリヴィチェゴドの手工業者の製造品

ロシアの工場制手工業　17世紀の版画

ジョームィは橇、ニジニノヴゴロトは錠、モスクワに近いセルプーホフ、カシーラ、トゥーラはわが国の冶金工業最初の中心地となった。金属加工はモスクワに集中した。首都は伝統的な宝石業の中心地でもあった。金属加工と河川輸送においてはじめて**雇用労働**（こようろうどう）が行われた。

◆工場制手工業

　手工業の製造における新しい現象を作り出したのは、**工場制手工業**（こうじょうせいしゅこうぎょう）（マヌファクトゥーラ）という新しいタイプの作業形態を発展させるという前提にあった。それは労働を分割し手工の技術を利用するということに基礎がおかれるものであった。ロシアの工場制手工業の最初（モスクワ、プーシェチニィ・ドヴォール）は15世紀の終わりにもう始まっていた。17世紀において官費で火薬工業、武器庫や金と銀の広間、織匠（機織）とビロード（絹）の家がつくられた。それらは基本的な軍隊とツァーリの護衛のための必要な労働であった。外

にも内にも市場では自分の製品をほとんど供給することはなかった。

　（基本は外国向けの）艦隊に必要な大麻ロープを作る商売用の工場制手工業はかなりの数に及んだ。モスクワ以外において、工場制手工業の製造中心地であったのはトゥール・カシミール地域とウラルであった。そこでは精銅と製鉄の工場ができた。トゥーラ近くでは3つの製鉄工場を1637年にオランダ人商人**ヴィニウス**が建てた。そこにおいてロシアで初めて溶鉱炉が始動された。皮革加工、また、岩塩採取も少なくなかった。

　17世紀全般において60近くの様々な工場制手工業が生まれた。しかしながら自由労働力が欠如した条件において、そのすべてが生活能力のあるものとは言いがたかった。世紀終わりまでにその数は30以下にまでなってしまった。しかしながら、17世紀では工場制産業が生まれ、ニキトニコフ家、スヴェテシニコフ家、ショーリン家、**フィラティエフ**家、ストロガノフ家、**デミドフ**家といった大商人からなる最初の「産業家や企業家」財閥が形成された。

◆貿　易

　17世紀貿易の最大の特徴は、広範な土地の環境にもとづく専門分野を基にした**全ロシア市場**の形成にあり、そのもとで経済的な結びつきと国の各所で商品の交換が強化された。貿易の成長は農民からの金納年貢の増大を助長するものでもあった。成長したのは、都市の市場だけではなく、農村のトルジョークもあった。大規模で全ロシア的なはじめての**商品取引市場**（ヤールマルカ）はアルハンゲリスク、イルビート、スヴェンスキーで行われたものであり、世紀の最後にはマカリエフでのものがあった。宗教的祭日にはここで全国からさまざまな商品を売るものばかりでなく、買い物をする卸問屋も集まった。都市や村には様々な交易が発展を遂げていた。商品製造のみならず、販売の分野においても専門化が起った。たとえばパンの取引の中心地とみなされていたのはヴォログダ、ヴャトカ、オリョール、ヴォロネジ、ニジニノヴゴロトであった。塩の主な市場はヴォログダとソリ・カムスカヤであった。えりすぐりの小麦はシベリアからモスクワに向う途中のソリ・ヴィチェゴヅカヤで売られた。

第 2 章　17世紀のロシア　　305

17世紀のロシア経済

主にアルハンゲリスク経由（75％未満）で西に向かう従来どおりの対外貿易と、アストラハン経由で東に向かう対外貿易が積極的に行われた。17世紀半ばまで外国の商人はロシア内の市場で独自に商売をする権利があった。それはロシアの商人による多くの犯行を招いた。1649年、皇帝アレクセイ・ミハイロヴィチは英国人が国内貿易を行い、国内から輸出するのを禁じた。

　貿易の発展はまだ雑多税目の時代から変わっていなかった国内の税法上の障壁を整理した。1653年**細かな税目**を廃止する税法を採択した。1667年の新商法は外国商人の権利をさらに制約するものであった。彼らは自分の商品を国境隣接都市では卸売りに出さなければならなかった。（外国からの）輸入商品にはさらに高い関税が課せられた。

◆都市の成長

　17世紀はロシアに多くの新興都市が生まれた時代であった。国境の拡大はその地域の経済的な獲得を要求するものであった。この点において大きな役割を担ったのはこの都市に作られた、都市の城砦の鎖からできた**防衛線**であった。この線の保護のもとに南ステップ、ウラル、シベリア、北カフカスの獲得が進んだ。世紀の半ばにベルゴロト防衛線（アフトゥィルカ―ベルゴロト、ヴォロネジ―シムビルスク）、そのあとに、シンビルスク防衛線（タンボフ―サランスク―シムビルスク）とザヴォルガ防衛線ができた。17世紀はシベリアにおいて多くの城砦（オストロゴフ）の建設が推し進められた。17世紀終わりまでに全体的に都市の数が（シベリアとウクライナ左岸部を除いて）250にも及んだ。

> 　このように、17世紀における国内の経済発展はたくさんの新しい特長によって際立つものである。それは、たとえば、賦役と年貢の役割強化、手工業の産業化、工場制手工業の発達、全ロシア市場の形成、都市の成長といったものである。

◆質問と課題◆
1. どんな人たちをボブィリと名づけたのですか。

2. スムータのあと、財務局を補充した源泉となったのは何ですか。
3. 農業の新しい特徴を挙げてください。
4. 17世紀の手工業生産においてどんな変化が起こりましたか。
5. 工場制手工業とは何ですか。
6. どんな工場制手工業をあなたは知っていますか。17世紀における貿易の特徴は何ですか。

史　料

アルハンゲリスクを通じて搬出されたロシアの直産品（スウェーデンの代表ロデスの報告から）

亜麻の種は国内ではカザン、ニジニ、コストロマ、ヤロスラヴリ、ヴォログダ、ガーリチ近くやドヴィナ川沿いにある（中略）

ヘラジカの皮はかなりの数のものをシベリアから運び出している。

ロシアの亜麻布は（中略）とくにヤロスラヴやヴォログダ（地方）で作られている。

蝋はニジニ（ニジニノヴゴロト）、カザン、モルドヴァやその他の地域でかなりの量作られている。

たくさんの獣脂がカザン、ニジニ（ニジニノヴゴロト）モスクワ、ヤロスラヴリ、ヴォログダ地方で採れる。

漁師や農民が白海のエスキモー湾にいるエスキモーのように、アザラシを殴り殺し、油が採れる。

樹脂やタールはカールゴポーリ（地方）で作られる。

1667年新商法より

モスクワおよびロシア諸都市において外国人には別々に舶来の商品を売ってはならない。大定期市（ヤールマルカ）において彼らに対して自分の商品や金をもっては出入りせず売り子を送ってもいけない（中略）、

もし異国人が自分の商品を都市から（アルハンゲリスク）モスクワや他の都市へ運ぼうとしたら、彼らは関税を1ルーブルあたり10コペイカ分の金、もしくは、外貨で支払わなければならない。なぜならば、ロシア人もモスク

ワの異国人も5分の1と10分の1税やあらゆる人頭税を支払い、勤めを果たしているが、異国人たちは何も払っていないからである。

◆史料についての質問と課題
1. 最初の史料を読み、そのあとでどこでどんな商品が17世紀にロシアで作られたか地図を示してください。
2. 外国人の承認に関して1667年の商法ではどんな対策がなされましたか。
3. どんな目的でそのような対策を講じねばならなかったのでしょうか。

◎ 新しい用語を覚えよう。

ボブィリ（貧農）〔Бобыль〕——貧しく、家をもたないこともある、封建的な封建制の義務が削減された従属住民の代表者のこと。

全ロシア市場〔Всероссийский рынок〕——経済関係が強化され、地域ごとに経済的な特徴が現れたことにより、ロシアの様々な地域間で、商品の交換がなされたこと。

工場制手工業（マニュファクトゥーラ）〔Мануфактура〕——仕事の分割と手工業にもとづいた経営。

小商品経済〔Мелкотоварское производство〕——市場で販売するために商品を小売する生産システム。

雇用労働〔Наемный труд〕——製造資金がなく、自分の労働力を売ることを余儀なくされた労働者たちの仕事。

企業主〔Предприниматель〕——企業やなんらかの経済活動の発展のために資金を投資する者。

産業主〔Промышленник〕——私有財産の権利のうえに産業経営を行う者。

社会的基盤〔Социальная база〕——人間を支える、住民のカテゴリー。

§5. ロシア社会の主要な階級制度

◆第1階級

　社会の支配階級であったのは領主(りょうしゅ)であった。かつてそれに該当したのは世襲領地という自分の血統による土地の所有をしていたボヤーレだけであった。17世紀封建地主階級の枠に該当する**士族階級**(しぞくかいきゅう)（ドヴォリャンストヴォ）が生まれた。ロシアの専制政治が確立されるにしたがって、士族の地位がツァーリ権力の主な支えとして強化された。17世紀のあいだに、軍隊や、ツァーリ管轄機関や支配体制における士族の昇進義務という複雑な制度が形成された。出生や奉仕の功労に応じてある階級から次の階級へと移動させられた。役職を考慮して勤務者は大なり小なり土地とそこに住む農民を支配する権利を得られた。それらすべてが17世紀において士族が次第に新しい階級へと変貌を遂げていくことを証明したのだ。

グラヴィータヤ宮殿におけるツァーリの宴会　17世紀の絵画

皇帝権力は士族と同様ボヤーレにも土地と土地に帰属する農民に対する権利を強化するよう努めた。そのために逃亡農民捜索の期間をまず10年まで延ばし、そのあとに15年まで延ばした。しかしながら、そのことはそれほど成功しなかった。ボヤーレと士族は農民を完全に地主のもとに縛りつけることを要求し始めた。1649年、全国会議は新しい会議法典を採択した。それによって**領主のもとに永遠に農民が従属し、ある地主から別の地主へ移動することが禁じられた**のであった。

　国内では世紀の終わりまでにツァーリに所属する農家は全体の10％以下であり、ボヤーレに所属する農民も同様であった。15％近くが教会に所属し、一番多く（60％近く）が士族に所属していた。

　このように世紀末まで主流であった地主、ボヤーレの地位は失墜していった。土地と農奴の主な主は士族になった。士族は次第にボヤーレという血筋による階級を国家統治の領域においても狭めていった。かつての国家で出生の血筋によって高位を占めていたシステム（門地制〈メストニーチェストヴォ〉）は1682年に最終的に撤廃された。封建地主というすべてのカテゴリーは権利の面において平等化された。このことは古い血統階級とかねてから争っていた士族の重大な勝利を意味していた。

◆ 農　民

　住民の大部分は依然として**農民**であった。17世紀における農民の地位はとくに悪化した。まさに農民の方にスムータと100年に及ぶ幾多もの戦争、及び破壊した経済の重荷が課せられたのである。農民はふたつの主要なグループ、**聖俗私有地所属の農民**と「**黒い**」**農民**に分けられた。はじめのものはボヤーレ、士族、皇族、聖職者の完全な所有のものであった。ふたつ目のものは完全な自由をもち、広大な土地（とくに白海沿岸及びシベリア）に国の義務を負っていた。ボヤーレや士族の土地に住む農民たちは、ひとりの主人に仕え、完全に彼らの意志に従属していた。農奴の財産は領主に所属していた。もっとも苛酷で重いものであったのは小領主に所属していた農民であった。

ロシアの農民　17世紀外国人旅行者のロシアに関する書籍より、版画

　農民は領主に対する賦役(ふえき)のもとに働き、**現物と金納の年貢(げんぶつ きんのう ねんぐ)**を支払っていた。われわれがすでに知るところによると、市場経済の発達に伴い、金納年貢の役割が次第に高まっていった。賦役の標準の長さは1週間に2日から4日であった。世紀の後半、領主が所有する始まったばかりの工場制手工業での農奴の労働が賦役労働とみなされるようになった。しかしながら従属農民たちは国の義務を負っていたのである。
　世紀の終わりまでにホロープの役割が変わった。彼らが権利をもたない領主に帰属する半奴隷であったのに対して、いまや彼らは番頭であり、伝令であり、馬丁であり、仕立屋であり、鷹匠などとなった。世紀の終わりまでに従属的な住民というこのカテゴリーは農奴農民と同一化されていった。
　税制は変化した。17世紀初頭に税〈チャグロ〉が「開墾地」から算出され、それゆえ開墾地が著しく減少を招いたのに対して、世紀の終わりには**土地税(とちぜい)**の代わりに**戸数税(こすうぜい)**が導入された。

ロシアの歴史　16世紀末から18世紀まで　7年生

17世紀商人一家　Ａ・リャブーシキン作

　農民の土地の賦与は１〜２デシャチナ（１〜２ヘクタール）に及んだ。賦与地が数十ヘクタールに及んだ裕福な農民もいた。このようなタイプの農民から有名な経営主や商人、貿易商人が生まれた。

◆都市の人口
　17世紀に都市住民の人口が増えた。大都市では500世帯以上に及んだ。新しい都市では、まず南部や東部の近郊で、続いて城砦の奥にポサード民が現れた。ポサード民にはロシア人のみならず、ロシアの他民族の代表者たちもいた。ポサード民は手工業者や貿易商人、銃兵隊員、商人、聖職者、（多くの従属農民を含む）士族やボヤーレもいた。
　都市生活の支配的立場にあったのは、ポサード共同体を管理していた富裕な手工業者や商人たちであった。彼らはもっとも貧しい住民層であった小手工業者や小商人に税負担の重荷を課した。特権的地位にあったのは、ボ

ヤーレ、士族、修道院僧や、仕事の合間に貿易や手工業に従事していたホロープであった。ホロープたちは、地主と同じく、領主や聖職者が住んでいた白いスロボダ（村）たちであり、国家の義務を負わない者たちであった。このことが、今度は、ポサード民の大多数に絶え間ない不平をうえつけることとなった。

17世紀の特徴となったのは、手工業生産の増加に伴い、そこに（まだ大規模ではなかったが）雇用労働が適用されたことである。それによって急速に富裕者となり、下仕事をすることをいとわなかった手工業者たちにポサード民の貧民層のみならず、農民ボブィリやホロープが雇われた。

◆聖職者

17世紀終わりまでにロシアの聖職者の数が急激に増えた。国内で15,000に及ぶ教会に勤める者は11万人に及んだ。一方修道院では修道僧の数は8,000人以下だった。16世紀に総主教座を採択してからロシア正教は完全に独立した。それとともに新しい教会のヒエラルヒーも複雑なものとなった。信者にもっとも近く、聖職者階級でもっとも数が多かったのは**教区の司祭**であった。最高位にあったのが**教区主教**と**府主教**である。教会のヒエラルヒーを始動したのはモスクワと全ロシアの**総主教**であった。

教会は土地の巨大な所有者であった。このことは神聖権力を安定化させるものであったが多くのボヤーレや士族の嫉妬を招くものであった。1649年の会議法典は教会が土地の所有を増やすことを禁じ、（教会の所有者がもっていた）白いスロボダの権利を廃止した。そのときに教会の指導者たちは以前にもっていた裁判上の特権も喪失した。

しかしながら教会は国内のもっとも巨大な土地の所有主でありつづけ、その所有は国内全土の15％に及ぶものであった。

◆コサック

ロシアにとって新しい階層がコサックであった。これは軍人層であり、ロシアの国境周辺〈ドン、ヤイク、ウラル周辺、テレク、ウクライナ左岸部〉の住

民が含まれた。それは義務的な軍役にもとづく特別の権利と特権を有する者たちであった。

コサックの経済的な生活基盤は採取——狩猟、漁猟や養蜂、のちには、家畜や農耕であった。16世紀と同様、コサックは収入の基礎を、国からの報酬と軍務手当てという形でもらっていた。

コサックは短期間で国の強大な周辺地域、とくに、ドン地方とヤイク地方の土地を獲得することができた。生活の最重要の問題は彼らの集会(クルーグ)によって審議された。コサック共同体の首領は選出されたアタマンと中佐であった。アタマンと中佐はコサック全員が投票権をもっていた選挙によって選ばれた。

この人民統治の秩序は国内で権力を選ぶ専制とはうまくたて分けられていた。1671年ロシアのツァーリにドン地方のコサックが忠誠を誓った。

ドン・コサックのアタマン

このように、17世紀においてロシア社会のかつてからの複雑な社会構造がきわめてわかりやすいものとなった。

◆質問と課題◆

1. 17世紀に士族の地位はどう変わりましたか。その変化の原因は何でしたか。
2. 「黒い」農民と農奴の違いは何でしたか。
3. 「白い（村）」に住んでいたのはどんな人でしたか。どんな特権を彼らは有していましたか、また、その理由は何でしたか。
4. 聖職者にはどんなカテゴリーが17世紀に存在していましたか。
5. コサックはどのように生活をしていましたか。

史料

外国人アダムス・オレアリウスが見たロシアの階級制度

彼ら（ロシア人）すべてが奴隷であり農奴であった。高い位にある者も低い位にある者もすべての臣民がツァーリの「ホロープ」、つまり奴隷であり農奴であったように。それは高官が奴隷や農奴の部下、農民をもっていたのと同じであった。侯や高官は自分の隷属やその他の者をツァーリの前に示すときには、文書や嘆願書において、「イヴァン」ではなく「イヴァシカ」と、もしくは、「ペトルシカ、汝の奴隷」と、愛称形で署名をしなければならなかった。

大公に仕えていた外国人も同じように謙(へりくだ)らなければならなかった。

奴隷や農奴の召使が自分の主が死んだり暇をもらったりして自由を勝ち取った際には、すぐに自分を売らなければならなかった。なぜならば、彼らは他に、自分の人生を支えるすべはなく、自由を尊び、それを享受することはできなかったからである。

事実ロシア人は、平民の特徴という点においても、奴隷でいるときも、重苦しいくびきのもとにあるときも、支配者に対する愛情から多くのことに耐え続け、しのばなければならない。だが、もしその際そのやり方が極度を超えた場合危険な反乱に終わることがある。ただその危険は国家の主に対して及ぶというよりは、より下の権力に及ぶものである。

◆史料についての質問
1. オレアリウスがその階級によらずロシア人すべてが奴隷であるとみなしたのはなぜですか。
2. このことはどういうところに現れていましたか。

◎ 新しい用語を覚えよう。

　　白いスロボダ（村）〔**Белые слободы**〕——国家的義務から免れた、様々な住民（銃兵隊、聖職者、駅逓局員、外国人、手工業者）の名前。

　　私有地所属の農民〔**Владельческие крестьяне**〕——私有地もしくは組織

（たとえば教会）の所有者のもとにいる農民。

戸数税〔Подворная подать〕──都市や農村の共同体のために権力によって決められた国税の一部であり、農家の戸数に分配される。

土地税〔Поземельная подать〕──固定的な土地の数によって算出される税。

「黒い」農民〔Черносошные крестьяне〕──共同の土地を有し、国家の義務をもった自由農民。

§6. 国内の政治的発展

◆初期ロマノフ家：専制権力の強化

　新しい王朝の最初のロシアの皇帝はミハイル・フョードロヴィチ・ロマノフ（1613～11645年）である。即位したのは16歳になったばかりのことであった。この年齢では一人前の政治家にはなれなかった。ツァーリ（大君）即位後のミハイルの決定に重要な影響を与えたのは、父が不在のとき（フィラレートはこの時期にポーランドの捕虜であった）は若きツァーリの母**マルファ**であった。即位後、ミハイルは全国会議及び貴族会議なしには統治を行わないと約束した。この宣誓をツァーリは自分の父が捕虜から逃れて帰国するまで守り通した。フィラレートは1619年に総司教となり、同様に「大君」の称号をもち、自分の息子と共同の統治者となった。1633年の死に至るまでフィラレートは実質的なロシアの統治者であった。戦闘好きで権力志向の両親の元でミハイルは柔和で善良な人間であった。彼は花を愛し、ヨーロッパで希少な植物を買うためにお金を使った。ツァーリは体が弱く、よく病気になった。

　ミハイルの死後、新しい皇帝となったのは彼の息子である**アレクセイ・ミハイロヴィチ**（1645～1676年）であり、父と同じ16歳で皇位についた。皇位につけるようアレクセイはあらかじめ教育されていた。5歳にして読むことを覚え、7歳にして書くことを覚えた。成年になると多くの書類を書くのみならず、小

さな文学作品を書いた。彼に教育を施したのはボヤーレの**ボリス・イヴァノヴィチ・モロゾフ**であり、彼がアレクセイに多大なる影響を与えた（ツァーリが若いとき3年間、実質的に国を統治したほどである）。アレクセイ・ミハイロヴィチは敬虔な人であり、巡礼者や乞食、生活困窮者に手厚く接した。多くの同時代人はロシアの統治者として類まれな善良さと親切さ、時においては性格の弱さがあったことを指摘した。人民のなかでツァーリは「もっとも温和な〈ティシャイチー〉」とあだ名された。しかしながら、このことは彼が必要な際に決断力、意志、残忍ささえも示す障害とはならなかった。

皇帝アレクセイ・ミハイロヴィチ

〈**マリヤ・イリイニチナ・ミロスラフスカとの**〉最初の結婚からアレクセイは13人の子どもをもうけ、そのなかに、息子の**フョードル**と**イヴァン**、娘の**ソフィヤ**がいた。最初の妻の死後、2度目に結婚したのは**ナターリヤ・キリロヴナ・ナルィシキナ**であった。この結婚により息子の**ピョートル**（のちのピョートル大帝）が生まれた。最初と最後の結婚で生まれた子どもたちのあいだで、アレクセイ・ミハイロヴィチとその長兄であったフョードル（1676～1682年）の短命統治のあと、権力闘争が火蓋を切る。

ロマノフ王朝の最初のツァーリの際に**ツァーリ権力が著しく強化された**。この際に権力の階級別代表者組織の役割は弱体化した。

◆全国会議

ミハイル・フョードロヴィチの全国会議、貴族会議の承認のもとに統治するという宣誓は行き当たりばったりのものではなかった。中央権力の経済的な破綻と弱体化という条件のもとに若いツァーリは国内の住民のすべての階層に支えを見出すほかなかったのである。このような支えとならざるを得なかったのは、まず最初に全国会議であった。ミハイル・フョードロヴィチが統治した全

期間にわたり会議の主な特徴だったのは、最低級の階層に至るまで代表者の発言権が拡大したことであった。会議に選ばれた代議員たちは選出者から彼がツァーリの前で主張しなければならない要求を受けていた。イヴァン雷帝やボリス・ゴドゥノフの時と違い全国会議で主要な役割を演じたのは士族やポサード民の代表者たちであった。ミハイルの治世において全国会議は頻繁に招集された。一方において、フィラレートが捕虜から帰還するまでは実質的にその仕事をやめることはなかった。ツァーリの権力が強化されるほど全国会議の招集は次第にまれになっていった。

フィラレートの死後、何人かの士族が全国会議を常時の事実上の議会に変わることを提案した。しかしながらこの計画は**専制権力**（せんせいけんりょく）の利害とともに断ち切られた。会議はツァーリがあらかじめ準備した計画の承認のためにのみ召集されたが、以前のように国が発達する計画を審議するためには召集されなかった。一方、**農奴制**（のうどせい）の強化と共に全国会議における低階級の人民の代表は無意味となっていった。

最後の全国会議が招集されたのは1653年であった。それ以来、専制権力は階級の代表者ではなく、官僚と軍隊によって支えられるものとなった。

◆貴族会議

次第にかつての役割を貴族会議も喪失していった。当初会議の構成員はミハイル・フョードロヴィチによって拡大された。そこまでかれは自分の皇位を支えてくれる人間に感謝の意を注いだのである。以前は貴族議会の構成員に20人のボヤーレが入っていたのに対して、アレクセイ・ミハイロヴィチの皇位の最後にはそれが100人に及ぶ数となった。しかしながら、会議の構成員には血統のあるものばかりか、そうでない代表者も入っていた。

会議は、以前と同じく、戦争と講和、法律の制定、新しい税の導入など、最重要の問題を解決するために招集された。その仕事を指揮したのはツァーリ自身の時もあれば、ツァーリが任命したボヤーレのときもあった。

会議の構成員の増大は会議をあまりにも肥大化させ、ツァーリは大きい会議

ミハイル・ロマノフ時代の貴族会議　Ａ・リャブーシキン作

に代わる、より信頼できる者たちからなる、「近しい」（〈小さくて〉、〈秘密の〉）軟らかい統治機構を作らざるを得なくなった。全員参加の貴族会議が集まる頻度は次第に少なくなった。「近しい」会議は国を統治する際のたくさんの問題の解決に集中した。

◆諸官庁（プリカース）

　国の領土拡大と経済生活の複雑化はプリカースの数の著しい増加につながった。国内に100近いプリカースがあった時代である。
　対外政策の問題を掌握したのは使節庁であった。**外務プリカース**は兵隊捕虜を賄賂で釈放する問題にも取り組んだ。宮殿の経営と財産を管理したのは**大宮殿庁**であった。**国庫庁**は皇族の財産や宝の保護に当たった。**主馬庁**は無数のツァーリの馬の管理とツァーリの外出のための馬の補給に当たった。**補任庁**は士族とボヤーレの皇室勤務への配置（領主がどんな勤務に就くか、官庁か、

17世紀プリカーズの部屋にて

軍隊か、統治機構かは、ここで決められた）に当たった。土地給付や世襲領地や封地からの税金の収集は**封地庁**が行った。**駅逓庁**は敏速で信頼性のある郵便連絡を請け負った。首都や巨大都市での石工建築増加に伴い**石工事業庁**ができた。

ツァーリの部下による嘆願や訴状を精査したがゆえに、他のどの機関よりも上の位置にあった**請願庁**はおそらく庁のなかで中心的な位置にいたであろう。アレクセイ・ミハイロヴィチの治世において**枢密庁**が作られた。そこではすべての国家機関の活動が監視され、皇室の運営を指揮した。そこには、貴族議員（ボヤーレ）さえもが入れなかった。それらは、**ツァーリの権力をどの機関も制約できないよう絶対的なもの**にするものであった。

しかしながら、プリカースの数の増加は否定的な影響を運営体制に与え、それなしにははなはだ明瞭でない勤務者の義務を混乱させ、官僚主義的な事務の延滞と職権乱用が始まった。

時折プリカースは全く同じか、性格上、類似する課題の決定に携わった。同じように司法上の問題を**強盗庁**、**全国庁**やその他のプリカースが解決した。軍事問題には**補任庁**、**銃兵庁**、**砲兵庁**、**外国人庁**、**重騎兵庁**とコサック庁が解決。これらすべてがプリカース体制の再編成と簡素化の必要性を証明するものであった。

◆地方行政

17世紀において主要な行政単位であったのは郡（ウイェースト）であった。世紀の終わりにはその数は250を超えた。ウイェーストはより細かな単位であるスタン（郡）、ヴォーロスチ（郷）に分かれた。

世紀の初頭から郡（ウイェースト）と国境周辺部の頭にツァーリは地方の軍隊のみならず、地方長官（ヴォエヴォダ）を置き、主要な行政権力と司法権力を与えた。地方長官（ヴォエヴォダ）たちはモスクワに対して税の徴収と住民への義務を果たす責任があった。この世紀のあいだに地方長官を地域行政の頭として任命するというのは全国的なものとなった。地域における地方長官による支配の導入は16世紀半ばにおける代議員議会の改革の途上においても地方自治（全国的もしくは地方役所）機関の権力を著しく制限することを意味するものであった。

17世紀後半からツァーリは新しく、より大きな軍部、行政用の単位、等級をつくり始めた。それは外敵の侵攻があり得る地域を守るための、国境地域に駐軍する城砦・都市のグループを形成するものであった。この単位の導入は中央権力と地方権力の橋渡し的な意味をもっていた。

◆法律、1649年の会議法典

スムータの結果を清算することは、立法化された法律の数を急激に増やすことにつながった。かつてと同じように、その立案はツァーリの側近に任され、貴族議会とツァーリの承認のもとで執行された。立法化がきわめて重要な折は、全国会議でそれが承認された。

世紀の前半に新しい法律が出現し、極めて早い時期に新法を適用したためそれらの法律の整備、つまり、ひとつの**法律全書**（ほうりつぜんしょ）の編纂をが必要となった。このような法律全書は**オドエフスキー**公を筆頭とするアレクセイ・ミハイロヴィチ皇帝の側近に任せられた。1649年に全国会議で採択された会議法典の編纂に当たって使われたのはかつての法律だけでなく、外国の法律でもあった。法律全書の作成に当たって、若いツァーリであったアレクセイも加わっている。

　法典は国の生活におけるツァーリの役割の増大化を反映するものであった。最初に法律には（ツァーリと皇族、国家権力や教会の代表者の栄誉と健康を侵害した者に対して）厳しい処罰を検討した「国家の罪」を規定した。

　法典は最初に領主の土地と従属する農民（農奴）に対する権利を定めた。逃亡農民について無期限に捜査を命じ、逃亡者をかくまうことに対する多大な罰金を定めた。

> 　このようにして、17世紀の間階級の代表者、国家機構と軍隊に支えられ、ツァーリの専制権力が強化された。農奴制の最終的な形成がなされ、ツァーリの専制の社会基盤としての士族の権利と特権がいちじるしく拡大した。

◆質問と課題◆

1. 最初のロマノフにおける専制権力の強化は何によって説明できますか。
2. 17世紀における全国会議と貴族会議の役割が次第に低下したのは何と関係があるのですか。
3. プリカース体制の改革の必要性は何によって生じたのですか。
4. どうして1649年の会議法典は採択される必要があったのですか。その性格を説明してください。

史　料
外国人アダムス・オレアリウス　ロシアの統治システムについて

　ロシアの統治は圧政と似たようなもののもとにあると考えてよい。

　小さいときから（高官）が子どもたちに吹き込む（中略）子どもたちがツァーリの尊厳について、神について話すかのように、話をするように、ツァーリを神と同じくらい高いものとして敬うようにと。彼らは、彼らが有するすべてのものは自分に所属するものではなく、神およびツァーリに所属するものであると話すのである。だれも、体罰を恐れて、自由に国から出るものはいない。ひとりの商人たりともツァーリの許可なく国境を越えてはならず、国外に商品をもち出してはならない。報酬を彼（ツァーリ）はいつも正確に支払っている。あるものには数ヵ月前に渡すこともある。したがって人民はいつでも頻繁に彼のもとに務めとして姿を現すのである。彼にはまた無数の宮仕えの役人もいた。

　大公の召使いや役人のもとで見受けられる共通の現象は、宮廷にいるのは、大部分が主君であるということだ。主君に頻繁な近づきをもてばもつほど、他の人より利己的で粗野でけちなものもいた。それゆえ、彼らを自分の側に向けさせるべく、うやうやしく接し贈り物を贈らねばならなかったが、それは時において彼らに何かよくしてもらうためではなく、ひどいことがなされないようにするためになされることもあった。「ポスール」と呼んでいた贈り物のおかげで何でもかなえることができた。

　国の参事官やボヤーレは、宮殿に国事のため集まるばかりか、「プリカース」と呼ばれる民事的な問題の事務や司法的な問題に携わることもあった。

　どのプリカースでもたいへん多くの書記係がおり、きれいな字を書き算術にも優れていた。計算の時にはスモモの種を小さな編み袋に入れてもっており、それをつかって計算した。

　贈り物を受け取ることは苔刑に処されるという罰則で脅され禁じられていたが、秘密裏にそれはなされた。とくに書記係は「ポスール」を喜んで受け取り、そのおかげで彼らの手にあるもっとも秘密のことがらについて知ることもできた。

◆史料についての質問
1. ロシア政治の統治システムはどんな特徴が見受けられると史料には出て

いますか

2. あなたの考えで、他の住民に関連する仕事よりも皇帝に仕えるということにどういう長所があると思いますか。

◎ 新しい用語を覚えよう。

郷（ヴォーロスチ）〔Волость〕——スタンとウイェーストの中間的な地位にある行政・領土区分。

農奴制〔Крепостничество〕——農民のもっとも従属的な形態であり、その土地に縛られ、領主の権力に完全に従属しなければならない。

専制君主〔Самодержавие〕——ロシアにおける統治の君主形態、力強く、制限のないツァーリの権力にもとづくものである。

郡（スタン）〔Стан〕——行政・領土区分、スタンが2、3いっしょになってウイェーストになる。

§7. 権力と教会。教会分離派

◆スムータのあとの教会

スムータは教会にとって苛酷な試練であった。総主教**イグナト**を筆頭に聖職者の一部は偽ドミートリー1世を支持した（総主教自らが彼を皇位に戴冠した）。しかしながら聖職者の大部分は、祖国とロシア正教会に対する高い忠誠の模範であることを示した。

スムータの時代、モスクワにいたポーランド人たちは1度ならず教会で使っている道具を奪い、聖職者の権威を侮辱し、退却の際には450の教会ほとんどすべてを一掃した。ポーランドの同時代人によると、「石造や木造のもの、いたるところに教会があった。そして、われわれは日に3度もそれらを灰燼に帰せしめに出向いたのである」。大きな現象として、教会の僧侶を殺したり、人質にとったりした。捕虜のなかでは実質的なロシア正教会の頭であった府主教

フィラレートもいた。しかしながら、そのことは屈服させたのではなく、反対に信者と聖職者たちの精神的なつながりを強化したのだ。

◆総主教フィラレート

　ポーランドに捕虜として8年滞在したのち、ツァーリ、ミハイルの父、フィラレート府主教は1619年、モスクワに帰った。教会会議の参加者は彼をモスクワと全ルーシの新しい総主教に選んだ。彼の時代、国家生命における教会の役割と意義が著しく向上した。彼は本質的に第2のツァーリであった。国事についてのあらゆる報告をツァーリと総主教がいっしょに耳にし、ミハイルの決定は父の賛同なしには採択されなかった。純粋な国家の問題に対して総主教ひとりが指令を下すことさえあった。

　フィラレートが成功を収めた重要なことは――ツァーリ、ミハイル・フョードロヴィチの権威と権力を強化することであった。しかしながら多くの宗教的な性格の問題は彼の時代にも、彼の後継者である総主教**イオサフ1世**（せい）と**ヨシフ**の時代にも、なんの解決もなされなかった。宗教的な問題のうちもっとも重要であったのは、教会文献の復刻と儀式の復活であった。

◆総主教ニコンの改革

　17世紀半ばに明らかになったことはロシアの教会文献は書写によって世紀から世紀へと伝えられてきたものであるが、オリジナルのものと比較するとたくさんの写し間違いや改変がなされていた。勤行（ごんぎょう）の際の多声（聖職者も、輔祭も、信者さえも、別々の祈禱を唱えながら、同時に祈ってしまうこと）やふたつの指で十字を切ることなどが数多くの疑問を引き起こした。この問題について信者の意見は分かれた。（総主教ヨシフ含む）ある者は、古ルーシの模範に戻って、教会の文献や儀礼を修正することを提案し

総主教フィラレート

た。別の者（皇帝アレクセイ・ミハイロヴィチとその側近を含む）は、100年前の昔の本に戻るのではなく、かつては模写をしていたギリシアの原典に戻るべきであることを主張した。

総主教ヨシフのあとに、新しくロシア正教会の総主教にアレクセイ・ミハイロヴィチの推薦によりニジニノヴゴロトの府主教であった**ニコン**が選ばれた。彼は教会改革を遂行することを託されたのであった。

> 総主教ニコン〈ニキータ・ミノフ〉（1605～1681年）はモルドヴァの農家で生まれた。子どものころから聖書の話を聞くのが好きで、両親にしたがい勤行をし、教会の儀礼を知っていた。宗教への関心は、19歳において村の司祭に、30歳にはソロフキ修道院の修道僧になるほどのものであった。モスクワのノヴォスパスキー修道院の掌院（修道院長）となり、若い皇太子であったアレクセイ・ミハイロヴィチと出会い、自分の知識と性格のもつ力によって強い影響を与えた。ニコンは賢いばかりか、権力志向の人間でもあった。彼は残酷さにおいても際立っていた。1650年、ノヴゴロトの府主教となると、彼は都市住民の蜂起の鎮圧を指揮し、彼らに対して残酷なまでの懲罰を加えた。1651年に総主教になると、ニコンは積極的に世俗のことに干渉したフィラレートを自分の先達として真似するようになった。しかし、まさしくこのことが総主教とアレクセイとの1658年における決裂につながっていくのである。1666年、総主教の地位を失うと、ニコンは余生を北方のフェラポント修道院のある流刑地で過ごした。1681年になってようやくフョードル・アレクセイヴィチは病にあり、年老いたニコンを彼が建てた新イェルサレム修道院に帰ることを許した。彼はそこまでたどりつくことができず、ヤロスラヴリで流刑地から帰る途中、死んだ。

1653～1655年に教会改革が実現に向けて開始された。それは、3つの指で十字を切ること、世俗的な敬礼ではなく腰まで深く敬礼すること、ギリシアのモデルに倣ってイコンや教会文献を修復することである。

この変化は住民の広い層に反発を招いた。それまでにレーチ・ポスポリタとの戦争が勃発、それによる犠牲者と戦死者がでたことを一般の人々は教会の伝統を覆した神の報いであると受け止めた。

　1654年に招集された教会会議は改革を承認したが、ギリシアの伝統のみではなくロシアの伝統にもしたがい現行の儀式を執り行うことを提案した。

◆教会権力と世俗権力との意見の対立の深まり

　新しい総主教はわがままであり、意志が強固で狂信的でさえあった。信者をもとに絶大な権力をもちながら、彼はすぐさま教会権力がツァーリの権力を支配すべきという考えになり、ミハイル・フョードロヴィチと総主教フィラレートの例にならいアレクセイ・ミハイロヴィチに彼と権力を分割するという提案をしたのだ。彼は、「月が太陽から光をもらうように」、ツァーリ自身も神の代理人である総主教から権力をもらっているのであると言ったのだ。

総主教ニコン

　総主教によるこの宣言と教訓をツァーリは長く辛抱しようとはしなかった。彼はウスペンスキー修道院に総主教のもとで祈禱にいくのも、ニコンを国の行事に招待することもやめた、このことは総主教のうぬぼれに対して強烈な打撃となった。ある時、ウスペンスキー修道院である説教の際に彼は総主教の地位から降りることを宣言し、遠くヴォスクレセンスキー・新イェルサレム修道院へと隠居したのである。そこでニコンはツァーリが懺悔し、モスクワに彼に戻るよう希うのを待つことにした。しかしアレクセイ・ミハイロヴィチは全く別な行動に出た。彼は教会裁判をニコンに対して準備し始めたのだ。そのためにモスクワに他国から正教の総司教を招いたのだ。

◆1666～1667年の宗教会議

　ニコンの裁判のために1666年宗教会議が招集された。そこへ兵隊に護送されて被告がきた。登壇したツァーリは、ニコンが「わがままでわれらがツァーリの偉大なる命令を抜きに、教会を放置し、総主教の座から自ら退いた」と宣言した。それによってツァーリは誰が支配者であり、国の本当の権力は誰のもとにあるかを知らしめたのである。出席していた教会のヒエラルヒーはツァーリを支持し、ニコンを非難し、総主教の位の剝奪と修道院への無期禁固の決定を絶賛した。

　しかしながら、会議は教会改革については支持し、(**古儀式派**と呼ばれた) 反対者すべてを破門した。会議の参加者たちは古儀式派の指導者を世俗権力にゆだねることを決めた。1649年全国会議で彼らは火刑に処されることが決まった。1666～1667年の会議はロシア正教会の分裂を深めた。

◆長司祭アヴァクーム

　古儀式派の卓越した指導者に**長司祭**の**アヴァクーム**〈アヴァクーム・ペトロフ〉(1620～1682年) がなった。若いころから教会に自身を捧げ、彼は敬虔な生活体現の積極的な支持者であり、その伝道者であった。ある時期彼は「古儀

モスクワ・エドノフにある聖ゲオルギー教会　17世紀

モスクワ・ハモーヴニキにある聖ニコラ教会　17世紀

式派」の一員となり、彼らを支持するアレクセイ・ミハイロヴィチと知り合いになった。ニコンの改革を彼は極めて否定的に受け止めた。自分の考えのせいで、彼はモスクワ・カザン寺院での地位も失い、そのあとで逮捕され、修道院で監禁された。のちにアヴァクームは家族とともにシベリアに流刑となった。

運命により彼はどこに飛ばされようと、アヴァクームは古儀式派の考えと原則の積極的な普及に努めた。1664年に彼はモスクワに帰ってきた。そこでは、ツァーリや、他の知り合いや、彼の考えに共鳴するものたちが、ねんごろに彼に教会改革と和解するよう説得に当たった。1666～1667年の宗教会議の決定を拒否し、アヴァクームは教会破門にしたがい、聖職者たちに剃髪され、そのあとに牢屋へと拘束された。最後の拘束のとき、彼は著名な文学作品である「自伝」や10に及ぶその他の作品を書き残した。自らの反発と不服従によってアヴァクームは教会会議によって1681～1682年に処刑を命じられた。1682年4月11日、「激情の長司祭」と彼の盟友たちは生きたまま火刑に処された。

このように、スムータのあと、自らの立場を強固なものにした教会は国内の政治システムにおいて支配的な立場をとろうと試みる。しかし、専制君主を強化したことによって教会と世俗の権力は対立に及んだ。この衝突における教会の敗北は教会を国家権力の付属物に代える基盤を作った。

◆質問と課題◆

1. スムータの結末を乗り越えて、ロシア正教会はどんな役割を演じましたか。
2. 教会の頭というポストにあった総主教フィラレートの活動の総決算をあなたはどう見ますか。
3. 教会の改革の必然性はどこから生じましたか。
4. あなたは教会権力と世俗権力との意見の不一致の原因は何だったと思いますか。

史 料

外国人マルジェレト　ロシアの宗教と信仰について

　総主教は大公について国内の巨大な栄誉と権力を有するものである。彼は、世俗的な権利がひとつとして管轄できない精神領域における裁判官（スディヤ）であり、宗教的な事柄、善意やキリスト教的な人生のあり方を監視している。ここにおいて彼は正しいものの代表となり、彼が自分の目で見、催し、立案し、廃止し、大公に執行をゆだねるのである。彼の立案するものは、ツァーリでさえ、ましてや誰人も口出しする権利はなく、反対意見を言うなどもってのほかである。モスクワ市民は辛抱強くすべての民族と宗教に接し、それらとの関係を保っている。ルーテル派、カルヴァン派、アルメニア人、タタール人、ペルシャ人、トルコ人たちと。ローマ・カトリック教徒、あるいは、ローマ法王派については、これまで彼らモスクワ市民たちはそれほど好意的な態度をもってはいなかった。反対に、カトリックの信仰と接するとき彼らの眼は嫌悪をむき出しにしているかのようである。これは昔からの、もしくは、生まれつきのロシア人がカトリック信者、もしくは、ラテン教会に対してもつ敵意であり、反感であり、先祖伝来、ギリシャ人たちとその宗教からしみつけられているものなのかもしれない。なぜならば、ギリシャ人たちはラテン教会の代表者たちのふるまいに誘惑と専制の例を見てしまい、嫌悪と怒りを覚えたからであり、それが末代にまで伝わったのであろう。

◆史料についての質問
1. 17世紀のロシアにおける総主教座の権力は具体的にはどんなところに現れていますか。
2. ロシア人は他の宗教の代表者たちをどう見ていますか。

◎ 新しい用語を覚えよう。

　　長司祭〔**Протопоп**〕——古ロシア正教の司祭の教会での日常的名称。

§8. 国民運動

◆国民運動の原因と特徴

17世紀のことを現代人は「蜂起の時代」と呼んでいる。国民運動の大きな原因は以下のようである。

農民の農奴化と領主への隷属化の増長
重税の強化。ほぼたゆみなく続く戦争
(富裕層に伝えられてきた)
プリカースによる官僚的仕事の延滞
コサックの自由を制限化する試み
教会の分裂と古儀式派への制裁

これらすべてのことは代表者のもつ権力に対して(いつもそうであった)農民のみならず、コサックや都市の下層住民たち、銃兵隊、下層聖職者たちまでもが反発して立ち上がったことを意味している。

武器のみならず、戦闘経験があるコサック、銃兵隊が権力との闘争への参加したことは17世紀の民衆の行動に、多大な人間の犠牲をもたらし、苛酷なまでに武装された戦闘的な性格を与えた。

より深刻な国民の蜂起は17世紀の中盤に行われる。

◆塩一揆

塩への追加課税の施行を考慮して財政(カズナー)を補充するとの政府の試みに対抗して首都で大規模な反乱が勃発した。1648年6月1日、ツァーリ、アレクセイ・ミハイロヴィチはトロイツェ・セルギエフ修道院への巡礼からクレムリンへ帰ってきた。モスクワの群集はツァーリにモスクワの「市長」、全国庁長官であったL・S・プレシチェエフに対する苦情を申し入れようとした。彼のことは、パンと塩の値上げで、公金横領をし、官僚主義的に仕事を延滞しては、富裕な

都市住民や「白いスロボダ（村）」の民には対象としないなどとした、と非難された。反乱はあまりにも大きくなり、ツァーリはプレシチェエフのみならず火薬火砲隊官庁長官をも農民裁判に引き渡さなければならなかった。退役を余儀なくされ、モスクワから左遷されたのはボヤーレのＢ・モロゾフであった。彼はアレクセイ・ミハイロヴィチの養父であり、実質的に国を統治していた。モスクワのほかのロシア諸都市、クルスク、コズロフ、イェレーツ、トムスク、ヴェリーキー・ウースチュグにおいても反乱が勃発した。

◆銅貨一揆

　やむことのない戦いによりツァーリの財務(カズナー)を使い果たした。その補充のために前年分の税を徴収し、銀貨を廃止し、銅貨を鋳造しなければならなくなった。新しい貨幣の価値は古い貨幣の12分の１から15分の１になった。結果として、

市民の一揆　Ｂ・クストディエフ作

商人は新しい貨幣で商品を売ることを拒み始めた。このことは同じく、価値の下がった貨幣で支払いを受けていた住民や軍隊の一部に不満を招く結果となった。

1662年6月、ツァーリの側近であるボヤーレの屋敷が破壊され、市民の群集がコロメンスコエ村にある郊外のツァーリ公邸に突進してきた。軍隊の到着を待って、ツァーリは蜂起者たちと交渉に入らなければならなくなった。ツァーリは銅貨を廃止することを約束した。ツァーリを信じ、市民たちはモスクワへと戻った。しかしながら道中新たに何千もの民衆が彼らを待ち受けていたので、コロメンスコエへの行進が再開された。そのあいだツァーリは軍隊の召集に間に合った。武装されていない群集は武器をもった軍隊に追われ退却した。一揆の参加に対する制裁が行われた。モスクワ中心では一揆の首謀者が絞首刑に処された。大部分の参加者は裁判で手や足や舌を切られた。他のものは苔を打たれ、流刑の処分となった。しかしながら、銅貨の流通は廃止された。

◆ステパン・ラージンの反乱

17世紀に起きたもっとも大きな民衆反乱はコサックや農民によるＳ・Ｔ・ラージンが指揮した反乱である。

1648年会議法典の施行、逃亡農民の捜索と制裁、多くの村人市民の破産が彼らを国の周辺、とくにドン地方へ流出させた。60年代、そこには国の中央部から多くの逃亡者が集まった。その土地に住んでいた多くのコサックも貧しい状況のままであった。極貧状態がアタマンである**ヴァシーリー・ウス**を頭にした700人ものドン・コサック人を1666年、ツァーリの奉公に雇うよう願いでるためにモスクワに向かわせた。断られたのちにコサックの平和的な行進は蜂起へと変貌を遂げ、数千人の農民の参加を受け入れた。まもなく蜂起した人々はドン川方面域に抜け、そ

Ｓ・Ｔ・ラージン

こでステパン・ティモフェーヴィチ・ラージンの陣営に合流した。

> ステパン・ティモフェーヴィチ・ラージン（1630～1671年）は、ドン地方のジモヴェイスカヤ村の何不自由ない家に生まれた。同時代人の指摘によると、ステパンは肉体的に力強いばかりか、類まれな頭脳と意志を有していた。これらの資質が彼をドン・コサックのアタマンに成長させるのである。軍指導者としての非凡な資質をステパンが見せたのが1661～1663年のクリミア・タタール人とトルコ人との戦いにあってであった。外交上の経験をカルムイク人と、のちにはペルシャ人との交渉において培った。コサックの「自由民」（ヴォリニッツァ）の味方であった彼は、アレクセイ・ミハイロヴィチが企てたコサックの自由を制限することは認められなかった。しかし、ラージンの我慢の限度が超えたのは、1665年に起こった戦争から逃げた兄イヴァンが処刑になったことであった。ラージンのツァーリ権力に対する反乱は、それを機に、何度か行われることになった。1670～1671年に及んでステパン・ラージンは、敵に対してばかりか彼の命令に忠実なコサックをも容赦せず、極めて残酷な性格を示した。

ラージン軍の**最初の蜂起**（1667～1669年）は「ジプーンのための遠征」と名づけられた。それは、「獲物を求めての」遠征であった。ラージン軍は、ヴォルガというロシア南部の主要な経済の動脈路を包囲し、ロシアとペルシャ商人の貿易船を強奪した。蜂起者たちはヤイクの小都市を奪い、そのあとでペルシャ艦隊に対する勝利を収めた。偉大な勝利を獲得し、1669年夏にラージンはドン地方に帰り、自分の軍とカガリニツキーという小都市に腰をおろした。

そこに各地から数千の、不幸にあえぐ者たちが集まってきた。力を感じ、ラージンはモスクワ遠征を宣言し、そこで「すべての侯とボヤーレとすべてのロシアのシュラフタ〈士族〉どもをやっつける」ことを約束した。

1670年の春、ラージンの２度目の示威運動が開始された。蜂起軍は途中ツァリーツィンを捕まえ、防衛がきちんとなされていたアストラハンに近づいたが、

ラージン軍によるアストラハン攻略　17世紀、版画

そこは戦いなしに降伏した。地方長官(ヴォエヴォダ)や士族をやっつけると、蜂起軍はアタマンのヴァシーリー・ウスと**フョードル・シェルヂャーク**を頭にした政府をコサック団で組織した。

　蜂起軍の成功は、ラージン側にサラトフ、サマラ、ペンザなどヴォルガ沿岸都市、多くの住民が移ってきたことに見られる。示威運動に参加したなかにコサックやロシア人の農民ばかりか、ヴォルガ沿岸のチュヴァシ人、マリ人、タタール人、モルドヴァ人など多民族の代表者もいた。ラージンが多数の人々をひきつけた要因として、彼が示威運動のすべての参加者はコサック（つまり、自由の民）であることを宣言したことがあった。蜂起した土地の住民総勢は20万人近くに及んだ。

　1670年9月、蜂起軍はシムビルスクを包囲したが、そこを獲得することができずにドン地方へ退却した。ラージンに対して懲罰隊を地方長官(ヴォエヴォダ)の**Yu・バリャティンスキー**が指揮したのだ。懲罰を恐れて、裕福なコサックがラージンを捕まえ、権力に彼を差し出した。拷問と懲罰ののちに蜂起軍の指導者は四つ

336　ロシアの歴史　16世紀末から18世紀まで　7年生

[地図: С・Т・ラージン指揮下の蜂起]

凡例:
- 1667～1669年のステパン・ラージンの進攻
- 1670～1671年の蜂起によって奪われた土地
- 1670年のステパン・ラージンの進攻とドンへの撤退
- ТАТАРЫ　蜂起に参加したボルガ河畔の人々
- Пенза　蜂起軍によって占領された都市
- 蜂起軍によるシンビルスクの包囲
- 蜂起軍に対するツァーリ軍の動き
- ステパン・ラージンが捕虜となった土地
- 17世紀終わりに定められた国境

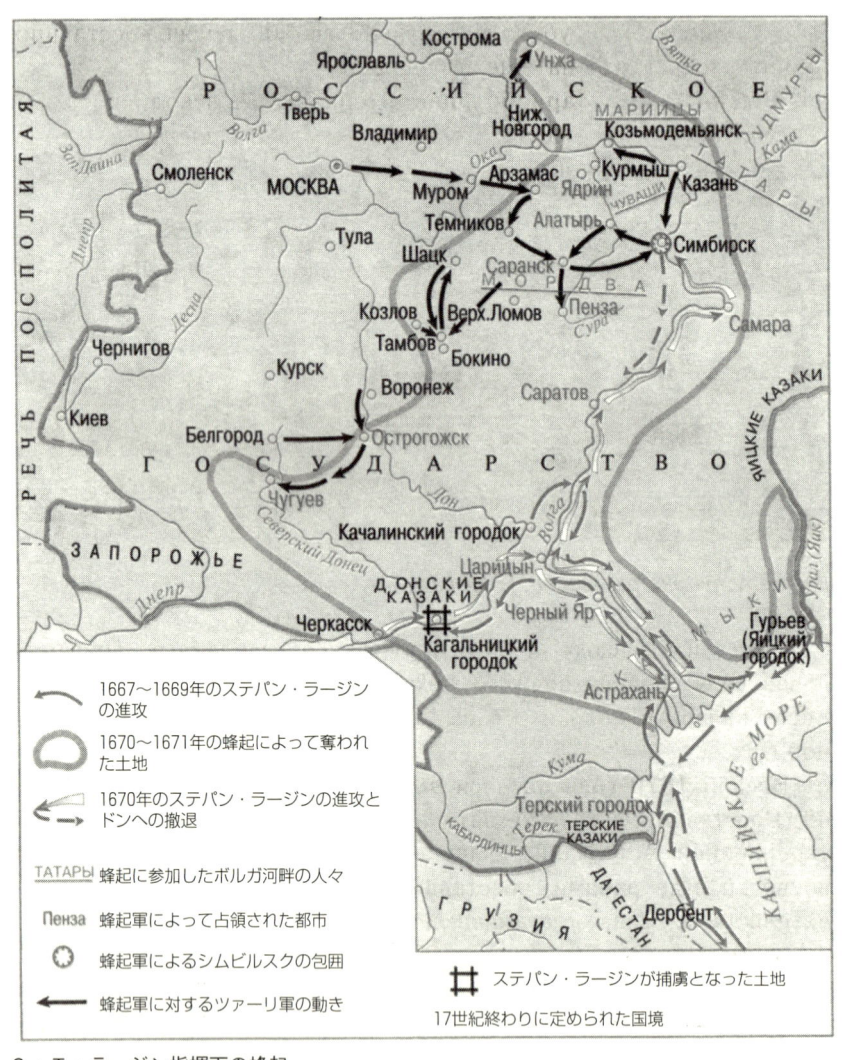

С・Т・ラージン指揮下の蜂起

裂きの刑となった。

　それでも蜂起は続いた。わずか１年後の1671年11月、ツァーリ軍はアストラ

ハンを占領し、完全に示威運動を鎮圧することに成功した。ラージン軍に対する鎮圧の規模は巨大なものであった。アルザマスという場所では11,000人処刑しなければならなかった。全部で10万人の蜂起軍を殺したり拷問にかけるなどした。このような弾圧をこの国はかつて経験したことはなかった。

◆古儀式派の示威運動

　教会分離派はロシアで初の巨大な宗教的な示威運動であった。古儀式派の運動は自分なりに信仰に対して忠誠を誓っている実に様々な社会階層の代表者を結びつけた。焼身自殺、餓死、ニコンの改革を断固認めず、権力への不服従と非従属を表すことから始まり、ツァーリ軍の司令官に対して武装抵抗を行うまで、抵抗の仕方も実に様々であった。農民の古儀式派とポサード民にとってこれは社会抵抗の形態でもあった。

　たった20年間（1675～1695年）で、2万人の古儀式派教徒が焼身自殺した。

　1668～1676年に古い信仰を守る最大規模の武装蜂起があった。モスクワ蜂起で1682年に分離派教徒ラスコーリニキの運動が、ドン地方では70年代から80年代にいたるまで示威運動があった。

　極めて残酷に鎮圧されたのはソロヴェツキー修道院の僧侶たちによる蜂起であった。地方長官(ヴォエヴォダ)たちによってなされた蜂起の支持者に対する流血裁判が、1676年に死んだアレクセイ・ミハイロヴィチ治世の最後の出来事となった。

　しかしながら、古儀式派の示威運動は世紀の終わり、ピョートル大帝時まで続けられた。

> 　このように、封建的抑圧の強化、農民の農奴化、コサック自治の残りを一掃する試み、ツァーリと教会権力の「異教徒」との戦いは大きな人民蜂起へとつながった。

◆質問と課題◆
1. 17世紀の国民運動の大きな原因をあなたはどこに見出しますか。
2. 「塩一揆」の直接的なきっかけを挙げてください。どうしてそのように名づけられたのですか。
3. 「銅貨の一揆」の原因は何ですか。
4. 教科書のテキストと地図を使い、ラージンの指導による反乱の話をしてください。
5. 古儀式派の反乱は農民や都市の反乱と何が違いますか。

§9. 外 交

◆スモレンスク奪回戦争

スムータ以降のロシアの主な敵であり続けたのはレーチ・ポスポリタであった。ポーランドの王は、ミハイル・フョードロヴィチの皇位につく権利を認めず、モスクワのツァーリは自分の息子のヴワディスワフであるとみなした。17世紀にロシアに奪われたスモレンスクの土地もレーチ・ポスポリタの側についた。ポーランドの士族たちはモスクワへ新たに侵攻する計画を放置しなかった。

この条件において、ロシアは新しい戦争のための準備をせねばならず、同盟国を探さねばならなくなった。ポーランドとの戦いで支持を表明してくれたのは、スウェーデンとトルコであった。

古くからのロシアの敵であったポーランド王ジグムント3世の死が戦争を加速した。レーチ・ポスポリタにおける権力闘争の勃発は成功をものにするチャンスを軽いものにした。1632年6月、全国会議はスモレンスクをめぐる西隣の国との開戦を決議した。

戦争を指導したのはスモレンスクを包囲したボヤーレのシェインであった。しかしながら、スウェーデンもトルコもモスクワを応援してくれなかった。しばらくしてポーランド王によってヴワディスワフがロシア皇位候補に選ばれた。1万5千もの大軍の長として彼はスモレンスクの包囲から撤退させ、シェイン

第2章　17世紀のロシア　　339

軍を包囲した。しかし戦闘継続の戦力は両軍になかった。1634年、ポーランド軍の提案によってロシアが戦争中に獲得した土地をすべて返し、ヴラディスワフがモスクワ皇帝の要求を放棄したことで講和が結ばれた。

このように戦争はロシアにとっては失敗で、レーチ・ポスポリタとのあいだにあった諸問題を解決することができなかった。

◆ウクライナとロシアの合併

　ロシア・ポーランド戦争は、ウクライナ人の独立戦争開始という状況のもとで、より激化した。ウクライナの民族性は15世紀に基本的に形成された。ウクライナ人は当初古ルーシ国家領に住んでおり、ロシア人と民族的で、宗教的、文化的な起源を共有していた。レーチ・ポスポリタにおいて彼らは、封建的で、民族的で、宗教的という3つの苦悩を経験した。土地の所有者たちは基本的にカトリック信徒であるポーランド人、リトヴァ（リトアニア）人であった。ウクライナ人は母国語で話すこと、正教会を布教することを禁じられた。彼らは主人に対して仕事をするだけのブィドロ（家畜）のように扱われていた。あらゆる封建社会にある矛盾がここでは宗教的民族的な形態を帯びていたのである。ウクライナとベラルーシ住民の苛酷な状況はポーランド人に対する絶え間ない蜂起を呼び起こした。農民と都市住民以外、この戦いでは、**ゴルィティバ**（貧民コサック）が参加し、この蜂起の主な戦力となった。コサックの富裕層はポーランド人によってリストに**登録**され、国境を守り報酬を得ていた。

　解放戦争（1648～1649年）の**初期**において蜂起軍はポーランド人に対して連勝であった。それはウクライナ人とベロルーシ人の士気を高めるものであった。

サーベル　17世紀前半

ザポロージェツ・コサック　I・レーピン作

　連戦連勝のあと、**ボグダン・フメリニツキー**（1595〜1657年）に率いられた蜂起軍はキエフに侵攻した。1649年8月ポーランド人と解放軍とのあいだにズボロフの和が結ばれ、それによってキエフ、チェルニゴフ、ブラスラフの軍司令部はヘトマンによる独立した統治を勝ち取り（ヘトマンになったのはフメリニツキー）、登録コサックの数は4万人に達した。この講和は主に**登録コサック**、コサック上層部、富裕市民を満足させるものであったので、それゆえ戦闘の継続は避けられないものとなった。

　第2期（1650〜1651年）は、蜂起軍にとって失敗であった。ベレステチコにおける彼らの敗戦は、ベーラヤ・ツェルコーヴィの和〈1651〉をもたらし、それは戦争の初期の条件を白紙に戻させた。

　第3期（1652〜1654年）　ボグダン・フメリニツキーはロシアのツァーリ、アレクセイ・ミハイロヴィチにウクライナをロシア国家の一部に受け入れるよう懇願した。1653年10月1日全国会議はウクライナのロシア加入とポーランドへの宣戦布告を決めた。1654年1月8日、ペレヤスラフで全国会議**ラーダ**が開かれ、そこでウクライナ住民の全階層から代表者が選ばれた。ツァーリの特使

であったボヤーレの**ブトゥルリン**が参加していた。
参加者の決定はウクライナがロシアの一部になり、
「永久に公の気高き手のもとにある土地と、都市
にあること」を約束するという、一体感で団結し
ていた。コサックとウクライナ諸都市の権利と特
権も強固なものとなった。とくにヘトマンによる
統治と大きなコサック軍は保たれた。

B・M・フメリニツキー

◆ロシアーポーランド戦争（1654～1667年）
　ロシアがウクライナを領土に加えるという決定
はレーチ・ポスポリタとの新たな戦いを意味していた。それは実質的には1653
年全国会議とペレヤスラフでのラーダの決定によって決められた。戦争はめく
るめく勝利でほぼ15年間続いた。
　ボグダン・フメリニツキーの死（1657年）後、彼の側近で権力闘争が起った。
新しいヘトマンの**イヴァン・ヴィゴフスキー**とそのあとの後継者であった**ユー
リー・フメリニツキー**はレーチ・ポスポリタと条約を結び、レーチ・ポスポリ
タの権力がウクライナに及ぶことを認めることを決定した。しかしながら民衆
はそれを支持しなかった。戦争は両陣営を疲弊させたのだ。ロシアの兵力、ス
ウェーデンとの戦争、トルコの止まない攻撃はポーランド軍に1667年アンドル
ソヴォ休戦条約締結を余儀なくさせ、それによってロシアはスモレンスクと北
方地域が明け渡されるのみならず、ウクライナ左岸とキエフに及ぶ支配をも認
められた。その他、今までの敵がトルコとクリミア・タタールの休みない攻撃
に対してはともに助け合うことを公約したのだ。

◆露土戦争（1676～1681年）
　ウクライナでは、ロシアとレーチ・ポスポリタのみならずトルコの利害が衝
突した。レーチ・ポスポリタの立場を弱体化させるため、トルコはフメリニツ
キーにある援助を示したが、ウクライナのロシア入り後は、モスクワの地位の

342　ロシアの歴史　16世紀末から18世紀まで　7年生

	1648年ザポロージェツ・コサックの領地		
←	1648〜1649年ボグダン・フメリニツキーの行軍	←	1654〜1667年ロシア・ポーランド時代のロシア・ウクライナの動き
×1651	重要な戦闘地域と年		
▛	1654年ウクライナがロシアに合併したことを宣言したペレヤスラフ・ラーダ（会議）		1686年「恒久平和」条約によってロシアに戻った土地

Ｂ・Ｍ・フメリニツキー指揮下の蜂起と1654〜1667年のロシアーポーランド戦争

強化に対抗して戦い始めた。ウクライナ右岸を求めて戦った1660～1670年代のポーランド-トルコ戦争の途上において、トルコは自分の権利がその地域に及ぶことをウクライナ右岸部のヘトマンに認めさせた。それが今度は露土戦争勃発の原因となった。

1678年スルタンはウクライナの政治的な中心地であるチギリンに20万の軍隊を向かわせた。そこにはロシア・ウクライナの連合軍が進撃した。残酷な戦いの末、都市は崩壊した。

長引く露土戦争は、両国にとって極めて破滅的なものであった。その終結はバフチサライの休戦条約が締結され、それによってトルコとクリミアはロシアの領土にウクライナ左岸とキエフが移行することを認めた。

◆クリミア侵攻

トルコとの講和が一時的なものであることを理解し、ロシアはそれに対するヨーロッパ列強の同盟を作ることを試みた。しかしながら、それは成功しなかった。西ヨーロッパにフランス、スペインとオランダとのあいだに長引く戦争が続いていたからである。

1684年トルコの東ヨーロッパ侵入を懸念し、「対トルコ神聖同盟」をオーストリア、ポーランド、ヴェネツィアがつくった。1686年、ロシア領土にウクライナ左岸とキエフが加わることに合意したレーチ・ポスポリタと、アンドルソヴォ休戦条約の代わりに「恒久平和(こうきゅうへいわ)」を締結したのちに、ロシアはその同盟に加わることに合意した。

1687年と1689年、ロシアは同盟国としての義務を果たし、クリミア汗国に対して２度の進撃を開始した。ロシア軍を指揮したのはV・V・ゴリィツィン公であった。最初進撃は成功した。しかし、夏の暑さがやってきて、水、食料、秣(まぐさ)が得られなかったため、ロシアは戦いを交えることさえないまま多大な痛手をこうむった。病気によって人が次々に倒れたのだ。

軍隊の勝利はなかったものの、クリミア遠征はロシアに政治的な成功をもたらした。ロシアは、汗による支配を覆したあとはじめて、クリミア汗国に対し

て2度大きな軍事行動をとったからだ。クリミアは、戦力を集結したロシアに、直接的な戦闘の脅威をはじめて感じた。ロシアの国家はヨーロッパに対して成長した軍事力を示すことができたのである。

◆シベリア開拓

周知の如く、西シベリアは16世紀のシベリア汗の撃滅の結果、ロシアに統合された。そのときその場所にトボリスク、チュメン、ベリョーゾフ、スルグートなど、最初の都市ができた。この広大な空間の経済獲得も開始された。そこに封建的な重圧から逃れ農民がやって来て、探検がなされ、毛皮をはじめとする安い狩猟による獲得物を求めて商売人が集まるようになった。

銃兵　A・リャブーシキン作

17世紀の半ば、東シベリアや極東では、ロシアからの探検がよく見受けられる現象となった。そこでは、ヤクーツキー・オストロク (1654年)、アルバジンスキー〈1651年〉、イルクーツキー・ジモヴィエ (1652年)、クマルスキー (1654年)、コソゴルスキー (1655年)、ネルチンスキー (1658年) といった、建設されたばかりの都市が現れ、移住が強固になされた。ロシアにアムール沿岸が加わった。

世紀の終わりにアジアにおけるロシアの占領は、太平洋、北氷洋まで延びた。南部は中華帝国（とくに極東地域とザバイカル）、キルギス民族（中央アジア）の影響する国境によって制限されていた。極東における中ロ2国間の対立を緩和するために1689年、ネルチンスキー条約が締結された。ロシアのシベリア最南部は17世紀に起こったイシム、クルガン、クズネック、クラスノヤルスク、セレギンスクであった。

シベリアの地方統治を実行したのは、地方長官（ヴォエヴォダ）たちであった。東部を共通統

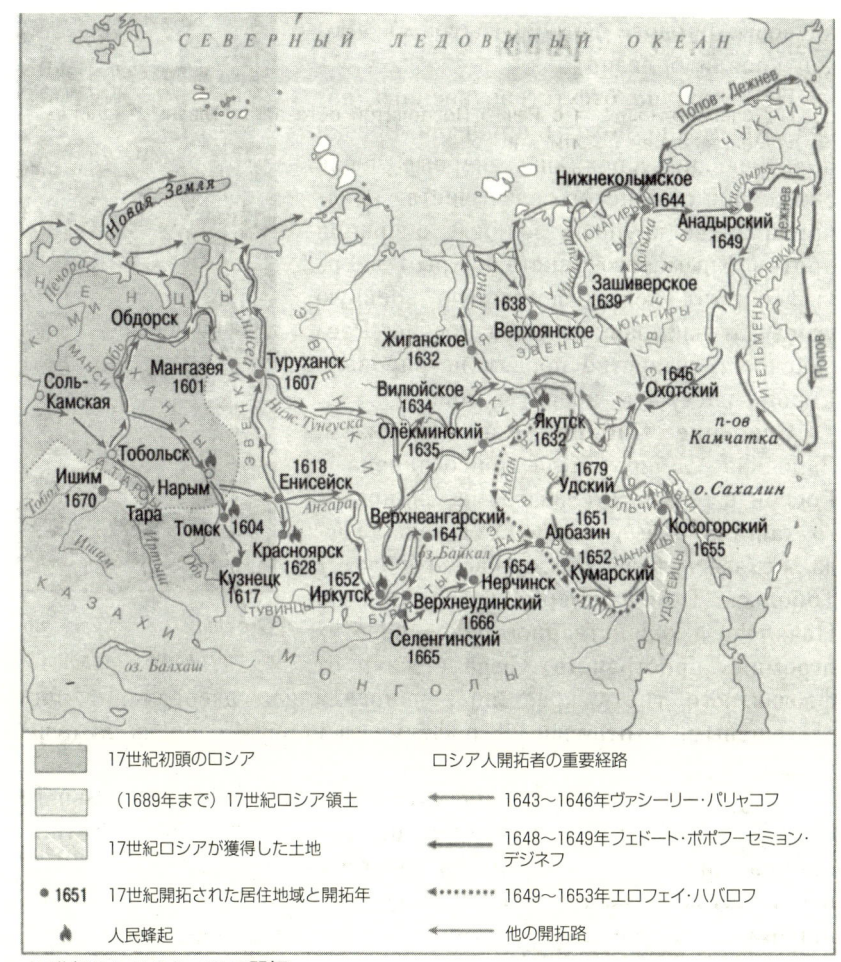

	17世紀初頭のロシア		ロシア人開拓者の重要経路
	（1689年まで）17世紀ロシア領土	←	1643～1646年ヴァシーリー・パリャコフ
	17世紀ロシアが獲得した土地	←	1648～1649年フェドート・ポポフーセミョン・デジネフ
● 1651	17世紀開拓された居住地域と開拓年	←‥‥	1649～1653年エロフェイ・ハバロフ
♠	人民蜂起	←	他の開拓路

17世紀におけるシベリア開拓

治したのは当初は、**カザン宮庁**であり、東領土の拡大とともにのちに**シベリア庁**の管轄となった。

　このように、17世紀にロシアの領土はシベリアや極東地域の巨大な東方領域とウクライナ左岸を加えることによってその範囲を著しく拡張した。

◆質問と課題◆

1. なぜレーチ・ポスポリタとの関係は17世紀にわたるロシア外交の主な方向となったのでしょうか。
2. あなたの考えでは、17世紀にウクライナをロシアに併合する必要はどこにあったのでしょうか。
3. 17世紀後半におけるロシア・トルコ間の関係の複雑化についてあなたはどう説明しますか。
4. 17世紀のヨーロッパ・ロシアの領土はどう変化しましたか。
5. シベリア領土のロシア併合が主に無血で行われたのはなぜですか。

◎ 新しい用語を覚えよう。

ブィドロ〔Быдло〕——直接的な意味は家畜であるが、転義的には物言わず従順に誰かのために苛酷な労働を行う人々をさす。

ヘトマン〔Гетман〕——17世紀の中旬ウクライナの登録コサックの首長をこう呼んだ。ウクライナがロシアの一部となってからは、ウクライナの支配者とウクライナ・コサックの首長をこの言葉で呼ぶようになった。

ゴリィティバ〔Голытьба〕——定住地をもたずに様々な仕事に雇われた都市と農村の貧民(彼らは「放浪の民」とも呼ばれた)。

登録コサック〔Реестровые казаки〕——政府に雇われ給料をもらい、レィェストルというリストに登録されたウクライナ・コサック。

§10. 17世紀における教育と文化

◆ 教 育

17世紀になってはじめて識字と啓蒙の幅広い普及が必要とされた。このことは商業や貿易活動の活性化や、中心部や地方における国家機構の成長、スムータによって断ち切られた海外諸国との関係を復活させるなどの理由によって説

明づけられる。世紀の終わりまでにモスクワで識字率はポサード民の成年男子の24％に至った。これは極めて高い数値である。しかしながら黒い土地の人々（担税農民）や、農奴たちのなかにも識字者はいて、自分の知識を同村人に伝えることができた。ただ、全階級の圧倒的多数の農民や女性が非識字者であり続けた。

17世紀、教育を受けるためのもっとも普及した形態であったのが家庭教育である。ポサード民の子弟は主に読み書き、計算を教えられた。教師にはそれぞれの家の識字者、もしくは、聖職者のなかで「マステル（先生）」がなった。士族やボヤーレの家族では次第に外国（主にレーチ・ポスポリタ）から教師を招き、子どもの教育に従事させるのが通常になった。最初に外国語（とくにラテン語とポーランド語）の教育がかなり広い範囲で行われた。

◆印刷物の出版

世紀の後半、印刷局は当時においては巨大な発行部数であった30万部以上の文字教本と15万部の教会文献を出版した。これらの書物の多くは様々な階級の住民が手に取ることができた（たとえば、文字教本が1コペイカ）。

このことから、学校網を作る必要が生じた。通例のとおり、学校網は教会や修道院に付属して開校された。ウクライナやベラルーシの学校が例に取り上げられた。教師にはレーチ・ポスポリタから修道僧が招かれた。ツァーリ、アレクセイ・ミハイロヴィチの子弟のためモスクワに**シメオン・ポロツキー**が招待された。単に教養のある人物であるだけでなく、作家、学者、翻訳者であった彼は、国の啓蒙発展のために多大な尽力をした。彼の提案によって1665年モスクワのザイコノスパスキー修道院にプリカースの有能な役人養成のための国立学校が開校された。

1687年、ギリシア人の**リフドゥス兄弟**によってロシアではじめての高等教育機関であるスラヴ＝ギリシア＝ラテン学院（のちにアカデミーとなる）が創設された。農奴でない子弟がそこに入ることを許された。

◆科学の知識

　科学の知識は最初の発展段階にあった。その主な源流は西欧の著者の書いた書物をロシア語に翻訳したものであり続けた。主に、それは医学、インク製造、塩の採掘などであった。

　ロシアに海外から学術的な用途でのちに使用されるようになった多くの技術的発明ももたらされた。このように、世紀の初めには（ちょうど５年後に）、ロシアで最初の望遠鏡が現れた。

　新しい領土の獲得にしたがって、地理学者によってロシア領土の国境が確認された。国内の全地図とそれへの詳細が現れた。国家の個々の地域の地図の編纂や、旅行者向けの地理案内の作成も通常の仕事となった。

　海外についての全般的な情報はこの時期からたえず収集され、ロシア大使の報告によって詳らかなものとなった。世紀の後半において、中国とそこに隣接するシベリア領土についての興味深い報告がロシア大使のN・スパファーリーからなされた。

　1678年古代から17世紀の70年代までのロシア国家の歴史「シノプシス」が始めて活字となった。それはもっとも人気の高い本のひとつとなり、それを基にして18世紀にわが国の歴史が研究された。

　収集された学術的な知識は、通例のごとく、実地のために活用された。1615年ロシアの職人たちによってねじまき式の最初の大砲が作られた。１年後、12万5,000プード（200トン以上）の重さの鐘が鋳造された。

　ロシアの職人たちは城砦と教会の建築技術をもつことに成功した。主に、幅広く水力エンジンが活用された。

　天文学の知識は（定まったデータをもっていない）可変的な教会祭日の正確な日程の特定に活用された。

◆ロシアのパイオニア（開拓者）

　17世紀はロシアの偉大な地理学的な解明の世紀であった。それは世界の科学に多大な功績をもたらした。17世紀の半ばと後半はロシアの東方開拓者の間断

第 2 章　17 世紀のロシア　　349

皇子たちの教師の知識を調べるシメオン・
ポロツキー　17世紀絵画

17世紀のタイル

なき探検の時代であった。結果として、ロシアのみならず、ヨーロッパと全世界のためにシベリアと極東の土地が解明された。
　シベリアのコサックであった**セミョン・イヴァノヴィチ・デジネフ**はまだ30年代の終わりに東シベリアとロシアの極北部の開拓を始めた。1647年7月、彼はアナディル川を渡ったが、巨大な氷に出くわし、帰ってきた。1648年チュクチ半島を回航し、アジア・アメリカ海峡をはじめて発見した。
　ロシアの探検家であった**ヴァシーリー・ダニーロヴィチ・ポリャコフ**は、

シベリア開拓者によって建てられた集落

1643〜1646年までアムール川流域に出て河口にたどりつくという探検を行った。彼は太平洋の渡航をなし遂げたロシア人最初の探検家であった。

　エニセイのコサック（のちにヤクート・コサックのアタマンとなった）**ミハイル・ヴァシーリェヴィチ・スタドゥーヒン**はオイミャコン川とアナディル川の渡航を企てた（1641〜1642年）。1649年、複雑な経路で陸地を通ってスタノボイ山脈を越えてアナディル村落までたどり着き、そのあとにオホーツク海に出た。

　1649〜1653年にアムール川付近の探検がロシアの卓越した探検家**イェロフェイ・パヴロヴィチ・ハバーロフ**によってなされた。その結果彼は最初の「アムール川の地図」を作った。

　偉大な探検家の英雄的な努力によって、ロシアは単にアジア東部に確固と根を下ろしていることが確認されたのみならず、この地域についてのはじめて学問的な情報を世界にもたらしたのであった。

◆文　学

　新しい現象は文学にも現れた。単に教会文献のみならず、はじめて「世俗的」な作品も登場した。17世紀にはブィリーナ、ことわざ、歌、言い回し、などの初の卓越した民間伝承作品が記録された。

　新しい文学のジャンルである風刺文学作品『シェミャーキンの裁判について』、『イェルシュ・イェルショヴィチについて』が生まれ、それらは封建的な秩序、領主裁判の仕事の延滞、買収、お役所仕事が浮き彫りにした。『イェルシュ・イェルショヴィチについて』は仕事のできない士族の子弟を嘲笑するものであった。

　虚構の英雄に代わり、現実的な歴史的英雄も現れた。聖者伝というもっとも人気のある文学のジャンルのなかから新しいジャンルである伝記的な物語が形成された。たとえば、『ユアリアニア・オソリィナについての話』において、話の中心は目立たない士族の女性の人物像であった。

　自叙伝の最初の作品は長司祭アヴァクームの『自伝』であり、その価値は儀礼派の指導者の苦難を再現するばかりか、はっきりとした言葉や、社会的不正の摘発などに求められる。

　教養のある者たちに多大な人気を博したのが、騎士物語、ペテン師もの、冒険小説、ユーモア作品など、ロシア語に翻訳された海外の文芸作品であった。

◆建　築

　他の文化的な方向性に違わず、建築においても、厳格な教会の規範や伝統からの脱却がだんだんと見られるようになった。それはとくに同時代人たちによって「驚くべき彫刻装飾」と形容された外見的な装飾であった。

　この時代のもっとも派手な記念物のひとつは、モスクワ・クレムリンのテーレム宮殿であり、それは1635～1636年に、ミハイル・フョードロヴィチのために建築家のB・オグルツォフ、A・コンスタンチーノフ、T・シャルーチン、L・ウシャコフによって作られたものである。宮殿は多彩な色のタイルと、彫刻でできた白石の框、金メッキの屋根、赤い模様で装飾されている。それら

すべてが御伽噺のような外観を与えている。

　他の有名な建築物はモスクワ郊外のコロメンスコエ村にあるアレクセイ・ミハイロヴィチの夏用の村の宮殿である。それはその大きさ（ここの窓だけで3千ある）ばかりか、装飾の色彩、窓、框（かまち）、扉、屋根を作る際のロシアの国民的な装飾の凝り具合において際立っている。

　教会建築においてもロシアの職人たちによって優れた建築物が作られた。「驚くべきもの」と名づけられたのがウグリチにあるアレクセーエフ修道院のウスペンスキー教会であった。商人のスクリーピン家の発注で、1647〜1650年に、ヤロスラヴリのもっとも美しい寺院のひとつ預言者イリヤの教会が建てられた。

　ほぼ40年（1656〜1694年）かけて、総主教の郊外の公邸のひとつとなる新イェルサレム修道院の記念碑的な建物の建築がなされた。70〜80年代はロスト

モスクワ・クレムリンのテーレム宮殿
17世紀

トボルスクのクレムリン　17世紀

ヤロスラヴリにあるイリヤ・プロロク教会

フ城砦の総合建築がなされ、そこにしばらくしてからルーシでもっとも美しい音色を奏でる鐘が設置された。

　多くの修道院の建築がその外観を変えた。豊富な装飾によってノヴォデヴィチ修道院、ドン修道院、ダニーロフ修道院、トロイツェ・セルギエフ修道院の壁や塔が飾られた。

　モスクワのクレムリンもまた再建築を行った。1624〜1625年、かつてのずんぐりしたスパスコイ塔にオグルツォーフはもうひとつの段を増築し、それを白石の模様と彫刻で装飾した。スパスコイ塔に続いて建築装飾は世紀の終わりにモスクワ・クレムリンの別な塔にもつけ加えられた。首都の生まれ変わったメインの広場の美しさは、その名前にも反映され、その名前は「赤の（美しい）広場」となった。

モスクワ・プチンノクのロジジェストヴォ・ボゴロディツ教会

モスクワ・フィリのポクロフ教会

　商人や士族による装飾された石材の民家建築が新しい現象となった。
　17世紀終わりにロシア建築の発展において新しい様式が登場し、それはナルィシキンスキー・バロック、もしくはモスクワ・バロックと名づけられた。その際立った特長として多層で、高さを誇り、多色の豪華な装飾（とくに白石に彫刻された装飾、有色のタイル、正面(ファサード)の色彩）があった。モスクワ・バロックの極めて輝かしい例はノヴォデヴチ修道院の鐘であり、フィリのポクロフ（聖母庇護）教会である。
　この新しい様式は、ロシア建築発達における中世期の特徴を際立たせるものである。

◆絵　画
　17世紀の美術作品は、かつてと同じように、主にイコンに示されている。新しいことは、単に宗教的な情景を物語るだけでなく、人々の日常の生活も描くことを目指した点である。芸術的な中心地としてもっとも有名であったのは、モスクワの武器庫である。絵画の卓越した巨匠に**シモン・ウシャコーフ**（1626～86年）がいる。彼の作品における中心的な位置に人間の顔が描かれていた。

第2章　17世紀のロシア　355

三位一体　S・ウシャコフ作

　彼のもっとも有名な作品は、彼によって何度も繰り返し描かれた「人の手によらないスパス（救世主の絵）」であった。

17世紀のロシア絵画で新しい現象となったのは肖像画の発生と発達である。17世紀前半に肖像画は古いイコン様式（板のうえに卵黄で描かれるもの）であったとすると、後半はまったく違った方式となりカンバスの上に油彩というやり方で描かれた。

◆劇　場

新しく発生したロシア文化は、1672年、アレクセイ・ミハイロヴィチの宮廷に隣接したロシアで最初の劇場の公開であった。それまで劇場の芝居は、人々のために、ヤールマルカ（大定期市）の日にだけ、旅芸人や役者によって演じられていた。それらの劇の中心は粗野で乱暴な民衆言葉で話をするペトルーシカ（人形劇）であった。

それをツァーリはルター教会の牧師である**ゴトフリード・グレゴリ**に、西欧を見本にして、側近者に見せる宮殿付属の劇場を作ることを依頼した。牧師は60人の外国人からなる劇団を集め（主にドイツ人）、聖書の主題で芝居の上演に着手した。ある劇はドイツ語で行われた。公演にはつねにツァーリ、彼の側近、親戚が出席した。

しかしながら、ロシアにおける初めての劇の試みは現実生活から離れていて長続きはしなかった。まもなく1676年にツァーリが死ぬと劇場は閉鎖した。

このように、17世紀ロシア文化発達の主な特徴は教会への自国の文化の従属が減少化するプロセスの始まりであった。

◆質問と課題◆

1. 17世紀における識字と啓蒙に対する関心の高まりをあなたはどう説明しますか。
2. 17世紀ロシアの学術的な知識の特徴を述べなさい。
3. 17世紀のロシアの探検家による発見を私たちはどうして偉業といえますか。
4. 17世紀どのような新しい文学ジャンルが生まれましたか。
5. 17世紀ロシア社会におけるヨーロッパ文化への関心の強まりをどう説明しま

すか。

§11. 階級ごとの生活。習慣と道徳

◆宮　廷

　17世紀ロシアの専制政治の最終的な形成によって宮廷の習慣、道徳、生活様式も幾分変わった。

　なによりも、それはかなりの大勢であった。ツァーリの部屋、馬小屋、その他の場所で、宮廷に仕える者やツァーリに慈悲を乞う者数百人が出入りした。ツァーリの警護に当たる者だけで士族や銃兵隊が2,000人に及んだ。ツァーリが休んだあと、毛布をかぶせる者、彼の食事に同席する者、彼の私物を保護する者、馬の世話をする者、狩猟のために犬や鷹を世話する者、馬車を管理する者がそれぞれ十数人もいた。

　最初のロマノフが住んだ宮殿は、16世紀のツァーリの邸宅に比べると大きくて豪華さが目立っていた。クレムリンにおけるツァーリの邸宅の他に、イズマイロフとコロメンスコエにできた夏の宮殿がはじめて常時使われるものとなった。もっとも大きなツァーリの住む宮殿は、5階に及ぶクレムリンのテーレム宮殿である。石材の建築は、内側の装飾画で覆われており、フェルトとじゅうたんに覆われた木造の床によって保温されていた。16世紀は宮殿の一部が多色の幕によって仕切られていたのに対して、いまやそのためにはサテンとか皮革によって仕切られていた。

　窓には通常雲母の板がはめ込まれているが、ある場合にはより希少価値のあるガラスがはめ込まれていた。

　世紀の前半、主な宮殿の装飾が様々な色をした**タイル**の暖炉によるものであったのに対して、後半、西方のロシアへの影響が強まるにしたがって、オランダやドイツの絵画、版画、ヴェネツィアの鏡、床置き時計が現れた。

　かつてと同じように宮殿は3ヵ所からなった。それは、ツァーリとその家族が生活する部屋、パレード（式典）用のホール、家事を行う場所であった。

皇女による女子修道院の訪問　V・スーリコフ作、17世紀

　ツァーリがテーブルについてもてなしをするとき、数十人から数千人が腰を下ろした。ツァーリのテーブルはその豊かさと多様さによって想像を越すものであった。アレクセイ・ミハイロヴィチの近くで「たったの」1回ランチを食べるときも500もの違った料理が出された。

　ツァーリと宮廷の一番の楽しみは犬や鷹を使った狩猟であった。ミハイル・フョードロヴィチとアレクセイ・ミハイロヴィチは熊狩り、鹿狩り、狐狩り、狼狩りが好きで、うまくしとめることができた。ツァーリが狩猟に出かけるときは特別のセレモニーが行われ、そこに約3,000人が参加した。

　17世紀皇室の楽しみになったものにツァーリ、アレクセイ・ミハイロヴィチの宮廷付属劇場があった。

◆ボヤーレと士族の生活

　多くの新しいものが領主の日常生活にも現れた。宮廷の様式はツァーリの様式と似たようなものであったが、ただそのミニチュアであった。それは、イズバー、地下倉庫、覆い、屋根裏部屋、玄関という木造建物の完全な一式であり、全部を渡り廊下がつないでいる。金持ちの家には窓に雲母の板がはめ込まれており、より貧しい家には、圧縮した魚卵（魚）でできた袋をつめ込んだ。框、バルコニー、玄関は、豊かな彫刻模様で彩られていた。17世紀の領主家の特徴はそれをさまざまな色で塗ったことである。

　より多様であったのはボヤーレと士族の家の内側の装飾である。中央にはかならず、タイルや装飾画、時には石でできた模様によって豪華に飾られた暖炉がある。

　伝統的な調度品（テーブル、腰掛、大きな長持）は豪華に装飾画や彫り物によって彩られている。必ずあったものがペルシャ、トルコ、クリミア製の多くの絨毯である。

　ツァーリの宮廷と同様、ボヤーレや士族の家には、外国から来た鏡や時計の流行があった。教養のある国の活動家（モロゾフやゴリィツィン）の家には絵や地図で飾られてあった。個人的な書斎も現れた。

　富裕な家の食器は主に金と銀で出来ていた。しかしながら、17世紀には外国製のガラス製の食器も現れた。薄いヴェネツィア製のガラスは高価な金属製のものと同じくらい重宝されたが、その壊れやすさゆえにとくに大事にされた。

　まだ16世紀の頃、領主の家に腰掛とともに美しい彫り物で装飾がなされ、皮革か金襴で仕上げられた椅子が現れた。

　衣服は伝統的なままであった。しかしながら、生地の選択の幅は眼に見えて広がった。東から入ってきた**金襴**（きんらん）と**タフタ**の他に、実用的で良質のウールやラシャでできたヨーロッパ製の生地が加わった。

　食べ物はそれほど変化をしなかった。しかしながら、貿易の発達にしたがい、東方の調味料や香辛料（胡椒、シナモン、サフラン、バジル）、レモン、レーズン、アーモンド、コメ、砂糖など、新しい食料が使用されるようになった。領

主のテーブルの上に好まれた新しい食べ物は、普段はソバの粥とともに出されるソーセージであった。領主のために新しい通行手段になったのが、伝統的な移動手段（橇）に代わる箱馬車であった。ツァーリに続いてボヤーレや士族たちは宴や狩猟をして時を過ごし、拳闘を観戦した。

◆ポサード民の生活

このカテゴリーの住民は極めて質素な生活であった。しかしながら家は、ゴルニーツァ（居間）、屋根裏部屋、物置、地下物置、風呂、馬小屋、馬車小屋など、様々な建物を割り当てられた。17世紀の初めにはポサード民、とくに商人の家にではあるが、「白いイズバー」と「白いゴルニーツァ」が与えられた。これは「黒いイズバー」と違い、屋根につくった孔ではなく、煙突を通じて煙を外に出すことができた。（領主の家と違って）質素であったのは、家の仕組みと調度品であった。腰掛、テーブル、長持ちが主な家具であった。箪笥は当時はまだなく、衣服も食器も長持ちのなかで保管し、その大部分は（火事にそなえて）鉄をかぶせた。

富裕なポサード民の家には必ず銀の天蓋、天然石、真珠で飾られたイコンがあった。

17世紀の特徴は富裕なポサード民が石材の家や補助的な建物をもっていたことである。

士　族

ボヤーレ

普通のポサード民の家は非常に質素な木造であり、彼らの生活は農民の生活とさほど代わりはなかった。

◆農民　日常の生活と習慣

農民の家は通常のタイプで木舞か藁で覆われたもの、「黒い」煤が出るイズバー、財産を保管する物置、家畜小屋、馬車小屋があった。冬、農民はイズバーに小さな家畜（子豚、子牛、子羊）や鳥（鶏、アヒル、ガチョウ）を飼った。イズバーで「黒く」火を焚くことによって、内側の壁は煤だらけになった。しかし、暖房の方法は住処を寄生虫から守りより安全にした。照明のためには暖炉の裂け目にはめた松明を使った。窓は魚の袋か油を塗った麻布のきれで締めた。

17世紀モスクワの女性
Ａ・リャブーシキン作

農民の住むイズバーの間取りはみすぼらしく、テーブルと壁のそばにくっついた腰掛（それは座るためだけでなく、寝るためにも用いられた）があるだけであった。冬に農民の家族は暖炉のうえで寝た。そこは家のなかでもっとも暖かい場所であった。衣服の素材は手織り麻布、羊、狩猟で取った生き物の毛皮（普通は熊か狼）であった。靴は主に草鞋であった。生活に困らない農民は革の草鞋も履いた。それは革の一切れかふた切れかでできており、ベルト上でくるぶしの周りにあてたり、靴としてはいたりもした。

食器は木材か粘土であった。金属の食器はまれで、値段が高かった。食事はロシアの暖炉のなかで粘土の食器に入れられて作られた。木製の皿と木製のスプーンで食べた。

食料の基礎はライ麦、小麦、燕麦、キビといった穀類の作物であった。ライ麦（通常）と小麦（祭日）などでできたパンやピローグを焼いた。エンバクからはキセーリやビールやクヴァスを作った。キャベツ、にんじん、赤カブ、大根、きゅうり、カブなど、たくさんの野菜が食物として使われた。祭日には少

女性農民の夏服と冬服

量であったが肉料理が調理された。より頻繁にテーブルに出たのが魚であった。裕福な農民は果樹園をもち、りんご、すもも、さくらんぼ、瓜が得られた。北方地域では農民はツルコケモモ、コケモモ、スノキなどをとり、中央部ではイチゴをとった。また食物としてキノコや胡桃などを食べた。

17世紀において農家は通常10人未満であった。それは両親と子どもであった。家族の柱は年齢が一番高い男性であった。教会の秩序は12歳以下の娘、15歳以下の男、近親者の結婚を禁止した。

婚姻は3度を超えないことと定められた。しかしその際2度目の結婚でさえも大きな罪とみなされ教会の罰が科せられた。17世紀から結婚は決まった手順により、教会で挙げなければならなかった。結婚式は、通常、秋と冬に挙げら

れた。それは農業の仕事がない時だからである。

　このように、基本的な特徴として伝統的な生活習慣、道徳が守られたが、17世紀の全階級の生活と日常において著しい変化が見られた。その基礎には、東方からの影響だけでなく西方の影響もあった。

◆質問と課題◆
1. 宮廷では、17世紀、どんな変化が起こりましたか。
2. 17世紀、ボヤーレや士族の生活と習慣においてどんな変化が起こりましたか。
3. 17世紀におけるポサード民の習慣は農民の習慣とどのように違いましたか。
4. 17世紀、ロシアの住民の生活と道徳に与えた西方と東方の影響の例を挙げてください。

史　料
外国人アダムス・オレアリウスが見たロシア人について

　彼らのなかには、多くの年老いた人がいる。80歳、100歳、120歳もいる。その年になるとやっと病気にかかるのだ。彼らは医者が何かは分からない。知っているのは皇帝か、いく人かの主要な高官だけである。彼らは医学で使われるものの多くが汚いものであるとみなしており、そのなかでも錠剤を呑むことは嫌がる。浣腸剤は大嫌いである。もし一般の人が病気になった場合、ウォッカを1杯に火縄銃の火薬を1回分、もしくは、細かくすりつぶしたニンニクひと球をいれ、かき回し、飲み、すぐにとても暑くて耐えられないような蒸し風呂に行き、1時間か2時間汗をかかない程度にいる。どんな病気のときにもそのように対処していた。
（中略）（モスクワ人は通常もっていた）家具も蓄えは少しだったがあった。多くは3つか4つしかない木材の器、土製や木製の食器もそのくらいである。錫製の食器をもっているのが少しで、銀製のものをもっているものはもっと少数であった。それもおそらくはウォッカや蜜酒を飲むコップだけであった。だから、金持ちだろうが貧乏だろうが、食器が並べられて、きちんと飾られているというものは一軒もなく、いたるところに丸裸の壁があるだけでそこに、えらい人の家ならば筵（むしろ）がかけられているかイコンが置かれている。ほ

んの少数の家だけ羽毛布団をもっており、彼らは敷物か寝藁か莚か自分の衣服のうえに寝た。腰掛のうえに寝るか、冬ならば上部が平べったい暖炉のうえに寝たりしている。そこには男も、女も、子ども、召使、女召使も並んで寝ている。暖炉や腰掛の周りに鶏や豚を見ることもある。

(中略) ボヤーレやポサード民は衣服も同じではない。その違いは服の外見というよりは、服の数に違いがあったり、生地に違いがあったりである。

ボヤーレは豪華な織物からできた衣服を着ていた。薄いラシャであったり、絹であったり、ビロードであったり、金襴であったりと。その生地は長い道を辿ってやってきたものであり、東西の遠い国、中央アジア、インド、ペルシャ、中国、イタリア、フランドル、英国などからロシアの都市でみかけることはないようなものであり、それはたいへん高価なものであった。

ポサード民は比較的に安い値段で輸入の綿布、金巾、キャラコなどの生地を、少しだけ買った。彼らは主に都市の手工業者、もしくは、モスクワ近郊の農民がつくった生地をまとっていた。もしくは、自分の家で亜麻の布、麻布、毛が多いラシャでカフタン、外套などを作って着ていた。自家製の生地でつくる衣服以外には、様々な模様の布でできた衣服をまとうものもいた。

皇帝の宮殿における１日
歴史家ザベーリンより
「ロシア民衆の日常」

皇帝アレクセイ・ミハイロヴィチは宮殿に100歳近い老人を置いた。彼らは自分の記憶で起こった出来事について話をした。そのなかには瘋癲行者もいた。信心深い者は皇帝に宗教的韻文や小話、ビリーナを歌った。

好きな気晴らしのなかにはチェス遊びもあった。

宮廷の役人のなかに、冗談好きの者、俗人、俗女もいた。彼らは歌を歌っては、でんぐり返しをした。冬になると、ツァーリたちは熊のいる野にでかけ、狩猟者が凶暴な熊と戦うのを観るのが好きであった。春の早い時期や、夏、秋になるとずっとモスクワの郊外にでかけて行って鷹狩りをした。

この楽しい日常の生活秩序を変えた。夏に皇帝は郊外の宮殿で過ごしたのだ。冬になるとひとりで熊や鹿を探しに出かけることもあったり、ウサギ狩りをしたりした。

◆史料についての質問と課題
1. ロシア人は、17世紀、医者がいないときにどうやって治療を行いましたか。
2. この伝統で今日まで保たれているものは何ですか。
3. ボヤーレやポサード民が着る服にはどんな特徴がありましたか。
4. 一般の人々はどこに寝ましたか。
5. ツァーリの日常生活ではどんな特徴が際立っていますか。

◎ 新しい用語を覚えよう。

タイル〔Изразцы〕——暖炉や壁などに貼るセラミックのプレート。

パルチャ（金襴）〔Парча〕——シルクの生地に金の糸を塗ったもので、複雑な模様をしているもの。

タフタ〔Тафта〕——頑丈な綿紡績かシルクの生地。

第 3 章

ピョートル時代のロシア

§12. ピョートルの改革の前提条件

◆西欧からロシアへの影響の強まり

17世紀に絶え間なく続くレーチ・ポスポリタ、スウェーデン、クリミア・ハンとの戦争は、多くの点でロシアの外交や内政面のみならず、住民の生活と伝統に与えた外国からの影響を強めることになった。

西欧の影響が強化されるうえで独特の意味をもっていたのは、1605〜1612年におけるロシアへのポーランド人の滞在であった。ポーランドの士族によって多くの新しい習慣、外国語がもたらされた。世紀初めのロシアとの戦いにおけるポーランド人の軍事的、政治的成功は、モスクワ支配者たちの自国の国家機構の正当性と有効性に対する信念を失墜させたことである。ロマノフ家のツァーリ即位によって、外国の専門家、とくに、軍事的な専門家を、コンサルタント、もしくは、仕事につかせるためにロシアへ招聘する習慣が復活した。モスクワ周辺には**ドイツ人集落**(スロボダ)であるククイが現れた。当時、ニェーメツ（つまり、口の利けないものたち）とすべての西ヨーロッパ人が名づけられた。世紀の半ば、部落には200棟の家があり、そこに約1,500人が住み、4分の3は軍事的な専門家の家族であった。ポーランドとのスモレンスク奪回戦争への遠征中、ロシア軍に6つの「外国人部隊」が編成された。アレクセ

モスクワ郊外のドイツ人集落　A・ベヌアー作

　イ・ミハイロヴィチの治世時、初めてロシア軍に西欧の例による**軍規律**が採用された。オランダの専門家はモスクワに大砲工場の創設に加わるばかりか、初めてのロシア**軍艦**「オリョール」の建設に加わった。西ヨーロッパの衣服、踊り（ポーランドのマズルカ）、外国語が流行となった。

　もっとも規模の大きかった西欧が与えたルーシへの影響は、ウクライナ左岸とキエフのロシア合併後に現れた。西欧の文化は、**V・O・クリュチェフスキー**のみずみずしい表現によると、「ポーランドの改装の元に、ポーランド士族の衣装をまとって」ルーシに到来した。ロシアの教育、教会儀礼、芸術文化の発達に著しい影響を与えたウクライナ人とベラルーシ人からなるポーランド文化の具現者がモスクワを目指した。そのなかのひとりであったのが**シメオン・ポロツキー**である。

◆シメオン・ポロツキー

　民族的にはベラルーシ人であるシメオン・ポロツキーはキエフ゠モギラ学院を卒業し、1656年、27歳の時に修道院で剃髪した。ポロツクのボゴヤレンスキー修道院での勤めを終えた（そこから彼ののちの呼び名であるポロツキーが生まれた）。ここで彼は教師として働き、自らの高い専門的かつ道徳的な資質によって広い教養を身につけた。シメオンはベラルーシ語とポーランド語で詩を書いた。彼は、ロシアの統一国家という枠内でロシア、ウクライナ、ベラルーシの民族の団結を目指した。

　正教の僧の高名さは急速に広まり、シメオンはモスクワに招聘された。1664年彼は、クレムリン近くのニコリ通りにあるザイコノスパスキー修道院の学校で、将来モスクワのプリカースの役人になる者たちに教えた。シメオンは自分の作品でツァーリの一族や専制をたたえた最初の宮廷詩人となった。

　まもなくツァーリ、アレクセイ・ミハイロヴィチは、シメオンの広い教養を耳にし、彼に自分の子どもの教育を任せた。フョードル、ソフィアのふたりはそののちにロシアの統治者となった。それは、ヨーロッパの歴史、文化、外国語の知識を含む、西洋の教育を受けた、初めてのロシア国家の指導者たちであった。

　アレクセイ・ミハイロヴィチ、フョードル・アレクセイヴィチの皇位と、皇后ソフィヤの統治が西欧をモデルにした改革の施行の試みであったことは驚くべきことではない。

ツァーリ、フョードル・アレクセイヴィチ

◆オルディン゠ナシチョーキンの改革

　プスコフの士族であった**アファナシー・ラヴレンチェヴィチ・オルディン゠ナシチョーキン**（1605〜1680年）は、17世紀の有名な政治活動家の

ひとりであった。17歳で軍役につき、彼は次第に司令官になるばかりか、有名な外交官になった。1656年、オルディン＝ナシチョーキンはクールラントとの同盟を結び、1658年ロシアにとって必要不可欠なスウェーデンとの和を結んだ。それによってアレクセイ・ミハイロヴィチは彼に会議士族の称号を与え、彼によってアンドルソヴォの和をレーチ・ポスポリタと結んでのちに士族の称号を与えた。その時アファナシー・ラヴレンチェヴィチは外務プリカースを指導していた。外務官庁の頭として、彼は経済的文化的な東西諸外国との関係の拡大に着手した。レーチ・ポスポリタとの関係を競合から同盟へと移行し、トルコの脅威との戦闘に備えることを彼は提案した。

内政分野においてオルディン＝ナシチョーキンは多くの点でピョートル１世の改革を凌駕した。彼は士族の義勇軍の削減と砲兵隊の増員、ロシアに**徴兵制**の導入を提案した。これは**常備軍隊**へ次第に移行することを意味していた。

オルディン＝ナシチョーキンはヨーロッパに倣った統治制度の導入を試み、ポサード民から選ばれた代表者に司法・行政機構をゆだねた。

ロシア経済の繁栄を志し、彼は外国の会社の特権を廃止し、ロシア商人に免税を施し（このやり方は1667年の新商法に定められている）、新しい工場制手工業の基礎を作った。

オルディン＝ナシチョーキンの計画にもとづいて、モスクワ、ヴィリニュス、リガ間の**郵便通信**ができた。

しかしながら、考えられたものの多くは実現できなかった。1671年オルディン＝ナシチョーキンは不興をこうむり、そのあと修道院で剃髪した。

◆ゴリィツィンの改革案

ヴァシーリー・ヴァシーリェヴィチ・ゴリツィン公（1643～1714年）は皇女ソフィア（1682～1714年）の**摂政**時代、実質的な統治者であった。モスクワで彼の指示でスラヴ＝ギリシア＝ラテン学院（のちのアカデミー）が開校された。権力に逆らった「扇動的な言葉」の罪による死刑を廃止した。ヨーロッパ的な生活習慣を導入した命令が下された。

V・V・ゴリツィン

ゴリツィンは、内政の主な方向とは生活習慣の改善と臣下の主導権を発達させることであると、主張した。彼はオルディン=ナシチョーキンの行った商業と手工業の発達への方向性については継続的な支持者となった。この方向における主な障害を彼は農奴制の主張者であるとみなし、農民を土地所有者の権力から解放することを提案した。彼は、農民の地主から「人頭税」を取るという考えも提案した。それらすべては彼の考えによると人民、すなわち、国家の経済的な繁栄を助けるものであった。

ゴリィツィンの指導のもとに組織され指導されたクリミア遠征は、彼に士族義勇軍を退かせヨーロッパ式に彼の軍隊を作り変える必要を確信させた。オルディン=ナシチョーキンと違い、彼は、それは雇用兵(こようへい)でなければならない、と考えた。しかしながら、ゴリィツィンが考えた多くのことは実現しなかった。なぜなら、1689年ピョートル1世が権力の座に座り、彼を流刑に処したからであった。

◆ユーリー・クリジャニチ

1659年、ロシアにクロアチア人の士族**ユーリー・クリジャニチ**が任務についた。10にものぼる外国語に通じているため、彼は外務プリカーズの、のちには宮廷プリカーズの通訳を務めた。

ロシアにヨーロッパの教育制度が導入され、この巨大な国家の民衆の啓蒙を目指しながらも、彼は無批判に西洋の経験を借用することの危険性を説いた。

クリジャニチの主要な考えは全スラヴ人が「ドイツの危険」に対する戦いに一致団結することであった。そのために彼はロシア正教とカトリックの教会をローマ法王のもとに統合し、モスクワ皇帝のもとにスラヴの統合国家を作ることを提案した。専制的なロシアの権力を再編成し、(残酷な支配方法である)

『人間剝ぎ』の権限を取り除かなくてはならない。しかし、それには何かを始める際に必要な程度の国の力を保持していなくてはならないと提案した。

　このように、17世紀の終わりまでに、ロシアの権力代表者によって、ヨーロッパの経験を使った改革の必要性が認識されたばかりか、全体的な特徴として、これらの改変の計画が組織化されたのである。それはピョートル1世の活動の方向性を決定したばかりか、18世紀を迎える全ロシアの歴史を方向づけたのである。

◆質問と課題◆

1. 17世紀におけるロシアの統治者のヨーロッパの経験に対する態度はいかなるものですか。なぜこのようなことがそれより前には起こらなかったのでしょうか。
2. シメオン・ポロツキーの先進的な役割について何を感じますか。
3. オルディン＝ナシチョーキンの政策の主とするものは何ですか、また、それはなぜでしょうか。
4. ゴリィツィンの改革者としての考えは何ですか。なぜそれらの考えは実現不可能であったのでしょうか。
5. スラヴ人を団結するためにクリジャニンは何を提案したのでしょうか。

史　料

　1682年の会議の決定から

　門地制度（メストニーチェストヴォ）の撤廃について

　偉大な大君であり、ツァーリであり、大公であるフョードル・アレクセイヴィチ、大小ふくむ全ロシアの専制君主は聖なる総主教を罷免させられ、権力と自らの国のボヤーレの口から次のように言わしめた。「ツァーリましますすべての議会、つまり、ボヤーレ、側用人、貴族会議議員、宮廷内官、雑仕、士族、および、士族子弟は、全国家の善なる助言、決議、承認、全員の賢明にして賛同による会議にもとづき、この国の門地制度が行うことは傲慢

であり、愛の分断であり、国家のあらゆる仕事に害をもたらすものであり、我々の良心であることを宣言する。われわれ、および、大公に対してかくなる知らせがあった。つまり、われわれ、大公が、これらの罪ある悪事と同胞への憎しみをもたらし、愛情を破滅させる、つまり、その門地制度を撤廃し、永久に撲滅するようにと」

外国人デ・ラ・ネヴィルィの書いたゴリィツィンについて

今日までボヤーレがもっていた全権は平民のものにとってかわった。なぜならばゴリィツィン公が同胞ではなく、隷属するものをもちたいと思ったからである。

このような自分勝手は、ゴリィツィンに対する貴族の大きな憎しみを起こさせた。しかし、彼らは彼に対して何もすることができず、ゴリィツィンは、全国家に彼にとって、いいと思われたことを命令したのである。

彼は、士族に自分の子弟を学びに預けるよう説得し、士族に子弟をポーランドのラテン語学院に派遣することを許し、あるものには子弟のためにポーランドの家庭教師を雇うよう助言し、それまでは慣習にはなかったことだが、外国人がモスクワから自由に行き来することを許した。

また、彼は士族が外国に兵学を勉強するために旅行することを望んだ。なぜならば、彼は戦争に招集され、自らの土地を開拓せぬまま放っていく農民が大勢いるのに対して、秩序ある軍を作るよう義務づけたからである。国家のための無益な奉仕のかわりに彼は住民に適度な人頭税を課すことを提案した。彼はまたヨーロッパの主要な宮廷にロシアの領事部を作ることを考え、モスクワの宗教を完全に自由なものにした。

彼自身の家はヨーロッパの豪華絢爛たるもののひとつであり、銅版によって覆われ、内側は高価な絨毯と美しい絵画で飾られている。それらすべてをボヤーレや民衆は気に入ったので、モスクワ公国で彼が支配しているあいだ3,000棟の石材の家が建った。

ゴリィツィンの目論見はモスクワ公国を他の国々と並ぶ第1級の国家とすることであった。

彼はヨーロッパ強国とその統治に関連する正確な情報を集め、農民の解放に着手し、彼らがいまツァーリのために耕す土地を、彼らに与え、彼らが毎年税を収めさせるようにしたかった。

◆史料についての質問
1. 会議の議決で門地制度の撤廃の必要がどのように説明されていますか。
2. デ・ラ・ネヴィルィの記録によるとこのことはどのように説明されていますか。
3. ゴリィツィンの改革案をどんなものと外国人の作家は名づけていますか。
4. ゴリィツィンのどんな生活の様子を彼のヨーロッパ的な文化と生活形態への思い入れについて物語っていますか。

◎ 新しい用語を覚えよう。

レゲンツトヴォ（摂政）〔Ренентство〕——君主国家において、君主の幼少の際、もしくは、病気のときに、国家元首の全権を一時的に担うこと。

§13. ピョートル1世。世紀の狭間にあるロシア

◆ピョートルの幼少時

　ツァーリ、アレクセイ・ミハイロヴィチの末息子ピョートルは、1672年5月30日、ツァーリと2度目の結婚であるナターリア・キリロヴィチ・ナルィシキナとのあいだに生まれた。自分の異母兄弟のフョードルやイヴァンと違って、彼は質実剛健であり、活発であった。3歳半にして彼は、文字通り、ツァーリ夫婦の寵児となり、それによって前妻マリヤ・イリイニチナ・ミロスラスフカヤが生んだアレクセイ・ミハイロヴィチの子どもたちは二の次に退けられてしまった。このような状態はツァーリが没する1676年まで続いた。

　新しいツァーリについたのは亡きアレクセイ・ミハイロヴィチの長兄であるフョードルであった。幼いピョートルの洗礼親として、彼はピョートルを愛し、世話を焼いた。ピョートルが5歳になると、彼の命令によってピョートルに読み書きの教育が始まった。最初の彼の家庭教師であったのは**ニキータ・ゾートフ**輔祭であった。彼とともにピョートルは文字を覚え、音節ごとに区切って読

むことを学び、初めての教会読本を読み、書くことを習った。10歳にして少年はより複雑な学問である文法学、修辞学、哲学、歴史学、外国語を勉強し始めた。しかしながら、ツァーリのフョードルが死ぬ１ヵ月前には、ピョートルへの教育も終わってしまった。

1682年に緊急に皇位継承の問題が起った。

◆二重皇位、ソフィヤ皇女

現行の秩序にもとづくと新しいツァーリになるべきはピョートルの兄であるイヴァンであった。しかしながら、彼は病気がちであり、知脳も弱かった。亡くなったツァーリのフョードルの側近はツァーリの即位は５歳のピョートルに継承されるべきであると主張した。総主教の**ヨアキム**とボヤーレたちは赤の広場に集まった民衆の賛意によりピョートルが新しいツァーリであることを宣言した。しかしながら、それは皇位継承の古い秩序を破るものであり、皇位継承問題が長引く際には全国会議で判断されるべきあるとの主張がなされた。

このような条件のもと、イヴァンの親戚であった**ミロスラフスキー家**は、反逆のボヤーレたちが真実のツァーリ、イヴァンを絞め殺したと吹き込まれ、**ナルィシュキン家**に対して砲兵隊を向かわせた。蜂起した銃兵隊はクレムリンに近づき、それによってピョートルの母方の近親者が多く殺された。ツァーリはイヴァンでありピョートルであると宣言された。彼らが成年になるまで支配者の指名を受けたのは、幼いツァーリたちの姉であるソフィヤであった。二重権力が成立し、そのことは、その時代のツァーリの玉座にさえ反映されている。玉座はふたりのツァーリのためにふたつに分割されてしまったのである。その背後には摂政者の席が簾（すだれ）の後ろに置かれていたが、その簾の後ろから彼女がふたりの兄弟に謁見の際に何を話すべきか教えるようにされていた。

実質的な権力はいまやソフィヤにあった。ピョートルは母とともにモスクワを去り彼らが父とよく行ったプレオブラジェンスコエに向かわねばならなくなった。若いツァーリに対する宮殿での教育も中止された。その代わり別の教育が生まれた。自由時間にピョートルは近くに位置したドイツ人集落に行き、

そこで外国人から知識を学んだのである。そこでドイツ人たちは彼にプレオブラジェンスコエ部落の近くにプレスブルグという「ポテシヌィ（憩いの）」城砦を作ることを手伝ったのである。オランダ人の**ティマーマン**は彼に算数、幾何学、築城学を教え、別のオランダ人である**ブラント**は、ピョートルに船のこぎ方を教えた。スコットランド人の**ゴルドーン**とスイス人の**レーフォルト**は彼に兵学を教えた。次第に幼いツァーリは伝統的でないツァーリとしての教養や習性を身につけ、軍事的な技術者、海の愛好家となっていたのである。

皇女ソフィヤ・アレクセーヴナ

　兵学に興味をもち、ピョートルは「**ポテシヌィ**」の部隊を作った。セミョーノフスキーとプレオブラジェンスキーの2部隊は、ロシア近衛兵の基礎を作ったばかりか、結果的には権力闘争の重要な手段となったのである。

◆ピョートル　皇位の初期

　1689年8月、ピョートルは、ソフィヤのための転覆が企てられているという情報を受けた。その銃兵隊が彼を殺そうとしているというのである。彼はすぐにプレオブラジェンスコエを去り、堅固に守られたセルギエフ・ポサード修道院へ出向いた。この時すでに彼は成人に達しており、一人前のツァーリになることができた。彼の背後に威力があるのを感じたゆえに、修道院にかつてはソフィヤを守っていたボヤーレ、士族、軍人たちが兵を構えていた。まもなく修道院に総主教のヨアキムも到着した。ソフィヤは攻撃を仕掛ける準備もできぬままであり、ピョートルの脱走に恐れおののいた。弟と戦う兵力をもたず、彼女は事の成り行きを待ったのだ。しばらくしてピョートルは兄のイヴァンに手紙を書いた。そのなかでは姉抜きに独立して国家を統治することを要求した。9月にピョートルはモスクワに入り、ソフィヤの支配の終焉と彼女をノヴォデヴィチ修道院で禁固にすることを宣言した。彼女を支持する銃兵隊たちに対し

て逮捕及び死刑を実行した。

　形式的にはふたりのツァーリが統治していたにもかかわらず、完全にピョートルひとりによる統治が始まった。病身のイヴァンは1696年に死ぬ直前まで宮殿のセレモニーに滅多なことでは出席せず、国事にも干渉しなかった。

◆アゾフ侵攻

　外国人と接しながら、ピョートルはまもなく、凍ることのない海の外にでることがロシアにとっていかに大事かを認識し始めた。海を越えて、他の国々とより広範な貿易をすることができたのみならず、それらの国々と文化的な接触が保てるのである。彼はよく貴重な外国の研究と利用の必要性を認識していた。

　そのような出口はバルト海にもつ必要があり、黒海にももつ必要があった。しかし、バルト海へ抜けるための戦いは、レーチ・ポスポリタやスウェーデンといったロシアが17世紀中、戦い通した強敵との戦いを意味していた。ピョートルは黒海に抜けるためには、かつてはルーシ人と呼ばれたクリミア汗国やトルコと戦わなくてはならないことを理解した。それまで、まさしく南の国境付近に向かって若きツァーリの先駆者たちが海に向けてでることを試みていたのである。

　1695年１月、ツァーリはクリミア侵攻の令を出した。主な目的はロシアがアゾフ海へドン川から抜け出るのを閉鎖している、トルコの城砦アゾフを獲得することであった。

　アゾフの包囲はロシア軍によって３ヵ月かかった。しかし、成功することはできなかった。失敗の主な要因は統一された軍の指令が欠如していたこと（軍は何部隊かに分かれ、その先頭にお互いにライバル視する司令官がたっていた）、砲兵隊、銃兵隊の弱体化と、ロシアにおける艦隊の欠如であった。

　1696年、２度目の侵攻においては、これらの弱点をピョートルは考慮した。軍を指令するものに

若き日のピョートル１世

シェインが任ぜられた。ヴォロネジにおける格納庫で最初のロシア軍艦が作られた。23のガレー船。2隻の巨大な船、4隻の焼き討ち船（ブランデル）、1,300の平底川船〈ストルグ〉が作られた。

　アゾフの周りには広大な土塁があり、それが砲兵隊にとって、城砦の少ない地点を撃ちやすいものにした。ロシアの艦隊はうまくトルコを相手にして戦い、増援部隊と包囲された者たちへの食料の輸送を封鎖したのだ。まもなくアゾフは陥落した。この勝利は初めてロシアが南の海に進出することを成功させた。しかし、新しい国境で踏みとどまるのは不可能であった。この問題を解決するために、ロシア国家には同盟国が必要であった。

◆1697～1698年の偉大な外交
　1697年、ピョートルの命令によって西ヨーロッパに250名からなる大使節団が派遣された。その主な公式目的はクリミア汗国とトルコに対してヨーロッパ・キリスト教国がひとつの同盟を組織することであった。使節の代表者は、海軍将官レーフォルトや外務庁将軍F・A・ゴロヴィーン、会議書記官P・B・ヴォズニーツィンであった。ヨーロッパではニコグニト（つまり、自分の名前を明かさない人）やツァーリ自身がプレオブラジェンスキー部隊の軍下士官**ピョートル・ミハイロフ**という名前で参加した。彼は使節のすべての仕事を指揮した。

　渡航の主要な目的はツァーリがヨーロッパ諸国の生活や秩序を知ることであった。レーフォルト、ゴルドーン、ブラントからヨーロッパの秩序について聞いていたツァーリは自分の眼で見ることにより、それを再確認したのである。

　ピョートルはヨーロッパを半周し、ケーニヒスベルク、クールランド、オランダ、英国、ウィーンを訪問した。士族と兵隊からなるロシアの「ヴォランティア」（義勇兵）は、旅行中兵法や海事、造船術を学んだ。ピョートル自身オランダの造船所で船大工として働き、英国では造船術を学び、博物館や工場を見学し、病院を訪問し、エッチング（版画）を学んだ。ウィーンに行き、ツァーリは銃兵隊の新しい陰謀に気づくと急遽ロシアに帰った。計画していた

銃殺刑の朝　V・スーリコフ作

　ヴェネツィアとローマへの訪問は実現しなかった。
　ソフィヤと謀議を図る銃兵隊はピョートルの皇位の転覆を図っていることが明らかになった。ツァーリの謀反者に対する残酷な制裁が行われた。数百の銃兵隊員は死刑に処されるか、流刑に処された。
　大使節団は反トルコ同盟の創設にまでには至らなかったが、ピョートルにスウェーデンとの戦いを視野に入れたバルト海への出口の模索を決定させた。この戦いは同盟者たちが目指していたことでもあった。

> 　外国からピョートルはロシアがヨーロッパ諸国に早急に追いつけるようにするという強固な意志をもって帰国した。そのためにも、彼の確信によると、ロシア社会を再編成させなければならなかった。西ヨーロッパとの関係を強固なものにするために、ピョートルはロシアのバルト海岸への出口を守る戦いが必須条件であると考えた。

◆質問と課題◆

1. ツァーリ、ピョートルの人格はどのように形成されましたか。
2. どうしてピョートルは、兄のイヴァンをのぞいて、1682年にツァーリであると宣言したのですか。
3. ソフィヤの1689年の転覆をどう説明しますか。これは宮廷のクーデターであったのですか。
4. ピョートルのアゾフ遠征はどう評価できますか。
5. ピョートルの大使節団の課題と結論は何であると考えられますか。

史 料

在ロシア・プロシア大使館書記官フォッカーロットの記録から
ロシア艦隊造船の始まりについて

　ピョートルが外国人とつき合い始めたとき、彼はモスクワからたいへん近いイズマイロフの郊外の家で半分朽ちた船を見つけた。ピョートル1世がたまに話をしていたオランダ人は、このボートを直し、イズマイロフの池で、風向きでどう池を泳ぐか見せたのだ。ピョートル1世は機械術に生まれながらの関心をもっていたので、この実演に特別な満足を見出し、モスクワ近くのペレヤスラフの湖で少し大きな船を数隻作るよう命じた。それに乗って、彼は英国やオランダの商人のいく人かのグループで遊覧を楽しんだ。

◆史料についての質問

1. このメモの著者はピョートルの造船についての関心をどう説明していますか。
2. 若いときのこのようなツァーリの楽しみはどんな国家的な改造に結びついているのですか。

◎ 新しい用語を覚えよう。

　ラーヴラ〔Лавра〕——巨大な正教の修道院の名前、総主教の直轄。

　ブランデル〔Брандер〕——動力燃料や可燃物を輸送する船。海戦中に発火し、風に沿って敵に対して火を放つ。

§14. 北方戦争

◆戦争の勃発。「ナルヴァの敗戦」

　18世紀の初頭、バルト海の東沿岸地域をスウェーデンが支配していた。何世紀もロシアに帰属していたフィン湾東部の領域もその支配のもとにあった。バルト海はある意味「スウェーデンの湖」と化していたのである。そしてこのことはスウェーデンの隣国の懸念を呼び起こさずにはおかなかった。1699年、バルト海でのスウェーデン王との戦いのためにロシアは、デンマーク、ザクセンとの北方同盟を結び、戦争は1700年に行われた。しかしながら、最初の段階は同盟軍に度重なる敗戦をもたらした。

　18歳のスウェーデン王の**カール12世**は英蘭艦隊の協力のもと、短期間でデンマークを打ち負かし、戦争からの離脱に追い込んだ。そのあと、カールはバルト海に軍を引きつれ、ザクセンの選帝候**アヴグスト2世**（レーチ・ポスポリタの王でもあった）にスウェーデンに所属していたリガから包囲の解除を余儀なくした。

　この状況下でピョートル1世はすぐにトルコとの和を結び、3万2,000人の軍をスウェーデンの城砦ナルヴァに送った。ナルヴァの守備隊への援軍にカール12世は1万8,000人の軍隊を動かした。ロシアの師団の接合部を攻撃し、その軍隊を分裂させ、退却に追い込んだ。ナルヴァの敗戦においてスウェーデン人は3,000人を亡くし、ロシア人は8,000人と145の大砲、すべての食糧と軍装品を失った。結果的にロシア軍は戦争の最初から砲兵隊なしの状態になった。その回復のためピョートル1世は教会から鐘をはずし、大砲を鋳造すること命じたのである。人々のあいだでは、「ツァーリは**アンチ・キリスト**」と話し始

第3章　ピョートル時代のロシア　　381

サンクトペテルブルグの最初の建設　ペトロパヴロフスク要塞の見取り図

めた。

　ロシアとの戦いが終わったと見ると、カール12世は、全力でアヴグスト2世の軍隊を攻撃すると、長いあいだポーランドに「沈潜した」。

　しかしながら、ロシア軍は軍事行動が終わったと思うことさえなかった。1702年、ロシア軍は〈ネヴァ川河口にある〉ノーテブルク（オレーショク）要塞を包囲し、この都市からバルト海に抜けられる出口としての「鍵」という役割を考えて、ピョートルはシュリッセリブルク（「鍵の都市」）と名づけた。

　1703年春、ネヴァ川にサンクト・ペテルブルクが建てられた。そこはやがて200年以上の長きにわたるロシアの首都になるのである。スウェーデンの船がネヴァにはいるのを阻止するためにはじめにフォルト・クロンシュロットを、そのあと、コトリン島には海の城砦、クロンシュタッドを設け始めた。ロシアのバルト艦隊の建設が始まったのだ。

◆軍隊の再編

　白日のもとにさらされた「ナルヴァの敗戦」の教訓は若いツァーリに軍隊を再編するのが早急に必要であると教えた。

　新しい軍隊の基礎はセミョーノフスキーとプレオブラジェンスキーにての『ポテシヌィ』部隊であった。

　軍事分野における改造はすでに1699年に着手されていた。軍隊は常備軍で、そこでの軍務は実質死ぬまでだった。銃兵隊の代わりにピョートルは「新部隊」を導入し、単一の銃兵部隊、供給、ユニフォーム、予行演習と教育システムを伴わせた。1705年の教会令は新しい軍隊の建設を完成させた。その時、それは兵役義務を基礎に作られた。それぞれの納税階級がそれぞれの共同体から一定の新兵数をあげた。ロシア軍は1708年までに前年の４万人の兵士から11万3,000人に増兵し十分に武装された兵員になった。

　それと同じくらい重要なのは、軍独自の経済をつくりだしたことである。その基礎はツァーリからニキータ・デミドフへのウラルのネヴィヤンスク官営工場の譲渡によってなされねばならなかった。1701～1704年にかけて、ピョートルの命令によってウラルのデミドフ工場の職員が国内初めての強大な冶金工場を建てた。そこでは鉄、銑鉄、大砲、砲架、軍隊に必要な砲丸などを製造した。火薬、銃兵の武器、制服の生地を生産するために、官営の工場制手工業（マヌファクトゥーラ）が作られた。

　士官の教育のために、数学的な航海術（海軍）、砲兵、技術、外国語、外科医の学校が作られた。下士官（若い士官）を養成するために50の専門学校が開校した。多くの士族は外国での兵学を勉強しに出向いた。彼らの帰国にしたがい、ピョートルは外国の軍事専門家を雇わないようになった。

　1716年、ピョートルは15年に及ぶ軍事行動の経験

セミョーノフスキー連隊兵士の制服

をまとめ、「軍規律」を採択した。これはロシアでは初めての軍事規律の全書であった。そのあと、これと類似する「海の規律」が現れる。

　ピョートルは海軍艦隊の建設に特別の関心を向けた。それは南部や北部だけでなく、バルト海でもなされた。1708年、まさにここで海に向かって初めての28発の大砲をもつフリゲート艦が放たれた。ピョートルの治世時において作られた船の数は約900であった。

　たゆみなく続く戦闘の合間になされた軍事改革の結果、ロシアはヨーロッパで偉大な軍隊と海軍をもつ強国のひとつに生まれ変わった。

B・P・シェレメーチェフ

◆ポルタヴァの戦い

　しばらくして、ポーランド王であり、ザクセンの選帝候であるアヴグスト2世に対して積極的な軍事行動によってカール12世はザクセンとレーチ・ポスポリタを戦争から引き出すと、ロシア領土への進撃を準備し始めた。

　1708年夏、彼はスモレンスクの方向に向かって行動した。9月28日、ロシア軍はツァーリを頭としてレースナヤ村でスウェーデン人に対する戦闘を開始した。その進軍において彼らは、敵の軍事施設を破壊し、リガからのカール12世への援軍を横から包囲した。いまやスウェーデン軍は補給物資のない状態であった。ピョートル1世はレースナヤ村の戦いを「ポルタヴァの母」と名づけ讃えた。

　カール12世はモスクワ侵攻から退却し、ウクライナに出向き、そこでピョートルを裏切ったヘトマンの**マゼッパ**の支援を見込み、クリミア・ハンの援助やトルコのスルタンの応援を見込んだ。しかしながら、これらの計算ははずれた。マゼッパ軍からカールのところへはたったの数百のコサックしか加わらず、それに対して4万のウクライナ軍がピョートル軍に合流したのだ。

1709年春、スウェーデン人はポルタヴァを包囲した。その小さな守備隊が2ヵ月間英雄のように戦い続けたのだ。包囲された場所に対してロシア軍は地方長官のB・P・シェレメーチェフ、A・D・メーンシコフ、N・P・レプニンを先頭にして4万人の軍隊を連れてきた。軍の総指揮を行ったのはピョートル1世である。3万人のスウェーデン軍は包囲するポルタヴァと全面戦争に備えていたロシアの主戦力とのあいだに挟まれていたのだ。

　1709年6月27日、軍にピョートルからの命令が読み上げられた。「戦士たちよ、御国の運命を決める時がやってきた。さあ、汝らはピョートルのために戦っていると思うのでなく、ピョートルに委ねられた国のため、自らの出生、御国のために戦っていると思うがよい」。早朝、スウェーデン軍はピョートル軍に突撃した。しかしながら、メーンシコフの騎兵隊はスウェーデンの騎兵隊

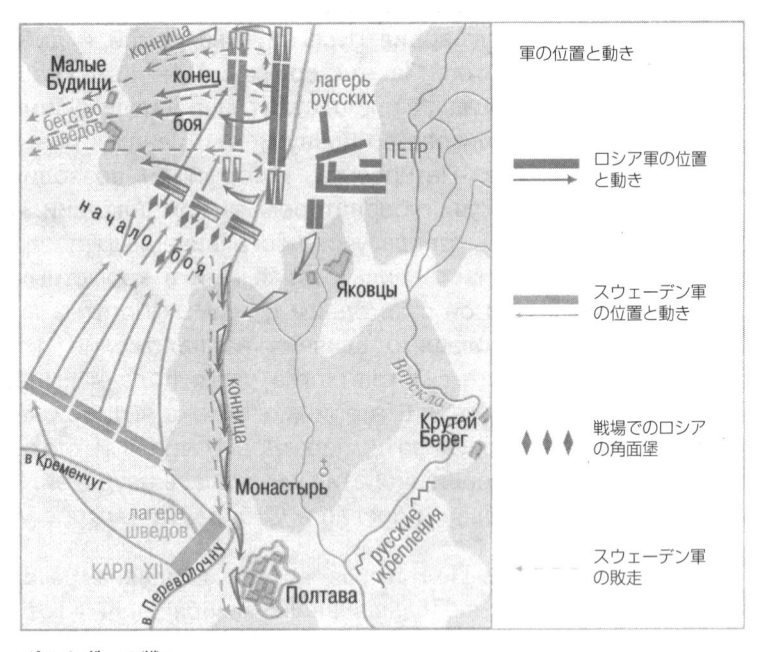

ポルタヴァの戦い

を撃墜した。敵の歩兵隊の攻撃もまた失敗に終わった。そのあと、砲兵隊の指示のもと、ロシア軍はスウェーデン軍に攻撃をかけ、彼らに近づくや銃剣での攻撃に乗り換えた。敵は耐えられず、逃走した。カール12世はやっとのことで捕虜から逃れ、マゼッパとともにトルコの支配する場所へと逃げた。

ポルタヴァではスウェーデン軍が9,000人以上の戦死者と3,000人の捕虜を出し、そこにはすべての将官が含まれていた。ロシア軍の損失は7分の1であった。

3日後、後退したスウェーデン人たちをメーンシコフの軍が捕らえ、降参を強いた。捕虜に捉えられたのは1万7,000の兵隊と士官、敵軍の28の火砲と128の旗であった。カール12世の「難攻不落の軍」は存続をやめた。ポルタヴァの「勝利」は戦争における急変を意味していた。軍事行動は他の国の領土に移動した。それによって、ロシアの国際的な威信は著しく強固なものとなった。

アレンクサンドル・ダニーロヴィチ・メーンシコフ（1672〜1729年）は、ピョートル1世の宮殿においてもっとも影響力のある政治家のひとりである。彼のとんとん拍子の出世は、この時代ではありえないものであった。モスクワの通りや公園でピロシキを売っていた農民の家を出、彼は最初ツァーリの従卒を務め、まもなくツァーリの側近で、戦友のひとりとなる。生まれながらの機転のよさ、誠実さ、戦場における勇敢さ、個人的なツァーリに対する忠誠心、それらがメーシコフをピョートル1世にとってなくてはならない存在に作り上げたのである。北方戦争での侵攻においてノテブルグ（そのあと、そこの知事に任命される）を占領するとき、バルト海での軍事行動において、彼が騎兵隊を指揮し、多大な功績を収めたそのあとのポルタヴァの戦いで、彼は人より抜きんでていた。戦いにあって、彼は元帥という称号を得、その

A・D・メーンシコフ

> ちロシア軍の大元帥となった。メーンシコフはサンクト・ペテルブルクの創設者のひとりと呼ばれる権利があるだろう。彼はピョートルの命を受け、その創設に着手し、インゲルランドの知事となった。並外れた権力とツァーリの絶大な信頼を得て、メーンシコフはそれらを利益のために行使することもあった。次第に彼は国内でもっとも富裕な人間のひとりとなるのである。仕事の立場により大きな影響を獲得したのはピョートルの死後、彼の施しによってツァーリの妻エカテリーナが皇后になるときからである。自分の娘のひとりを皇帝ピョートル2世に嫁がせ、皇帝が成人するまで摂政を行うという野望は失敗に終わった。メーンシコフは捕まり、シベリア流刑となり、そこでやがて死んだ。

◆プルート侵攻

ポルタヴァの勝利ののち、戦力配置が変わった。デンマークとポーランドはロシアとの同盟を復活し、そこにプロイセンが加わった。しかしながら、積極的な軍事行動にはでなかった。

しばらくして、ロシア軍はリガ、レーヴェリ（タリン）、ヴィーボルグ、ペルナウ、コレラ（ケクスゴリム）を獲得した。東バルト海岸は完全にスウェーデン軍の手から解き放たれた。

トルコにいたカール12世は、自分の軍を失い、スルタンに戦争で弱体化しているロシアに対して共に戦う必要を説いた。それはピョートルにとってふたつの艦隊との戦いを意味していた。

1711年、トルコはロシアに宣戦を布告した。このことはピョートルにとってふたつの戦線への戦いを意味することであった。

巨大なトルコ・クリミア軍（440砲、18万人）は、ロシア陣営（120砲、3万8,000人）をプルート川で包囲した。ここではツァーリのピョートル、妻**エカテリーナ**のみならず、宮廷全部、全軍の指導者がいた。状況は出口の見えないもので、甚だ危険な状態であった。その時、エカテリーナは陣営にあるすべての宝石と金を集め、それを敵の軍を指揮していた宰相（ヴィジル）に手渡し、そ

の引き換えでロシア軍を包囲から脱出させてもらった。

　講和の条件にしたがって、ロシアはトルコにアゾフを返し、カール12世のスウェーデン帰国に反対しないこと、軍をレーチ・ポスポリタに駐在させないことを約束した。トルコは単にロシア軍を包囲から解放するだけでなく、旗と砲兵隊を含む武器のみは保持することも許してくれた。

　この出来事はポルタヴァで終わりを告げたかに見えた北方戦争の事態を長引かせた。

◆海　戦

　1713年、陸路の作戦でロシア軍はスウェーデン軍からフィンランドのヘルシンキ、ボルゴ、オーボ（トゥルク）、ボルヴォー（ポルヴォー）、ポモージェにあるシュチェチンなどの新しい城砦を開放した。結果的にスウェーデン軍はスカンディナヴィア半島に逃げた。しかし、彼らの強力な艦隊、（ピョートルの言葉によると）カール12世の「最後の望み」がバルト海に残った。この「望み」をロシア皇帝は自分の旧い仇敵から奪うことを決めた。

　1714年7月27日、ロシア艦隊はハンコ岬にてスウェーデン艦隊を撃墜した。スウェーデン人は参戦していたすべての船をなくした。王宮は急いでストックホルムを捨てさり、ロシア軍が首都へ急行するのを防いだ。ヨーロッパは雷に打たれたかのように若いロシア艦隊のはじめての大きな海戦での勝利に驚いた。

　1720年7月27日、（オーランド諸島最南部の）グランハム島でロシア艦隊はスウェーデン艦隊へのさらにもうひとつの大きな勝利を収めた。英国艦隊のバルト海でスウェーデン軍を支持する試みさえも失敗に終わった。

　ロシア艦隊の勝利はスウェーデン軍に最終的に和についての交渉開始を余儀なくさせた。

◆ニスタットの和平条約

　1721年、ニスタットにおいてロシアとスウェーデンとのあいだで和平条約が結ばれ、ロシアはスウェーデンにフィンランド（ヴィーボルグを除く）を返還

ハンコ岬の会戦　17世紀の版画

するが、リーフラント、エストラント、インゲルラントの巨大な領土を伴うヴィーボルグからリガまでのバルト海沿岸を自国の領土に編入した。

　和平条約は、ロシアの前にイヴァン3世の代から立ちはだかっていた、バルト海への出口の確保という歴史的な課題の解決をもたらした。

　ピョートル1世はその栄えある偉業によって「国の父、ピョートル大帝、大ロシア皇帝」との称号を受けるよう懇願された。ロシアは帝国となったのだ。

> 　ヨーロッパへの「窓」を切り開いたピョートルは、文字どおり、ロシアを独立した存在にし、ヨーロッパ諸民族の家族に加える基礎を作った。
> 　北方戦争における勝利はロシアをヨーロッパ強国の陣列に加えたのだ。

第3章　ピョートル時代のロシア　　389

◄───	1700～1702年のカール7世の行軍	◄───	ロシア艦隊の方向性
◁───	1705～1706年のロシアの行軍	▨	ロシア主力部隊が集中した地域
◄───	1707年8月～1709年3月のカール7世の行軍（ポルタヴァへ）	✕ 1700 ✕ 1709	重要な戦闘が行われた場所と年代
◄───	1708年7月～1709年のロシアの主力部隊の動き（ポルタヴァへ）	⚐	1721年和平条約締結の場所
◄───	1710～1721年ロシア軍の方向		1721年ニシュタッド条約ロシア帰属となった土地
◄───	スウェーデン艦隊の方向性	略： Т　タリン（レヴェリ） Х　ヘルシンキ（ヘルシングフォルフ）	

北方戦争

◆質問と課題◆

1. 北方戦争の原因は何ですか。
2. どうしてカール12世はデンマーク、ザクセンとロシアの戦力を戦争の始めに攻撃しようとしたのですか。
3. 「北方戦争の主な出来事」の年代的な表にしてください。
4. ロシアの北方戦争における戦いの勝利をあなたはどのように説明いたしますか。
5. 教科書のテキストと地図を使い、北方戦争の参加国のそれぞれの結果をまとめてください。

史 料

ピョートル1世のマニフェスト

エストラントのロシアへの帰属について（1710年）

　スウェーデン王は、よく知られた自分の頑固さが原因で、われわれにいかなる休息もあたえなかったが、この正義の最終目標の達成を信じ、われわれは自分たちの武力をエストラントに派遣せねばならなかった。エストラントの湾岸地域を落ち着かせるために、そして自らをあらゆる侵攻から守るために。とくにわれわれは神の助けによって都市レーヴェリを獲得することが必要不可欠であると考えた。

ポルタヴァの戦いについて、ダニエル・クルマン、カール12世の軍へのスロヴァキア、福音教会特使の紀行文から

　ふたつの軍は、ひどく疲れきり、1時間近く休んだ、カール王が戦闘を再開した。しかし、王を驚かせたのは敵軍の勇敢さではなく、ロシア側の思いがけない狡猾さであった。敵は半円の形で翼を広げ、大小の砲弾を配置した。その多くは壕のなかにあっただけではなく、この翼の後尾にまで置かれていたのだ。このように、およそ100はあったであろう、これらの大砲は、いつも砲丸が装弾されるのではなく、ときには鉄くずまでが使われたのだが、スウェーデン軍に向け50発撃ってきた。彼ら〈モスコウ軍〉は、この一斉攻撃によってスウェーデン軍の心臓であり魂であったカール王の近衛隊を壊滅し

てしまった。残りの、大多数の軍は、かくも粘り強く敵の攻撃に耐え、武器も奪われた裸手の状態で、栄誉のためにではなく、生命を守るために戦った。しかし、しまいには、敵の手に捕まる者、無残にも殺される者、敗走する者もいた。

王はといえば、最近負傷した手と再度傷ついた足から血を流し、敵に四方から包囲されながらも、敵の手に危うく捕まる状態であった。もし神の加護がなければ、何人かの大尉が敵のど真ん中にぶつかっていかなければ、彼は先頭で逃げることはできなかったであろう。

◆史料についての質問
1. ツァーリ、ピョートルは自分のマニフェスト（宣明文）でエストラントをロシアに帰属させる必要性についてどう説明していますか。
2. この紀行文を書いた筆者はカール12世の敗因はどこにあったと見ていますか。あなたはこの評価に賛成ですか。あなたの考えでロシア軍のポルタヴァの戦いにおける勝因は何にあると考えますか。

◎新しい用語を覚えよう。

アンチ・クリスト〔Антихрист〕——キリスト教の神話学で、「世界の終わり」の前に現れるべきキリストの敵、神によって打ち負かされるもの。

コンフージヤ〔Конфузия〕——都合の悪い状態、しくじり。

§15. ピョートル1世の改革

◆中央統治の改革

まだ17世紀における絶対王政に向けられた方向性が北方戦争という条件のもとにさらに大きな中央集権化を要求した。

1699年貴族議会はツァーリによって行政・会計監査院に代えられ、それは1708年には『コンシリヤ・ミニストロフ〔大臣の合議機関－訳者〕』と名前を変

えた。
　1711年に、次の一歩として最高政府機関としての「統治をつかさどる元老院〔セナート〕」が作られた。それは立法機関だけではなく、行政と司法の機能でもあり、中央や地方における細分化された国家機構の仕事を統治するものであった。元老院の構成員をツァーリは9名を（かつての貴族会議メンバー含む）貴族のほかにも抜擢登用で任命した。元老院の決定はその構成員で全体の会議によって採択された。
　元老院の活動もまた管理のもとに置かれた。1722年、検事総長〈パーヴェル・ヤグジンスキー〉が任命され、元老院における「君主の目」と名づけられた。
　1718～20年に行われた改革では、重複して仕事のはかどらない官署（プリカーズ）を廃止して、参議会コレーギヤを導入した。最初は11のコレーギヤがあった。
　外務参議会は外交を行い、**陸軍参議会**は陸上の軍隊を、**海軍参議会**は艦隊を、**司法参議会**は民事と刑事の裁判を、**鉱業参議会**は鉱業を、**工業参議会**は工場制手工業を、担当した。プリカーズ（官署）と違った点として、ここでの決定は集団的になされることである。
　それぞれの参議会を長官、副長官が指導していた。参議会の活動の手引きとして、総則とそれぞれの参議会ごとの規則が活字にされた。
　統治システムの中央的な地位を機密局が占めた。国家的犯罪の取り締まりは**プレオブラジェンスキー官署**が、そのあとは、**機密官房**が行った。それらは、ツァーリ直轄であった。

◆一子相続制、官等表

　1714年、ピョートルは一子相続制度を発布した。それによって貴族の封地はボヤーレの世襲領と等しくなった。この書類は血統者と「新しい」（士

P・I・ヤグジンスキー

族）階級の境界を取り除くことを目指していた。これによって貴族と士族の土地所有者のあいだに違いは存在しなくなった。

　1722年、ツァーリは官等表を採択した。それによって古い**貴族**と新しい**貴族**は勤務の地位においても平等化された。新しい法律により、勤務は民間と軍事的なものとに分けられた。官吏の**14の階級**（官等）が定められ、民間勤務において、監察官から宰相まで、軍においては、少尉補から大将まで、艦隊においては、少尉補から元帥までを決めた。8等官まで昇進した者は世襲貴族になった。14から9までの等位は世襲相続の権利なしの終身貴族（一代）の身分を与えられた。自分の勤務により官吏は土地と農民、お金で俸給をもらえた。このような体制は、出生にかかわらず、勤務をするすべての人に出世できる可能性を認めるものであった。

◆地方の改革

　1708年、権力の地方機構を強化しその権威と国家統治上の役割を向上させるために国は8つのグベールニャ（県）に分かれた（のちに増える）。モスクワ県、インゲルランド（のちのペテルブルク）県、スモレンスク県、キエフ県、アゾフ県、カザン県、アルハンゲロゴト県、シベリア県など。その頭にツァーリが任命され、行政、軍事、司法の権力を司った総督がついた。県は郡（ウイェスト）に分かれており、のちには、州（プロヴィンツィア）になった。

　1719年、国は地方長官（ヴォエヴォダ）を頭にした50の**プロヴィンツィア**（州）になったが県の分割は続いた。しかし総督の手に残ったのは軍事権と司法権のみであった。地方行政の独特の体制がウクライナにはあった。そこでは権力はヘトマンにあった。

　彼の行動の監視のために（とくにマゼッパの裏切りのあと）**マロルースキー参議会**が作られ、宮廷士官が指揮した。1722年、**Ｉ・Ｉ・スコロパーヅキー**の死後、ヘトマンを新たに選出することが禁じられ、ヘトマンははじめてツァーリの任命によって選ばれるようになった。

◆都市行政の改革

都市の成長とともに都市住民の数も増えた。ピョートルの皇位の終わりまでに35万人がすでに住んでいた。都市住民の構成も複雑なものになった。都市の大多数は手工業者と小ポサード民であり、はじめての工場制手工業の労働者たちも現れ、商人や貿易商の数も増えた。

ポサード民は、地方長官の管轄から外れて、モスクワにおいて、**ブルミストル**（町年寄）**局**の、他の都市で選出された**ブルミストル**の手に渡った。

彼らによる統治は1720年、ペテルブルクでつくられた**総市会**が作り上げたものであり、総市会には都市住民から選ばれたブルミストル、市会議員を先頭にした地方議会が入っていた。都市住民はいまや（高位の）「平民」と（低位の）「卑民」に分けられた。「平民」はふたつのギルドに分けられた。最初のギルドに所属するのが富裕商人と「自由な専門」職人（医者、薬剤師、芸術家）であり、ふたつ目のギルドに所属するのが手工業者と貿易商人であった。「平民」は特別の国家的な援助と特典を享受した。

都市改革は都市の経済的発展の助力となったばかりか、階級都市住民の側からの専制政治への支持を保障するものであった。

ピョートル大帝　Ｉ・ニキーチン作

◆教会改革

ピョートル１世の治世時に、教会は完全に最高の世俗権力に従属した、重要な国家機関のひとつに変貌を遂げた。

1700年、**アドリアン総司教**の死後、ピョートル１世は、総司教の座を完全に廃止した。教会のすべての事柄は**聖職参議会**（コレーギヤ）にゆだねられ、それはまもなく**聖職者代表宗務院**（シノード）に変わった。このコレーギヤの構成員に最高聖職の代表者たちが加わった。その任命がツァーリによってなされ、彼らの決定が

ツァーリによって承認されたので、ロシア皇帝が実質ロシア正教会の首長になったということができる。

宗務院の機能は最高世俗権力の名のもとに、ツァーリによって任命された世俗役人の宗務院長が管理した。

ピョートル1世の特別の指令によって聖職者たちは農民を啓蒙するという使命が課せられた。農民たちが説教や道徳を説き、子どもたちに勤行を教え、彼らにツァーリと教会への尊敬の念を育ませた。

この改革は最終的に教会をロシアの絶対君主を支える機関へと変えさせた。

◆改革への反発。「皇太子アレクセイの問題」

ピョートルの改革のうち多くは、伝統的な世界の崩壊を目にした保守的な貴族の反発を招いた。

改革に不満をもつ者は指導者を必要としていた。以前は、ツァーリの姉であったソフィアがそのような指導者であったのに対して、彼女が修道院に幽閉されたあとは、すべての不満を抱く者は、モスクワ宮廷の古い伝統のもとに育てられたツァーリの息子**アレクセイ**の周りに群がり始めた。

父と子の行き違いは、よりはっきりとしたものになっていった。自分の運命を危ぶんだアレクセイは1716年、ロシアからオーストリアに亡命し、そこで父との戦闘の支持を探し求めた。ピョートルの外交と機密官房長官となる**P・A・トルストイ**伯爵の尽力によって亡命者は帰還させられ、法廷に立った。拷問の末、彼はツァーリを倒す陰謀について自白すると死刑の宣告を受けたが、不鮮明な状況下にあって牢獄で死んだ。

ピョートルは、たえず自分が成し遂げた改革の運命について考えた。「皇太子アレクセイの事件」はピョートルに皇位継承の秩序を変えるように仕向けた。1722年発令に署名し、それによって、ツァーリは出生の身分によらず、どんな後継者でも指名できるようにした。しかしながら、これを成し遂げることは結局ピョートルにはできなかった。1725年1月に風邪をこじらせ、彼は急死するのだ。

自身の息子、皇太子アレクセイを尋問するピョートル1世　N・ゲー作

◆ピョートルの改革の意味

　ピョートルが成し遂げた国家の改革は、この国に大きな意味があった。通常の軍隊と海軍を創設することが国の安全を強固なものにし、差し迫る問題の解決を助けた。

　改革はロシア国家を強固なものにし、ロシアを偉大なヨーロッパ列強の陣列に加えた。改革はルーシ時代の遺物であった封地制を変え、ボヤーレと士族との間にあった経済的な、勤務上の地位における境を見えないものにした。

　その改革は地方行政の体制を完成させ、単一ロシア国家で初めて都市行政における選挙制度を導入した。教会は最終的に国家機構のひとつになった。

　それと同時に、巨大国家の新しい統治システムは、数百万に及ぶロシア皇帝の素朴な臣民が、自己の運命の決定に関与することを依然として、奪うものであった。

◆質問と課題◆
1. 中央統治機構の改革はどんなものでしたか。
2. 一子相続制の発令を採択する必要性は何によってもたらされたのですか。
3. どんな目的でピョートルは地方改革に着手したのですか。
4. 都市行政において新しく施行されたことは何でしたか。
5. 教会改革の結論は何でしたか。

史料

ピョートルの働く1週間

月曜日、火曜日、水曜日、木曜日——海軍省の規則を作る。金曜日——元老院へ。土曜日の午前中——戦争の歴史を、日曜の午前中——外国の国事を学ぶ。しかし、とめどなく、多くの仕事があるときは、木曜日を元老院の仕事の日に追加する。
1721年10月31日に書く。

一子相続制に関する勅令（1714年3月23日）

1. 不動産、つまり、世襲で引きつぎ、もしくは、勤続によって取得し、買収した世襲領と封地、戸および店舗は、譲渡されず、「一族のあいだに」伝えられる。2. 不動産は遺言によって遺言者の息子のなかのひとりに遺言者の選択に譲渡されるが、残余の子は両親の意思により動産を分与される、息子がないときは娘に対して同様にする、動産は残余の子に平等に分けられる。

同時代人によるピョートルについて

彼のもっとも愛し打ち込んだ課題は、造船や航海に関することであった。それは毎日のように彼を虜にしたが、それにはもっとも重要な国事でさえも譲歩しなければならなくなった。ピョートルが新しい船づくりを考え始めると、何週間も庭にしがみつき、設計やマストや帆の寸法あわせに時間を割き、そのあいだ、大臣であれ誰も自分のところに通さなかった。国家内部が良くなることや、造船、経済、支出と貿易など、皇位についてからの30年というもの、わずかに気にするか全然気にしないか、もしくは、満足であることが

多かった。ただ、彼の海軍省や軍が十分に資金、木材、新兵、水兵、食材、衣服を蓄えたときだけ、満足でいるのであった。彼の軍隊が何年にわたって国家の負担なしに他の予算で存続する機会を見出したことによって、なおさら、気軽にそのような状態になりえたのだ。

◆史料についての質問と課題
1. 最初の史料からツァーリ、ピョートル1世の1週間について話してください。
2. あなたの視点から見て、国家活動のどんな活動分野がこのスケジュールに加わらなかったのでしょうか。
3. 一子相続制についての発令はだれの利害のもとにありましたか。誰がなぜその地位に不満をもつ根拠があったのでしょうか。
4. あなたはピョートルの造船への初期の関心をどう説明されますか。

◎ 新しい用語を覚えよう。

絶対主義〔**Абсолютизм**〕——封建国家の形式、このもとに専制君主に無制限の最高権力が属した。

貴族〔**Аристкратия**〕——出生による高貴な位。

§16. 18世紀最初の四半世紀におけるロシアの経済

◆17～18世紀におけるロシアの経済の状況

17世紀にロシア経済に起こった深刻な変化にもかかわらず、ロシアは先進的なヨーロッパ列強から遅れ続けた。西ヨーロッパで封建体制の解体のプロセスが進行しているあいだ、ロシアはその完成を試みていたのである。これは経済的な問題を深刻化させた。かくして国内の莫大な資源にもかかわらず、金属そのものが不足し、それをスウェーデンから買わざるを得なくなった。重化学工業産業も軌道に乗らなかった。工場制手工業は弱かった（17世紀の終わりまで国内では工場制手工業が30以下しかなかった）。旧式に農業生産が発達し、そこで

はヨーロッパでは知られた新しい経済方式が適用されなかった。小手工業は住民の高まる需要を満足させることはできなかった。

◆ピョートル1世の経済政策

　これらすべての問題をピョートル1世は彼の国家活動の最初から認識していた。しかし、それがより明らかになったのは、彼がヨーロッパに旅行をしたあとであった。経済領域での改革を着手するのに直接的契機となったのは、スウェーデンとの戦争を始めたことであった。戦争開始後まもなくスウェーデンの金属のロシアへの調達が止められた。ナルヴァで砲兵隊を失い、若いツァーリは新しい大砲を作る金属が見つからず、すでに触れたように、教会の鐘を鋳造し、大砲に変えなければならなかったのだ。

　経済分野におけるピョートル1世の政策の主要な特徴のひとつとして、その発達に対して国家的な干渉を強めたことであった。実質18世紀最初の四半世紀すべての産業生産は、軍隊と艦隊を必要とした。1715年からやっとツァーリは私的な企業に関与し始めた。その原因のひとつとして、多くの工場制手工業を国家的に管理することが功を奏していなかったのである。それゆえ私的な手にゆだねられたのは、きまりきったように、不良企業であった。

17世紀初め、ロシアの工場で鋳造された大砲と弾丸

ピョートル1世がウクライナのヘトマンに与えた大盃

ピョートルの経済改革の主な方向性は**保護主義**(ほごしゅぎ)(国家産業、とくに工場制手工業の発達と商品の輸出を支える)と**重商主義**(じゅうしょうしゅぎ)(国内の貨幣手段の集中のために商品の輸出を優先すること)であった。

財務局(カズナー)の補充のために塩の財務局による独占化が施行された。ここからえた巨大な資金が運河の建設と企業家への資金援助に当てられた。

◆ 農 業

ロシアは農業国であり続けた。住民の絶対的多数(18世紀初頭において1,400～1,500万人)が依然として農業に従事していた。

西欧の肯定的な経験を最大限に生かそうとし、ピョートルは、穀物の収穫の際に、伝統的に使われていた鎌といっしょに、リトヴァの大鎌や熊手を活用するよう命じ、彼の命令によって県ごとに何千単位でそれらが購入され、分配された。この結果新しい道具がすぐに国内の国土地帯やステップ地帯における主要な道具となった。鎌とくらべて何倍もの時間を節約できるため、農民たちは喜んで大鎌に移行した。

大きな常備軍をつくるために、ラシャの生産に必要な原料を出す羊の新種の交配が要求された。羊はスペインとドイツで買われ、ロシア南部で交配がなされた。また大きな騎兵隊をもつために必要不可欠な最初の養馬場ができた。

艦隊の建設は広大な領域における森林の伐採を必要とした。それと関連してピョートル１世は川のそばで森林を伐採することを禁止した。これはわが国の歴史で最初に行われた自然環境保護政策であった。

しかしながら、改善のための新規事業と改

デミドフ家の工場商標がついた鋳物

革にもかかわらず、農奴の労働が必要不可欠となり、農業技術の発達が低いレベルにあったため、多くて確実な畑作物の収穫は保障されなかった。

◆工場制手工業

　ピョートル1世の治世時、もっとも成功したのは工場制手工業生産の発達であった。17世紀の終わりに国でたったの30しか工場制手工業が数えられなかったのに対して、1725年にはその数は200以上にもなった。

　この成長は主に軍が銃や大砲の武器を装備する必要があったことによるものであった。したがって、この時期の工場制手工業の主な種類は、鉱業、冶金工業、また武器製造であった。18世紀になって初めて作られたのが、ウラルのネヴィヤンスク、ウクトゥス、アラパーエフスクの冶金工場であった。その所有者となったのはデミドフ家の有名な工場主たちである。

　「鉄工場」はリーペツク、カレーリ、ベロゼルスクにもつくられた。北方戦争終了後冶金工場の設立が後を絶たず、ピョートル存命中すでにロシアは金属製造で（スウェーデン、イギリスにつぐ）ヨーロッパ第3位となった。

　国内では、最初の化学工場制手工業が硫黄、ビトリオル（硫酸塩）、染料、テレペンチンを製造した。

　工場制手工業生産の発達の一番の妨げとなったのが、農奴制であった。国では急に自由な労働力が不足し、それなくしては企業の数を増やすことが不可能であった。政府は、ウラルの工場へ「放蕩者」と逃亡者を流刑にすること、また、村全体を企業の帰属にすることで、解決策を見出した。時折、登録農民（とうろくのうみん）は、200〜300露里、ほぼ半年間仕事に出かけなければならなくなった。そのほとんどは苛酷な労働に耐えられず、死んでいった。

　軍隊と艦隊の改革は、軍のためにラシャと艦隊に必要な帆用の亜麻布を製造するのに必要な工場制手工業の建設に乗り出した。1720年代繊維工業の工場制手工業だけでその数が40に達した。その所有者は国家のほかに商人や士族（その中で大人物のひとりがピョートルに愛でられたA・D・メーンシコフであった）もいた。

ロシア史においてはじめて巨大な造船所がアルハンゲリスクのみならずヴォロネジ、モスクワ、ペテルブルクで作られた。

工場制手工業の労働賃金はかなり高いものであり、見習いで年に12〜17ルーブル、有資格者で15〜30ルーブル、高技能所有者で70から100ルーブルであった。これらの賃金は家族全部を養うのに十分な額であった。しかしながら、労働の苛酷な条件と高い致死率が労働者を頻繁に変える結果につながった。

◆手工業生産

ピョートルの皇位の終わりまでに、１万6,000の手工業者の数を数えた。巨大な手工業工場の中心地はモスクワ（ここには約7,000人が手工業を行った）とペテルブルク（2,500人）であった。手工業生産の主なものは、錠、ナイフ（とくにパヴロヴォ、ヴォルスマなどで作られたものが重宝された）、錫器（ヤロスラヴリ）、麻布（コストロマ）、金製や銀製の装飾（モスクワ）、エナメル（ロストフ・ヴェリーキー）などの日用品であった。

職人による手工業生産の品質の向上のために製造品には個人の商標印を押す義務があった。

1722年に中小の製造者たちをまとめる**手工業（しゅこうぎょう）ギルド**がつくられた。

登録された手工業者以外に国内に何千に及ぶ村職人がおり、農業のサイクルが終わる季節と季節のあいだで働いていた。通常彼らは狩猟で殺した生物の毛皮を加工し、それから帽子やコートを縫った。

軍隊の数が増えることによって毛皮の靴やベルトの発注が高まった。モスクワだけで約1,500の靴工が働いた。しかしながらこの分野の主な専門家はヤロスラヴリ人であった。ロシア人の職人による毛皮加工の質は非常に高いもので、その製品がヨーロッパに流れるもっとも人気の商品のひとつへと変わった。

◆貿　易

18世紀の最初の４半世紀、全ロシア市場が活発な動きを見せた。村の小取引のほかに、週に２、３度近くの村から売るものや買うものが集まり、卸売りの

ヤールマルカ（定期市場）が活発になり広がった。

　ピョートル1世の時、交信の経路が完成しそれが貿易の発展を加速した。ヴォルガ上流運河の工事完成（1703～1709年）、ラドガ運河（1718～1731年）、ヴォルガ・ドン運河の工事に着手した。

　国内貿易の発達は都市及び都市住民の数を増やし、工場制手工業生産を発達させ、常備軍、大部隊を創設させた。対外貿易の規模は急激に発展した。それにともない、かつての巨大な港であったアルハンゲリスクの意義はだんだんと薄くなり、ペテルブルク、リガや他のバルト海沿岸都市の役割が増した。

　外国商品との競合から国内の生産者を守るため、ピョートルはロシアで一定の製造ができる商品を国内にもち込むことを制限もしくは全面的に禁止した。一時期は国内の製造者に必要不可欠だった原料の輸入まで禁じられたほどであった。

　1724年ピョートルは関税率を導入し、たとえ高性能な外国製品であっても、それがロシアで製造されているものであるならば国内へのもち込みに75％の関税を定めた。これは外国の商人にとって都合の悪い商品のもち込みをもたらした。他の外国製品への関税は12％から37％の範囲で定められ、ロシアにとって都合のいい外貨(がいか)で徴収した。

　国内からの金と銀の輸出も制限され、その反対に、それらを輸入することは奨励された。

　ピョートル治世時のロシアの主な商品取引先はイギリスとオランダであった。ロシアにはタバコ、金属、金属製品、装飾品、レース、コーヒーがもち込まれた。輸出されたのは、大麻、亜麻、獣脂、なめし革、炭酸カリ、木材であり、穀物の輸出が開始された（不作時には禁止）。南部で重要な貿易センターになったのがアストラハンであり、そこを経由して、ペルシャやザカフカスとの交易がなされた。東部は中国との貿易が活発化した。

　ピョートルの時代に中央アジア経由でインドへの交易路が作られたが、それは成功しなかった。

404　ロシアの歴史　16世紀末から18世紀まで　7年生

	1695年までのロシア領
	アゾフ進攻によってロシアに帰属した領土と、1700年のコンスタンティノープル講和によって確立した領土

18世紀第1四半世紀に設立された製造業

- ▲ 金属工学および金属製造工場
- 🚢 造船所
- ⚓ 大きな港
- 🐚 繊維手工業

人民蜂起

- ░░░ 1705〜1706年アストラハンの蜂起の地域
- ◯ 1707〜1709年ブラーヴィンの蜂起の地域

	1721年ニシタッドの講和の締結によってロシアに帰属した領土
	1726〜1762年間にロシア領土に入った領土
	1763年ロシア帝国の国境

17世紀終わりから18世紀初めのロシア

◆金融と税の改革

　北方戦争開始という状況下にあって、ピョートルは深刻な通貨不足に直面した。その深刻な事態から脱却するために彼は、一方においてネルチンスキーの銀と鈴の鉱山開発（1700年）を許可し、もう一方においては銅をはじめとする他の通貨素材を導入した。1711年、ツァーリは新しい通貨改革を行い、その途上において通貨に銀の含有が（約20％に）減少した。

　同じ時期、1710年にツァーリの指令によって、**担税民全国調査**が行われ、それが税改革の第１歩となった。1718～1724年、世帯から税を徴収する代わりに**人頭税**が導入された。それを課せられたのは男だけ（「男ひとり（ドゥシャー）」）であった。国の農民は年間１ルーブル14コペイカ支払い、農奴は74コペイカ支払った。この改革は税の徴収を著しく上昇させた。それは全部で財務局に入る55％の財源となった。

　ピョートルの金融・税改革は国の予算を３倍にした。しかしながら、そこから住民の強奪件数が増える結果にもつながった。

◆経済発展の結果

　ピョートル１世の経済政策の成果は18世紀最初の四半世紀の国内経済を飛躍的に伸ばした。工場制手工業の数は７倍に上昇した。産業の生産物の出荷数は著しく広がった。この国は初めて金属の鋳造とその輸出（国外販売）数で、ヨーロッパ第３位の地位についた。農業において、新しい労働手段がもち込まれ、その生産性が増した。ロシアにバルト海沿岸部が含まれたことで、ヨーロッパとの交易・経済的な結びつきが著しく強まり、年々対外貿易の流通が活発化した。その中心地となったのがペテルブルクであった。ロシア国内での商品流通も活性化した。商人階級の数は増え、それがわが国の経済の基盤となった。

　しかしながら、これらすべての達成は高い金銭を代償とした。高い税金は多くの農場経営者を貧しくさせ、自由な事業への着手が農奴制の支配によって滞った。国家は経済にいて先導的な役割を行った。

ピョートル大帝　V・セーロフ作

このすべては社会での衝突や衝撃をさけられないものにした。

◆質問と課題◆

1. 18世紀初頭におけるヨーロッパ先進国からのロシアの経済的後進についてあなたはどう説明されますか。
2. ピョートル１世の経済政策の主な方向性は何ですか。
3. ロシア農業経営の変化はどのようなものですか。
4. 18世紀第１四半世紀の工場制手工業の飛躍的な発展についてどう説明されますか。
5. 18世紀に入ってからの四半世紀のロシアの経済発展のどんな成果が重要であると考えますか、また、その理由について述べてください。

史料

侍従（カマー・ユンカー）フリードリッヒ・ウルヘルム・ベルグホルツの日記より、1721年7月18日

私は最近新しくできた大きな取引所で絞首刑になったガガーリン公を見に行った。彼はかつて全ロシアの総督を勤めたが、聞くところによると、そこに流刑となったスウェーデン人に多くの善を施し、彼らのために自分が治めたわずか3年で1万5,000ルーブルにおよぶお金をあたかも自分のもののように使ったという。彼は国庫からひどい横領をしたという罪でここに連れ出されたという。彼は自分の罪を認めなかったゆえに何度も残酷なまでに鞭でたたかれていた。

◆史料についての質問
1. ガガーリン公に対するひどい裁きの原因は何だと思いますか。
2. ロシアにおける国有財産の横領の原因は何にあると思いますか。

◎新しい用語を覚えよう。

外貨〔Валюта〕——自国以外のどこかの国の通貨。

重商主義〔Меркантилизм〕——積極的に国が経済に干渉することを表明し、商業を支え、国の工場制手工業を促進することを奨励した経済政策。

人頭税〔Подушная подать〕——年齢によらず、担税階級の男の住民から徴収する基本的な直接税。

登録農民〔Приписные кресть〕——人頭税を払う代わりに国有もしくは私企業で働いたり帰属〈登録〉することを義務づけられた農民。

保護貿易〔Протекционизм〕——商品の輸入を制限し企業者に経済的な支援をすることによって国内生産を支持した国の経済政策。

§17. 18世紀最初の四半世紀の国民の動き

◆国民蜂起の原因

北方戦争は大多数の住民の肩に重荷を課した。

農民は、地税と賦役のほかに、国家の新しい納税義務が課せられた。

税のほかに国家のために地方役人が追徴課税の支払いと「地方の必要」に応じた労働を強いた。

通常軍の創設は毎年の徴兵令を必要とさせ、数千人の農民をその主（あるじ）から引き離した。

数万の農民は無理やりサンクト・ペテルブルクの建設、アゾフ、タガンログ、トロイツキーの要塞強化、ヴォルガ・ドン、ヴォルガ上流、ラドガのバイパス水路の建設に向わされた。何千人もの人々がこれらの仕事で命を絶った。

ヴォルガ川近郊域、ウラル近郊、シベリアの領土獲得は土地住民からの領土を強奪することであった。ここでは新しい税が施行され、強制的にロシア正教の信仰を求められた。

依然として古儀式派の味方は残酷なほど懲罰を受けた。

改革者であるツァーリの支配する期間すべて、権力に対して様々な住民層が反発した。

◆アストラハンの蜂起

18世紀初頭アストラハンはロシアの「南門」であり、ロシアと東方を結びつけるものであった。ここではロシア人のみならず、ペルシャ人、アルメニア人、ブハラ人やインド人の商人までもが住んでいた。ここは漁業の巨大都市であった。

地方長官（ヴォエヴォダ）であったルジェフスキーは、漁獲の横領、法外な重税と賄賂で住民に知られていた。しかしながら、1705年夏の事件で我慢が限界を超えた。ツァーリは「あごひげと（伝統的）衣服の禁止」についての令を発布した。地方長官の命令によってこの発令の強制的な実施が始まった。人々はあごひげを

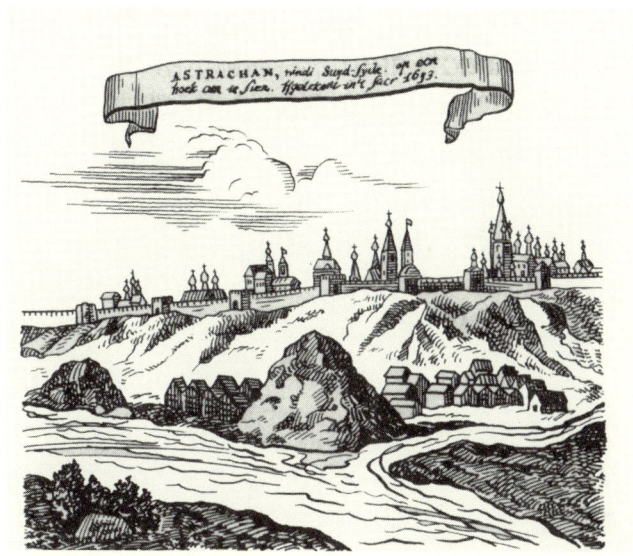

アストラハン　版画

切られるか、もしくは、むしり取られ、それは、時において、顔から血がでるまで行われた。伝統的なロシアの衣服を縮めて着ることが男も女ももうひとつの無礼として受け止められた。まもなく、次の一歩として権力はロシア人女性を外国人に強制的に嫁がせるという噂が伝わった。これを回避するために、7月29日100組の結婚式が執り行われ、7月30日の夜に、ポサード民、兵隊、銃兵隊は外国人からなる衛兵部隊を殲滅し、アストラハンの城砦を襲撃した。鶏小屋に隠れた地方長官は見つけ出された蜂起者に殺された。彼とともに300人以上の要職につくもの、連隊指揮官、地方行政の役人が殺された。蜂起の実行部隊の先頭に立ったのは銃兵隊員であった。

都市を占領すると、蜂起人たちはヤロスラヴリの商人で古儀式派信者であった**ヤコフ・ノーソフ**を先頭にした選抜政府を作った。

いくつかの小都市と大きな村を占領すると、アストラハンの市民たちは千にも及ぶ軍をツァリーツィノを獲得するために向わせた。

蜂起を知り、ピョートル1世は、使節をカルムイク汗国のアユカのもとに派遣し、彼に反乱の鎮圧に協力するよう求めた。アユカによってアストラハンが占領されると脅され、蜂起軍はツァリーツィノから退いた。

そのあいだアストラハンにはシェレメーチェフ元帥を先頭にした通常軍が進行した。1706年3月、都市は陥落した。500人以上が取り調べの対象となった。350人が処刑となるか、拷問の末死んだ。

◆ブラーヴィンの蜂起

コサックの自治を制限しようとする試み、人々の艦隊の建設やアゾフ、タガンスクの要塞警備のための強制的使用、逃亡農民捜索の絶え間ない派遣が、18世紀のもっとも大規模の蜂起のひとつである、コサックの**コンドラーチー・アファナーシエフ・ブラーヴィン**を先頭とする反乱を引き起こした。

それは1707年10月に始まった。ブラーヴィンの部隊が逃亡農民の調査と帰還のために派遣されたツァーリの軍を撃滅した。しかし軍のアタマン（首領）であったルキヤン・マクシーモフはそれを打ちのめし、ザポロシスカヤ・セーチへの逃亡を余儀なくさせた。そこからブラーヴィンは「魅惑の書」を送り、農民やコサックを蜂起へと呼びかけた。この呼びかけはウクライナや、タンボーフ郡、ヴォロネジ郡、ボリソグレプスク郡において支持された。

7,000に及ぶ軍勢を集め、ブラーヴィンは1708年4月にマクシーモフの軍を破り、コサックの「首都」チェルカッスクを占領し、全軍の集まりで「ドン軍団頭目」に選ばれた。

蜂起軍の軍勢は分散した。ある部隊はイズュムへ、別の部隊はサラトフへ、第3の部隊（ブラーヴィン自身が先頭に立つ）はアゾフへと向かった。アゾフにおけるブラーヴィンの敗戦は部隊をチェルカッスクへと戻らせた。そこで高名なコサックが彼に対して陰謀を企て、1708年7月7日に彼を殺した。

しかし、ブラーヴィンの死後も、蜂起は継続した。蜂起者はサラトフを包囲し、ツァリーツィノを占領することに成功した。皇帝軍はチェルカッスクとほかの反乱都市を占領することに成功した。200人以上のブラーヴィン派が処刑

第3章　ピョートル時代のロシア　411

コサックたち　版画

された。しかしながら、抵抗は1709年3月まで継続した。60の郡での農民一揆は1710年終わりまでやむことがなかった。

◆バシキール人の反乱

1705～1711年にバシキールで強固な反乱が勃発した。それの直接的なきっかけとなったのは宮廷役人が地方住民から税の徴収と軍役への招集のためにウファに到着したことであった。多額のお金を集めようとして、72もの税の新しい項目を作り、そのなかでも、褐色や灰色の目をしていることに対する課税（実質地方住民すべてがこれに該当した）があった。バシキール人をあざ笑い、彼らの民族的宗教的感情を侮辱し、尊敬すべき高齢者や平民のあごひげを燃やした。

バシキールの高貴な身分やムスリムの聖職者たちが蜂起を指揮した。皇帝権力の講堂に対する不満を彼らはロシア人すべての民衆に向けた。したがって蜂

起は明らかに民族的な性格を表明するものであった。数百ものロシアの村が壊滅され殲滅された。その住民は略奪され、トルコの自由市場へ奴隷として売られた。中央政府に対する戦いへのイスラム国家の支持を得ようとして、バシキールの貴族は使者をオスマン帝国やクリミア・ハン国へ送り、バシキールを国に加えてくれるよう頼んだ。1711年になってやっと皇帝権力はこの反乱を鎮圧することに成功した。

バシキール人　版画

◆宗教反乱

　かつてより、より寛容ではあったが国家の古儀式派に対する態度、彼らへの追跡はピョートルの時代においても継続した。国内で行われた改革はルーシにあった数世紀に及ぶ伝統からより遠ざかることを前提とするものであった。したがってツァーリは、古儀式派に国の発展を妨げるものを感じた。

　古儀式派の共同体はその構成としては基本的に農民であった。ツァーリという改革者の行う変革に自らの評価をくだしていた古儀式派の布教は、時として新しい農民一揆の要因となった。それゆえ、反封建主義的な農民運動が時折教会への不従順という形、別の宗教的な規範を普及する形で現れた。

　古儀式派の側にピョートルの教会改革に関連して自分の地位を見出せなくなったものが移行することも時折あった。

　ピョートルの時代、古儀式派の者は社会的な地位につくことが許されなかった。古い儀式によって結ばれた婚姻は有効なものとはみなされなかった。1716年、古儀式派には、2倍の納税が課せられた。古儀式派は冶金や武器の工場に向かわされた。しまいには彼らがおかしな格好をしていると多大な罰金が科せられると脅され、その服を着ていることによって、「2等級の人間」であると判断されかねなかった。

　ロシアのヨーロッパ北部、中央ヴォルガ沿岸地域、北ウクライナの多くの地

方で、ピョートルの治世のあいだ、古儀式派農民の権力に対する反乱の場所が見出された。相変わらず普及した現象として彼らは自分の身を焼いた。

◆労働者の反乱

　ピョートル時代工場制手工業産業が発展すると新しい社会グループである労働者(ろうどうしゃ)が大きな反乱を起こした。彼らは非人間的な労働条件、何ヵ月も家族と引き離される生活に反抗した。

　もっとも大きく、頻繁にあったのはウラルの工場での反乱であった。もっとも普及した抵抗の形態は逃亡であった。エカテリンブルグの工場建設の折、その建設に登録した農民たちが逃げ去った。それとともに警備にはりついていた兵士たちも逃亡した。逃亡者たちは家に帰ることができなかった。そこで制裁が待っていたからである。それゆえ、彼らの多くは、ヴォルガやドンの下流域に向かうものや、バシキールにかくまってもらうものもいた。

　労働者の反乱は、より「優良であった」モスクワの企業である織物やラシャの工場においても、労働者たちが集団で請願書を工場長のチンメルマンに書いたときに勃発した（1720年）のち、ツァーリ自身がこれらのもとに懇願した。

◆人民蜂起の意味

　人民蜂起に対する容赦ない鎮圧があったにもかかわらず、その意味は甚だ深刻なものであった。

　ロシアでは自らの不満を表明する別の形態は存在しないという状況のもとで、国民の反乱は政府に住民のあらゆる階層に対して政策を変えるよう仕向けさせる唯一の手段であった。

　かくしてドンやザポロージェにおけるコサックの反乱は、コサック自治区の廃止を延長するものであった。

　農民一揆は権力に逃亡農民捜索の問題でより柔軟になり、それ以外に、高い税や役務を押しつけないようにさせた。

　バシキール、タタール、ウドムルトの民族運動はロシアの諸民族の伝統や習

慣を認めることを余儀なくするものであった。

　労働者の最初の蜂起は1723年にツァーリに発令を出させ、そこで彼は労働者たちに「秩序正しく、無益な非難なく」給与を与え、新しい、より公正な労働賃金規定を定めた。

　このように、18世紀最初の四半世紀における国民運動は国内で行われる改革に関連して国の側からの抑圧が強まることに対する人民の当然の答えであったのだ。

◆質問と課題◆

1. 18世紀に入ってからの４半世紀における人民の暴動の基本的な要因は何ですか。
2. それらの暴動は17世紀の人民の暴動を呼び起こした原因とどのように違うものですか。
3. アストラハンの蜂起の主な原因は何ですか。
4. 教科書と地図のテキストを使い、ブラーヴィンの反乱について話してください。
5. バシキールの反乱の特徴は何でしたか。

史　料

　ピョートル１世の地方権力への指導書より

　隊長や士官には、部隊に登録された農民からひとりも逃亡するものがいないように見張るよう命ずるべし。もし逃亡を考えていると耳にした際はその者を止めさせるか、逃げた者があれば、追跡し捕まえること。捕まえた者も、留め抑えた者も、地主に罰するよう命じるべし。

　地主や他の土地所有者たちにも農民を逃亡から留め抑えるためにこのような監視をするようにし、もし自分の農民ばかりでなくよその農民についても逃亡の意図がうかがえたのならば、すぐにその地主に報告をさせるよう公布すべし。

◆史料についての質問
　この引用箇所は、人民の反乱の原因をどのように反映するものでありますか。

◎ 新しい用語を覚えよう。
　労働者〔Работные люди〕——手工業や製造業に従事する労働者の総称（農奴の出稼ぎ農民、国有地と自由の雇用労働者）。
　出稼ぎ〔Отходники〕——もともとの場所から工場制手工業や農業の仕事へお金を稼ぐために出ていくことを余儀なくされた農民。
　国有地農民〔Посессионные крестьяне〕——私企業で仕事をするために条件つきで権力者から商人へ所有の譲渡がなされた国有の農民。

§18-19. 18世紀最初の四半世紀の文化と生活の変化

◆教　育

　知識への関心はピョートルの全生涯にわたって保たれた。まさしく彼の時代に教育分野に関する国の政策が形成された。改革者ツァーリは、教会の知識のもとにのみ作られた学校は、有能な人間を海外へ留学させるのと同じく、良い結果をもたらさないことをよく理解していた。国内では専門的な教育システムが形成され始めた。

　当初、士官という専門家を養成する学校の多くは、士族の子弟しか受け入れなかった。農奴農民の子どもは国立の学校で学ぶことはできなかった。

　士族の子弟が必ずしも学習を欲しているわけではなかったので、ツァーリは、学習を国家的勤務のうちのひとつとみなすよう命令した。一方、誰もがそれから逃れられないように、彼は聖職者が教育についての証明がない士族の婚姻を認めることを禁じた。

教育システムの創設は多数の書物（教科書、便覧、視覚教材）の出版を要求した。18世紀最初の四半世紀だけでロシアで出版された書物の数は、出版物の始まりから150年間にでたもの以上に多かった。

　住民の識字率の上昇のために大きな意味をもっていたのが、1710年「市民文字教本」であった。のちにM・V・ロモノーソフが指摘したように、「ピョートルの時代ボヤーレやボヤーレ婦人だけでなく、文字さえもがみずから大きな毛皮を脱ぎ、夏服に着替えたのだ」。

　1703年には最初の印刷された新聞「ヴェードモスチ（報知）」が出版され、そこでは基本的に外国の新聞記事が報道された。

　大きな学術機関となったのはピョートルによって1714年にペテルブルクで作られたクンストカメラ（希少なものの陳列所）であった。そこには鉱物、医療用薬剤、古銭のコレクションが保存され、動物学資料館、何体かの地球儀及び天体儀があった。これが最初のロシアの博物館であった。それと同じ時期に、ペテルブルクで軍事・海洋、大砲博物館ができた。1714年にはペテルブルクでわが国最新の学術的な図書館が開かれた。

　学問と啓蒙の分野においてピョートル改革の極めつけは、科学芸術アカデミーの創設についての1724年の発令であった（開設はツァーリがすでになくなった後だった）。

◆学　問

　ピョートル1世の時代に初めて、ロシア科学が成立し発展の礎が整った。

　科学的知識の必要性は国家の実用的な要求によって説明されるものであった。それは巨大なシベリアと極東の広大な空間の獲得や、有益な鉱物の発掘と使用法、新しい都市の建設、工場制手工業や貿易の発達に関連する事柄であった。

　国民医学の基礎が敷かれた。1706年にモスクワに薬剤園ができ、それがのちの植物園の基礎となった。1707年にはロシアで初の病院と、それに隣接する医科学校が開設された。1718年にペテルブルクにおいてわが国最初の外科用器具が製造された。

第 3 章　ピョートル時代のロシア

もとはクンストカメラが陳列されていたペテルブルグの初期の石造建物のひとつ、キキナ・プラタ

ペテルブルグにあるクンストカメラの建物

　1700年、ピョートルの命令によって国立鉱山採掘局ができ、有益な鉱物の採掘に当たった。1714年には農民の**シーロフ**がウラルに銅鉱石の産地を発見した。「槌」の職人であった**リャボフ**はロシアで初めて治療用のミネラル・ウォーターをペトロザヴォツク地域で発見した。20年代の初頭、「探鉱者」**グリゴリー・カプースチン**がロシア南部で石炭の産地を発見した。同じ時期、褐炭がモスクワ郊外で発見された。

　1720年、カスピ海の地図が発刊された。

　ピョートルの側近であった**ヤコフ・ヴィリモヴィチ・ブリュス**がモスクワで航空学校を設立し、そこでは天文学が研究された。そこで1702年に彼の支持によってモスクワで初めて天文台が作られ、スハレヴォの塔の上に設置された。5年に及ぶ観測ののち、ブリュスはロシアで初の天体図を作った。1725年からペテルブルクで通常の気象観測が始まった。

　卓越した意味があったのは1703年に発表された**レオンティー・フィリポヴィチ・マグニツキー**の『算術』で、当時の百科全書的な数学の知識が収められており、**M・V・ロモノーソフ**がのちに「教養の門」と名づけたものであった。

　アンドレイ・コンスタンチノヴィチ・ナルトフは、1712～25年に世界で初めて施盤機械を作った。

ペテルブルグ。ネヴァ川からの眺め

　1724年もうひとりの天才ロシア機械工である**ニコーノフ**の設計によってロシアで初めての潜水艦がつくられた。
　科学技術的な知識は運河やダム、工場制手工業におけるメカニズム、造船所をつくる際にも応用された。
ペテルブルクでは国のあらゆる地域や外国から、ロシアの古文書となる興味深い史料や物品が運ばれ始めた。

◆芸術文化
　ピョートル１世の治世において、芸術文化は精神世界においても新しい地位を占めた。それは世俗的なもので、ジャンルという点においても多様なものであり、国家からも積極的な支持を受けるものであった。
　しかしながら、全体的にそれは移行期的な性格をもっていた。なぜなら多く

の点において全盛期の特徴をまだ保っているものであったからだ。

　音楽は複雑でない日常的な形式、舞踏的なもの、軍隊的なもの、宴席用のメロディーによって表現された。特徴的なのは**カント**（多声的な日常的賛歌、国家的軍事的な祝日に絶えず流される）だった。

　ピョートル時代の建築は何よりもサンクト・ペテルブルクの建設によって示される。そのために世界の最良の専門家**Zh・レブロン**、**D・トレジーニ**、**F・B・ラストレッリ**が招かれた。しかしこの仕事に、ロシアの建築家**I・K・コローボフ**や**M・G・ゼムツォフ**も参加した。この時代の建築物でもっとも重要な記念碑は、ペテルブルクにおいては、ペトロパヴロフ寺院であり、ペトロパヴロフ要塞であり、十二コレーギヤ塔であり、メーンシコフ宮殿であり、モスクワではメーンシコフ塔であり、ペテルゴフの初めての皇帝宮殿施設である。

　18世紀最初の四半世紀の造形美術では**版画美術**（はんがびじゅつ）（ルーシにヨーロッパ経由で到来した）のような新しい現象が現れた。その安さゆえに人気を博した。やがて版画は広く教育上の文献や、新聞、カレンダーに使われ始めた。有名な版画家であったのが**A・F・ズーボフ**であった。ピョートルの時代の造形美術のもうひとつの際立った特徴が肖像画である。ロシアの世俗的絵画の基礎をつくったひとりが**イヴァン・ニキーチチ・ニキーチン**（1690～1742年）である。ピョートルの発令によってイタリアで教育を受ける機会を得た。彼の肖像画（「床の上のヘトマン」、「死の床にあるピョートル1世」）は自分の主人公を正確に描くもので、人間の内面的な世界、その個性的な外面の描写のみならず、性格描写への関心が特徴的である。

メーンシコフ塔（アルハンゲル・ガヴリール教会の鐘楼）

◆日常生活における変化

人間の生活様式の新しい現象が豊富にあるなかで、18世紀の第１四半世紀はわが国の歴史において独特の位置を占めるものであった。

ツァーリの命令によって士族には義務的に**ヨーロッパ的な衣服**、カムゾール（胴着）、チュールキ（長靴下）、バシマク（靴）、ネクタイ、帽子を身につけることが要求された。失寵を恐れてボヤーレや士族たちはあごひげをそらねばならなかった。違反したときは良いときで罰金刑、悪いときで流刑であった。

あごひげを生やす権利を得るために農民は都市に来る度に税を納めなければならなかった。聖職者のみが無料で伝統的な衣服をまとい、あごひげを生やす権利をもつことができた。

1700年１月、ピョートルは、世界の創造からでなくキリストの生誕から数える新しい暦法を導入した。それゆえ、いまや7207年のあとに1700年が来たのだ。それからは１年が以前のように９月１日からではなく、１月１日から始まるようになった。新年にはヨーロッパ諸国の住民の例にしたがい、家はもみの枝をかざり、そのうえにおもちゃやリボンを吊るすようになった。

ヨーロッパからツァーリはロシアに新しい通信と娯楽の形態であるイリュミネーション、花火つきの祭日や仮面舞踏会を、輸入し、導入した。1718年から彼は特別注文で貴族の家で**舞踏会**を行わせた。そこには高官、仕官、聖職者、富裕商人が参加した。この集会の特徴は女性がそこに参加することを許されたことである。パーティーは世俗的な会話のもとに行われ、最近の話題、ゴシップを話し、踊り、見世物を行った。舞踏会に欠かせない特徴だったのは豪華な夕食である。舞踏会の主催者はすべて豪華な設営と新しい世俗的なマナーで前回の主催者を上回ろうと努めた。

クラヴィコード（ピアノの前身）、バイオリン、フルートの演奏が流行った。人気だったのはアマチュアのオーケストラであり、そのコンサートには必ず貴族の代表者が出席する慣わしだった。

高い階級の人々の暮らしで変わったことはあまりにも多くのものがあり、良いトーンのルールの書かれた特別教材が必要なほどであった。1717年に著名な

散策中のピョートル1世　Ａ・ベヌアー作

『幼年時代の栄誉の鏡、もしくは様々な著者による生活作法の模範』が出版された。
　ロシアで初めて**一般公開の劇場**(いっぱんこうかい　げきじょう)創設への第一歩が踏み出された。そのためにモスクワで人々が多く集まる赤の広場に場所が設けられた。

◆ピョートル時代の文化遺産の意味について
　ピョートル1世時代の文化の発展の主な特徴は、その世俗的な要素を強調することであり、西ヨーロッパの模範を積極的に浸透させ、さらに植えつけることであった。
　ピョートル時代の壮大な改革を基礎として、わが国の科学が生まれ、発展し、教育制度が形成され、18世紀の残りばかりでなく19世紀に及ぶ芸術文化が開花したのだ。しかし、ピョートル時代の文化はまだ移行期的な性格を有するものであった。それはピョートルの新規性と古いルーシの伝統を合わせたもので

あった。

そのうえ、すべての新しい試みと達成は巨大な国家の高い階層のみの所有物であった。その主要な部分は、ピョートル時代に現れた生活の新しい性格を受け入れたもので、ツァーリ自身とだんな様方の奇行以上のものではなかった。

◆質問と課題◆
1. ピョートルが科学的知識の発展のために関心を強めたことを、あなたは何によって説明しますか。
2. ピョートル1世時代の学問上の功績で主なものは何だと考えますか、また、その理由を述べてください。
3. どんな新しい特徴がピョートル時代の教育制度に現れましたか。
4. ピョートル時代の芸術文化の移行期的な性格はどこに現れているでしょうか。
5. なぜ生活の新しい要素をピョートルは強引に取り入れたのでしょうか。

史　料

ピョートル1世の発令（1700年）

侍官のボヤーレも、ドゥーマ（議会）のボヤーレも、側近のものも、官位有役職者も、宮廷有役職者も、モスクワの士族も、書記や住民も、全階級の軍人も、プリカース役人も、商人も、モスクワのボヤーレも、町にいるときは、ハンガリーの衣服を、靴下止めのところまで長いカフタンを着、下着は同様に上着より短いものを、今年1700年の神現祭の日から、間にあうものはすぐさま作り、着用すること、その日までに間にあわぬものは今年の乾酪週間から、すぐさま作り、着用するものとする（中略）

モスクワおよび全都市において、皇居役人、宮廷役人、都市、プリカース役人、全階級の役人、商人、職人、黒いスロボダ住民すべてに伝える。余のこの発令よりあごひげと口ひげをそることを命じる。もし、あごひげや口ひげをそりたがらないものや、あごひげや口ひげをはやし町を歩くものは、ひとり60ルーブルの罰金を取るものとする。

同時に天の恵みによってロシアの衣装（ポーランドの衣装のようなもの）

は着用を廃止するよう定められた。自分の臣民に対しヨーロッパ・キリスト教国の習慣にしたがい洋服を着、同時にあごひげをそるよう命じた。

侍従フリードリッヒ・ウルヘルム・ベルグホルツの1722年2月の日記より
　舞踏会に出向く権利は誰もが有していた。主人は部屋の外で誰をも出迎えてはならず、見送りもしてはならず、たとえ皇帝自身が外にたっていてもである。踊りをする部屋は（もしくは、その近くには）、キセル、タバコ、（キセルを吸うために紙の代わりに使われた）木製の松明がのせられたテーブル、もう数台のテーブルにはチェスや碁をするテーブルが、準備がなされていなければならない。しかし、舞踏会でのトランプは許されず、出されなかった。主人と女主人、もしくは、家のものは、踊りを披露し、そのあとで、場所を見つけ、ひと組かふた組がメヌエット、アングレーズ、ポーランドの踊りを好みにあわせて踊ることができる。どんな人も自由に、つまり、踊っても、タバコを吸っても、遊んでも、おしゃべりをしても、他人を観察してもかまわない。平等に、誰もが、好みに合わせて、ワイン、ビール、ウォッカ、茶、コーヒーを好きなだけ頼むことができ、求められたものを受け取ることができる。主人はごちそうとして何があるかを言ってもかまわないが、そのあとは完全な自由を与えねばならない。

幼年時代の栄誉の鏡
5. 彼ら（子どもたち）は手や足でテーブルの上で遊ぶことは行儀が良くない、おとなしく食べること。フォークやナイフで皿やテーブルクロスや料理を刺したり、つついたりするのではなく、静かにおとなしく、まっすぐ、背を曲げずに座らなければならない。
13. 幼少の頃は明るく、勤勉で、熱心で、振り子時計のように、喧しくあるべきである。
27. 幼少の者同士は外国語で話さなければならない。外国語に慣れることができる。とくに内緒話をしなければならなくなったとき、召使が気づかぬように、教養のない間抜け小僧と見分けられるように（外国語で話すべきだ）。

◆史料についての質問と課題
1. ピョートル1世によって決定されたことが1700年に施行されたのはなぜだと思いますか。

2. 舞踏会がどのように行われたのか話してください。
3. 若者へのしつけについて書かれたなかで、どんなルールや習慣が、当時のロシア貴族にとって新しいものでしたか。

◎ 新しい用語を覚えよう。

舞踏会〔Ассамблея〕――女性も参加できるロシア貴族の集まり。

版画〔Гравюра〕――紙のうえに印を押してできるレリーフの絵。

カント〔Кант〕――日常的な多声的な歌。

クラヴィコード〔Клавикорды〕――鍵盤をうち鳴らす弦楽器。

第4章

1725～1762年のロシア

§20-21. 宮廷クーデター

◆宮廷クーデターの原因と本質

　ロシアの歴史のなかで宮廷クーデターの時代は短期間（37年）であるが、そのあいだに武力による5度の帝位交代が行われた。この時代はピョートル1世の死に始まり、その後様々な勢力が権力をめぐり争ったが、34年の長きにわたる統治を行った**エカチェリーナ2世（せい）**の即位によって終わった。

　統治者の交代は、本質的変化を伴うものではなかったものの、ロシアとその国民の運命に深刻な影響を与えた。

　クーデターが頻繁に、しかも容易に起こった主な要因は、貴族を構成員とする**近衛連隊（このえれんたい）**の国家事業における役割が強まったことにある。ロシアでは1797年まで、君主は権力を事実上誰にでも委譲できるというピョートル1世の勅令が効力をもっていた。帝位継承の法体制が欠如していたため、宮廷内での陰謀が増大し、権力闘争が先鋭化した。各陣営は、この闘争のなかで近衛連隊の支持を得なければならなかった。その結果、強大な国を統治するには意志が弱く、能力に欠け、側近である**寵臣（ちょうしん）**の利益を満足させることしか考えなかった人々が帝位についた。彼らの多くは帝位にあった君主の遠縁であったため、即位に際し論争の余地があったのである。

この時期、国内政治の重点が、貴族の特権拡大と強化であったことは驚くことではない。ときにはそれがピョートル大帝の政策に反して実施されたため、彼が尽力して積み上げた国家の備蓄は無駄に使い果たされることになった。

◆エカチェリーナ1世（1725～1727年）

ピョートル1世は、洪水時の水兵の救助で風邪にかかり、それがもとで1725年1月に突然世を去った。皇帝の病気の急速な悪化は、後継者指名を不可能にした。

帝位継承権をもっていたのは、皇帝の孫の**ピョートル**（アレクセイ皇太子の息子）、妻エカチェリーナ（1724年に皇后として戴冠）、ふたりの娘**アンナ**と**エリザヴェータ**であった。そして、1682年にピョートルと共同統治者として即位した兄イヴァンの血縁者がいた。

ピョートル（当時9歳）を支持したのは、古くからの名門貴族を代表する人々（**ドルゴルーキー公、ゴリツィン公、レプニン公**）である。彼らは権力交代後に、ピョートル大帝が行った多くの改革を廃止しようとしていた。彼らは、帝位継承権はロマノフ家唯一の男子である若きピョートルにのみ属していると主張し、彼の補佐としてピョートル1世の最初の妻**エヴドキヤ・ロプヒナ**を修道院から還俗させる提案をした。

しかし、A・D・メーンシコフ公、G・I・ゴロフキン宰相、フェオファン・プロコポーヴィチ大主教、P・A・トルストイ機密官房長官、P・I・ヤグジンスキー元老院検事総長ら亡き皇帝の側近は、多くの改革事業でピョートル1世と功をともにしたエカチェリーナ皇后を即位させようとした。彼らの思惑は、改革の継続を保障するだけでなく、宮廷で自分の地位を維持することにもあった。

帝位継承問題解決のために帝国の高官が召集された。そこで勝機がピョートルに傾きかけたとき、エ

エカチェリーナ1世

カチェリーナを支持するメーンシコフの命令で、セミョーノフスキー連隊とプレオブラジェンスキー連隊の兵士が宮廷を包囲した。参席者のうち誰も近衛連隊に反対しなかった。皇帝エカチェリーナ１世が宣言されたが、実権を握ったのは、アレクサンドル・ダニーロヴィチ・メーンシコフであった。敵対する宮廷内の陣営を和解させるために、**最高枢密院**（さいこうすうみついん）が創設され、そのメンバーには名門貴族と「ピョートルの巣の雛鳥たち」が入った。なかでも重要な位置を占めたのはメーンシコフである。しかしながら、エカチェリーナの統治も長くは続かなかった。彼女は1727年５月に亡くなったのである。

◆ピョートル２世（1727〜1730年）

　再び帝位継承問題が起こった。事実上候補者は３人であった。ピョートル１世の娘アンナとエリザヴェータ、そして彼の孫ピョートルである。アンナは実際には候補者とはみなされなかった。というのも、ホルシュタインのカール・フリードリヒ公との結婚の条件で、アンナと彼女の子どもたちは帝位継承権を放棄することになっていたからである。エリザヴェータも男子候補者と比べると勝てる見込みはなかった。さらに、エリザヴェータは、姉のアンナ同様嫡出子とみなされていなかった。ピョートル１世とエカチェリーナが正式に結婚する２年前に生まれたからである。

　状況の複雑さを理解していたメーンシコフは、エカチェリーナの存命中にピョートル大公に有利に事が運ぶ企てを始めた。彼はピョートルに自分の娘マリアを嫁がせ、皇帝家と縁戚関係を結ぼうとしたのである。この結婚には、死の床にあったエカチェリーナも同意した。若い皇帝が成年に達するまで、後見集団にはメーンシコフを中心とする最高枢密院がなるはずであった。ピョートルが子どもを残さずに亡くなった場合、帝位はアンナ、次にエリザヴェータに移譲されるはずであった。

　しかし、ピョートル２世の即位はメーンシコフに期待した効果をもたらさなかった。若い皇帝は、かつてメーンシコフの加担により剃髪して修道女となっていた祖母エヴドキヤ・ロプヒナを流刑先から連れ戻した。ドルゴルーキー家、

ゴリツィン家、**ロプヒン**家といった古い名門貴族の立場が強化された。ピョートル大帝の側近にとっては辛い時代が訪れたのである。皇帝は自由になる時間を同年齢のお気に入りである**イヴァン・ドルゴルーキー**と過ごし、メーンシコフとはほとんど会わなかった。

　まもなく事件が起こった。皇帝が自分を無視することに腹を立てたメーンシコフは、辞任請願書を提出した。若い皇帝は狼狽し、自分を呼び戻すだろうと考えたのである。しかし、ピョートル2世はそれに署名すると同時に、メーンシコフの商業活動に対する調査を特別委員会に委ねた。マリア・メーンシコヴァとの婚約は破棄された。委員会は多くの背任行為をあばき、メーンシコフは全財産を剥奪されたうえ、家族とともにシベリアのベレゾフへ流刑となった。間もなく彼はその地で亡くなった。

ピョートル2世

　権勢を誇ったメーンシコフの没落により立場を強めたのは、ドルゴルーキー家であった。今度の皇帝の婚約者は**エカチェリーナ・ドルゴルーカヤ**である。狩猟やパーティ、宴会など、若い皇帝はあらゆる手段で国家事業から「遠ざけられ」た。皇帝は1728年2月から1729年11月まで21ヵ月のうち、8ヵ月を狩りへの遠征で過ごした。ピョートルの名のもとに公然と国を支配したのは、ドルゴルーキー家であった。

　1728年初頭に宮廷はモスクワへ移された。1730年にはピョートル2世の結婚式が行われることになっていた。しかし、皇帝は恒例の狩猟で風邪にかかり（モスクワで流行していた天然痘とも言われている）、結婚式当日に亡くなった。ピョートル2世の死をもって、ロマノフ王朝の男系が断絶した。

　再び帝位継承問題がもちあがった。ドルゴルーキー家は、ピョートルの花嫁を皇帝にしようとしたが、それを支持する者は誰ひとりとしていなかった。その時、事実上の権力は、最高枢密院の手にあった。

◆最高枢密院（1730年）

　D・M・ゴリツィン公を中心とする最高枢密院は、ドルゴルーキー家の影響力が強まることを恐れていた。さらに、ピョートル２世のもとで古い名門貴族が得た立場維持の問題も彼らの懸案であった。

　最高枢密院は、エカチェリーナ１世の遺言を破り、ピョートル１世の娘たちを嫡出子ではないとして帝位継承候補者から退けた。皇族ではないエヴドキヤ・ロプヒナをたてるというドルゴルーキー家の提案も支持されなかった。

　最高枢密院は、イヴァン・アレクセーヴィチ帝の娘**エカチェリーナ**と**アンナ**に注目し、クールラント公爵の寡婦アンナが選ばれた。注目されず、豊かでもなかったアンナは、最高枢密院にとって都合の良い候補者と思われた。彼女のもとで最高枢密院の役割はいっそう強化されると考えたのである。

　ゴリツィンの提案により、アンナ・イヴァーノヴナをロシアの帝位につける「**条件**（コンデンツィア）」が作成された。この条件に従ってアンナが約束したのは以下のことであった。結婚をせず、後継者を指名しない。宣戦・講和をしない。新たな租税を導入しない。軍の階級を大佐までしか授けない。近衛連隊と軍隊を通して指令を最高枢密院に伝える。貴族の生命、名、名誉に侵害を企てない。農奴つきの世襲領地を与えない。アンナは、この条件のみならず、次の文章にも署名を求められた。それは、「この約束を履行しない場合には、ロシアの帝位を剥奪される」というものであった。アンナは提示された条件に同意し、ロシアの統治者となった。

　こうして、**ロシア君主の絶対権力を制限する試み**が初めて行われたのである。

　最高枢密院の方針はうまくいきかけた。しかし、ピョートル２世の婚礼のために貴族、高位の聖職者、将校全員がモスクワに到着した時に権力の交代が行われた。「条件」は、ほどなく宮廷中で知られるところとなった。強く反対したのは、宗務院総長であるフェオファン・プロコポーヴィチ（総主教制の導入と、彼が総長を務める宗務院の廃止を恐れていた）、近衛連隊と貴族（名門貴族の立場強化と、自分たちの役割の弱体化という将来に不満な人々）である。

専制君主側に立つ陣営が形成され、その支持者数が多くなり始めた。カザン県の知事**A・P・ヴォルインスキー**は次のように書いている。「神よ護り給え、ひとりの専制君主に代わり、10の専制的で強力な一門が作られるところだった」。

◆アンナ・イヴァーノヴナ（1730～1740年）

そのあいだにモスクワへ到着したアンナ・イヴァーノヴナは、貴族や近衛隊から嘆願書を受け取った。そこには「あなたの栄光ある祖先が行っていたような専制政治を継承すること」と「条件」の破棄が提案されていた。最高枢密院議員が恐怖でアンナに反対できずにいるとき、アンナは自分を帝位へと導いた署名済みの条件を破り捨てた。最高枢密院は廃止された。こうして、近衛連隊の支援を受け、アンナがロシアの帝位に10年間つくことになる2度目の宮廷クーデターが起きたのである。最高枢密院の天下は37日間であった。ドルゴルーキー家の人々は逮捕され、以前彼らが流刑にしたメーンシコフが亡くなったベレゾフへ流刑に処された。

アンナと共にクールラントから国家統治機関で重要な位置を占めたバルト海沿岸地域の多くのドイツ人がやってきた。たとえばアンナの寵臣E・I・ビロンであり、宮廷で重要な位置を占めた副宰相のA・I・オステルマン、軍参議会長官B・K・ミュンニヒであった。

自分を権力に導いた近衛連隊を信頼しなかったアンナは、別の近衛連隊を創設した。イズマイロフスキー連隊である。

当初からアンナは帝位継承問題に心をくだいていた。彼女が望んだのは、イヴァン・アレクセーヴィチ帝の子孫のための権力確保であった。後継者候補の筆頭になりつつあったアンナ女帝の姪、**アンナ・レオポリドヴナ**が宮廷に居を移し、ピョートル1世の血縁者は宮廷から遠ざけられた。

アンナ女帝が亡くなる直前にアンナ・レオポリドヴナが産んだ息子は、ただ

ちに帝位継承者であると宣言された。1740年10月、ロシアが圧力をかけてクールラント公に選出したビロンを幼い皇帝**イヴァン・アントノヴィチ**の摂政に任命したあと、アンナ・イヴァーノヴナは亡くなった。

◆イヴァン・アントノヴィチ（1740〜1741年）

　皇帝と宣言された時、幼いイヴァンは2ヵ月であった。事実上の権力は、幼い君主の名のもとで指令を出していたビロンの手に集中した。大胆で横柄、名誉欲の強いビロンは、宮廷のなかで孤立した。彼は誰からも支持を得ることはなかった。

　ビロンに対する陰謀の先頭に立ったのは、ミュンニヒ元帥であった。1740年11月9日、彼は近衛連隊を率いてビロンを逮捕し、幼い皇帝の摂政を、皇帝の母であるアンナ・レオポリドヴナとすることを宣言した。これは15年間に起きた3度目の宮廷クーデターであった。

　アンナ・レオポリドヴナの統治下では、いかなる重要な決定も行われなかった。彼女は何事にも関心を示さなかったのである。近衛連隊のなかでは再び政権交代の流れが形成された。帝位にもっとも近い候補者はピョートル1世とエカチェリーナ1世の娘であるエリザヴェータであった。1741年11月25日の夜、彼女はプレオブラジェンスキー連隊の兵舎を訪れ、父に仕えたように自分にも仕えて欲しいと訴えた。アンナ・レオポリドヴナとその家族は何の抵抗もせず逮捕された。翌朝宮廷と首都では、ピョートル大帝の娘が、その後20年間統治者となる4度目の宮廷クーデターを行ったことが知れわたった。

E・ビロン

A・I・オステルマン

◆エリザヴェータ・ペトロヴナ（1741〜1761年）

　エリザヴェータは1709年12月に生まれた。父は彼女をフランス王**ルイ15世**に嫁がせようとしたが、それはかなわなかった。彼女はピョートルとエカチェリーナの時代だけでなく、甥のピョートル2世の時代にも宮廷の人気者であった。ただし、従姉妹のアンナ・イヴァーノヴナの統治時代、エリザヴェータは愛されない親戚となり、宮廷の傍らで耐えるのみであった。教会の儀式や宮廷での行事では、女帝の近親者としてアンナ・イヴァーノヴナ、アンナ・レオポリドヴナの次の3番目に列挙された。

　エリザヴェータのなかでは、華やかなもの、楽しいことやダンスへの情熱と同時に、信心深さや精進し祈禱することが同居していた。

　彼女は国政を、**A・G・ラズモフスキー、P・I・シュヴァーロフ、A・P・ベストゥージェフ＝リューミン、M・I・ヴォロンツォフ**といった寵臣や信頼する人々を通して行っていた。

　エリザヴェータにとっても、帝位継承問題はきわめて重要事であった。1742年に彼女は後継者として、アンナ・ペトロヴナの息子であり、ピョートル1世の孫でもあり、自分の甥である**ピョートル・フョードロヴィチ**を指名した。彼はその時ようやく14歳になったばかりであった。ほどなくして女帝は、彼をドイツの公女である**ゾフィー・アウグスタ・フレデリケ・アンハルト＝ツェルプスト**と結婚させた。ゾフィーは、ロシア正教に改宗し、エリザヴェータ・ペトロヴナの母にちなんで**エカチェリーナ**という名を授けられた。

　しかし、すぐにエリザヴェータは甥に失望した。彼はロシアに無関心で、プロイセン王のみを敬愛するドイツ公子のままだったからである。1754年にピョートルとエカチェリーナに息子パーヴェルが生まれると、女帝はその子を自ら養育するために取り上げ、その子に帝位を譲ることを考えるようになった。

　1761年12月にエリザヴェータは世を去った。

◆ピョートル3世（1761〜1762年）

　ピョートル3世の統治はたった186日間であった。彼については評価が分か

れている。彼を倒し、1762年の夏に殺害した人々は、彼のことを「全く価値のない人間」「全ロシア人の憎まれ者」と言った。ピョートルのことを、疲れを知らない精力的な統治者、善良で敏感で弱いと同時に粗野であると回想した者もいた。ピョートルは、でんぷんで作られた玩具の兵隊にねずみがかみついたという理由で、宮廷のねずみを裁判にかけ、絞首刑にするよう命じたというエピソードを思い出した者もいた。

エリザヴェータ・ペトロヴナ

ピョートル3世の事業のなかには、宮廷と軍が支持した大規模な国家政策が少なくなかった。

しかし、皇帝の予測できない行動、ロシアの民族的・宗教的伝統を軽視するやり方は、多くの反発をかった。妻であるエカチェリーナ・アレクセーヴナに対する公衆の面前での攻撃や、彼女を修道院に送り、息子の帝位継承権の剥奪という脅しは、注目を引かずにはおかれなかった。7年戦争でロシア軍が得た勝利の結果を無にしたことは（これについては後述）、軍のなかで、ロシアの国益に対する裏切り行為として受け取られた。

近衛連隊ではエカチェリーナを支持する陰謀が熟した。1762年6月28日、ピョートル3世は襲われ、逮捕され、1週間後には酔ってけんかし、

ピョートル3世

A・G・オルロフに殺された。これはピョートル大帝の死から5度目の宮廷クーデターであった。その後34年の長きにわたる帝位についたのは、ロシアの歴史のなかで「偉大な女帝」と称えられたエカチェリーナ2世であった。

◆質問と課題◆
1. 宮廷クーデターのどのような原因が重要だと考えますか。
2. クーデターを組織するに当たって、どのような政治勢力が基盤となりましたか。それはなぜですか。
3. 宮廷クーデターの時代、国内政治のどのような方針が重要でしたか。それはなぜですか。
4. 他の帝位継承候補者と比べて、なぜピョートル1世の娘たちは優位ではなかったのですか。
5. 最高枢密院が作成した「条件」案の評価をしましょう。

史料

1725年のクーデター。ミュンニヒの回想

この偉大な皇帝（ピョートル1世）の死後、元老院議員、帝国の高官全員が皇帝の孫である若いピョートル・アレクセーヴィチ大公を即位させることに同意していた。彼らは次の日の朝、メーンシコフ公よりも早く宮殿に集まった。皆がこの公を憎んでいたのである。（中略）元老院議員が集まった邸宅の扉の前には警備を置いた。メーンシコフ公はそこへ来た時、通されなかった。彼は騒ぎも起こさずに自分の邸に戻り、（中略）プレオブラジェンスキー連隊のイヴァン・イヴァーノヴィチ・ブトゥルリン中佐を呼び、できるだけ早く近衛連隊の中隊を連れて来るように言った。これが実行されたとき、メーンシコフ公はこの中隊とともに元老院議員と将軍たちが会議をしている広間の扉を破り、エカチェリーナを（中略）ロシアの皇帝、統治者とすることを宣言した。同じ日、近衛連隊、陸軍、守備隊、元老院、大臣や高官が忠誠の誓いをしたエカチェリーナの即位に反対する者は誰もいなかった。（中略）当時帝国の統治は、メーンシコフ公の専制政治に他ならなかった。

アンナ・イヴァーノヴナが署名した条件（コンデンツィア）の文書

1）最高枢密院の判断と同意なくして国家事業のいかなる決定も下さない。
2）宣戦せず、講和を結ばない
3）いかなる重税、租税も課さない

4）陛下を侮辱した罪で誰も秘密官房のなかのみで死刑を求刑されず、ひとりの貴族も前述の罪で、明確な証拠なしで財産を没収されない
5）自分と宮仕えの人々の給費に対して、定められた年収で絶対的に満足する
6）国の領地を誰にも与えない
7）結婚せず、帝位継承者を指名しない（後略）

◆史料についての質問と課題
1. ミュンニヒの記述によると、メーンシコフのどのような行動が、国家クーデターの性質を帯びているのか定義してください。
2.「条件」を受け入れた場合、ロシアの皇帝権力の性質はどのように変化したと思いますか。

◎ 新しい用語を覚えよう。

条件（コンデンツィア）〔**Кондиции**〕──条件。
寵臣〔**Фаворит**〕──君主に特別に愛され、特権を与えられ、内政・外交に影響を及ぼす宮廷人。

§22. 1725～1762年の国内政治

◆中央権力システムの変化

ピョートル大帝の死後は、彼がつくりあげた国の統治システムを廃止する政策が続いた。

前述のように、1726年に最高枢密院が創設され、その長になったのは公式的には女帝である。しかし、女帝はメーンシコフを信頼していたので、その事業には何も参加しなかった。このような組織の必要性は明らかであった。それは、かつてピョートル自身が外交政策や国内政治の基本方針を決めていたのに対し、エカチェリーナにそれはできなかったからである。同時に、元老院はエカチェリーナの即位に反対したためかつての機能を失った。今や元老院は「統治機

関」ではなく、単なる「高職機関」となった。異議申し立ては最高枢密院でとり行われた。

ピョートル2世は偉大な祖父がつくりあげたものとは別なことを求めようとしており、首都でさえもペテルブルクからモスクワへ移すことを望んでいた。

アンナ・イヴァーノヴナは、1730年に専制権力を制限しようとしたことで、あまりにも大きな勢力となった最高枢密院の解体に関する勅令を出すことになった。それに代わったのは、女帝個人が任命した3人からなる官房である。結果として専制権力はますます強化された。1735年に出されたアンナの勅令によると、女帝の署名は官房の3人の署名と代わりうるとした。1731年には国家犯罪を取り締る**秘密捜査官房**が創設された。

エリザヴェータが権力の座につくと官房は廃止され、かつての統治機関としての元老院の権限が復活した。その管轄からはずれたのは、ピョートル1世時代同様、外務、軍務、海軍事業のみであった。参議会(コレギヤ)の活動が復活した。しかし、1750年代半ばのエリザヴェータの時代には、まるで復活した最高枢密院と官房のように、**元老院のうえに立つコンフェレンツィア**(宮廷付属協議会)が設立された。

女帝の死後コンフェレンツィアは召集されなくなった。

◆**貴族の立場の強化**

エカチェリーナ1世が権力の座についた最初のクーデターのあと、ピョートル1世の側近と全貴族の立場は強固になった。最高枢密院の長は女帝であったが、事実上すべてはメーンシコフとピョートル1世の側近が行っていた。

エカチェリーナは自分が帝位につくのを支持してくれた近衛連隊に報いた。金銭的な褒賞のほか、多くの土地と農奴を与えた。また、領主は領地での生産物を自分で売る権利を得た。

古い名門貴族をよりどころとしたピョートル2世の時代が、貴族にとってもっとも辛い時期となった。皇帝の専制権力を制限する最高枢密院の計画が、さらに貴族の利益を侵害した。貴族たちは20項目の案を作成し、皇帝に提示し

た。それは、君主の専制権力は維持し、貴族の国政参加の保障を提案していた。

　クーデター後、アンナもクーデターの参加に対して貴族に報いた。貴族の勤務義務期間は25年を限度とし、貴族の息子のうちひとりは領地に残ることができた。一子相続制に関するピョートル1世の勅令は廃止された（貴族は自分の判断で領地を遺贈する権利を得た）。貴族の子弟の教育のために陸軍幼年学校が開校し、そこを卒業した者は士官になった。貴族は息子を幼年時から連隊に登録することが許可された。こうして、かつては軍に勤務していた35～45歳の貴族は、領地経営ができるようになったのである。

アンナ・イヴァーノヴナの王冠

　エリザヴェータ・ペトロヴナの治世に、貴族は新たな特権を獲得した。1741年11月25日のクーデター参加者で貴族の称号をもたない者全員が、金銭と土地の褒賞と共に貴族の称号を得たのであった。農奴が住む土地を所有する貴族の特権が認められ、また、貴族は竹や革による屈辱的な笞刑から解放された。領主は裁判することなく、所有する農奴をシベリア流刑に処す権利を得た。その際、流刑者は新兵として軍に算入された。

　この時期の国内政策の頂点となったのは、1762年ピョートル3世が承認した、貴族は義務的な国家勤務から解放されるという「貴族の自由についての布告」である。

　この決定によって、もっとも特権的な身分としての貴族が誕生した。貴族には国家に対する義務はなく、権利と特権のみが存在した。このことは、国内状況に否定的な影響を及ぼした。

◆農民政策

　ピョートル1世の死後、農民政策はさらに厳しいものとなった。

　国家は領主に農民からの人頭税の徴収を任せた。これは、領主が農民に対し、

いかなる懲罰も与えることができることを意味した。1747年に領主は農民を新兵に売る権利を得た。領主は新たな君主への忠誠さえ、自分の農民をもって示さなければならなかった。

1731年、農民は徴税代理権（ちょうぜいだいりけん）と請負権（うけおいけん）を失った。1734年にラシャの工場を始めることが禁じられた。

同時に領主は、逃亡農民に対する罰を決める権利（1736年）、農民をシベリアへ流刑に処す権利（1760年）、そのあと彼らを徒刑に処する権利を得た。

さらに、領主は農民の分与地を犠牲にして自分の耕地を自由に広げる権利を得た。結果として、農民の分与地が黒土地帯ではひとり当たり1.5デシャチナ〔1デシャチナ＝1.09ヘクタール—訳者〕にまで減少した。

領主のための農民の賦役義務が増大した。ピョートル時代1週間に3日だった賦役労働（バルーシチナ）が、国内の多くの地域で6日になった。

すぐにこの政策結果が現れた。農業の破壊が強まり、未納金が増大し、国家の支出が収入を超えた。農民は「天国に近い土地」と考えられていたヴォルガ

ペテルブルグ、フォンタンカ運河のほとりにあるシェレメチェフ邸

川やドン川下流へ頻繁に逃亡し、ときには暴動が起こった。

◆都市行政システムの変化

　帝国の中央機関での「反改革」に続いて、地方行政機関の再編も始まった。1727年に地方行政のピョートル1世式システムは、あまりにも高くつくとして、ピョートル2世はこれを廃止した。行政機構は大幅に縮小した。市会ではなく、再び17世紀のような地方長官管理の都市数が増加した。都市参事会は廃止され、地方の市会は地方長官に従属し、かつての権利を有しなかった。地方長官に刑事事件に関する司法機能が再び移された。地方長官の「次官」としての陪席判事は廃止された。

　地方長官権力は再び独裁的なものとなり、地方長官は、かつて最高権力の権限とされた死刑を承認する権利さえも得た。

　地方の官吏は国から給与を得ることはなくなり、以前のように住民からの賄賂と進物に頼ることになった。

18世紀半ばのペテルブルグ　F・アレクセーエフ作

◆対コサック政策

　政府はコサックに対して分化政策を行った。つまり、ウクライナの豊かなコサックの賦役義務は、1735年の勅令によって事実上軍務だけとなったが、同時に平民のコサックは、農民同様の身分となった。

　ウクライナでは自治制限が続いた。ピョートルの時代には、コサックの首領を選ぶ代わりに、ドニエプル川左岸ウクライナの統治を行う小ロシア参議会が創設された。1727年に、首領の選出がピョートル２世によって許可された。しかし、アンナ・イヴァーノヴナは1734年にウクライナの統治を、自ら任命した新たな権力機関である首領政庁に再び委ねた。

　彼女は、ロシアの士官を長とする竜騎兵隊にコサック隊とコサック体制を代える試みにとりかかったが、これはコサック内で動揺を引き起こした。

◆マニュファクチュア（工場制手工業）政策

　農奴制強化政策によって、マニュファクチュア労働力に使用できうる自由な労働者の数が減少した。農奴をマニュファクチュアに配属することは、かつてピョートル１世の時代に実施されたが、それを公式に定着させたのは1736年のアンナ・イヴァーノヴナの勅令である。それによると、雇用労働者だけでなく、その家族も無期限にマニュファクチュアに属したため、彼らは仕事が変わっただけの農奴となった。マニュファクチュアに登録された貧困者や浮浪者も同じ様な運命をたどった。

　エリザヴェータ・ペトロヴナも同類の勅令を出した。企業主が労働者を調達する方法は、次のふたつだけであった。マニュファクチュアへふり向ける農民を買う権利と国有地農民のマニュファクチュアへの強制徴用である。

　マニュファクチュアでの労働規則が定められた1741年11月の「労働規則」の採択が重要な意義をもった。

　マニュファクチュアの増加を促したのは、国内関税の廃止とエリザヴェータ・ペトロヴナによる貴族銀行と商人銀行というロシアで最初の国立貸付銀行の設立であった。

しかしながら、新たなマニュファクチュアの建設は、主に自由な労働力が欠如していたため困難であった。

このように、1725～1762年間のロシア政府の国内政策は、ときとして一貫しないものであったので、あまり成果をあげなかった。一貫して行われたのは、主に貴族の新たな権利と特権を承認したことだけであった。

◆質問と課題◆

1. 中央権力のシステムのなかでどのような変更が1725～1761年に行われましたか。それは何によって引き起こされましたか。
2. アンナ・イヴァーノヴナの時代に、貴族の地位の強化はどこに現れましたか。
3. エリザヴェータ時代に始まった農民に対する新政策はどのようなものですか。
4. 都市行政の新しい改革は何によって引き起こされましたか。
5. マニュファクチュア発展のためにどのような新しい政策が行われましたか。

史　料
　　貴族の自由についての布告　1762年2月18日
1．様々な職務に在るすべての貴族は、望む限り、状況が許す限り、職務を続けることができる。
2．貴族の全勤務者には、称賛すべき申し分のない勤務により、1年以上勤務した官位のまま退任する場合には、1ランク上の官位の報償が与えられる。また、その者はあらゆる勤務から退くことを願い出ることができる。
4．勤務から退き、他のヨーロッパの国へ行くことを望む者には、外務参議会が滞ることなく、所定のパスポートを与える。ただし、ひとつ条件がある。すなわち、必要が生じた場合には祖国に戻ることである。これが公布され次第、在外の貴族はこの義務を果たさなければならない。さもなければ、領地は没収される。
7．このいと仁慈なる法によって、すべての名門のロシア貴族は、永遠に自由を享受する。しかし、彼らに対する配慮を、貴族の子弟にもさらに拡大させるので、今後、貴族爵位局、県、地方や都市など都合のよい場所で、子弟

が12歳になったことを通告することを命ずる。
　さらに、子弟の両親または養育者は、通告の時に以下の報告をすべし。子弟が12歳まで何を学び、そのあとどこで学習を続けたいのか。国費がまかなう各種の国内の学校か、あるいはヨーロッパの国々か、あるいは両親の財政状況が許すならば、達者で知識のある教師をつけるのか、ということを。1,000人以下の農奴をもつ全貴族は、子弟を陸軍幼年学校に入れよ。そこでは、貴族ならば身につけるべきすべてのことが、最高の配慮をもって授けられるであろう。皆は学習の結果に応じて官位を得て卒業し、誰でも勤務につき、継続することができるだろう。

◆資料についての質問
　この1762年2月18日の布告に関して、挙げられた特権のうち貴族が初めて得たのはどのようなものでしたか。

◎ 新しい用語を覚えよう。
　　徴税代理権〔**Откуп**〕——国家が個人に、一定の額を支払って、税金を集める権利あるいは何らかの商品を売る権利を委託すること。
　　請負権〔**Подряд**〕——一方の側（注文主）が課した仕事を、もう一方の側（請負人）が一定の条件によって引き受けることを契約したもの。

§23. 1725～1762年のロシア外交

◆外交政策の基本方針
　ピョートル1世の死後もロシアの外交政策は、それまでの路線を全体的に維持した。
　オスマン帝国が弱体化し、黒海への出口を求めるロシアとの戦いが激しくなった。ポーランドを巻き込んだ政治闘争でロシアは、ウクライナ、ベラルーシの土地の再統合を目指しポーランドの内政に積極的に干渉していくことと

なった。
　スウェーデンは北方戦争の結果に不満をもっていたため、ロシア帝国外交政策の課題のひとつは、ピョートル1世が獲得したバルト海沿岸の土地を保持することであった。
　ペルシア遠征以降未解決のままであった、カフカースにおけるロシアの地盤を固めるという課題を解決しなければならなかった。さらに、ロシアは東への進出を続けていた。

◆ロシアとポーランド・リトアニア共和国（レーチ・ポスポリタ）
　1733年にポーランド王アヴグスト2世が亡くなると、ポーランド貴族間の権力闘争が始まった。彼らの背後には、ヨーロッパ列強の利害も絡んでいた。フランスは、ロシアと敵対する国々（スウェーデン、ポーランドとトルコ）が提携し、最終的にロシアを孤立させるために、**スタニスラフ・レシンスキー**を国王候補者に推した。対するロシアとオーストリアは、亡くなった王の息子の**アヴグスト**を推した。しかし、選ばれたのはレシンスキーだったことが、ポーランド継承戦争（1733～1735年）の口実となった。プロイセン、オーストリアとロシアの支持により、この戦いで勝利したのはアヴグスト3世であった。

◆1735～1739年のロシア－トルコ戦争
　トルコとの戦いでペルシアの協力を期待したアンナ・イヴァーノヴナは、ペルシアとの関係を強化するため、1735年ペルシアに、かつてピョートル1世が占領したカスピ海沿岸地域を返還した。これを知ったクリミア・ハン国は、この領土を奪うためにロシア南部を経由して4万人の軍隊を送った。クリミア半島は守りがなくなった。国境の侵犯を理由にロシアはトルコに宣戦し、1735年の秋、敵軍を迎え撃つため、レオンチェフ将軍指揮のもと、4万人の軍隊を送った。しかし、天候の悪化、軍の調達の不備、発病率の高さなどから、軍隊はクリミア半島に到達する前に退却せざるを得なかった。
　1736年の春に新たなクリミア遠征が始まった。軍のトップについたのは、

ポーランド戦争で力を発揮したばかりの軍参議会長官Ｂ・Ｋ・ミュンニヒ元帥である。

> ブルバルド・クリストフ・ミュンニヒ（1683～1767年）
> オルデンブルク伯爵家に生まれる。ロシア陸軍で軍務を始め、1721年には工兵少将の位につく。ピョートル１世の任命で、ラドガ運河の建設を指揮し、その孫ピョートル２世の時代にはインゲルマンランジア総督となった。1730年にはビロンと親しい関係にあったため軍参議会長官に任命され、元帥の位を授かった。ミュンニヒにとって大きな軍事作戦となったのは、1735～39年のロシア－トルコ戦争時に、クリミアとベッサラビアで軍を指揮したことである。その時彼は事実上全クリミア半島を奪い、その首都バフチサライの占領に成功した。アンナ・イヴァーノヴナの死後ミュンニヒは、アンナ・レオポリドヴナを政権につけたクーデターを指揮し、短期間政府の長の座についた。エリザヴェータ・ペトロヴナが即位すると、ミュンニヒは失脚し、20年間の流刑となった。

英雄的な労力を費やしロシア軍部隊は、ペレコプ地峡へ移り、クリミアの首都バフチサライを占領した。ちょうどその時、クリミア軍部隊はすばやく北カフカースを去り、逆にクリミア半島へ移動した。半島に「閉じ込められること」を恐れたミュンニヒは、退却命令を出した。

1736年の夏にロシア軍部隊はアゾフを占領し、1737年に行われた戦闘でオチャコフ要塞を、1739年にはホチン要塞を占領した。

トルコは講和を余儀なくされた。ベオグラードの和約（1739年）でロシアはアゾフを取り戻したが、その要塞を破壊しなければならなかった。その他、かつてトルコ領だったドニエプル川右岸ウクライナのわずかばかりの領土がロシアに併合された。ロシアとトルコ間の「障壁」は、北カフカースのカバルダの土地とアゾフ海沿岸と宣言された。ロシアは、黒海への出口とアゾフ海で要塞と海軍をもつ権利は得られなかった。

◆1741〜1743年のロシア-スウェーデン戦争

　1741年7月にフランスとプロイセンに促されたスウェーデンは、ロシアに宣戦した。スウェーデン軍部隊はフィンランド領へ侵入した。これに対し、8月にスウェーデン軍部隊を粉砕した**P・P・ラシ**率いる2万の軍が派遣された。戦争はエリザヴェータの政権になっても終わらなかった。それどころか女帝は、スウェーデンが敗北した場合フィンランドに独立を与えることを約束して、フィンランドをうまく利用した。スウェーデン軍は次から次へと要塞を放棄して退却した。1743年8月、スウェーデン軍はゲリシングフォルス近郊で降伏した。1743年8月に結ばれたオーボの和約で、スウェーデンはロシアのバルト海沿岸地域の獲得を認め、フィンランドの一部を割譲した。

◆ロシアの東への進出

　18世紀後半は、**カザフの地**がロシアに併合され始めた時期となった。

　この時期は「大いなる災厄の年月」と呼ばれ、カザフ人のあいだには激しい内紛が起こっていた。カザフの諸部族が政治的に細分化したことで、強い近隣諸国は容易に攻めることができた。ジュンガル人、カルムイク人、コサック、バシキール人、ヒヴァ・ハンとブハラ・ハンの襲撃は、多大な物質的損失と犠牲者をもたらした。

　内紛のなかで、カザフの諸領主は、東の境界安定に利害をもっていたロシアの総督や中央政府にたびたび支援を求めてきた。

　1731年にカザフの小ジューズ（部族の統合地）が、1740〜1743年には中ジューズがロシア領となった。新たな境界の安全保障のためオレンブルクとロシア南東部には要塞が建設された。

◆ロシアと七年戦争（1756〜1762年）

　1750年代半ばまでにヨーロッパの政治勢力図が変化した。弱体化していたオーストリアはフランスとの関係を強化した。同時に、アメリカ領有をめぐるフランスとイギリス間の対立が中心となりつつあった。ヨーロッパの君主が強

ペテルブルグ宮城前広場での軍隊のパレード

く懸念したのは、プロイセンの強大化である。プロイセン王**フリードリヒ2世**の軍隊は無敵だと考えられていたため、近隣諸国にとっては深刻な脅威であった。

1756〜1757年、ヨーロッパ諸国に対立するふたつの陣営が形成された。一方はプロイセンとイギリスであり、対するはフランス、オーストリア、ロシアとザクセンであった（1757年にはスウェーデンが参加）。

ロシアの同盟参加の理由は、プロイセン王が手中におさめることを望んでいたバルト海沿岸の領土を守るためであった。

戦争を始めたのはフリードリヒ2世であった。彼は、強力な軍隊を前線から前線へとすばやく移動させながら、激しい攻撃によって個別に敵を鎮圧していくという唯一可能な戦術を採った。この作戦は、同盟国間の行動の不一致により成功した。結果として、1756年8月フリードリヒはザクセン軍を撃破し、同盟国のひとつを戦線から離脱させた。

1757年7月ロシアはプロイセンとの戦争に参戦した。女帝の命令でS・F・

アプラクシン元帥率いるロシア軍は東プロイセンへ進攻し、メメル、チルジットや他の町を占領した。ロシア軍が直面した課題は、近郊に４万人のプロイセン軍が展開している東プロイセンの都ケーニヒスベルクの攻略である。1757年8月19日にグロス－エゲルスドルフというあまり大きくない村で激戦が行われ、プロイセン軍は撃破された。決定的な役割を演じたのはＰ・Ａ・ルミャンツェフ指揮下の予備旅団の攻撃である。しかし、女帝が病床にあることと、後継者のピョートル・フョードロヴィチのフリードリヒ２世に対する好意を知っていたアプラクシンは撃破した敵を追尾せず、退却命令を下した。その結果、プロイセン軍は撃破された部隊の残りを短期間で再び集め、それを対ロシア戦に向けることに成功した。そのとき女帝は回復しており、アプラクシンは指揮を解かれ、裁判にかけられた。

Ｐ・Ａ・ルミャンツェフ

　新たな指揮官にはＶ・Ｖ・フェルモル大将が任命された。１ヵ月後、彼はケーニヒスベルクと東プロイセン全土の占領に成功した。エリザヴェータは1758年１月に東プロイセンのロシアへの併合令を出した。

　1758年８月ロシア軍部隊は、指揮官フェルモルが戦場から逃走したにもかかわらず、ツェンドルフでフリードリヒ２世が率いるプロイセン軍の急襲下にもちこたえ、プロイセン軍を退却させることに成功した。1759年にＰ・Ｓ・サルティコフ指揮下のロシア軍部隊は、クーネルドルフの戦いでプロイセン軍に対して輝かしい勝利を得た。

　1760年９月にロシア軍部隊はベルリンに入った。1761年、ロシア軍がコリベルク要塞を攻略した後、プロイセンは全面敗北の危機にあった。

　フリードリヒ２世は絶望のなかで服毒自殺か、あるいは王位を放棄しようとした。しかし、戦争の最終局面の頂点でエリザヴェータ・ペトロヴナが亡くなった。即位したピョートル３世は、ただちに軍事行動を止め、昨日のロシア

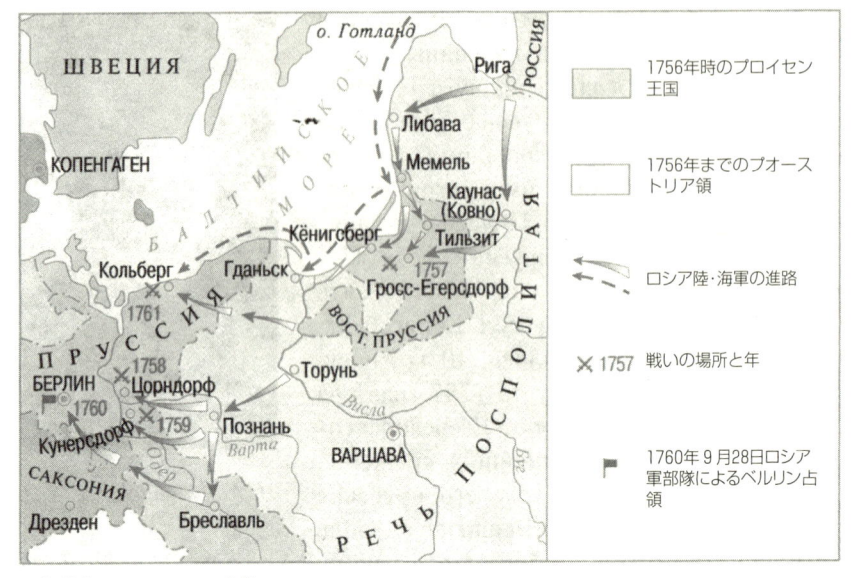

七年戦争へのロシアの参戦

の同盟国に対抗し、フリードリヒ2世と同盟を結んだ。ロシアが新たな長引く戦いを避けることができたのは、1762年の夏に起きたクーデターによる。エカチェリーナ2世は、プロイセンとの同盟を破棄したが、戦争を再び始めなかった。ロシア軍部隊は帰還した。

◆外交政策の結果

　1725～1762年のロシア外交政策の主な成果は、ロシアがバルト海沿岸に確固たる地盤をもったこと、数多くの戦争結果で再びヨーロッパ諸国に対する軍事強国のひとつになったことである。ロシアはカザフやいくつかの極東の地を得て、自国の領土を拡大した。トルコとペルシアはカバルダとダゲスタンの北カフカース地域とアゾフ海沿岸を「問題の地」とみなした。

　同時にロシアは、黒海への出口をどうしても得ることはできなかった。「ウクライナ」と「ベラルーシ」問題は解決されなかった。これらの解決はエカ

チェリーナ2世の統治期にもち越されたのである。

◆質問と課題◆
1. 1725〜1762年にロシアの外交政策の基本方針は何によって規定されていましたか。
2. なぜロシア−トルコ関係は外交政策の基本方針になったのでしょうか。
3. カザフの汗たちがロシア国籍を受け入れた理由は何でしたか。
4. ロシアの七年戦争参戦の全体的評価をしましょう。
5. 1725〜1762年におけるロシアの外交政策の全体的評価をしましょう。

史 料

　　ベルリン占領に関する兵士の歌
険しい山にプロイセン王が立っていた
ベルリンの街を見ていた
「おお！　父なる要塞よ、ベルリンの街よ！
余の要塞よ、おまえはいったい、誰の手に落ちるのだ？
余の要塞は、気高いツァーリの手に落ちてゆく
紅顔の将軍の手に落ちてゆく！」
紅顔の将軍は商人を連れて商いに行くように、
紅顔の将軍は鉛の火薬を買い、
紅顔の将軍は40の大砲に弾丸を込め、
紅顔の将軍は石の壁に穴を開け、
紅顔の将軍はプロイセン王を捕まえる
プロイセン王は、テーブルの下灰色の猫になって座り、
大きな広間から黒いカラスになって飛んで行った
青い海を灰青色の雄カモになって泳いで行った

◆**史料についての質問**
兵士の歌はどの軍事行動を物語っていますか。

第5章

1762〜1801年のロシア

§24. エカチェリーナ2世の国内政治

◆エカチェリーナの国内政治の特徴

　エカチェリーナ2世の国内政治には多くの要因が影響を与えた。エカチェリーナの即位以前、国内では農業が悪化、マニュファクチュア生産発展のための自由な労働力市場は欠如し、つねに資金不足であった。こうした状況の打開には、企業活動の自由拡大と経済に対する国家統制と介入を弱め、国民の多数を自由な経済活動だけでなく、政治活動へも参加させることが必要であった。このようなアプローチは、フランス**啓蒙思想家**(けいもうしそうか)の著作を熟知していたエカチェリーナには身近なものであった。

　しかし、農民暴動を引き起こすほどの不満の高まり、フランス革命の勃発、Ｎ・Ｉ・ノヴィコフやＡ・Ｎ・ラジーシチェフらロシアの啓蒙思想家による農奴制批判と自由思想の普及という状況下において、改革は段階的で慎重に行う必要があり、時として国内政治の引き締めを招くことになった。

　さらに、エカチェリーナがつねに意識したことは、帝位の法的な権利無しに権力の座についたということである。ゆえに彼女を慎重にしたのは、新たな宮廷クーデターの回避であった。

　こうしてエカチェリーナ2世の国内政治は一貫性のないものとなった。彼女

の方針のひとつは「啓蒙専制」の精神で政治を行ったことであり、他方では弾圧的な手段を強化した。

◆「啓蒙専制」政治

「啓蒙専制」思想は、フランスの優れた思想家である**ヴォルテール、モンテスキュー、ディドロ、アランベール、ルソー**の著作のなかで練り上げられたものである。

その基本思想は、難点のある封建社会を批判することであった。人は自由人として生まれるという考えを主張し、中世的搾取形態と国家統治の専制的形態の除去を求めた。また、「**社会契約論**」を主張した。それによると、国民は自分に属する「自然権」の一部を統治者に信託することにより、社会のなかでは機能分化が行われている。ある者は生産労働に、他は国防に、また他は国家運営に従事するという具合に。さらに、カトリック教会も批判された。啓蒙主義者は、教会の土地所有と、政治への積極的介入権の剥奪を提議していた。

エカチェリーナ2世はこの思想を基に、2年かけて『訓令』を作成し、独自の「啓蒙専制」政治のヴィジョンを描いた。

彼女は「自然権」と「社会契約論」の思想を否定し、ロシアにおいて社会体制の主たる手法となりうるのは、法の理想的なシステムを作り上げる君主の無制限の権力だけであると考えた。ただし、それは過去に存在したものではなく、啓蒙された「帝位哲学」としてであり、国家統治の中で「啓蒙君主」を補佐するのは貴族でなければならない。

女帝は、正教会の地位と役割を批判せずに、フランスの啓蒙思想家に従って、教会と修道院の土地を国家運営に移譲する、教会と修道院財産の**国有化**の考え

女神アテネ（公正の女神）姿のエカチェリーナ2世
D・レヴィツキー作

を支持した。1764年には教会の土地の国有化についての勅令が出され、修道院の農民200万人は国有地農民となった。

教会の土地国有化と並んで、エカチェリーナ2世の「啓蒙専制」政治路線の中で基本政策となったのは以下のことである。

- 国民の啓蒙、社会に学問の知識を普及させること
- 貴族の自由経済協会の設立（1765年）
- 西部の州（バルト海沿岸地域）における農民の賦役義務の整備
- 政府の認可なしに企業を設立できる権利の導入（1775年）
- 織機を導入し、生産活動の希望者全員に許可すること（1767年）
- 領主の借金のかたに農奴を競売にかけることを禁止（1771年）
- 私営の印刷所設立の許可（1783年）
- 学校改革の開始（1786年）
- その他

◆立法委員会

「啓蒙専制」政治の精神による女帝のもっとも代表的な政策は、1649年の法典に代わる新たな法典を作成するための委員会を召集したことである。

同様の試みはピョートル1世とエリザヴェータも行った。しかし、彼らとの違いは、法典作成に政府役人だけでなく、**様々な身分から選出された代議員**の参加をエカチェリーナが決意したことである。選挙の取り決めによれば、代議員は国家機関（各機関から1名）、貴族（各郡から1名）、商人（各都市から1名）、国有地農民、現物税を納める人々、コサック、遊牧民族（それぞれ各州から1人）のなかから選出された。聖職者階級からは宗務院の代表者ひとりだけであった。ただし、選挙権があったのは国民全員ではない。農奴（当時全農民の53％）は選挙権をもたなかった。彼らの利益は領主が代表すると考えられていたのである。国有地農民とヴォルガ川沿岸、ウラル地方、シベリアの非ロシア人が選挙権を初めて享受することになった。各代議員は選挙人からの要望書

を携えていた。

1767年7月に委員会での作業のため、モスクワのクレムリンに、1465の要望書を携えた564人の代議員が集まった。貴族は代議員の40％を占めた。

貴族は要望書で、土地の売買を簡素化すること、逃亡農民の調査方法を強化すること、地方で貴族の自治機関を設立することを女帝に求めていた。

商人は諸都市での商売の独占、貴族と農民が商売する権利を剥奪することを求めた。また、体罰からの解放、農奴所有、マニュファクチュア労働のために農民の売買など貴族のもつ特権を商人にも適用するように訴えた。

立法委員会議長に「訓令」を授けるエカチェリーナ2世

国有地農民は、土地の不足、領主や工場主からの迫害、重税に対する不満をエカチェリーナに訴えた。

少数民族は、ロシア人と同等の権利を求めた。

農奴の厳しい運命について語ったのは、コズロフ郡の貴族グリゴーリー・コロビインただひとりであった。しかし、彼の感情的な発言は、領主だけでなく商人からも敵対的な態度で迎えられた。

委員会は1年半活動したが何の決定も行わず、開戦したロシア－トルコ戦争のため「一時的に」解散し、その後の召集はなかった。

◆ロシア貴族の「黄金時代」

貴族を構成員とする近衛連隊の支援で即位したエカチェリーナは、全統治期間を通じて貴族に支えられていた。彼らの利益のため彼女は、以下の重要な政策を実現した。

・1765年の勅令は農民をシベリアの村に流刑に処すだけでなく、徒刑に処すことも許可した。労役期間は領主自身が決定できた。
・農民が領主に不満を訴えると、徒刑の処罰を受けた。

- エリザヴェータの時代に始まった、獲得した土地を領主の所領と公言した土地の境界画定は継続された（全体として貴族の境界設定は5,000万デシャチナに増加）。
- 教会から修道院農民と土地を没収し、その大部分を貴族所有に移譲した。
- 1762年から1796年のあいだに80万人もの国有地農民が貴族に褒賞として与えられた。
- 貴族の土地占有強化のため、工場労働として企業家が農奴を買うことを禁じた。
- 1782年「採鉱の自由」令が廃止された。それによると、かつては発見者に所属した鉱石生産地の採掘権が、土地だけでなく、地下資源さえも貴族が所有すると言明された。
- 1763年にエカチェリーナは、農民暴動鎮圧のために派遣した軍隊の全費用を農民自身に負わせた。
- 1783年の特別令によって、ウクライナの農民は他の土地所有者への移動が禁止された。これはウクライナには存在しなかった農奴制導入であり、コサックの上層部でウクライナの貴族身分が形成されたことを反映するものでもあった。

1785年4月、貴族に対する重要な勅令が公布された。「**貴族への恵与状**」である。そのなかで、ピョートル1世の死後貴族が手にしてきたすべての特権がひとつにまとめられ、承認された。その他、エカチェリーナは、県や郡で**貴族団**設立の許可を貴族に与えた。郡や県の貴族会長を選出する**貴族集会**が3年に1度召集された。

彼らは県知事や県令に必要なものを要求し、要望書を政府の最高機関や女帝に送る権利をもっていた。25歳以上の地方貴族に貴族集会への参加権が与えられた。

当時公布された「都市への恵与状」は、都市住民（主としてその上層部）の権利や特権を認めていた。

ピョートル宮殿　18世紀

モスクワの貴族集会の建物　M・カザコフ作

◆1770～1790年代における国内政治の引き締め

　ロシアでの農民戦争やフランス革命が起きたことで、国内政治は弾圧的なものとなった。

　1775年には県政改革が行われ、県の数は23から50へと増加した。県の人口は30～40万人（男性）にのぼり、郡の人口は2～3万人であった。県の長には**県知事**がおかれ、郡には**郡警察署長**がおかれた。地方権力を貴族の手に渡したこの改革は、国民に対する政府の管理を強化することになった。地方では、初めて身分別の裁判機関が設置された。貴族のための郡裁判所、都市住民のための市会、国有地農民のための下級裁判所である（農奴の裁判は領主自身が行った）。地方政府機関の役人数が大幅に増加した。都市では政府機関の役人を選出する方法が導入されたが、それと同時に、中央政府により市長が任命された。

　ザポロージエ・コサックの本陣（行政・軍事の中心）とウクライナの自治が廃止された（1775年）。

　フランス革命の勃発により、厳しい検閲制度が導入され、私営の印刷所が閉鎖された。A・N・ラ

A・N・ラジーシチェフ

ジーシチェフは、『ペテルブルクからモスクワへの旅』を出版したために死刑を言い渡されたが、のちに10年のシベリア流刑へと減刑された。著名な出版者であり、作家でもあるN・I・ノヴィコフに対し、エカチェリーナは15年間シュリュッセルブルク要塞への投獄を命じた。

これらすべては「啓蒙専制」政治の終了を示していた。

> このように、エカチェリーナ2世の国内政治は矛盾した性質を帯びていた。専制君主を支える貴族領主に利益をもたらした政策は、民衆の反発を呼ばずにはおかなかった。

N.I.ノヴィコフ

◆質問と課題◆
1. エカチェリーナ2世の国内政治の矛盾した性質の主な原因は何だと思いますか。
2. エカチェリーナは「啓蒙専制」の本質をどのように理解していましたか。
3. 「啓蒙専制」の精神で行われた基本的な政策を挙げてください。
4. エカチェリーナ2世の国内政治引き締めの原因は何にあると考えますか。
5. その中でどのような政策がもっとも特徴的だと考えますか。

史 料
『エカチェリーナ2世の覚書』の5項目
1. 統治する国民を啓蒙しなければならない
2. 国家に公序良俗を導入し、社会を援助し、法を遵守させなければならない
3. 国家内に優秀で誠実な警察を設立しなければならない
4. 国家の繁栄を促し、豊かにしなければならない

5. 国家内部を強化し、隣国の尊敬を得なければならない

立法委員会へのエカチェリーナ2世の訓令
- すべての市民の平等とは、すべての者が同じ法に従うことである（後略）
- 自由とは、法が許すすべてのことを行う権利である（後略）
- 法は、市民に、死刑の恐ろしさよりも、良俗を定着させるようさらなる努力をしなければならない（後略）
- 逮捕されることと投獄されることは異なる。1度逮捕され、そのあと無罪だと認められた者には、いかなる恥辱も与えてはならない（後略）
- 裁判所の決定と犯罪の証明は、人々に公表されるべきである。市民の誰もが法の保護のもとに暮らしていると言えるように（後略）
- 裁判所の判決がくだされるまでは、人を有罪だと考えてはならない。その者が法に違反したことが証明されるまでは、法もその保護を奪うことはできない（後略）
- 犯罪のもっとも適切な抑止は、刑罰の厳しさではなく、法を犯した者はただちに刑罰に処されるということを人々が理解していることである（後略）
- 刑罰を与えることより、犯罪を未然に防ぐことがより大切である。
- 犯罪を未然に防ぎたいと考えるか。ならば、法が市民よりも役人を庇護しないようにしなさい。人々が法以外の何者をも恐れないようにしなさい。人々に教育を普及させるようにしなさい。

◆史料についての質問と課題
1. 『覚書』のなかでエカチェリーナ2世は国内政策をどのように考えていますか。
2. 『訓令』のテキストを用いて、女帝は「自由」の意味をどのように理解していたのか話してみましょう。
3. 『訓令』のなかでエカチェリーナ2世は、訴訟手続きでどのような変更を提案したのでしょうか。

◎ 新しい用語を覚えよう。
　徒刑〔Каторга〕——厳しい拘束体制と苦しい肉体労働を伴った自由剥奪という、とくに厳しい刑罰。
　境界画定〔Межевание〕——土地を確定し、土地所有の境界を明確にすること。
　独占（専有）〔Монополия〕——排他的権利。
　啓蒙専制〔Просвещенный абсолютизм〕——社会生活のもっとも廃れた面の改革に向けられた、18世紀の国家政治。
　教会、修道院財産の国有化〔Секуляризация〕——国家が教会の所有地を世俗化すること。

§25. E・I・プガチョフの農民戦争

◆戦いの原因

　農民戦争の主な原因となったのは、農民に対する領主の権限強化と横暴であった。農奴はいかなる権利ももたず、主人から理不尽な苦しめを受けていた。領主には所有農奴の殺傷権はなかったが、それはモスクワ郡の女領主**サルティコヴァ**が100人もの農奴を虐殺する障害とはならなかった。その罪で彼女に課された罰は、教会での懺悔だけだったのである。領主は農奴のどんな小さな過失や反抗でも自分の判断で彼らを流刑にし、軍隊へ送り、農民やその家族を売ることができた。カードで負けると、農民は犬と交換されることもあった。

　マニュファクチュアで働く人々の状況は過酷であった。彼らは日に12〜15時間働き、何ヵ月も家族と引き離された。非人間的な労働条件下で病気にかかったり、多くの労働者が亡くなった。

　支配層が「第2級の」人と考えていたのは、非ロシア人である。18世紀後半に、ロシア人貴族はヴォルガ川沿岸地域と沿ウラル地方の非ロシア人の土地を略奪した。

　K・ブラーヴィンの蜂起が壊滅したあと、ドン・コサックの自治が廃止され

プガチョフの裁判　V・ペローフ作

た。
　こうして、国内の様々な地域で暴動がつねに起こることになった。そして1773年に、領主に反旗を翻した多くの暴動は農民戦争へと発展した。

◆プガチョフと彼の綱領
　エメリアン・イヴァーノヴィチ・プガチョフは、1840年代初めに、ステパン・ラージンの故郷であるドン川沿岸のジモヴェイスカヤ村に生まれた。彼は七年戦争とロシア－トルコ戦争時に勇ましく戦い、戦功により少尉の位を授けられた。1771年にプガチョフは軍隊から脱走し、幾度か逮捕されたが逃走した。1773年8月彼はヤイクの町へ行き、そこで自分を「奇跡的に助かった」皇帝ピョートル3世と名乗った。ほどなくして彼はコサックに反乱を起こさせることに成功した。
　「皇帝ピョートル・フョードロヴィチ」は勇敢で精力的で、軍事的にも行政的にも並外れた能力をもっていた。プガチョフは、人々を自分の側につけるた

めに、「檄文」をばらまいた。そのなかで彼は、全参加者を自由なコサックとし、土地、耕地、「十字架」と「ひげ」、牧草地、弾丸、火薬を与え、徴兵と重税から解放することを約束し、領主と収賄者である裁判官を死刑にするよう呼びかけた。

彼はエカチェリーナ２世を打倒し、「祖先からの帝位」につき、民衆のための「百姓の」皇帝になることを考えていた。彼の綱領はますます多くの人々を彼の側に惹きつけ、ヤイクのコサックに農民、労働者、タタール人、バシキール人、カルムイク人が加わった。彼らは皆プガチョフを、領主と帝政の抑圧からの解放者と考えていたのである。

◆戦争の主要段階

農民戦争の過程は主に３つの段階に分けられる。

第１段階は1773年９月17日に、コサックを前にしたプガチョフの演説で始まった。そこで彼は「自分の名前の秘密を公開」した。翌日、当初80人だった彼の支持者は２倍になった。３週間でプガチョフの部隊に新たな勢力が加わり、彼自身はほとんど不戦のまま次々と要塞を占領した。10月５日に「ピョートル・フョードロヴィチ」は、オレンブルクを包囲した。包囲に加わった蜂起者の数は３万人ほどであった。そのなかにはウラル地方の採鉱工場労働者と**サラヴァート・ユラーエフ**が率いるバシキール人が含まれていた。

そのころ政府は、反乱者鎮圧のため**カール**将軍の部隊1,500人を派遣したが、プガチョフの仲間である**А・オフチンニコフ**と**I・ザルービン＝チカ**の部隊によって撃退された。パニックは、「オレンブルクのろう城者」のなかだけでなく、カザンでも起こった。また、ペテルブルクでも不安が表面化し始めた。**А・I・ビービコフ**将軍は次のように女帝に書いている。「重要なのはプガチョフではなく、全般的な激しい怒りである」。

オレンブルクの包囲は６ヵ月続いたが、反乱者は勝利できなかった。そのころ彼らに対してビービコフ率いる大規模な政府軍が投入された。政府軍と反乱者勢力との戦いが1774年３月22日にタチシェヴァ要塞で行われ、政府軍が勝利

プガチョフを迎える農民　Ｉ・ドロズドフ作

した。農民戦争の第１段階は、オレンブルク包囲の失敗とタチシェヴァ要塞での戦いでプガチョフ側の敗北で終わった。

　戦争の**第２段階**は1774年４月から７月にかけて続いた。プガチョフはオレンブルクの包囲を解き、東へ離れた（バシキールとウラル南部へ）。ここで手薄になった反乱軍にウラル地方の工場労働者が加勢した。彼らはプガチョフに大砲をもたらした。間もなく蜂起参加者の数は、１万人となり、ウドムルト人、マリ人、チュヴァシ人が加わると２万人にまでふくれあがった。プガチョフは自分の部隊をカザンへ移動させ、1774年７月にはカザンにまで迫った。しかし、残っていた政府の守備隊が守っていた要塞はどうしても落とせなかった。ろう城者たちを援護するために**ミヘリソン**率いる政府軍がやってきたからである。カザン占領とプガチョフのモスクワ行軍を告げる至急便は、エカチェリーナを恐怖に陥れた。彼女の命令でペテルブルクに船が待機し、いつでもエカチェリーナを国外へ脱出させる準備ができていたほどであった。

戦いの第3段階では、もっとも多い参加者を数えた。それは「農民」の段階であった。プガチョフは1774年7月31日に、農民を陣営に引き入れるため、農奴状態と税から解放することを謳った布告を出した。農民蜂起は今やプガチョフ軍が展開する場所だけでなく、ヴォルガ川右岸地域でも勃発し始めた。プガチョフはそのころ、ヴォルガ川沿岸の町々を占領したものの、政府軍の猛攻を受けて退却せざるを得なかった。軍の補充をするため、彼は南へ向かった。プガチョフはツァリーツィンへ近づいたが、攻略することはできず撃破された。少数の部隊を連れてヴォルガ川左岸へ渡ったプガチョフは、1774年9月12日に捕えられ、コサック上層部によってミヘリソンに引き渡された。コサック上層部はこれによって、農民戦争に参加したことをあがなおうとしたのであった。

プガチョフの敗北にもかかわらず、農民反乱を完全に鎮圧できたのは1年後であった。

◆蜂起者に対する制裁

プガチョフは獣のように鉄の檻に入れられ、モスクワへ運ばれた。あらゆる拷問に耐えて法廷に現れた彼には、八つ裂きの刑が宣告された。1775年1月10日、プガチョフと彼の側近たちはモスクワのボロトナヤ広場で処刑された。他の諸都市では、**フロプーシャ（ソコロフ）**、**ベロボロドフ**、**ザルービン＝チカ**が処刑された。蜂起を指導したバシキール人のサラヴァート・ユラーエフはバシキールの村々でムチ打たれ、鼻腔を引き裂かれたのち徒刑に処された。

農民反乱に加わった人々への制裁は続いた。ヴォルガ川を数週間にわたって絞首台が備えつけられた筏が航行した。裁判も審査もなく、数千人もの反乱参加者が処刑された。

エカチェリーナは記憶から「反乱者の村」の名前を消し去ろうとして、ジモヴェイスカヤ・コサック村をポチョムキン村に名称を変えた。ヤイクのコサックがウラルのコサックと呼ばれるようにするため、ヤイク川でさえもウラル川に名を変えられた。

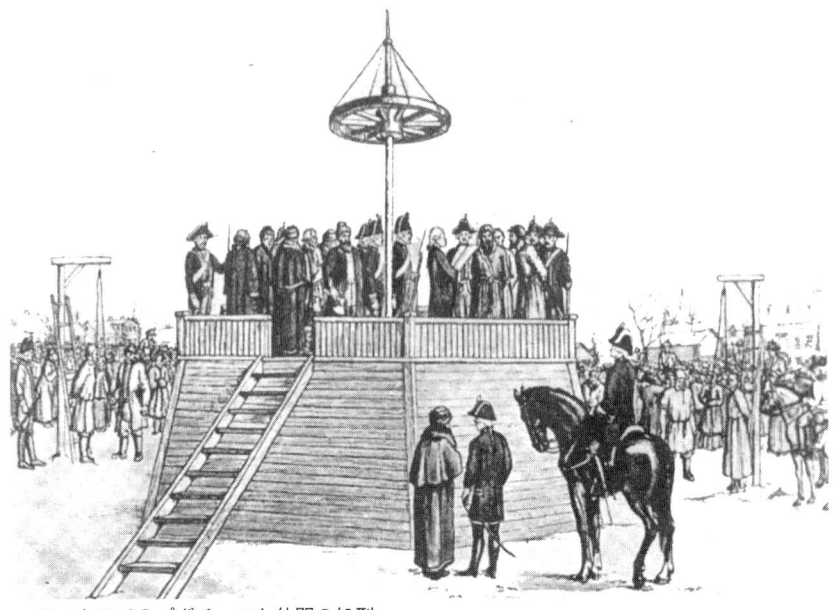

モスクワでのプガチョフと仲間の処刑

◆農民戦争の意義

　プガチョフが率いた農民戦争は、ロシアの全歴史のなかでもっとも大規模な民衆の反乱となった。それ以前の民衆の反乱とは異なり、蜂起の指導者は、自由の理念の他、プガチョフがすべての悪の元凶と考えた農奴制と貴族階級との闘いという理念をはじめて提起した。これは、農民だけでなく、労働者や抑圧された少数民族によるはじめての大規模な共同反乱であった。

　しかし、蜂起した人々は、封建社会制度を否定したものの、それに代わりうるものを何ら提起できなかった。それどころか、「百姓の皇帝」理念は、かつての民衆反乱の特徴である「良き皇帝」理念を模したものに過ぎなかったのである。

農民戦争は、農民、ヴォルガ川沿岸地域と沿ウラル地方の先住民、コサックの現状を何も改善しなかった。ウラル地方のいくつかの採鉱工場で、給料の増額と労働者の労働条件の改善に関する方策がとられただけであった。

　しかし、エカチェリーナ2世の封建農奴制帝国の根幹を揺るがせたプガチョフの農民戦争によって、政府は、ロシアの社会生活のなかでもっとも重要な農民問題の解決に取り組むことになった。というのも、「プガチョフの乱」の幻影はその時から領主と政府につきまとうことになったからである。

◆質問と課題◆

1. 農民戦争の原因を定義してください。
2. 戦争の参加者はどのような人々でしたか。
3. どの地域で農民戦争が行われたのか特定してください。
4. 蜂起側の敗北の原因は何にあると考えますか。
5. 農民戦争の意義はどのようなものでしたか。

史　料

1773年12月のプガチョフの布告

　余の尊顔と姿を拝し、思考と認識で余を賛美する者、余を良く知り、忠誠心、言葉、行動そして熱い心と敬意をもって余を信じる者たちに、余は、土地、水、漁、草刈、耕地、森、火薬、金、弾丸、パン、塩などを与えよう。貴族、将軍、士官など服従せず、抵抗する者の首をはね、領地を奪え。やつらを迎え撃て、首をはねよ、財産あらば皇帝に差し出すように。荷車と馬と武器は皇帝に渡すように。他の家財道具は軍人に与えよ。かつてやつらはあなたがたを食いつくし、わが民の意志と自由を奪った。今度はあなたがたが、服従しないやつらの首をはねるのだ。服従する者は敵ではない、彼らにはかまうな。余を認め、余にしたがう者は、軍務を果たすがよい。敵こそを死刑にしようぞ。苦労を厭うな。

信じよ、余こそはピョートル・フョードロヴィチなり。

以下署名
ピョートル3世

◆史料についての質問
1. プガチョフは自分の支持者に何を約束しましたか。
2. 貴族に対して彼はどのような方策を提案しましたか。
3. 彼はすべての貴族を敵とみなしていましたか。

◎ 新しい用語を覚えよう。

自治〔Самоуправление〕——ある領土あるいは社会的グループが、中央政権とあらかじめ決めた問題の範囲内で示しうる自主性。

§26．18世紀後半ロシアの経済発展

◆封建的農奴制崩壊の始まり

1760～1790年代に、農奴の労働を基盤とした国内の旧式な経済システムの崩壊がますます顕著に現れていた。これは多くの事実が物語っている。

第1に、領主と農家の自給自足性が失われたことである。彼らの生産物は生産者自身が消費せず、販売された。

第2に、雇い労働にもとづく新たな経済システムの萌芽が現れたことである。雇い労働だけを使用したマニュファクチュアの数が徐々に増加した。1775年には、資本をもつ農民でさえ、企業を設立することが許可された（当時の10万ルーブルに達する資金をもっていた「資本家」農民もいた）。

第3に、存続していた農奴体制が新たな労働形態の発展にブレーキをかけていたことである。労働市場形成の源は、農奴制の存続により限定されていた。領主はマニュファクチュアに雇われた出稼ぎ農民を、いつでも町から呼び戻すことができた。農業における新技術（たとえば蒸気滑動機械）と新たな労働形

第5章　1762〜1801年のロシア　　467

凡例	
	18世紀中期のロシア帝国
	1725年から18世紀末までの大企業
⛰	冶金・金属加工工場
🌀	繊維マニュファクチュア
✳	大市場
	1773年〜1775年のプガチョフの農民戦争
◯	農民戦争
←	蜂起軍の進路
←	政府軍の進路
✻	蜂起軍が包囲した都市
●	蜂起軍が占拠した地点
	18世紀後半ロシア帝国領となった領土
	1800年の帝国の国境

18世紀後半のロシア

態は、農奴という安価な、あるいは無料の労働力が存在したため用いられなかった。領主のために多大な賦役義務を負った農民の低い購買力は、全般的に国内の商業、市場関係の発展にはブレーキとなっていた。

　第4に、領主と国家による農民の略奪が強化されたことである。非黒土地帯の年貢(オブローク)は、半世紀のあいだに3～5倍の、年に4～5ルーブルとなったが、これは羊5頭と同じ額であった。国内では賦役労働が、週に4日、時には6日になった地域もあった。国家の税金は、ひとり当たり74コペイカから3ルーブルに増加した。国庫収入の35％を占めた塩と酒の価格が高騰した。

　第5に、国内の経済システムの基盤である農業が荒廃し、衰退しつつあったことである。零落農家の数が増加した。

　このように、経済活動の抜本的な改革策を採らない場合、農奴制の先にあるものは破綻であることは明らかであった。

　新たに土地を開拓し、経営の革新的な試みの導入で状況の改善を望んだ政権も、この点は理解していた。

◆自由経済協会

　1765年、女帝の側近G・G・オルロフとR・I・ヴォロンツォフは、自由経済協会を設立した。それは、国内外の最新の試みを農業経営に紹介することで領主を援助するためであった。協会は『論叢』を発行し、農学、畜産、経営組織に関する論文を掲載した。設立されて間もなく協会は、農民問題解決のためのコンクールを行うことを公表した。コンクールにはロシア内外からの参加があった。ヴォルテールなど農奴制を即刻廃止し、農民への土地分与を提案していた者もいれば、A・Ya・ポレノフのように、農奴制の緩和と維持、農民に相続所有地を分与し、領主のための賦役義務を課す提案を行った者もいた。コンクールの勝者は、領主の土地を農民が貸借せざるをえないように、わずかな分与地を与えて農民を解放することを提案したフランス人のド・ラベイだった。ただし、彼はそれの即刻実行は提言していなかった。

　実現可能な成果は、このコンクールでも、のちに協会が公表した他のコン

オルロフ兄弟　Ａ・Ｇ・オルロフ（左）とＧ・Ｇ・オルロフ

クールにおいても皆無であり、現状のままであった。それでもなお、コンクールは、農民問題の解決をさぐることが、政権にとって重要な課題であることを示していた。

◆農　業

　封建的農奴制が崩壊し始めたにもかかわらず、1760～1790年代の国内農業は十分と言えるほどに発展していた。ただし、それはロシアが黒海の北部沿岸で獲得した新たな土地開拓に関連した成果であって、新たな労働形態に関連したものではない。新たな地を速いテンポで開拓し、そこへ農奴を移住させるためエカチェリーナ２世は、南部（新ロシア）に農奴の移住に同意した領主に、この肥沃な1,500～１万2,000デシャチナの土地を分与することを命じた。その他、現地の60デシャチナの土地は農奴を除く希望者全員が受け取ることができた。

その結果、エカチェリーナ2世の治世末期までに新ロシアは、穀物の生産では外国に輸出できるまでになった。

新たな土地は、移住農民によってヴォルガ川沿岸、ウラル地方、シベリアで開拓された。遊牧を伝統的な生業とする土地の先住住民は、耕作を営むようになった。

新たな家畜種や農産物が根づきつつあった。次第にじゃがいもとひまわりが主要な作物となった。

◆工　業

マニュファクチュアを基本とする工業の発展は、より速く進んだ。これは、一方では軍隊や船用のラシャ、船の停泊用の帆布、また、大砲用鉄鋼の大量の生産を必要とした絶え間ない戦争によって、他方では安価なロシア製品（鉄鋼、帆布、潤滑油、大麻）に外国の消費者が惹きつけられたことによって説明できる。こうしてロシアでは、マニュファクチュア工場数が激増した。18世紀初頭に工場の数は30であったが、1725年には200となり、1750年には600、18世紀末期には1,200にもなった。

とくに速いテンポで発展したのは国産の鉄鋼業である。50年間（1750～1799年）で鋳鉄の精錬は5倍に増加し、1千万プード〔1プードは16キログラム—訳者〕であった。ロシアの製鉄業の中心はウラル地方となった。

エカチェリーナ2世の時代に、金とプラチナの採掘と精錬を行う企業が出現した。

モスクワは繊維工業の中心地であった。ヤロスラヴリとコストロマが帆布とリンネル工業の中心地であった。ラシャの生産が集中したのは、牧羊が発達した南部である。1760年代からバルト海沿岸に最初のマニュファクチュア工場が出現した。

軽工業に綿紡績生産という新たな分野が興った。

◆商　業

　工業と農業発展の成功により、国内外の商業がさらに発展することになった。

　村の市場と定期市が多くなり、農民が市場に徐々に参加するようになった。都市と農村の商品交換が増加した。都市での商売は、以前のように休日だけでなく、毎日行われるようになった。

　国内のもっとも大きな商業の中心地はモスクワとサンクト・ペテルブルクであった。サンクト・ペテルブルクには毎日1,100万プード以上の穀物が届けられた。大きな定期市がウクライナとシベリアに興った。そのうちもっとも大規模なものは、ネージン定期市で、年に3回ロシア全土や西ヨーロッパとトルコから商品が運ばれた。クールスク郊外のコレンナヤ市場がロシア人とウクライナ人商人の商業中心地となった。

　リガとサンクト・ペテルブルクは外国貿易の中心地であった。オデッサやヘルソンなど南部に港の建設が始まった。主要な輸出製品は鉄鋼であり、エカチェリーナの治世当初その輸出は年に80万プードであったが、1780年代初頭に

ニジニノヴゴロドの市場

約400万プードとなった。黒海沿岸北部の開拓政策によって、ヨーロッパへの穀物の輸出が急増し、100年以上にわたってロシアの主要な輸出製品のひとつとなった。

ただし、外国貿易は基本的に、ピョートル1世の死後初めてロシアの国内市場にも参入した外国人商人の仲介によって行われていた。

◆財　政

エカチェリーナ統治期の絶え間ない戦争は、膨大な出費を必要とした。これが増税へつながり、主として農民に課税された。エカチェリーナの統治期に国内人口は2倍になったが、国庫収入は4倍になった。

18世紀末のペテルブルク

1775年の県政改革の結果、官吏数の急増により、中央と地方の国家機関の経営費は全予算支出の22％から50％に膨らんだ。さらに40％が陸軍と海軍の維持に充てられた。

破局的な資金不足で、エカチェリーナはまずオランダ、次いでジェノアの商人など外国からの高金利の借金に初めて頼らざるを得なくなった。

1768年、対トルコ戦争初期にエカチェリーナは紙幣発行銀行の設立を宣言し、紙幣の発行を始めた。すぐに紙幣ルーブルは、銀のルーブルよりも40％価値が下落した。

これらの事情も、エカチェリーナの統治期に領主の年貢が3倍にも増加する原因となった。

◆経済発展の結果

このように、エカチェリーナ2世の統治期にはロシアの社会・経済発展においてふたつの矛盾するプロセスが見られる。

一方では、雇用労働と市場関係にもとづいた新たな経済形態が発展した。他

方では農奴制の存続が国内経済、とくに農業経済の重い負担となった。ここから経済発展の結果に矛盾する特徴が生じた。高い成果をあげたのは、農奴制の影響が少ない分野である。

　このような事情は、封建農奴体制が支配する基盤そのものを変える必要性があることを物語っていた。

◆質問と課題◆

1. 封建農奴体制の崩壊の始まりはどのように現れましたか。
2. どのような目的で、自由経済協会が設立されましたか。それは提起された課題を果たしましたか。
3. 封建農奴体制の崩壊という環境下で農業が発展したことを、どのように説明できますか。
4. マニュファクチュア生産の成功をどのように説明できますか。
5. 商業において、どのような新しい特徴が18世紀後半に出現しましたか。

史　料

『エカチェリーナ2世の覚書』
　農業の大いなる推進力は、自由と所有である。他人ではなく自分のものであると各農民が確信するならば、農民はこれを改善するだろう。国家の税金は農民には重いものではない、それらが適切なものだからである。もし国家が収入の増加をまるで必要としないならば、農民は自分に都合の良いように考えるかもしれない。彼らは自由と責任をもちさえすればいいのである。

『エカチェリーナ2世の覚書（1796年）』
　都合の良い方法は次のものである。今後誰かが土地を売ると決める、農奴は皆新たな所有者が土地を購入した瞬間から自由であると宣言される。100年の間にはすべての土地で、あるいは少なくとも大部分の土地で所有者が変わるので、民衆は自由になる。

スマローコフ　農民の自由について

　何が社会にとってより有益なのかという課題は、農民の所有物は家財道具だけか、それとも土地も入るのか明らかにするまで解決できない。
(中略) まず尋ねよう。全体的な幸福のために、農奴に自由が必要だろうか。これに私は答えよう。私を楽しませてくれるカナリアに、自由は必要だろうか。あるいは鳥かごは。私の家を守る犬に鎖は必要だろうか。カナリアには鳥かごがないほうが、犬には鎖がないほうが良い。しかし、そうすればカナリアは飛び去ってしまい、犬は人々に噛みつくだろう。このように、農民のために必要なことと、貴族のために良いことは別物である。
(中略) 農民は自分の土地をもたないほうが良いし、もつことはできない、なぜなら土地はすべて貴族のもち物だからである。もうひとつ訊こう、貴族は、購入した、褒賞で贈られた、相続した土地を農民に与えるべきだろうか、彼らが望まない場合も、ロシアでは農民は土地を所有できるのか、なんとならばその権利は貴族のものだから。農民と土地が貴族のものでなくなったら、貴族はいったいどうすればいいのか。何が貴族に残るのか。農民の自由は社会に害を与えるだけでなく、不幸である、なぜ不幸かは説明するまでもない。

◆史料についての質問
1. なぜ女帝は国の経済の推進力を自由と所有だと考えたのですか。
2. 女帝は治世末期に農民を解放することをどのように考えていましたか。
3. なぜスマローコフは農民の自由を社会にとって有害だと考えたのでしょうか。

◎ 新しい用語を覚えよう。

　　資本〔**Капитал**〕──財産、物的財貨の総合。

§27-28. エカチェリーナ2世の外交政策

◆外交政策の基本方針

　エカチェリーナ2世の治世にロシアは、長年の懸案であった外交課題の解決に近づくことができた。

　トルコとクリミアの軍事力が弱体化したため、ロシアは黒海への出口を現実的に獲得しつつあった。

　ロシアとオーストリア、プロイセンとの同盟関係により、14世紀からポーランド・リトアニア（レーチ・ポスポリタ）領となっていたウクライナとベラルーシの土地がロシアに返還される可能性がでてきた。

　バルト海沿岸でピョートル1世が獲得した領土の安全保障上の課題が存続していた。

　フランス革命が起こったことでエカチェリーナ2世が率いる第1次対仏大同盟（どうめい）が結成されることになった。

　以上の事実が、エカチェリーナ2世の外交政策の基本方針を規定したのである。

◆1768～1774年のロシアートルコ戦争

　18世紀後半のロシアートルコ戦争の原因は、ロシアが黒海への出口を求めたことだけでなく、トルコが黒海の北部沿岸の領有をロシアの犠牲のうえに拡大する希望をもっていたからでもあった。

　1768年、ロシアートルコ戦争が勃発した。戦争を開始したのはトルコである。クリミア汗国の騎兵隊が南からウクライナのステップ地帯へ進攻を始めた。大規模なトルコ軍は、キエフ攻撃のためドニエストル川に集結した。バルカンの堅固に守られた要塞の他、トルコは黒海とアゾフ海に展開する装備された多数の海軍を基盤としていた。

　開戦初期には戦況が定まらず、トルコの奇襲と軍事力の優勢が伝えられていた。七年戦争で殊勲を立てた誉れ高いP・A・ルミャンツェフ司令官がロシア

1768～1774年のロシア−トルコ戦争

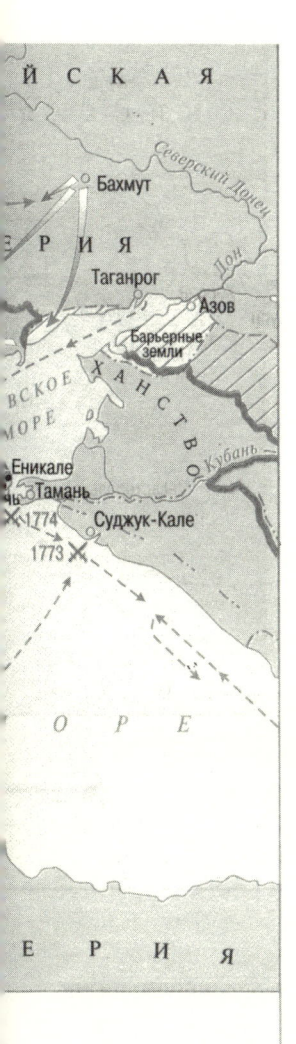

軍の総司令官に任命されると、勝機が高まった。1769年9月にルミャンツェフ率いる部隊がヤッシー、次いでブカレストに入った。ドン川下流とアゾフ海沿岸に展開していたロシア軍の別の部隊が、アゾフとタガンロークを占領した。同じころ、軍の部隊が、イメレーチアでトルコに反旗を翻して蜂起したグルジア人を援護するために派遣された。

1770年7月に、トルコ軍はラルガ川でルミャンツェフの部隊に撃退された。数日後カグール川で１万7,000人のロシア軍部隊は、15万人のトルコ軍を撃破した。

そのころA・G・オルロフと**G・A・スピリドフ**指揮下のバルト海艦隊はヨーロッパを迂回し、1770年7月5日にチェスメン湾でトルコ艦隊を完全に撃滅した。ロシア船から海兵隊が上陸し、ギリシア人パルチザンと共に対トルコ戦を成功裏に進めた。

1772年、ポーランド（レーチ・ポスポリタ）からドナウ方面軍に**アレクサンドル・ヴァシーリヴィチ・スヴォーロフ**が移動した。彼に率いられた部隊は、1773年に奇襲攻撃によってトゥルトゥーカイを占領し、ドナウ川を強行突破した。

完全に敗北したトルコは講和を求めざるを得なかった。一方でロシア軍は戦闘を続ける準備はできていたが、国内で燃え上がっていた農民戦争のために、政府は講和を余儀なくされた。1774年にクチュク＝カイナルジ村でルミャンツェフが締結

[地図: 1787～91年のロシア-トルコ戦争]

凡例:
- 1783年にロシア領となった土地
- ロシア陸・海軍の進路
- トルコ陸・海軍の進路
- ×1788 主要な戦場と年
- 1791年のヤッシーの講和でロシア帝国領となった領土

1787～91年のロシア-トルコ戦争

した条約で、キンブルン要塞のある南ブク川とドニエプル川のあいだの土地、アゾフ海のケルチとエニカレ要塞、北カフカースのカバルダがロシアに併合された。トルコはさらに、クリミア汗国の独立とロシア海軍がボスポラス・ダーダネルス海峡を通って地中海へ抜ける航行を認めざるを得なかった。

ただし、両国はこの条約を一時的なものと考えていた。黒海の北部沿岸を求めて新たな戦争の準備をしていたのである。

◆1787〜1791年のロシアートルコ戦争

　1787年に再びロシアートルコ戦争が勃発した。そのきっかけとなったのは、ロシアに敵対するトルコのかいらいに有利な政変がクリミアで起こった事件である。これに対して1783年エカチェリーナ2世は、クリミア・ハン国の消滅と併合を宣言した。その結果、全クリミア半島と北カフカースの一部がロシアの領土となった。1787年の夏に、エカチェリーナはオーストリア皇帝を伴ってクリミア（旧名タヴリーダ）へ示威的な視察旅行を行った。

　これは、トルコの激しい怒りをかった。1787年7月にスルタンはロシアに最後通告を行った。そのなかでクリミアの返還とグルジアにおけるトルコ政権の復活、ボスポラス・ダーダネルス海峡を航行するロシア船の検査を要求した。ロシアはこれをはねつけた。8月スルタンは、その後4年続くことになる戦争をロシアに布告した。

　ロシアの軍事的優位は直ちに明らかとなった。1787年の秋にトルコは大規模な海兵隊をドニエプル川河口のキンブルン浅瀬に上陸させた。キンブルンを防衛したスヴォーロフ指揮下の部隊は、トルコの上陸部隊を撃破し、壊滅させた。1788年にG・A・ポチョムキン指揮下の部隊は、オチャコフ要塞を手に入れた。

　1789年の夏、フォクシャンとリムニクで勝敗を決する戦いが行われ、スヴォーロフの軍隊は数で勝っていたトルコ軍を粉砕した。

　防衛に3万5,000人を配置し、難攻不落と考えられていたイズマイル要塞の

包囲と攻略が、最終段階で重要な戦いとなった。イズマイルの要塞司令官は自信を込めて、敵がこの要塞を落とすよりは、「天が地に落ちるほうが早い」と豪語していた。

当初の襲撃はロシア軍に成果をもたらさなかった。スヴォーロフが作戦の司令官に任命されてから、事態は動き出した。

> アレクサンドル・ヴァシーリヴィチ・スヴォーロフ（1730～1800年）は、ロシアのもっとも偉大な司令官のひとりとしてわが国の歴史のなかで特別な位置にある。スヴォーロフは幼年期から病気がちであったが、定期的にスポーツを行ったことで健康になっただけでなく、長年（ほぼ53年間）の軍務に耐えられるようになった。ピョートル1世の従卒の息子であるアレクサンドル・ヴァシーリヴィチは、18歳から軍に勤務した。彼の戦闘経験は七年戦争（1756～1763年）に始まり、クネルスドルフ近郊における戦いとベルリン陥落の際に頭角をあらわした。スヴォーロフは、エカチェリーナ統治下のロシア-トルコ戦争で女帝が高く評価した司令官としての資質を発揮した。彼は元帥に任命され、ルィムニク伯爵の称号を授けられた。スヴォーロフの司令官としての手腕の頂点は、イタリアとスイスの行軍であり、それにより彼はロシア軍大元帥という最高位を授与された。彼の才能は全ヨーロッパの首都で認められた。アレクサンドル・ヴァシーリヴィチは、卓越した戦略家であり、彼の戦略の本質である3要素は、『戦勝術』という著書の中で定式化された。それは、判断力、スピード、攻勢である。

誉れ高いスヴォーロフ司令官は、部隊を突撃させる準備を開始した。要塞の実物大の模型が作られ、突撃用の階段が用意された。兵士たちは障害物を克服する訓練を行った。軍は文字どおり昼夜を問わず訓練を行ったのである。「訓練が辛ければ、実戦は楽勝である」とはスヴォーロフの口癖であった。

砲撃の準備が整った1790年12月11日、要塞への突撃が始まった。10時間続いた戦いの結果、難攻不落のイズマイル要塞は陥落した。トルコ軍が2万6,000

第 5 章　1762〜1801年のロシア　　481

人の兵士を失ったのに対し、突撃したロシア軍の損失は2,000人であった。**M・I・クトゥーゾフ**少将が突撃部隊のひとつを指揮した。

1791年の夏にロシア軍はバルカンでトルコ軍を最終的に壊滅させた。その時、**フョードル・フョードロヴィチ・ウシャコフ**の率いる創設間もないロシアの黒海艦隊は、ケルチ海峡でトルコ艦隊を打ち破った。

トルコは最終的に敗北し、講和を求めた。両国の国境は、1791年のヤッシーの講和でドニエストル川となった。トルコは、ロシアが獲得した黒海の全北部沿岸をロシア領と認めた。

ロシアは黒海への出口を獲得しただけでなく、黒海の強国となった。肥沃な黒海沿岸地域の開拓と港や都市の建設が始まった。

G・A・ポチョムキン

◆エカチェリーナ2世のギリシア計画

トルコとの第1次戦争が終わった直後、勝利に勢いづいたエカチェリーナ2世と寵臣G・A・ポチョムキンは、敗戦によって弱体化した敵に対する今後の行動計画を立てた。トルコをヨーロッパから追放し、解放されたバルカン半島にコンスタンティノープルを首都とするギリシア帝国を興すことが考えられた。エカチェリーナは1779年に生まれた2番目の

A・V・スヴォーロフ

孫に、偉大なビザンツ皇帝に敬意を表してコンスタンチンと名づけた。将来、彼をギリシア帝国の指導者にしたいと考えていたのである。エカチェリーナは、ドナウ川東部の諸公国から成る緩衝(かんしょう)国家ダキアを作り、共にトルコをヨーロッパから追い出そうとしていたオーストリアにドナウ川西部を譲渡すること

F・F・ウシャコフ

を計画していた。この計画は、ヨーロッパの各首都で大きな騒ぎを呼び起こした。十分実現可能なその計画の実行は、ヨーロッパにおけるただでさえ強いロシアの立場を非常に強固にするだろうと考えられたからである。しかし、エカチェリーナはこの計画を実行することができなかった。

◆ポーランド（レーチ・ポスポリタ）分割とロシア

ロシアと同盟関係にあったオーストリアとプロイセンは、弱体化しつつあったポーランドの分割に着手するよう再三ロシアに働きかけていた。エカチェリーナ2世は、当時のポーランド王がかつて彼女の腹心**スタニスラフ・ポニャトフスキー**であったため応じなかった。しかし、1768〜1774年のロシア－トルコ戦争に勝利した後、反ロシア共同戦線のためにトルコがオーストリアと同盟を結ぶという脅威が現実的なものとなったことで、エカチェリーナはポーランドの分割に同意した。1772年ロシア、オーストリア、プロイセンは、ポーランド領の一部を分け合った。プロイセンはポモリエ（バルト海沿岸のポーランド北部地方の旧称）を、オーストリアはガリツィアを、ロシアはベラルーシ東部とリヴォニアの一部を占領した。

1793年にプロイセンとロシアにより第2次分割が行われた。その口実はフランス革命であった。プロイセンはグダンスクを含むバルト海全沿岸地域とポズナンを含む大ポーランドを、ロシアはミンスクを含むベラルーシとドニエプル川右岸ウクライナを併合した。これは、往時のロシアの大部分がロシア領となったことを意味した。

そのころポーランドでは、近隣諸国によるポーランド分割に反対してタデウシュ・コシチューシコ率いる蜂起が勃発した。この機に乗じてロシア、オーストリアとプロイセンは、再びポーランドへ軍隊を送り、反乱を鎮圧した。ポー

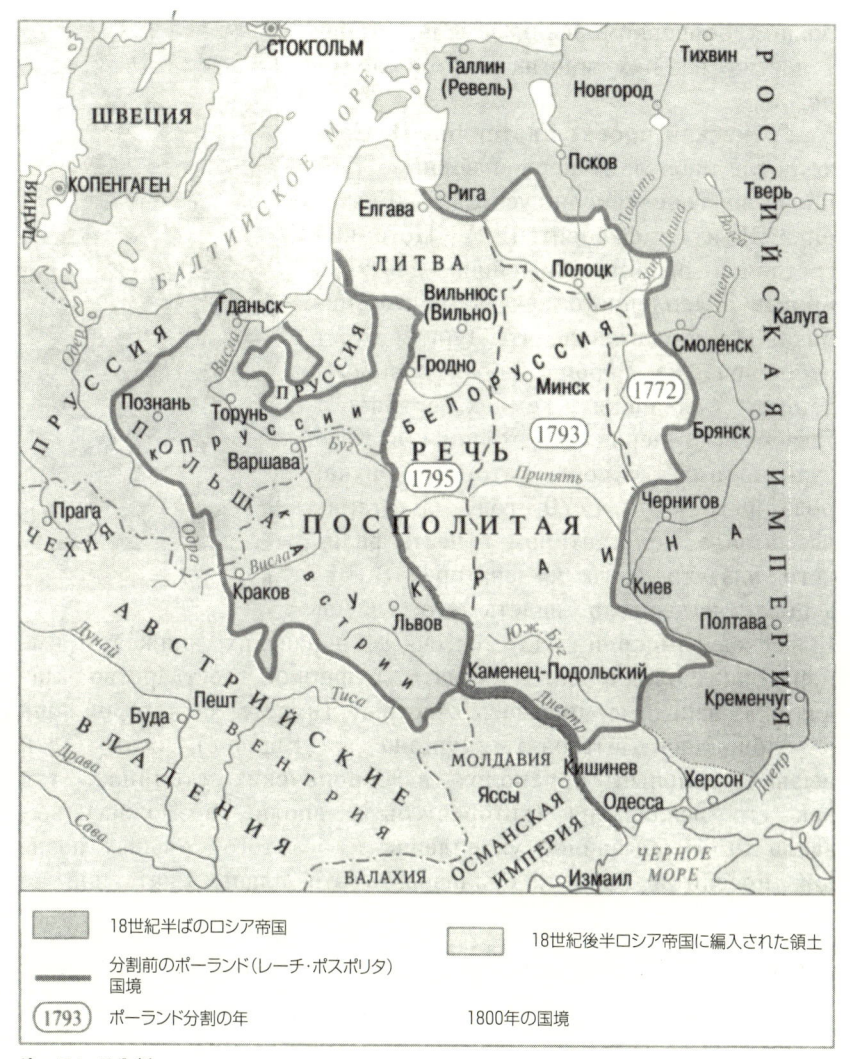

第5章　1762〜1801年のロシア　483

ポーランド分割

ランド国家は「革命的危険性」の根源として消滅すべきことが決定された。これが1795年に行われた第３次ポーランド分割となった。プロイセンはワルシャワを含むポーランド中央部を獲得した。オーストリアはルブリンを含む小ポーランドを、ロシアはリトアニアの一部、ベラルーシ西部とヴォルイニ西部を入手したと同時に、クールラント（現在のラトヴィア西部）がロシア領に含まれることを確認した。

◆対スウェーデン戦争

スウェーデン王は、1787～1791年のロシア－トルコ戦争がもっとも激しかった時に乗じて、ピョートル１世により奪われた土地を取り戻す最終的な試みに着手した。スウェーデン王はロシアが奪ったバルト海全沿岸の返還を要求した他、同盟関係にあったトルコに黒海沿岸の土地の返還を求めた。軍事行動は1788年に始まり、スウェーデン軍はフィンランドやバルト海で勝利を収めることもあったが、戦争の命運は、1790年６月にロシア艦隊の勝利に終わったヴィボルク海戦で決した。７月には講和が結ばれ、戦争は両国の国境を変更することなく終わった。その主な成果は、ロシアとスウェーデンに同盟関係が結ばれたことであり、それはスウェーデンが北方戦争の結果を最終的に認めたことでもあった。

◆「武装中立」政策

1775年に北アメリカで、イギリスからの独立を求める戦争が始まった。イギリスは、アメリカの反乱者と戦うため、ロシア部隊の雇用を要請した。エカチェリーナ２世はそれを拒否しただけでなく、のちにアメリカ合衆国の独立を承認した。1780年にロシアは、すべての中立国の船はすべての中立国の保護下にあるという「武装中立」宣言を採択した。このような立場は、アメリカにとっては好都合であったが、イギリスの利益を著しく損なったため、ロシアとイギリスの関係は悪化せざるを得なかった。しかし、これにより、ロシアとアメリカの関係が発展するための基盤が築かれたのである。

◆エカチェリーナ2世と革命フランスとの闘い

　エカチェリーナは当初からフランス革命に不安を感じていた。1789年5月5日の三部会召集と7月14日のバスティーユ襲撃を、彼女は敵意をもって受け止めた。女帝はヨーロッパのどこであっても、靴屋が国家を統治するようなことは許容できないと声明した。さらに彼女が不安を覚えたのは、パリで学んでいた一部のロシア貴族が革命運動に参加したとの知らせを受けたことである。彼女は、直ちにロシア国民にフランスを去るよう求めた。

　エカチェリーナの要請によりパリのロシア大使は、**ルイ16世**(せい)とその家族の逃亡を準備した。しかし、この逃亡は成功しなかった。ほどなくフランス王と王妃は処刑された。女帝は床に臥し、宮廷は喪に服した。この時からロシアは、ヨーロッパ諸国の対仏大同盟を組織し始め、革命フランスに侵攻する準備を始めた。ロシアとフランスの外交・商業関係は中断した。処刑された王の弟をはじめ、亡命していたフランスの上流階級がペテルブルクに集まるようになった。1795年にイギリスとロシア間で、フランス派兵に関する最初の協定が結ばれた。ロシアはスヴォーロフ率いる6万人の兵を派遣し、イギリスは戦争遂行のための大規模な資金提供を行うはずであった。しかし、1796年11月6日にエカチェリーナ女帝は亡くなり、フランス侵攻は行われなかった。

エカチェリーナ2世が制定した聖ゲオルギー勲章

◆エカチェリーナ2世の外交政策の結果

　エカチェリーナ女帝の外交政策によって、ロシアの領土は一層拡大した。ド

ニエプル川右岸のウクライナ、ベラルーシ、バルト海の南部沿岸、黒海の北部沿岸、極東と北アメリカの多くの新しい土地がロシア領となった。ギリシアの諸島と北カフカースの住民がロシアの女帝に忠誠を誓った。ロシアの人口は2,200万人から3,600万人に増加した。

エカチェリーナ２世の外交政策のもうひとつの重要な成果は、ロシアがヨーロッパの強国から世界の強国に変わり始めたことである。「将来はいざ知らず、現治世においては、ヨーロッパでわれわれの許可なく１発の大砲も発射されえなかった」と、エカチェリーナの宰相Ａ・ベズボロドコ伯爵は語っている。ロシア海軍は、ヨーロッパ、アジア、アメリカにおけるロシアの外交政策を武力で補強しながら、臨海域だけでなく地中海、太平洋、大西洋を航行するようになった。

しかし、ロシアの強大さは、国民の極度の緊張状態と膨大な物質的、人的損失を必要とした。

◆質問と課題◆

1. エカチェリーナ２世の外交政策に影響を与えた新しい状況とはどのようなものでしたか。
2. ロシア－トルコ戦争でのロシアの成功の要因は何だと思いますか。
3. ロシアのポーランド分割への参加を評価してください。
4. ポーランド分割後、どのような領土がロシアに併合されましたか。
5. 「武装中立」政策をどのように説明できますか。
6. エカチェリーナ２世の外交政策のどのような結果が重要だと考えますか。また、それはなぜでしょうか。

史　料

スピリドフ提督の報告（1770年）

　トルコ艦隊は攻撃され、破壊され、撃滅され、焼かれ、空へ舞い上がり、撃沈され、灰燼(かいじん)に帰し、それは恐ろしい光景だった。われわれは、全群島で支配者となった。

キンブルン浅瀬での戦い（1787年）

　10月1日にトルコ軍はキンブルンを攻撃した。トルコ軍は艦隊から絶えず新たな増援部隊を補給していたので、わが軍の状況は非常に危険であった。戦いは各地で行われ、両軍は混乱し、砲兵隊は砲撃を停止せざるを得ず、わが軍はためらいがちになり、退却し始めようとしたが、到着した300人のロシア軍増援部隊が勝敗を決した。トルコ兵は追い払われ、夜10時に勝利は決定的となった。トルコ兵の大部分は殺され、さらに多くが埋もれ、一部は船に救われた。夕刻にスヴォーロフは、左肩を負傷し、大量に出血したが、傷の手当てをする医者はいなかった。コサックの大将クテイニコフは、彼を海に連れて行き、傷を海水で洗い、自分の首からスカーフをとると、彼の傷に巻いた。スヴォーロフは馬にまたがり、再び指揮をとるために戻って行った。

スヴォーロフの報告（1790年12月11日）

　要塞、（中略）強固な、広大で敵には難攻不落と思われた、その要塞がロシア軍の恐ろしい武器によって陥落した。
　（中略）殺された敵の数は約2万6,000人。1,000人以上の兵と共に石造建築物にろう城し、降伏を望まなかった統括軍司令官は、ゾロトゥーヒン大佐指揮のファナゴリアの擲弾兵に攻撃された。総括軍司令官も、撃たれ刺し殺された彼の仲間と同じ運命をたどった。
　要塞では245門の大砲が発見された。そのなかには9門の迫撃砲があり、海岸には20門の迫撃砲など、全部合わせて245門、大きな火薬庫、様々な弾丸などがあった。戦いで引き裂かれた旗の他、345の旗を戦利品にした。（後略）。

◆史料についての質問
1. スピリドフの報告ではどの勝利について語られていますか。
2. キンブルン浅瀬におけるロシア軍の主な勝因は何にあると思いますか。
3. スヴォーロフの報告はどの勝利について語られていますか。

◎ 新しい用語を覚えよう。

緩衝国家〔Буферное государство〕——2国、あるいはいくつかの強国の間に位置し、それらの摩擦や衝突を緩和する位置にある小国、あるいは従属国。

同盟〔Коалиция〕——連合、連盟。

中立〔Нейтралитет〕——戦争や外交紛争などでどちらの側にもつかないこと。

§29. パーヴェル1世のロシア

◆「ロマンティックな皇帝」

パーヴェル1世は、1754年の出生直後に両親と引き離され、エリザヴェータ・ペトロヴナ女帝によって養育された。ある資料によると、エリザヴェータ女帝はすでに失望していたピョートル・フョードロヴィチ（のちのピョートル3世）の代わりに、その息子のパーヴェルを帝位継承者として公表するつもりであったという。幼い頃に両親から引き離されたこともあり、親子関係は冷めたものであった。1761年に権力の座についたピョートル3世は、息子を帝位継承者から除外することさえ考えた。ピョートル3世を退位させ、殺害した宮廷クーデター後、エカチェリーナ2世は直ちに息子を宮廷から遠ざけ、ガッチナの小さな宮殿に住まわせた。彼女は、息子を国政に参加させることにより、不法に得た自らの権力を失うかもしれないことを危惧したからである。

母である女帝が息子を遠ざけたことで、息子は母の思惑と計画を敵対的に受けとめた。彼はすべてを変える機会が到来することだけを望んでいた。彼は自

分の意見と計画をエカチェリーナ2世にも知らせていた。1774年、彼は母に、攻撃的な戦争を行うことは破滅であると記した覚書を渡した。戦争はロシアの安定を損なうとパーヴェルは考えたのである。パーヴェルは戦争を「防衛のみ」に限定することに言及しつつ、権力の悪用を回避するため、最高権力に対する厳格な監視も提言した。この覚書で母は息子からさらに距離をとった。パーヴェルは農民に対しても同情的な態度をとった。彼は、1787年に作成した遺言のなかで、農民に対してはつねに「特別な配慮」を求め、税を重くしないよう妻に求めていた。

パーヴェル1世

エカチェリーナは後継者のこうした考えをよく知っていた。したがって最晩年にエカチェリーナは遺言のなかで、彼女の死後帝位は息子にではなく、孫のアレクサンドル・パーヴロヴィチに託すとしていたのは驚くべきことではない。しかし、1796年11月5日に女帝は突如亡くなり、何も知らされていなかった宮廷は皇帝パーヴェルに宣誓した。女帝の秘密の遺言書は破棄された。

◆パーヴェル1世の国内政治

新皇帝は、ピョートル1世が導入した帝位継承制度を変更することから統治を始めた。今後、帝位継承権は、現統治者が指名するのではなく、統治王朝の直系の男子(年長順に息子あるいは兄弟)に属することになった。

エカチェリーナの腹心を政権から遠ざけると、パーヴェルは上流貴族階級のなかで信頼できる柱を見出そうとした。彼は短期間で35人の新任元老院議員と500人の新たな元老院高官を任命した。最高国家機関の機能が目に見えて改善された。農民が自分の主人に直訴することを禁じた規則が廃止された。皇帝は「受け入れの日」を決め、宮殿のそばには皇帝が自ら開ける嘆願書用の特別な箱が設置された。70歳以上の人々への体罰が禁止された。国有地農民は各々

15デシャチナの分与地を受け取った。このような国有地農民のための特別身分制の役所が設立された。農民に負担を課していた穀物税は現金徴収に代わり、全額700万ルーブルもの未納金が帳消しにされた。

皇帝は農民のために、地域によっては週6日の**賦役労働を週3日に限定**し、休日や祝日に農民を働かせることを禁じた。屋敷勤めの召使や農民を売りに出すことが禁止された。農民を過酷に扱った罪に対しては、告示せずに罪人を逮捕し、修道院に送ることを県知事に義務づけた。この時パーヴェルは、農奴は「所有者なしの（国有地）」農民よりも良い生活状況にあると確信していたのである。それは、4年間の治世で、パーヴェルが領主に60万人の国有地農民を与えたという事実からも説明できよう（彼の母親は、34年間の統治で領主に80万人の農民を与えた）。

食料品の物価高騰に注目した皇帝は、国の備蓄を利用して低価格で販売するよう命令した。塩の価格を引き下げ、民営商店の食料品価格を規制した。

貴族の権利と特権の制限が国内政策での重要方針となった。この方針で行われた皇帝の諸決定は、「貴族の降格状」という特徴をもつ。パーヴェルは、「義務的勤務からの解放」に代わり、幼年から登録した全貴族の子弟に軍隊への出頭を命じた。軍務から文官への自由な移動は、皇帝が承認した元老院の特別な許可がない限りは禁止された。「税と義務からの解放」の代わりに、貴族は地方行政維持のための税金を負担しなければならなかった。「貴族集会の自由」が制限され（県議会はほとんど存在しなくなり、選挙に参加する貴族の数は5分の1に減少した）、貴族集会という表現もパーヴェルに受け入れやすい「貴族の募集」に代えられた。貴族がエカチェリーナ2世から賜った、直接君主に請願・陳情する権利は廃止された。貴族の皇帝への面会は、県知事の許可を得て初めて実現することになった。「貴族の個人的不可侵の権利」も公然と失われつつあった（貴族である下士官などへのむち打ち刑も復活した）。

パーヴェルは帝位についた直後、N・I・ノヴィコフやA・N・ラジーシチェフを含む多くの囚人を釈放した。しかし、この直後に新たな弾圧が始まった。パーヴェルの治世に元帥7人、将軍500人のうち333人、上級士官2,261人

が不興を買い、地位を追われた。ただし皇帝の死後、1万2,000人が釈放された。パーヴェル1世は、名門出身者を罰する際にも決してためらわなかった。「ロシアで偉大なのは、余が話す者だけで、余がその者と話しているあいだだけである」と、彼は語った。懲罰の口実は、服装の様式を乱したとか、「大胆な物言い」で規律を乱したといった些細で意外なことであった。刑罰も厳しいものであった。有罪となった者の60％以上が投獄あるいは流刑され、称号と貴族の身分剝奪という刑を言い渡された。エカチェリーナ2世が統治し

パーヴェル1世の風刺画

た34年間に秘密官房が関わった事件は862件だったが（年平均25件）、パーヴェルの短い統治期には721件である（年平均180件、つまり7倍も多かった）。

　士官による兵士への過酷な扱いも禁止された。この規則違反により、士官は兵士による士官への侮辱と同様の厳しい刑罰をうけた。ある軍隊の閲兵でパーヴェルは、レプニン元帥に不満を言った。「元帥！　この衛兵が見えないのかね。400人いるのだよ。余には決定権があるのだし、彼らは皆元帥になれるのだ」。

　貴族に対するこのような方策によって、貴族が皇帝に対し、不満だけでなく憎悪さえも抱くようになったのは当然の成り行きであった。近衛隊の上層部には、「残酷な人非人」打倒を目指す勢力が徐々に形成されつつあった。

◆パーヴェル1世の外交政策
　当初パーヴェルは、「防衛のみ」の戦争という夢を実現しようとしていた。彼はヨーロッパ列強に向けた特別な呼びかけのなかで、次のことを伝えるよう命じた。「ロシアは1756年からの絶え間ない戦争のなかで、（中略）自国民を衰弱させる不幸な状態に40年間もおかれている唯一の国である」。そして、フランス革命に対して中立を宣言した。

同時に、パーヴェル1世はフランスの革命思想に対して容赦ない敵対者であり続けた。プロイセン、デンマーク、スウェーデンと友好関係を結んだことが、ロシア、イギリス、オーストリア、ナポリ王国をメンバーとする第2次対仏大同盟の結成へと発展させることになった。パーヴェルは、同盟国が、自国の問題解決のためのみに彼の援助を利用していることをすぐには理解しなかった。ロシアはオランダの独立回復のために4万5,000人の部隊をオランダに派遣しなければならなかったし（それはイギリスに都合の良いことであった）、ナポリ王のために、ナポレオンが奪ったイオニア諸島をトルコとともに解放し、ロシアの武力を用いてイタリアにおけるオーストリア領統一を保障し、マルタ島をフランスから解放しなければならなかった。

イタリアでロシア軍を指揮したのは、偉大なるスヴォーロフ司令官であった。彼は1799年4月から9月までの短期間でイタリアでフランス軍を破り、**A・M・リムスキー＝コルサコフ**将軍の部隊と合流するために難攻不落のサン・ゴタルダ峠を通ってアルプスを越えて、スイスに出ることに成功した。彼はこの手柄でロシア軍の大元帥という称号を与えられ、ロシアの同盟国から勲章と称号を授かった。同時に、ウシャコフ提督指揮下の艦隊は、海戦で勝利し、イオニア諸島とイタリア南部沿岸を解放した。ただし、ロシア－イギリス軍はオランダでは勝利せず、祖国へ帰還した。

結果としてフランスに対する勝利を享受できたのは、ロシアの同盟国だけであった。これはパーヴェルとイギリス、オーストリアを引き離すことになった。パーヴェルはイギリスに非常に憤慨していたので、次第にフランスに接近していった。この同盟の最終目的は、大英帝国だけでなくオスマン帝国も孤立させ、分割することであった。1800年12月末パーヴェルは、大英帝国の植民地インドを奪うために2万2,500人のコサックを派遣し、1801年3月にはイギリスとの通商関係停止を宣言した。しかし、この決定はロシア経済に打撃を与えることになり、すでに機が熟していたクーデターを加速することになった。

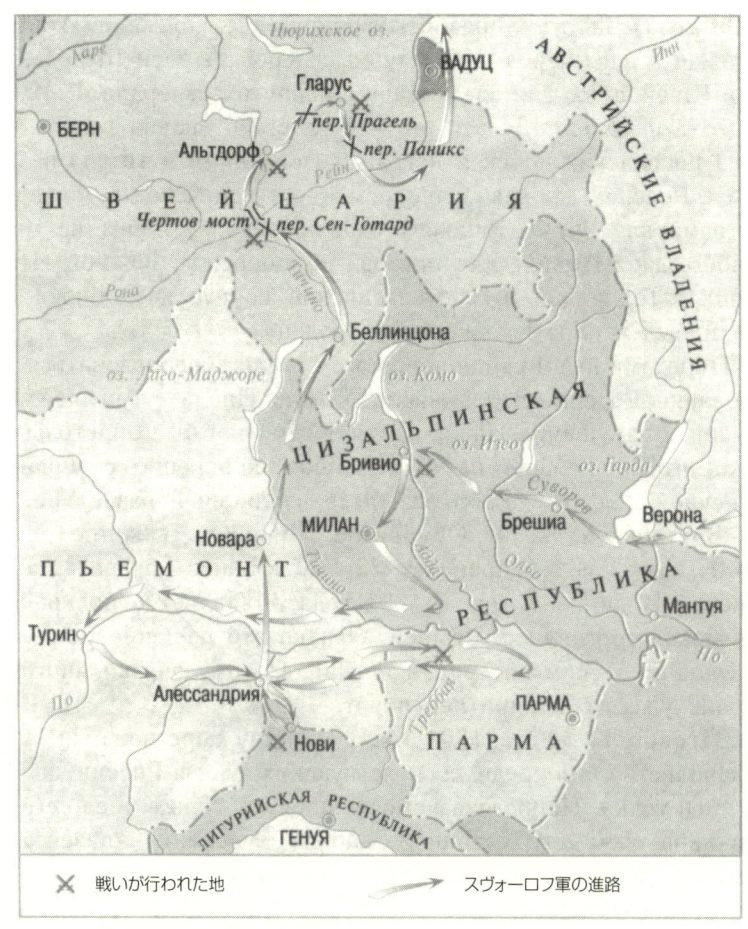

スヴォーロフのイタリア遠征とスイス遠征

◆1801年3月11日のクーデター

　パーヴェル1世の統治末期に、彼に対するロシア支配層の不満は頂点に達していた。皇帝の矛盾した行動により、彼の息子**アレクサンドル大公**と**コンスタンチン大公**、そして妻である皇后さえも反対派につくようになった。イギリス大使も反対派を支持した。クーデターを中心となって組織したのは、ペテルブ

ルク総督のＰ・Ａ・パーレンであった。パーレン総督が率いた30〜40人の近衛隊将校は、1801年3月11日から12日にかけての夜に皇帝の部屋に押し入り、彼に退位宣言書をつきつけた。これを拒否したパーヴェルは殺害され、彼の長男アレクサンドルが新皇帝となった。国民にはパーヴェルは「脳卒中」で亡くなったと公表された。

　国民は皇帝の死を様々に受け取った。上流階級や首都の役人は、3月12日の夜までに街にはシャンパンが1瓶も残っていなかったほど喜んだ。一般の兵士たちが、パーヴェルは「もう亡くなってしまった」と確信した後で、近衛連隊は新皇帝に宣誓した。ただし、宣誓は「死のような沈黙のなかで」行われた。当時の人の証言では、「3,600万の人々のうち、少なくとも3,300万の人々には皇帝パーヴェルを祝福する理由があった」からである。

パーヴェル1世の殺害現場であるペテルブルクのミハイロフスキー邸

◆質問と課題◆

1. パーヴェル１世の個人的資質を簡単にまとめましょう。
2. この皇帝の性格の矛盾した点はどのように説明できますか。
3. パーヴェルの国内政治をどのように総合評価しますか。
4. パーヴェルの国内政治はどのような階層の人々のために行われましたか。
5. パーヴェルの外交政策の一貫性のなさをどのように説明できますか。
6. パーヴェル１世の短い治世でロシアの国家的利害の大部分は何と一致しましたか。イギリスとの協力関係ですか、それともフランスとの協力関係ですか。
7. 1801年３月11日のクーデターは、どのような政治勢力のために行われたのですか。
8. 皇帝パーヴェル１世の死に対する国民の様々な反応はどのように説明できますか。

史　料

1797年のパーヴェル１世の布告

　余の全臣民に告ぐ。神の法は７番目の日を神に捧げよと説いている。この日、誉れ高いキリストの信仰を讃えられる日に、聖なる塗油式を授かり、祖先からの皇帝の戴冠式を賜る日に、あらゆる恵みをもたらす神の前で、余が全帝国において、その法が正しく必ず行われているかを確認することは、余の義務と考える。誰もどんな方法でも安息日に農民に労働を強制しないことをすべての者たちが遵守することを命じる。なんとなれば、農作業の賦役労働のために、１週間のうち残る６日は、農民自身と領主の仕事のために分けられる。それは、この善き規則のもとであらゆる経済的必要を満たすのに十分である。

1797年４月の帝位継承法

　余の自由意思と相互の同意により、熟考と平安な心をもってこの法を定める。祖国への愛によって、唯一の権利で、余、パーヴェルの死後は継承者として長男アレクサンドルを選び、長男の男系がそれに続く。その男系が中断した場合、帝位継承権は、次男の系列へ移り、次男の男子が帝位を継承する

というように続いていく。息子たちが複数の場合には、長子が後を継ぐ。（中略）
　男子の系列が中断した場合、帝位は長男が皇帝であった場合に、長男の女子が継承する。帝位につくのは男子あるいは女子かといえば、男子が女子より望ましい。前述したように帝位とはそういうものである。（後略）

ナポレオンがパーヴェルに提案したフランス・ロシア軍のインド遠征（1800年）

　合同軍は、カスピ海を渡ってアストラハンからアストラバッドへ移動する。そこでは軍に必要なあらゆる供給品の備蓄が装備されるだろう。フランス国境からアストラバッドまでの遠征は、約80日かかるだろう。軍の主要部隊がゲラト、フェラフ、カンダハルへ向かったあとインドの右岸に達するまでさらに50日を要する。ロシア軍同様にフランス軍も行軍と移動に全130日を要し、マッセナ将軍の指揮下で行われるだろう。

在ロシア・イギリス大使ウィットワースから在イギリス・ロシア大使Ｓ・Ｉ・ヴォンツォフ伯への手紙（1801年4月）

　私の心からの祝福をお受けいただきたく存じます。この天からいただいた幸運な機会に関して、私が感じていることすべてをいかに述べることができましょう。私は神に感謝したく存じます。私たちはやっと、ロシアとイギリスがひとつになる幸せな時代の復活を期待できるのです。

現代のアメリカ人歴史家Ｒ・マックグリュのパーヴェル評

　宮廷や軍を始めとする多くのロシア人にパーヴェルを忘れる理由があったとしても、4年と3ヵ月の統治でパーヴェルが実際に行ったことは、19世紀前半のロシアの基盤となったことが判明した。彼の改革は、皇帝に権力が集中する厳密に中央集権的な統治のシステムを作り、黎明期の官僚体制を武装化し、軍と軍管理を変え、帝位継承問題を解決し、公式的に皇帝の家族の地位を法制化し、地方行政におけるエカチェリーナの試みに決定的な打撃を与えたのである。

アレクサンドル大公からラガルプへの手紙（1797年）

　私の父は、帝位につくとすべてを変えたいと望みました（中略）。すべて

が直ちに正反対になったのです。これは混乱を増しただけですし、混乱の度が強くなりすぎました（中略）。私の不幸な祖国は救いようのない状況にあります。農夫は辱められ、商いは締めつけられ、自由と個人の尊厳はなくなりました。

◆史料についての質問
1. 1797年4月5日の帝位継承法の採択が必要だったことを、どのように説明できますか。
2. 帝位継承のどのような秩序が定められていましたか。
3. パーヴェルは領主を始めとする国民に、農民の休日労働を禁じたことをどのように説明しましたか。
4. フランス－ロシア合同軍のインド遠征は、概して誰の利益に応えたものですか。またそれはなぜですか。
5. 1801年3月11日のクーデターに関するイギリス大使の祝福の理由は何だと思いますか。
6. 現代の歴史家マックグリュとアレクサンドル1世のパーヴェル統治の評価を読んでください。この問題に様々なアプローチがある理由はなぜでしょうか。あなたはどのような立場ですか。

§30. 科学と教育

◆科学アカデミー

18世紀はロシア科学の形成期となった。

1724年の秋にピョートル1世は、科学アカデミー設立令に署名した。その開設は、改革者であった皇帝が亡くなった1725年に行われた。国家がアカデミーの必要経費に充てた資金は莫大なものであった。天文台、物理学試験所、化学試験所、博物館、図書館、印刷所や植物園が、科学アカデミーを構成していた。

アカデミーでは著名な数学者のL・エイラー、歴史家のG・ミュラーなど外国の優れた学者が活動していた。

ロシア科学アカデミーの特徴は、当初は研究機関だけでなく、教育の中心で

もあったということである。アカデミーに付属して、ロシアの最初の学者を養成するための中心となった大学が活動していた。18世紀の優れたロシア百科全書的学者であるミハイル・ヴァシーリェヴィチ・ロモノーソフがそこで学んだ。

◆M・V・ロモノーソフ（1711〜1765年）

ミハイル・ヴァシーリェヴィチ・ロモノーソフは、アルハンゲリスク郊外の農民の家庭に生まれた。彼は幼いころから、父の漁業を手伝い、父と共に遠洋航海でシュピツベルゲンまで行った。ロモノーソフは、読み書きを覚えるとすぐに夜ごと貪欲にL・マグニツキーの『算術』やM・スモトリツキーの『文法』を学んだ。

1730年にモスクワへ出ると、スラヴ・ギリシア・ラテン学院に入学し、そこで5年間科学と外国語を学んだ。優秀な学生のひとりとして、彼はドイツへ留学し、物理学、化学、工学や鉱山学を修めたあと、ペテルブルクへ帰国した。1745年に若き学者は化学部門のアカデミー会員となった。

ロモノーソフの学問的関心領域は、化学にとどまらなかった。彼の名は、物理学、天文学、地質学、機械学分野の様々な発見とも結びついている。ロモノーソフの業績は、ロシアの歴史と文学を豊かにし、彼の多くの発見は、当時のヨーロッパを代表する学者の研究を凌駕した。ロモノーソフは、物質を構成する分子理論を発展させ、物質と運動を維持する法則を発見し、大気中の電気現象を研究した。1761年には金星に大気が存在することを発見し、太陽の上層部は荒れ狂う火の海であるという結論に達した。

国民教育の必要性に大きな意義を見出したロモノーソフは、モスクワ大学創立の率先者となった。

偉大なる学者の活動を評して**A・S・プーシキン**は、次のように述べている。「ロモノーソフは全啓蒙分野を兼ね備えた、歴史家、**雄弁家**（ゆうべんか）、機械学士、化学者、鉱物学者であり、芸術家、詩人であった。彼はすべてを試み、すべてを修めた」。

◆自然科学

　ロモノーソフは、生物学で自然の命あるものとないものの物質的基盤は同じであり、「すべてにおいて同一の法則が働いている」という結論に達した。植物学と動物学の新資料が蓄積されていった。M・I・シェインは1744年にロシアで最初の解剖学図鑑を出版した。1756年にはモスクワで**デミドフ**工場の所有者によって植物園が設立された。18世紀末には、モスクワとペテルブルクで最初の外科医学アカデミーが開校した。

M・V・ロモノーソフ、F・シュービン作

　地理学では、1745年に最初の『ロシア帝国地図』が出版されることになる資料が、多くの探検によってもたらされた。これは世界的意義をもつ出来事であった。というのは、当時このような地図はフランスにしかなく、その規模はロシアのものとは比較にならなかったからである。

　地質学の分野では、特に新たにロシア領となった地域で石炭、鉱石、石油、鉱物や岩石の産出場所に関する豊富な資料が蓄積された。18世紀末になると、様々な**地域**の最初の地質図が現れた。

　この時代天文学は、偉大な学者であるエイラーとロモノーソフに代表される。彼らは18世紀初頭にブリュスが始めた星空の観察を継続していた。国内には星の観察用に天文台が建設され、18世紀末には70台ほどになった。

　物理学の分野でロシアの学者が優れた発見を行った。ロモノーソフとD・ベルヌッリは、ガスの動力学理論を構築した。G・V・リフマンは電気計測技術を構築する第1歩を踏み出した。

　化学の分野でのロモノーソフの業績は理論的なものであったが、彼の後輩は主に応用化学に取り組んだ。染料、糊、フィルターなどを製造していた工場には、最初の化学試験所が設立された。

V・N・タチーシチェフ

E・R・ヴォロンツォーヴァ゠ダーシコヴァ

◆人文科学

　歴史思想の成果は、ロモノーソフと**ヴァシーリー・ニキーチチ・タチーシチェフ**に代表される。ロモノーソフの書いた『ロシア年代記概説』は、歴史の基本的な教科書となった。タチーシチェフの『ロシアの歴史』は、わが国の歴史を研究した最初の学術的な著書である。

　言語・文学の分野での重要な出来事は、ロシア語と文学研究の中心である**ロシア・アカデミー**が1783年に開設されたことである。これはのちに、ロシア語・文学部門として科学アカデミーの傘下に入った。ロシア・アカデミーの尽力で「話すように書き、書くように話す」という原則で新標準ロシア語が承認された。ロシア・アカデミーの初代総裁になったのは、**エカチェリーナ・ロマーノヴナ・ダーシコヴァ**である。

◆学術遠征

　18世紀に学術発展の重要方針のひとつとなったのは、まだ学問上未知の新たな土地を調査するために学術遠征が組織されたことである。

　18世紀初頭ピョートル1世は、インドへの通商路を求めてカスピ海東岸、ヒヴァ、ブハラを調査する遠征隊を派遣した。

　次の遠征隊が向かった先はシベリアである。1719年から1721年に、カムチャツカ半島とクリル諸島の詳細な地図が作成された。

　1725年から1729年には、**ヴィトゥス・ベーリング**の第1次カムチャツカ遠征が行われたが、その課題はアジアとアメリカのあいだに海峡が存在することを証明することであった。その後、ベーリングは、アラスカとアレウト諸島の一

部を調査した第2次カムチャツカ遠征へ出発した。この遠征の参加者は初めてシベリアを、物理的・地理的地域としての西シベリアと東シベリアに分けた。参加者のひとりである**ステパン・ペトローヴィチ・クラシェニンニコフ**は、1756年に『カムチャツカの大地の記録』2巻本を出版した。

ロシア人遠征隊が発見したアメリカの地はロシア領となり、開拓が始まった。

1768年から1774年には、5つの遠征隊が派遣され、ロシアの様々な自然だけでなく、住民や産業について膨大な資料を収集した。

遠征の規模と成果は非常に大きなものであったため、1739年には特別地理局が設立された。

◆**優れた技術者と発明者**

18世紀はロシアの学術的・技術的発想が活発に現れた時代となった。

アンドレイ・コンスタンチノヴィチ・ナルトフは、送り台(おくだい)つきの最初の旋盤を作り（1729年）、44門の迫撃砲(はくげきほう)から速射力のある砲台を製作した（1741年）。**イヴァン・フョードロヴィチとミハイル・イヴァーノヴィチ・モトーリン**は、1735年に世界でもっとも大きな鐘の王様を鋳造した。ロモノーソフは、1745年に世界初のヘリコプターの動く模型を作成した。**ロジオン・グリンコフ**は、1760年に30人分の労働力に相当する梳綿(そめん)（毛）機を製作した。

優れた熱工学者である**イヴァン・イヴァーノヴィチ・ポルズノフ**（1728〜1766年）は、1763年に間断なく動く蒸気エンジンを立案し、1765年に最初の工場用蒸気原動機を作った。

優れた水力工学者であった**コジマ・ドミトリィエヴィチ・フローロフ**（1726〜1800年）は、1770年代にズメイノコルスク鉱山で水力車輪システムをもつ独特な設備を製作した。それを使って排水を行い、採鉱場から鉱物を運び出すことができた。

鐘の王様　モトーリン作

１．パルズーノフの蒸気機械の模型

これはロシア技術の奇跡であった。

　18世紀の優秀な発明者、技術者のひとりは、**イヴァン・ペトローヴィチ・クリビン**（1735〜1818年）である。彼は光学機器用ガラスの研磨を改良し、1773〜1775年に独自の顕微鏡を作った。また、橋脚298メートルの距離があるネヴァ川にアーチ橋のモデルを立案し、建設した。またプロジェクターの原型である「鏡の灯り」を作成し、信号の電信機を発明し、『水力船（川の流れに逆らって進む船）』と『自動力車（自力で動く）』の著者でもあった。クリビンは

宮廷のために多くの物を作った。宮廷の独特な時計を作り、女帝のための宮廷昇降機を建設した。G・R・デルジャーヴィンは、彼を「現代のアルキメデス」と評した。

◆教育制度

　低階層の国民向けの基本的教育形態としては、主に聖職者が読み書きを教える学校があった。

　普通教育学校の誕生が新たな現象となった。モスクワで大学が開校した直後、それに付属して貴族向けと雑階級向けのふたつの**ギムナジウム**が開校した。

　貴族の子弟のみを対象とした**限定的な教育機関**も設立され始めた。陸軍貴族幼年学校 (1731年)、海軍貴族幼年学校 (1752年)、貴族幼年学校 (1750年)、貴族の女子向けのスモーリヌィ女学校 (1764年) が開校した。これらの教育機関が設立されたことにより、質の高い教育が貴族の特権のひとつとなった。

　限定的な教育機関は、商人の子弟向けにも設立された。デミドフ工場の資金で商人と町人の子弟向けに商業学校が開校した。この階級の女子向けには、エカチェリーナ学校が開校した。

　最初の**職業芸術学校**も出現した。ペテルブルクに舞踊学校、モスクワにはバレエ学校が開校された。1757年に設立された芸術アカデミーが、芸術教育の中心となった。

　ロシア教育史のなかで重要な出来事は、1755年に**モスクワ大学**が開校したことである。貴族だけでなく、納税者階級の子弟にも高等教育を行おうとしたロモノーソフが、指導的創立者であった。外国の大学とは違い、モスクワ大学には神学部がなかった。教育は難しいラテン語ではなく、母語であるロシア語で行われた。学生たちは当初、法学部、哲学部、医学部の３学部で学んだ。大学はすぐにロシアの学問・教育の中心となった。大学

I・P・クリービン

に付属してロシア最初の学会が設立され、『モスクワ報知』という新聞が発行された。

このように、18世紀はロシアの基礎学問発展の基盤をつくり、教育制度の普及を促した時代となった。

◆質問と課題◆
1. なぜ科学アカデミーは、学問だけでなく教育の中心と考えられたのですか。
2. なぜロモノーソフは百科全書的学者と呼ばれたのですか。彼のどのような発見を重要なものだと考えますか。
3. 自然科学の分野でロシアの学者の優れた成果をあげてください。
4. ロシア科学の発展に学術遠征が果たした役割をあげてください。
5. 18世紀ロシアにおける教育機関の基本的なものをあげてください。

史　料
ロシア・アカデミー設立に関するエカチェリーナ2世の決定
1783年9月30日

エカチェリーナ・ロマーノヴナ公爵夫人！　ロシア・アカデミー設置に関するあなたの提案が受け入れ可能であることを格別な満足をもって認め、次のことを命じます。第1に、アカデミーの総裁は、あなたの報告書にもとづいてあなたに委ねます。第2に、自発的に仕事を引き受けてくれる者でアカデミーを立ち上げ、さらに今後アカデミーの人員を知識と能力がある者で補充すること。第3に、今後不要となる人事委員会への資金も含めて、必要経費に関する指示は出します。第4に、後見下にアカデミーを入れますが、あなたが提示した計画を採用し、アカデミーのために細やかな運営と指示を行うことを許可します。社会にとって有益な事業でのご成功をお祈りいたします。

敬具

◆史料についての質問と課題
1. 女帝の決定のなかで、ロシア・アカデミー開設にどのような条件が指示されていましたか。
2. この決定は誰に宛てられたものですか。

◎ 新しい用語を覚えよう。

　迫撃砲〔**Мортира**〕——短い砲身のついた大砲。
　天文台〔**Обсерватория**〕——天文学研究を行うための設備を備えた学術施設。
　地域〔**Регион**〕——地域、土地。
　雄弁家〔**Ритор**〕——弁論家、芸術的な言葉の分野の専門家。
　送り台〔**Суппорт**〕——切断用の道具を固定し、配置するための器具。

§31−32. 芸術文化

◆芸術文化発展の特徴

　「ヨーロッパ風」とロシア的独自性の一体化が、18世紀ロシアの芸術文化発展の主な特徴となった。

　ロシアの歴史上初めて、芸術文化に対する関心が非常に高まった。文学作品は、上流階級のサロンでだけではなく、教師、官吏、理容師など新興の知識人のあいだでも読まれるようになった。演劇と音楽会が「文化的な」社会生活の規範となった。本、地図、陶器の収集が立派な趣味とされ、流行した。

　18世紀の芸術の発展は、バロック（1740〜1750年代）と**古典主義**（18世紀後半）の時代とに分けられる。

◆文　学

　ロシア文学は、頌詩、寓話、哀歌、悲劇、喜劇、中編小説、長編小説というジャンル分けが完成した18世紀半ばに発展した。

D・I・フォンヴィージン

G・R・デルジャービン
ボロヴィコフスキー作

N・M・カラムジン

　この時代の主な特徴は、新標準語と作詩の新たな規則が作られたことであった。

　現代ロシア詩の基本である新しい作詩の創始者は、**ヴァシーリー・キリロヴィチ・トレジャコフスキー**（1703〜1768年）である。

　新しいロシア舞台芸術の創始者は、ロシア悲劇と喜劇を生み出した、ペテルブルクのロシア劇場の支配人であった**アレクサンドル・ペトローヴィチ・スマローコフ**（1717〜1777年）である。彼は悲劇9作品、喜劇12作品、寓話約400作品を制作した。悲劇の筋書きの多くはロシアの歴史を基にしており（『僭称者ドミトリー』）、古典的ジャンルの路線を踏襲した。生きた会話に近い言葉で書かれた彼の寓話は当時の人々の人気を博した。そのなかではスマローコフ自身が反対した農奴制の欠陥がくり返し痛烈に批判されていた。

　啓蒙思想、プガチョフの乱、フランス革命の影響により、18世紀後半以降の作家は、作品のなかで社会的・政治的問題を取り上げた。**デニス・イヴァーノヴィチ・フォンヴィージン**（1744〜1792年）は、喜劇『未成年』のなかで、領主の無知と傍若無人さを表現した。**ガヴリーラ・ロマーノヴィチ・デルジャーヴィン**（1743〜1816年）は、頌詩『フェリーツァ』で、当時の彼には耐え難い支配層とは対照的な「理想的な君主」を作り上げようとした。貴族の平凡な人間性や怠け者を辛らつに笑い物にしたデルジャーヴィンを、プーシキンは「貴人の鞭」と呼んだ。愛国的な頌詩のなかでデルジャーヴィンは、ロ

シア軍の勝利を謳いあげた。彼はスヴォーロフを「北の民の嵐の指導者」と呼んだ。

ロシア文学におけるセンチメンタリズムの到来は、**ニコライ・ミハイロヴィチ・カラムジン**（1766～1826年）に始まる。カラムジンは、『哀れなリーザ』という作品のなかで、「農民の娘も人を愛することができ」、自分の人生を愛に捧げることができるというごくあたりまえの真理を示した。

アレクサンドル・ニコラエヴィチ・ラジーシチェフ（1749～1802年）は、専制と農奴制の廃止の必要性を、芸術作品の形で著したロシア作家の先駆者のひとりであった。ラジーシチェフは『ペテルブルクからモスクワへの旅』のなかで、国内で起きている傍若無人さと無法状態を鮮明に描いたため、エカチェリーナ2世は彼を「プガチョフ以上の悪人」と評し、裁判所は彼に死刑を求刑した。しかし、ヨーロッパで「啓蒙」君主のイメージを失うことを懸念したエカチェリーナは、ラジーシチェフをシベリアへ流刑にした。

ニコライ・イヴァーノヴィチ・ノヴィコフ（1744～1818年）が発行した雑誌『雄蜂』、『画家』が大流行した。彼はそのなかで農奴制の欠陥を痛烈に批判した。

文学における新たな現象は、エカチェリーナ2世から商人や平民に至るすべての人々が書こうとしたことである。これは、文学への関心が大衆的なものになっていたことを意味している。

◆ 演　劇

18世紀半ばまで、主に外国の劇団が皇帝の宮殿や貴族の屋敷で演じていた。しかし、ロシア民族文化の高揚により、ロシア演劇の設立は不可避であった。

エリザヴェータ・ペトロヴナの時代には、ペテルブルク（貴族学校）とモスクワ（大学）の教育機関内に劇場が創られた。

ヤロスラヴリの俳優兼監督のフョードル・グリゴーリエヴィチ・ヴォルコフ（1729～1763年）の芝居が、全国的な名声を得た。彼の成功を耳にしたエリザヴェータ・ペトロヴナは、ヴォルコフの劇団をペテルブルクに招き、1756年に

「悲劇と喜劇演目のためのロシア劇場」を設立した。ヴォルコフはそこで俳優や監督だけではなく、舞台美術も手がけ、1761年からは劇場長となった。これはロシアで最初の大衆向けの常設劇場であった。

18世紀の演劇活動の特徴のひとつは、農奴の俳優が演じた農奴劇場が出現したことである。クスコヴォとオスタンキノにある**シェレメチェフ**伯爵の農奴劇場とアルハンゲリスコエの**ユスポフ**公爵の農奴劇場が、もっとも有名であった。それは、演目の見事さや豊かさにおいては、時として、官営劇場に勝っていた。**P・I・コヴァリョヴァ＝ジェムチュゴヴァ**や**T・V・シリコヴァ＝グラナトヴァ**などのモスクワの農奴女優をペテルブルクから観にくる人々もいたほどである。

◆音　楽

すでにピョートルの時代には、クラヴサンやグースリ（ロシア古来の立琴）の室内演奏が盛んであった。

アンナ・イヴァーノヴナの時代にイタリアやフランスの歌手による最初の宮廷オペラが創られた。作曲家も、たいていイタリア人の職業作曲家であった。

18世紀半ばには、オペラは首都だけでなく、地方都市や農奴劇場でも上演された。

エカチェリーナ2世の治世になると、最初のロシア人作曲家が現れた。もっとも人気があったのは、**ドミートリー・ステパノヴィチ・ボルトニャンスキー**（1751～1825年）の『領主の祝祭』、**ヴァシー**

F・G・ヴォルコフ
A・ロセンコ作

P・I・コヴァリョヴァ
＝ジェムチュゴヴァ
N・アルグーノフ作

リー・アレクセーヴィチ・パシケーヴィチ（1742～1797年）の『吝嗇家』、エヴスチグネイ・イパトヴィチ・フォミン（1761～1800年）の『駅場の駅者』などのオペラ作品であった。

ロシア民衆音楽の演奏会が、大いに人気を博した。ボルトニャンスキーはロシアの合唱音楽会の設立者であった。

◆絵画と彫刻

18世紀はロシアの絵画と彫刻が花開いた時期となった。

絵画は、伝統的な肖像画や歴史を題材にしたものから、劇場の装飾、背景、静物画や民衆の生活を描いた舞台まで様々なジャンルを特徴とした。

アントン・パーヴロヴィチ・ロセンコ（『ログネダの前のウラジーミル』）と**グリゴーリー・イヴァーノヴィチ・ウグリューモフ**（『ミハイル・フョードロヴィチの皇帝選出』、『カザン占領』）が、歴史絵画でもっとも有名な画家であった。

肖像画が発展するなかで、人々の日常生活への注目と絵画技術の向上というふたつの特徴が現れた。正装した国の政治家や支配層さえも、一般の人々として描かれた。

著名な画家のひとりは**アレクセイ・ペトローヴィチ・アントロポフ**（1716～1795年）である。彼は、中年や年配の人々の意志の強さ、威厳や自信を引き出すように描いた。正装したピョートル3世や**クリャプカ**大主教の肖像画もそのように描かれた。アントロポフは、小ぶりの室内用の肖像画（A・M・イズマイロヴァの肖像画はその典型）という新たな絵画のジャンルをつくりあげたひとりである。

イヴァン・ペトローヴィチ・アルグーノフ（1729～1802年）も肖像画の巨匠であり、シェレメチェフ伯爵家の正装した人々の肖像画を描いた。しかし、建築家**ヴェトシキン**夫妻、**フリプノフ**夫妻など一般の人々の肖像画がとくに彼を有名にした。彼の息子**ニコライ・イヴァーノヴィチ・アルグーノフ**（1771～1829年）は、シェレメチェフ伯爵の農奴女優（とくにT・V・シリコヴァ＝グラナトヴァ）の肖像画で名高い。

V・スロフツェヴァ
F・ロコトフ作

青い服を着た婦人　D・レヴィツキー作

フョードル・ステパノヴィチ・ロコトフ（1735～1808年）は、個人の精神的繊細さや多面性をもつ絵画を描いた。彼が描いた正装したエカチェリーナ2世、彼女の息子パーヴェル、G・G・オルロフ伯は、高い技術を誇っている。室内用の肖像画（とくにA・P・ストルイスカヤの肖像画）も印象的である。

ドミートリー・グリゴリェヴィチ・レヴィツキー（1735～1822年）は、アントロポフの弟子であった。彼の肖像画はモデルの個性を鮮やかに描き出している。彼は、ディドロやノヴィコフといった啓蒙思想家の深奥な内面を表現した肖像画や、スモーリヌィ女学校の生徒が踊り、歌い、音楽を奏でている様子を表現した数々の肖像画を描いた。

絵画芸術の新たな特徴は、ヴラジーミル・ルキチ・ボロヴィコフスキー（1757～1825年）の作品にも現れている。主に室内用の肖像画を描いた彼は、肖像画に初めて背景を描いた（そのなかでもっとも優れたものはM・I・ロプヒナの肖像画）。

18世紀末には、農民の生活を描いた絵画や、農民の肖像画に代表される傾向が現れた。それは、M・シバノフの『農民の食事』、『婚礼』などにみることができる。それらは、農民の生活習慣を美化するという、当時流行していたセンチメンタリズムを反映していた。

18世紀後半にはロシア彫刻の基礎が築かれた。フェドード・イヴァーノヴィチ・シュービン（1740～1805年）は、その創始者であり偉大な彫刻家である。個人の内面世界を絶妙に洞察し、細部まで大理石から作り上げることでは彼と並ぶものはいなかった。彼の優れた作品のなかには、A・M・ゴリツィンの胸像、『法律家エカチェリーナ』、ロモノーソフ、パーヴェル・ペトローヴィチ、

第 5 章　1762〜1801年のロシア　　511

А・Б・クラーキン　V・ボロヴィコフスキー作

А・А・ベズボロドコ、Р・А・ルミャンツェフ=ザドゥナイスキーなどの胸像がある。

　優れた活動家に敬意を表した記念像が初めて首都の街路に置かれた。ピョートル1世に敬意を表してペテルブルクの中心に設置されたЕ・ファルコネの『青銅の騎士』が世界的に優れた彫刻のひとつとなった。

　18世紀の支配者は皆、芸術作品の収集に多大な貢献をした。軍事的にもっとも困難な時期であっても、絵画、彫刻、美術工芸装飾の作品を購入するためには資金を惜しまなかった。こうした基盤があってこそ、最大規模の芸術作品コ

レクションである、ペテルブルクのエルミタージュ美術館が生まれたのである。

芸術作品の収集はモスクワ、ヤロスラヴリなどの都市でも行われた。

◆ 建　築

18世紀の偉大なロシアの建築家の作品には、世界の建築様式を取り入れることで優れたものとなったロシア建築の民族的伝統が表現されている。

18世紀建築でもっとも偉大な人物は、**ヴァルフォロメイ・ヴァルフォロメーヴィチ・ラストレーリ**（1700～1771年）である。彼はイタリアの彫刻家の家庭に生まれ、16歳の時に父と共にロシアへやってきた。彼はペテルブルクやその近郊に建てられた最大級の宮殿総合建築の設計者である。そのなかには、冬の宮殿、ペテルゴフの大宮殿、ツァールスコエ・セローのエカチェリーナ宮殿、ストロガノフ邸、スモーリヌィ修道院、キエフのアンドレイ教会がある。それらは、円柱を多用し、建物の外見と内装の装飾の華麗さ、浮き彫り装飾の多さに特徴があるバロック様式で作られている。

ヴァシーリー・イヴァーノヴィチ・バジェーノフ（1738～1799年）は、ロシア古典主義の創始者である。モスクワのパシコフ邸、モスクワ郊外のツァリーツィノ大宮殿、ペテルブルクのミハイロフスキー宮殿やいくつかの教会は、彼の設計で建てられた。彼の建築物の特徴は、背景や街の環境に調和するように建築物を配置した点にある。

マトヴェイ・フョードロヴィチ・カザコフ（1738～1812年）は、バジェーノフの助手であり、弟子であった。彼の設計でモスクワのクレムリン内にある元老院の建物、モスクワ大学、ゴリツィン病院とパーヴロフ病院、デミドフ邸、ピョートル宮殿が建設された。彼はモスクワでもっとも有名で美しい建物のひ

法律家エカチェリーナ
F・シュービン作

第5章 1762〜1801年のロシア 513

ペテルゴフの大宮殿　V・ラストレーリ作

モスクワのパシコフ邸　V・バジェーノフ作

ペテルブルクのタヴリーダ宮殿　I・スタローフ作

とつであり、のちに貴族集会に譲渡されたドルゴルーキー公爵邸（現ソユーズの家）を建設した。

　イヴァン・エゴロヴィチ・スタローフ（1745～1808年）は、アレクサンドル・ネフスキー修道院の再建やペテルブルク郊外の諸邸宅を建設したことで有名である。しかし、豪華な装飾のある数々の部屋と冬の庭園をもつタヴリーダ宮殿が、彼の作品のなかでもっとも優れて有名になった。それは、エカチェリーナ2世の注文により建てられ、ロシア－トルコ戦争での英雄的勝利を祝してポチョムキン公に贈られたものである。

　首都だけでなく地方都市における総合建築の発展が、18世紀後半の建築の特徴となった。中心には、つねに県の庁舎と司法機関など行政の建物や聖堂、劇場、病院、ギムナジウム、図書館などが置かれた。これは都市が新たな文化の中心となっていたことを示している。

18世紀の芸術文化は、ロシアが短期間で軍事大国になっただけでなく、ヨーロッパを代表する文化大国のひとつになったことを明確に示している。

◆質問と課題◆

1. 18世紀の芸術文化発展の特徴はどのようなものですか。
2. ロシア文学のどのようなジャンルが18世紀末までに完成されましたか。
3. なぜヴォルコフはロシア演劇の創始者と考えられているのですか。
4. 絵画のどのようなジャンルが18世紀後半に流行しましたか。
5. 主要な建築様式をあげてください。18世紀のもっとも有名な建築物はどのような様式ですか。

史　料

芸術アカデミー設立に関するⅠ・Ⅰ・シュヴァーロフの元老院への提案書
1757年11月

　学問と芸術は、疑いもなく、国にとって有益なだけでなく栄誉でもあると考えられます。ピョートル大帝は、ご自身の主要な事業のなかでふたつのことをお望みになりました。それは、大帝の学者と芸術家に対するご好意を示すものであり、多額の資金によって当時の著名人を呼び寄せ、多くの高価な機械を導入したこと、科学アカデミーの設立、人々を外国の学問の場へ派遣したことです。(中略)

　しかし、芸術なくして学問はありえないごとく、かくも互いが結びついているなら、それはかくも有益にも栄誉にもなりえましょう。わが国にはまだ芸術はほとんどありません、なぜならわが国には優れた芸術家がひとりもいないからです。その理由は、教育を受ける青年は、芸術に必要な外国語や学問などのいかなる基本も身につけずに芸術を学ぼうとするからです。(中略)

　現在、モスクワ大学には学問よりも芸術に才能のある多くの若者がおりますが、そのなかには芸術に必要な言語や他の知識を学んでいるにもかかわらず、放校になるかもしれない若者がおります。もし元老院が年額6,000ルーブルを必要とするこの提案を望ましいものと考えてくださるなら、このペテルブルクにおいて芸術アカデミーを設立することができ、それは十分成功を

おさめ、元老院のご配慮とご好意にこたえることができるでありましょう。

◆史料についての質問
ロシアが芸術アカデミーをもつことの必要性を、シュヴァーロフ伯爵はどのように説明していますか。

◎ 新しい用語を覚えよう。
バロック〔**Барокко**〕——芸術における主な様式のひとつ。豪華さと力強さ、形と装飾の多様性と複雑性という特徴をもつ。
古典主義〔**Классицизм**〕——古代ギリシアやローマの様式に注目した文学や芸術のスタイルと様式。
センチメンタリズム〔**Сентиментализм**〕——主人公の精神状態や苦悩の表現を特徴とする文学と芸術の潮流。

§33. 生活と習慣

◆住 居

身分の差は、18世紀の住居建築に明瞭に現れるようになった。

18世紀末のロシア皇帝の大宮殿は、17世紀の皇帝の豪邸とは何ら共通点がないばかりか、ピョートル時代の質素な住居とも共通点がなかった。もっとも豪華な皇帝の宮殿は、ラストレーリの設計で建てられたペテルブルクの冬の宮殿、ツァールスコエ・セローのエカチェリーナ宮殿、ペテルゴフの大宮殿である。ひとつの建築物の照明だけでも、祝祭日に2万本以上の蠟燭と15万以上の灯明が必要であった。

これらのバロック様式の建築物は、浮き彫り模様、壁画、鏡、絵画、金箔、絨毯、武器で飾られていた。

皇帝の命令によって、寵臣のための宮殿も建設された。エカチェリーナ2世

ペテルブルクの冬の宮殿　V・ラストレーリ作

の命令で、オルロフのための豪華な大理石宮殿が、ポチョムキンのためにはタヴリーダ宮殿が建てられた（しかも、それは60万ルーブルで購入され、そのあと再度ポチョムキンに贈られた）。アンナ・イヴァーノヴナは、自分の道化師のために戯れで氷の宮殿建設を命じた。門、彫刻、格子の柵と石油を塗った氷の薪をたいた湯屋、家具や鏡など、すべてが氷で作られた。余興のために何万ルーブルも費やされ、春の訪れとともに溶けてしまった。

　貴族や高官も皇帝に遅れまいとし、ペテルブルクとモスクワだけでなく、その郊外にも豪邸を建てた。しかも、調度品の豪華さを互いに競っていた。工場主の**プロコフィー・デミドフ**さえも、フレスコ画やモザイク、クロテンや虎の毛皮で豪華に飾り立てた豪邸をモスクワに建設した。大理石の貯水槽で金魚が泳ぎ、金箔の籠では何千kmも離れたところから連れてきたカナリアが歌い、オウムがフランス語を話していた。

　一般の町民や農民の住居は、依然として木造であったため、小さな火元から1街区や町全体さえも焼失する危険があった。18世紀には初めて通りごとに家の番号がつけられた（以前は建物が建てられた順番に番号がつけられていたため、24番の家と3265番の家が隣り合うこともあった）。町の家は、以前とは異なる様式

モスクワのゴリツィン病院　M・カザコフ作　　　パヴロフスクのパヴロフスク大宮殿

で建てられた。かつて家の中心には暖炉があり、そのまわりに部屋が配置されていたが、各部屋に通じる廊下が中心を占めるようになった。あまり裕福ではない町民の家でさえ、窓には以前のような雲母ではなく、ガラスが使われるようになった。

　丸太作りの農民家屋の建築様式に変化はなかった。18世紀には事実上、農民には何ら変化はもたらされなかった。

◆服　装

　ロシアの上流社会の服装は、18世紀を通じて大きく変化した。ピョートル1世が強制的に導入した洋服、靴、帽子や冬服の西欧様式を、誰も強要しなくなった。ロシアの貴族は、当初ヨーロッパから流行の洋服を取り寄せていたが、次第にフランス、オーストリア、オランダからペテルブルクに直接仕立て人を呼び寄せるようになった。

　貴族は、裾長でゆったりとした伝統的な衣装の代わりに、レース、ネクタイ、リボンがほどこされた細身のシャツとチョッキを身に着けていた。上着には、ビロードや丈夫な絹でできたカフタンをはおっており、袖は金糸と真珠で飾られていた。たとえば、ポチョムキンの正装服は約20万ルーブルであり、これは

第 5 章　1762〜1801年のロシア　519

彼の農民約4万人分の年貢に相当した。
　もっとも流行した靴は、踵がそれほど高くはなく、つま先が四角いものであった。その留め金は、豪華な装飾がなされ、ダイヤモンドがほどこされているものもあった。そのような靴の値段は、農奴付きのいくつかの村の値に相当することもあった。
　手袋、懐中時計と杖が身だしなみの必需品であった。これらはすべて金や宝石で飾られていた。女性だけでなく男性にも、化粧粉をかけたかつらが必需品であった（『長いふさふさとした髪』あるいは『細く編んだお下げ』）。
　女性の衣服は、さらに手が込んでいて高価だった。そのなかで、ドレスを着る前にきつく締め付けるコルセットが必需品だった（女性のウエストは非常に細い）。ドレスの下の部分は、特殊な骨組みを用いて大きく広げられていた。ドレスは非常に高価で、様々な素材で縫われていた。会合に同じ衣装を着て何度も現われることは無作法であると考えられていたため、上流階級の婦人は、

農民の服装

常に多数のドレスをもっていた。たとえば、エリザヴェータ・ペトロヴナ女帝はモスクワの火事の際、ドレス4,000着を消失し、彼女が亡くなった後にはさらに1万5,000着ものドレスが残された。

ドレスは膨大な量の貴金属で飾られていた。アレクセイ・オルロフの娘の有名な真珠の首飾りは、タヴリーダ宮殿の値段と同じ60万ルーブルと言われていた。

中小貴族と貧しい官吏には、そのような贅沢は不可能であった。しかし、彼らもドレスのスタイルだけでも流行を追おうとしていた。

農民は、衣服も靴も100年前と変わらなかった。

◆食　事

大多数のロシア帝国国民の食事は伝統的なままであった。モスクワで伝染病と飢餓が発生した1765年に、当時まだ知られていなかったじゃがいもが入った樽57個がドイツから取り寄せられた。しかし、じゃがいもを農民に配給して強制的な定着が行われたことから、飢餓にもかかわらず、「じゃがいも」暴動まで起こった。

18世紀の富裕層と都市の「中流」層にとって、ソーセージ類、詰物入りのパイ、サラダ、サラミソーセージ、カツレツが日常食となった。ピョートル大帝以前の時代の食事の規則も破られた。それは、食材を混ぜずに個別に調理することである。また、かつては鳥だけでなく、動物を丸ごと串に刺して火にあぶって焼いていたが、今や肉は小片に切って焼いた。そのために初めてこん炉とフライパンが使用されるようになった。

上流階級の食事の変化がもっとも顕著であり、西欧料理の影響は甚大なものであった。ヨーロッパの国々で少しでも流行したものがあると、ロシアの貴族はこぞって試した。ロシアで働いた料理人のうち、当時としては新しく、現在ではロシア伝統料理の草分けとなった者もいた。たとえば、オリビエというフランス人料理人は、今ではもっとも有名であり、西欧では彼の名がついた、あるいは単に「ロシアの」と呼ばれるサラダの作り方を考えついた。

農民の食事　M・シバノフ作

　西欧の流行を追ったために、上流階級が伝統的なロシア料理を食べるのは、客人がいない家族のみの時となった。公式なパーティーや食事からは、シチーなどのロシア式のかまどで調理された伝統的なスープが消えた。それらの代わりに、ブイヨンスープやこん炉で調理されたスープ類が供された。イースト菌を使った生地で作られる愛すべきロシアのピローグ（ロシア饅頭）の代わりに、フランス式パイ生地でピロシキがつくられた。

　正餐会が18世紀に広く普及した。正餐会は通常、4〜5時間続いた。客が集まるまでのあいだ、人々には食事前にも、ウォッカやイクラ、チーズ、塩漬けの魚などの前菜が振る舞われた。食事の席に招かれてから正餐が始まる。食事

には80～100品もの料理が振る舞われることもあった。最初は10品ほどの様々なスープ、次に鳥、キジのもも肉、ウサギの詰物、ピローグやマリネ、塩漬けのサーモンやチョウザメ、キノコやハムなどの前菜が続いた。肉料理には赤ワイン、魚料理には白ワインが供された。そのあと、ローストビーフやステーキ、サラダ、子ヤギや子豚などの詰物の肉料理が運ばれた。肉料理には特別につくられたソースが添えられた。さらに、燻製のタン、うなぎ、ザリガニやえび、王様風内臓料理、牡蠣などの新たな前菜が続いた。最後に甘いデザートが出された。正餐はチョコレート菓子やケーキ、異国のフルーツを添えて紅茶とコーヒーで終わった。

◆余　暇

　農民は宗教的な祝祭日や日曜日でさえも（1797年パーヴェル1世の令まで）自由な時間をもっていなかったため、組織化された余暇というものはなかった。農民は仕事から解放されるとまず、家の仕事をするか教会へ通った。冬の祝祭日やマースレニッツアのお祭り（バター祭り、パンケーキ祭りと訳されることもある。冬を送る祭り）には、そりで丘をすべり、クリスマスには**コリャートキ**（歌）を歌って家々を回った。

　都市（とくに首都の）住民は、脇からの見物で、上流階級の祝祭日に「参加」できた。新皇帝の戴冠式や即位の日に、人々はお祝いのワインやピローグをもらい、花火やイルミネーションを見物することができた。

　上流階級や裕福な企業家、商人の余暇は当然ながら異なっていた。

　貴族は、舞踏会、カーニバルや正餐に参加し、それによって「きわめて」疲労していたため、自分が農奴に劣らず辛い状況にあると心から思っていた。

　国営劇場や農奴劇場へ行くことが、新しい余暇

長持（衣装箱）

第5章　1762〜1801年のロシア　523

オスタンキノ宮殿　　　　　　クスコヴォ宮殿

の過ごし方となった。舞台には、主人やその客が参加する演目もあった。

　頻繁に舞踏会が開かれていた（どんな集まりにも必ずあった）。たいていは主賓（男性）を伴った女主人によって開始され、それに主人や貴賓（女性）が続き、その後その他の人々が滑らかに踊った。18世紀の基本的なダンスはメヌエットであった。

　絵画、彫刻、煙草入れ、宝石、杖やシガレットケースなどの収集が、上流階級でもっとも流行したことのひとつであった。

　　　このように、18世紀の日常生活と習慣の変化は、実際甚大なものであった。18世紀最初と最後のロシアを見比べると、多くの点で異なる国のように見える。ただし、こうした変化はすべて、基本的にはロシアの上流階級に限られていた。国民の大多数にとっては、ほとんど何も変化しなかったのである。

◆質問と課題◆
1. なぜ日常生活の主な変化は上流階級にのみ限られていたのですか。
2. 18世紀を通じて貴族の住居はどのように変化しましたか。
3. 服装と靴はどのような新しいものに変わりましたか。

4. 食事はどのように変化しましたか。
5. なぜ農民の余暇は変化しなかったのですか。

史　料
「警察庁の公正標」
Ⅰ．自分が耐えられないことを近親者に行わないこと。Ⅱ．近親者に悪をせず、できるだけ善をすること。Ⅲ．近親者に個人的侮辱を加える者は、できるだけ償うこと。Ⅳ．善にて互いに助け合い、盲者を導き、もたざる者には住居を与え、渇く者を潤すこと。Ⅴ．溺れる者を哀れみ、落ちる者には救いの手を差しのべること。Ⅵ．家畜をも慈しむ者は幸福である。もし悪人の家畜がつまずいたならば、起こしてあげること。Ⅶ．道に迷った者には道を指し示すこと。

◆史料についての質問
文書のなかに書かれている訓戒は、あなたが知っているどの宗教的な資料と通じるものがあると思いますか。

◎ 新しい用語を覚えよう。

コリャートキ〔Колядки〕──特別な衣装を着た（仮装した）人々が家々を回り、家の主人の幸せと平穏無事を願って歌う儀式的な歌。

まとめ

　17世紀と18世紀は、ロシアにとって転換期となった。それはロシアの行動方針そのものを規定しただけでなく、ロシアの歴史的な歩みの特徴を明らかにし、理解させることになったのである。

　17世紀には、西欧の多大な影響がロシアに及び始めた。17世紀にポーランドと密接に結びついたロシアは、ポーランドとウクライナという仲介者を通して、固有の文化、政治、精神的伝統を維持するためには、西欧の世界とより密接な関係を保つ必要があると理解するに到った。17世紀は、ロシアが太平洋に進出しただけでなく、アメリカの海岸に接近し、遠く東へと境界を広げた世紀であり、ピョートル大帝の名のもとに根本的な変化を準備していた世紀であった。

　18世紀は、ロシアにとって極限的緊張の時代となった。ピョートルの改革の影響下でロシアは「ヨーロッパへの窓を開けた」だけでなく、国内でも生活は変化を遂げた。ロシア国民の何世代にもわたる辛抱強い労働の結果、帝国の軍事力と経済力が増大し、ヨーロッパや世界政治に対するロシアの権威が高まり、影響力が強まった。歴史上初めてロシアは、ヨーロッパの偉大な強国という地位を獲得した。

　しかし、ロシアは依然として、西欧世界の新たな日進月歩の動きと、東方諸民族の緩慢さと漸進性を合わせもつ、広大なユーラシアの強国のままであった。

　それは文字どおり、外国の経験と固有の歴史的伝統を調和させることを、ロシアに運命づけたのである。

年表

1584〜1598年	フョードル・イヴァーノヴィチの皇位
1589年	ロシアでの総主教座の導入
1597年	逃亡農民に関する法令の発令
1598〜1605年	ボリス・ゴドゥノフの皇位
1605〜1606年	偽ドミートリー1世の皇位
1606〜1610年	ヴァシーリー・シュイスキーの皇位
1606〜1607年	ボロトニコフの反乱
1609年	外国軍隊のロシアへの進入開始
1609〜1611年	スモレンスク奪回戦争
1610〜1612年	「七卿政府」(セミボヤールシチナ)
1611年	第1次国民軍
1612年	第2次国民軍　モスクワ解放
1613年	ミハイル・ロマノフ皇帝の選出
1613〜1645年	ミハイル・フョードロヴィチの皇位
1632〜1634年	スモレンスク争奪戦争
1645〜1676年	アレクセイ・ミハイロヴナの皇位
1648〜1650年	ロシアでの都市の蜂起
1648年	デジネフによるアジア・アメリカ海峡の発見
1649年	会議法典
1653〜1655年	ニコン総主教の教会改革開始
1654年	ウクライナとロシアの合併
1654〜1667年	ロシア・ポーランド戦争
1662年	モスクワ銅貨の一揆
1670〜1671年	ステンカ・ラージンの乱
1676〜1682年	フョードル・アレクセーヴナの皇位
1676〜1681年	露土戦争
1682〜1689年	ソフィヤ王妃の統治
1687、1689年	ゴリーツィナのクリミア侵攻
1687年	スラヴ・ギリシア・ラテンアカデミー創設
1695、1696年	ピョートル1世のアゾフ侵攻

1697～1698年	西欧諸国への外交
1700～1721年	北方戦争
1703年	サンクト・ペテルブルクの建設開始
1705～1706年	アストラハンの反乱
1707～1708年	K・A・ブラーヴィンの反乱
1708年	県の設置
1709年6月27日	ポルタヴァの戦い
1711年	元老院の設置
1711年	ピョートル1世のプルト遠征
1714年	ガングートの海戦
1718～1720年	参議会（コレギヤ）の設置
1722年	官等表の採択
1725～1727年	エカチェリーナ1世の統治
1725～1730年	ピョートル2世の統治
1730年	専制制限の試み
1730～1740年	アンナ・イヴァーノヴナの統治
1731年	カザフの土地のロシア領編入開始
1733～1735年	ロシア、「ポーランド継承」戦争に参戦
1735～1739年	ロシア－トルコ戦争
1740～1741年	イヴァン・アントノヴィチの統治
1741～1743年	ロシア－スウェーデン戦争
1741～1761年	エリザヴェータ・ペトロヴナの統治
1757～1762年	ロシア、七年戦争に参戦
1761～1762年	ピョートル3世の統治
1762年	「貴族の自由についての布告」
1762～1796年	エカチェリーナ2世の統治
1767年	立法委員会の召集
1768～1774年	ロシア－トルコ戦争
1770年	ラルガ、カグール、チェスマの戦い
1772年	第1次ポーランド分割
1773～1775年	E・I・プガチョフが率いた農民戦争
1775年	県政改革

1783年	クリミア（タヴリーダ）のロシア併合
1785年	「貴族への恵与状」「都市住民への恵与状」
1787〜1791年	ロシア-トルコ戦争
1793、1795年	第2次、第3次ポーランド分割
1796〜1801年	パーヴェル1世の統治
1799年	A・V・スヴォーロフのイタリア、スイス遠征

ロシアの歴史 19世紀

8 年生

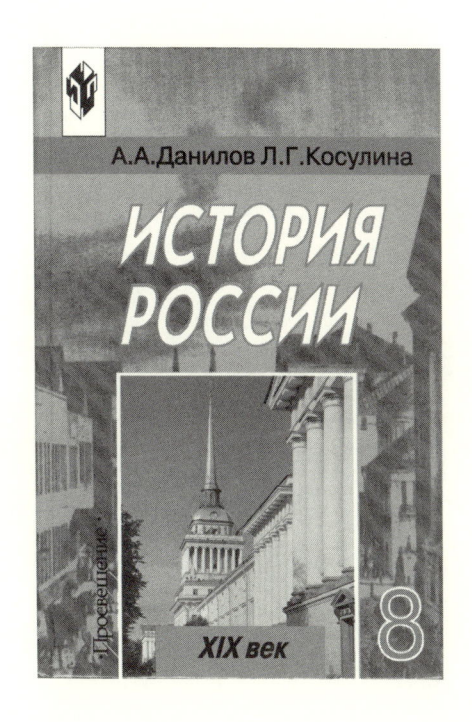

А.А.Данилов Л.Г.Косулина

ИСТОРИЯ РОССИИ

XIX век

8

序　文

　18世紀末にロシア帝国は、その領土の大きさで世界の最強国であった。帝国があまりに広大であったため、女帝エカチェリーナ2世の死後に遣わされた急使が1日平均約180 露里〔1露里は1.06km―訳者〕を走破しても、この事件の知らせを東シベリアのイルクーツクにもたらしたのは、女帝の死後ようやく34日後のことであり、また、カムチャッカへは、3ヵ月後のことであった。

　ロシアの人口は、18世紀に4倍も増加した。19世紀初頭までに人口は、約4,400万人となった。しかしながら、ウラル以東のロシア帝国内に暮らしていたのは、わずか300万人であった。

　住民の民族構成は、きわめて多様であった。その基盤をなしていたのはロシア人であった。ロシア帝国のヨーロッパ側南部と西部で、ロシア人はウクライナ人やベラルーシ人と共に生活していた。ロシア人（大ロシア人）、ウクライナ人（小ロシア人）とベラルーシ人は、当時同一民族と見なされていた。バルト海地方では、エストニア人、ラトヴィア人、リトアニア人、ロシア人、また、ドイツ人も住んでいた。ヨーロッパ・ロシアの北部と沿ヴォルガ地方では、広範囲の領土にフィン・ウゴル語族（モルドヴァ人、マリ人、ウドムルト人、カレリア人など）、チュルク語族（タタール人、バシキール人、チュヴァシ人など）、アルタイ語族（カルムイク人）の諸民族が住みついた。多様な民族（タタール人、ヤクート人、エヴェン人、エヴェンク人、ユカギール人、ブリヤート人、チュクチ人、ナナイ人、山岳アルタイ人など）が、シベリアや極東に居住した。カザフ人の一部が、18世紀にロシア国籍を取得した。

　ロシアの諸民族は、ほぼすべての主な世界宗教を信仰していた。ロシア人、ウクライナ人、ベラルーシ人、その他の民族（合計して人口全体の87％）が信奉したロシア正教が国教であった。ニコン総主教によって17世紀に行われた改革のあと、ロシア正教会内で分裂が起こった。正教徒の一部は、新儀式を認めずに、古儀式に従った。

　西部地域では、カトリック（リトアニア人、ポーランド人）とプロテスタント

（ラトビア人、エストニア人、ドイツ人）が広まった。チュルク語族の多くの民族はイスラーム教を信じ、カルムイク人とブリヤート人は仏教を信奉した。18世紀末にジェチ・ポスポリタの一部がロシアへ統合されたあとで、ユダヤ教を信仰するユダヤ人がロシア帝国の臣民となった。いくつかの民族は異教信仰を保っている（モルドヴァ人、マリ人など）。

国の基盤を成す身分は、貴族が40万人未満、聖職者が21万5,000人、農民が人口の90％以上、町人が4％未満、商人が約1％、コサックが150万人だった。

身分分化は、農業社会に固有のものである。こうした社会の経済で、主要な役割を担うのが農業である。ロシアの農業では、他の産業と同じく、封建農奴制が支配し続けていた。農民の半分以上が工業企業、つまりマニュファクチュアの労働者の大多数と同様、貴族・地主や工場所有者に隷属する関係であった。

ロシアの政治体制の基本は、専制政治であった。立法権、行政権、司法権のほとんどすべてが君主に帰属していた。民衆の言葉で「ツァーリ」と呼ばれていた皇帝は、実際にはロシア正教会の首長であった。皇帝は、国家機構の力で国を統治していた。国家機構の官吏の大部分が、貴族階級の出身者であった。同様に、地方における行政は、基本的に高位の貴族から皇帝によって任命された県知事か総督により執り行われていた。

貴族の大部分は、国の経済にも、政治制度にも、変革の必要性を認めなかった。このような見解の基盤には、国際舞台におけるロシア帝国の威力と、経済や文化などが十分に好成長を遂げていることがあった。しかしながら、18世紀中期ですでに、封建農奴制の凋落の兆しが現れていたのである。この主な原因は、隷属的状況の労働者が、自身の労働の結果に対して無関心であることにあった。封建制度の基本的特性を払拭し、新しい資本主義（産業）社会が発展し始めた西ヨーロッパ先進諸国からの、しばらくは目立たなかったロシアの遅れが、浮かび上がってきた。資本主義社会のいくつかの特性の誕生が、ロシアでも起こった。しかし、それらはあまりに弱々しかった。

ロシアの経済的、政治的、社会的生活のあらゆる側面が、変革を求めていた。このなかで多くのことが、中央政権、何よりも皇帝の意向にかかっていた。

第1章

19世紀前半のロシア

§1. 1801～1806年のアレクサンドル1世の内政

◆皇帝アレクサンドル1世

　19世紀の最初の年にロシア皇帝の玉座に上がったのが、新しい皇帝である、パーヴェル1世の息子アレクサンドル1世であった。彼は1777年に生まれ、エカチェリーナ2世の寵愛する孫であった。アレクサンドルは、祖母の宮廷内で養育され、そこで支配的であった習慣をすぐに自分のものとした。彼のなかで偽善や、内心を打ち明けない性格、エカチェリーナや父親への批判的態度が形成されていったのである。

　未来の皇帝へ重大な影響を及ぼしたのが、彼の家庭教師のひとり、**自由主義**思想の信奉者であるスイスの政治家F・S・ラアルプであった。彼は、これらの思想をアレクサンドルの意識に植えつけようと努めた。そのなかには、農奴制に対する否定的な態度もあった。国家の政治制度の分野での、自由主義者の重要な要求は、憲法の導入であった。

　立憲政治は、まず第1に法を基盤にした国の統治、法の採択への選挙機関（議会）の参加、人民に市民的自由を与えることなどを意味する。

若き日のアレクサンドル１世

Ｖ・Ｐ・コチュベイ

同時に、ガッチナにある父の宮殿にアレクサンドルが頻繁に訪れることで、彼は閲兵式や**機動演習**の愛好者に変わっていった。

パーヴェル１世の即位後に、アレクサンドルは、専制権力を強化するために父の施策を支えなければならなかった。しかしながら、ラアルプによって植えつけられた自由主義思想は、彼から離れることはなかった。

貴族の広範な層の、わけてもその上層部からのパーヴェル１世の政治への不満が、皇帝に対する陰謀を誕生させることとなった。父に対する陰謀にアレクサンドルが参加したことは、王位継承の権利を息子アレクサンドルから剥奪しようとしたパーヴェルの試みが多くの点で原因であった。しかし、皇帝の息子は本心から父の死を望んでいたわけではなかった。

1801年３月11日の宮中クーデター及びパーヴェル・ペトロヴィチ殺害の結果、アレクサンドルは24歳でロシア皇帝になった。

即位宣言のなかでアレクサンドルは、「法と、わが祖母エカチェリーナ女帝の心に従って」統治すると約束している。だが、新しい皇帝は、国を刷新する目的で、根本的な改革をする必要があると考えていた。

◆「秘密委員会」

こうした改革を実現するために、若き皇帝には、側近の盟友たちの支援が必要であった。同志としての改革者となったのが、若き皇帝がかつて共に養育され教育を受けた同年齢の者たちであった。彼らのなかには、Ｐ・Ａ・ストロガ

ノフ伯爵、N・N・ノヴォシリツェフ、A・A・チャルトルィスキー公爵、V・P・コチュベイ伯爵がいた。アレクサンドルと共に彼らは、その会議上で改革の計画が議論された、いわゆる「秘密委員会」を立ち上げた。

　「秘密委員会」のメンバーが直接参与したことで、新しい統治の第一歩が実現した。つまり、パーヴェル治世で苦しんだ１万2,000人の**恩赦**（おんしゃ）が布告された。また、再び国境が開かれた。あるいは、西ヨーロッパの書物や商品を自由に輸入することが許可された。

P・A・ストロガノフ

皇帝のもとに、最重要法案の立案及び審議がその職務のひとつである12人からなる常任諮問評議会が創設された。

　「秘密委員会」の会議は、1801年６月から始まり、1802年５月まで定期的に開かれた。「秘密委員会」の活動の重要な成果となるべきであったのが、専制政治の制限であった。どうやら、これに賛同したのが、他ならぬ皇帝自身だったようである。だが当初は、国政における改革を進めることが決議された。

◆改革の始まり

　すでに1801年４月２日に、アレクサンドルは５つの重要な勅令を発布した。そのうちのひとつは、「貴族への恵与状」を完全に再現していた。別のものは、「都市への恵与状」を再現していた。第３、第４の勅令は、「ロシア物産の海外輸出の自由」と囚人の拘置の改善に関するものであった。最後の勅令は、裁判事件すべての審議を元老院に移譲していた。まもなく、国有地農民が貴族に直訴することが禁じられ、また、土地なしでの農奴売買に関する広告を新聞に載せることが禁止された。治世の初年の終わりに、アレクサンドルは町人や農民に、未開墾地を買う権利を与えた。

　1802年９月に、国家権力の最高機関の改革が始まった。元老院は、最高裁判機関へと変わった。地方行政の活動に対する監視もまた、その任務となった。

農奴売却に関する新聞の広告
『モスクワ報知』1800年7月4日水曜
　余剰のため、召使たちを売ります。靴工22歳とその妻である洗濯女は、500ルーブル。また、20歳の彫刻師とその妻、妻は素晴らしい洗濯女であり、下着を上手に縫うこともできる。400ルーブル。イニシャルつきの金子入れを刺繍する、手芸のできる女工もいる。そのひとりは、竪琴グースリを弾く。アルバート区1号N1117でご覧になって、その価格をお問い合わせください。
　駿馬の血統の灰色毛の若い馬6頭を売ります。

　同時に、参議会の代わりに中央行政機関に次の8つの省がなった。陸軍省、海軍省、外務省、法務省、内務省、財務省、国民教育省、通商省である。国政の全体的な諸問題審議のために、大臣委員会が創設された。「秘密委員会」のメンバー全員が、閣僚メンバーに入った。たとえば、コチュベイは内務大臣に、ストロガノフはその副大臣となった。法務副大臣には、ノヴォシリツェフが任命され、チャルトルスキーは、（公式には、外務副大臣だけであったが）実質的には外務大臣となった。

1803年に、国民教育改革が始まった。このおかげで、教育は国民の「下」層にもより身近なものとなった。大学は、（権力からの独立という）かなりの自治権を得て、その数は増加した。

　アレクサンドルの最重要決議のひとつが、1803年2月20日の「自由農耕民」に関する勅令となった。これにより、地主は自身の農奴を、身請け金の対価に土地を分与し自由の身にすることができた。これは、隷属から農民を解放する可能性をもたらした、ロシア史における最初の法令であった。しかしながら、その実際の影響は目立たないものであった。アレクサンドル1世の在位全25年のあいだに、わずか4万7,000人の農奴だけが（つまり、農奴総数0.5%にも満たなかった）、この方法により自由を買うことができたのである。つまり、地主の大多数は、「自身の財産分与」を考えてはいなかったのであった。

　1804年にバルト海沿岸地方で、農奴制廃止への最初の一歩が記された。農民の義務と税の額が明確に定義され、また、農民は、その土地区画を世襲の地主によって承認された。アレクサンドルの意見によれば、バルト海沿岸地方の改革は、将来「全ロシアに手本を示す」はずのものであった。

　こうして、新しい皇帝の統治の初期にすでに、改革の力を借りて、祖国ロシアの状況をより良い方向へ変えていこうという、皇帝の確固たる意向が現れていた。

◆質問と課題◆
1. アレクサンドル1世は、どのような個人的資質をもっていましたか。彼の性格の二重性の原因は何にあると思いますか。こうした特徴は、若き皇帝の政治にどのように影響しましたか。
2. 「秘密委員会」の主な使命は何でしたか。またロシアの現実にどのような役割を果たしましたか。
3. アレクサンドル1世の最初の改革の特徴を挙げてください。そのうちどれが重要だと考えますか。理由も答えてください。

史料

1797年アレクサンドル1世の手紙

（前略）いよいよ私の帝位の順番が来たら、言うまでもなく、その時は、将来整備される代議制を創設するために、着実に努力していく必要がある。この制度が指導を受けながら自由憲法を立案するなら、そのあとで私の政権は完全に終焉を迎え、そして私は（中略）、どこか人目につかぬ所に退位し、自分の祖国が繁栄しているのを眺め、それを楽しみ、そこで幸福に満足して暮らすだろう。

1803年2月20日付けのアレクサンドル1世の勅令

地主の誰かが、正式に購入した農奴または父祖伝来の農奴をひとりずつ、あるいは村落ごと自由の身に解放し、それと同時に土地の区画または森林地一帯を彼らのものとして承認したいと願うならば、双方の合意により最良と認められる契約を取り交わしたうえで、申請の際にその契約を審議のために、県の貴族団長を通じ内務大臣へ提出しなくてはならない（後略）。

I・D・ヤクシキンの『覚書』

農奴を解放すると私が提案した条件を、彼らは自分にとって有益であると評価しているかどうかを知りたかった。私は彼らを集め長いこと語り合った。彼らは私の言うことを注意深く聴き、最後にこう質問をした。「私らが現在所有する土地は、私らのものとなるのか、ならないのか」。私は彼らに、土地は私のものとなるが、お前たちは私から土地を借りる権利をもつと答えた。「結構です。旦那様、すべてを昔のように残しておいてください。われわれはあなたのものであり、土地はわれわれのものに」。解放が彼らにもたらす独立のあらゆる利点を彼らに説明するよう努めたが、徒労に帰した。ロシアの農民は、自分のために自作で耕せる土地の一片すらなくなるような可能性を許しはしないのである。

◆史料についての質問

1. 政権に就いた際に「代議制」を導入し、政務から引退するとした王位継承者であるアレクサンドル1世の計画をどう説明することができますか。
2. この計画はどういった状況および人物の影響下で、形成されたのですか。

3. 自分の農奴を解放したいと望んでいた地主は申請し、この件に関する内務大臣の許可を得なくてはならないという事実を、どう説明できますか。
4. 農民はなぜ農奴解放に関するⅠ・D・ヤクシキンの提案を拒否したのですか。

◎ 新しい用語を覚えよう。

恩赦〔**Амнистия**〕——司法上の刑罰を、最高権力が部分的あるいは全面的に免除すること。

自由主義〔**Либерализм**〕——議会制や市民的自由（信教の自由、言論の自由、集会、結社の自由など）と、企業活動の自由の支持者を結びつける思潮。

機動〔**Манёвр**〕——戦場における軍隊の移動。

宣言（書）〔**Манифест**〕——最高権力からの国民への文書による厳粛な呼び掛け。

§2. 1801〜1812年の外交政策

◆第3次対仏大同盟へのロシアの参画

1801年の宮中クーデターのすぐあとで、ロシアの外交政策も変化した。パーヴェル1世はその逝去までの短い期間、イギリスとのあらゆる関係を中断し、イギリスを長とするヨーロッパ諸国連盟（同盟）との戦争を命じた、フランスの覇者ナポレオン・ボナパルトと同盟を結んだ。アレクサンドルはイギリスとの貿易を再開した。すぐさま、インドのイギリス植民地へ行軍するよう派遣されたコサック部隊が召還された。

同時に、フランスとの関係が悪化した。1801年6月5日にロシアとイギリスは、ボナパルトに敵対するよう向けられた「友好通商」条約を結んだ。1804年ナポレオン・ボナパルトが自身をフランス皇帝と宣言したすぐあとで、ロシアは次の（第3次）対仏大同盟に加盟した（1805年）。この同盟国は、イギリス、

オーストリアとスウェーデンであった。

イギリスでの陸戦隊の上陸を準備していたナポレオンは、突然その主力部隊を中央ヨーロッパへと移動させた。ここで初めにフランス軍はウルム近郊の会戦でオーストリア軍隊を撃滅し、ウィーンを占領した。そのあと、ナポレオン自身の指揮のもと、ロシア皇帝とオーストリア皇帝が居たアウステルリッツ近郊で、オーストリア・ロシア連合軍に打撃を与えた（1805年11月20日）。ロシアは約1万5,000人の自国の兵士と将校を失った。ナポレオンは、全砲兵隊と莫大な数の輸送隊、そして約2万人の捕虜を手に入れた。第3次対仏同盟は崩壊した。

19世紀初頭のロシア兵士

◆カフカースにおけるロシア

同時にロシアはカフカースで積極的な外交を行っていた。まだ1801年の時点で、東グルジアが自発的にロシアの一員となった。1803年にミングレリアが征服された。翌年にロシア領土となったのが、イメレチ、グーリヤ、ガンジャであった。ロシア・ペルシア（イラン）戦争の渦中の1805年にカラバフ、シルヴァンが征服された。1806年にはオセチアが自らの意志で併合された。ザカフカジエ〔カフカース山脈以南部地方〕におけるロシアのこのように急速な進出はトルコやペルシアだけではなく、ヨーロッパの強国にも不安を与えた。

◆1806～1807年戦争におけるロシア

1806年にヨーロッパで新たな勢いで戦争が勃発した。イギリス、ロシア、プロイセンやスウェーデンが参加国である第4次対仏大同盟が設立された。これに対するナポレオンの対抗策となったのが、1806年にイギリスに対し宣言された「大陸封鎖」、つまりイギリスとヨーロッパ大陸各国とのあらゆる関係の禁

止であった。それがイギリス経済を破綻させるはずであった。ナポレオンに対する大同盟の軍事行動は、今回もまた同盟側にとって不首尾に終わった。

　軍事的敗北は、ロシアが三方の戦線で戦争を行う少なからぬ原因となった。1804年からロシアは、ペルシアとの戦闘に備えて、東カフカースでかなりの兵力を有しなければならなかった。一方、1806年12月にナポレオンは、フランスの支援だけでなく、失われたクリミアとグルジアの返還が約束されていたトルコをロシアとの戦争に駆り立てることに成功した。1807年にロシア軍は西カフカースとバルカン半島でトルコの進撃を撃退した。D・N・セニャヴィン提督の指揮するロシア艦隊は、ダーダネルスとアフォンの海戦で大勝利を果たした。

　プロイセンの壊滅後にフランスは、ロシアの国境まで実際には行き着いていた。アレクサンドル１世は、祖国の軍事的及び物質的資源が枯渇したことを理解していた。彼は、交渉開始を提案した憎むべきナポレオンと、和平を結ばなくてはならなかった。

◆1807年のティルジット和約とその結果

　両皇帝、つまり、アレクサンドル１世とナポレオン１世の会談は、1807年６月25日にプロイセンのティルジット町近郊のネマン川に浮かぶ筏のうえで行われた。それは、２国間の和平条約締結という結果をもたらした。この文書によれば、ロシアはナポレオンのあらゆる占領を容認したとされる。ロシアはフランスと同盟を結び、もしイギリスが以前の路線をとる場合、イギリスとの戦争へ突入する義務を負った。しばらくはロシアがイギリスへの「大陸封鎖」に参加していた。アレクサンドルの願いでプロイセンは形式的な独立を維持したが、実際はフランスに従属する国家に変貌していった。プロイセン領の一部と、そののちオーストリア領の一部からナポレオンは、完全に自分に従属するワルシャワ公国を建国した。条約の秘密条項は、トルコやペルシア、そしてスウェーデンに対する行動の自由をロシアに与えた。

　ロシアにとって好都合な一連の条約条項にも関わらず、ティルジット講和の条件は誰よりも一番ナポレオンを満足させたのである。ヨーロッパにおけるフ

ランスの支配は強化された。「大陸封鎖」へのアレクサンドルの参加は、イギリスだけでなく、ロシア自身にもたいへんな打撃を与えた。ロシアは莫大な経済的損害を被った。スウェーデンに対するロシアの戦争をナポレオンが奨励したことで、ナポレオンの敵対国のさらに1ヵ国が戦線を離脱したのである。

外交政策における急転換は、ロシアを国際的孤立へと向かわせ、アレクサンドル自身の権威の失墜をももたらした。ののち「秘密委員会」のメンバーの大多数が退官し、ロシアを去った者すらあった。ペテルブルクでは皇帝の妹エカチェリーナ・パヴロヴナのために次の宮中クーデターが起こりうるとの噂が広まっていった。こういったことすべてが、調印された和平を不安定なものとしたのである。

とはいえ、ティルジットでの秘密の合意は、帝国の領土を隣国を犠牲にし拡張する機会と、トルコ及びペルシアとの長引く戦いや、スウェーデンとの切迫する戦争を円満に終結する機会を、アレクサンドルに与えたのであった。こうした動向が、ロシアの外交政策において主要なものとなったのである。

◆1808〜1809年　スウェーデンとの戦争

軍事行動は1808年2月9日に始まった。ロシア軍は1ヵ月かけてフィンランドの南部と中央部の全域とオーランド諸島を占領していった。1808年3月16日にアレクサンドル皇帝は、フィンランドをロシアに併合すると布告した。1809年3月にバルクライ・ド・トーリ将軍の指揮する部隊がバルト海の氷を渡るという前例の無い進軍を成し遂げ、スウェーデンのウメオ市を占領した。一方P・I・バグラチオン将軍の部隊はストックホルムへの今後の進撃のためにオーランド諸島へと派兵された。

スウェーデンの敗北によりスウェーデン国王は退位し、戦争終結の嘆願が寄せられた。しかし、アレクサンドルは講和に応じなかった。彼はフィンランドのボルゴ市にフィンランド大公国議会**セイム**を開催した。セイムはロシアへのフィンランド大公国の併合を宣言した。大公国は、スウェーデン制覇の時に有効であった法律を基盤に自治を行う幅広い権利を得た。

このあとにようやくスウェーデンとの和平交渉が始まった。1809年9月5日に調印された講和条約によれば、フィンランド全土がロシアに譲渡され、また、スウェーデンは「大陸封鎖」に参加したのである。

◆1806～1812年　露土戦争

　この戦争の初期段階（1806～1807年）では、トルコはフランスの同盟国であるロシアと戦った。戦争は長引く気配を見せた。ティルジット講和のあとでさえ、ロシア軍はすぐには状況を変えることができなかった。転機は1811年、ロシア軍の総司令官にM・I・クトゥーゾフが任命されたあとに起きた。

ミハイル・イラリオノヴィチ・クトゥーゾフ（1745～1813年）

　偉大な司令官だけではなく、傑出した外交官でもあった。1795年に優等で貴族学校を卒業後、母校の数学教師として招聘された。1768～1774年の露土戦争時代に、リャバヤ・モギラ、ラルガ、カグルで殊勲を立て、アリシュタヤ近郊の戦闘（1774年）でこめかみと右目に重傷を負った。1787～1791年の露土戦争にクトゥーゾフはバルカン半島でロシア軍の左翼方面軍を指揮した。彼はイズマイル占領に参加した。A・V・スヴォーロフは自身の教え子である戦友を高く評価し、次のように述べた。「彼は左翼軍で戦ったが、彼は私の右腕である」。M・I・クトゥーゾフの外交官としてのその才能は、コンスタンティノープルでロシア大使館の長となった1792～1794年に最大限に発揮された。彼は、政治及び通商面でロシアに有利な得点をうまく手に入れた。その後クトゥーゾフは陸軍貴族学校の校長、フィンランドでの軍司令官、リトアニア及びサンクト・ペテルブルク総督であった。1805年にクトゥーゾフは第3次対ナポレオン同盟戦争のロシア軍の総司令官に任命された。しかし軍の指揮に、ロシア及びオーストリアの皇帝たちが積極的に

> 干渉してきた。アウステルリッツの敗北後、1806年にクトゥーゾフはキエフ軍事総督に任命された。

ドナウ川に到着したあとでクトゥーゾフは、急襲でトルコ軍を完全に包囲し、敵を和平交渉へと向かわせることに成功した。1812年にブカレストで講和条約が調印された。この条約により、ベッサラビアはトルコの支配から解放され、ロシアへ統合された。トルコはさらにセルビアの状況を緩和することも約束した。この条約が、セルビアののちの解放のきっかけとなった。ロシアへ侵攻する前に露土戦争を自分のために利用するというナポレオンの計画は、挫折した。

◆1804～1813年　ペルシアとの戦争

この戦争は、ペルシアの主導で始まった。ペルシア軍は14万の騎兵と6万人の歩兵を有したが、武装及び装備の面が悪かった。ロシアのカフカース軍を最初に率いたのは、Ｉ・Ｖ・グドヴィッチ将軍であった。彼の軍隊は、ギャンジ、シェキン、カラバフ、シルヴァン、クビン、バクー・ハン国を短期間で支配下におくことができた。しかし、1808年にエリヴァニ（エレバン）市の征服に失敗してから、Ａ・Ｐ・トルマソフ将軍が司令官に任命された。彼はさらにいくつかの勝利を得た。

1810年にペルシア人とトルコ人が対ロシア同盟を結んだ。だが、それは両者にあまり役立たなかった。以前ロシアは、両国それぞれで敗北し、今度は両国軍を敗北させたのだ。1812年に、2,000人の兵を有するＰ・Ｓ・コトリャリェフスキー将軍のロシア軍は、アッバス・ミルザ皇太子を長とした1万人のペルシア軍を攻撃し、軍を敗走させ、そのあとアルケヴァンとレンコランを占領した。こうした勝利によりロシアにとって有利な戦争の終結が決定的となった。1813年10月24日、ギュリスタン講和条約が調印された。ペルシア国王はグルジア、ダゲスタン、シルヴァミン、メグレリア、イメレチヤ、アブハジア、グーリヤをロシア領土として認めた。国王はロシアと軍事同盟を結び、ロシアにカスピ海での自由航海権を与えなくてはならなかった。戦争の結果として、ロシ

ア南国境の本格的な拡大と強化がなされた。

◆露仏同盟の決裂

　ティルジット和平は強制されたものであった。それゆえにその和平は安定したものとも永続するものともなり得なかった。新たなフランス・オーストリア戦争当時の1809年に、ロシアはオーストリアに宣戦を布告したが、オーストリアに対する積極的な軍事行動はとらなかった。それでもロシアは、ナポレオンから、感謝の印としてタルノポリ地域を得た。

　「大陸封鎖」へのロシアの参加は、ロシアにとって経済的にひどく負担のかかるものであったため、1810年にロシアは自身の義務を遂行することを事実上放棄した。まさに同じ年に、アレクサンドル1世の妹アンナと結婚することでロシアとの同盟を強化しようとしたナポレオンの企ては不成功に終わり、両国の皇帝の関係を著しく緊張させた。

　アレクサンドルは、リトアニア、ベラルーシ、ウクライナの領土をワルシャワ公国に合併しようとするポーランド人の計画への支援を、ナポレオンに断念するよう求めたが失敗した。結局1811年2月にナポレオンは自国の「誠実なる同盟者」にさらなる一撃を与えた。その皇太子がアレクサンドルの妹エカチェリーナを娶ったドイツのオルデンブルク大公国をフランスに合併させたのである。1811年4月に露仏同盟の決裂が起こり、不可避の戦争に対する両国の猛烈な準備が始まった。

> 　ナポレオン支配のフランスに対する徹底的な行動からその治世を始めたアレクサンドル皇帝は、状況の力に押されフランスと同盟を結ぶ必要性の前に立たされたのだった。ティルジット講和は、新しい領土獲得において両同盟国に自由を与えた。一方これが、今度は双方の対立の緊張化を必然的にもたらした。フランスとロシアの戦争は、避け得ないものとなっていった。

◆質問と課題◆

1. なぜロシアは同盟国と共に対フランス戦争を起こしたのですか（この質問へ答える際に、7年生で学んだ18世紀末のロシアの外交政策に関する史料を思い出しましょう）。こうした戦争の結果はどういったものでしたか。
2. ティルジット条約を総評してください。ロシアにとってのティルジット講和の肯定的な結果、そして否定的な結果は何でしょうか。
3. ティルジット条約締結後のロシアの国際的立場はどうなりましたか。
4. ロシア・スウェーデン戦争の性格を規定し、この戦争の結果を評価してください。
5. 1806〜1812年の露土戦争の主な結果に何があるでしょうか。
6. 1804〜1813年のロシア−ペルシア戦争はどのような結果をもたらしましたか。

史 料

ロシア公使P・P・ドルゴルコフ侍従武官長とナポレオンの1805年の会談に関する回想録

「なんだって、ブリュッセルもまた渡さなければならないのか」。静かにナポレオンは質問した。ドルゴルコフは是認した。「しかし、貴殿」、相変わらず小声でナポレオンは続けた。「われわれがモラヴィアで対談しているのは、ブリュッセルを要求するためだ。貴殿はモンマルトルの頂上まで辿り着かなくてはならない」。あとになってナポレオンは、ドルゴルコフが自分と「シベリアに流刑されているロシアの名門貴族とのように」話をしたと回想している。

ロシア・フランス間のティルジット講和条約

1. 全ロシアの皇帝陛下とフランスの皇帝陛下、そしてイタリア国王は、あらゆる戦いにおいて共に戦う義務を負う。つまりロシアあるいはフランスが始めるかもしれない戦争、あるいはヨーロッパのあらゆる強国に対して行われるかもしれない戦争、それが陸で行われようが海で行われようが、あるいは陸と海で行われようが、共に戦わなければならない。
9. 現条約は機密とされており、公表されることはなく、協定者の同意無し

に、一方の協定者の政府に知らされることはない。これは批准され、批准書の交換はティルジットで4日間のうちに行われる。

ティルジット講和に関するアメリカの歴史学者D・マッケンジーの意見

アレクサンドル自身が決議を採択したのであって、一部の同時代人たちが述べたように、ナポレオンにかつがれたのではなかった。ティルジットでナポレオンと駆け引きをしているアレクサンドルは、ナポレオンが予想したよりはるかに強情で用心深い交渉相手であることが分かった。ティルジット合意は、ロシアとフランスの利害の範囲内でのヨーロッパの乱暴な分割を生み出した。そしてロシアはイギリスを支配下に置くというナポレオンの企てに関して、彼の年少の同盟者となったのであった。

1811年8月付けロシア大使P・B・クラーキンへのナポレオン1世のメッセージ（クラーキンの回想による）

「私は戦争をしたくない。私はポーランドを復興したくない。しかし、あなた自身はロシアにワルシャワ公国とダンツィヒを合併したがっている。あなた方の宮廷の機密意図が公開されないうちは、私はドイツに配備している軍隊を増強することを止めはしない！」

この悶着のあとで、ヨーロッパでは誰も近い将来の戦争を疑う者はなかった。

◆史料についての質問
1. 1805年にナポレオンがロシア公使P・P・ドルゴルコフと交渉する過程で、ナポレオンに影響した圧力の原因は何であると思いますか。
2. ティルジット条約のどの条項が、ナポレオンにとって最重要でありましたか。
3. 第9条項はなぜティルジット条約の内容を秘密にしておくように要求したのですか。
4. ティルジットにおける「ロシアとフランスの利害の範囲内でのヨーロッパの乱暴な分割」に関する歴史家D・マッケンジーの主張に賛成ですか。自身の答えを説明してください。
5. ティルジット後のナポレオンとアレクサンドルの決裂をどう説明できますか。

◎ 新しい用語を覚えよう。

　　セイム〔Сейм〕——数ヵ国の政府の議会の名称。19世紀初頭にセイムの議員は身分から選ばれたが、その権限は限定されていた。

§3. М・М・スペランスキーの改革事業

◆М・М・スペランスキーの活動の始まり

アレクサンドル1世は、新たな段階の改革事業の助けを借りてティルジット後に失った権威を取り戻そうと決意した。「秘密委員会」メンバーに対して皇帝が冷淡になるにつれ、改革のこれまでの方針を踏襲すべき新たな人物への要請が起こった。皇帝はこの要請に応えた人間をすぐに見出した。それがМ・М・スペランスキーであった。

ミハイル・ミハイロヴィチ・スペランスキー（1772～1839年）

　　　　　　　　　　　貧しい農村の司祭の家族出身。サンクトペテルブルクの神学大学を卒業後、彼はしばらくのあいだ教師として働き、それからパーヴェル1世のお気に入りのА・Б・クラーキン公爵のもとで秘書として働いた。公爵が元老院の検事総長に任命されたときに、スペランスキーは元老院でクラーキンのもとで官吏として働き始めた。短期間で彼は、真になくてはならないたいへん有能な人間として自身を売り込んだ。アレクサンドル1世の治世の初めには、彼は当初国家の重要ポストに就いていなかったにも関わらず、政府の重要な関係者に数えられていたのが分かる。

「秘密委員会」のメンバーは、自分たちの議論の記録の総括にスペランスキーを参加させた。それから、彼らが提起したテーマに関する草案の起草を任せるようになった。1803～1807年ですでにスペランスキーは外務省の

> ひとつの局長のポストに就いていた。彼は、内務省の権力絶大な大臣であるＶ・Ｐ・コチュベイにもっとも近かった。大臣が病に臥しているあいだ、彼の代わりにスペランスキーは業務の状況に関して皇帝に個人的に報告する役割を一任された。こうした報告がアレクサンドルに、スペランスキーは自分に必要な人間であることを数えたのである。そのうえ、皇帝の側近と違いスペランスキーは、フランスでナポレオンによって制定された法に内心共感を抱いていたため、ティルジット講和に異議を唱えなかったのであった。

　国家権力の頂点へと向かうスペランスキーの昇進が始まった。1807年から彼は皇帝の秘書官を、また、1808年からは、同時に元老院の検事総長である法務副大臣となった。

◆政治改革計画。構想と結果
　政治改革の最初の計画をスペランスキーはすでに1803年の時点で皇帝に「ロシアにおける裁判所及び政府機関設立に関するメモ」のなかで提案している。彼は祖国での立憲君主制の導入を慎重にする必要性や、そうすることでロシアにとっての「フランス革命の悪夢」を未然に防げるとの問題を提起した。しかしながら、ティルジット講和のあとでようやく、皇帝は彼に国政の全般的な改革案の起草を任せたのであった。この草案は1809年の10月までに準備された。この原案となったのが、以下のような法規を含む「国家法典への序文」である。

> －国政は三権分立を原則に実現されなくてはならない。つまり、立法権は新しい選挙機関であるドゥーマ（国会）に属し、行政を行うのは各省である。司法権は元老院に属する。
> －もうひとつの新しい機関である国家評議会は、皇帝の諮問機関となり、法律のすべての草案を、それらがドゥーマにもち込まれるまでに検討しなくてはならなかった。

> − ロシア社会の３つの基本身分は、１）貴族、２）「中間層」（商人、町人、国有地農民）、３）「勤労者」（農奴制農民、家僕、労働者）と定められた。
> − 政治的権利は「自由」（最初のふたつの）身分に属するはずであった。しかし、第３身分は一般市民権（そのなかで重要であったのが、「司法の判決なしに誰人も罰せられない」という条例であった）を獲得し、そして私有財産と資産の蓄財の程度によって第２身分へと移行することができた。第１身分は特別な権利（封建制農民つきの領地を買うなど）をもち続けていた。
> − 選挙権は、動産及び不動産財産を有する者だけが得ていた（つまり、第１、第２身分の代表者）。
> − 国会での選挙は、４段階で予定されていた（最初は郷議会で選挙が行われ、それからこの組織の代議員たちが管区議会のメンバーを選出する。今度は、管区議会のメンバーが、県議会の代議員を決める。そして県議会だけが、国会の代議員を決めるのである）。
> − 国会の業務を指導しなくてはならなかったのが、皇帝より任命された宰相であった。

スペランスキーの構想の実現は、改革上の重要な一歩となるはずであった。この計画はときが経てば他の諸改革においても発展していく可能性があった。この改革者は最終的な目標を、皇帝の専制政治の制限と農奴制廃止だと認めていた。

アレクサンドル１世は、スペランスキーの構想に全体として賛成をしていた。しかし、社会に大変動を起こさずに、それを段階的に実現させなくてはならなかった。このことを考慮して皇帝は、最初は改革のもっとも「無害な」分野を進めることに決めた。

1810年１月１日に国家評議会の創設に関する宣言書が公表された。その重要な課題は、法の準備と制定に秩序をもたらすことであった。そうしたすべての法案が、今では唯一国家評議会を通じてのみ検討される必要があった。評議会は法案の内容だけでなく、その承認の必要性そのものも評価した。同様に評議

19世紀初頭のペテルブルク・ネフスキー大通り

会の任務となったのが、法令の意義の「解説」、そしてその執行への方策の採択であった。そのうえ、評議会のメンバーは各省の報告を審議し、国家の収支の分配に関する提案をしなくてはならなかった。

　国家評議会は、立法機関ではなく、皇帝直轄の法案審議機関となり、皇帝の立法権の手段となる使命を帯びていた。

　1811年にスペランスキーは、政治改革上の次のステップとなるはずの「統治元老院法」に関する草案を準備した。分権の考えから、彼は元老院を、統治元老院（地方行政問題を管理する）と、司法元老院（最高裁判機関であり、国の裁判所すべてを監督する）に分けることを提案した。しかしながらこの案は、結局実現しなかった。

　1810～1811年に行われた改革や、農奴に市民権を与える試みも、上級官僚や大多数の貴族のあいだに激憤を招いたため、アレクサンドルは改革の実現を中止する必要に迫られたのである。というのも、父の運命が、記憶にあまりに生々しく残っていたからであった。

◆M・M・スペランスキーの退任。その原因と結果

皇帝の命によりスペランスキーは、財政改革案も作成していた。この案には、国の支出を抑え、貴族に損害を与えるある程度の増税案が盛り込まれていた。こうした条件での改革への抵抗は、あからさまな性質を帯びるようになった。政府に対する批判に、たとえば、**保守主義の思想家**のひとりであるN・M・カラムジンのような権威ある人々も加わった。

アレクサンドルは、スペランスキーへの鋭い批判が、本質的に自分自身に向けられたものであることは十分に理解していた。ナポレオンに都合のいいようにロシアへもち込むことを欲したかのようなフランスの秩序に対する共感すら背信だとしてスペランスキーは非難された。皇帝はこれ以上非難の波を抑えることができずに、スペランスキーの退任に関する決定を承認した。来るべきナポレオンとの戦争直前に社会を一致団結させたいという皇帝の意図がここで少なからぬ影響を及ぼした。1812年3月にスペランスキーはニジニノヴゴロドに退去を命じられ、それからペルミに追放された。

> スペランスキーの改革は封建的専制体制の基盤を損ねなかったにもかかわらず、実際に改革はほとんどそのとおりには実現しなかった。同時にスペランスキーの改革的な探求は、のちに改革の新たな計画が形成された基盤を作り上げたのである。

◆質問と課題◆

1. 「秘密委員会」のメンバーが、国政から徐々に身を引いていったのは何が原因ですか。改革事業における皇帝の新しい盟友の選別が、まさになぜM・M・スペランスキーとなったのでしょうか。
2. スペランスキーの改革案のどのような条例が重要であると考えますか。また、それはなぜですか。
3. 改革案のどのような条例が、スペランスキーの妥協的な性格を証明していますか。
4. なぜアレクサンドル1世は、この案をそのとおりに実現しようとしなかった

のですか。
5. スペランスキーの退任の原因と結果をどこに見ますか。スペランスキーの活動の重要な成果はどういったものですか。

史 料

1810年アレクサンドル１世宛のＭ・Ｍ・スペランスキーの手紙

（前略）私は至る所で、あまりにも頻繁に自惚れや嫉妬、またそれ以上の無思慮に出会います（中略）。群衆は偉ぶっており、自分の執務室に監禁された、家系も財産も彼らの身分には属さない、何の後ろ盾もないひとりぼっちの私を、危険な改革者として、妻や子ども、一族郎党を引き連れ縁者全員で迫害しているのです。彼らの大部分がこの愚かな行為を正しいとは自ら信じていないのに、社会益の名のもとに自分たちの貪欲を隠しながら、自身の個人的な敵意を国家の敵意という名目で飾ろうとしていることを、私は知っています（後略）。

Ｄ・Ｎ・ルニチの回想

もっとも先の見通せない人間すら、現存する体制全体をひっくり返す新しい秩序がまもなく台頭することを理解していた。このことについてはすでに公に語られていたが、切迫した危険がどこにあるのかはまだ知られていなかった。農奴を所有する富裕地主たちは、憲法が農奴制を滅ぼし、貴族が平民の前で一歩譲歩しなくてはならなくなるという思想に分別を失った。上流身分の不満がすべてを覆った。

Ｍ・Ｍ・スペランスキーの退任から地方貴族が受けた印象に関するＦ・Ｆ・ヴィゲリの『回想記』（1812年）

議論の余地のない彼の有罪の立証が、ついに欺かれた君主の目を開いたのだと誰もが確信した。そして皇帝の慈悲に感嘆するとすぐ、ぶつぶつと不平が聞かれた。犯罪者であり、売国奴、裏切り者を処刑せずに、首都から追放し罷免することだけで満足されていらっしゃるのだからと。もしもこの人間が無罪であるなら、少なくともこの処罰はあまりに厳しいものであるが、それはフランス人に対する最初の勝利のように喜ばれたのである。多くの者た

ちが私にこのことを祝うためやって来たことを覚えている。

　◆史料についての質問と課題
1. スペランスキー自身は、上流社会の彼に対する否定的な態度の原因はどこにあると思っていたのですか。
2. 同時代人は、スペランスキーの改革に対する「上流階層」のひどく否定的な態度の原因はどこにあると思っているのでしょうか。
3. 専制政治に対する自身の肯定的態度をカラムジンはどう説明していますか。
4. スペランスキーの退任と追放に対するＦ・Ｆ・ヴィゲリの印象は、何を物語っていますか。

◎ 新しい用語を覚えよう。
　思想家、理論家〔Идеолог〕——現行の現実に対する人々の態度が反映されている、考え方や理念などの総体であるイデオロギーの表現者であり擁護者。
　機関、審級〔Инстанция〕——お互いに従属する機構の構造における等級。
　保守主義〔Консерватизм〕——伝統の保持、政治的・文化的生活における継承性といった理念をその支持者たちが主張している思潮。

§4. 1812年　祖国戦争

◆戦争の始まり。国の計画と兵力

　ロシアとの戦争のために、ナポレオンは60万人の兵士と1,372門の大砲を有する巨大な軍隊を創設した。「大陸軍」と名づけられたとおり、きわめて雑多な民族の構成であった。そのなかでフランス人は半分程度を占めるだけで、残りはポーランド人、プロイセン人、オーストリア人、イタリア人、オランダ人などで構成されていた。これは実際に「12ヵ国語の軍隊」であった。

1812年6月12日の夜に、約42万人を数えるナポレオンの軍隊はロシアの国境に侵攻した。これを指揮したのは皇帝自身と、全ヨーロッパを征服した高名なその司令官たちであった。

　ロシア軍はわずか21万人の兵士と将校で構成されていた。そのうえ、この軍は3個方面軍に分かれて、西側の国境に沿って分散していた。ロシア軍の主力をなしていたのが、ネマン川沿いに配置されていた、陸軍大臣M・B・バルクライ・ド・トーリの指揮する第1軍であった。その軍よりさらに南方のベラルーシにP・I・バグラチオンの第2軍が配置されていた。さらに南のA・P・トルマソフの第3軍が敵の予想されるキエフへの侵攻の進路を阻止するはずであった。

P・I・バグラチオン

　ナポレオンはペテルブルクに侵攻するだろうと予想されていた。そのためバグラチオン軍の支援のもと第1軍の兵力による国境近くの主力会戦（決戦）の計画が存在したのである。これはナポレオンの計画とも符合した。というのも、敵の兵力が勝っており、自国の軍隊を分散させている状況では、こうした会戦はロシア軍の主力軍隊を破滅へと導きうるためである。軍事行動を難航させたのは、当初総司令官が、軍事活動とは縁遠い人物であるアレクサンドル自身であったためである。まもなく彼は軍から退去するよう説得された。

　そのあいだナポレオンは自分の構想を実現し始めていた。それは、モスクワへ主要兵力を移動させることであった。そのためには、すでに国境に迫った主力会戦の過程でロシア軍の統合を許さずにその主力軍隊を壊滅することが前提とされた。モスクワ占領のあと、ナポレオンにはロシア全土と戦う予定はなかった。戦争状態からロシアを脱却させ、ナポレオンはアレクサンドル（あるいはその帝位に代わる者）を、この時までほとんどすべてのヨーロッパの君主がそうなったようなナポレオンに従属的な統治者に変えたいと願っていた。そのうえナポレオンは、ロシアの領土を通じてイギリスからインドを奪うことで、

イギリスに致命的な打撃を加えようとしていた。

◆スモレンスクの会戦

アレクサンドルがペテルブルクへ去ると同時に、軍隊の総指揮を遂行したのが陸軍大臣バルクライ・ド・トーリであった。迅速な敵の進軍という状況のなか、彼は唯一の正しい行動様式を選択した。つまり、いかなる代償を払っても軍隊を守り、主力会戦に突入せずに、第１軍と第２軍の兵力を統合することであった。大臣は、こうした状況下ではロシアの領土で敵は歩を進めるごとに、多くの苦労と犠牲を代価として手こずるだろうと当然のように述べた。

M・B・バルクライ・ド・トーリ

バルクライとバグラチオンの軍は最初にヴィテプスク市近郊で統合されるはずであった。しかし、７月の後半に入ってようやく第１と第２のロシア軍はスモレンスクで出会った。まさにそれによりナポレオンの最初の目論見は挫折したのである。

８月上旬にスモレンスク近郊で、ロシア史の英雄的な１頁となった大きな会戦が勃発した。都市はもちこたえることができなかったが、フランス軍はその防壁付近で約２万人の兵士を失った。ロシア軍と住民がスモレンスクを出た後で、敵が獲得したのは、焦土と化した都市の廃墟だけであった。ナポレオンが期待した食料も飼料も、ここでは思ったように奪取することができなかったのである。ロシア軍は無事に存続されただけでなく、「無敵」の敵も完膚なきまでに打ち破ることができると確信したのだ。

◆クトゥーゾフを総司令官に任命

戦争初期の数週間の失敗、会戦無しにロシア軍が撤退したことは、宮廷にも社会にも単に憂鬱な気分を全体的に生み出しただけでなく、裏切りについての噂も引き起こした。非難対象の主な人物は、バルクライ・ド・トーリとなった。

スコットランド出身であることで彼に裏切りの嫌疑がかけられたのである。民衆に絶大な人気で、トルコに最近勝利した**歩兵**将軍M・I・クトゥーゾフ公爵をロシア軍の総司令官に任命して欲しいと要請する声が、ますます盛んにもち上がるようになった。彼は決して皇帝の寵臣ではなかった。アレクサンドルはアウステルリッツ近郊の敗戦、その自主性、そしてもっとも重要な点である、民衆のあいだでの人気のために、クトゥーゾフを許すことができなかった。それにもかかわらず、皇帝は世論に譲歩せざるを得なくなった。クトゥーゾフを総司令官に任命する勅令に調印して、彼は次のように述べた。「民衆の声が候補者として名指した者に白羽の矢を立てざるを得なかった。私は責任をとらない」。

8月に軍の指揮に入ったクトゥーゾフは、バルクライ・ド・トーリの行動は完全に正しかったことを公表し、さらにモスクワ近郊に向かって退却した。古(いにしえ)の首都からわずか約110kmのボロジノ村の近くで、彼はナポレオンに主力会戦を挑む決意をした。

◆ボロジノ

両国の兵力は、ほぼ互角であった。ロシア軍は13万2,000人の兵と640門の大砲を保有していた。ナポレオンは13万5,000人の兵と587門の大砲を有していた。両国の主要な目的は違っていた。仮にナポレオンがロシア軍を撃滅し、モスクワを占領しようと試みたとすると、クトゥーゾフはさらなる進撃を不可能にすることで、敵の攻撃の意気を損ね、敵を骨抜きにしようとしていたのである。

戦争の最大規模の会戦は、1812年8月26日の5時半に始まった。フランス軍はロシア軍の中央を突破し、その左翼へ迂回、そしてモスクワへの進路を開通しようとした。ロシア兵士の粘り強い抵抗はこれを不可能にした。

最激戦は、最初にバグラチオン**突角堡**(とっかくほ)で展開された。この場所で絶え間ない砲火に包まれた激戦は6時間以上も続いた。突角堡が敵に占領されたのは、ようやく半日が過ぎてからであった。これに劣らない不屈の会戦が、ラエフスキー将軍の角面堡で行われた。ここではロシアの英雄たちが、銃剣の一撃で何

度も敵を撃退したため、日も終わるころになってようやくフランス兵は中央角面堡を占領できた。事実、夜になりナポレオンは自分の軍隊に出撃前の発進位置に撤退するように命じた。しかしクトゥーゾフも、モスクワへ退却するよう命令を発した。

敵の目に見える成功にもかかわらず、実際には会戦はどちらの国にも勝利をもたらすことはなかった。損失の量は今までになく大きなものであった。フランスと同盟国の兵士が約6万人斃れた。ロシアは4万4,000人の自国民の死を悼んだ。のちにこの戦いを評価した際に、ナポレオンは次のように述べた。「私の全戦でもっとも恐ろしい戦いは、モスクワ近郊で起こした戦いだ。この戦いでフランス人は勝利に値するだけの値打ちがあることを示し、一方ロシア人は手強さという真価を示したのだ」。

皇帝が新たに一戦を交えるよう要求したにもかかわらず、陸軍元帥という最高軍位を前日に授かったクトゥーゾフは、11月1日にモスクワ郊外の村フィリ

フィリでの会議。画家А・D・キフシェンコの絵画から。左側にМ・I・クトゥーゾフが描かれ、その後ろに当直将官Р・S・カイサロフが立っている。窓の傍の長椅子に左から右の順で、А・I・オステルマン－トルストイ、N・N・ラエフスキー、Р・Р・コノヴニツィン、М・В・バルクライ・ド・トーリ、F・Р・ウヴァロフ、D・S・ドフトゥロフが座っている。立っているのがА・Р・エルモロフ、背を向けているのが、К・F・トーリとL・L・ベンニグセンである。

での軍会議で軍を維持するために戦闘なしでモスクワを離れる決断をした。これが、当時の状況下でロシアを救う唯一の正しい措置であることが分かった。

◆タルチノの作戦行動

11月2日にロシア軍はモスクワを退去した。軍の後方について住民も移動した。ナポレオンは無人となった市街に足を踏み入れ、街を自分の軍の略奪にまかせた。クレムリンの寺院のなかには厩舎が整備された。残された住民に対する掠奪と暴力はかつて見たこともない性質を帯びていた。クレムリンのアルハンゲリスク寺院のなかのツァーリたちの棺すら盗掘された。モスクワでは都市全体をなめつくした火事が起こった。

ナポレオンがアレクサンドル1世から講和条約への同意を盛り込んだ手紙を待っているあいだ、ロシア軍は輝かしい作戦行動を遂行していた。リャザン街道を東へ退却したあと、ロシア軍は突然南へ引き返し、タルチノ村近郊に野営をとった。クトゥーゾフはトゥーラ市とその兵器工場や、食料と武器の倉庫があるカルーガ市へ敵が進軍可能な道を封鎖した。フランス軍は長いこと敵の姿

モスクワの大火

を見失っていた。このことがナポレオンを完全に自信喪失させたのである。彼はロシアへの自国軍の行軍の成功を真剣に疑い始めた。

◆パルチザンの運動

初めから戦争は全人民戦争、祖国戦争という性質を帯びていた。各都市では民兵（みんぺい）が形成され、戦場に配置された軍隊用に物資を集めていた。ペテルブルクだけで民兵の隊列に1万3,000人が参加した。ロシア全土で軍のために物的財貨の収集が行われた。寄付金の総額は国の年間予算（よさん）の収益を超えた。

戦争の人民的性格がもっとも鮮明に現れたのが、農民の行動であった。彼らはロシア軍に食料支援しただけでなく、自ら敵と戦った。農民はフランス兵に食料や飼料を売ることを毅然と断った。また、敵の到来の際には小屋や刈り入れた穀物ごと納屋に火をつけ、家畜を追い出し、自分は森へと消えて行った。ボロジノの会戦までナポレオンは、さらに毎日、農民パルチザンの手で殺された数百人もの兵士を失っていった。

ボロジノの会戦のあとで、P・I・バグラチオンの副官（ふくかん）デニス・ヴァシリエヴィチ・ダヴィドフの主導によりパルチザン運動に規律ある性質を与えることが決められた。軍隊のパルチザン部隊が創設され始めた。50人の軽騎兵と80人のコサックが構成するその最初の部隊を指揮したのはダヴィドフ自身であった。もうひとつの部隊は、上級中尉アレクサンドル・フィグネルが指揮した。フィグネルはフランス語を見事に習得し、占領されたモスクワも含む敵の後方で、貴重な情報を収集していた（彼はナポレ

D・V・ダヴィドフ

A・S・フィグネル

第1章　19世紀前半のロシア

オン暗殺の計画すら立てていた)。

　大きな名声を獲得したのが、モスクワ郊外で農奴のゲラシム・クリンにより組織された農民のパルチザン部隊であった。この部隊は5,500人を有し、ナポレオンの正規軍のかなり巨大な兵力をいく度となく粉砕することに成功した。敵の軍隊に対するその勇敢な行動でロシア全土の名声を得たのが、スモレンスク県シチョフスク郡の女性農民パルチザン、ヴァシリサ・コジナであった。ボロディノの会戦後のわずか1ヵ月のあいだに、パルチザンの活動で敵は3万人の兵士を失った。モスクワ滞在中にナポレオンは、積極的な軍事行動が無かった時にも、毎日1,500人の兵士を失っていった。

◆「大陸軍」の全滅

　1ヵ月間モスクワに滞在し、自身の破滅が迫っていることをすでに理解したため、ナポレオンは和平に関する交渉を始めようと再三試みたが、その手紙に対する答えを思うように受け取れなかった。
　そこでナポレオンは冬の初めにモスクワを出発し、軍隊の生き残りをロシアの破壊されていない南部へ移すことに決めた。市街を離れる前に彼はクレムリン、ヴァシリィ・ブラジェンヌィ寺院及び民族の他の聖物を爆破するように命じた。ただし、ロシアの愛国者たちの自己犠牲のお陰で、この計画を潰えさせることができた。
　10月6日にフランス軍はモスクワを離れた。しかしその進路にはより強くなり勢力を増したロシア軍が立ちはだかっていた。タルチノ村とマロヤロスラヴェツ市（後者は、8度占拠された）近郊でフランス軍に降りかかった戦闘は、ナポレオンに、自分が破壊したまさにスモレンスク街道へと軍隊の向きを変えさせることを余儀なくさせた。
　西側の国境へと退却する敵を追撃したのが、ロシア軍とパルチザン部隊であった。例年より早く厳しい冬が、フランス軍の困難に拍車をかけた。「大陸軍」は、抑えがたい飢えとひどく凍えた巨大な群集となった。ベレジナ川渡河の際にナポレオンは、さらに3万人の兵士を失った。国境をうまく越えること

ができたのは、「大陸軍」の惨めな生き残りだけであった。皇帝自身はすでにそれ以前に軍隊を捨て、パリへと逃げていた。彼に出会った廷臣の、いったい軍隊はどこにいるのかという問いに彼は次のように答えざるを得なかった。「軍隊はもう無い！」と。

1812年12月末に陸軍元帥M・I・クトゥーゾフは皇帝に次のように報告した。「戦争は敵の完全な根絶で終わりました」。皇帝は12月25日に、ロシアからの敵の追放と祖国戦争の終結に関する宣言を発布した。

> ロシアは「12ヵ国語」の襲来の撃退に成功した。ロシア側から見た戦争は、公平な解放戦争であり、真に人民的性格を帯びていた。ロシア人と並んで勝利に貢献したのは、ベラルーシ人、ウクライナ人、タタール人、バシキール人、グルジア人、そしてその他多くの民族の代表者たちであった。祖国戦争における勝利によって、ナポレオンにより征服されたヨーロッパ各国の人民を解放するための戦いが増大した。

◆質問と課題◆

1. ナポレオン軍の多民族構成はどのように説明できますか。
2. 両国の軍事計画を比較分析して下さい。
3. ナポレオンは将来のロシアに対してどのような計画を立てたのでしょうか。
4. 戦争の最初の数ヵ月におけるバルクライ・ド・トーリの軍事指揮活動を評価して下さい。スモレンスクの会戦の意義は何にありましたか。
5. M・I・クトゥーゾフへの国民の人気をどう説明できますか。
6. ボロジノの会戦を軍事・政治の面から評価してください。
7. 敵に対する勝利を得るためのパルチザン運動の役割を具体例を挙げて説明してください。
8. 1812年の軍事作戦を総括してください。

史 料

フランスの将校の回想
　われわれは、外から見ると美しく装飾された家をもつ素晴らしい土地であるヴェジェンスコエの広い領地へと足を踏み入れた。数分間で、すべてが粉砕され破壊されたため、何も利用することすらできなかった。

1812年8月のM・I・クトゥーゾフの声明
　もし敵がモスクワを占領するなら、水のなかの海綿のようにモスクワで膨れ上がるだろう。一方私は欲するままに自由に行動できるのだ。

モスクワでのフランス軍の蛮行に関する同時代人の回想
　莫大な宝が見つかると期待されたツァーリの霊廟のあるクレムリンのアルハンゲリスク寺院ほど、略奪者の強欲を燃え立たせるものはなかった。宝を期待して擲弾兵は松明をもち地下へと降りて行き、墓のなかで眠る者たちの棺や骨そのものを掘り起こし眠りを妨げ（中略）。
　1万4,000軒を数える建物が灰燼に帰した。そのなかには、1軒が10万から20万ルーブルの値がある本物の宮殿が数多く含まれていた。大小合わせて6,000の店が燃え落ちた。大商店のなかの何件かの店は莫大な価値があった。市街が炎にさらされるとは誰も予想もしなかったため、どれ程の富が滅びたかは想像することしかできなかった。

フランス将校の回想
　わがままなふるまいと無秩序は極限に達した。指揮や忍従といった考えはどれも不可能となった。官位や様々な希望における違いはなくなった。われわれは病的にむくんだ徒党の輩であった。長い戦いのあとで、あらゆる災いに打ちひしがれた不幸な者が、ついに倒れた。彼の周囲の者は皆、これが終焉であり、彼はすでに立ち上がることができないと確信し、彼が最後の息を吐く前に、本物の死体に対するように不幸な男に襲い掛かり、着衣の切れ端まで剥ぎ取った。またたく間に彼はまったくの裸となり、そのような姿で緩慢な死を迎えるよう置き去りにされたのだった（後略）。

フランス軍のベレジナ川越えについてのＰ・Ｖ・チチャゴフ提督の回想

11月17日、その前日に敵が占拠し、たった今敵が立ち去った場所へわれわれが到着した時、恐ろしい光景がわれわれの眼に入った。殺されたり凍死した人々の死体で地面は覆われていた。彼らは様々な状態で横たわっていた。農家はいたる所、死体で一杯に溢れ、川は、多数の溺死した歩兵、女性や子どもで堰き止められていた。橋の近くでは、川に飛び込んだ騎兵中隊全員が転がっていた。川面にうず高く堆積していたこうした死体のなかに、彫像のように、死に襲われた時の状態で馬にまたがったままの硬直した騎兵の立ち姿も見えた。

歴史家Ｅ・Ｖ・ターレーの意見

もちろん、ナポレオンのすべての間違いの根本は、ロシア国民に対する完全な無知と無理解から起こった過ちであった。彼だけでなく、文字通りヨーロッパの誰ひとりとして、祖国を守ることに事が及べば、ロシア国民がこのようなヒロイズムの高みにまで昇ることができることを予見していなかったのであった。誰ひとりとして、ロシアの農民が侵略者に降伏しないために、自国の中心部すべてを完全な焦土に変えるとは予測もしていなかった。こうしたことすべてをナポレオンが知るのが、あまりにも遅すぎたのである。

◆史料についての質問と課題

1. ロシアの領地、都市、村、ロシア人に対するフランス兵士の野蛮な態度の原因は何だと思いますか。
2. 戦わずにモスクワを明け渡したクトゥーゾフは、ロシア軍およびフランス軍に対し、どのような結果を考慮していたのでしょうか。
3. ナポレオンの侵攻は、モスクワおよびロシアにとってどのような結果をもたらしたのですか。
4. モスクワ駐留は、フランス軍にどのように影響しましたか。
5. ロシアにおけるフランス軍の多くの損失の重要な原因は何にあると思いますか。
6. ロシアにおけるナポレオンの敗北の主な原因に関する歴史家Ｅ・Ｖ・ターレーの意見に賛成しますか。自身の答えを説明してください。

◎ 新しい用語を覚えよう。
　　副官〔Адъютант〕——軍事長官の任務を遂行するために、その側近で奉職する将校。
　　予算〔Бюджет〕——国家、組織及び個人の歳入歳出表。
　　歩兵〔Инфантерия〕——歩兵。
　　民兵〔Ополчение〕——正規軍の援護のために自発的に組織された軍隊。
　　突角堡〔Флеши〕——土塁。
　　飼料〔Фураж〕——馬の餌。

§5. ロシア軍の国外進軍。1813〜1825年の外交政策

◆国外進軍の始まり

　ロシアの国境から敵を追い出すと、国民のなかだけでなく、軍隊においても、戦争は終わり、今こそ平和な生活に戻れるのだという考えが広く行き渡った。しかし、すでに何年もナポレオンに敵対しているアレクサンドル皇帝は、これは破滅に等しいと理解していた。なぜなら短期間で敵は新たな軍隊を召集し、再びロシアに対し戦争を始めることができるからである。そのため軍隊に対して、国境を横断し、敵を追跡するよう命令が下された。ナポレオンの支配からヨーロッパを解放するための戦いが始まったのである。

　1813年1月、M・I・クトゥーゾフの指揮のもとロシア軍はネマン川を渡り、短期間でフランス軍の手からポーランドを解放した。1813年1月28日、ロシア軍はワルシャワを占拠し、プロイセンの国境に到達した。この時までにクトゥーゾフはナポレオンを粉砕するために、ナポレオンとの戦いの計画を練り上げていた。そこではナポレオンに征服されたヨーロッパ諸国の力を味方にする予定であった。

　ナポレオンに対する共同軍事行動へのアレクサンドル1世の呼びかけに最初に応えたのが、ロシアと軍事同盟を結んでいたプロイセンであった。同盟国の軍は急速に成長した。たとえば、わずか1ヵ月半から2ヵ月の間にプロイセン

軍は倍以上に増大し、10万人を数えた。しかしながら、対ナポレオン戦争で主戦力であり続けたのは、ロシア軍であった。1813年3月4日、A・I・チェルニシェフ将軍とN・G・レプニン将軍の軍隊は、ベルリンに多方面から急襲をかけた。10日後にはフランス軍から解放された都市に、P・Kh・ヴィトゲンシュテインの軍隊が入った。3月19日にロシア軍はハンブルクを占拠した。こうしたことすべてが、フランス本土へ軍事行動を移すための条件を作り出したのであった。そのため、クトゥーゾフの指令に従ってロシア軍の主力は、ライプツィヒ近郊でエルベ川右岸に集結し始めたのである。

◆M・I・クトゥーゾフの死

しかしながら、こうした準備の最中の1813年4月中旬にM・I・クトゥーゾフが重篤に陥った。当初単なる風邪は陸軍元帥の健康をひどく損ねはしまいと考えられていた。しかし、ミハイル・イラリオノヴィチの高齢と古い傷、そして近年の過労が、この病を不治の病とした。4月28日クトゥーゾフはブンツラウ市で没した。クトゥーゾフの副官であったA・I・ミハイロフスキー＝ダニレフスキーは、この日々にこう書き残している。「彼の晩年は、その光のなかに晴れ渡る日を照らし出した太陽の日没に似て、素晴らしいものであった。しかし、われわれの高名な指導者が亡くなるのを、特別な哀惜なしで見ることは決してできなかった（後略）」。亡くなったロシアの救世主の身体は防腐処理が施され、そして5月9日にペテルブルクへ送られた。移動の途上で何千もの人々が、偉大な司令官に自分たちの愛と感謝を表現し、お別れを告げるために現れた。ナルヴァ市からペテルブルクまで約200kmを、彼の遺体が収められた棺を国民が肩に担いで運ん

1812年祖国戦争における勝利に敬意を表するメダル

だ。1813年6月25日にM・I・クトゥーゾフは、最高敬意を払われ、つい最近建築されたカザン寺院に葬られた。カザン寺院の前にはその数年後に、クトゥーゾフに敬意を表して記念碑が建てられた。

◆ナポレオン粉砕の完遂

　クトゥーゾフの死は、ロシア軍にとって大きな損失となっただけでなく、軍事行動の過程にも影響した。ナポレオンはロシア・プロイセン連合軍より数の上で勝る新しい軍隊を召集することができた。1813年4月末には、ロシア・プロイセン軍は、リュッツェン付近で敗れ、そしてバウツェン付近でも敗北した。そのためナポレオンとの休戦に入ることを余儀なくされた。

　この休戦が、ロシア、プロイセン、イギリス、スウェーデン、オーストリアで構成する新たな（第5次）対仏大同盟の設立のために生かされたのである。8月に軍事行動は、新たな戦力を伴い再開された。1813年10月4～7日にライプツィヒ近郊で当時の最大規模の会戦のひとつ、「諸国民の戦い」が起こった。その過程で、1,370門の大砲と30万人の兵力をもつロシア・プロイセン・オーストリア連合軍は、700門の大砲で武装した19万人兵力のナポレオン軍に打撃を与えた。

　この敗戦のあとでフランス軍は、もはや自国の領土内だけでしか戦いを起こさなかった。1814年3月18日に連合軍はパリに入った。ロシア軍を率いたのが、白い馬にまたがり、颯爽と馬上の姿を誇示する皇帝アレクサンドル1世であった。皇帝は、単にナポレオンに対する勝利者となっただけでなく、同時に「ツァーリのなかのツァーリ」となったのである。彼はナポレオンに退位宣言書に署名させ、イタリア沿岸のエルバ島へ流刑に処した。フランスではブルボン王朝の統治が復活した。しかしながら国王の権力は、アレクサンドルの強い要望により、憲法により制限されたのである。

◆ウィーン会議

　ヨーロッパの戦後の体制問題を解決するために、1814年11月ウィーンで戦勝

国の最高会議（交渉を進めるための会議）が召集された。ここでの表決権をもったのが、アレクサンドル1世を長とするロシア、イギリス及びオーストリア帝国の代表団であった。

　フランス軍の侵略の開始（1792年）まで存在した、ヨーロッパの国境を復活させる決議がなされた。しかしながら、ナポレオンとの戦争でもっとも積極的に参加した国へ当然の報酬を与えよとの要請があったため、この条件には特別な留保が付けられ採択された。オーストリアとプロイセンは以前失った自国の領土をほとんど取り戻したうえ、新たな領土も獲得した。イギリスはマルタ島とイオニア諸島の譲渡を勝ち取った。

　アレクサンドル1世は、ポーランド領土を自分の権力下に統合する提案を行った。プロイセンの不満にもかかわらず、プロイセンの領土を犠牲にしたこの提案の採決が成立した。アレクサンドルは国の領土を拡大しようとしていたというよりはむしろ、自由主義的な憲法に則り統治されるポーランド王国を建国したかったのである。アレクサンドルの意見によれば、このことはヨーロッパにおけるロシアの役割を強め、同時に、ポーランド国内においては強い不満を呼び起こさないだろう、とされた。

　1815年春のエルバ島からのナポレオンの脱走とフランスでのナポレオンの皇帝への復位に関するニュースは、ウィーン会議で起こった争点を撤回し、合意に達するのを早めた。イギリス・プロイセン・オランダの連合軍により、ナポレオンはワーテルローの戦いで撃滅され、全同盟国の捕虜として宣告され、大西洋の南部に浮かぶセントヘレナ島に流刑された。

◆神聖同盟

　ウィーン会議の終盤に、その参加者によって、戦後の秩序を揺ぎない確固たるものにするために新たな会議を定期的に開くという決議が採択された。アレクサンドル1世はヨーロッパにおける和平の確立と、同盟諸国の国内の安寧を守るために神聖同盟を創立する提案を行った。1815年9月14日、この同盟が創設された。当初これに参加したのが、ロシア、プロイセンとオーストリアで

あった。新たな組織設立は、イギリスにより全面的に支援された。まもなく神聖同盟に、イギリス、オスマン帝国とローマ教皇国を除く、全ヨーロッパ諸国の君主が加わった。

　アレクサンドル皇帝は、神聖同盟のすべての会議に単に出席しただけでなく、その事実上の指導者として活動していた。ヨーロッパにおける革命的気運の高まりの状況下で、トロッパウ市での会議（1820年）の席上神聖同盟の参加国は、革命の起こる国へ、その国の政府の意向に関係なく、軍事介入する権利を確保した。この権利をまもなくオーストリアが、イタリアでの人民運動の鎮圧に使い、フランスは、スペイン内の革命の制圧に使った。ロシアも同様に、オーストリアを「助けるために」準備を進めたが、オーストリアは自国の兵力によって自身の問題を解決することを急いだ。

　だが、すでに1820年代初頭までに、同盟参加国の間の対立の露呈がますます頻繁になってきた。神聖同盟を崩壊へ導くつまずきの石となったのが、東方問題であった。

◆東方問題

　東方問題は、オスマン帝国（トルコ）の弱体化と見えてきたその崩壊、そしてその領土分割をめぐるヨーロッパ列強の争いにより引き起こされた。すでにエカチェリーナ2世はその治世において、トルコが領有していたバルカン半島に正教のギリシア帝国を建国しようとしていた。自身の2番目の孫にすら、彼女はコンスタンティノープルの建設者に敬意を表してコンスタンチンと名づけ、そして彼をこの未来の国家の国主に据えるつもりでいた。

　ナポレオンの失墜後、アレクサンドルはロシアの庇護下でギリシア国家をバルカン半島に建設するという構想に再び立ち戻った。1821年オスマン帝国のギリシア地方で暴動が起こった。そして1822年にギリシアは独立共和国を宣言した。蜂起を鎮圧しようとして、トルコ軍はその暴動者にもっとも残忍な方法で制裁を加えた。ロシアの外相カポジストリヤ伯爵（出身民族はギリシア）は、蜂起した者へあらゆる支援を行った。ギリシア国内では、ロシアとの緊密な同

盟を望む影響力のある政治グループが存在した。

暴動の最中、ロシアはトルコにギリシア人の追撃を止め、ギリシアの独立を認める要求を申し立てた。トルコ軍の残虐行為は、ヨーロッパの他の国々でも非難された。ロシアはトルコとの新たな戦争へ本腰を入れて準備を始めた。

しかし、神聖同盟設立の規則から見れば、ギリシアの暴動は、「法定君主」であるトルコのスルタンに対する、他でもない革命であった。暴動者を支援することは、アレクサンドルのこの「愛する申し子」の原則に矛盾した。そのため彼は暴動者を公にも裁かなくてはならなくなった。それにも関わらず、1825年ペテルブルクでの神聖同盟会議でアレクサンドルは、同盟の他の参加国から、「バルカン問題を片づける」提案であるトルコへの呼びかけの採択を取り付けることに成功したのである。しかし、イギリスもオーストリアも、バルカン半島におけるロシアの立場の強化を望んではいなかった。かくして、東方問題は解決されずに、神聖同盟は崩壊の危機に瀕していることが明らかとなった。

◆ロシアとアメリカ

北西アメリカは、18世紀初頭ロシアの探検家により発見された。当時そこには最初のロシア人入植地が出現し、その土地はロシアの領土に組み入れられた。1799年のパーヴェル1世の勅令により、(ロシア領アメリカの)アラスカで漁業や鉱物を利用する権利をもつ露米会社が設立された。

アレクサンドル1世の治世に、アメリカでの自国の領土開拓においてロシアは多大な成功を収めた。皇帝は太平洋の北部調査のために、I・F・クルゼンシュテルン探検隊を派遣した。1804年にノヴォアルハンゲリスク市(1867年からはシトカ)が、アラスカにおけるロシア領の中心であると宣言された。1808年にロシアは、当時その領土が現在の国土のわずか東部地域だけであったアメリカ合衆国と、国交を樹立した。苛酷な1812年に、カリフォルニアでロシア人入植者たちは、アメリカ(現在のサンフランシスコ地域)でのロシア領の最南端地点であるフォート・ロス(ロス砦)を建設した。1821年9月4日にアレクサンドル1世は、北緯51度線以北のアラスカに対するロシアの独占権に関する宣

言書に署名した。ベーリング海はロシアの内海と宣言されたのである。

　北アメリカにおけるロシアの利害は、成長し力をつけていたアメリカ合衆国の利害と次第に矛盾するようになっていった。アメリカにおけるロシア人の活躍への不満を、イギリスも表した。そのうえ、このような遠隔領土を開拓し維持することは、ロシアに無かった巨大な資金を必要とした。そのためアレクサンドル1世は、1824年にアメリカ合衆国との条約締結に乗り出した。この条約に従い、ベーリング海における航海と漁獲の自由が回復し、ロシア領土は北緯54度線以北に制限された。

　1825年にアラスカに関する露英協定（条約）が調印された。これはとりわけベーリング海におけるイギリス船の自由航海を許可するものであった。こうしたことすべてが、北アメリカの太平洋沿岸からのロシアの段階的な撤退の始まりを裏づけていた。

> 19世紀初頭のヨーロッパ、及び世界の最大かつ最強国であったナポレオン支配のフランスを完膚なきまでに破滅させて終わった、祖国戦争とロシア軍の国外進軍は、ロシアをヨーロッパだけでなく、国際政治への決定的影響力をもった世界の主導的強国の立場へと数十年間で到達させたのである。

◆質問と課題◆

1. ロシア軍の国外進軍中のアレクサンドル1世の主要目的を挙げてください。第5次対仏大同盟の主目的は、何であったのでしょうか。
2. ロシア及びヨーロッパにとってのウィーン会議の結果を総括してください。
3. 神聖同盟設立の主目的は、何にあったのでしょうか。この同盟におけるロシアの役割は、何であったのでしょうか。
4. ギリシアの暴動に対するロシアの立場の矛盾点は、どこにあったのでしょうか。
5. なぜ東方問題が、ロシアの外交政策で主要な問題のひとつとなったのでしょうか。

6. アラスカに対するイギリスとアメリカ合衆国の関心の高まりの原因は何でしょうか。北アメリカでのロシアの役割の弱体化をどう説明できますか。

史　料

1813年3月1日付け、ベルリンへのロシア軍進駐に関するP・Kh・ヴィトゲンシュテイン将軍の報告

　自分に任された軍隊と共に私は3日前にベルリンへ到着した。この首都の住民から受けた友好的な歓迎はたいへんなもので、言葉では言い表せない（中略）。道の両側があらゆる身分の数え切れないほどの多くの人々で埋め尽くされ、市街を行進し始めたとたんに、すべての家の屋根や塀、窓には観衆が溢れかえり、同時に10万人もの口から止むことなく歓声が響き渡った。「万歳、アレクサンドル、私たちの解放者！」——各人の顔には強い喜びと好意の感情が読み取れた。どのような筆でも、この素晴らしい光景を表現することはできないだろう（中略）。

　夜になると、町全体がイルミネーションで飾られ、大劇場では『フェドーラ——ロシアの小話』という題名の芝居が上演されたが、昼間響いたような歓声で、絶えず中断されたのである。

国外進軍の参加者N・I・ローレルのロシア軍によるパリ占領に関する回想

（前略）パリ市を囲む全境で不屈の戦いが激しく行われ、その周辺はもうもうたる煙に隠れて見えなかった。とはいっても、そこまでわれわれは行き着かなかったのだが。太陽が地平線に傾き始めた。まもなく夜となった。銃声がだんだんとまばらになってきたのがわかる。唯一、われわれの右側、モンマルトルの麓とその頂で、大砲がおそろしいうなり声をあげ、「万歳」と鼓舞する叫びが聞こえた。われわれの軍隊は、モンマルトルへ向かい前進した。

　ナポレオンはかつてこう言った。「もしモンマルトルが占拠されたなら、パリは敗北を認めざるを得ないだろう」。そして偉大な人物の言葉は、実際に立証されたのである。モンマルトルは占拠され、パリは軍使を送った。ロシアの旗がモンマルトルの頂にはためき、その丘の険しい斜面は、尊いロシアの血でいたずらに濡れていたのではなかった。この血により、寛大なアレクサンドルが動乱に陥ったフランスの首都を救う機会を勝ち取ったのである。

（中略）いいや、われわれの歓喜と喜びを筆で伝えることはできない！

◆史料についての質問
1. ベルリンでのロシア軍に対する熱狂的な出迎えをどう説明できますか。
2. モンマルトルの頂をロシア軍に占拠されたあとで、ナポレオンはなぜ抵抗を止めてしまったのでしょうか。

§6. 1815〜1825年のアレクサンドル1世の内政

◆内政における変化

　ナポレオンとの戦争の勝利は、アレクサンドル1世の前に、自国で大改革を施行するための輝かしい可能性を開いたように思われた。改革への皇帝の意向は、国民のあらゆる社会層における、変化への共通の期待と合致していた。自由思想の貴族は、未来の憲法を夢見て声を上げていた。敵との戦いで祖国を守り抜いた農民たちは、農奴制の廃止を期待していた。ロシア帝国の多くの民族（とりわけポーランド人）は、民族政策での寛大な措置と、ロシアの法律が西ヨーロッパの法律へ近づいていくことを、皇帝に期待していた。こうした雰囲気をアレクサンドル1世は尊重しないわけにはいかなかったのである。

　しかし彼は、他の意見も考慮しなくてはならなかった。なぜなら、貴族の保守派は、ナポレオンに対する勝利を、西ヨーロッパに対するロシア体制の優越性の当然の証拠だと理解し、改革を不必要で有害なものと受け止めていたからである。ヨーロッパにおける旧政府の復興は彼らにとって、内政での急転に対する警告となった。革命の混乱で国を脅かした急激な変革は決して許されなかったのである。

　このことを考慮してアレクサンドル1世は、改革の考えを否定せずに、改革を極秘裏に立案しなければならなかった。「秘密委員会」やスペランスキーの提案に関して、上流社会でも、首都の路上でもつねに話されていたとしたら、この改革の新たな計画は、完全な秘密裏に有力者の狭い身内で準備されたので

市の関所にて

ある。

◆「ポーランドの実験」。ロシアにおける憲法の初の試作
　終戦後アレクサンドルが解決しようと試みた最初の課題は、ポーランドに憲法を下賜することであった。1815年に立案された憲法は、個人の不可侵、出版の自由を保障し、裁判決議なしで財産を剥奪し流刑するような刑罰の形式を無くし、全政府機関でポーランド語を使用し、国政及び裁判、軍事ポストにはポーランド王国の臣民だけを任命することを義務とした。ポーランドの国家元首として宣言されたのが、採択される憲法の正しさを宣誓する義務を負ったロシア皇帝であった。立法権は、二院制のセイムと皇帝に帰属した。セイムの下院は、各都市と貴族から選出された。選挙権は、年齢と財産上の法定**資格**により制限されていた。セイムは、年に2回召集され、合わせて1ヵ月以内で活動しなくてはならなかった。法律を採択する権利を有さなかったため、セイムは皇帝宛の法の採択に関する提案の呼びかけを提出できるだけであった。法案は国家評議会で議論にかけられる必要があった。

ポーランド憲法は、ロシア帝国領土内で初めてのこのような文献となった。それは政権とポーランド国民の関係における緊張を時として取り除いた。皇帝アレクサンドル１世は、憲法採択のために、1815年にワルシャワを個人的に訪問した。彼は群集の前に、ポーランドの白鷲勲章のリボンを結んだポーランドの軍服を着た姿で現れた。こうしたすべてが、ポーランド貴族を歓喜の状態へといざない、ポーランド王国の独立と、かつてのレーチ・ポスポリタのウクライナやベラルーシの領土を犠牲にした自国の国土の伸張が、今後広がるという期待を抱かせたのであった。

こうした雰囲気はたいへん早くに無くなった。ポーランド人が憲法の採択を完全な独立への道程の出発点と考えたのに対し、アレクサンドル皇帝は、ポーランドのためにあまりにも多くを成し遂げたと考えたのである。ポーランド憲法は、アレクサンドル１世の全治世を通じて、改革の道程における最大の一歩となった。フィンランドのためにより早期に採択された法と並んで、彼は「ポーランドの実験」を、全ロシアが自国のための統一憲法へ向かう道の出発点と見なしたのであった。1818年にワルシャワでのセイム開催で登壇した際に、アレクサンドルは聴衆に直接にこう宣言した。「あなたたちに、そのまなざしを向けているヨーロッパに対し、あなたたちは偉大な模範を示す使命があるのです」。この発言や、ロシアでの憲法導入をすでに長いあいだ「絶えず考えてきた」と述べた皇帝の言葉もまた、聴衆を感動させたのである。

◆Ｎ・Ｎ・ノヴォシリツェフの改革案

ワルシャワでの皇帝の演説後１年もしないうちに、皇帝の机にはＮ・Ｎ・ノヴォシリツェフが創案した憲法案が置かれていた。

ニコライ・ニコラエヴィチ・ノヴォシリツェフ（1761～1838年）

Ａ・Ｓ・ストロガノフ伯爵の姉の私生児であったため、伯爵の家で養育された。1783年に彼は大尉の軍位で軍務を始めた。彼は1788～1790年の対スウェーデン戦争で殊勲を立てた。まもなくノヴォシリツェフはアレクサ

ンドル皇太子と親交を結んだ。彼は任務で軍事的勇敢さにおいて名を挙げただけでなく、彼自身が才能ある外交官であり為政者であることを表した。アレクサンドル1世の即位後、ノヴォシリツェフは「秘密委員会」のメンバーのひとりになり、皇帝の特別な信頼を得た。1813年から彼はポーランド王国で様々な役職を歴任した。

まさにノヴォシリツェフにアレクサンドルは憲法案の立案を委託したのである。この選択は、皇帝へのノヴォシリツェフの個人的な親密さだけでなく、「ポーランドでの実験」の考慮が不可欠であったこと、また、草案の秘密を守れるように、宮廷から改革案の作者は遠く離れている方がよいという点から説明されてきた。

1820年にノヴォシリツェフ案は準備された。それは「ロシア帝国の憲章」と名づけられた。その重要点は、多くの憲法に記されているように、国民の主権ではなく、皇帝の統治権が宣言されている点であった。同時に、草案では二院制議会の創設が宣言されており、その承認なしには、皇帝はひとつの法律も公布できないとされた。実際に法律案を議会へ提出する権利は皇帝に属した。彼はまた行政権も指揮した。ロシアの市民に、言論・信教の自由を与えると提案し、法の前の平等、個人の不可侵、私有財産権が宣言された。

スペランスキーの草案と同様、「憲章」のなかで「市民」の概念で理解されていたのは、農奴が入らなかった「自由身分」の者たちだけであった。農奴制そのものに関しては、草案のなかでひと言も触れられていなかった。「憲章」は総督の管区に分割された国の連邦制度を提案した。それぞれの管区において、二院制議会設立も提案された。皇帝の権力は、以前と変わらず強大であったが、限られたものであった。公式文書と共に、「憲章」の基本条例を実施する宣言

書の草案も準備された。しかし、調印はされなかった。

◆1820年代初頭における改革の施行の拒絶

　治世の終焉が近づくころにアレクサンドル皇帝は、自身の改革案が大多数の貴族の単に反感だけでなく、活発な抵抗も呼び起こしていた事実に直面した。自分の父の悲しい体験により彼は、どんな危険が自身に迫っているかを理解した。

　同時に全ヨーロッパで、ロシア社会に影響を与えた革命の動きがいっそう激化し、国の運命に対する皇帝の危惧を呼び起こした。貴族からの圧力を感じる一方で、民族運動に対する恐怖を覚え、アレクサンドルはその改革計画を縮小し始めた。

　そのうえ、逆行する動きも始まった。つまり、「きわめて乱暴な行為」に対

K・ミニンとD・パジャルスキーの記念像除幕式におけるモスクワの赤の広場でのパレード

して、地主が農民をシベリアに流刑することを再び許可した法令が発布され、農奴は自分の主人に対して告訴することを再び禁止されたのである。新聞、雑誌、書物の内容に対する検閲が強まり、官僚は、ロシア国家の「内政・外政に関する」どのような作品も上司の許可なしに出版することが禁止された。1822年にロシア社会への革命思想の影響を恐れ、皇帝は、国内での秘密組織すべての活動を禁止し、そのメンバーを迫害し始めた。

　社会生活の未解決の問題は、短期間で自分の娘たちや姉を失ったアレクサンドル1世の個人的な苦悩にも影を落とした。1812年のモスクワの大火や、1824年のペテルブルクでの恐ろしい洪水の時と同じように、ここに皇帝は父の悶死に対する天罰を見た。ここから、皇帝の宗教心が強まり、やがて**神秘主義**に傾倒していった。アレクサンドルはこう述べている。「自身に宗教の助けを受けることによって、私は、この世でのどんな悦楽にも代えられない平穏や魂の平和を得たのである」。ロシア正教会のために、彼は自国にカトリックを布教していた**イエズス会**の活動を禁じた。教育の宗教的基盤を強化するために、皇帝は国民教育省を、国民教育宗教省へと改名した。学校では、宗教教育に割り当てられる時間が著しく増えた。

◆アレクサンドル1世の内政の基本的成果

　内政における皇帝のこのような変化をどう説明することができるか。なぜ機が熟した改革を実行に移すことに成功しなかったのか。主な原因は、その政治において大多数の貴族の利益を考慮しようとせずに破滅した父と同じ運命を辿ることに対するアレクサンドルの恐怖心であった。

　重要な原因は、改革者である皇帝が、その意図を実現するに当たって誰にも頼れなかった点である。知恵があり、有能な人物が不足していたのだ。アレクサンドルはあるとき腹立ちまぎれにこう叫んだ。「どこで有能な家臣を得ればいいのか。(中略) すべてを実現することができない、助けてくれる者はない。(後略)」改革の決断力ある支持者の数は社会でとても少なかったのである。別の原因は、現存する体制の基盤の維持とリベラルな改革の結合という改革の全

体的な意図の矛盾撞着であった。つまり、憲法と専制政治、農奴解放と大多数の貴族の利益というように対立していたのである。改革案の立案が極秘裏であったことが、すでに準備された計画を皇帝が拒絶することを極めて容易にした。このすべてにおいて、大きな役割を果たしたのが、皇帝の個人的資質である、気分の不安定さ、二面性、年々深まる神秘主義への傾倒であった。

多くの改革事業がこのように実現しなかったにもかかわらず、アレクサンドル1世の内政や、その勅令によって立案された改革の計画は、ロシアの将来的な経済、及び政治の大規模な革命のために地盤を固めたのであった。

◆質問と課題◆

1. アレクサンドル1世は改革の続行のために、戦後の自身の権威の著しい強化をなぜ利用しなかったのでしょうか。
2. 戦後上流社会において反改革の気運が活発になったことをどう説明できますか。
3. なぜアレクサンドル1世が、当時のヨーロッパにおけるもっとも民主的な憲法をポーランドに下賜する方向へ進んだのでしょうか。
4. 全国向けの憲法案の立案を皇帝がノヴォシリツェフに委任したのはどう説明できますか。
5. 1820年代初頭に改革実行を拒否した主な原因は何であったのでしょうか。
6. アレクサンドル1世の内政を総括してください。

史　料

1818年3月。ポーランドのセイムにおけるアレクサンドル1世の発言
あなたたちにそのまなざしを向けているヨーロッパに対し、あなたたちは偉大な模範を示す使命があるのです。法的に自由な決議の神聖な原理と、われわれの時代の社会体制を悲惨な崩壊で脅かした破滅の教えとを混同することがあるということを、そして、この決議は危険な夢ではなく、反対に、こ

のような決議を心の正しさに従い実行し、人類のための有益な救済目的達成に向けた清らかな志をもち軌道に乗せるなら、法的に自由な決議は、秩序と全体的な支援と完全に合致し、諸民族の真の幸福を確立するということを、同時代人に実証しなさい。

◆**史料についての課題**
引用された一節を評価しなさい。

◎ 新しい用語を覚えよう。

イエズス教団〔**Иезуиты**〕――カトリック教とローマ教皇の権力の強化と流布を目標とした、カトリックの修道士の組織（教団）。

神秘主義〔**Мистицизм**〕――人間の知恵には謎であり説明しがたいものへの信仰。

資格〔**ценз**〕――様々な権利の履行時、とりわけ選挙の際に、人の参加を制限する条件。

§7. 1812年の祖国戦争後の社会経済の発展

◆1812～1815年の経済危機

祖国戦争とロシア軍の国外出兵は、ロシア経済にとって深刻な試練となった。この間の物質的損失の総額は、10億ルーブルとなった。国家の歳入がふつう1億ルーブルを超えないことを考慮すれば、これは天文学的な額であった。零落したのは、戦争で最大の被害を受けた国の西方地域であることがわかった。

決定的な経済破綻からロシアを救ったのは、スペランスキーがすでに1810年に準備した関税率規則（それは国への商品輸入に対し、国外への商品輸出の優勢を保障した）と、イギリスからの資金援助であった。

重い負担となったのが、破壊された諸都市、何よりもモスクワの復興に対する支出であった。政府は、被害を受けた各都市の住民に対し、特別手当てを支

給した。その総額は、最終的に1,500万ルーブルとなった。

「大陸封鎖」やそののちの戦争は、ロシア経済の基盤である農業にもっとも深刻な打撃を加えた。地主もまた、農民に対する圧力を強めることで自身の損失を埋め合わせようとした。こうしたことすべてが、農業を没落へと導いたのであった。

危機的状況から国の経済を救うために、緊急措置を取る必要があった。アレクサンドル1世と、もっとも先見の明があった為政者たちは、抜本的な改善は何よりも、農奴制の制限及び廃止により、農民問題を解決することで初めて可能になると理解していた。

◆バルト海沿岸地方の農奴制廃止

この改革を施行するための「実験場」となったのが、国の西方の県であった。1811年にバルト海沿岸地方のドイツ人地主が、自分の農奴を農奴制の隷属状態から解放するが、その際彼らに土地は与えないという提案を皇帝にもちかけた。1816年にアレクサンドル1世は、地主の土地を維持したうえで、エストランド（現エストニア）での農奴制の完全廃止に関する法律を承認した。1818～1819年に、クルランド（現ラトヴィア）、及びリフランド（現リトアニア）の農民に関して、同じ法律が採択された。

◆農奴制廃止に関するアラクチェーエフの計画。屯田兵制度

まもなく同様の方法により農民問題を解決したいという要望が、ベラルーシ、プスコフ、ペテルブルクやペンザ州の地主から出されるようになった。皇帝は全ロシア農民改革の立案に関する極秘の指示を出した。彼はこの任務を、全く予想もされていなかった人物である、当時自身の側近で官吏であったA・A・アラクチェーエフ将軍に委ねたのであった。

しかしながら、この決定は一見したところでは奇妙に映った。アラクチェーエフは自分の領地グルジノ（ノヴゴロド県）で領地経営を成功させていたことで有名であった。彼はそこに市場に向けられた巨大な農場を作り上げることに

成功した。アラクチェーエフは農民のために、家の建築や家畜を買うための貸付金を支払う貸付銀行を開設した。彼は自分の農民に経営活動を推奨していた。貧農への援助が規則となった。しかしながら、模範的経営の育成方法は、過酷なものであった。農民は、小さな違反や放漫経営で厳しく罰せられたのである。領地からの利益がたいへん多かったため、巨額の資金が、道路や教会、農民用の石造りの家、公園や養馬場の建設に当てられた。1810年にグルジノにアレクサンドル1世が滞在した。そして皇帝は、アラクチェーエフの達成した結果にたいへん驚嘆したのであった。

アレクセイ・アンドレェヴィチ・アラクチェーエフ（1769～1834年）

貧しい地主の家庭に生まれた。砲兵工科学校を卒業後、ガッチナのパーヴェル1世の宮廷に勤める。1808～1810年にアラクチェーエフは陸軍大臣の地位に就き、ロシア軍、とりわけ砲兵隊強化のために多くのことを成した。1815年から事実上国家評議会と省庁の活動を指揮した。アラクチェーエフは非の打ち所のない公正さで際立っていた。彼は自分の手を煩わせた巨額の金を「着服」しなかったのである。彼は、自分の紋章に「追従なしで忠誠を捧げる」と記した仕事熱心な官吏であった。だが間もなく、彼は追従とお世辞が大好きな人間となり、宮廷で別の標語「追従欲に忠誠を捧げる」を頂戴したのも事実である。アレクサンドル1世への彼の献身はそのうわべの表現にしても、あらゆる限度を越えていた。同時代人が語ったように、こうした献身を捧げている際は、祖国の利益すらも彼にとっては皇帝の一時の気まぐれと比べて些細なことのように思えただろう。アラクチェーエフはその執務においては無慈悲で、非人間的ですらあった。まさにこうした特徴が、周囲の者たちの彼への否定的態度を呼び起こしたのである。

アラクチェーエフに立案の準備を委任する際に、アレクサンドル1世はただひとつだけ条件を出した。つまり、改革は、「地主にとって不都合な措置はひとつも含まずに」段階的に実現されなくてはならない、と。1818年に草案は準備された。農民問題解決のためにアラクチェーエフは、これに賛同するであろう地主から領地を買収するために、毎年500万ルーブル（これは毎年売買に出される農奴の市場価格であった）を割り当てるよう皇帝に提言した。そのような地主になれるのは、まず第1に、自身の領地を抵当に入れ、かろうじてやりくりをしていた貴族であった。このあとで買い戻された土地は、解放された農民のあいだで（ひとり当たり2デシャチナ〔1デシャチナは1.092ha―訳者〕）分配されるはずであった。農民への分与地は小さなものであったため、アラクチェーエフの構想によれば、農民は地主の領地で「副業で稼ぐ」ことを余儀なくされたのであった。

アラクチェーエフの計画は、農民問題を完全には解決しなかったとはいえ、たとえしばらくのあいだであったにせよ、地主、及び農民を満足させることができたのである。しかし、この計画は結局実現されなかった。

アラクチェーエフに実現を委託したアレクサンドル1世の別の計画は、屯田兵制度の導入であった。経済危機の状況下では、軍隊維持への経費の削減が決められた。アラクチェーエフは軍隊の特別組織の計画を立案した。兵士は軍務と経済活動を両立させなくてはならなかった。農村地帯に入植させられた部隊（「屯田兵」）は、6年以上勤務した家族持ちの兵士と、18～45歳の元国有地農民とから構成されていた。入植者の子どもたちは勤務に登録された。

屯田兵の配属は、国有地だけで行われた。このことが、屯田兵にされた国有地農民の多数の暴動を引き起こした。軍事支出の節約の観点からすると、入植は、この制度の前にあった課題を解決した。1825～1850年のあいだで、4,550万ルーブルが節約されたのである。しかし、屯田兵制度設立は、農業の自由な発展の可能性を制限していた。

◆産業と商業の発展

　戦後の危機を克服したあと、ロシアでは産業と商業が十分安定的に発展をしていた。1804年に国内で2,423の工場があったとするなら、1825年には5,261になった。このあいだに、労働者の総数は、9万5,000人から21万人に増大し、そのなかの雇用労働者数は、4万5,600人（彼らは労働者総数の48％を占めていた）から、11万4,500人（54％）へと増大した。

　工場の多くは、国からの依頼を遂行する作業に従事していた。それは、軍隊用の武器や**ラシャ**の製造と基本的に結びついていた。また、海外輸出用の商品が製造されていた。しかしながら、すでに1812年の戦争前に、**軽工業**が急速に発展し始めていた。その製品は、大体において国内販売用にすでに出荷されていた。このことが、国内市場の拡大を証明していた。1820年代末までにロシアは、海外から**更紗**を輸入することを止めた。

　主要な産業中心地の座を以前どおり保っていたのが、ペテルブルク、モスクワ、トゥーラ、ウラジーミル、ウラル地方であった。戦後工場で蒸気機関の使用が始まった。

　規模が拡大する国内市場の需要により交通路の改善が必要となった。水路は、

19世紀初頭のオデッサ港

重要な交通路のままであった。1803〜1805年に運河によりカマ川と北ドヴィナ川、ドニエプル川とウィスワ川、西ドヴィナ川とネマン川が結ばれた。1810年に運河のマリインスキーシステム〔現ヴォルガ・バルト水路—訳者〕が、また、1811年にはチフヴィンシステムが操業を開始した。1815年にロシア初の汽船「エリザヴェータ」が進水した。舗装道路の建設が始まった（1825年それはすでに390kmに及んだ）。

　国内商業は以前どおり、主に定期市商業のままであった。国の最大の定期市はマカリィエフ定期市（マカリィエフ修道院からニジニノヴゴロドへ移転された）、コレンナヤ（クルスク市）定期市、キエフ定期市、ハリコフ定期市、イルビット定期市、ロストフヴェリーキー市での定期市であった。主として穀物、大麻、獣脂、木材が海外へ輸出された。輸入されたのは主に消費物資や工業半製品であった。

　19世紀初頭のロシアの経済成長は、一方では農奴制労働の非効率とその放棄の必要性を示し、他方では蒸気機関の使用による工場生産発展の可能性を示した。こうしたことすべてが、国の経済発展において新たな段階が始まったことを物語っていた。

◆質問と課題◆

1. 1812〜1815年のロシアにおける経済危機の主な原因は何であると思いますか。
2. もっとも困難な状況にあったのは、どの産業部門ですか。自分達の経営を危機的状況から脱出させるために、地主はどのような対策を講じていたのでしょうか。
3. バルト海沿岸地方での農奴解放は、どのような条件で起こったのですか。ロシア各地で農奴制の廃止が行われなかったのはなぜですか。
4. А・А・アラクチェーエフの計画の意義は何であったのでしょうか。
5. 屯田兵制度の設立はどのような課題を解決するはずであったのですか。その目標は達成されたのでしょうか。
6. ロシアの産業と商業の発展を総括してください。

史料

農奴制に関するK・I・アルセニエフ教授。1818年。

　自由農民によって耕された土地は、農奴により耕された同じ質の土地よりも、豊かな実りをもたらすことが証明された。過ぎ去りし何世紀もの経験により定着した疑う余地のない真実として、産業と実業の自由が、個人および社会の豊かさをもっとも確実に増大させることが証明されており、大きな活動や大きな生産を奨励するためには、どのような制限もない市民の完全な個人的自由以上に、効果のある最上の方法はないのである。つまり、それが全産業分野の偉大さと完全さを生み出す疑う余地のない源泉なのである。

A・A・アラクチェーエフに関するA・K・グリッペ陸軍大佐の回想

　その時初めてお会いした伯爵の姿は、そのみすぼらしさで私を驚かせた。刷毛のように黒く濃い髪、でこぼこの額、おそろしく冷たい小さな濁った目、靴の形をした全く品のない太い鼻、長すぎる顎に、おそらく誰も1度として笑顔や微笑を見なかったであろうぎゅっと結ばれた唇をした、中背で猫背の人間を想像してください。上唇はきれいに剃り上げられていたが、それは彼の口にさらに不快な表情を添えていた。こうしたすべてに、砲兵のフロックコートのうえに羽織った兵士用ラシャ製の灰色のジャケットをさらにつけ加えれば、屯田兵だけでなく、当時のロシアで服務していたすべての者に恐怖心を抱かせたこの人間の外見に関する知識を得るだろう。

屯田兵制度に関する同時代人

　入植の配属の強制的な手段は、驚きと不平の声で受け入れられた。そのあと、過酷な新兵徴兵義務からロシアを解放するというその目的が宣言された。しかし、8年あるいは12年まで兵役期間を引き下げたなら、より公平に、より安定的に、そしてより安全にこの目的がかなえられたかもしれなかった。なぜなら、そうなれば、ロシア全土で軍人の志気が広がり、一方農民は結婚し、子どもをもうけながら農民生活を営むことがとても容易にできるため、子どもを早めに兵士として教育し、そして自分は訓練を受けた在郷軍（予備軍）となれたからである。

アレクサンドル1世時代の商業の発展に関する同時代人の評価

　ロシアの産業にとって好結果をもたらした1810年の関税率規則が、1816年にオーストリア、プロイセン、ポーランドに有利な12年ものの新関税率に突然変わった。少なくとも商人はこの一定期間で自分の闇取引を思い通りに扱うことができたのである。しかし、ここに過ちがあった。1819年に外国製品輸入の新たな全面解禁が続き、外国製品がまもなくロシアに氾濫したのである。多くの商人が破産し、工場は完全に倒産した。また、国民は家族を養い租税を支払う手段を失った。その時に過ちに気づき、1823年に新しい関税率で間違いをを是正した。しかし、こうむった損害は取り返しがつかない。関税率の不安定さは多くの工場主を破産させただけでなく、政府への不信を生んだのである。

◆**史料についての質問**
1. 雇用労働の効率と農奴労働の非効率に関するＫ・Ｉ・アルセニエフ教授の意見は何を根拠にしていたのでしょうか。「過ぎ去りし何世紀もの」歴史から、彼はどのような例を考慮できたのですか。
2. 引用された文章とＡ・Ｋ・グリッベ陸軍大佐の回想を考慮して、Ａ・Ａ・アラクチューエフの特徴づけをしてください。
3. 社会では屯田兵制度に対しどのような雰囲気が存在しましたか。それは何に起因しているのでしょうか。
4. 最後の史料にもとづいて、戦後のロシアの貿易の発展を抑えていた主な原因は何であったかを示してください。

◎ 新しい用語を覚えよう。

　軽工業〔Лёгкая промышленность〕——消費財の生産。生産手段の製造（金属、機械、燃料など）である「重工業」とは区別される。

　大麻〔Пенька〕——綱の生産のために麻から取られた繊維。
　（おおあさ）

　実験場〔Полигон〕——何かを実験する場所。

　半製品〔Полуфабрикант〕——既成品となる前に、もう1段あるいはいくつかの精製工程を通らなくてはならない労働生産物。

　更紗〔Ситец〕——染色された綿織物。

ラシャ〔**Сукно**〕——毛織物。
税率〔**Тариф**〕——徴税あるいは何かの使用料の規定。
規則〔**Устав**〕——制度を規定する法規の集大成。組織あるいは国家機関の活動の規定。
経済危機〔**Экономический кризис**〕——経済発展における困難な状況、経済不振の時期。

§8. アレクサンドル１世時代の社会運動

◆組織化された社会運動の誕生

　アレクサンドル１世治世の戦後においてもっとも特徴的なもののひとつが、社会運動の増加となった。それはロシア史において初めて組織化された形態を得た。当時誕生したサークルや組織の参加者の活動の基盤は、最初は自由主義思想であった。その主たるものは、個人の人格、その経済的及び政治的自由が、いかなるものにも優先するという基本的な考えであった。この主眼は、遠い昔から社会と国家の利益が重要とみなされ、それに対し個人の人格それ自体が認められてこなかったロシアにとって原則的に新しいものであった。

　自由主義思想の広まりは、18世紀最大の自由主義思想家であるルソー、ヴォルテールらと文通をしていたエカチェリーナ２世の時代からロシアでは始まった。しかしその統治の末期に、女帝自身が当然のことながら、ロシアにおける君主制の運命を危惧して、自由主義思想家の迫害を始めたのであった。

　自由主義思想の第２の波がロシアに訪れたのは、1812年の祖国戦争の時代、とりわけロシア軍の国外進軍の時期であった。その時、数千人の若い将校が、ロシアとは別の生活もできるということを知り、専制政治と農奴制に対して確固たる信念をもつ敵として国外から帰国したのである。他方、すべての教養ある人々により論議されたアレクサンドル１世自身の自由主義的改革案や、そののちのスペランスキーの改革も、進歩的な貴族の意識に対し、自由主義思想を積極的に浸透させるための土壌を用意したのである。

ペテルブルクのパンテレイモン橋　画家К・Р・ベッグロフの絵画から

　改革の実行における政権の無為と優柔不断は、革命をもっとも熱望する支持者を秘密結社やサークルの創設へと促した。政府及び進歩的社会層は、時としてその基本的特徴が一致した改革の計画を、お互い秘密裏に練るという事態が起こった。

◆**秘密結社**
　改革の準備と実現にその目的を定めた最初の秘密結社は、ロシア軍の国外進軍のほぼすぐあとに出現した。そのような結社の誕生は、多くの若い将校が国外での滞在時に、**フリーメーソン組織**と接触したことで容易になっていた。その数は、ロシアでも増加した。1820年代末までに約220のフリーメーソン支部で、3,000人を上回る貴族、官吏、商人が結束した。フリーメーソンへの参加は、自由主義思想の支持者に、彼ら自身の組織の設立及び活動にとって不可欠な経験を与えた。
　最初の巨大秘密結社は、「救済同盟」(1816～1818年)であり、その規約の認定後に「祖国の真実の忠実なる息子たちの結社」という改名を採択した。その

創立者は、若き参謀本部陸軍大佐であるＡ・Ｎ・ムラヴィヨフであり、一方メンバーは、Ｓ・Ｐ・トゥルベツコイ、Ｓ・ＩとＭ・Ｉ・ムラヴィヨフ＝アポストル兄弟、Ｎ・Ｎ・ムラヴィヨフ、Ｍ・Ｓ・ルーニン、Ｐ・Ｉ・ペステリ、Ｉ・Ｉ・プーシンらであった（全部で30人）。組織の参加者は、自分たちの目的を農奴制廃止と専制政治の制限と考えていた。こうした目的を達成する方法について議論が行われた。秘密結社のメンバーは、たとえ時折その流れのなかで陰謀や皇帝暗殺への呼びかけすら響いたとしても、自身の主要な課題は政府の改革の努力を支援することにあると考えていた。

　自由主義的改革計画を広く社会的に支援する重要性の認識が、「救済同盟」の解散と、その基盤のうえに「福祉同盟」(1818～1821年)を設立する原因となった。それは、約200人のメンバーをすでに有しており、その首脳部は以前と同じであった。

　「同盟」の活動計画は、「緑書」と名づけられた規約のなかに記されていた。従来通り農奴制と専制政治に対する戦いが必要とされ、「同盟」のメンバーは、この目的達成の方法をよりはっきりと決めた。彼らは自身を社会の改革で政府を助ける義務ある者と考え、自由主義思想の普及を目的とした国民の教育と養育の問題に第一意義を与えた。このため、啓蒙運動の結社の設立、本や雑誌の出版、学校の創立等が提案された。

　「福祉同盟」は、アレクサンドル１世の政府が改革を断念したことがはっきりした時点で解散した。そのメンバーは、自身の計画を見直し始めた。自由主義思想の支持者が西ヨーロッパ諸国で引き起こした、軍事変革の成功に関する報告は、多くの考えを彼らに暗示した。

　1821～1822年に、南方結社と北方結社というふたつの新たな結社が創立された。その当時まさに、たとえば、ポーランドの愛国協会や統一スラヴ結社といった民族秘密結社も形成された。

◆南方結社

　この組織は、ウクライナに配属された第２方面軍の将校を統一した。南方軍

の指揮者は、P・I・ペステリであった。南方結社は、3支部から成っていた。その中心となったのが、ペステリとA・P・ユシネフスキーが指揮したトゥリチンでの「本部」であった。彼らも結社全体の理事として選出された。その他に、さらにふたつの支部が、カメンカ市（V・L・ダヴィドフとS・G・ヴォルコンスキーの指揮）と、ヴァシリコフ市（S・I・ムラヴィヨフ＝アポストルとM・P・ベストゥジェフ＝リューミンの指揮）にあった。焦眉の問題を議論するために、結社の指導機関の大会を定期的に召集することが決定された。それは毎年キエフの定期市で行われた。1822年1月の第1回定例大会において、ペステリが立案した憲法案の原則についての彼の報告が聴講された。

> **パーヴェル・イヴァノヴィチ・ペステリ（1793～1826年）**
> 　のちにシベリア総督に任命されたペテルブルクの郵政市局長の家庭に生まれる。18歳からペステリは、リトアニア近衛連隊に服務した。ボロジノの戦いで、彼は並外れた勇敢さを示し、"黄金の剣"を褒賞された。ロシア軍の国外進軍に参加し、ドレスデンとクリミア近郊の戦い及びライプツィヒの「諸国民の戦い」で殊勲を立てた。1814年からペステリはミタフ市で、そのあとトゥリチン市で任務に就いた。1821年に彼は陸軍大佐の称号を得て、ヴャトカ連隊の指揮官に任命された。
> 　同時代人や友人は、彼を当時のもっとも教養ある者のひとりとみなしていた。1816年にペステリは、「救済同盟」に入り、そのリーダーのひとりとなった。「福祉同盟」で彼はトゥリチン支部を指揮した。彼の組織力のおかげで、その支部は結社のなかで、もっとも人数が多く活発な支部となった。この支部を基盤として南方結社もまた生じたのである。

ペステリは、自分の綱領を古代ロシアの法令集にちなんで「ロシア法典（ルースカヤ・プラウダ）」と名づけた。これは、ロシア史において初となる、共和国憲法として一貫性のある草案であった。国家統治は分権を基盤とした。立法権は、一院制議会である民会（ヴェチェ）に属した。それは20歳以上の男性の普通選挙により選出された。執行権は、5人で構成する統治議会（ドゥーマ）に委任され、議会のメンバーのひとりが、毎年変わった。身分分化は撤廃された。憲法遵守監察は、終身的に選出される120人からなる最高総会（ソボール）が実行しなくてはならなかった。市民の自由、つまり、信仰、言論、出版、移動の自由、法の下の平等が宣言された。

ペステリは、「革命の成功のために」、極東、ザカフカジエ、そしてその他いくつかの地域をロシアに合併することを提案した。彼は、革命が起こるロシアと同盟を必ず結ぶ必要のあったポーランドを除いて、国のそれぞれの地域に主権を与える計画は立てなかった。

ペステリは農奴制を廃止し、全国の農地を同じ面積に二分割することを提案した。その一地域は、地主たちの所有ために維持され、他方は、解放された農民に譲渡するのである。後者は売買してはならなかった。

◆北方結社

この結社は、ペテルブルクで設立された。その首脳陣は、N・M・ムラヴィヨフ、N・I・トゥルゲーネフ、M・S・ルーニン、S・P・トゥルベツコイ、E・P・オボレンスキー、I・I・プーシンであった。結社の大多数のメンバーの理念は、N・M・ムラヴィヨフの「憲法」のなかで表現された。

ニキータ・ミハイロヴィチ・ムラヴィヨフ（1795～1843年）

教養ある貴族の家庭に生まれた。祖国戦争初期の1812年に彼は義勇兵として入隊した。彼に大きな影響を与えた1813～1814年の国外進軍で殊勲を立てた。1816年にムラヴィヨフは雑誌に自身の初めての論文を書いた。彼は「救済同盟」の組織者で指導者のひとりであった。同盟が解散したあと

第 1 章　19世紀前半のロシア　　593

> の1817年に彼は三徳（信仰、愛、希望）のフリーメーソン支部に入団する。
> 1818〜1821年にムラヴィヨフは「福祉同盟」の指導部メンバーになり、
> 1822年から最高議会メンバー及び北方結社の「統治者」となった。

　ロシアは、N・M・ムラヴィヨフの綱領に従って立憲君主国家となるはずであった。それは15の「大国（デルジャーヴァ）」からなる連邦国家として宣言された。大国それぞれに首都があった。たとえば、ヴォルホフ大国はペテルブルクに首都があり、黒海大国はキエフに中心都市を持ち、ウクライナ大国はハリコフに首都が、カフカース大国はチフリス（現トビリシ）に首都をもつなどである。各「大国」において政治は、統治議会（上院）と代議制議会（下院）といった、二院制機関によって行われていた。
　連邦の最高政権は、二院制（最高議会と人民代表議会）国会である民会に属していた。こうした機関の有権者の数は、財産上の資格が厳しいため、たいへんに限られたものであった。国家の元首である皇帝の権限は制限されていた。彼は、法の採決を阻止し、法を再検討するよう差し戻す権利を有するだけの国の「最高官吏」となるに過ぎなかった。官吏等級表は廃止され、国家の職務すべてが選挙による任命制となっていった。市民の諸権利と自由が制定された。
　N・ムラヴィヨフの「憲法」は、農奴制廃止をあらかじめ規定していた。しかしながら、土地は基本的に地主の手中に残された。農民には「その定住のために」、1人当たり約2デシャチナずつ土地が与えられる予定であった。地主の土地で雇用労働が可能であった。
　秘密結社のメンバーのあいだで、計画目標を達成するための手段に関する議論が行われ、その結論として、武装蜂起に関する決定が下された。

◆政権と秘密結社
　組織の極秘の性格にもかかわらず、政府はその活動に関して多くの情報を有していた。1822年にすべての秘密結社とフリーメーソン支部の活動禁止に関する特別政令が可決された。そして1823年から、両者への迫害が始まった。蜂起

の用意が順調に進んでいた1825年夏から秋にかけてアレクサンドル１世は、軍隊に将校の秘密組織が存在することだけでなく、準備中の反乱の指導者の名前も知った。逝去の数日前に、アレクサンドルは運動の一連の参加者を捕まえるように勅令を出した。皇帝の死後すでに、密告者が「首謀者」と呼んだペステリ逮捕の命令が出されていた。彼は、反乱のちょうど前日の12月13日に捕らえられた。

> アレクサンドル１世の矛盾に満ちた内政の影響下にあった19世紀初頭の社会運動は、発展してゆくなかで、政権の改革的事業の支援から、政権の強制打倒の計画の抱懐へと、困難な道を辿ったのである。

◆質問と課題◆
1. 19世紀初頭の社会運動のどのような特徴が決定的なものだと言えますか。
2. 1812年の祖国戦争後の社会運動の活気の原因は何であると思いますか。
3. 1820年代初頭の組織と初期の秘密結社の違いは何ですか。
4. 南方及び北方結社の綱領の全般的な特徴づけをしてください。両者の類似と違いの特徴を示してください。
5. 政権と秘密結社の関係はどのように築かれたのでしょうか。
6. 政権と秘密結社は、内容において多くの類似点のある計画をなぜお互い秘密裏に準備したのでしょうか。

史　料
1825年。フリーメーソン組織の設立理由に関するフリーメーソンのメンバー

有力者のつてが無ければ勤務で何事も達成できないと当時確信されていたように、フリーメーソンであろうと、その他の何か神秘主義的結社であろうと、その大部分が有力者のつてをもちたいと願っている。人々は、それぞれの道で扶助や推薦などにより互いに助け合いながら、相互に支え合い、国家において、とりわけ他者と比べてより高い官位を獲得してきたのである。

フリーメーソンに関するＳ・Ｄ・ネチャーエフ（将来の宗務院総裁）。
1825年
　世界を操作している見えざる支配者は、社会秩序の維持を自身の思慮のおかげだとする平凡なお偉方より洞察力があり、先見の明がある。見えざる警察も存在するが、俗世の警察は、ひどく不完全でしばし滑稽なその類似物のひとつに過ぎないのだ。

「救済同盟」に関するＳ・Ｐ・トゥルベツコイ伯爵の「手記」
　かつては祖国と皇帝のために戦っていたある若者は、平和なときにも首領に忠実な義勇隊になりたいと願った。彼らは自国民の幸福のために、ツァーリのあらゆる計画に協力することを言葉と行動で互いに約束し合った。彼らは少数であったが、その仲間が毎年増えていくと確信していた（中略）。
　この小さな結社に入る者には、次のような要求があった。第１に、服務における義務の厳格な遂行。第２に、個人生活における清く高貴で品行方正な行動。第３に、万人の幸福のための主君の政策と提案すべてを支援すること。第４に、賞賛すべきことを多くの人に知らせ、その職務においては職権濫用をした者を弾劾すること（中略）。
　会議やメンバーの入会で導入されたフリーメーソン儀式は、結社の活動を困難にし、大部分のメンバーの性格とは対照的だったある種の秘密性をもたらした。

統一スラヴ結社の綱領
2. 自分自身が奴隷となることを望まない場合は、奴隷をもちたいと願うな。
9. 他民族のあらゆる信仰と風習を受け入れなくてはならない。真に良いものだけを自身のために役立てなければならない。
10. 何よりもまず、身分の差異に関わるすべての偏見を壊すよう努力しなくてはならない。同時に、他人のなかに人間を認めることができたときに自身も人間となる。

◆**史料についての質問と課題**
1. 第１と第２の史料を用い、アレクサンドル１世が最初は共感したフリーメーソン組織の活動をのちに禁止するために出した勅令をどう説明できるか述べてください。

2．S・P・トゥルベツコイの「手記」をもとに、「救済同盟」の性質を説明してください。
3．「救済同盟」崩壊の原因は何ですか。
4．統一スラヴ結社の主目的はどのようなものであったのでしょうか。この結社の綱領の第2項を説明してください。

◎ 新しい用語を覚えよう。

　近〔親〕衛の〔Лейб〕──君主のもとにある、を意味する接頭辞。
　フリーメーソン〔Масоны〕──その目的を人類の統一と宣言している宗教政治組織のメンバー。フリーメーソンの末端組織は、ロッジ（支部、集会）と呼ばれる。

§9．1825年の王朝の危機。デカブリストの乱

◆王朝の危機

　1825年秋の国内旅行の際にアレクサンドル1世は突然病に倒れ、11月19日にタガンログ市で亡くなった。

　皇帝には子息がいなかったため、王位継承者はその弟のコンスタンチン・パヴロヴィチとみなされていた。しかし、1822年にコンスタンチンは王位継承の権利を放棄した。法律に従い、継承権は皇帝の次の弟であるニコライへと移り、これについて特別な宣言書が出された。しかし、この宣言書は公布されることはなく、それについて知っているのはわずか3、4名の者だけであった。そのため、1825年11月27日に皇帝逝去の知らせがペテルブルクに届いた時に、首都、やがて国全体が、コンスタンチン皇帝に宣誓を始めたのである。ポーランドで総督となる彼自身は、ワルシャワにいた。

　兄の帝位辞退宣言を知ったニコライは、アレクサンドルの病の第一報の際に側近を集め、自身の王位継承権を宣言した。しかし、これに反対し登場したのが、ペテルブルク総督M・A・ミロラドヴィチと国家評議会メンバーのN・

S・モルドヴィノフ提督であった。彼らは、個人的な手続きで当人により行われたコンスタンチンの権利放棄は効力がなく、この件に関する宣言書が発令されなくてはならないと発言した。それまでに全国民が周知する継承者に対し宣誓しなくてはならない。ニコライは一番先にコンスタンチンに宣誓せざるを得なかったのである。アレクサンドルの逝去を知ったあとでコンスタンチンは、自身の帝位辞退を再確認したが、この件に関する特別な宣言書の発令を急がなかった。12月末になってようやく、コンスタンチンが正式に継承権を放棄する旨の書状が首都に届いた。ペテルブルクからワルシャワへの往復路を急使が疾駆しているあいだ、新皇帝の即位が遅れたことで、ペテルブルクに困惑が広がった。秘密結社のメンバーは、武装蜂起を早め、この機を利用しようと決断したのである。

◆1825年12月14日の武装蜂起

　新皇帝ニコライ1世への「再宣誓」は、12月14日に予定されていた。この日に北方結社のメンバーもクーデターを予定したのである。この時から彼らは、1810〜1820年代の秘密結社の他の全参加者と同じくデカブリスト（12月の人々）と呼ばれるようになった。デカブリストによって草案された計画に従い、蜂起はペテルブルクで始まり、そしてほとんど時を同じくしてウクライナで第2方面軍の武装行動により反乱は支援されるはずであった。首都での蜂起の「独裁者」（軍指揮官）に任命されたのが、軍位で最上級の階級である親衛隊長S・P・トゥルベツコイであった。

　デカブリストは兵士に新皇帝に対して宣誓をさせないようにした。コンスタンチンの即位要求を口実に、彼らは、この時に国家評議会メンバーと元老院議員の宣誓が行われるはずであった元老院へ、彼らが指揮したか、または影響力をもっていた連隊を誘導しようと計画していた。蜂起者は武力で元老院と国家評議会に、デカブリストにより書かれた「ロシア国民への声明」を強制的に発布させたいと望んでいた。この声明のなかでは、農奴制廃止と国の統治体制の変革が宣言されていた。同時に皇帝一家を捕らえ、ペトロパヴロフスク要塞へ

監禁することが予定されていた。ニコライの処刑も除かれてはいなかった。新たな政府機関選出まで効力を発揮する臨時政府には、デカブリストのこうした計画について何の知識もないM・M・スペランスキーとN・S・モルドヴィノフといった著名な改革者を含めることが予定されていた。

　現実には、すべてが計画されたものと全く違う結果となった。準備されている武力行動について前もって知らせを受けたニコライは、元老院、宗務院、国家評議会の宣誓を夜中に執り行った。必要に応じてニコライを殺すよう依頼されたP・G・カホフスキーはこれを為すことを拒否した。蜂起の独裁者（頭）であるS・P・トゥルベツコイは軍隊に全く姿を見せず、軍隊は指揮官のいない状況に置かれた。

　1825年12月14日朝、元老院広場に近衛隊であるモスクワ連隊だけが行軍し、昼近くにはさらに親衛隊の海軍陸戦隊の約1,100人の水兵と近衛擲弾兵連隊の6中隊が接近した。兵士は武装行動の真の目的に気づいていなかった。ニコライは法律上の継承者コンスタンチンに逆らって帝位の独占を望んでいると彼らは聞かされていた。かくして、兵士達は農奴制廃止のためではなく、新皇帝が帝位する際の法の遵守のためだけに進軍していたのである。同じころ、他の軍隊は首都でニコライ1世に宣誓した。

　新皇帝は、僧侶と軍司令官の助力により平和的な方法で蜂起を止めさせる試みに着手した。兵士のあいだで人気のあった1812年の戦争の英雄でペテルブルク総督であるM・A・ミロラドヴィチが、蜂起の卒伍の参加者に、彼らが騙されていることを説得しようとした。しかし彼は、カホフスキーにより致命傷を負わされた。交渉が失敗に終ったあとで、ニコライは叛徒の周りに火を放つよう、宣誓を済ませた軍隊に命じた。第2の砲声のあとですでに暴徒は退却を始め、逃げ出した。両軍の犠牲者の数は、さまざまなデータから、200～300人とされている。ネ

M・A・ミロラドヴィチ

ヴァ川に緊急に開けられた氷の穴に投げ込まれたのは、殺された者だけでなく、負傷した反乱者もであった。

ペテルブルクでの蜂起の壊滅の知らせを受けたあとで、南方結社のメンバーは、ウクライナでのチェルニゴフ連隊の反乱（1825年12月29〜1826年1月3日）を準備したが、これもただちに鎮圧された。

◆デカブリストに対する取り調べと裁判

取り調べと裁判にかけられたのは579人に達し、そのうち80％が軍人であった。裁判は厳格な秘密裏に、短期間で行われた。査問委員会の仕事を取り仕切っていたのは、皇帝自身であった。全未決囚のうち、ペステリ、ムラヴィヨフ゠アポストル、ベストゥージェフ゠リューミン、カホフスキー、ルイレーエフは「等級剝奪」され、四つ裂きの刑の判決が下された。しかし、「文明の進んだ」ヨーロッパで「野蛮人」と評判が立つことを恐れたため、ニコライはこの中世の処刑を絞首刑に変えた。1826年7月13日に5人のデカブリストがペトロパヴロスク要塞で処刑された。100人以上のデカブリストが懲役あるいは終身流刑でシベリアへ送られた。多くの将校が兵士に降格され、山岳民族との戦争が行われていたカフカースへと送られた。そこへはチェルニゴフ全連隊も送られたのである。

◆デカブリストの乱の歴史的意義と結果

デカブリストの武装蜂起を粉砕したにもかかわらず、ニコライ1世はこの事件から強い印象を受けた。こうした行動の再発を恐れて、彼は一方では可能性のある陰謀に対し対抗措置を強め、他方では社会の緊迫状態の緩和を助ける改革を慎重に継続する方策をとった。

> デカブリストの乱とその事件の結果は、時代遅れの封建農奴制が生んだ社会の深い矛盾の存在を明らかにした。当時それらを解決できるのは、改革による方法だけであった。デカブリストは、ロシア社会の進歩的な人々を奮い立たせ、その努力や才能が、農奴制や専制政治と戦う方向に向かう

ようにと促したのである。

◆質問と課題◆
1. 1825年のロマノフ王朝の危機の主な原因は何であると思いますか。
2. 1825年12月14日の武装蜂起の指導者の計画を記してください。
3. なぜデカブリストは、彼らが元老院広場へ行軍させた兵士に、蜂起の真の理由を話さなかったのですか。
4. デカブリストの乱の歴史的意義は何でしょうか。

史　料
　　デカブリストの「ロシア国民への声明」
 1．旧統治形態の撲滅
 2．選出された者（国民の代表）による、（実現される）安定政権樹立までの臨時政府の設立
 3．**出版**の自由と**検閲**の廃止
 4．全社会での祈祷式の自由な執行
 5．人間に対する所有権の廃止
 6．法のもとでのすべての身分の平等。軍法会議の廃止
 7．各市民が希望する事業に従事できる権利の宣言（中略）
 8．人頭税とその滞納金の免除
 9．塩やウォッカなどの専売廃止
10．徴兵制と屯田兵制度の廃止
11．兵役期間の短縮（中略）
12．15年勤務した下級官吏全員の例外なき退官
13．郷、郡、県および州の役場設置と、役場のメンバーの選出制度の制定（中略）
14．裁判の公開
15．刑事裁判と民事裁判への陪審員制度の導入

チェルニゴフ連隊の反乱に関するデカブリスト、I・I・ゴルバチェフスキーの回想

　縦隊は村から出門し、約4分の1露里〔約250km―訳者〕も行かないうちに、軽騎兵により掩護された大砲を、かなり遠い距離から見て驚いた兵士たちの耳を、大砲の発射音がつんざいた。この発砲のあとに、何発かの発砲が続いたが、そのひとつとして少しの損失も縦隊にこうむらせることはなかった。おそらく、空砲を発射していたのだろう。(中略)

　S・ムラヴィヨフは唖然としたように立っていた。血が彼の顔を伝わり流れた。彼はすべての力を振り絞り、必要な体勢をとろうとしたが、兵士たちは血まみれの彼を見て動揺した。第1小隊は武器を捨て、野原中に散り、第2小隊も、そのあとに続いた。その場に自ら留まった他の小隊は、最後まで死守する覚悟をしているように見えた。しかし、何発かの榴散弾の的確な発射が、その志を覆した。その威力には容赦がなかった。兵士の多くが、仲間の列のなかで死んだ(中略)。

　死傷者の姿やS・ムラヴィヨフの不在は、蜂起したチェルニゴフの人々の勇気に致命的な打撃を加えた。彼らは武器を捨て、様々な方角へ逃げていった(中略)。

◆史料についての質問
1.「ロシア国民への声明」の文章を分析してください。その条令のどれを基本条令だと考えますか、またそれはなぜですか。
2. ロシア国民のどの身分が、計画された政策の実現に興味をもつことができたのでしょうか。
3. I・I・ゴルバチェフスキーの回想から、チェルニゴフの兵士の敗北の主な原因は何であったか特定してください。

◎ 新しい用語を覚えよう。

　検閲〔**Цензура**〕――印刷や上演のために予定されていた作品に目を通すこと。時には手紙にさえ監視の目的で行われた。

　出版〔**Тиснение**〕――図書印刷、図書刊行。

§10. ニコライ1世の内政

◆皇帝ニコライ1世

　ニコライ（1796～1855年）は、パーヴェル1世の3男であった。ふたりの兄がいる状況では即位はとてもありそうになかったため、ロシアの専制統治者の役に、誰も彼を思い浮かべなかった。ニコライ・パヴロヴィチは軍務に携わるよう教育された。アレクサンドル皇帝と共に若いニコライは、勝ち誇るロシア軍の先頭に立って1814年にパリへ赴いた。1817年に彼は、アレクサンドラ・フェドローヴナの名をロシアで得た、プロイセン王の娘シャルロッテと結婚した。

　ニコライは、下臣や官吏においてその忠実さ、従順さ、服従への心構えを何よりも評価した。改革の必要性と不可避性をよく理解していたにもかかわらず、ニコライは国に現存する秩序の安定を優先して維持しようと努力した。新たな大変動を恐れて、すべての改革案の立案は皇帝のもとで、アレクサンドル1世の頃よりさらにより秘密裏に行われた。同時代人の意見では、農奴制廃止へ踏み出す力が自分にはないことを知ったニコライは、臨終の間際に息子（次期皇帝アレクサンドル2世）から、この歴史的課題を解決する約束を取りつけた。

ニコライ1世

◆国家機構の役割の強化

　アレクサンドル1世とは違い、統治初期のころ新皇帝は、最重要課題だけでなく、あまり重要でない問題も自身で解決しようとしていた。省庁の仕事に対する私的管理のために彼は、国家統治の事業において指導的役割を果たし、多くの点で閣僚の代行をすることになった皇帝直属**官房**（かんぼう）の活動範囲を広げた。1826年1月に皇帝は、流刑から戻ったM・M・スペランスキーを長とした皇帝直属官房の第2支部を設

置した。その最重要課題は、唯一の法全書の準備となるはずであった。以前この仕事は、数十年間続けられたが成果はなかった。スペランスキーは、わずか5年間でこの仕事を成し遂げることに成功した。1832年、45巻本の初のロシア帝国法律大全が、1833年にはロシア帝国法典が刊行された。

　1826年12月にニコライはかつての「秘密委員会」のメンバー、V・P・コチュベイ伯爵を議長とした別の秘密委員会を設立した。彼に任されたのは、国家統治の改革案の作成であった。しかしながら、この課題をコチュベイは成し遂げることができなかった。

　多くのささいな決議ですら、国家最高機構が採決した。このために、厖大な数の官吏が必要とされた。ニコライの帝位の終焉までに、その数はおよそ9万人となった（アレクサンドル1世の統治のはじめには、官吏は1万5,000人であった）。一般の嘆願者にとっては、時として下級官吏の権力が大臣の決定より重みをもった。

　1840年代初めには、ただでさえ重要でない国家評議会の権限が制限されたのである。

◆独裁政治基盤の強化

　ニコライ1世は、貴族身分の強化という課題に多くの関心を注いだ。すでにアレクサンドル1世時代に始まった、一部貴族の貧窮化が続いていることが彼を悩ませた。彼は最高身分の財政状態を支えようと試みた。このために、400件以上の農家を含む巨大な領地の相続制度が変わった。それらは今や、相続人の間で分配されることも売ることもできなくなり、遺産の形で一族の最年長者に譲渡することになった。地方貴族自治機関の有権者のための財産上の法定資格が引き上げられた。

　1828年から貴族と官吏の子どもだけが、中高教育機関へ受け入れられるようになった。

　ニコライによって採択された施策は、国家活動における貴族の権威と役割を明らかに向上させた。

19世紀中期のモスクワ

◆農奴制問題の解決の試み

　ニコライは、ロシア社会の重要課題として残されているのが農奴問題だとよく理解していた。このころには大地主のあいだですら誰も、農奴の生活は良くなるべきだという考えに異議を唱えなかった。

　ニコライは、国有地農民の境遇の向上のための改革に取りかかることを決意した。こうした改革を実行したのが、国家評議会のメンバーで国有財産省担当大臣のＰ・Ｄ・キセリョフ将軍であった。1837〜1841年に実現された改革の重要点は、農民の自治の導入であった。村々では学校や病院が建設され始めた。土地が不足している所では、農民を国の他の地域、とりわけ東方地域の空地に移住させる決議がときとして採択された。農民を不作から守るために、農地の一部を「共同耕作地」に残す決議がなされた。こうした一画で、農民は力を合わせて働き、共同労働の実りを受けたのであった。この農地ではよくジャガイモを植えるよう強制された。これはロシア農民にとって慣れないことであり、

1840年代初頭の「ジャガイモ暴動」を引き起こした。

　キセリョフの改革は、国有地農民と農奴の境遇の差があまりに広がったため、地主側からは共感を得ることができなかった。キセリョフの改革に対する上流階層の不満は、農奴制はまさしく悪であるとはいえ、一括で廃止する試みには、農奴制支持者側からの抗議の恐れがあるという確信をニコライに抱かせた。

　それにもかかわらず彼は、この方向での個別の措置を講じていた。つまり、借金の代わりに農奴を売ることの禁止、同様に、家族の成員を個別に売ることの禁止である。1842年に「義務負担農民」に関する勅令が採択された。それによれば、地主は、農奴に相続権を含む分与地を供与する契約を結ぶ際に、農奴を解放することができるのであった。その見返りとして農民は、かつての所有者のために様々な義務を遂行しなくてはならなかった。しかしながら、どこの地主もこうした権利をほとんど使わなかった。当時も地主は土地を供与せずに農奴を解放することが許可されたのである。

　1847年に農奴は、その所有者の領地が借金消却として売りに出されていた場合に、身請けする権利を得た。1848年に彼らに空き地と建物を買う権利が与えられた。1847～1848年、ついに、ほとんどの地主がカトリック教徒のポーランド人であり、その農奴がロシア正教徒である西方の県で、農民に対する土地の分配と地主への従属を厳しく定めた法令が導入されたのである。これが、農民の地位を向上させた。

　しかしながら、こうした新制度にかかわらず、ロシアにおける農奴制は維持され続けたのであった。

P・D・キセリョフ

◆ロシア正教会と国家

　19世紀全体を通じロシア正教会の地位と国家とのその関係は、まだピョート

ル1世の時代に決議された法によって規定されていた。正教はロシアにおける「首座で優位を占める」信仰であるだけでなく、皇帝の権力の基盤でもあるとその法は宣言していた。こうした状況が、教会の事実上の首長としての皇帝の役割をまさに強固にしたのである。

教会統治の最高機関が宗務院であり、そのメンバーは皇帝によって任命され、決議も皇帝により承認された。宗務院の事実上の議長は、皇帝より任命された官吏で、この機関における皇帝の代理人となる総裁であった。各地では主教・大主教・府主教が長となり、その教区（正教の管区）を通じて教会統治が行われた。

ロシア帝国の法によると、皇帝権力と現行秩序を認めることを条件にのみ、他の宗教を信仰することが許された。

しかしながら、ロシア正教会の地位はさらに特権的なものであった。他宗教の信徒の正教への改宗も奨励された。

大きな権力を有したのが、その説教と敬虔な生活様式で信仰者のあいだに特別な尊敬を得ていた宗教的指導者であるスターレツ（老修道僧）であった。19世紀前半のスターレツのなかでもっとも輝かしい人物は、サーロフ荒野（修道院）の修道士セラフィーム（1760〜1833年）であった。助言や説教を求めて彼のもとへ全国から何千もの人々がやって来た。

古儀式派教徒（分離派教徒）の教会権力及び国家に対する戦いが続いていた。ニコライ1世は古儀式派教徒に逃亡した聖職者を受け入れることを禁止し、そのあとヴォルガ川沿岸地方にある古儀式派の修道院の破壊を支援した。古儀式派にもっとも大きな打撃が加えられたように見えた。しかし、ボスニア・サラエヴォ府主教アンヴロシーが1846年に古儀式派に改宗し、ベロクリニツキー府主教（オーストリア帝国との国境に位置するブコビナ地方のベーラヤ・クリニツァ村の名前からつけられた）として公認された。何十万もの古儀式派教徒が、ロシアにおけるベロクリニツキー教会の信徒となった。

◆革命的気運との戦いの強化

　ニコライ１世の統治の最重要方針のひとつとなったのが、政権政治に不賛同なあらゆる現象と戦うことであった。

　皇帝は新たに政治警察の活動を組織し、それを自身の管理のもとに置いた。1826年に皇帝直属官房第３部が設置された。すべての政治活動と民心の気運の監視が、そこに任された。第３部の支部は各地に置かれた。権力に不可欠な秩序をもたらすために、憲兵隊(けんぺいたい)の武力も第３部長官の指揮下にあった。第３部と憲兵隊の長官であったのが、皇帝の特別な信頼が寄せられていたＡ・Kh・ベンケンドルフ将軍であった。

A・Kh・ベンケンドルフ

　「規制が緩んだ」出版を抑えるためにニコライは、それを検閲の厳しい監視のもとに置いた。1826年の検閲法は、同時代人から的確にも「鋳鉄のように硬く重い」と呼ばれていた。

　農奴の教育は管区教会学校で１年間だけと規制されており、彼らを中高教育機関へ受け入れることは禁止されていた。とくに熱心であった国民教育大臣Ｓ・Ｓ・ウヴァロフ伯爵は、次のように宣言した。「種々の理論がロシアに告げている事態を、50年先に延期することができるのなら、私は自分の責任を果たし、穏やかに死ぬことができる」。

> 　ニコライ１世の内政の重要な方針は、貴族の地位の強化と革命の脅威との戦いとなった。改革案の作成ですら、この目的のためだけに為されたのである。

質問と課題
1. ニコライ１世治世の内政の引き締めの原因は何であると思いますか。
2. 新皇帝治世の国家機関の役割強化はどこに現れたのでしょうか。
3. どのような方法でニコライは、先代の統治との継承性を強調しようとしまし

たか。
4. 貴族の財政状況の強化に関する措置を講ずる必要性はなぜ起こったのでしょうか。
5. 農奴問題解決のためにニコライ１世が採ったのはどういった措置ですか。
6. 皇帝直属官房第３部の設置の意義は何でしたか。それに対してニコライが提起した課題は何だったでしょうか。
7. ニコライ１世の内政を総合評価してください。

史　料

第３部長官Ａ・Kh・ベンケンドルフの手記

　ニコライ皇帝は、多くの行政分野に忍び込んだ背任行為の撲滅を目指した。また、新しい治世の最初の瞬間を鮮血で染めた、突如暴かれた陰謀から、至る所でより厳重な監視をする必要性があると確信した。その監視は最終的にひとつの中心に合流するはずであった。つまり、迫害される者を庇護し、背信行為やその意図のある人々を監視するべき最高警察の設立のために、皇帝は私を選んだのである。背任行為への意図がある人々の数は、冒険を求めるフランス人の多くが、わが国の青年の教育に影響を与え、ロシアにフランスの革命原理をもち込んだ時から、またさらには、前回の戦争の時に、われらの勝利がわれわれを赴かせたヨーロッパ諸国の自由主義者とわが国の将校の接近によって恐ろしいほど増加した。

ニコライ１世時代の検閲の活動に関するＶ・Ａ・ジュコフスキー

　われわれの政府の慣習にはなんと根深い不道徳があることだろうか！　警察は妻へ宛てた夫の手紙を開封し、それを皇帝（育ちの良い清廉な人物）に拝読させるためにもって来る。そして皇帝はその事実を告白することも、その情報にもとづいて警察の活動を進行させることも躊躇しない（後略）。

1842年３月30日付け国家評議会におけるニコライ１世の発言

　わが国におけるその現状において農奴制は、万人にとって明らかに際立った悪であることは疑いもない。しかし、今それに手をつけることはたしかに、より破滅的な悪になるかもしれない。皇帝アレクサンドル１世は、その治世

の初めに農奴に自由を賜ろうと意図していたが、のちに、全く時期尚早であり実現不可能だとして皇帝自身がこの考えを斥けた。私もこの件に決して踏み切れないだろう。これに着手することのできる時がまだ全く遠いとしたら、われわれの時代ではこれに関するすべての考えが、社会の安寧と国家の利益に対する許されざる侵害となるだけであろう。プガチョフの乱は、下層民の狼藉がどこまで行き着くかを証明したのである。

史料についての質問
1. A・Kh・ベンケンドルフの手記をもとにして、ニコライ1世は、皇帝直属官房第3部を設立する際にどのような主目的を考慮していたか説明してください。
2. 検閲の強化に知識人層（インテリゲンツィア）はどう対応しましたか。
3. ニコライ1世の発言の文章にしたがい、皇帝が農奴制の問題解決の必要性をどのように理解していたか、また、その統治の中心的課題のひとつにそれを入れた理由を答えてください。

◎新しい用語を覚えよう。

憲兵隊〔**Жандармерия**〕──軍事組織をもち、内政と軍の保安問題を遂行する警察。ロシア軍における最初の憲兵隊は、1815年に設立された。

官房〔**Канцелярия**〕──機関の一部課

§11. 1820～1850年代における社会経済発展

◆農業発展の矛盾

　ニコライ1世時代のロシアの経済発展は、封建農奴制体制の更なる危機を証明していた。その危機は以下のような形で表れた。

－封建農奴制経済の非効率性。多くの地主経営の凋落。農奴搾取の強化、農奴制マニュファクチュアの崩壊。

> －経済と社会生活における、新しい資本主義的特徴の著しく急速な発展。資本主義マニュファクチュアの数の増加。工場の出現。産業革命の始まり。農民の階層分化の強化。商業の成長。
> －国全体の経済発展に対する既存の経済・政治体制の制動的影響。雇用労働者数の増加の抑止。商品販売市場の発展における障害。経済に対する国家の有害な干渉。

　こうした現象は、国の経済の悪化あるいは経済破綻を意味するものでは全くなかった。反対に1830〜1850年代は、長期にわたる産業や農業の前向きな発展の時代だったのである。しかしながら、経済的成功は、多様な形態により形成されたロシア経済の資本主義**形態**（けいたい）の発展だけが力となり、他の経済形態の衰退のもとで達成されたのである。

◆産業革命の始まり

　産業革命は、マニュファクチュア、つまり、手工業にもとづく企業から、機械生産へ移行する歴史的時代だと理解されている。この革命は、技術における変化だけでなく、ブルジョアやプロレタリアート（雇用労働者）といった新しい**階級**（かいきゅう）の形成をもたらす、社会の内部構造における変化が特徴とされる。産業革命の完成は、農業社会から産業社会への移行と結びついているのだ。

　ロシアでは、1830〜1840年代に産業革命が始まり、次に挙げるいくつもの特徴があった。

> －イギリスやフランスと異なり、封建農奴制の支配が維持された状況でそれは始まった。
> －それは、始まりも完成も、西ヨーロッパ諸国よりも著しく遅かった。
> －農奴制廃止までそれは、基本的に技術面、つまり機械による生産への移行においてのみ見られた。それに対し、ブルジョアとプロレタリアートの出現と成長は、主として農奴制廃止のあとに起こった。

ペテルブルク〜ツァールスコエ・セロー間の鉄道

　ニコライ1世の治世の終焉までに、ロシアではすでに工業企業が1万4,000件を超え、そこでは80万人以上の労働者が働いていた。
　産業革命は最初に、綿紡績業において始まった。そこでは1850年代終わりまでに、蒸気機関によりすでに1,600万個以上の**紡錘**（ぼうすい）が動かされていた。冶金工業では圧延機が使用され始めた。金属生成の新しい方法の応用による最初の試作が実現した。速いテンポで機械製作工業が発展していった。1820年代終りから30年代初めのペテルブルクとモスクワでの産業博覧会では、蒸気機械、旋盤、播種機といった、ロシアの機械製作工業製品の見本が紹介された。
　1830年代半ばから鉄道建設が始まった。1837年に建設されたペテルブルクからツァールスコエ・セローへの最初の鉄道に続いて、ワルシャワ・ウィーン鉄道（1848年）と、ペテルブルクとモスクワ間を結ぶニコラエフスカヤ鉄道（1851年）が運行した。
　ヴォルガ川、ドニエプル川、バルト海、黒海、アゾフ海では汽船の運航が発達した。
　それにもかかわらず、産業革命の始まりはまだ、18世紀末から19世紀初頭に

それが起こった一連の西ヨーロッパ諸国に比べた際のロシアの技術的、経済的な遅れを克服するまでには至らなかったのである。

◆地主と農民の経済

地主も農民もすでに、工業製品なしには暮らせなくなっていた。何か必要な物を買うために、彼らは市場で自分たちの生産物を売る必要があった。

農奴による労働と時代遅れの技術が支配する地主領地の大部分の収入は低いままであったが、自身の経営を新しい方法で行おうと試みていた地主もいた。たとえば、海外の機械を取り寄せ、農地の耕作に先進的な方法を導入し、良種の家畜を殖やした。いくつかの県で、彼らは大きな効率をもたらす雇用労働に頼り始めた。しかし、こうした取り組みは各地で発展しなかった。自由な働き手が足りなかったからである。

大部分の地主は、相変わらず古い方法で経営を行っていた。収入を増やす唯一の方法と彼らが考えていたのが、貢租と賦役の強化であった。

だがこれが、さらに新たな農業経済の零落を招き、結局は農奴制経済の基盤を壊したのであった。

それにもかかわらず、農業経済への**商品・貨幣関係**（しょうひん・かへいかんけい）の浸透は、農業生産の発展のための誘因を絶えず高めることになった。速いテンポで農民の階層分化が起こった。貧困者層と並んで、「**資本のある**（しほん）」農民の階層が増大した。彼らは商売や**高利貸業**（こうりがしぎょう）を営み、自分の金を工業生産へ投資した。富農からは、巨額を投じて自由の身となり、自分の工場を設立した大企業家が出た。顕著な例として、同族企業家のモロゾフ家、ガレリン家などが挙げられる。

◆E・F・カンクリンの経済政策

政府の一連の政策は経済発展を促進してきた。財務大臣のE・F・カンクリンは、たとえばロシアにとって経済的に不利益であると彼が考えた鉄道建設に反対したように、「無駄な」出費に反対していたが、祖国の産業と商業の発展を保護する政策を行った。

1839～1843年に彼は通貨改革を行った。**紙幣**をそれに両替することのできる銀のルーブルが、主な支払手段となった。

　数年のあいだに政府により金銀の必要な備蓄が作り出された。このあとで旧紙幣から新紙幣への交換に関する公示がなされた。国家予算は初めて長期にわたり黒字（その歳入が歳出を上回る）になったのである。カンクリンの改革は、ロシアの通貨制度を強固にし、経済成長を促進した。だが、財政危機を完全に克服することは、これでもできなかった。のちに再び貴金属を保障されない紙幣の発行が始まった。1855年の国家歳出は、その歳入のほぼ2倍を超えた。

エゴール・フランツェヴィチ・カンクリン（1774～1845年）

　ロシアの経済発展に大きな貢献をした。1812年に第1西方面軍の主計将軍であり、1813年から全作戦軍の経理部を率いた。1818年にアレクサンドル1世の命によりカンクリンは、農奴制の段階的廃止の30年計画を提出した。カンクリンは1822年の関税規則の立案に参加し、1823年には財務大臣に任命され、この地位に亡くなるまで留まった。彼は緊縮財政における決断力で際立っており、公正で清廉潔白な人物として名声を博した。

◆商　業

　農業社会特有の定期市商業の他に、1825～1850年のロシアでは、産業社会の明らかな指標である恒常的（店舗や市場での）商業が発達し始めた。1852年に国内最大規模のニジニノヴゴロド定期市の商業規模は、5,700万ルーブルであったのに対し、定期市のなかったモスクワにおける商業規模はこの時で6,000万ルーブルを超えていた。

　住民が買い物で使用できる通貨量も増えた。19世紀初頭にロシアの住民ひとりひとりが、様々な商品を得るために平均17カペイカをもっていたとするなら、

50年後にはこの額は20ルーブル（1ルーブル＝100コペイカ）にまで増加したのである。

農奴制のもとで圧倒的な数の農民経営が弱体化している状況でも、工業製品に対する需要は、それでも緩慢ではあるが増加していった。これが国の産業発展に歯止めをかけた。ロシア中心地における商品販売が困難であったため、ロシアの企業家は販路を国の辺境へ拡大しようとし、そしてこの辺境を全ロシアの商品流通に引き入れる結果を生んだ。

貿易も成長を続けた。ニコライ１世の統治の時代に、毎年の取引高は6,700万から9,400万銀ルーブルへと増加した。母国の産業発展にしたがい、徐々に輸入製品の品目が変化していった。すなわち、より多く供給され始めたのが、機械や工業設備、原料であり、少なくなったのが、既製品であった。ロシアからの金属や亜麻製品の輸出が減り、その代わりに穀物の輸出量がつねに増加していた。自国の商品ですばやくまかなえる西ヨーロッパでは、ロシア製品を必要とすることがより少なくなり、この時代は年を追うごとにアジアへのロシア製品輸出が拡大した。

◆都　市

19世紀前半に、ロシアの都市数は630から1,032に成長し、その人口は、280万から570万へと増加した。帝国の巨大都市は首都であった。つまり、ペテルブルク（住民数はこの期間で33万6,000人から54万人へと増加）とモスクワ（27万5,000人から46万2,000人へと増加）である。

新しい都市は主に国の周辺に沿って、新しく統合された領土で建設された。これは入植地であり、その主目的は帝国の広大な辺境への入植と開拓であった。このようにして誕生したのが、ノヴォチェルカッスク（1805年）、ナリチク（1817年）、キスロヴォツク（1830年）、ピャチゴルスク（1830年）、ノヴォロシスク（1838年）、アナパ（1846年）、ペトロフスク＝ポルト（マハチカラ、1857年）、ニコラエフスクナアムーレ（1850年）である。ペトロパヴロフスクカムチャツキー（1822年）、キャフタ（トロイツコ・サフスク、1851年）、チタ（1851年）が

19世紀初頭のオレンブルク

都市となった。シベリアでは北方の都市から、人々の生活により快適な場所に位置する、新たに誕生した南方の都市への移住が起こった。

　始まった産業革命は、工場中心地の出現をもたらした。その多くは都市の資格をもたなかったが、実際には都市であった。同時代人はこれを「本物の都市」と呼んだ。いくつかの工場中心地は間もなく都市の資格を得た。たとえば、1844年に工場村モスクワ県のパヴロヴォ村がパヴロフスキー・パサート市となった。新都市は、帝国の新しい領土で建設された要塞の基礎のうえに造られていた。

◆社会経済発展のまとめ

　1850年代中頃までにロシアの産業は十分速いテンポで発展し、技術革新がより活発にしっかりと根づいてきた。農業は農奴制支配が原因となり、経営の新しい様式と方法を適用する分野において工業から目に見えて立ち遅れていた。農奴の賦役を年貢に広範に切り替えることは、村人の都市への著しい流出と広大な土地の荒廃を生み、地主の借金増加を促した（1844年に貴族は資産の54%を抵当に入れた）。

時代遅れの制度の危機を反映したのが、農民の自然発生的な抗議の高まりであった。国の経済におけるすべての成功と好実績は、現存する制度の安定性ではなく、反対にその凋落を映し出していた。現実は、ロシア経済に重荷として横たわっていた農奴制の即時撤廃を執拗に求めていた。

質問と課題

1. 何が封建農奴制の危機だと思いますか。
2. 1820～1850年の封建農奴制経済の非効率性の例を挙げてください。
3. ロシアにおける産業革命の特色を挙げてください。なぜ産業革命は綿紡績業で始まったのですか。
4. 地主と農民による農業経営に現れたのは、どのような新しい特徴ですか。
5. Ｅ・Ｆ・カンクリンの財政改革の主要な理念は何であったのでしょうか。
6. 1825～1850年におけるロシアの貿易で、原則的にどのような新しい特徴が現れているのでしょうか。

史料

「義務負担」農民に関する1842年4月2日のニコライ1世の勅令

１）地主のための農民の義務は、契約により、金納年貢、地主の領地の耕耘（こうえん）あるいはその他の労働により決めることができる。

２）農民が自身で同意した契約義務を履行しない場合、貴族郡長の指導および県庁の最高監督のもとで、地方の警察により、その義務を果たすことが強制される。

地主の領地における畑仕事に関する地主領の雇われ管理人Ｕ・カルポヴィチの業務。1837年。

夏季の午後は2時間、そして冬季は1時間半の休息が定められている。

様々な仕事のなかで、とりわけ畑仕事においては賦役の日課が定められており、実直な勤労者はより早くこれを片づけるが、怠け者は賦役外の時間でも領主の畑で働かなければならない。

(中略)仕事が成功裏に進むように領地を管理する者は、時には森から、山のふもとからといった大体遠くから労働者をより頻繁に監視し、そして彼らに抜き打ちをかける(中略)。

雇用労働の利益に関する地主Ａ・Ｉ・コシェリョフの1847年の論文

(前略)賦役労働に目を向けよう。農民はできる限り遅くやって来て、できるだけ頻繁にそして長いこと周囲を見渡し、顔色をうかがう一方、できるだけ少なく仕事をする。彼はなすべきことをせず、１日を無駄に過ごすことを狙っている。領主のために彼は３日間働き、自分のためにも同じく３日間働く。自分のために働く日に彼は、土地をより多く耕し、すべての家事を済ませ、それでもまだ多くの自由な時間をもつのである。領主のための仕事、とりわけ賦役外の仕事は、熱心な監督者を絶望あるいは激怒させる。(中略)

真に商業的な基盤のうえにでき上がったマニュファクチュアに入り込んだのは、なんという違いだろう！　あちらでは他人の前で各人が超過労働することを恐れているのとは違って、ここでは彼らはまさにお互いを鼓舞し合い挑発し合う。控除は、どんな監督者より厳しく各人に仕事の完成度を監視させる。個人的な利益は、夜明けまでに労働者を起こし、暗くなるまで働かせる――道は好むところによって安し。

ツァールスコエセローー鉄道の同時代人の記録

ほら、煙をもうもうと立ち昇らせている煙突を備えた蒸気機関車が走っている。蒸気機関はその後ろに、300人以上を乗せた何両かの客車を引っ張って行く。その力は、40馬力に匹敵する。蒸気機関は１時間に30露里の距離を走りぬける。ツァールスコエセローからパヴロフスクまでの５露里を７分30秒ちょうどで走り抜く。蒸気機関には、他の種類の管が作りつけられている。走行途上車掌は見物人に警告するためにこの管を吹き鳴らす。客車の長い列が、蒸気機関車へとつながっている。ほら、巨大な乗合客車だ、ほら、４人乗り幌客車(長距離移動のための旧式の乗用馬車の様式)、無蓋四輪客車、５人用の６列のベンチを有する広い有蓋客車。同数の乗客を乗せるための無蓋客車の車両。ほら、様々な液体のための、長い大型貨物車と四輪貨物車。ほら、馬、牛、羊、子牛や家禽といった動物を運搬するためのボギー車。ほら、様々な飲み物用の大きな桶、食料品用のビュッフェ。客車のひとつに乗り込もう。合図が出された。蒸気機関車の鋳鉄の煙突から煙がもうもうと立

ち昇る。木造の家々や小川が見え隠れし、後方へと走り去って行く（中略）。時計の針がわずかに7分30分を過ぎたところで、私たちはパヴロフスクに居る。私たちの客車の車輪を見てごらん。中心部あるいは内部は、鋳鉄からできているが、車輪が疾走の際に割れないように表面は鉄から冶金（やきん）されている。

◆史料についての質問と課題
1. 「義務負担」農民の地位はどういったものだったのでしょうか。
2. U・カルポヴィチにより推奨された、労働者を「より頻繁に監視する」必要性をどう説明しますか。
3. A・I・コシェリョフの論文で引用された例によれば、農奴制労働と雇用労働の基本的な特徴は何だと思いますか。
4. 最初の鉄道の引用記述の何が住民に戦慄と驚きを呼び起こしたのでしょうか。またそれはなぜですか。

◎新しい用語を覚えよう。

紙幣（1769～1848年にロシアで発行された）〔Ассигнации〕──紙で作った貨幣。

紡錘〔Веретено〕──紡績の際に糸を巻きつけるための棒。

軍の主計〔Интендант〕──軍隊の配給に携わる軍人。

「資本のある」農民〔«Капиталистые» крестьяне〕──資本（生産に投資する資金）を有し、事業を行っていた農民

階級〔Классы〕──生産やその製品の分配において、その立場で特色がある人々の大きな集団

高利貸業〔Ростовщичество〕──貸付額からの利子を債務者から徴収し、金を貸し付けること。

商品・貨幣関係〔Товарно-денежные отношения〕──商品（商取引のために生産される製品）を生産しかつ交換する過程における人々の間の関係。

経済形態〔Уклад экономический〕──生産手段に対する一定の所有形

式や、その生産過程での相応な取引が置かれた基盤上の、経済の個別の型。19世紀前半のロシアにおける基本的な経済形態は、封建農奴形態（支配的な形態）、小商品経済形態（手織形態）、そして資本主義形態（活発に発展した形態）であった。

§12. 1826〜1849年代のニコライ1世の外交

◆ロシアとヨーロッパの革命

　ニコライ1世の時代のロシアは、ヨーロッパ外交において指導的役割を果たしていた。その外交のふたつの基本方針であったのが、革命との戦い及び東方問題解決の試みである。

　1822年からロシア外務大臣の地位に就いたのが、K・V・ネッセリロヂェであり、彼は自身の活動の主目的をヨーロッパの革命運動への抵抗だと考えていた。

　1830年7月にフランスで革命が起こった。シャルル10世は退位させられ、ルイ・フィリップが王位に就いた。だがその権力は、憲法によりさらに大きく制約された。すぐあとに続いてベルギーにおいて革命が勃発し、この国は、オランダからの独立を勝ち取った。こうした事件は、1815年のウィーン会議の決議により規定された国際秩序を乱した。

　ニコライ1世は、革命を鎮圧するためにフランスへ進軍する計画を立てていたが、1830年11月にポーランドで蜂起が発生した。蜂起者はワルシャワで権力を奪い取り、国民政府の樹立を宣言した。その長に就いたのは、「秘密委員会」のかつてのメンバーであったA・A・チャルトルィスキー公爵である。ロシア対ポーランドの戦争が始まった。まもなく、

K・V・ネッセリロヂェ

ポーランド軍は完膚なきまでに粉砕された。1831年9月にI・F・パスケーヴィチ伯爵の指揮するロシア軍が、激烈な襲撃後にワルシャワを占領した。蜂起の結果、1815年のポーランド憲法が廃止され、ポーランドの自治権は著しく縮小された。

1848年2月フランスで新たな革命が始まった。ルイ・フィリップ王は退位させられ、共和国が宣言された。その他のヨーロッパ諸国でも多くの場合、民族解放の性格を帯びた革命運動の時代が始まったのである（オーストリア支配に対するイタリア人、チェコ人、ポーランド人及びハンガリー人の革命運動、トルコ支配に対するルーマニア人とセルビア人の革命運動、イギリスの迫害に対するアイルランド人の革命運動）。フランクフルト・アム・マイン市では再統一されるドイツの憲法立案のための制定議会が開かれた。

ニコライ1世は、大きな不安を抱いてこうした事件を受け止めた。1848年2月25日に彼はフランスとの外交関係を断絶し、3月14日には「動乱」との断固とした戦いの必要性を表明した自筆で書かれた宣言書を発布した。西ヨーロッパでは、この文書は「国際憲兵」の挑戦として受け止められた。

起こりうる革命「伝染病」と闘うために、ニコライは帝国の西側国境へ派兵した。ドナウ公国での解放運動が始まると、彼はそこへロシア軍を投入し、モルダヴィアとヴァラキア地方の統治権を掌中に収めた。1849年にオーストリアの依頼で、ニコライ1世はハンガリーに14万人の軍隊を送った。この軍隊は、そのときまでオーストリア軍を打ち負かしていた反乱軍の兵力を数週間で撃滅し、オーストリア帝国内のこの地域での暴動を終わらせた。

1849年にドイツ人の15国家がプロイセン主導のもとウーニヤ（連合）の設立に関する協定を結んだ後で、ニコライ1世は、大陸におけるロシアの影響力を損ねる恐れのある巨大国家を中央ヨーロッパに出現させないために全力を注いだ。

同時にオスマン帝国を弱体化させる試みとして、ニコライ1世はバルカン諸民族の解放運動を支持していた。

こうしたことすべてが、ロシアの著しい強大化に不安を感じたヨーロッパ列

1827年ロシア軍によるエレヴァン襲撃

強国の利害に触れざるを得なかったのである。

◆1826〜1828年　ロシア－ペルシア戦争

　1825年12月のペテルブルクでの事件の報告を受けて、ペルシアのシャー〔国王－訳者〕は、1813年の条約でロシアの手に渡った領土を取り戻す決意をした。この方向でシャーを積極的に支援したのがイギリスであった。

　1826年のペルシア軍の侵攻は、ロシアにとっては晴天の霹靂であった。カフカース地方で総督を務めているＡ・Ｐ・エルモロフ将軍が対策を講じる前に、敵はザカフカジエを占領し、東グルジアへと侵攻した。しかし、1ヵ月後にはすでにエルモロフの軍隊が占領された地域を完全に解放し、ペルシアの領土へ戦争を移すことに成功した。

　カフカース軍の新しい長官に任命されたＩ・Ｆ・パスケーヴィチは、1827年に順調に進撃を行った。まもなくペルシアの首都テヘランへの道を開いた。こうした状況下で、シャーはロシアが提案する条件で講和を結ぶことを承諾した。

1828年にトルクマンチャイで締結された条約によると、ペルシアから独立したエレバン汗国及びナヒチェヴァン汗国がロシアへと移譲され、カスピ海におけるロシア軍艦の独占通航権が承認された。シャーはロシアに2,000万ルーブルの賠償金を支払う義務を負った。戦争のこのような終結は、ザカフカジエにおけるイギリスの立場に大きな打撃を与え、ニコライ１世にトルコに対する行動の自由を与えた。

◆1828～1829年　露土戦争

ペルシアとの戦争が終結したすぐあとで、ロシアはトルコに宣戦布告をした。軍事行動はバルカン半島だけでなく、カフカース地方へも広がった。P・Kh・ヴィトゲンシュテインの10万の軍隊がドナウ公国を占領したころ、黒海ではトルコ軍に属するアナパ要塞が包囲され、また、パスケーヴィチの１万1,000部隊がカルスへと進軍した。戦争は冬の到来前にコンスタンティノープルの城壁近郊で終結すると予想されていた。しかしながら、バルカン半島ではロシア軍が苛烈な抵抗に遭っていた。カフカース地方でだけロシア軍は成功を収めることができた。つまり、アナパ要塞、スフム・カレ（スフミ）要塞、ポチ要塞並びにかなり多くの領土を占領したのである。

1829年５月30日にロシアのバルカン軍の新しい司令官Ｉ・Ｉ・ディビチ将軍は、主会戦を仕掛けた。それはトルコ軍の残党の撲滅と敗走で終結することとなった。まもなく彼はコンスタンティノープルの門のもとに到着した。同じころ、カフカース軍は連勝を重ね、新たな侵攻の準備を進めていた。事件のこうした進展に不安を覚えたヨーロッパの列強諸国は、コンスタンティノープルの占領とトルコの完滅を未然に防ぐために、スルタンに圧力をかけた。1829年９月２日にアドリアノープル講和条約が調印された。これに従いロシアは、ドナウ川河口、クバン川河口から聖ニコライ港までの黒海東部沿岸とその他の一連の領土を獲得した。ボスポラス・ダーダネルス両海峡は、あらゆる国の商船の通過に対し開港されると宣言された。ギリシア、セルビア、モルダヴィア、ヴァラキア地方の内政自治権が承認された。

アドリアノープル条約は、バルカン半島におけるロシアの影響力を強化した。オスマン帝国は存続していたとはいえ、ロシアに外交的に依存するようになった。

◆ロシアとイギリスの対立の先鋭化

　ロシアとトルコ両国の単なる友好関係だけでなく、同盟関係をも確立させた1833年の条約の調印後に、トルコにおけるロシアの立場はさらに強まっていった。トルコは、ヨーロッパ諸国の軍艦が海峡を越えることを許可しないと約束し、一方ロシアはトルコを守る必要のある場合に、軍隊による支援を保証した。

　この条約締結は、ロシアとイギリスの関係を険悪なものにした。カフカース地方でのロシアの役割を弱めようとしていたイギリスは、カフカースの諸民族に武力援助をし、そこへ軍事顧問を送ることで、彼らの民族解放運動を利用しようとしていた。1836年11月にロシア国境警備船は、武器を降ろしていたイギリス船をカフカース地方の沿岸部で拿捕した。このことが両国を開戦目前の状況に立たせたのである。

　中央アジアとペルシアにおける通商権をめぐる競争は、イギリスとロシアの「通商戦争」を引き起こした。その過程でイギリス人はロシア商人の地位を弱体化させることに成功した。

　1839～1841年にイギリスはトルコにおけるロシアの影響力も弱めることに成功した。今後トルコの安全を保障する義務を負うのは、主要なヨーロッパ列強国であり、一方ボスポラス・ダーダネルス両海峡は、ロシアを含む諸外国の戦艦に対し閉鎖されたのである。

◆カフカース戦争

　グルジア、アルメニアの一部及びアゼルバイジャンがロシアへ統合されて以降、北カフカース地方の数多くの民族（彼らは山岳民と呼ばれた）の住居地は、ロシア領土に囲まれることになった。政府は、こうした領土にロシアの法律を導入する試みに着手した。このことが一連の北カフカース民族の抵抗を呼び起

А・Р・エルモロフ

こした。山岳民は、彼らの本職のひとつである、隣国への略奪的襲撃や、捕虜の売買を禁止されたことに対し、とりわけ激怒した。

1817年から山岳民とロシア軍との本格的な戦争が始まった。北カフカースの東部でロシア支配への抵抗の拠点となったのが、チェチェンとダゲスタンの一部であった。カフカースの西部地方でロシア軍との戦いを進めたのが、チェルケス人、アディゲイ人、アブハジア人であった。1815～1827年のカフカースにおける軍総司令官であったА・Р・エルモロフ将軍は、山岳民に対して数多くの進撃を行い、彼らの住居を破壊し、彼らを移動させ、森のなかに伐開線を切り開き、山岳民の敗走の途上に軍事拠点を築いた。死の恐怖にさらされたため、奴隷売買が禁止された。

しかしながら、山岳民の抵抗は、民族解放戦の性質を帯びながら、勢力を増していった。この戦いの論拠となったのが、北カフカースのイスラーム教徒間のミュリディズムの「救済への道」の教義の広まりであった。異教徒（非イスラーム教徒）に対する聖戦への参加が、ミュリディズムの教条のひとつと見なされた。チェチェンとダゲスタンの領土では、ミュリディズムを基盤として宗教国家であるイママトが興った。1834年にイマーム（イママトの統治者）となったのがシャミールであった。彼はロシア軍に連勝することに成功した。山岳民に重要な支援を行っていたのが、トルコとイギリスであった。

しかしながら、ロシア軍は徐々に山岳民を追い詰め始めた。イママト内部そのもので、内部の対立が強まっていった。一般の山岳民は、シャミールの厳格な権力と、彼の側からの絶え間ない賄賂の取立てに、より強い不満を感じていた。これがイママトの敗北の原因となった。シャミールの支配下にある領土は縮小していった。アディゲイの山岳民に対するのと全く同様に、シャミールに対する最終的な勝利は、ニコライ１世の治世が終焉したあとにすでに起こった。

ロシア軍と山岳民との会戦　1841年画家G・G・ガガーリンの絵画より

　カフカース戦争は、ロシアにとって長期にわたる厳しいものであった。それは多くの犠牲者と物質的資力を必要とし、国の経済発展を遅らせた。

◆ロシアと中央アジア
　イギリスの強化を警戒して、ロシア政府はカザフ遊牧民の地域においても自身の影響力を増幅する対策を講じた。1830年代にカザフスタンにおける汗の権力は根絶やしにされ、その北部がロシア人官吏を長とする管区に区画された。1830〜1840年代には防衛施設の建設が活発に行われた。ロシア軍部隊によって建設されたのが、コパルとヴェールヌイ（アルマ・アタ）要塞である。
　ロシアとイギリスの利害は、ヒヴァ汗国、コカンド汗国、ブハラ汗国で衝突した。ロシアとヒヴァ汗国の関係が、とりわけ緊迫化した。地域住民がロシアの隊商を襲撃し、捕えた捕虜を奴隷にした。汗国の統治者は、カザフの領土を自身に服従させようとした。ヒヴァのこの意向を支援したのがイギリスであっ

1839年にオレンブルク市からヒヴァの方角へ、オレンブルク総督であるV・A・ペロフスキーを指揮官とした部隊が進軍した。部隊の任務は、「中央アジアにおけるロシアの役割の復興と強化」であった。しかしながら、厳しい寒波と多くの病、ラクダ用の飼料不足が原因となり、2ヵ月半後に行軍は中断されることとなった。こうしてロシア軍は、敵に出会えなかったのである。

　ヒヴァとそれに隣接する領土の征服は、何十年間も延期された。

　　1820〜1850年代のロシアの活発な対外政策は、一方では帝国の国境を広げ、世界の様々な地域でのその影響力の強化を促進させ、他方では、ヨーロッパ列強国の憤慨や、ロシアの影響力の範囲を制限したいという要求を引き起こしていた。こうした状況で、ロシアとヨーロッパ諸国の本格的な軍事衝突が避けられなくなったのである。

質問と課題

1. アレクサンドル1世の死後、ロシアの国際的地位はどのように変わりましたか。こうした変化をどう説明できますか。
2. 新たなロシア・ペルシア戦争の原因となったのは、どのような出来事ですか。
3. 1828〜1829年の露土戦争の開始をどう説明できますか。トルコの早期の敗北の主な原因はどこにあるのでしょうか。露土戦争の結果をどう評価できますか。
4. イギリスとロシアの対立の緊迫化の主原因は何にあるのでしょうか。
5. カフカース戦争の原因は何であり、また、結果はどのようになったのですか。
6. 中央アジアにおけるロシアとイギリスの対立はどのように終結したのですか。

史料

アドリアノープル講和条約に関するイグナチエフ伯爵

　君主である皇帝の寛大なお心が、ヨーロッパにおけるトルコ帝国の存在を容認なされた。

◆史料についての質問
1. イグナチエフの評価に賛成しますか。また、それはなぜですか。
2. 当時トルコの撲滅に関する問題を検討することが事実上可能であったのでしょうか。またそれはなぜですか。

§13. ニコライ1世の治世における社会運動

◆1830～1850年代の社会運動の特性

1830～1850年代では、ロシアは、過ぎゆく農業社会から工業社会への歴史的大転換期を経験した。そのため、社会活動の主な課題は、国の今後の発展方向に関する問題となった。各人がそれを思い思いに理解した。この時代の社会運動には、以下のような特徴がある。

- デカブリストの乱後の政治体制の引き締めという状況下で発展してきた。
- 革命路線と政府の改革の間で完全な決裂が起こった。
- 保守派が初めて独自のイデオロギーを得た。
- 社会思想の自由主義的及び**社会主義的**な潮流が形成された。
- 社会運動の参加者は、自身の理想を現実化する機会をもたなかった。彼らにできたのは、将来の変化に向けて同時代人の意識を涵養することだけであった。

◆保守的運動

ロシア保守主義のイデオロギーの構築は、のちに国民教育大臣となったロシア科学アカデミー総裁であるS・S・ウヴァロフ伯爵の功績である。彼はロシア古来の活力の根源を、正教、専制政体と民族精神であると考えていた。彼の意見にしたがえば、こうした特徴が、ロシアと西欧を根本的に区別するものであった。彼は専制政体を皇帝と民衆の一体性であり、ロシア社会生活の根本であるとみなした。ウヴァロフにとって正教は、ロシア人を個人的利益でなく社

会的利益へと伝統的に向わせ、万人の幸福及び正義を目指すものである。民族精神は、国民を貴族、農民や商人などに分けることなく、皇帝を中心として統一される民衆の一体性を表していた。民衆と君主のあいだには、ロシアの順調な発展を保証し、今後も保証し続ける、不可分な精神的一体性がいつも存在していたとウヴァロフは考えていた。

歴史家のN・G・ウストリャロフとM・P・ポゴディン、劇作家であり詩人のN・V・クコリニク、作家のF・V・ブルガーリン、N・I・グレチ、M・N・ザゴスキンもまた、保守派最大の理論家であった。彼らは、ロシアの歴史的歩みの独自性を確信しており、それを唯一正しいと考えていた。

S・S・ウヴァロフ。画家O・A・キプレンスキーの絵画から

◆**自由主義運動。西欧主義者とスラヴ主義者**

この時代ロシアの自由主義は、西欧主義者（西欧派）及びスラヴ主義者（スラヴ派）により形成された。西欧主義とスラヴ主義のイデオロギーの創出は、1830年代末から1840年代初めにかけてにあたる。

西欧主義の代表者は、歴史家T・N・グラノフスキーとS・M・ソロヴィヨフ、法律家K・D・カヴェーリン、作家のP・V・アンネンコフ、V・P・ボトキン、I・S・トゥルゲーネフであった。西欧主義者は、世界の文明はひとつであり、そこからどこかの国が分離することは、幸福ではなく頽廃につながると考えていた。彼らは、自国民にヨーロッパ的教養の特徴を植えつけようと最初に試みたピョートル大帝の改革のおかげで、ロシアはようやく文明国家となれたのであると述べていた。彼らの意見によれば、ロシアの課題は、西欧の一員に加わり、西欧と共に、「統一された全人類的な文化共同体」を作り上げることにあった。

反対に、スラヴ主義者は、ロシア民族も含めたそれぞれの民族の独自性とい

う理念を主張していた。ロシアについて語る際に彼らは、その国家的、社会的慣習やロシア正教の特殊性を強調した。この観点からスラヴ主義者は、ピョートル1世の改革は、西欧から不必要な借用の道をロシアに歩ませたとして、その活動を否定的に評価していた。彼らの意見によれば、それが社会的混乱の原因となったのである。19世紀中期に国が直面する重要課題を、スラヴ主義者は「古来の独自な状態」への回帰であると考えていた。ロシアの話し言葉に入っている外来語でさえ彼らは、使用廃止を提案していた（「ガローシ（フランス語のオーバーシューズ）」という単語の代わりに、「モクロストゥーピイ（「湿った土を歩く靴」という意味の造語）」と話すことを提案するなど）。スラヴ主義の理論家は、社会政治評論家であるK・S・とI・S・アクサーコフ兄弟、I・V・とP・V・キリエフスキー兄弟、Yu・F・サマーリン、A・S・ホミャコフ、A・I・コシェリョフである。

西欧主義とスラヴ主義の多くの重要な違いにもかかわらず、ふたつの社会思想の潮流には以下のような共通点があった。

―農奴制、官僚主義の絶対的な権威、個人の権利と自由の抑圧に対する否定的態度。
―抜本的改革の必要性に対する確固たる信念。
―進歩的な社会層の支援にもとづく最高権力が、改革の主唱者となることへの期待。
―改革が漸進的で慎重な性質を帯びることへの期待。
―改革の平和的実現の可能性への確信。
―ロシアへの信頼、ロシアが繁栄へ向かい急速かつ確固として前進することへの確信。

西欧主義者も、スラヴ主義者も、自分たちの見解を自由に表明することはできなかった。自由主義運動のふたつの流派は、政府側からの嫌疑と迫害を呼び起こしたのである。

◆1820～1830年代のサークル

　自由主義の潮流が形成された他に、ロシアでは革命的イデオロギーも拡大していた。その誕生において大きな役割を果たしたのが、1820～1830年代の学生サークルであり、そこに未来の自由主義者や革命的理想の支持者も参加していた。

　1820年代末から1830年代初頭の時代を、ロシア社会運動のサークルの時代と名づけることができる。小さなサークルは警察によって早々と摘発されていったため、秘密結社に発展することも、その計画を練り上げる時間もなかった。この時代に、同様の組織の参加メンバーの構成が変化した。デカブリストの時代が、上流社会層出身者と若い軍人であったとすれば、今回のサークルは、もっとも多岐にわたる社会層の代表者を含んでいた。

　1827年に当局により摘発されたのが、モスクワ大学のクリツキー兄弟のサークルであり、1831年では、メンバーが武装蜂起の計画を構想していたN・P・スングロフのサークルであった。

　西欧主義者もスラヴ主義者も、そして革命家も代表であった団体のひとつが、1833年に若き哲学者で文学者のN・V・スタンケーヴィチにより設立されたサークルであった。そのメンバーとなったのが、T・N・グラノフスキーやK・S・アクサーコフ、V・G・ベリンスキーやM・A・バクーニンといった、多種多様な人々であった。

　1834年にA・I・ゲルツェンとN・P・オガリョフのサークルが壊滅した。サークルは、ウラジーミル市、ネージン市、クルスク市や、ウラル地方の工場で摘発された。

◆革命運動

　ロシアにおける革命運動は、1840～1850年代に現れた。ロシアの中心部だけでなく、国の一連の民族地域でも発生し、革命的抗議の理念が民族解放の要求に結合していた。もっとも影響力ある革命組織のひとつとなったのが、ウクライナ地方のキリロ・メトディー団（1846～1847年）であった。その創立者は、

著名なロシアの歴史家であるN・I・コストマーロフであった。のちに組織の指導者のひとりとなったのが、ウクライナの卓越した詩人T・G・シェフチェンコである。団は、農奴制及び階級の特権廃止を求めて立ち上がった。団の参加者は、自分の主目的が、ロシア、ウクライナ、ベラルーシ、ポーランド、チェコ、セルビア、クロアチア、ブルガリアといったスラヴ諸共和国の連邦（同権の連合）の創設であると考えていた。その理想実現のための戦いの方法に関して、団のメンバーは、穏健な対策の支持者（彼らを率いたのはコストマーロフ）と、断固たる行動の支持者（シェフチェンコを長とする）という、ふたつの陣営に分かれた。

ロシアの革命運動のイデオロギーの形成も起こった。それはまず第1に、A・I・ゲルツェンとN・P・オガリョフの活動と結びついた。

アレクサンドル・イヴァノヴィチ・ゲルツェン（1812～1870年）

　モスクワの富豪I・A・ヤコヴレフの私生児であった。ゲルツェンは自身をデカブリストの精神的後継者であると考えていた。友人N・P・オガリョフとともに1827年にゲルツェンは、「処刑された者のために復讐をする」誓いを立てた。1829年にゲルツェンは、モスクワ大学数理物理学部へ入学した。そこでは1830年代初頭に、彼とオガリョフの周りに封建農奴制に反対していた同志のサークルが形成された。1834年にゲルツェンは、『皮肉の歌』を公開上演した罪で逮捕され、ペルミ市に流刑された。そのあと彼は国務に就き、学術と執筆活動に従事した。1847年に彼は国外へ出国し、ロシアへ戻ることを拒否した。1852年にゲルツェンはロンドンに居を構え、1853年に父親からの相続で得た財産を元手にロンドンに自由ロシア出版所を設立した。そこで文集『北極星』、新聞『鐘（コロコール）』、選集『ロシアからの声』や、その他の著述を発行した。こうした出版物は、ロシアで広く流布された。（写真は、A・I・ゲルツェン

（左側）とN・P・オガリョフ）

　1850年代にゲルツェンは、「共同体」あるいは「ロシア」の社会主義理論の基本概念を作り上げた。ゲルツェンの学説にしたがえば、ロシアにおいて社会主義は間違いなく起こり、その主たる「最小組織」は土地共同利用にもとづく農民の共同体となるはずであった。農民の共同体的土地所有や、土地に対する万人の平等な権利という農民の思想、ロシア農民の共同体的自治と自然な集団主義は、社会主義社会構築の基盤となるはずであった。このための主要な条件をゲルツェンは、農奴解放及び専制的政治体制の撤廃であると考えていた。

　革命派で影響力の大きなもうひとりの理論家は、ヴィッサリオン・グリゴリエヴィチ・ベリンスキー（1811～1848年）であった。モスクワ大学哲学部文学科で彼の周りに「11号室の文学会」が形成された。ベリンスキーは間もなく大学を除名された。1833年彼はN・V・スタンケーヴィチのサークルに入会し、1834年からは雑誌『望遠鏡（テレスコープ）』と『世評（モルヴァ）』で文芸批評欄を担当した。1834年に『世評』に彼の論文「文学的空想」が掲載された。そのなかで筆者は、S・S・ウヴァロフの思想を鋭く批判した。1840年代初頭にゲルツェンの影響のもとベリンスキーは、ロシアにおける革命的社会主義改革の信奉者となった。彼の見解は、N・A・ネクラーソフにより出版されていた雑誌『同時代人（ザヴレメニク）』に掲載された批評論文のなかにとりわけ明確に現れた。そこでベリンスキーは、誕生した革命的陣営の著名な精神的指導者のひとりとして発言していた。ベリンスキーの信念がもっとも明確に綴られたのが、彼の『N・V・ゴーゴリへの手紙』（1847年）であった。この手紙のなかでは専制政治と農奴制が痛烈に非難されていた。ベリンスキーは社会運動の重要な課題を、「農奴制の廃止、体罰の廃止、既成の法律の厳格な遂行を可能な限り実現すること」にあるとしていた。ゴーゴリに宛てたベリンスキーの手紙は、

V・G・ベリンスキー

何百通と書き写されロシア中に広まり、教養ある多くの若者の世界観形成のための基盤となった。

1840年代に社会主義者の最初の革命組織が設立された。そのなかにまず挙げられるのが、1845年にペテルブルクで、外務省官吏のM・V・ブタシェヴィチ＝ペトラシェフスキーの周囲で成立した会である。毎週ペトラシェフスキーの「金曜会」には、革命的民主主義思想を分かち合った、文学者、教師、官吏が集った。彼らのなかには、若き作家であるM・E・サルティコフやF・M・ドストエフスキー、詩人のA・N・プレシチェーエフやA・N・マイコフ、地理学者P・P・セミョーノフ、ピアニストのA・G・ルビンシュテインがいた。彼らはロシアの現実の焦眉の問題について議論し、農奴制と専制政権を非難した。ペトラシェフスキー会のメンバーは、当時の社会主義論及び、ロシアにおけるその実現の可能性を研究した。1848年のヨーロッパの革命の影響のもとで、サークルのメンバーのあいだに、ロシアでの革命準備が必要だとする思想が表明されていた。

M・V・ブタシェヴィチ＝ペトラシェフスキー

1849年にサークルは壊滅され、39人のペトラシェフスキー会メンバーが逮捕された。21人は、死刑を宣告されたが、流刑と懲役に減刑された。

1840～1850年代の革命家の多くが、革命と社会主義に対する自身の見解をやがて見直した。社会主義論に絶望したのが、たとえばF・M・ドストエフスキーであった。

まさに1840～1850年代のロシアの革命運動は、総じて発展への強力な動因を得た。それは国内の原因によるだけでなく、ヨーロッパの革命によっても引き起こされたのである。

この時代の革命イデオロギーの主な特徴は、以下のとおりである。

−最高権力と社会の協同による「上からの」ロシアの改革への期待の喪失。
　−社会の改変の実現を目的とした、革命的暴力の合法性と必要性の論証。
　−将来の革命及び、革命の勝利後の国の生活構築の思想上の基盤として、社会主義論を起用すること。

1840〜1850年代の革命運動は、政権を社会改革へと促す重要な原因となった。

◆P・Yu・チャアダーエフ

1830〜1850年代の社会思想と社会運動において特別な地位を占めていたのが、思想家であり社会評論家のピョートル・ヤコヴレヴィチ・チャアダーエフ（1794〜1856年）であった。1812年の祖国戦争及びデカブリストの北方結社の参加者である彼は、1823〜1826年を国外で過ごし、そこで自身の哲学的・歴史的見解を形成したのである。その『哲学書簡』（1829〜1831年）のなかでチャアダーエフは、世界史からのロシアの「分離」（「世界で孤立したわれわれは世界に何も与えず、何も教えなかった」）や、ロシアの歴史的発展を妨げているロシアにおける「精神的停滞」や「民族的自己満足」について語っている。その第一書簡を雑誌『望遠鏡』（1836年）で発表したために、彼は狂人と宣告され、雑誌そのものも廃刊となった。『狂人の弁明』（1837年）のなかでこうした非難に答えながら、チャアダーエフは、西欧キリスト教世界に加わる刷新したロシアの歴史的前途への確信を表明した。

　主に1830〜1850年代の社会運動の発展を総括すると、インテリゲンツィヤの間に、自由主義的、革命的気運が広範に広まったことである。ロシア社会の先進的な人々にとっては、専制的農奴制度の欠陥が明らかとなった。彼らは政権からの変革を待たずに、改革への闘いを開始したのである。

◆質問と課題◆

1. アレクサンドル１世の死後、社会運動はどのような方向へ発展していきましたか。その傾向を条件づけたのは、どのような原因ですか。

2. 1830〜1850年代の社会運動のどのような特徴を重要だと考えていますか。また、それはなぜですか。
3. 保守的運動のなかで、新たに何が現れたのですか。
4. 西欧主義者（西欧派）とスラブ主義者（スラヴ派）の見解の相違はどこにありますか。何が彼らを結びつけたのですか。
5. ロシア社会における革命的気運の活性化を、どのように説明できますか。
6. A・I・ゲルツェンの社会主義論の基本理念はどのようなものですか。
7. 1830〜1850年代の社会運動におけるP・Yu・チャアダーエフの立場の特徴は何でしょうか。

史料

B・N・チチェーリンの回想

スレチェンスキー通りにあるパヴロフ家は、この時代（1840年代）の、モスクワにおける主要な文学拠点のひとつであった。ニコライ・フィリッポヴィチは、当時のモスクワ文学界を二分していた、スラヴ派と西欧派の2大流派とも親交を結んでいた。スラヴ派のホミャコフとシェヴィリョフが彼の親しい友人であった。アクサーコフとは古い友情で結ばれていた。一方で、同様の親密な関係を彼は、グラノフスキーやチャアダーエフとも結んでいたのだ（中略）。ここでは深夜まで活発な議論が繰り広げられていた。レドキン対シェヴィリョフ、カヴェーリン対アクサーコフ、ゲルツェンやクリュコフ対ホミャコフの論戦があった。ここではキリエフスキー兄弟と当時まだ若かったユーリー・サマーリンが姿を見せた。常客は、掌の表面のように頭髪の無い、穏やかな上流階級の物腰、教養と独創性にあふれた知性といつもの傲慢さのチャアダーエフであった。これは、モスクワのもっとも輝かしい文学的な時代であった（中略）。

好敵手たちが、対立する見解を完璧に整え、知識を蓄え、弁舌の強い魅力を携えて登場した（中略）。

対立する流派の人々が、お互いを高く評価し尊敬して共通の土俵へ上がった時に、閉鎖性そのものが消えていた（中略）。

S・M・ソロヴィヨフの『回想記』

（モスクワ）大学では西欧派、つまり、西欧の大学で教育を受けた教授の学派が支配的であった。学派は広範であり、その内部は多種多彩であった。そのため、そこでは自由闊達な気風であった。私とチヴィリョフ、グラノフスキーやカヴェーリンは、それぞれに大きな違いがあったにもかかわらず、ひとつの派閥へ所属していたのである。たとえば私は、キリスト教的信条をもつ宗教的な人間であったし、グラノフスキーは宗教的な問題に関して逡巡したままであった。チヴィリョフはたいへん慎重であり、あとになってようやく、彼は何も信じていなかったことを知ったくらいである。カヴェーリンも同様だが、彼はそれを隠そうとはしなかった。政治的信条に関しては、グラノフスキーが私にたいへん近かった。つまり、とても穏健であり、そのためあまり穏健でない友人は彼をプロイセンの学術君主制の支持者と名づけた。カヴェーリンこそは、おそろしく熱中する人間で、彼らの共通の著名な友人であるゲルツェンと同様に、社会改革のどのような極端な手段に対しても、また、共産主義そのものに対しても、決してひるむことはなかった。ゲルツェンとは、私は家族同士で知己となることはなかったが、グラノフスキーの所や他の集会で彼と会ったことがある。この人物の機知は輝かしく尽きることがなかったため、私は彼の言葉を聴くのが好きであった。しかし、独自の信条の表明における強烈さや他の信条に対する不躾さが、絶えず私を彼の元から遠ざけていた。不寛容さはこの人物のなかで恐ろしいほどであった。

A・S・ホミャコフの論文。1847年。

一部の雑誌がわれわれを嘲笑的にスラヴ派と呼んでいる。外国語式に作られた呼び名だが、ロシア語に翻訳すると、スラヴ賛美者を意味するはずである。私は自ら進んでこの呼び名を受け入れる用意がある。スラヴ人を愛していることを喜んで認めよう。（中略）。なぜ彼らを愛するのかというと、ロシア人で、彼らを愛さない者はいないし、彼らと、なかでもとりわけ正教のスラヴ人と自身の兄弟関係を意識しない者もいないからである。トルコ行軍に参加したロシア兵にでも、あるいは、フランス人、ドイツ人、イタリア人が外国人として受け入れられ、一方セルビア人、ダルマチア人、ブルガリア人が自分たちの兄弟として受け入れられているモスクワの交易所でも、このことで誰に訊ねても構わない。そのため、スラヴ人へのわれわれの愛に対する嘲笑を、われわれがロシア人だということへの嘲笑と同じように喜んで私は

受け入れるのである。このような嘲笑は、ひとつのことだけを証明しているに過ぎない。つまり、サロンの虚栄に満ちた空虚さや現代の西欧の偏った机上の空論のなかに、自身の知的かつ精神的生活や、いっさいの自然あるいは理性的な同情を失ってしまった人々の考えの貧しさや視野の狭さを証明しているに過ぎないのである（中略）。

◆史料についての質問
1. 西欧派もスラヴ派もともに集い、議論を交わすことのできたパヴロフ家と同様のサロンの存在をどう説明できますか。
2. S・M・ソロヴィヨフはゲルツェンのどのような特徴がもっとも気に入らなかったのでしょうか。またそれはなぜですか。
3. A・S・ホミャコフは、スラヴ派のどのような資質を最重要だと考えていたのですか。

◎新しい用語を覚えよう。

　文集・雑誌〔Альманах〕──文学・社会評論集。
　社会主義論〔Социалистические учения〕──人間による人間の搾取が不在の際の基本生産手段（土地、企業など）に対する公共財産所有を基盤とした社会の建設に関する学説。

§14. 1853～1856年のクリミア戦争。セヴァストーポリの防衛

◆東方問題の緊迫化

　1850年代初頭にかけて、ロシアの外交にとって重要となった東方問題が著しく緊迫化した。
　バルカン半島に自身の影響力を広めようとしていたニコライ1世は、トルコを最終的に壊滅するために都合のよい口実だけを待ち構えていた。そのようなきっかけはまもなく現れた。スルタンがキリスト教の聖物のひとつであるエルサレムの聖墳墓教会からの鍵を、カトリック教会の僧侶へ譲渡したのである。

ロシアはそれを正教会の司祭に返上するよう要求した。この要求を遂行することをスルタンが拒絶したあとで、ロシアはトルコに属するドナウ川付近の諸公国に進軍した。オスマン帝国は、1853年10月にロシアに宣戦布告した。西ヨーロッパではこの戦争を東方戦争と名づけ、一方ロシアではクリミア戦争と呼んだ。

ロシアは迅速に昔からの敵を粉砕することに成功し、また西欧諸国はこの戦争に介入しないとニコライには思えた。彼の考えによれば、オーストリアとプロイセンは、ロシアの援助でつい最近鎮圧されたハンガリーの革命や、必要な場合にロシア皇帝がプロイセン国王の援助に駆けつける準備のあることを、感謝の念をもち思い出すはずであった。フランスは、1848年の革命の大変動からまだ立ち直ってはいなかった。ロシア皇帝は、イギリスにはトルコ壊滅後にクレタ島とエジプトを請合う決議をした。

しかしながら、ニコライ1世はひどく見込み違いをしていた。オーストリアはどのような条件でも、バルカン半島におけるロシアの強化を許すことができなかった。プロイセンはこの点でオーストリアを支援した。フランスでは権力の座に就いた、ナポレオン1世の甥である皇帝ナポレオン3世にとって、戦勝によってその地位を確立する必要があった。イギリスもどのような犠牲を払っても、ロシアの立場を弱める努力をしていた。

ロシア皇帝の誤算は、国にとって高くついた。つまり、ロシアはトルコに対してではなく、西ヨーロッパのほぼすべての国々に対する戦争に突入したのである。

◆ **戦争の最初の段階**

戦争は、バルカン半島とザカフカジエのふたつの戦線で始まった。バルカン戦線では個別の衝突が起こり、その過程で双方のどちらも本質的な勝利に至ることはできなかった。

カフカース地方では、トルコ軍が、十分に防御施設が施されていない聖ニコライの要塞哨所を占拠することに成功した。しかし、その先の動きは、ロシア

シノープの会戦

の軍隊によって止められた。トルコ軍は、カルス市近郊で過酷な敗北を喫した。

戦争のこの時期、もっとも際立った事件はシノープの海戦であった。1853年11月18日にＰ・Ｓ・ナヒモフ海軍中将率いる黒海艦隊の軍艦部隊は、事前偵察を行った上で、シノープ湾で数のうえでロシア軍を上回るトルコ艦隊を攻撃した。3時間に及ぶ戦いののち、敵の全戦艦は撃沈された。

やがて、西欧諸国の新聞雑誌には、反ロシア・ヒステリーが現れた。ニコライ1世の代理人が数年かけて行ってきたトルコ分割に関する密約交渉の資料が広く知れ渡った。コンスタンティノープルと黒海海峡占領のために準備されていたロシアの急行軍に対する恐れが表に出た。

イギリスとフランスの政府は、トルコと軍事同盟を結び、ドナウ川付近の諸公国から軍隊を撤退する要求をロシアに呈示した。同時に黒海へは、英仏艦隊が突入した。1854年3月にイギリスとフランスは、ロシアに宣戦布告した。ニコライ1世は、オーストリアとプロイセンに助けを求めたが、支援は得られなかった。この両国は、トルコの保全維持と、モルダヴィアとヴァラキア公国からロシア軍を撤退させるという要求で、イギリスとフランスに合流した。ロシアは完全な孤立に陥った。実際には、イギリスとフランスは、オーストリア、

プロイセンとスウェーデンを味方として戦争に引き込むことができなかった。イギリスとフランスの軍事同盟に合流したのは、イタリアのサルジニア王国だけであった。

◆ **イギリスとフランスの戦争への突入**

反ロシア連合の同盟国は、あらゆる角度からロシアに打撃を加える計画を立てた。宣戦布告のすぐあとで、英仏艦隊は黒海のオデッサ市とバルト海沿岸地方のオーランド諸島、バレンツ海のコラ湾、白海のソロヴェツキー諸島とアルハンゲリスク市、太平洋のペトロパヴロフスク＝カムチャツキー市を攻撃した。こうしたすべての襲撃はうまく撃退され、海兵隊上陸の試みは成功しなかった。

1854年夏にザカフカジエでトルコ軍は撃破され、ロシアの敵の期待は叶わなかった。カフカース地方のシャミールの軍隊も惨敗した。

それにもかかわらず、ニコライ１世は、オーストリアの参戦の脅威にさらされ、すぐそのあとにオーストリアが占領したドナウ川付近の公国から軍を撤退せざるを得なかった。

イギリスとフランスは、戦争をロシア領土に移す決議を採択した。1854年９月に６万人以上の戦力を有する同盟国軍は、クリミア半島のエフパトリア周辺に上陸し、黒海におけるロシアの主要な要塞であるセヴァストーポリに進撃を開始した。町は海からは難攻不落であったが、陸からは事実上無防備であった。アルマ川の会戦でロシア軍が敗北したあとで、総司令官Ａ・Ｓ・メンシコフ公爵（まもなくその凡庸な指揮から「裏切り者（イズメンシコフ）」と呼ばれた）は、「国内の各県との関係を維持する」決心をし、そのためにクリミア半島奥地へ軍を撤退する命令を下した。実際のところ、セヴァストーポリの運命はすでに尽きていたのである。

軍備水準ではロシアは、技術面ではるか先を行く敵に遅れをとっていた。ロシア歩兵は百年前と同様、300歩射撃の旋条の無い火縄銃で武装されていた。同盟国の戦艦の優位は明らかであった。いく隻かの蒸気船を除いて、ロシア艦隊は帆で装備されており、艦砲は時代遅れのものであった。近代的技術の欠如

は、ロシアの兵士や水兵の勇敢さや自己犠牲、指揮官の手腕によっていくらか補われたが、勝利を得るためには不十分であった。

◆セヴァストーポリの英雄的防衛

　要塞都市の防衛を指揮したのは、黒海艦隊参謀長Ｖ・Ａ・コルニロフ提督であった。軍事作戦での短い中断を利用して、彼は堡塁(ほるい)で都市を囲うよう命じた。才能ある技師であったＥ・Ｉ・トトリェベンの指導のもと、堡塁はそびえ立った。セヴァストーポリの住民全員が、生まれ故郷の都市を守るために立ち上がった。鋤やつるはしで武装した何千もの人々が、昼夜を分かたず堡塁建設のために働いた。短い期間で、都市は威嚇的な砦と砲台によって武装された。セヴァストーポリ湾への敵の戦艦の侵入を防ぐために、その湾入に黒海艦隊の一部を自沈させることが決められた。これらの戦艦からは火砲が外され、１万人の水兵が上陸し、都市の守り手の部隊を補充した。

　セヴァストーポリ防衛は、11ヵ月にも及んだ。敵は都市を激しい砲撃にさらした。その最初の砲撃は、1854年10月５日であった。この日、Ｖ・Ａ・コルニ

1854年１月ボスポラス海峡を越え、英仏艦隊の黒海への入港

V・A・コルニロフ　画家K・P・ブリューロフの絵画から

P・S・ナヒモフ

P・M・コシュカ

ロフが亡くなり（P・S・ナヒモフ海軍中将が防衛の新しい指揮官となった）、防衛側の死傷者の総損失は、およそ1,300人を数えた。しかし、都市は粘り強く防衛戦を続けた。

　要塞の防衛側は、時折反撃に転じ、敵の陣営に大胆な攻撃を行った。こうした急襲でとくに名声を上げたのが、船員ピョートル・コシュカであった。献身的に父や夫、兄弟を助けたのが、セヴァストーポリの女性と子どもたちであった。ロシア軍で最初の看護婦となった庶民のロシア女性であるダリヤ・セヴァストーポリスカヤは防衛のヒロインとなった。

　兵士や将校、黒海要塞の守り手の勇敢さは、同時代人を感動させ、皇帝ニコライ1世は、包囲されたセヴァストーポリでの任務の1ヵ月を、1年と計算するよう命じた。

　長引いた軍事行動と、同盟国側の犠牲（1854年9月から1855年9月まで、イギリス1国だけで戦闘で3,600人の兵士と将校を失い、病による死者は1万5,750人となった）は、西ヨーロッパ諸国と同様、同盟国の軍隊内部においても不満を巻き起こした。

　1855年8月末に、最後のもっとも激烈なセヴァストーポリ砲撃が始まった。800門の火砲が絶え間なく都市を破壊し、そのあとで総攻撃が始まった。そびえ立つ高台であるマラコフ丘が占領されたあとでは、その先の防衛はすべての意味を失った。要塞の守り手は、セヴァストーポリの南側を明け渡した。

　セヴァストーポリの南部の他、敵は、ケルチ、イエニカレ、アナパ、キンブルンを占領した。

第1章　19世紀前半のロシア　643

◆カフカース地方での戦い

　カフカース地方を進軍しようとするトルコ軍の試みは成功しなかった。1855年初頭のカフカース地方での最強のカルス要塞への進撃開始を成功させたN・N・ムラヴィヨフがロシア軍総司令官に任命された。彼の攻撃は2ヵ月間にわたり、その後開城された。ロシア軍の前に、エルサレムや、さらに西への道が開かれた。この勝利で、将来の和平の条件が緩和されただけでなく、ロシア社会にあったクリミアでの敗北からの悲哀をも弱めたのである。

◆1856年のパリ講和。戦争の結果

　1854年にモルダヴィアやヴァラキア公国からのロシア軍の撤退後すぐ、同盟国側は和平に関する話し合いを開始することを提案した。しかしながら、当時それは何ももたらさなかった。1855年2月のニコライ1世の突然の死とセヴァストーポリの陥落後の1855年8月に、ロシアは、1856年2月にパリで召集される講和会議への参加を承諾した。

　1856年3月に講和条約が調印された。それによると戦争中に侵略されたすべての地方や都市はロシアとトルコに返還され、オスマン帝国の独立と保全は、議会参加国であるすべての大国により保障されたのである。黒海は中立が宣言され、そのためロシアは黒海での自国の艦隊を所有する権利を失った。ベッサラビアの南方は条約に従って、モルダヴィアの所有となった。セルビア、モルダヴィアとヴァラキア公国は、スルタンの最高権力のもとへ委譲された。トルコのキリスト教徒の庇護は、すべての大国の手に委ねられた。

　戦争の総括は、ロシアが、対ロシアで連合した世界の最強国の攻撃に総じて耐え抜いたことであった。深刻な敗北にもかかわらず、ロシアは最小限の損失で戦争状態から脱出した。ロシアにとってもっとも手痛かったパリ講和の条項は、黒海で戦艦及び堡塁を所有することが禁じられた条例であった。

> 　戦争は、ロシア社会の事実上すべての側面で、迅速かつ断固とした改革の必要性があることを示した。改革無しでは、ロシアは、先を行くヨーロッパに対するさらなる次の敗北を喫する可能性があった。

◆質問と課題◆

1. 19世紀中期の東方問題が深刻化した原因は何でしょうか。
2. クリミア戦争開始直前の国際情勢評価におけるニコライ1世の誤算はどのように説明できますか。
3. 戦争の初期段階を総括してください。
4. 戦争におけるイギリスとフランスの目的とその計画はどのようなものでしたか。
5. 同盟国の主力の作戦は、なぜセヴァストーポリ攻撃へと向けられたのでしょうか。
6. イギリスとフランスにとってクリミア戦争の総括となったのは何ですか。
7. ロシアにとってクリミア戦争の総括となったのは何でしょうか。

史 料

クリミアでのロシア軍総司令官A・メンシコフが、黒海艦隊の軍艦を自沈させるようV・コルニロフ提督へ出した命令。司令官官房長官A・カモフスキーの回想

艦隊の一部を自発的に破壊しろと言われた提督の憤慨を想像することができるだろうか！ その時、彼の憤慨は、われわれの敵そのものの目的が全く同じ典に帰結するのだという考えで一杯になった。もちろん、決然と表明されたこうした命令がこのうえなく必要であることに驚いたコルニロフは、まるでその耳が信じられないかのようであり、命令の言葉が分からないかのように見えた（中略）！

まだ正気に返る時間も、戦闘の士気の熱から冷める時間も誰にも与えないうちに、自発的に戦艦と決別する考えに甘んじさせ、自分たちの手で艦隊を沈めさせることがどうしてできるだろうか（中略）。彼は、この最終手段の遂行を引き受けることができないと、総司令官に異議を唱えた（後略）。

軍艦自沈に関する海軍のV・A・コルニロフの命令。1854年9月11日。

同志諸君！ われわれの軍隊は、兵力が優勢な敵との流血の戦いのあとで、セヴァストーポリをしっかりと防衛するためにそこへ撤退した（中略）。

総司令官は、航路上の5隻の古い軍艦を沈めることを決めた。それらは、投錨地への入り口を一時的に遮るのだ（中略）。

自分の労苦を無に帰するのは憂鬱である。犠牲となる運命の軍艦を守るために、われわれは多くの努力を払った。しかし、必要の前に折れなくてはいけない（後略）。

軍艦沈没に関するP・S・ナヒモフの命令。1854年9月14日。
敵は、駐屯部隊が極めて少ない町へ接近している。私は、自分に任された艦隊の艦を沈め、そして、その艦に残された接舷戦の武器をもった部隊を駐屯部隊に加える必要に迫られている（後略）。

V・ザルバエフの『セヴァストーポリの思い出』
われわれの銃は、施条の無い銃身であった。包囲攻撃の際にわれわれが利用したフランス製のミニエ弾丸は、2発か3発の発砲のあとで、弾が銃口に入らなくなった。兵士は、銃のさく杖を石で叩きながら、弾丸を打ち込んでいった。さく杖は、弓形になるが、弾丸は入らない。まるで鍛冶場でのように、強く何度も叩いた。兵士は、油染みた鉱滓をもち運び、弾丸をこすり落としたが、すべてが役に立たなかった。施条のある銃に改造された鉄砲は、施条に沿って裂けた。こうした状況のなか、将校は絶望に陥り、兵士が造反の熱に駆られたのも当然であった。

セヴァストーポリ防衛戦の参加者L・N・トルストイの手紙。1854年11月20日。
軍隊における士気は、どんな記述も及ばぬほど、気高き(けだか)ものであった。古代ギリシアの時代でもこれほどの勇敢さはなかった。コルニロフは軍隊を訪れ、「こんにちは。兵士よ」と言う代わりに、「兵士よ、死する必要がある。死ねるか」と言った。軍隊はこう答えた。「死にます、閣下。万歳！」。そしてこれは単なる虚勢ではなく、ひとりひとりの兵士の顔に、戯れではなく本当であるということが読み取れたのである。すでに2万2,000人が、この約束を果たしたのであった。

戦争終結宣言。1856年3月19日。
ほぼ3年間にわたりヨーロッパをかき乱し、多くの血が流れた不屈の闘い

が終わろうとしている。それは、ロシアによって引き起こされたのではない。戦争開始直前に、今や神の寵愛のもとで永眠するわれらの忘れ得ぬ父は、主の懇請と希望の唯一の目的が、東方におけるわれらと同じ信仰の信者の権利を守り、迫害を除くことであると、万人に厳かに宣言したのだ。(後略)。

◆史料についての質問
1. 最初の3つの史料を読んでください。なぜ、セヴァストーポリでの軍艦自沈の司令官の決定に拒否を表明しながら、V・A・コルニロフとP・S・ナヒモフは、この命令を単に遂行しただけでなく、部下のためにこの決定の正当性を立証する言葉を見つけたのでしょうか。
2. ロシア軍はなぜ旧式の武器で武装していたのですか。この主な原因は何であると思いますか。
3. セヴァストーポリ防衛戦の時期に現れた、ロシア兵の士気をどう説明できますか。
4. 戦争終結宣言からの断章を読んでください。そのなかで示されている、東方戦争へのロシアの参加の動機に賛成しますか。自身の答えを説明してください。

§15. 教育と学問

◆教育の発展

19世紀の最初期にロシアでは、高等、中等、初等教育の制度が最終的に形成された。1803年に教育分野で行われた改革は、各県の都市に中高等学校を、そして郡の町に郡の学校を設立する契機となった。管区教会学校は、各村々でも設立されていった。そのうえ、これが大変重要なことであるが、こうした学校では、「あらゆる身分の」子どもを、「性別や年齢」の差別無く受け入れていたのである。教育の「継続」が宣言されたにもかかわらず、実際には、農奴の子どもには管区教会学校の入学だけが許可されていた。教育機関運営のために、国民教育省が設立された。

1811年にアレクサンドル(ツァールスコエ・セロー)・リツェイ(中高等貴族

学校）が開校され、そこでは、上流貴族社会の子息が教育を受けた（そのなかには、A・S・プーシキンもいた）。しばらくのあいだリツェイは、もっとも権威ある教育施設であるばかりでなく、自由主義思想の中心地ともなった。

　政府は、高等教育の発展に大きな関心を割いた。そのころまでロシアで唯一の大学であったモスクワ大学の他に、19世紀の最初のわずか20年間に、5つの新しい大学、デルプト（現タルトゥー）大学（1802年）、カザン大学（1804年）、ハリコフ大学（1804年）、ヴィリノ（現ヴィリニュス）大学（1804年）、ペテルブルク大学（1819年）が開設された。

　1820〜1850年代に、教育の必要性に対する政府の態度はいくぶん変化した。19世紀初頭で最重要であったのが、一般教育であるとするなら、今や学校は主に、宗教原理にもとづいた道徳教育の方向へ向けられていた。

　ニコライ1世の時代に、あらゆる型の学校が維持されていたが、それぞれが階層により孤立していった。1年制の管区教会学校は、今や「下層社会」の出身者用として指定されていた。そこでは、1年間で神の法、読み書きと算数を学んだ。郡の3年制の学校は、商人、職人や町人の子どもを受け入れていた。ここではロシア語、算数、幾何学、歴史と地理を教えていた。7年制の中高等

カザン大学

学校では、貴族や官吏、第1級商人の子どもが学んでいた。1827年に政権は、中高等学校や大学での農奴の子どもの教育が不可能であることを再度指摘した。同じ頃、国民教育省は、教育施設数増加の手配をしていた。19世紀初頭のロシア国内に全部で158校の学校が存在していたとするなら、19世紀半ばまでに、各県にすでに約130校もの小学校ができていたのである。

　高等教育施設の数も増加した。とりわけ急速に発展したのが、様々な分野の専門家の養成学校であった。こうした学校の卒業生は、しかるべき関係省庁へと就職した。同じように、技術系の高等教育施設も開校された。

　国民すべての社会層に対して、文学の発行数が増えた。1840年代にロシアの有名作家陣の70巻以上にのぼる選集を出版した、A・F・スミルディン出版の書物が名声を博した。そのうえ、これらの書物は値段の面で、国民の広範囲の層に入手しやすいものであった。図書館業務もまた発展した。1830～40年における図書館は、ロシアの県や郡の多くの都市で、地域社会層主導で開館された。

　教育制度の完成は、多くの点で、ロシアの学問の発展を促したのである。

◆生物学

　19世紀初頭までに、有機体や生体システムの発達に関する多量の実際資料には、本格的な再解釈が必要とされた。それまで支配的だったのが、植物や動物の不変性への確信だとしたら、今やそれが、諸国の地質学者と生物学者の発見のお陰で、事実ではないことが論証されたことが明らかとなった。イヴァン・アレクセエヴィチ・ドヴィグプスキーは1806年に、地表とそこに生息する生き物は、自然法則の要因の作用を受け、時の経過とともに根本的に変化していることを主張した。イウスチン・エヴドキモヴィチ・ヂャヂコフスキーは1816年に、自然界におけるすべての現象は、自然法則の要因で条件づけられ、発達の基本法則に従っているという考えを提起し論証した。彼の意見によれば、生命は、間断なき物理化学的過程である。この時代ロシアの自然科学者の大多数が、有機体発達説の支持者であった。

　有機体の発達に関する理解の論拠において、本格的前進の一歩となったのが、

カルル・マクシモヴィチ・ベルの著作『自然の発達の一般法則』(1834年) である。そのなかで彼は、Ch・ダーウィンとその学説の先駆者として現れた。

　植物学と動物学の学者は、シベリア、極東、ロシア領アメリカの動植物の素晴らしいコレクションを収集した。1812年に、そののち何十年間もロシア植物学の中心のひとつとなった、クリミア植物園が創設された。

◆医　学

　ロシア医学の卓越した代表者となったのが、野戦外科の創始者であった外科学アカデミー教授のニコライ・イヴァノヴィチ・ピロゴフである。クリミア戦争の時代、彼は戦場で手術する際に初めて麻酔を直接使用し、骨折の治療のために固定したギプス包帯を使った。偉大な外科医のお陰で、何千という負傷者が生き延び、多くの者が隊列に復帰した。

◆地質学

　この時期に地質学は急速な発展の時代を迎えた。ふたつの理論学派の信奉者、「水成論者」(地質学上の過程すべてが水の作用によると考えた) と「火成論者」(地質学上の過程の根本は地球内部の「中心の火」の存在であると考えた) のあいだの対立は、緊迫した性質を帯びた。地質学者の大多数は、火成論の見地に立っていた。

　19世紀初頭から、地質学調査は初めて体系的な性質を帯び、バイカル湖東岸地域、シベリア、極東、カムチャッカ半島を含む国の事実上すべての領土に及んだ。1830年代に調査が始まり、1840年にはニコライ・イヴァノヴィチ・コクシャロフによって、ヨーロッパのロシアの最初の地質図が作成された。

　19世紀前半の地質学発展の総括が、地球は長い歴史をもち、その過程で地表が著しく変化したという結論であった。

◆天文学

　天文学では、この学問においてのちに真の革命をもたらすことになる知識の

蓄積がゆっくりと進行していた。主な成果となったのが、巨大天体望遠鏡の建造であった。このおかげで太陽系のより詳細な記録が作成できたのである。ロシアの天文学の発展にとって1839年のプルコヴォ天文台の開設は、特別な意義を有した。それはロシアの天文学事業の中心地となり、当時の技術の最新の成果に基づき装備された。

◆数　学

以前は工兵学校でしか教授されなかった高等数学は、現在では、国のすべての大学における基礎科目のひとつとなった。全大学で専門的な物理数学学部が開設された。ミハイル・ヴァシリエヴィチ・オストログラツキーの数理学発展への貢献がとりわけ偉大であった。

ロシアの数学者は、世界水準の発見を成し遂げた幾何学において最大の成功を収めた。なかでももっとも際立っていたのが、カザン大学教授ニコライ・イヴァノヴィチ・ロバチェフスキーによる1826年の非ユークリッド幾何学の構築であった。ロバチェフスキーの発見の完全な評価は、ようやくその死後得られたのである。

◆物理学

19世紀の物理学分野は、電流の最初の電源の発明から始まった。その結果、全世界の科学と技術は、質的に新しい発展段階に突入したのである。ロシアにおけるこの分野での最初の研究論文は、すでに1801年に出現していた。1802年にヴァシリィ・ウラジミロヴィチ・ペトロフは化学（ガルバーニ）電池を発明した。それは、未来の電燈の原型である、安定した電弧を作ることを可能にした。西ヨーロッパでは、こうした電弧が作られたのは、それからようやく7年後のことであった。

こうした初期の研究がすでに、電気現象の理論を研究開発する必要性があることを示唆していた。その構築に多くの学者が携わったが、最大の成果を達成することができたのは、ボリス・セミョノヴィチ・ヤコビとエミリィ・フリス

チアノヴィチ・レンツであった。1833年にレンツは誘導の動力の方向の定義の規則（レンツの法則）を設け、1年後にこの基礎のうえに、回転軸をもつ電動機が発明された。1840年にヤコビは、電気の力で必要な表面に金属の薄い膜を被せる方法である、電気鍍金（ときん）を発明した。

こうしたすべてが、電気エネルギーを基盤とした最大の技術的発明のための前提条件を生み出したのである。パーヴェル・リヴォヴィチ・シリングは1832年にすでに、電信線による文面情報の伝達用機器である、実際に使用可能な電報を世界で初めて作った。1850年にヤコビは電報のために文字を印刷する機械を発明した。

◆化　学

ロシアの研究者は、化学のあらゆる分野、理論化学、有機化学、無機化学の分野で研究に従事していた。コンスタンチン・シギズムンドヴィチ・キルフゴフは、グルコースを生産する方法を創案した。リトアニアで働いていたクリスチアン・ヨハン・グロドグスは、光化学の基本法則を発見した。それによれば、物質の化学変化を引き起こすことができるのは、その物質そのものにより吸収される光だけである。1840年にゲルマン・イヴァノヴィチ・ゲッスは、化学作用に応じてのエネルギー保存の原理を表した熱化学の基本法則を発見した。

1826～1827年にピョートル・グリゴリェヴィチ・ソボレフスキーとヴァシリィ・ヴァシリエヴィチ・リュバルスキーは、粉末冶金の原理を提唱した。

ロシアにおける有機化学の始まりには、A・A・ヴォスクレセンスキー、Yu・F・フリッシェ、N・N・ジニンがいた。

19世紀前半のロシアの学者による発見は、19世紀後半から20世紀初頭における化学の繁栄を先取りしていた。

◆科学と産業

19世紀前半の顕著な特徴のひとつが、科学的、技術的新機軸を産業に迅速に導入したことである。1817年にポジワ工場で、パドリングの方法によって、鋳

鉄を再精錬して鉄にする最初の試みが成功裏に進められた。卓越した冶金学者であるパーヴェル・ペトロヴィチ・アノソフは、ダマスカス鋼生産技術の4種類の方法を構築した。

1830年代に、ニジュネタギル冶金工場の農奴身分の機械技師であったエフィームとミロンのチェリェパノフ兄弟が、最初の蒸気鉄道を建設した。1843年にペテルブルクとモスクワ間に最初の（この時まで世界最長であった）複線の鉄道の建設が始まった。

化学者N・N・ジニンとA・M・ブトレロフは、急成長した繊維工業のために安定した化学染料を作り出していた。ロシアの地理学者の開発を基盤に、財務省は1842年に最初のロシア経済地理学地図を発行した。

19世紀初頭から、ロシアでは機械工業が発展を始めている。1820年代から多くの産業で、蒸気機械のエネルギーが積極的に使用されている。多くの新しいものが、増大する重工業において姿を現したのである。

> 19世紀前半における教育と科学の発展の特徴となったのが、大学及び中等・高等学校の数と、そこで学ぶ国民の様々な社会層の出身者の数の増加、研究者の数の増加、そしてこの基盤のうえに達成された、ロシア及び世界の科学の発展におけるロシアの学者の大きな成果、学術研究の実地応用の強化、科学と生産業の関係の強化などである。

◆質問と課題◆

1. どのような新しい事象が、ロシアの教育分野に現れたのですか。
2. 教育問題に対する当局の関心をどのような事例が証明していますか。この関心をどう説明できますか。
3. 19世紀前半のロシアの学問の発展において、どのような出来事が重要であると考えられますか。また、それはなぜですか。
4. ロシアと世界の医学の発展にN・I・ピロゴフは何で貢献していますか。
5. ロシアの巨大企業家の側からの、自国の科学への物質的援助の強化をどう説明できますか。

史 料

サンクト・ペテルブルクでの応用工業大学の開設に関するニコライ1世の勅令。1828年。
1. 応用工業大学の目的は、工場あるいはその個別部門の管理のための十分な論理的、実用的知識をもつ人々を養成することである。
2. 理論部門の在学生の教育は、次の科目から構成しなければならない。
　1）神の法、2）習字、3）ロシア語、4）地理学の一般知識と歴史概論、5）博物学原理、6）一般的図画、とくに機械、設計図、建築物の製図、7）算数、8）代数学、9）幾何学、10）応用数学の必須部分、11）専門的技能のための物理学の必要知識、12）応用化学の基礎知識、13）技術課程

ロシア科学アカデミー学術書記官I・R・タルハノフの提言。1893年。
　エゴロフ教授により推薦されたのが、古文書保管所の埃のなかにすっかり放置された、今世紀初頭のわれらの輝かしい同志であるアカデミー会員ペトロフの名前であった。彼は、1802年にアカデミー会館において電弧を初めて観察したのである。(中略) 彼には電灯の電流の発見の栄誉が正当に与えられ、この件を祝して、(中略) 発電所の施設も彼に捧げられた。それは、ロシアの学者であり、さらにわれわれのアカデミー会員が、電灯の最初の発明者とみなされることを、世界中に知らしめるに違いない。この失われた発明権の復権は、もちろん、ロシア人ひとりひとりにとって貴重なものであるはずだ。

カザン大学におけるN・N・ジニンの業績(1841～1847年)に関する、彼の教え子A・P・ボロディンとA・M・ブトレロフの回想
　大学だけでなく、都市でも、カザンの教養人社会でも、N・N・ジニンは、人々の共感と尊敬を勝ち得た。彼は、有能であり、実際の学術的功績を有する生粋のロシアの学者の数少ないひとりであった。当時はまだドイツ系の学者がロシアの学術身分では極めて勢力が強かったが、世間ではドイツ人を薬剤師と考えることに慣れていたため、薬剤業務と化学を、薬局と実験室を、しっかりと区別することはおそらくできなかった。そのため彼らは、より多くの関心をこのロシアの卓越した科学者に向けたのである。しかしながら、

N・N・ジニンは、彼が外面的なあらゆる勲功に生涯無関心のままであったように、非科学的な世間の見方にも無関心であった。彼にとって何よりも高みにそびえたっていたのが、科学であった。つまり、科学は彼にとって目的であり、利益や褒章、あるいはその専門外の評判を得るための手段ではなかったのである。

◆史料についての質問
1. ロシアにおける最初の高等専門学校（大学）の開校の意義を当局は何に見ていたのでしょうか。
2. こうした学校の学生の専門的養成の基本をなすのは、どのような科目でしたか。
3. 19世紀末になってようやくV・V・ペトロフに名声と栄誉が訪れたのはなぜですか。
4. 回想の引用断片をもとに、学者としてのN・N・ジニンを短評してください。

§16. ロシアでの最初の発見家と探検家

19世紀はロシアの探検家によって成し遂げられた偉大な地理学上の発見の時代となった。17～18世紀の探検家や旅行家といった、先駆者の伝統を受け継ぎ、彼らは周囲の世界に関するロシア人の知識を豊かにし、帝国の一部となった、新領土の開拓を促した。ロシアは長年の夢を初めて実現した。つまり、その船が、世界の大海へ船出したのだ。

◆I・F・クルゼンシュテルンとYu・F・リシャンスキー

1803年にアレクサンドル1世の勅令により、「ナヂェージュダ」号と「ネヴァ」号の船で、太平洋の北方調査のための探検が行われた。これが、3年間にわたるロシアの最初の世界一周探検であった。これを率いたのが、19世紀最大の海洋探検家であり地理学者、ペテルブルクの科学アカデミーの準会員イ

ヴァン・フョドロヴィチ・クルゼンシュテルンであった。

　航海の過程で、最初に地図に記入されたのが、サハリン島の1,000kmを超える沿岸であった。探検の参加者は、極東だけでなく、彼らが通り過ぎた他の地域に関する多くの興味深い観察を残した。「ネヴァ」号の艦長であるユーリー・フョドロヴィチ・リシャンスキーは、彼の名で呼ばれたハワイ諸島のひとつの島を発見した。アリューシャン列島とアラスカ、太平洋と氷海に関する多くの資料が、探検の参加者により収集された。

　観察のまとめは、科学アカデミーへの報告に記述された。それらはあまりに説得力があることが分かったため、I・F・クルゼンシュテルンにはアカデミー会員の称号が授与された。彼の資料は、1820年代初頭に発行された『南海の地図集』の基盤となった。1845年にクルゼンシュテルン提督は、ロシア地理学会の創立メンバーのひとりとなった。彼はロシアの海洋探検家や研究者の傑出した人物群を育成した。

◆F・F・ベリンスガウゼンとM・P・ラザレフ
　クルゼンシュテルンの門下生であり、その後継者のひとりとなったのが、ファディ・ファデヴィチ・ベリンスガウゼンであった。彼はロシア初の世界一周探検の参加者であった。

　1819〜1821年にベリンスガウゼンはスループ（1本マストの縦帆船）である、「ヴォストーク」（彼はこの船を指揮した）と「ミールヌィ」（艦長ミハイル・ペトロヴィチ・ラザレフ）で新たな世界一周探検を率いる任命を受けた。探検の計画を作成したのがクルゼンシュテルンであった。その主な目的として、「われわれの地球に関する完全な知識を得ること」と、「南極点にもっとも近い場所を発見すること」が指示された。

　1820年1月16日に、探検隊は、ベリンスガウゼンが「氷の大陸」と名づけた、当時は未知であった南極大陸の沿岸へと接近した。オーストラリアでの碇泊の後で、ロシア船隊は太平洋の熱帯地方へと進んで行った。そこには、ロシア人の列島と名づけた諸島が、彼らにより発見された。

751日間の航海で、ロシアの水夫たちは、約5万kmを航行した。地理学上の最重要の発見がなされ、価値あるコレクションが搬入され、世界の大洋の水域や、人類にとって未知の、氷で覆われた大陸の観察が行われた。

◆A・A・バラノフとロシア領のアメリカの開拓

アレクサンドル・アンドレエヴィチ・バラノフを、言葉の厳密な意味での最初の発見者あるいは旅行家のなかに入れることは難しい。しかし、彼は、われわれの同国人によるロシア領のアメリカ開拓に非常に重要な貢献をした伝説的な人物であった。カルゴポリ市の商人であった彼は、東シベリアで、そして1790年からは北西アメリカで商売をしていた。

狩猟の新たな地域を探すなかで、バラノフはカジヤック島とその他の領土を詳細に調査し、鉱物の資源調査を行い、ロシア人の新たな移住地を築き、彼ら全員に必需品を供給し、先住民との交流を行った。まさに彼は、北アメリカの太平洋沿岸に、ロシアのための広大な領土を本格的に確保することに成功したのである。

バラノフの活動は、極めて困難で危険なものであった。アメリカン・インディアンの絶え間ない襲撃は、ロシア人開拓移民の多額の資金だけでなく、生命をも犠牲にさせるものであった。1802年のシトカ島への入植地建設の試みの際だけで、200人以上の入植者が殺された。

バラノフの努力はたいへんな功を奏し、1799年に彼は露米会社の支配人となり、1803年にアメリカにおけるロシアの植民地の統治者に任命された。この高位で危険な役職を、彼はほぼ最晩年まで勤め上げた。

1804年にバラノフはシトカ島にノヴォアルハンゲリスク要塞を、そのあとロス堡塁を築いた。1815年に彼は、ロシアへの統合を目的とするハワイ諸島への探検を実行した。しかしながら、それは成功をもたらさなかった。すでに老齢の病人となっていたアレクサンドル・アンドレエヴィチは、3度退任を依頼した。しかし、この人物を職務から解放することは急いで行われなかった。1818年になってようやく、アメリカから祖国ロシアへの彼の帰還に対する許可

が出された。帰途のジャワ島で、1819年にバラノフは亡くなった。

　彼の死後、露米会社の資本は何倍にも増大し、ロシア領土は拡大したのだが、彼は極貧のまま亡くなったことが明らかとなった。彼の死を知って、A・S・プーシキンは、日記にこう記した。「バラノフが死んだ。尊敬すべき市民であり、聡明な人間を惜しむ（後略）」。

◆G・I・ネヴェリスコイとE・V・プチャーチン
　19世紀中頃のロシアの極東に関する最大の探検家となったのが、ゲンナジ・イヴァノヴィチ・ネヴェリスコイであった。
　2度の探検（1848～1849年と1850～1855年）で彼は、北からサハリンを巡り、それまで知られていなかった新しい多くの領土を発見し、アムール川河口に入ることに成功した。ここで1850年に彼は、ニコラエフスク哨所（ニコラエフスク・ナ・アムーレ）を築いた。ネヴェリスコイの旅は、以下の重要な意義があった。つまり、サハリンは、大陸と全くつながっておらず、島であり、そしてタタール海峡は、このころまで考えられたような湾ではなく、まさに海峡であることが初めて証明されたのである。
　エフィム・ヴァシリエヴィチ・プチャーチンは、1822～1825年に世界一周旅行を成し遂げ、見たものを子孫に書き残した。1852～1855年フリゲート艦「パラーダ」号で彼が探検を指揮した際に、リムスキー＝コルサコフ諸島が発見された。プチャーチンは、ヨーロッパ人に閉ざされていた日本に滞在し、そこで条約を結ぶ（1855年）ことにすら成功した、最初のロシア人となった。
　ネヴェリスコイとプチャーチンの探検の成果は、格別な学術的なものを除いて、ロシアのために極東の沿岸地方を確保したことである。
　ロシア人探検家により集められた学術的資料は、たいへん広範で重要であったため、その総括と利用のための特別機関を設立する必要があった。
　こうした機関のなかでとくに重要となったのが、1845年に開設されたロシア地理学会であった。それはロシアにおける地理学の拠点となった。学術探検の組織化、ロシアとその隣国の国民の調査、大きな学術的価値をもつ地理学及び

統計学集の発刊が、定期的に行われるようになった。シベリア、極東、カフカース、ザカフカジエと中央アジアの経済的、地理学的研究の発展のために、1851年にロシア地理学会のカフカース支部とシベリア支部が設立された。

◆質問と課題◆

1. なぜ19世紀になってようやく、ロシア船が世界の大洋へ出航し、世界一周航海を成し遂げ始めたのですか。
2. ロシア人旅行家で最初の世界一周探検の参加者には、どのような目的と課題があったのでしょうか。この探検の結果、どのような成果を得たのですか。
3. ロシアの水夫による南極大陸の発見の歴史的意義はどういったものですか。
4. A・A・バラノフのどのような行動が、北アメリカにおけるロシア領土の拡大と強化につながったのでしょうか。
5. 地理学に対するG・I・ネヴェリスコイとE・V・プチャーチンの貢献はどのようなものですか。
6. ロシア人探検家の発見は、どのような実際の成果を有するのでしょうか。

史 料

ロシア地理学・統計学会の創立に関するF・P・リトケの報告書。1845年5月1日。

この学会の最重要課題は、ロシア国内と同様に、国外においても、わが国に関するその可能な限り完全で信頼の置ける情報を収集し広めることである。
1. 地理学に関しては、地域の地理や、国の物理的性質、自然の産物などまで含むすべてを意味する。
2. 統計学に関しては、この言葉を、無情な数の収集、あるいは数量的な統計とだけ考えるのではなく、記述的あるいは質的統計、つまり、共通尺度で計れる社会生活の要素すべてとみなす。
3. 民族学に関して。この問題の側面、つまり、国家の現在の領域内に住む様々な民族を、身体的、道徳的、社会的、言語学的側面から理解することで、諸民族の以前の状況と同じように、現在の状況においても、学会の関心を民

族自身に向けさせなくてはいけない。(中略)

　わが国で、基本的地理学の情報とともに、地理学、統計学および民族学への親近感と愛情を広めることが、地理学会の次の課題となる。

第1次南極探検隊参加者のＰ・Ｍ・ノヴォシリスキー海軍曹長の日記
　われわれは一面の氷原に近づいた。そこを通して南へ向う裂け目の道はどこにも見えなかった。そのため心臓を締めつけられる思いで、われわれは初めに西へ方向を変え、それから北へ向かわざるを得なかった。すばらしい天気がまもなく途絶えた。雪が降り出し、突風が突然起こり、時折霧がとても濃いため、船尾から船首甲板が見えなかった。そうしているあいだに、われわれは厚い氷に囲まれていたのである。(中略)

　3月3日の夜半過ぎに、雲の隙間から異常な光が見てとれた。それから南方に青みがかった光の柱が姿を見せ始めた。それは止むことなく消えては再び現れた。時折それは、少しずつ消える長い光線の姿をし、時には波状の帯としての炎が天空を駆け巡り、時には天空の半分が赤い炎で燃え上がった。ひと言で言えば、われわれの前に、驚嘆すべき壮大な南極のオーロラが壮麗に姿を現したのであった！

　◆**史料についての質問**
　1. ロシア地理学会の設立の主目的はどのようなものでありましたか。
　2. ロシアの諸民族の積極的な調査が必要であったのは何のためでしょうか。
　3. 国民教育のために、地理学上の知識をどのように用いる予定であったのですか。
　4. 万年氷への接近は、世界一周探検の参加者にどのような印象を呼び起こしましたか。

◎新しい用語を覚えよう。
　　探検、遠征〔**Экспедиция**〕——何らかの目的（学術的、軍事的、教化目的）をもつ集団の旅行。

§17. 芸術文化

◆19世紀前半の芸術文化の発展

19世紀初頭に、文学と芸術作品に対する社会の関心が著しく増大した。18世紀後半にすでに出現した「高い教養の読者」は、小説や詩だけでなく、哲学や歴史作品にも興味を示し、古典悲劇や喜歌劇に魅了された。広く普及した新しい現象となったのが、家庭演劇と音楽の夕べであった。書籍の収集や、芸術作品のコレクションへの関心が強まった。こうしたすべてが、**芸術文化**の発展を促したのである。

この時代の文学と芸術の発展上の重要な特徴は、芸術の潮流の早い交代、そして多種多様な**芸術様式**が同時に存在することであった。時代の際立った特徴は、文化的生活の複雑化と、文学と歴史、哲学と文学、絵画と音楽といった、文化の様々な分野の相互影響の強化であった。

19世紀初頭のロシアとヨーロッパ芸術において支配的な潮流であり続けたのが、それまでと同じく古典主義であった。その信奉者は、手本として古典古代

1840年代のペテルブルクの野外の祭り

の芸術を選び、それを模倣しようと努めた。しかしながら、ロシアの古典主義は、いくつかの特徴も有していた。ヨーロッパと異なり、18世紀後半のロシア古典主義が国民の教育と被圧迫者の解放の理想に、より密接に結びついていたとしたら、ナポレオン戦争の影響のもとで、19世紀初頭の古典主義作品の基盤に置かれたのが、君主と祖国への奉仕の理念であった。

1812年の祖国戦争の前に起こったセンチメンタリズムは、古典主義と違い、知性ではなく、人々の感覚と感情へと向けられていた。すでに18世紀末にN・M・カラムジンによってこの新しい潮流の基盤が置かれていた（中編小説『哀れなリーザ』）。

19世紀初頭の数十年間の芸術文化における主要な新潮流のひとつとなったのが、ロマン主義である。その主な特徴は、現実生活へロマン主義的な理想の姿を対置することであった。ロシアのロマン主義は、民族的独自性、祖国の歴史の伝統、隷属状態から解放された強い人格の確立に対する高い関心が特徴をなしている。

1820〜1850年代に、もうひとつの新しい潮流であるリアリズムが広く普及した。その信奉者は、周囲の現実を、そのもっとも典型的な現象を通して表現しようと努めていた。新しい様式の流れのひとつとなったのが、批評的リアリズムである。これは、あたかもより良い状態への変化を期待するかのように、生活の不遇な側面を、作品の内容そのものにより暴いた。

◆ロシア文学

19世紀前半におけるロシア文学は、その「黄金期」へ突入した。それはもっとも重要な社会問題を提起していた。そのなかで重要なもののひとつに、**民族的自覚**の強化の問題があった。作家や詩人は、国の歴史的過去に目を向け、その中に同時代の問題に対する答えを見つけ出そうとした。

文学的業績と歴史家の活動の結合のもっとも顕著な例となったのが、ニコライ・ミハイロヴィチ・カラムジンの創作であった。中編小説『市長夫人マルファ、あるいはノヴゴロドの征服』（1803年）のなかで彼は、祖国の歴史の共

和政体（ノヴゴロドの歴史のなかで具現化された）の伝統と、専制政体（モスクワ）の伝統を対比している。共和政体の理念に共感しながらもカラムジンは、まさに専制政体、つまり統一した強大なロシア国家を選択している。こうした思想により、19世紀初頭最大の社会的・学術的出来事となった、彼の学術書『ロシア国家史』は貫かれていた。

　カラムジンやその他の文学者のセンチメンタリズムは、農村の生活、農民と地主の関係や、これまでの時代の人間の道徳的特徴を理想化するなかで現れていた。

　ロシア文学におけるロマン主義の登場は、ヴァシリィ・アンドレエヴィチ・ジュコフスキー、K・F・ルイレーエフ、V・K・キュヘリベーケル、A・I・オドエフスキーの名前と結びついている。

　自身の初期創作にロマン主義作品を作り出したのが、われらが偉大な詩人、アレクサンドル・セルゲエヴィチ・プーシキンとミハイル・ユーリエヴィチ・レールモントフであった。夢想的で、時には神秘的なジュコフスキーの作品と違い、彼らの作品に特有なのは、人生の楽観主義と理想を獲得するための戦いでの積極的な態度であった。こうした特徴は、19世紀初頭のロマン主義文学に支配的なものであった。そしてまさにこれらが、1830～1840年代の基本様式となったリアリズムへの移行を示していたのである。この潮流の文学の卓越した模範となったのが、プーシキン（十分な根拠により、ロシア文学におけるリアリズムの創始者と考えられている）の「後期」作品である、史劇『ボリス・ゴドゥノフ』、中編小説『大尉の娘』、『ドゥヴロフスキー』、『ベールキン物語』、物語詩『青銅の騎士』など、また同じく、レールモントフの小説『現代の英雄』であった。

　「自然派」（批評的リアリズム）の創始者は、ニコライ・ヴァシリエヴィチ・ゴーゴリであった。この芸術潮流の著名な作品のひとつが、彼の他の作品群（『死せる魂』、『検察官』等）に匹敵する、彼の中編小説『外套』であった。これがロシア文学の「ゴーゴリの時代」（1830～1840年代）の出発点となった。「われわれは皆、ゴーゴリの『外套』から出た」とのちに言及したのが、F・

M・ドストエフスキーである。

　最初の戯曲『内輪同士はあと勘定』（1849年）のなかで、ロシア商人の知られざる新たな現実世界を読者や観客に明らかにしたのが、アレクサンドル・ニコラエヴィチ・オストロフスキーであった。彼は、急速に重要性を増してきた商人の特徴を明らかにした。この劇作家は、青年時代にモスクワ商業裁判所で働いており、そこで商人の日常生活と風俗に関係する生活上の豊富な題材を吸収した。

　1840～1850年代の文学で中心的な地位を占めたのが、農奴制にもとづく村や、その慣習や風俗、生活の新たな現象といったテーマである。真に文学的事件となったのが、イヴァン・セルゲエヴィチ・トゥルゲーネフの『猟人日記』（1847～1852年）の発刊であった。彼は、中部ロシア地帯の自然だけでなく、彼が心からの共感と思いやりをこめて接している農奴も描き出した。

　農奴の暗澹たる貧困や虐げられた様子は、ドミトリィ・ヴァシリエヴィチ・グリゴローヴィチの中編小説『村』や『不幸なアントン』に描かれた。ある同時代人は、「当時の教養ある人間の誰ひとりとして、（中略）涙なしでアントンの不幸を読むことも、農奴制の惨状に憤慨しない者もいなかった」と書いている。

　19世紀前半は、前世紀の重苦しい文語体に代わって現れた、民衆語の伝統に基づく現在の標準文章語が形成された時代であった。

◆演　劇

　文学と同じように、ロシア演劇も発展する過程で急速な芸術潮流の交代が起こった。

　18世紀末から19世紀初頭にかけて、ロシアの劇場の舞台で支配的であったのは、古典古代や神話的な題材と、表面的な華やかさが特徴の古典主義であった。

　1820～1830年代の演劇において、より活発に自己表明していたのが、俳優による主人公達の内面の感情の強調や、英雄的で悲劇的な戯曲テーマを特徴にもつロマン主義派である。ロシア演劇におけるロマン主義のもっとも影響力のあ

ペテルブルクのボリショイ劇場

る俳優となったのが、パーヴェル・スチェパノヴィチ・モチャロフであった。彼は、ハムレット（V・シュークスピアの同名の悲劇における）や、フェルディナント（F・シラーの戯曲『たくらみと恋』による）の役でとくに人気を博した。彼の演じる主人公は、自由と平等のために自己犠牲も厭わず闘うという特徴があり、また、彼の演技は、激しい感情表現で突出していた。

1840年代から、リアリズムの潮流の発展と結びつく、ロシア演劇史における新たな頁が始まっている。演劇芸術において、リアリズムの潮流は、プーシキン、グリボエドフ、ゴーゴリ、オストロフスキーの作品と結びついていた。ロシア演劇におけるリアリズムの創始者となったのは、モスクワ・マールイ劇場の偉大な俳優であり、農奴出身のミハイル・セミョノヴィチ・シチェプキンであった。彼は、ロシア演技芸術の真の改革者であった。シェプキンは、すべての演目を共通の理念に捧げるように提案した最初の人物であった。マールイ劇場におけるシェプキンの新たな役のひとつひとつが、モスクワにおける最大の社会的事件となっていった。

演劇のリアリズム派のもうひとりの著名な俳優が、アレクサンドル・エフスタフィエヴィチ・マルティノフであった。彼の創作は、ペテルブルクのアレク

サンドリンスキー劇場と関係している。彼は、当時の「小さな人間」の感情や日常生活を名演技で伝えた。

この時代の劇場の発展の重要な特徴は、それまでモスクワで唯一だったペトロフスキー劇場が、1824年にボリショイ（オペラとバレーの上演が決められていた）劇場とマールイ（演劇用）劇場に分かれたことである。ペテルブルクでもっとも有名であったのが、アレクサンドリンスキー劇場であるが、より民主的なモスクワのマールイ劇場と違い、その公式的な傾向が特徴的であった。

◆音 楽

音楽は、他の芸術に比べ、英雄的な1812年の影響をより多く受けていた。それまでは日常生活を描いたオペラが優勢であったとしたら、今や作曲家は、ロシアの歴史的過去の英雄的主題に取り組んでいた。このなかで初期のもののひとつとなったのが、K・A・カヴォスのオペラ『イヴァン・スサーニン』（1815年）であった。

19世紀前半全体が、音楽作品におけるロシアの国家的主題の強化と民族的旋律の影響を基調として過ぎていった。民族的曲調は、A・E・ヴァルラモフ、A・A・アリャビエフ、A・L・グリリョフらの音楽作品のなかにはっきりと響いていた。

人気のオペラ『アスコリドの墓』の作者であるアレクサンドル・ニコラエヴィチ・ヴェルストフスキーが、音楽芸術のなかのロマン派を代表していた。

19世紀前半の音楽芸術の中心的立場にいたのが、ロシア国民楽派の基礎を置いたミハイル・イヴァノヴィチ・グリンカであった。彼はこう語った。「音楽を創るのは民衆である。一方われわれ芸術家は、ただそれを編曲するだけなのである」。グリンカは、ロシア音楽のなかに、単に民族的な伝統だけでなく、リアリズムの伝統をも定着させ得たのである。彼は、ロシアの専門職としての音楽の基本ジャンルの創始者となった。この作曲家の創作に関してもっとも確かな認識を与えるのが、彼のオペラ『皇帝に捧げた命』（『イヴァン・スサーニン』、1836年）である。そのなかでグリンカは、純朴な愛国者の農民を褒め称

え、同時に、ロシア国民の性格の勇敢さ、堅忍不抜、偉大さを讃美した。

　社会的な内容の豊さを特徴とするのが、ロシアのもうひとりの作曲家であるアレクサンドル・セルゲエヴィチ・ダルゴムィシスキーの音楽作品である。彼の主要作品であるオペラ『ルサルカ』は、ロシアオペラの新しいジャンルである民衆生活の心理劇の誕生を意味した。

◆絵　画

　この時代に、聖書・神話からの主題や、ギリシアやローマの古典的文化遺産への崇拝が特徴の古典主義からの離脱が起こっている。神々や皇帝だけでなく、平凡な人々の人格や人生に対しての芸術家の関心が高まっている。

　ロシア絵画における古典主義の最大の画家となったのが、カール・パヴロヴィチ・ブリュロフであった。そのもっとも有名で巨大な作品のひとつ、『ポンペイ最後の日』（1830～1833年）のなかで彼は、自然災害の状況における平凡な人間の尊厳、ヒロイズムと偉大さを伝え、英雄として初めて民衆を描いた。「『ポンペイ最後の日』はまさに、ロシア絵画にとって、最初の日となったのである」と、同時代人の詩人は書いた。ブリュロフのこの作品のなかに、リアリズムへの志向が読み取れる。それは、彼の全作品、『自画像』、『女騎士』などにも現れた。

　絵画におけるロマン主義の著名な代表者となったのが、卓越した肖像画家であるオレスト・アダモヴィチ・キプレンスキーとヴァシリィ・アンドレエヴィチ・トロピニンである。キプレンスキーは、その表現力で、Ａ・Ｓ・プーシキンやＡ・Ｎ・オレーニン（芸術アカデミー総裁）の優れた肖像画を創作した。そこに彼は、全ロシアが知っている、自作の主人公の高尚な本質、気分や感情という内面世界を示した。トロピニンの創作の特徴は、好きな仕事に取り組むその生活環境のなかの人間を描写することであった。こうしたものが、彼の風俗画の肖像画である『レース編みの女工』『ギター弾き』『金糸刺繍女工』などである。

　ロシア絵画の偉大な巨匠のひとりとなったのが、アレクサンドル・アンドレ

穀物置場　画家Ａ・Ｇ・ヴェネツィアノフの絵画より

エヴィチ・イヴァノフである。その創作に20年間（1837～1858年）をかけた絵画『民衆の前に現れるキリスト』が、彼の人生の主要作品となった。絵画の基本理念は、民衆の道徳性の人心一新の必要性に対する確信である。絵画のなかで描き出されている多くの人間のひとりひとりが、個人であり、かけがえのないものである。芸術家は、民衆に啓蒙や、よりよき未来への道を示すことのできる"言葉"〔「はじめに言葉ありき」（思想・理性の優位の確認、ヨハネ１：１から）－訳者註〕の高尚な使命を表現することに成功した。

　ロシア絵画における批評的リアリズムの創始者となったのが、パーヴェル・アンドレエヴィチ・フェドートフである。その風俗画のなかで彼は、大きな社会問題を表現することに成功した。たとえば、彼の作品『新たな勲章所有者』(1846年)、『少佐の結婚申し込み』(1848年)がそうであり、こうした作品にわれわれは、場面の劇的状況や、現実に対する作者の批判的な態度を見ることが

できる。

19世紀に人気のある風俗ジャンルが誕生したことは、アレクセイ・ガヴリロヴィチ・ヴェネツィアノフの創作と関係している。彼の絵画は、ロシア絵画における真の発見となった。それらは、農民の日常生活と労働に捧げられている。1820年代の作品『耕作地。春』、『刈入れで。夏』、『ザハルカ。少年』といった、一連の農民の肖像画で、彼は、生まれ故郷の自然の美しさを繊細に感じ取り伝えながら、詩的な色彩で農民の生活を描いた。絵画のこの流派は、「ヴェネツィアノフ派」と好意をもって呼ばれている。

この時代のロシアの芸術生活の中心となったのが、1832年モスクワで開校された、絵画、彫刻と建築の学校である。

◆建　築

19世紀前半の建築において、他のどの分野の芸術創作よりも長いあいだ、古典主義が君臨していた。それは1840年代まで実際に支配的であった。19世紀初頭のその最高峰であったのが、**アンピール**様式であった。これは、ローマ帝国から受け継いだ、重厚で壮大な形式や、豊かな装飾、輪郭の端正さにおいて表現されていた。アンピール様式の重要な要素は、建物の装飾を補っていた彫刻でもあった。アンピール様式で建築されたのが、宮殿や上流階級の邸宅、政府の高等機関の建物や、貴族会議や役所の建物、劇場や聖堂ですらそうであった。

19世紀初頭は、ペテルブルクやモスクワといった首都や、同じく大きな県の都市の中心部の急速な建設の時代であった。この時代の建設の特徴となったのが、ひとつの全体に統合された建物や建造物群である建築アンサンブルの建設であった。ペテルブルクではこの時代、宮殿広場や海軍省広場、元老院広場が造られ、モスクワでは、劇場広場が建設された。県の都市は、特別な計画に基づいて改築された。大聖堂、知事宮殿、上流階級の邸宅、貴族会議の建物だけでなく、新しい施設である、博物館、学校、図書館、劇場も、今やその中心部をなしていた。

ロシアのアンピール様式の最大の代表者は、ペテルブルクの海軍省の建物を

足場のなかのアレクサンドル柱　画家Ｇ・Ｇ・ガガーリンの絵画から

建設（1806〜1823年）したアンドレヤン・ドミトリエヴィチ・ザハロフ、カザン寺院を建築（1801〜1811年）し、ネフスキー大通りにアンサンブルを創始した、アンドレイ・ニキフォロヴィチ・ヴォロニヒン、そして、ロシア博物館の建物を含む芸術広場や、参謀本部の建物とアーチ門を含む宮殿広場のアンサンブルを造り上げた、カルル・イヴァノヴィチ・ロッシらであった。こうした建築家全員が、基本的にペテルブルクで働いたのである。

　モスクワにおいてアンピール様式で造られたのは、オシップ・イヴァノヴィチ・ボヴェの作品であった。1812年の火事以後に復元された赤の広場、ボリショイ劇場を含む劇場広場、凱旋門などである。同じ様式で、デミヤン・イヴァノヴィチ・ジリャルジも創造した。

　1830年代に古典主義が没落し始めると共に、「ロシア・ビザンティン」様式

が広がり始めた。この様式で建築家コンスタンチン・アンドレエヴィチ・トンにより建築されたのが、救世主ハリストス大聖堂（1837～1889年）、クレムリン大宮殿、武器庫博物館、ニコライ駅（現在はレニングラード駅）などである。

　19世紀前半は、ロシア芸術文化の「黄金期」の始まりとして歴史に刻まれている。それは以下のような特徴がある。つまり、芸術様式や芸術潮流の急速な交代、文学とその他の分野の芸術とがお互いを豊かにし密接に関係していること、創作作品の社会的意義の強化、西ヨーロッパ文化とロシア民衆文化の最良の代表作品の有機的統一性と相互補完性である。こうしたすべてのことが、ロシアの芸術文化を、多彩で多様なものにし、社会の教養ある層の生活だけでなく、何百万という庶民の生活への影響力を増大させる結果となったのである。

◆質問と課題◆

1. 19世紀前半のロシアの芸術文化発展の主な特徴はどのようなものでしたか。
2. この時代のロシア建築における古典主義の例を挙げてください。その基本的特徴はどのようなものでしたか。
3. 19世紀初頭のロシア文学におけるセンチメンタリズムの例を挙げてください。
4. ロシアの芸術文化におけるロマン主義の出現と、急速な普及をもたらしたものは何であると考えますか。例を挙げてください。
5. ロシアの芸術文化におけるリアリズムの発展を具体例で示してください。
6. この時代のロシア文学がロシア社会の精神生活に圧倒的な影響力をもっていた事実をどのように説明できますか。
7. 演劇活動には、根本的にどのような新たな特徴があったのでしょうか。
8. 音楽芸術の発展に、根本的にどのような新しいことが起こったのですか。
9. この時代のどのような絵画ジャンルが、知識層でもっとも好まれたのでしょうか。
10. 芸術家の誰が、ロシア絵画の批評的リアリズムの創始者であったのですか。
11. ロシア・アンピール様式のもっとも特徴的な点は何ですか。19世紀前半の

ロシア建築におけるこの様式の例を挙げてください。

史 料

俳優であり作家のI・F・ゴルブノフの回想。1849年。

(前略)舞台でオストロフスキーのコメディ『他人の橇には乗るな』が上演されてから、モスクワの舞台では新しい時代が始まっている。私はこの喜劇の初演に出演した。それはコシツカヤ記念興行に捧げられた。突如緞帳が上がり、そして舞台から、新しい言葉、それまでに舞台からは聞いたことのない新しい言語が聞こえ始めた。閉ざされた商人の世界から、生きた人々が現われた。ペテルブルクの劇作家『連中とともに』のグリゴーリエフは、自身の無知ゆえの高みから、登場人物に存在しない作り物の愚かな言葉で語らせ、あるいは彼らを軽蔑し、あるいは彼らを見るのが不快になるほど、彼らを感傷的な愛国者として描いたのであった。

P・A・フェドートフ自身により作成された『パーヴェル・フェドートフの絵画と素描』

『少佐の結婚申し込み』(絵画)

仲人は商人の家へ、婿となる少佐を連れて来る。家の主はなるべく早く自分の服にボタンを掛けようと慌てていた。当惑した娘は逃げたいと思っているが、母親は彼女の服を掴んで離さない。ふたりの女性は婿を迎えるために、着飾っている。卓のうえには様々な前菜が載っている。料理女が細長いピローグを、給仕はワインをもって来る。別の部屋から「何のための支度だい?」と質問しながら、老婦人が給仕の方に身を乗り出す。そこで彼は入ってきた仲人を指し示す。

シャンパンはすでに椅子の上の盆に載っている。

猫が客をしつこく招いている。

部屋のなかの左の隅に、燈明を灯したイコンの一部が見えている。その下には、聖書の載った机がある。

壁には府主教、クトゥーゾフ、クリネフ、両手に本をもつ家の主人自身の肖像画が掛かっている。馬上のイロヴァイスキーと修道院の外観が描かれた絵が掛けてある。

大クレムリン宮殿の成聖式におけるニコライ1世の演説。1849年。
　私のクレムリン宮殿は、優雅な建築作品であり、私の愛する古の都の新たにふさわしい精華となるであろう。宮殿はその周りの建物と完全に調和しており、その建物郡は、過ぎ去った世紀と祖国の歴史の偉大な出来事と結びつく思い出につながり、われわれに捧げられているからなおさらである。

◆史料についての質問
1. А・N・オストロフスキーの作品は、商人の日常生活を描いてきた彼の先輩たちの作品とどのような点で異なっていますか。
2. Р・А・フェドートフの創作を例に、ロシア絵画における、リアリズムの原理の確立について立証してください。
3. 19世紀前半のロシア建築における「モスクワ様式」と「ペテルブルク様式」はどう異なっていますか。

◎新しい用語を覚えよう。

アンピール様式〔Ампир〕——ナポレオン皇帝の時代にフランスで起こった、建築における古典主義の一種。（アンピールは翻訳すれば、「帝国」である。）

民族的自覚〔Национальное самосознание〕——民族の代表による、民族の一体性の自覚と、独立と自由の権利の自覚。

芸術文化〔Художественная культура〕——文学者、音楽家、芸術家、建築家、彫刻家といった、芸術創作の巨匠により創り出された作品の総体。

芸術様式〔Художественный стиль〕——特定の流派の芸術に固有の特徴の総体。

§18. 生活様式と慣習

◆住　居

　19世紀前半のロシア住民の大多数の生活様式と住居は、それまでの時代の特徴を残していた。村と同じく大多数の都市でも、主要な建築資材は木材のままであった。木材から、農民の小屋だけでなく、手工業者や、中小役人、中流の貴族の家も建てられた。

　農村の農民の住居の基礎は、農家の地階（家畜、労働に有用な道具、多くの物資のための場所）であった。家の主要部分は、「丘のうえに」、農家の地階の上にあり、部屋と呼ばれていた。富農や町人の家のなかにはその部屋のうえに、多くの大きな窓のある特別な場所である、明るく清潔な居間がしつらえてあった。

　主人の豊かさに応じて、家は彫刻模様で飾られ、（まさにこの時代に普及した）排水管や鎧戸などが姿を見せた。農家では、窓にはガラスの代わりにそれまでと同じく牡牛の嚢がぴんと張られていた。しかしながら、より富裕な農民のと

ロシア民族舞踊

19世紀前半の都市生活者

ころには、雲母窓が現われた。ガラスは高価なままであり、貴族、商人やもっとも富裕な農民にしか手の届かないものであった。

労働者は、工場の労働者用宿舎に暮らしていた。

上流階級や富裕な商人の都会の家は、より宮殿に似ていた。それらは主に石で建てられており、円柱だけでなく、彫刻や塑像の浅浮彫りにより飾られていた。こうした家の屋根のうえの煙突は、時として彫刻の外観で造られた。

郊外に家をもつ18世紀からの流行が残っていた。従来このような建物を有していた地主に続いて、今や、役人やインテリゲンツィヤが、郊外の家を建設し始めた。それは、エカチェリーナ時代の伝統的な石造りの宮殿ではなかった。こうした建物は、通常木から造られ、時として、石造りの建物に似せて、外壁や内側が漆くいで塗られていた。正面の壁は、2本から4本の円柱で飾られていた。

住居内部の装飾も、同じように様々であった。農民や町民の家で重要だと考えられたのが、暖炉のそばの場所であった。そこから斜めに位置しているのが、主人にとってもっとも貴重あるいは高価なイコンが掛かり、家族が席について食事をする卓のある「美しい隅〔聖像画のある一隅―訳者註〕」（クラースヌィ・ウーゴル）であった。木製の机やベンチ、19世紀初頭からの背もたれのない腰掛や椅子も、家の家具の基本をなしていた。暖炉のそばに、主婦が食事の支度をする場所があった。入り口の戸のそばに、男性の仕事場があった。ここで彼らは馬具（ばぐ）を作（つく）り、草鞋を編み、労働用具を修理した。窓のそばには冬に向け織機が置かれ、糸を紡いだ。眠るのは暖炉あるいは屋根裏の板敷の寝床であった。暖炉の割れ目に置かれた松明か、あるいは、油に浸された芯である「灯明」によって、小屋は照らされていた。豊かではない人々の都会の家も、同様であった。

上流階級の邸宅や宮殿の内部で中心的な場所を占めていたのが、舞踏会や式

19世紀中期のロシアの都市の通り

典が行われた祝典の間である。基本的な場所は2階であり、そこではもっとも天井の高い(つまり、明るい)部屋が造られ、家具や絵画、彫刻で豊かに飾られていた。部屋の装飾をしつらえるために、上流階級は、国内や海外の卓越した名匠を招いた。

部屋は、縦列でひと続きに配置されていた。19世紀中期に向けて、新たな建物においては、主な部屋全部が廊下に面しているという「廊下式設計法」が流行した。下の階は、仕事場が座を占めていた。上階には召使が住んでいた。大きなシャンデリア(点けるのに、毎回特別な鎖で降ろす必要があった)、あるいは燭台に据え付けられた多くの蝋燭が、住居を照らしていた。壁は、海外から取り寄せられた高価な壁紙で飾られていた。式典用の食器は、伝統的なもの(金や銀製品)と同じく、マイセンあるいはセーブル産の高価な磁器もあった。東洋の家具や絨毯や武器により広間を装飾することが流行した。

◆服 装

身分的な違いがもっとも鮮明に現れていたのが、服装であった。実際、見せ

びらかすための強調が施されている廷臣の高価な服装が特徴であったエカチェリーナの時代は過去のものとなった。エカチェリーナ時代では、グリゴリィ・オルロフ伯爵の礼服にダイヤとその他の宝石類が散りばめられ、100万ルーブル（しかも、1プード〔1プードは16kg －訳者〕のライ麦が95コペイカ〔1ルーブルが100コペイカ－訳者〕、農奴が25～30ルーブルの値段であった）したとするなら、パーヴェル1世とアレクサンドル1世の帝位のころはすでに、地味なフロックコートとフランス仕立ての洋服が大きな流行になりつつあった。ニコライ1世の時代には、官吏のために制服が導入された。廷臣の多くが軍服を着用していた。

　民衆の大多数が、服装では古い型に忠実であった。勤労者、中小の町人階級、雑階級知識人は、豊かさに応じて、都会的服装をしていた。それは、ロシア農民の衣服の要素をもつ全ヨーロッパ的服装のひとつの型であった。男性は、幅広でないズボン（麻布製の衣服）のうえに、胸が脇開きの立ち襟のシャツを羽織り、ベルトか帯を締めるのが流行していた。主な靴は、ブーツであった。

　農民は、普段着と晴れ着の衣服として、シャツとズボンを着用していた。中央の都市から離れた場所では、結婚式まで若者と娘は、帯で締められた裾長シャツだけを着用するという風習が残されていた。上着（カフタン、粗ラシャの裾長上着）は、手織りのラシャで縫われた。だが、繊維製造業の発展につれ

洗濯女　画家Ｉ・Ｓ・シェドロフスキーの絵画から

魚商人　画家Ｉ・Ｓ・シェドロフスキーの絵画から

て、流行となった工場製織物から縫われるようになった。

　鮮やかな幅広の帯で締められた羊の毛皮外套やハーフコート、毛皮長外套が冬に着用された。帽子は主に、フェルト製でできていた。以前ならそれを作ったのが農民自身だったが、今ではもっとも普及している帽子は、手工業者により作られた、ほぼ円筒形の茶色の帽子である「グリェシネヴィク（円錐台形の農民用フェルト帽）」であった。農民の靴の主な形状は、樹皮製の百姓草鞋（ラプチ）であった。それを、編み紐で結びつけられた、ラシャ製か麻布製の巻靴下（足布）とともに履いていた。その他に、時おり生皮で作った革の草鞋（モルシ）を履いた。祝祭用の靴は、男性用革のブーツと女性用「コトゥイ（厚手の皮製の防寒用オーバーシューズ）」であった。冬に履かれたのが、19世紀初頭にその「第2の誕生」を経験した、ヴァレンキ（フェルト製の防寒長靴）である。以前は短いヴァレンキにラシャ製の長靴の胴部が縫いつけられていたが、今やそれは硬質なフェルト製の丈の長いブーツの形で作られ始めていた。

◆食

　古来より我々の祖先は、様々な調理法で作られた植物性と動物性の食物の豊かな組合せを食してきた。

　主要な食品はライ麦（富裕な家や祭日には、小麦）のパンであった。キビ（脱穀したキビ）、えんどう豆、ソバ、燕麦からカーシャ（粥）やキセーリ（ジェリー）が煮て作られた。キャベツ、カブ、ニンジン、キュウリ、大根、赤ビート、玉ねぎ、ニンニクといった多くの野菜が使われ、じゃがいもが、段々とより広く食べられるようになった。キャベツ（夏は、スイバかイラクサ）や他の野菜から、もっとも普及した料理であるシチー（スープ）が作られた。主菜は、通常はカーシャであったが、のちには塩漬けキュウリかキノコをつけ合せした、茹でた「皮つき」じゃがいもであった。

　肉は、貧農の食卓にはめったに上らない食物であった。それを食べることができるのは、普通はクリスマスと復活大祭だけであった。このことは、畜産業の発展が不十分だということだけでなく、宗教の斎戒によっても説明される。

その代わり、魚はより入手しやすかった。豊かさと村の場所に応じて、ワカサギ、キュウリウオ、カワスズキ、鯉、サザン、スズキなどといった魚を入手することができた。乳製品、卵、植物性油、まれには動物性油が適量用いられた。

　基本的な飲み物は、穀物やビートのクワス、ビール、香辛料の入った熱い蜂蜜飲料である蜂蜜湯、そして様々な種類の無数の果実酒と浸酒であった。茶（主に、中国茶）が19世紀前半に広く普及した。これといっしょにサモワールと茶器が普及し始めた。それらは、豊かさの象徴と見なされた。「食後の干菓子」に使われたのが、リンゴ、梨、サクランボ、スモモ、フサスグリ、スグリ、木苺、オランダイチゴ、森の木の実であった。

　粘土製の壺のなかで食物を調理し、終日熱を保つためにすぐにロシア式暖炉のなかへ置かれた。この時代に初めて、粘土製の壺とともに金属製の壺である「鋳物」が使われ始めた。

　都市では、数多くの居酒屋や茶亭、家で昼食を摂れない人のためのビュッフェが開店した。

　社会の上流層は、伝統的なロシア料理ではなく、西欧料理、わけてもフランス料理を好んだ。上流階級や裕福な都会人の日常の食事で欠かせない食品となったのが、コーヒー、カカオ（「チョコレート」）、様々な種類の東方の菓子（クラビエ、ハルワ、シェルベート）、クッキーと、フランス、ドイツ、スペイン産のワインであった。

◆余暇と風習

　全国民にとって共通であったのは、誰にとっても同じその儀式と伝統をもつ教会の祭日だけであった。しかしここでも違いは明らかであった。たとえば、裕福な子どものためにクリスマス用のもみの木とプレゼントや演じ物が、上流階級と官吏のためには舞踏会や仮面舞踏会が必須であった。貧民にとって、こうした祭日の慣わしだったのが、大衆的な野外の祭、コリャダーの歌（クリスマス・新年の祝歌）を歌い家々を回ること、つまり、歌や詩を吟じ、そのあとでコリャダーの参加者にごちそうか贈り物をすることであった。

1820年代のモスクワの舞踏会　画家Ｄ・Ｎ・カルドフスキーの絵画から

　貴族階級は、勤務だけでなく、絶えず交際をして日々を過ごした。首都の富裕な家々では、毎日昼食が100人分用意されていた。舞踏会や正式晩餐会に、ひと晩で5万ルーブルも家長は出費するかも知れなかった。
　夏の初めに地主が郊外の御殿や家に移ることは、18世紀からからの習慣であった。この例をまねて、郊外の家をもつようになったのが、官吏や創作活動を行うインテリゲンツィヤであった。夏のあいだや、秋季の一時期すらも大自然の懐に抱かれて過ごし、11月に彼らは都会へ戻ったのである。舞踏会、仮面舞踏会、劇の初演や恋愛沙汰を含む、伝統的な上流社会生活が始まったのである。
　農民階級は、1年のほとんどを労働と日々の糧を心配して過ごしていた。パーヴェル1世が、農奴を休日や祝日の労働に参加させることを禁じてから、農民はこうした日の時間をより多く、野外の合同の祭や休日の娯楽で過ごすよ

うになった。

　クリスマスから新年に続く一連の儀式は、降誕祭週間（クリスマスから洗礼祭（神現祭）までをいう）と結びついていた。クリスマスイブ及び新年のあと（神現祭まで）は、占いをした。神現祭での主要な儀式は、聖水を求めて氷にくりぬかれた穴へと十字行をすることであった。春の最初の祭であったのが、マースレニツァ乾酪週間であり、その際、（復活大祭の）大斎期前に脂肪分の多い食事をとらなくてはならなかった。乾酪週間中ブリヌィ〔厚手のクレープ－訳者〕が焼かれた。国民がこの週でもっとも好きな娯楽が、山から橇や手橇、丸太に乗って滑ることであった。富農や都会の商人、貴族もまた、3頭立て馬車につけられた橇に乗った。復活大祭で人気のあったのが、若者の大衆スポーツ競技（小骨遊び、ラプター〔クリケットに似たロシアの伝統的な球技－訳者〕など）とブランコ乗りであった。

　夏の始まりを示す聖神降臨祭に向けて、家々や教会は白樺の枝で飾られ、人々は、草原や森へ散歩に出かけた。イヴァン・クパラの祭では、川での水浴びや薬草集めが始まった。夏祭りや野外での遊びは、ペトロの日（旧暦で6月29日）で終わる。その祝祭日前夜に若者は「太陽を迎えながら」夜明けまで遊び興じていた。

　教会の祭日に合わせて、野外での祭りや芝居、合唱や輪舞を伴った定期市が通常開かれた。

　地元の教会がその名を冠している聖人に敬意を表して荘厳に聖堂祭〔各教会の守護聖人の祝日－訳者〕が祝われた。この日に向けて、共同炊事でビールを煮て、雄牛を屠り、皆でいっしょに祝祭の食事をとるしきたりであった。

◆家族と家族の行事

　家族は普通、両親とその子どもたちというふたつの世代を統合していた。このような家族は通常、大家族であった。しばしばひと家族に7～9人の子どもがいた。子どもの半分以上が男の子であれば、そのような家族は貧しいと見なされなかった。反対に、多くの労働力を有しているため、そのような家族は十

分に「豊か」であるとされた。

家族の主要な行事として、洗礼、結婚式、葬式を挙げることができる。結婚するのは、通常24～25歳の若者と、18～22歳の娘であった。

結婚は必ず、教会の結婚式で正式な祝福を受けなければならなかった。こうした結婚だけが正式だと考えられた。生後間もない月にすでにどの赤ん坊も必ず洗礼を済ませなければならなかった。教会あるいは家での死者の葬儀もまた、主要な行事のなかに含まれていた。

通常、息子の結婚後に両親と親戚は、息子が持ち家を建て整備する手助けをした。

娘を嫁に出すことは、将来の花嫁誕生後すぐに蓄え始めていた持参品を、花婿に渡す行為を伴っていた。その多くが、結婚前に娘自身が手作りしたものであった。とくに多かったのが、刺繍の入った衣料品やシーツ類などであった。

◆質問と課題◆

1. 首都の上流階級、名門でない貴族、首都の役人、農民、都市の町民は、それぞれどのような住居に暮らしていましたか。
2. 19世紀前半、国民の様々な社会層の服装にどのような変化が起こりましたか。どの身分の服装が、実際は変化せずに以前のままでしたか。
3. ロシア人の基本食をなしたのは、どのような食料品でしたか。
4. 農民の日常と祝日の食事を記述してください。
5. 19世紀初頭の上流階級の食事及び日常慣習に、どのような新しい現象が現れたのでしょうか。
6. 役人や都市の中流層は、上流階級の生活や日常慣習のどのような特徴を借用しましたか。
7. どのような遊戯、風俗や娯楽が祝祭に特徴的でしたか。
8. 夏の始まりを農民はどのように祝ったのですか。いつそれは行われましたか。

史 料

V・V・ナザレフスキーの著書『モスクワ史。1147〜1913年』

　エカチェリーナ時代のモスクワでは、貴人や、堂々たる壮麗さが驕奢をほしいままにしていた（中略）。

　アレクサンドル１世の時代にはそうならなかった。少数の貴人のこうした祝祭は、彼の時代にはモスクワに住むすでに中流貴族の家族の多くのあいだで広まっていたのである。クラブの活気や公共の娯楽、有料の芝居が発展していった。イギリス式クラブは、その食事やトランプ遊びだけでなく、読書室や政治議論でも男性を魅了したのである。一方、舞踏クラブは、男女ともに惹きつけた。豪邸は通路の両側に建てられた。その通路のなかに最近形成された並木道は、散策する人々で溢れかえっていた。ネメツカヤ区から海外の店舗が移転したクズネッキー・モスト通りは、流行を追う洒落者の買い物場所となっただけでなく、散歩やありとあらゆる出会いの場所となった。エカチェリーナ時代の上流階級の家々から、舞踏会、仮面舞踏会や大夜会がモスクワの多くの貴族の家に広まり、クラブで催される場合は、公共で有料にすらなっていった。アルバート広場の劇場では、あらゆる種類の興行が行われていた（後略）。

■**史料についての質問**

1. アレクサンドル１世の時代に、首都の貴族社会の生活にどのような新しい特徴が現れましたか。
2. この時代の、モスクワの設計の新しい特徴はどのようなものですか。
3. 19世紀前半のモスクワの都市生活にどのような外的変化が現れましたか。

◎新しい用語を覚えよう。

　馬具作り〔**Шорничество**〕──皮から馬の装具一式を作ること。

年　表

1801～1825年	アレクサンドル1世の統治
1802年	省庁設立
1803年	「自由農耕民」に関する勅令
1804～1813年	ロシア・ペルシア戦争
1805年	第3次対仏大同盟へのロシアの参画。アウステルリッツの戦い
1806～1807年	第4次対仏大同盟へのロシアの参画
1806～1812年	露土戦争。ベッサラビアを合併
1807年	露仏間のティルジット和平
1808～1809年	ロシア・スウェーデン戦争。フィンランドの合併。
1809年	M・M・スペランスキーの政治改革案
1810年	国家評議会の設立
1812年	祖国戦争
1812年8月26日	ボロジノの戦い
1813～1814年	ロシア軍の国外進軍
1814～1815年	ウィーン会議。神聖同盟の結成。ポーランド王国の合併
1816～1819年	バルト海沿岸地方での農奴制廃止
1816～1825年	デカブリストの秘密結社の活動
1817～1864年	カフカース戦争
1825～1855年	ニコライ1世の統治
1825年12月14日	ペテルブルクでのデカブリストの蜂起
1826～1828年	ロシア・ペルシア戦争
1828～1829年	露土戦争
1831～1831年	ポーランドでの蜂起。ロシア・ポーランド戦争
1830～1840年代	産業革命の始まり

●監修者紹介
吉田　衆一（よしだ　しゅういち）
　法政大学名誉教授
アンドレイ・クラフツェヴィチ
　法政大学法学部教授

●訳者紹介
寒河江光徳（さがえ　みつのり）
創価大学専任講師、東京大学大学院博士課程修了、文学（担当箇所：7年生第1～3章、年表前半）
佐藤　賢明（さとう　たかあき）
法政大学非常勤講師、キエフ大学卒、経済学（担当箇所：6年生第3章、年表後半；9年生第1～3章、年表前半）
佐藤　裕子（さとう　ゆうこ）
法政大学非常勤講師、サンクトペテルブルグ大学大学院単位習得満期退学（担当箇所：8年生第1章、年表前半）
土岐　康子（とき　やすこ）
明治大学非常勤講師、東京外国語大学大学院博士課程修了、ロシア社会（担当箇所：7年生第4、5章、年表後半）
長屋　房夫（ながや　ふさお）
法政大学兼任講師、早稲田大学・東京女子大学非常勤講師、サンクトペテルブルグ神学セミナリア卒・ギリシャ・アテネ大学神学部卒、駐日ロシア正教会長司祭（担当箇所：6年生第1、2章、年表前半）
馬場　京子（ばば　きょうこ）
ウラジオストク大学大学院修了、ロシア史（担当箇所：9年生第4～9章、年表後半）
半田　美穂（はんだ　みほ）
法政大学大学院博士課程中退（担当箇所：9年生第4～9章、年表後半）
山口　恭子（やまぐち　きょうこ）
青山学院大学大学院修了、モスクワ科学アカデミー元研究生、表現学・文学（担当箇所：8年生第2章、年表後半）

世界の教科書シリーズ㊶
ロシアの歴史【上】 古代から19世紀前半まで
――ロシア中学・高校歴史教科書

2011年7月31日　初版第1刷発行
2022年3月31日　初版第3刷発行

　　　　　　　著　者　　アレクサンドル・ダニロフ
　　　　　　　　　　　　リュドミラ・コスリナ
　　　　　　　監修者　　吉　田　衆　一
　　　　　　　　　　　　アンドレイ・クラフツェヴィチ
　　　　　　　発行者　　大　江　道　雅
　　　　　　　発行所　　株式会社　明石書店
　　　　　　　〒101-0021 東京都千代田区外神田6-9-5
　　　　　　　　　　　電　話　03（5818）1171
　　　　　　　　　　　ＦＡＸ　03（5818）1174
　　　　　　　　　　　振　替　00100-7-24505
　　　　　　　　　　　https://www.akashi.co.jp/

　　　　　　　　装丁　　上野かおる
　　　　　　　　組版　　明石書店デザイン室
　　　　　　　　印刷　　モリモト印刷株式会社
　　　　　　　　製本　　モリモト印刷株式会社

（定価はカバーに表示してあります）　　ISBN 978-4-7503-3415-8

◆ 世界の教科書シリーズ ◆

❶ 新版 韓国の歴史【第二版】
国定韓国高等学校歴史教科書
大槻健、君島和彦、申奎燮 訳
◎2900円

❷ わかりやすい 中国の歴史
中国小学校社会科教科書
小島晋治 監訳、大沼正博 訳
◎1800円

❸ わかりやすい 韓国の歴史【新装版】
国定韓国小学校社会科教科書
石渡延男 監訳、三橋ひさ子、三橋広夫、李彦叔 訳
◎1400円

❹ 入門 韓国の歴史【新装版】
国定韓国中学校国史教科書
石渡延男 監訳、三橋広夫 共訳
◎2800円

❺ 入門 中国の歴史
中国中学校歴史教科書
小島晋治、並木頼寿 監訳
大里浩秋、川上哲正、小松原伴子、杉山文彦 訳
◎3900円

❻ タイの歴史
タイ高校社会科教科書
中央大学政策文化総合研究所 監修
柿崎千代 訳
◎2800円

❼ ブラジルの歴史
ブラジル高校歴史教科書
C-アレンカール、L-カルピ、M-V-リベイロ 著
東明彦、アンジェロ-イシ、鈴木茂 訳
◎4800円

❽ ロシア沿海地方の歴史
ロシア科学アカデミー・極東支部・歴史・考古・民族学研究所 編
村上昌敬 訳
◎3800円

❾ 概説 韓国の歴史
韓国放送通信大学校歴史教科書
宋讃燮、洪淳権 著
藤井正昭 訳
◎4300円

❿ 躍動する韓国の歴史
民間版代案韓国歴史教科書
全国歴史教師の会 編、三橋広夫 監訳
日韓教育実践研究会 訳
◎4800円

⓫ 中国の歴史
中国高等学校歴史教科書
人民教育出版社歴史室 編著
川上哲正、白川知多訳
小島晋治、大沼正博 訳
◎6800円

⓬ ポーランドの高校歴史教科書【現代史】
アンジェイ・ガルリツキ 著
渡辺克義、田口雅弘、吉岡潤 監訳
◎8000円

⓭ 韓国の中学校歴史教科書
三橋広夫 訳
◎2800円

⓮ ドイツの歴史【現代史】
ドイツ高校歴史教科書
W・イェーガー、C・カイツ 編著
小倉正宏、永長和子 訳
中尾光延 監訳
◎6800円

⓯ 韓国の高校歴史教科書
高等学校国定国史
三橋広夫 訳
◎3300円

⓰ コスタリカの歴史
コスタリカ高校歴史教科書
イバン・モリーナ、スティーヴン・パーマー 著
国本伊代、小澤卓也 訳
◎2800円

⓱ 韓国の小学校歴史教科書
初等学校国定社会・社会科探究
三橋広夫 訳
◎2000円

〈価格は本体価格です〉

◆ 世界の教科書シリーズ ◆

18 ブータンの歴史
ブータン王国教育省教育部 編
平山修 監訳
大久保ひとみ 訳
◎3800円

19 イタリアの歴史【現代史】
ロザリオ・ヴィッラリ 著
村上義和、阪上眞千子 訳
◎4800円

20 インドネシアの歴史
インドネシア高校歴史教科書
イ・ワヤン・バドリカ 著
石井和子 監訳
菅原由美、田中正臣、山本肇 訳
◎4500円

21 ベトナムの歴史
ベトナム中学校歴史教科書
ファン・ゴク・リエン 監修
今井昭夫 監訳
伊藤悦子、小川有子、坪井未来子 訳
◎5800円

22 イランのシーア派イスラーム学教科書
イラン高校国定宗教教科書
富田健次 訳
◎4000円

23 ドイツ・フランス共通歴史教科書【現代史】
1945年以後のヨーロッパと世界
ペーター・ガイス、ギヨーム・ル・カントレック 監修
福井憲彦、近藤孝弘 監訳
◎4800円

24 韓国近現代の歴史
検定韓国高等学校近現代史教科書
韓哲昊、金基承 ほか著
三橋広夫 訳
◎3800円

25 メキシコの歴史
メキシコ高校歴史教科書
ホセ・デ・ヘスス・ニエト=ロペス ほか著
国本伊代 監訳
◎6800円

26 中国の歴史と社会
中国中学校新設歴史教科書
課程教材研究所 綜合文科課程教材研究開発中心 編著
並木頼寿 監訳
島津竟 共訳
◎4800円

27 スイスの歴史
スイス高校現代史教科書〈中立国とナチズム〉
バルバラ・ボンハーゲ、ペーター・ガウチ ほか著
スイス文学研究会 訳
◎3800円

28 キューバの歴史
先史時代から現代まで
キューバ教育省 編
後藤政子 訳
◎4800円

29 フィンランド中学校現代社会教科書
15歳 市民社会へのたびだち
タルヤ・ホンカネン ほか著
ペトリ=エメラ、藤井=エメラみどり 訳
◎4000円

30 フランスの歴史【近現代史】
フランス高校歴史教科書
19世紀市民社会から現代まで
マリエル・シュヴァリエ、ギヨーム・ブレル 監修
福井憲彦 監訳
高橋睦子、藤原翔子 訳
◎9500円

31 ロシアの歴史【上】古代から19世紀前半まで
ロシア中学・高校歴史教科書
A・ダニロフ ほか著
吉田衆、A・クラフツェヴィチ 監訳
◎6800円

32 ロシアの歴史【下】19世紀後半から現代まで
ロシア中学・高校歴史教科書
A・ダニロフ ほか著
吉田衆、A・クラフツェヴィチ 監訳
◎6800円

〈価格は本体価格です〉

◆ 世界の教科書シリーズ ◆

33 世界史のなかのフィンランドの歴史
フィンランド中学校歴史近現代史教科書
ハッリ・リンタ＝アホ、マルヤーナ・ニエミほか著
百瀬宏 監訳／石野裕子、髙瀬愛 訳
◎5800円

34 イギリスの歴史【帝国の衝撃】
イギリス中学校歴史教科書
ジェイミー・バイロンほか著
前川一郎 訳
◎2400円

35 チベットの歴史と宗教
チベット中学校歴史・宗教教科書
チベット中央政権文部省 著
石濱裕美子、福田洋一 訳
◎3800円

36 イランのシーア派イスラーム学教科書II
イラン高校国定宗教教科書【3・4年次版】
富田健次 訳
◎4000円

37 バルカンの歴史
バルカン近現代史の共通教材
南東欧における民主主義と和解のためのセンター（CDRSEE）企画
クリスティナ・クルリ 総括責任者
柴宜弘 監訳
◎6800円

38 デンマークの歴史教科書
デンマーク中学校歴史教科書
古代から現代の国際社会まで
イーヴンス・オーイェ・ポールセン 著
銭本隆行 訳
◎3800円

39 検定版 韓国の歴史教科書
高等学校韓国史
キム・サンギュ、イム・ヘンマン ほか著
三橋広夫、三橋尚子 訳
◎4600円

40 オーストリアの歴史
ギムナジウム高学年歴史教科書
【第二次世界大戦終結から現代まで】
アントン・ヴァルト、エドゥアルト・シタウディンガー、プロイスラー＝ヨーゼフ、シャイル 著
中尾光延 訳
◎4800円

41 スペインの歴史
スペイン高校歴史教科書
J.アロステギ・サンチェス、M.ガルシア・セバスティアン、C.ガタル・アリモント、J.A.ガルシア・ネグロ、M.V.ルクス・コ・ペーリャ 著
立石博高 監訳／竹下和亮、内村俊太、久木正雄 訳
◎5800円

42 東アジアの歴史
韓国高等学校歴史教科書
アン・ビョンウ、キム・ヒョンシク、イタス、シン・ソンゴン、ハム・ドンジュ、キム・ジョイン、パク・チュンヒョン、チョン・ヨン、ファン・ジヌク 著
三橋広夫、三橋尚子 訳
◎3800円

43 ドイツ・フランス共通歴史教科書【近現代史】
ウィーン会議から1945年までのヨーロッパと世界
ペーター・ガイス、ギヨーム・ル・カントレック 監修
福井憲彦、近藤孝弘 監訳
◎5400円

44 ポルトガルの歴史
小学校歴史教科書
アナ・ロドリゲス・オリヴェイラ、アリンダ・ロドリゲス、フランシスコ・カンタニュデ 著／A.H.デオリヴェイラ・マルケス 校閲
東明彦 訳
◎5800円

45 イランの歴史
イラン・イスラーム共和国高校歴史教科書
八尾師誠 訳
◎5000円

46 ドイツの道徳教科書
5、6年実践哲学科の価値教育
ローラント・ヴォルフガング・ヘンケ 編集代表
濱谷佳奈 監訳／栗原麗羅、小林亜未 訳
◎2800円

——以下続刊

〈価格は本体価格です〉